CARAMBAIA

16

Frederick Douglass

A vida e a época de Frederick Douglass

Escritas por ele mesmo

Palestras sobre libertação
Angela Davis

Tradução
Rogerio W. Galindo

Posfácio
Luciana da Cruz Brito

Sobre esta edição

Frederick Douglass (1818-1895) escreveu três autobiografias ao longo de sua vida. A versão contida nesta edição, até agora inédita no Brasil, foi cronologicamente a última delas. Publicada em 1881, foi revisada e ampliada em 1892, sendo lançada no ano seguinte nos Estados Unidos. O leitor tem em mãos, portanto, a versão mais completa e definitiva das memórias de Douglass. *A vida e a época de Frederick Douglass – Escritas por ele mesmo* abarca praticamente toda a trajetória do intelectual americano, retomando acontecimentos de sua vida que ele não chegou a revelar nas versões anteriores – para não correr riscos enquanto o sistema escravocrata ainda persistia nos Estados Unidos.

Por esses motivos, foi esta a versão da autobiografia de Douglass que a filósofa Angela Davis escolheu como tema de suas *Palestras sobre libertação*, proferidas como aulas inaugurais no curso "Temas filosóficos recorrentes na literatura negra", que ministrou no Departamento de Filosofia da Universidade da Califórnia em Los Angeles (UCLA) em 1969. Essas conferências, também nunca lançadas no Brasil, são precedidas por um texto recente de Davis no qual, além de apresentar a obra de Frederick Douglass, comenta e atualiza alguns temas abordados em suas aulas na UCLA e, sobretudo, discute como as memórias do autor podem ser lidas e compreendidas no século XXI.

Para complementar a análise, o volume conta com posfácio de Luciana da Cruz Brito, historiadora e professora da Universidade Federal do Recôncavo da Bahia (UFRB), especialista nos estudos sobre escravidão, abolição e relações raciais no Brasil e nos EUA. Dez por cento do valor da venda de todas as edições deste livro será doado à Educafro, organização voltada para a inclusão social de pessoas negras nas universidades via concessão de bolsas de estudo.

SOBRE A TRADUÇÃO

Na tradução, utilizamos o termo "escravo" para "*slave*", buscando corresponder de maneira mais direta ao tom original do texto e de sua época, apesar de correntemente optarmos pela palavra "escravizado", que pretende não naturalizar a condição imposta violenta e opressivamente aos cativos. Quanto aos termos "*black*", "*negro*", "*nigger*", "*colored people*", eles foram traduzidos de formas variadas ao longo do texto, com o intuito de reproduzir, em português, o contexto e a intenção de cada frase, já que não há correspondência exata nos usos e apropriações dessas palavras nas duas línguas e culturas.

A vida e a época de Frederick Douglass – Escritas por ele mesmo
Frederick Douglass

A VIDA COMO ESCRAVO

I. NASCIMENTO DO AUTOR 15

II. RETIRADO DA CASA DA AVÓ 18

III. PROBLEMAS DA INFÂNCIA 22

IV. UMA VISÃO GERAL DA *PLANTATION* ESCRAVAGISTA 25

V. O CARÁTER DE UM SENHOR DE ESCRAVO 34

VI. O PENSAMENTO DE UMA CRIANÇA 39

VII. LUXOS NA CASA-GRANDE 47

VIII. CARACTERÍSTICAS DOS FEITORES 54

IX. MUDANÇA DE LOCAL 59

X. APRENDENDO A LER 66

XI. CRESCENDO EM CONHECIMENTO 71

XII. O DESPERTAR DA NATUREZA RELIGIOSA 78

XIII. AS VICISSITUDES DA VIDA DE ESCRAVO 85

XIV. EXPERIÊNCIA EM ST. MICHAELS 93

XV. COVEY, O DOMADOR DE NEGROS 105

XVI. MAIS PRESSÃO NO TORNO DO TIRANO 117

XVII. O ÚLTIMO AÇOITE 124

XVIII. NOVAS RELAÇÕES E OBRIGAÇÕES 135

XIX. O PLANO DE FUGA 145

XX. VIDA DE APRENDIZAGEM 167

XXI. FUGA DA ESCRAVIDÃO 179

SEGUNDA PARTE

I. FUGA DA ESCRAVIDÃO 189

II. VIDA COMO HOMEM LIVRE 194

III. APRESENTADO AOS ABOLICIONISTAS 208

IV. LEMBRANÇAS DE VELHOS AMIGOS 213

V. CEM CONVENÇÕES 220

VI. IMPRESSÕES NO EXTERIOR 226

VII. TRIUNFOS E PROVAÇÕES 253

VIII. JOHN BROWN E A SRA. STOWE 265

IX. DEMANDAS CRESCENTES DO PODER ESCRAVAGISTA 286

X. O COMEÇO DO FIM 308

XI. SECESSÃO E GUERRA 327

XII. ESPERANÇA PARA A NAÇÃO 345

XIII. VASTAS MUDANÇAS 367
XIV. VIVENDO E
APRENDENDO 392
XV. PESADO NA
BALANÇA 400
XVI. "O TEMPO EQUILIBRA
TUDO" 431
XVII. INCIDENTES E
EVENTOS 444
XVIII. "HONRA A QUEM A
HONRA É DEVIDA" 457
XIX. RETROSPECTO 466

TERCEIRA PARTE
I. VIDA POSTERIOR 475
II. UMA OCASIÃO
GRANDIOSA 481
III. DÚVIDAS QUANTO
À TRAJETÓRIA
DE GARFIELD 487
IV. OFICIAL DE
REGISTRO 491
V. GOVERNO DO
PRESIDENTE
CLEVELAND 496
VI. A DECISÃO DA
SUPREMA CORTE 503
VII. DERROTA DE
JAMES G. BLAINE 517
VIII. TURNÊ EUROPEIA 520
IX. CONTINUAÇÃO DA TURNÊ
EUROPEIA 525
X. A CAMPANHA DE
1888 554
XI. GOVERNO DO PRESIDENTE
HARRISON 559
XII. EMBAIXADOR NO
HAITI 562

XIII. CONTINUAÇÃO DAS
NEGOCIAÇÕES DO
MOLHE ST. NICOLAS 571

APÊNDICES
MONUMENTO AOS LIBERTOS
(1876) 585
EMANCIPAÇÃO DAS ÍNDIAS
OCIDENTAIS (1880) 597

POSFÁCIO
O TEMPO DE UM HOMEM
DE MUITAS VIDAS 613
Luciana da Cruz Brito

Palestras sobre libertação
Angela Davis

NOTA SOBRE OS TEXTOS 628

INTRODUÇÃO 631
PRIMEIRA PALESTRA
SOBRE LIBERTAÇÃO 644
SEGUNDA PALESTRA
SOBRE LIBERTAÇÃO 657

Frederick Douglass

A vida e
a época de
Frederick
Douglass

Escritas por ele mesmo

O início de sua vida como escravo, sua fuga do cativeiro e sua história completa até os dias atuais, incluindo:

Sua conexão com o movimento abolicionista; seus trabalhos na Grã-Bretanha e também no próprio país; sua experiência conduzindo um influente jornal; sua conexão com a ferrovia clandestina; suas relações com John Brown e com a incursão a Harpers Ferry; seu trabalho recrutando o 54º e o 55º regimentos de negros de Massachusetts; suas audiências com os presidentes Lincoln e Johnson; sua nomeação pelo general Grant para acompanhar o Comitê de Santo Domingo — e também para um assento no Conselho do Distrito de Colúmbia; sua nomeação como agente do governo americano pelo presidente R. B. Hayes; ainda sua nomeação para oficial de registro de imóveis em Washington pelo presidente J. A. Garfield; com muitos outros eventos interessantes e importantes de sua movimentada vida.

1893

A vida como escravo

Capítulo I

NASCIMENTO DO AUTOR

Local de nascimento do autor • Descrição da região •
Seus habitantes • Árvores genealógicas • Método de contagem
do tempo em distritos escravagistas • Data de nascimento do
autor • Nomes dos avós • A cabana deles • Em casa com eles •
Prática escravagista de separar as mães de seus filhos •
Lembranças que o autor tem da mãe • Quem foi seu pai?

No condado de Talbot, Costa Leste, estado de Maryland, perto de
Easton, a sede da comarca, existe um pequeno distrito, escassa-
mente povoado e, até onde eu saiba, notável apenas por seu solo
esgotado, arenoso, de aparência desértica, pela decadência generalizada de suas fazendas e cercas, pelo caráter indigente e desprovido de ânimo de seus habitantes e pela prevalência da malária
e da febre. Foi nesse distrito tedioso, monótono e insalubre, cuja
fronteira é demarcada pelo rio Choptank, em meio aos mais preguiçosos e lamacentos cursos de água, cercado por uma população
branca da mais baixa extração, proverbialmente indolente e bê-
bada, e em meio a escravos que, no que diz respeito à ignorância e
à indolência, estavam completamente de acordo com seu entorno,
que eu, sem nenhuma culpa de minha parte, nasci e passei os primeiros anos de minha infância.

O leitor não deve esperar que eu diga muito sobre minha família. Árvores genealógicas não prosperavam entre escravos. Uma
pessoa de certa relevância na sociedade civilizada, chamada por
vezes de pai, é literalmente desconhecida na lei do cativeiro e na
prática da escravidão. Jamais conheci um escravo naquela parte
do país que soubesse me dizer com algum grau de certeza qual era
sua idade. A idade dos filhos era medida pela quantidade de pri-
maveras, de invernos, pelo ciclo da colheita, da plantação e assim
por diante. Os senhores não permitiam que seus escravos fizessem perguntas sobre sua idade. Essas perguntas eram vistas pelos
senhores como indício de uma curiosidade insolente. A partir de

certos fatos, contudo, cujas datas desde então vim a saber, suponho que eu tenha nascido em fevereiro de 1817.

Minha primeira experiência de vida, segundo minhas lembranças atuais, lembranças encobertas pela névoa, teve início na família de minha avó e de meu avô, Betsey e Isaac Bailey. Eles eram tidos como antigos habitantes da região, e a partir de certas circunstâncias deduzo que minha avó, especialmente, gozava de grande estima, muito maior do que o comum para as pessoas de cor naquela região. Ela era boa ama e tinha excelente mão para fabricar redes usadas na pesca de sáveis e arenques e desfrutava, além disso, de certa fama como pescadora. Soube que ela ficava com água pela cintura, por horas, puxando redes de arrasto. Era também jardineira, além de pescadora, e notável por seu êxito em manter suas mudas de batata-doce durante o inverno, e com facilidade ganhou a reputação de ter nascido "com sorte". Na época do plantio, a vó Betsey era mandada para todo lado, simplesmente para colocar as mudas de batata nas colinas ou sulcos; pois ditava a superstição que o toque dela era necessário para que as plantas crescessem. Essa reputação trazia grande vantagem para ela e os netos, pois uma boa colheita, depois de ela ter feito o plantio para os vizinhos, lhe rendia uma parcela do que era produzido.

Talvez por ela estar velha demais para o trabalho no campo, ou talvez por já ter cumprido com extremo zelo suas tarefas no início da vida, não sei dizer, mas ela gozava do alto privilégio de viver em uma cabana separada das demais, tendo de arcar apenas com o cuidado das crianças pequenas e com o fardo do próprio sustento. Ela via como grande sorte viver assim, e ter perto de si as crianças lhe dava muito consolo. A prática de separar as mães de seus filhos e de empregá-los em lugares distantes demais para que eles pudessem se encontrar, a não ser depois de longos intervalos, era traço característico da crueldade e da barbárie do sistema escravagista; mas esse traço estava em harmonia com o grande objetivo do sistema, que sempre e em toda parte buscou reduzir o homem ao nível dos animais. Não havia interesse em reconhecer ou preservar quaisquer laços que mantivessem os vínculos com a família ou com o lar.

As cinco filhas de minha avó foram mandadas para trabalhar em lugares distantes, e minhas únicas lembranças de minha mãe são de algumas visitas feitas às pressas durante a noite, a pé, depois de encerradas as tarefas do dia, e tendo ela necessidade de voltar a tempo de responder ao chamado do capataz de manhã cedo. Esses pequenos vislumbres de minha mãe, obtidos sob tais circunstâncias e contra toda probabilidade, embora escassos, estão gravados indelevelmente em minha memória. Ela era alta e bem-proporcionada, de compleição escura e acetinada, com traços regulares, e em meio aos escravos seu comportamento era notavelmente tranquilo e digno. Na *História natural do homem*, de Prichard, na página 157, há uma cabeça que lembra minha mãe a ponto de às vezes eu voltar a ela com algo do sentimento que suponho que outros experimentam ao olhar para o semblante de seus amados que já partiram.

De meu pai nada sei. A escravidão não reconhecia pais nem famílias. O fato de a mãe ser escrava bastava para seu propósito fatal. Por lei seu filho seguia a condição da mãe. O pai poderia ser livre e a criança, escrava. O pai poderia ser branco, usufruindo da pureza de seu sangue anglo-saxão, e a criança, classificada entre os mais negros escravos. Ele poderia ser pai e não ser marido, e poderia vender o próprio filho sem ser repreendido, caso em suas veias corresse uma só gota de sangue africano.

Capítulo II
RETIRADO DA CASA DA AVÓ

A casa do autor nos primeiros tempos • Seus encantos •
A ignorância do autor sobre o "velho senhor" • Sua
percepção gradual da verdade relativa a ele • Suas
relações com o coronel Edward Lloyd • Remoção do
autor para a casa do "velho senhor" • Sua viagem em
consequência disso • Sua separação da avó • Sua tristeza

Vivendo assim com minha avó, cuja bondade e cujo amor supriam
a ausência de minha mãe, demorou um pouco para que eu me
desse conta de que era escravo. Soube de muitas outras coisas
antes de saber disso. A pequena cabana dela tinha para mim as
atrações de um palácio. O chão de ripas – a um só tempo chão e
estrado – no andar de cima e o chão de argila no andar de baixo,
sua chaminé de barro e palha e as laterais sem janelas, aquela
curiosíssima peça de carpintaria, a escada de mão que levava ao
andar de cima e o buraco cavado de modo tão estranho em frente
à lareira, debaixo do qual minha avó colocava suas batatas-doces,
para protegê-las contra o frio do inverno, tinham grande interesse
para minha observação infantil. Os esquilos, pulando as cercas, es-
calando as árvores ou coletando nozes, eram um deleite incessante
para mim. Ali, também, bem ao lado da cabana, ficava o velho
poço, com sua imponente barra apontando para o céu, tão adequadamente colocada entre os membros daquilo que um dia havia
sido uma árvore e tão bem equilibrada que eu podia movimentá-la
para cima e para baixo usando apenas uma mão, e conseguia beber
água sem precisar pedir ajuda a ninguém. E essas não eram todas
as atrações do local. A uma pequena distância ficava o moinho do
sr. Lee, aonde muitas pessoas iam moer seu milho. Jamais poderei contar tudo que pensei e senti enquanto fiquei ali sentado no
banco observando o moinho e os giros de sua lenta roda. O lago
em torno do moinho também tinha seus encantos; com meu anzol
e linha eu conseguia me divertir com as mordidas que os peixes
davam, ainda que não conseguisse pescá-los.

18

Não demorou, porém, para que eu começasse a entender o triste fato de que essa casa de minha infância pertencia não a minha querida e velha avó, mas sim a alguém que eu jamais havia visto, e que vivia muito longe. Eu soube também do fato mais triste de que não só a casa e o terreno, mas também minha própria avó e as criancinhas à sua volta, pertenciam a um personagem misterioso, chamado por minha avó, com toda a reverência, de "Velho Senhor". E assim bem cedo nuvens e sombras começaram a recair sobre meu caminho.

Soube que esse velho senhor, cujo nome parecia ser mencionado sempre com receio e estremecimento, só permitia que as criancinhas vivessem com a minha avó por certo tempo, e que assim que ficavam grandes o suficiente elas eram imediatamente levadas para morar com ele. Essas revelações eram perturbadoras, de fato. Minha avó era o mundo para mim, e a ideia de ser separado dela era uma sugestão bastante penosa para meus afetos e esperanças. Esse velho senhor misterioso era na verdade um homem de certa importância. Ele era dono de várias fazendas em Tuckahoe, era o gerente e o mordomo da sede da *plantation* onde morava o coronel Lloyd, tinha feitores e escravos em fazendas próprias e dava ordens aos feitores nas fazendas de propriedade do coronel Lloyd. O capitão Aaron Anthony, pois esses eram o nome e o título do velho senhor, vivia na *plantation* do coronel Lloyd, situada no rio Wye, e que era uma das maiores, mais férteis e mais bem equipadas do estado.

Eu estava ávido por saber tudo que fosse possível sobre essa fazenda e esse velho senhor; e, infelizmente para mim, toda informação que eu obtinha sobre ele aumentava meu temor de ser levado para longe de minha avó e meu avô. Eu queria ter a possibilidade de continuar pequeno o resto da vida, sabendo que, quanto mais rápido eu crescesse, menor seria o tempo que eu poderia permanecer com eles. Tudo que tinha a ver com a cabana passou a ser duplamente caro para mim, e eu tinha certeza de que nenhum outro lugar na Terra podia ser igual àquele. Mas chegou a hora em que precisei partir, e minha avó, sabendo de meus temores, e se apiedando de mim, gentilmente me manteve na ignorância do momento temido até que chegou a manhã (uma bela manhã de verão) em que devíamos ir embora; e, na verdade, durante toda a viagem, da qual me lembro como se fosse ontem, embora eu fosse criança, ela manteve oculta de mim a verdade indesejável. A distância entre Tuckahoe e a fazenda do coronel Lloyd, onde vivia o velho senhor, era de 18 quilômetros, e a caminhada foi um teste duro para a resistência de minhas jovens pernas. A jornada teria sido severa demais para mim não fosse por minha amada avó (abençoada seja sua memória) ocasionalmente me carregar "a cavalo" sobre seus ombros. Embora avançada em anos, como deixavam claros os não poucos fios grisalhos que despontavam entre as amplas e graciosas dobras de seu turbante sem vincos, recém-passado a ferro, minha avó ainda era uma mulher cheia de força e vitalidade. Ela tinha uma silhueta impressionantemente ereta, e seus movimentos eram elásticos e vigorosos. Eu mal parecia ser um fardo para ela. Ela teria me carregado nas costas por mais tempo, mas eu achava que já era muito adulto para permitir isso. No entanto, embora caminhasse, eu não era independente dela. Por várias vezes ela me pegou agarrado às suas saias por medo de que algo saísse da floresta e me devorasse. Vários troncos velhos e cepos me perturbavam, e eu os via transformados em enormes animais. Eu via claramente as pernas, os olhos, as orelhas e os dentes, até chegar perto o bastante para ver que os olhos eram nós, que a chuva tornara brancos, e que as pernas eram galhos quebrados, e que as orelhas e os dentes só eram assim em função do ponto de onde eram vistos.

À medida que o dia avançava, o calor aumentava, e só à tarde chegamos ao temido fim da jornada. Ali me vi em meio a um grupo de crianças de todos os tamanhos e de muitas cores – negras, marrons, cor de cobre e quase brancas. Eu jamais havia visto tantas crianças. Sendo recém-chegado, fui objeto de especial interesse. Depois de terem rido e gritado à minha volta, e de terem me pregado todo tipo de peça bárbara, eles me convidaram para brincar com eles. Recusei. Minha avó pareceu triste, e não tive como evitar a impressão de que estarmos ali não era bom presságio para mim. Em breve ela perderia mais um objeto de sua afeição, como já tinha perdido tantos outros. Com meigos carinhos em meus cabelos, ela me disse para ser um bom menino e sair para brincar com as outras crianças. Eles são "seus parentes", ela disse, "vá brincar com eles". Ela apontou para mim meu irmão Perry e minhas irmãs, Sarah e Eliza. Eu nunca os vira antes, e, embora por vezes ouvisse falar deles e sentisse um curioso interesse por eles, na verdade eu não entendia o que eles eram em relação a mim, ou o que eu era em relação a eles. Irmãos e irmãs nós éramos de sangue, mas a escravidão nos tornara desconhecidos. Eles já estavam iniciados nos mistérios da casa do velho senhor e pareciam me olhar com certo grau de compaixão. Eu realmente queria brincar com eles, mas eles me eram desconhecidos, e eu estava cheio de temores de que minha avó fosse embora para casa sem me levar com ela. Ouvindo as súplicas para que eu fosse, porém, inclusive da parte de minha avó, fui para a parte de trás da casa brincar com eles e com as outras crianças. Contudo, não brinquei, apenas fiquei encostado no muro observando a brincadeira dos outros. Por fim, enquanto eu estava lá, uma das crianças, que estava na cozinha, correu em minha direção com uma espécie de alegria malandra, exclamando: "Fed, Fed, a vó foi embora!". Não consegui acreditar. No entanto, temendo o pior, corri até a cozinha para ver com meus próprios olhos, e sim! ela realmente tinha partido e já estava longe, fora de meu campo de visão. Não preciso contar tudo que aconteceu. De coração quase partido com a descoberta, caí no chão e chorei as lágrimas amargas de um menino, recusando qualquer consolo. Meu irmão me deu pêssegos e peras para me acalmar, mas imediatamente joguei as frutas no chão. Eu jamais havia sido enganado antes, e certo ressentimento se mesclou com minha tristeza de me ver separado de minha avó.

Era fim de tarde. O dia tinha sido agitado e cansativo, e não sei onde, mas suponho que eu tenha chorado até dormir; e o bálsamo das lágrimas jamais foi tão bem-vindo para uma alma ferida como foi para a minha. O leitor pode ficar surpreso por me ver relatar de modo tão minucioso um incidente aparentemente tão trivial, e que deve ter se passado quando eu tinha menos de 7 anos; como quero, porém, apresentar uma história fiel de minha experiência com a escravidão, não posso omitir uma circunstância que na época me afetou tão profundamente e da qual me lembro tão vividamente. Além disso, essa foi minha primeira apresentação às realidades do sistema escravagista.

Capítulo III
PROBLEMAS DA INFÂNCIA

A fazenda do coronel Lloyd • Tia Katy • Sua crueldade e
natureza má • A parcialidade do capitão Anthony em favor
de tia Katy • Cota alimentar • Fome do autor • Resgate
inesperado por sua mãe • Censura da tia Katy • Sono •
O amor de uma mãe-escrava • A herança do autor •
Os conhecimentos de sua mãe • Sua morte

Depois de estabelecido na sede da fazenda do coronel Lloyd fiquei
lá com as crianças, exposto ao tratamento especial de tia Katy, uma
escrava que estava para meu senhor assim como ele estava para o
coronel Lloyd. Dividindo as crianças em classes ou de acordo com
o tamanho, ele deixava para tia Katy todos os detalhes menores
referentes à nossa administração. Ela era uma mulher que jamais
se permitia ter grandeza dentro dos limites do poder que lhe era delegado, independentemente do escopo que essa autoridade pudesse
vir a ter. Ambicionando as graças do velho senhor, mal-humorada
e cruel por natureza, ela encontrava em sua posição amplo terreno
para dar vazão a suas infelizes qualidades. Ela tinha grande poder
sobre o velho senhor, pois era uma cozinheira de primeira linha
e muito diligente. Assim, gozava de grande prestígio com ele – e,
como marca desse prestígio, era a única mãe a ter permissão para
manter os filhos por perto, e, mesmo com eles, os próprios filhos,
era comum que ela fosse diabolicamente má em sua brutalidade.
No entanto, embora fosse por vezes cruel com os próprios filhos,
ela não era desprovida de sentimentos maternais, e, no instinto
de satisfazer as solicitações de comida deles, era comum que ela
se tornasse culpada de deixar a mim e às outras crianças passando
fome. A falta de comida foi meu principal problema durante meu
primeiro verão ali. O capitão Anthony, em vez de destinar uma
quantidade de comida para cada escravo, entregava tudo a tia
Katy, para que ela dividisse entre nós depois de cozinhar. A ração
era composta de um fubá grosseiro, não muito abundante, e que,

depois de passar pelas mãos de tia Katy, se tornava ainda mais escasso para alguns de nós. Muitas vezes fui tomado pela fome a ponto de disputar com o velho "Nep", o cachorro, as migalhas que caíam da mesa da cozinha. Frequentemente segui, com passos ávidos, a menina que servia a comida quando ela sacudia a toalha de mesa, para ficar com as migalhas e os pequenos ossos jogados para os cães e os gatos. Era visto como grande privilégio poder mergulhar um pedaço de pão na água em que a carne fora cozida, e a pele tirada do bacon embolorado era um luxo absoluto. Com essa descrição dos arranjos domésticos de minha nova casa, posso relatar aqui uma circunstância que ficou fortemente gravada em minha memória, por dar grande brilho ao amor de uma mãe-escrava e ao zelo de uma mãe. Eu causara algum desagrado a tia Katy, não lembro como, pois minhas ofensas eram inúmeras na época, dependendo bastante do humor dela em relação à sua maldade, e ela havia adotado seu modo costumeiro de me punir: a saber, deixar-me o dia inteiro sem comida. Na primeira e na segunda hora depois do jantar, consegui manter bem o ânimo; mas, à medida que o dia acabava, pareceu-me impossível continuar com aquilo. O sol se pôs, mas nada de pão; e, no lugar do pão, veio a ameaça de tia Katy, com uma carranca apropriada para sua terrível consequência, de que ela ia me matar de fome. Brandindo a faca, ela cortou as grossas fatias de pão para as outras crianças e guardou o pão, durante todo o tempo resmungando os planos selvagens que destinava a mim. Contra essa decepção, pois eu esperava que o coração dela por fim se abrandasse, fiz um esforço extra para manter minha dignidade, mas, quando vi as outras crianças à minha volta com o rosto satisfeito, não suportei mais. Fui até o lado de fora da cozinha e chorei. Quando cansei disso, voltei para a cozinha, sentei ao lado da lareira e suportei meu destino. Eu estava faminto demais para dormir. Enquanto ficava sentado no canto, vi uma espiga de milho selvagem em uma prateleira no alto. Esperei uma oportunidade e peguei-a; e, depois de ter retirado alguns grãos, devolvi-a ao lugar. Coloquei rapidamente esses grãos nas cinzas quentes para assar. Fiz isso correndo o risco de uma surra brutal, pois tia Katy podia tanto me bater quanto me fazer passar fome. Meu milho estava assando não havia muito quando avidamente o tirei das cinzas, colocando sobre um banco em uma pequena e hábil pilha. Comecei a comer, quando ninguém menos do que minha própria mãe entrou. A cena que se seguiu está além de meu poder de descrição. O menino sem amigos e faminto, em sua mais extrema necessidade, viu-se nos braços fortes e protetores de sua mãe. Falei antes sobre os modos dignos e impressionantes de minha mãe. Jamais vou esquecer a indescritível expressão do semblante dela quando contei que tia Katy disse que ia me matar de fome. Houve profunda e terna compaixão no olhar que ela me dirigiu e, no mesmo instante, uma feroz indignação com tia Katy. E, enquanto tirava o milho de mim e me dava em seu lugar um grande bolo de gengibre, ela passou um sermão em tia Katy que jamais foi esquecido. Naquela noite aprendi como nunca antes que eu não era apenas uma criança, mas que era filho de alguém. Sobre os joelhos de minha mãe, eu era maior do que um rei sobre seu trono. Mas meu triunfo foi breve. Fui dormir, e pela manhã acordei já com minha mãe tendo partido, e me vi de novo à mercê da megera na cozinha de meu senhor, cuja ira feroz era meu terror constante.

Minha mãe havia percorrido 18 quilômetros para me ver e tinha diante de si a mesma distância a percorrer de novo antes que o sol nascesse. Não me lembro de voltar a vê-la. A morte dela em breve pôs termo à pouca comunicação que existia entre nós, e com isso, creio, a uma vida cheia de cansaços e tristezas. Sempre me entristeceu ter conhecido tão pouco minha mãe e ter tão poucas palavras guardadas em minha memória. Desde então, soube que ela era a única pessoa de cor em Tuckahoe que sabia ler. Como ela obteve esse conhecimento eu não sei, pois Tuckahoe era o lugar menos provável do mundo onde ela poderia encontrar um local para estudar. Assim, posso afetuosa e orgulhosamente atribuir a ela um sincero amor pelo conhecimento. Já é notável o fato de que em qualquer estado marcado pela escravidão um trabalhador do campo tivesse aprendido a ler, o feito de minha mãe, portanto, levando em conta o lugar e as circunstâncias, foi extraordinário. Tendo em vista esse fato, fico feliz em atribuir o amor às letras que eu possa sentir não a minha presumida paternidade anglo-saxã, mas sim ao gênio nativo de minha negra, desprotegida e inculta mãe – uma mulher pertencente a uma raça cujos dotes mentais ainda são depreciados e desprezados.

Capítulo IV

UMA VISÃO GERAL DA PLANTATION ESCRAVAGISTA

A sede da *plantation* do coronel Lloyd • Seu isolamento •
Suas indústrias • A gestão dos escravos • Poder dos feitores •
O autor encontra algum prazer • Cenário natural • A chalupa
Sally Lloyd • Moinho de vento • O alojamento dos escravos •
A casa do "velho senhor" • Estrebarias, armazéns etc. etc. •
A casa-grande • Seus arredores • Lloyd • Cemitério •
Superstição dos escravos • Riqueza do coronel Lloyd • Polidez
do negro • Dr. Copper • Capitão Anthony • Sua família •
O senhor Daniel Lloyd • Seus irmãos • Etiqueta social

Em geral se supunha que a escravidão no estado de Maryland ocorria em sua forma mais suave, e que era totalmente livre daquelas peculiaridades rigorosas e terríveis que caracterizavam o sistema escravagista nos estados do Sul e do Sudoeste da União. A base para essa opinião era a contiguidade com os estados livres e a influência de seus sentimentos morais, religiosos e humanos. A opinião pública era, de fato, uma limitação perceptível à crueldade e à barbárie dos senhores de escravos, dos feitores e dos capatazes, sempre que tinha como chegar até eles; mas havia certos lugares isolados e remotos, mesmo no estado de Maryland, cinquenta anos atrás, raramente visitados por um único raio de saudável sentimento público, onde a escravidão, envolta em sua conveniente escuridão, podia desenvolver, e de fato desenvolvia, todas as suas características malignas e chocantes, onde ela podia ser indecente sem pudores, cruel sem sobressaltos e homicida sem apreensão ou medo de exposição ou punição. Um desses lugares isolados e remotos era justamente a sede da fazenda do coronel Edward Lloyd, no condado de Talbot, na costa leste de Maryland. Ela ficava longe de todas as grandes estradas e de todo o comércio, e não estava próxima de nenhuma cidade ou vilarejo. Não havia escolas ou casas em sua vizinhança. A escola era desnecessária, uma vez que não havia crianças para frequentar as aulas. Os filhos e netos do coronel Lloyd eram educados em casa por um tutor privado (um certo sr. Page de Greenfield, Massachusetts, um sujeito jovem, alto, esquelético, notavelmente digno, reflexivo e reticente, que não falava nem dez palavras com um escravo durante um ano inteiro). Os filhos do feitor frequentavam alguma escola do estado em outro lugar, portanto não se corria o risco de que houvesse influências perigosas vindo de fora para constranger a operação natural do sistema escravagista no local. Aqui, nem mesmo os trabalhadores responsáveis pelos serviços manuais mais comuns, que poderiam ocasionalmente ter um surto de honesta e significativa indignação com a crueldade e a injustiça em outras fazendas, eram brancos. A totalidade de seus habitantes era dividida em três classes: donos de escravos, escravos e feitores. Seus ferreiros, fabricantes de rodas, sapateiros, tecelões e tanoeiros eram escravos. Nem mesmo o comércio, em geral egoísta e indiferente às considerações morais, era permitido dentro dos limites da remota fazenda. Não sei se a intenção era evitar o vazamento de seus segredos, mas o fato é que toda folha e todo grão produzidos na *plantation* e nas fazendas vizinhas pertencentes ao coronel Lloyd eram transportados para Baltimore em embarcações próprias, sendo todo homem e todo menino a bordo, à exceção do capitão, escravos de propriedade do coronel. Do mesmo modo, tudo que era levado à fazenda chegava pelo mesmo canal. Para deixar mais evidente esse isolamento, pode-se afirmar que as propriedades contíguas à do coronel Lloyd pertenciam a amigos dele e eram ocupadas por eles, todos profundamente interessados, assim como o coronel, em manter o sistema escravagista em todo o seu rigor. Havia os Tilgman, os Goldborough, os Lockerman, os Paca, os Skinner, os Gibson e outros de menor riqueza e de posição inferior.

A opinião pública em um lugar como esse, o leitor deve compreender, não tinha grandes chances de ser muito eficiente na proteção dos escravos contra a crueldade. Para servir de limitador contra os abusos dessa natureza, a opinião pública deve emanar de comunidades humanas e virtuosas, e a fazenda do coronel Lloyd não estava exposta a esse tipo de opinião ou influência. Tratava-se de uma pequena nação, com sua língua, suas regras, suas normas e costumes. O feitor era o dignitário relevante. Em geral ele era acusador, juiz, júri, advogado e carrasco. O criminoso era sempre mudo, e nenhum escravo tinha permissão para testemunhar, exceto contra seu irmão escravo.

Não havia, obviamente, conflitos quanto a direitos de propriedade, pois todas as pessoas eram propriedade de um homem, e eles próprios não podiam ter propriedade. Religião e política estavam em grande medida excluídas. Uma classe da população se situava em posição alta demais para estar ao alcance do pregador comum, e a outra vivia em condição baixa demais e era excessivamente ignorante para que professores de religião se importassem com ela, e no entanto algumas ideias religiosas chegavam a esse recesso escuro.

Esse, porém, não era o único aspecto apresentado pelo lugar. Embora a civilização fosse, em muitos sentidos, deixada de fora, o mesmo não se poderia fazer com a natureza. Embora ficasse isolada do restante do mundo, embora a opinião pública, como afirmei, raramente conseguisse entrar em seus sombrios domínios, embora todo o lugar fosse marcado por sua peculiar e férrea individualidade, e embora crimes, despóticos e atrozes, pudessem ser cometidos lá com estranha e chocante impunidade, o lugar tinha uma aparência extremamente interessante, cheia de vida, atividade e alma, e apresentava um contraste favorável com a indolente monotonia e apatia de Tuckahoe. Lembrava, em certos aspectos, descrições que desde então li sobre os antigos domínios dos barões europeus. Mesmo sendo imensos meu desgosto e minha tristeza por ter deixado minha antiga casa, não demorei a me adaptar. Os problemas de um homem sempre se reduzem pela metade quando ele descobre que suportar o que está diante dele é a única alternativa. Eu estava ali, não havia meio de ir embora, e só o que me restava era fazer o melhor possível com isso. Havia ali muitas crianças com quem eu podia brincar e vários lugares agradáveis para meninos de minha idade e mais velhos. As pequenas gavinhas do afeto, tão rudemente rompidas em torno de objetos queridos dentro da casa de minha avó e em torno dela, gradualmente começaram a se estender e a se entrelaçar em torno do novo ambiente. Aqui, pela primeira vez, vi um grande moinho de vento, com suas imensas pás brancas, um objeto impressionante para os olhos de uma criança. Esse moinho ficava em um lugar chamado Long Point – um pedaço de terra entre os rios Miles e Wye. Passei muitas horas ali observando as pás desse assombroso moinho. No rio, ou naquilo que era chamado de "Marulho", a uma pequena distância da margem, tranquilamente ancorada, com seu pequeno bote a remo dançando em sua popa, havia uma grande chalupa, a *Sally Lloyd*, chamada assim em homenagem à filha predileta do coronel. Pelo que lembro, esses dois objetos, a chalupa e o moinho, despertavam pensamentos, ideias e questionamentos. Depois havia grande quantidade de casas, habitações humanas cheias dos mistérios da vida em cada uma de suas etapas. Havia a pequena casa vermelha subindo a estrada, ocupada pelo sr. Sevier, o feitor. Um pouco mais perto da casa do capitão Anthony, meu antigo senhor, havia uma edificação comprida, baixa e rústica, literalmente apinhada de escravos de todas as idades, sexos, condições, tamanhos e cores. A esse edifício chamavam grande alojamento. Empoleirado sobre uma colina a leste de nossa casa ficava um edifício alto, degradado, de tijolos velhos, cujas dimensões arquitetônicas deixavam evidente que sua construção se destinava a outro propósito, hoje ocupado por escravos, de maneira semelhante ao que ocorria no grande alojamento. Além disso, havia inúmeras outras casas de escravos e cabanas esparsas pela vizinhança, cujos recessos e cantos eram totalmente ocupados.

A casa do meu antigo senhor, um longo edifício de tijolos, simples, contudo substancial, ficava em localização central e era um estabelecimento independente. Além dessas casas havia celeiros, estábulos, armazéns, silos de tabaco, oficinas de ferreiros, de construtores de rodas, de tanoeiros; mas sobretudo havia a mais grandiosa edificação que meus jovens olhos já haviam visto, chamada por todos na fazenda de *casa-grande*. Era ocupada pelo coronel Lloyd e pela sua família. Era cercada por numerosas edículas em tamanhos variados. Havia cozinhas, lavanderias, estábulos, pérgulas, estufas, galinheiros, instalações para criação de perus, pombais e caramanchões de vários tamanhos e tipos, todos cuidadosamente pintados ou caiados, intercalados com grandes e antigas árvores, ornamentais e primitivas, que forneciam uma sombra deliciosa no verão e emprestavam à cena um alto grau de imponente beleza. A casa-grande em si era uma ampla edificação branca de madeira com alas em três lados. Na frente, estendendo-se por toda a fachada e apoiado por uma longa série de colunas, havia um grande pórtico, que dava à casa do coronel um tremendo ar de dignidade e imponência. Era um deleite para minha jovem e florescente mente observar essa sofisticada exibição de riqueza, poder e beleza.

As carruagens entravam na casa por um largo portão, a cerca de meio quilômetro de distância. O espaço intermediário era um belo gramado, muito bem cuidado. Árvores e flores pontilhavam fartamente o ambiente. A estrada ou caminho que levava do portão até a casa-grande era belamente pavimentada com pedras brancas da praia, e seu trajeto formava um círculo completo em torno do gramado. Fora desse recinto exclusivo havia parques, como acontece no entorno das residências de nobres ingleses, onde coelhos, cervos e outros animais selvagens podiam ser vistos espiando e brincando, sem "ninguém para importuná-los ou lhes dar medo". Os topos dos imponentes álamos frequentemente ficavam recobertos por melros de asas vermelhas, dando voz a toda a natureza com sua vida alegre e com a beleza de suas notas selvagens e seus suaves trinados. Tudo isso pertencia a mim tanto quanto ao coronel Edward Lloyd e, pertencesse ou não, dava-me grande prazer. A uma pequena distância da casa-grande ficavam as imponentes mansões dos falecidos Lloyd – um lugar de aspecto sombrio. Vastos mausoléus, abrigados sob os salgueiros-chorões e os abetos, davam testemunho das gerações da família, assim como de sua riqueza. Eram correntes as superstições dos escravos sobre esse cemitério familiar. Visões estranhas tinham sido relatadas por escravos mais velhos, e muitas vezes me vi compelido a ouvir histórias sobre fantasmas encobertos, galopando grandes cavalos negros, e sobre bolas de fogo que tinham sido vistas voando ali à meia-noite, e sobre sons assustadores e aterrorizantes ouvidos repetidamente. Os escravos conheciam bastante bem a teologia ortodoxa da época, que destinava ao inferno todo senhor de escravos malvado, e era comum que eles imaginassem que essas pessoas desejavam voltar a usar o chicote. Histórias sobre visões e sons estranhos e terríveis, associadas a imensos túmulos negros, davam grande segurança para o terreno à sua volta, pois poucos escravos tinham coragem de se aproximar dali durante o dia. Era um lugar escuro, sombrio e proibido, e era difícil ter a sensação de que os espíritos da poeira adormecida ali depositada reinavam com os abençoados nos reinos da paz eterna.

Na fazenda do sr. Lloyd eram realizadas as transações de vinte ou trinta diferentes propriedades que, no total, contavam com no mínimo mil escravos, todos pertencentes ao coronel Lloyd. Cada fazenda era administrada por um feitor, cuja palavra era a lei.

O sr. Lloyd, a essa altura, era muito rico. Somente seus escravos, que como eu disse totalizavam mais de mil, eram uma imensa fortuna, e, embora dificilmente se passasse um mês sem que ocorressem vendas de um ou mais lotes para negociantes da Geórgia, não havia diminuição aparente na quantidade de pessoas que ele possuía. A venda de qualquer escravo para o estado da Geórgia era uma chaga e um triste evento para todos os que ficavam para trás, assim como para as próprias vítimas.

O leitor já foi informado dos trabalhos manuais realizados pelos escravos. "Tio" Toney era o ferreiro, "tio" Harry era o carpinteiro que fazia as carroças, e "tio" Abel era o sapateiro, e cada um deles tinha assistentes em seus vários departamentos. Esses artesãos eram chamados de "tios" por todos os escravos mais novos não por terem de fato esse parentesco com qualquer um deles, mas, seguindo a etiqueta da fazenda, como marca de respeito devido aos escravos mais velhos. Ainda que isso possa parecer estranho e até mesmo ridículo, entre pessoas tão incultas e deparando com tantos problemas difíceis, será raro encontrar um povo que se importa tanto com o cumprimento da lei de respeito aos mais velhos. Atribuo isso em parte a algo inerente à raça e em parte à convenção. Não há matéria-prima melhor no mundo para produzir um cavalheiro do que aquela de que é feito um africano.

Entre outros personagens notáveis, encontrei ali um que era chamado por todos, brancos e negros, de "tio" Isaac Copper. Era raro que um escravo, por mais venerável, fosse honrado com um sobrenome em Maryland, e o Sul moldou de forma tão completa os modos do Norte nesse aspecto que seu direito a tal honra ainda hoje é lentamente admitido. É triste que ainda não seja natural que as pessoas se dirijam a um negro da mesma forma como se dirigiriam a um branco. Mas de vez em quando, até mesmo em um estado escravagista, um negro tinha um sobrenome associado a ele por aquiescência comum. Era o caso do "tio" Isaac Copper. Quando se deixou de usar o "tio", ele passou a ser chamado de dr. Copper. Ele era não apenas nosso doutor em medicina, como também nosso doutor em teologia. Onde conseguiu seu diploma não sou capaz de dizer, mas ele estava bem estabelecido demais em sua profissão para que se permitissem questionamentos sobre suas habilidades naturais e a seus conhecimentos. Uma qualificação sem dúvida ele possuía. Ele era visivelmente aleijado, completamente incapacitado para o trabalho, e não tinha nenhum valor para ser vendido no mercado. Embora manco, não era preguiçoso. Usava e abusava das muletas e estava sempre alerta em busca dos doentes e daqueles que precisavam de ajuda e conselho. Ele prescrevia quatro remédios. Para doenças do corpo, sais de Epsom e óleo de castor; para doenças da alma, o "pai-nosso" e umas varas grossas de nogueira.

Fui, com vinte ou trinta outras crianças, mandado cedo para ver o dr. Isaac Copper, para aprender o pai-nosso. O velho ficava sentado em uma imensa banqueta de carvalho de três pernas, armado com diversas varas grandes de nogueira, e do lugar onde sentava, mesmo manco, conseguia alcançar todos os meninos na sala. Depois de termos ficado em pé por um tempo para saber o que se esperava de nós, ele ordenou que nos ajoelhássemos. Isso feito, ele nos mandou dizer tudo que ele falasse. "Pai nosso" – isso nós repetimos depois dele com prontidão e uniformidade – "que estais no céu" foi repetido de maneira menos pronta e uniforme, e o velho fez uma pausa na oração para nos dar um breve sermão e usar as varas em nossas costas.

Todo mundo no Sul parecia querer o privilégio de açoitar alguém. Tio Isaac, embora fosse um bom homem, compartilhava dessa paixão comum de seu tempo e de seu país. Não posso dizer que frequentar seu ministério tenha sido muito edificante para mim. Em minha mente, mesmo naquela época, já me parecia algo inconsistente e risível misturar oração e castigo.

Não demorou muito para que em minha nova casa eu descobrisse que o temor que senti em relação ao capitão Anthony era em certa medida infundado. Em vez de saltar de algum lugar oculto e me destruir, ele parecia mal notar minha presença. Para ele, minha chegada tinha o mesmo interesse que o acréscimo de um porco a seu chiqueiro. Ele era o agente principal de seu patrão. Os feitores de todas as fazendas que compunham a propriedade de Lloyd de algum modo eram seus subalternos. O próprio coronel dificilmente se dirigia em pessoa a um feitor, ou permitia que um deles se dirigisse a ele. Ao capitão Anthony, portanto, cabia o comando de todas as fazendas. Ele carregava as chaves de todos os silos, pesava e media as rações de cada escravo, ao fim de cada mês; supervisionava o armazenamento de todos os produtos levados para o depósito; lidava com toda a matéria-prima usada pelos diferentes trabalhadores manuais; enviava as cargas de grãos, tabaco e todos os outros produtos comercializados das numerosas fazendas para Baltimore, e fazia a supervisão geral das oficinas. Além disso tudo, ele era frequentemente chamado para viajar a Easton e a outros lugares para cumprir suas inúmeras funções como principal responsável pela propriedade.

A família do capitão Anthony era composta de dois filhos – Andrew e Richard – e pela filha Lucretia e seu marido, capitão Thomas Auld, com quem ela era recém-casada. Na cozinha havia tia Katy, tia Esther e dez ou doze crianças, a maioria mais velha do que eu. O capitão Anthony não era considerado um rico senhor de escravos, embora tivesse situação financeira bastante boa. Ele possuía cerca de trinta escravos e três fazendas no distrito de Tuckahoe. A parte mais valiosa de sua propriedade eram os escravos, dos quais ele vendia um por ano, o que lhe rendia 7 ou 8 mil dólares, além de seu salário anual e de outras receitas de suas terras.

Muitas vezes me perguntaram, durante o início de minha vida em liberdade no Norte, como eu podia falar com tão pouco sotaque escravo. O mistério em alguma medida é explicado por minha associação com Daniel Lloyd, o filho mais novo do coronel Edward Lloyd. A lei da compensação funcionava ali tanto quanto em qualquer outro lugar. Embora esse garoto não tivesse como se associar à ignorância sem compartilhar de sua sombra, não tinha como oferecer sua companhia a seus parceiros de brincadeiras negros sem dividir com eles, do mesmo modo, sua inteligência superior. Sem saber disso, ou sem me importar na época, eu, seja lá por qual motivo, senti-me atraído por ele, e ficava grande parte do tempo em sua companhia.

Eu quase não tinha relação com os irmãos mais velhos de Daniel – Edward e Murray. Eles eram homens adultos e bonitos. Edward era especialmente estimado pelas crianças escravas e também por mim – não que ele jamais tenha dito algo para nós ou por nós que pudesse ser chamado de particularmente gentil. Para nós bastava que ele não nos olhasse com desdém nem nos tratasse com desprezo. A ideia de hierarquia e posição social era mantida com rigor nessa propriedade. A família do capitão Anthony nunca visitava a casa-grande, e os Lloyd jamais iam a nossa casa. A mesma falta de interação se observava entre a família do capitão Anthony e a família do sr. Sevier, o feitor.

Essa, gentis leitores, era a comunidade e esse era o lugar em que minhas primeiras e mais duradouras impressões sobre o funcionamento da escravidão foram recebidas, impressões das quais vocês saberão mais nos capítulos seguintes deste livro.

Capítulo V

O CARÁTER DE UM SENHOR DE ESCRAVO

Conhecendo melhor o velho senhor • Males da paixão a que
se dão asas • Aparente ternura • Um homem problemático •
Costume de falar sozinho • Ultraje brutal • Um feitor bêbado •
A impaciência do dono de escravos • Sabedoria do apelo •
Uma tentativa vil e egoísta de encerrar um flerte

Embora meu antigo senhor, capitão Anthony, tenha me dado pouquíssima atenção assim que cheguei, saindo da casa da minha avó,
e apesar de esse pouco ter sido de um tipo suave e gentil, basta-
ram poucos meses para que eu me convencesse de que suavidade
e gentileza não eram as características centrais de seu caráter. Essas qualidades excelentes eram exibidas apenas ocasionalmente.
Ele sabia, quando conveniente, parecer literalmente insensível aos
clamores da humanidade. Sabia não apenas ser surdo aos apelos
do indefeso contra seu agressor como também era capaz de cometer ultrajes profundos, sombrios e inomináveis. E no entanto ele
não era por natureza pior do que outros homens. Caso tivesse sido
criado em um estado livre cercado pelas restrições que a sociedade
civilizada impõe – restrições que são necessárias para a liberdade
de todos os seus membros, sem exceções e no mesmo grau –, o
capitão Anthony poderia ter sido um homem tão humano quanto
são os membros da sociedade em geral. O caráter de um homem
sempre empresta seu matiz, mais ou menos, da forma e da cor a
seu redor. O dono de escravos, tanto quanto o escravo, era vítima
do sistema escravagista. Seria impossível haver sob o céu relação
menos favorável ao desenvolvimento de um caráter honrado do
que aquela existente entre o dono de escravos e seu cativo. Aqui
a razão se vê aprisionada e as paixões correm à solta. Pudesse o
leitor ver o capitão Anthony gentilmente me conduzindo pela mão,
como por vezes fazia, acariciando minha cabeça, falando comigo
num tom suave e carinhoso e dizendo que eu era o indiozinho dele,
teria pensado que era um velho bondoso e que era de fato quase

paternal com o menino escravo. Mas os bons humores de um dono de escravos são passageiros e caprichosos. Não são frequentes nem duradouros. O temperamento do velho estava sujeito a provações especiais; mas, como jamais eram suportadas pacientemente, essas provações pouco acrescentavam a seu estoque natural de paciência. Além dos problemas com seus escravos e com os escravos do sr. Lloyd, ele me dava a impressão de ser um homem infeliz. Mesmo a meus olhos de criança ele tinha um aspecto aflito e por vezes abatido. Seus estranhos movimentos despertavam minha curiosidade e minha compaixão. Ele raramente andava sozinho sem falar consigo mesmo, e às vezes esbravejava como se a desafiar um exército de inimigos invisíveis. A maior parte do tempo livre ele passava andando por aí, praguejando e gesticulando como se possuído por um demônio. Era evidentemente um desgraçado, em guerra com a própria alma e com todo o mundo à sua volta. Ser ouvido pelas crianças pouco o perturbava. Para ele nossa presença tinha o mesmo peso daquela dos patos e gansos que ele encontrava pelo gramado. Mas quando seus gestos ficavam mais violentos, terminando em um sacudir ameaçador da cabeça e um forte estalar do dedo médio com o polegar, eu achava prudente manter uma distância segura dele.

Uma das primeiras circunstâncias que abriram meus olhos para as crueldades e malvadezas da escravidão e para a influência que isso tinha nos sentimentos empedernidos de meu velho senhor foi a recusa dele em usar de sua autoridade para proteger e defender uma moça, minha prima, que tinha sido do modo mais cruel abusada e espancada pelo feitor em Tuckahoe. Esse feitor, um certo sr. Plummer, era, como a maior parte dos feitores, pouco mais do que uma fera humana; e, além de sua devassidão em geral e de sua grosseria repulsiva, era um bêbado miserável, um sujeito que não estava apto a cuidar sequer de mulas. Em um de seus momentos de loucura causada pelo álcool, ele cometeu o ultraje que levou a moça em questão a pedir a proteção de meu velho senhor. A pobre menina, ao chegar a nossa casa, tinha uma aparência lamentável. Havia partido às pressas e sem preparação, e provavelmente sem o conhecimento do sr. Plummer. Viajara 18 quilômetros, descalça, sem nada a lhe proteger o pescoço ou a cabeça. O pescoço e os ombros estavam cobertos de feridas recentes; e, não contente em arruinar com o couro de boi seu pescoço e seus ombros, o covarde infeliz havia lhe dado um golpe na cabeça com um taco de nogueira, que causou um corte horrível e deixou o rosto da moça literalmente coberto de sangue. Nessa condição a pobre moça chegou para implorar por proteção para o meu antigo senhor. Esperei vê-lo fervendo de raiva ao saber os fatos revoltantes e ouvi-lo encher o ar praguejando contra o brutal Plummer; mas me decepcionei. Com severidade ele disse em tom furioso que "ela merecia tudo aquilo e que se não fosse para casa imediatamente ele mesmo lhe arrancaria a pele que restara no pescoço e nas costas". Assim a pobre moça foi obrigada a voltar sem obter reparação, e talvez para receber ainda mais pancadas por ousar fazer um apelo a uma autoridade acima do feitor.

Naquela época não compreendi a filosofia por trás desse tratamento dispensado à minha prima. Penso que hoje compreendo. Esse tratamento era parte do sistema, e não parte de um homem. Ter encorajado apelos desse tipo ocasionaria muita perda de tempo e deixaria o feitor impotente, incapaz de forçar os escravos a obedecer-lhe. No entanto, quando um escravo tinha coragem o bastante para ir direto a seu senhor com uma queixa bem fundamentada contra um feitor, ainda que pudesse ser repelido e sofrer outra vez aquilo de que se queixava, e ainda que ele pudesse ser espancado por seu senhor, assim como pelo feitor, por sua temeridade, a política da queixa acabava em geral se justificando, pois o tratamento do feitor se tornava menos rigoroso. Ele ficava mais cuidadoso e menos disposto a usar a chibata contra esses escravos a partir de então.

O feitor muito naturalmente não gostava que o ouvido de seu patrão fosse perturbado por queixas; e, seja por isso ou em função de conselhos dados em particular a ele por seu empregador, ele em geral modificava o rigor de seu comando depois de queixas desse tipo contra si. Por uma ou outra causa, os escravos, independentemente da regularidade com que eram repelidos por seus senhores, estavam sempre dispostos a sentir menos aversão por eles do que pelo feitor. Entretanto, era comum que os senhores de escravos ultrapassassem o feitor em termos de crueldade injustificada. Eles empunhavam a chibata sem nenhum senso de responsabilidade. Aleijavam ou matavam sem temer consequências. Vi meu antigo senhor em uma tempestade de fúria e, cheio de orgulho, ódio, ciúmes e vingança, parecer o próprio diabo.

As circunstâncias que estou prestes a narrar e que deram origem a essa temível tempestade de paixão não eram singulares, mas sim muito comuns em nossa comunidade escravocrata. O leitor terá notado que, entre os nomes dos escravos, foi mencionado o de Esther. Esse era o nome de uma moça dona de algo que era sempre uma maldição para a escrava – a saber, beleza pessoal. Ela era alta, de pele clara, bem formada, e tinha boa aparência. Esther era cortejada por "Ned Roberts", filho de um escravo predileto do coronel Lloyd e que tinha aparência tão boa quanto a própria Esther. Alguns senhores de escravos teriam ficado felizes em promover o casamento de duas pessoas assim, mas por alguma razão o capitão Anthony não aprovava o flerte. Ele deu ordens estritas para que ela não ficasse mais em companhia do jovem Roberts, dizendo que a puniria com severidade caso a visse de novo com ele. Mas era impossível separar esse casal. Eles iriam se encontrar e de fato se encontraram. Caso o senhor[1] Anthony fosse um homem honrado, suas motivações talvez parecessem melhores. Do jeito como as coisas eram, elas pareceram tão detestáveis quanto desprezíveis. Uma das características malditas da escravidão era o fato de ela roubar de suas vítimas todos os incentivos mundanos para viver uma vida santa. O temor a Deus e a esperança dos céus bastavam para sustentar muitas escravas em meio às armadilhas e aos perigos de seu estranho destino; elas, porém, estavam sempre à mercê do poder, das paixões e dos caprichos de seus donos. A escravidão não oferecia meios para a perpetuação honrada da raça. No entanto, apesar dessa privação, havia muitos homens e mulheres entre os escravos que foram leais e fiéis um ao outro ao longo da vida.

Mas vamos ao caso. Detestado e evitado como era, o capitão Anthony, tendo o poder, estava determinado a se vingar. Por acaso vi a chocante execução e jamais me esquecerei da cena. Era de manhã cedo, quando tudo estava quieto, e antes de qualquer um da família da casa ou da cozinha ter se levantado. Na verdade, fui

---

1 Mantivemos a palavra "senhor" por extenso quando o autor usou o termo *master* (proprietário de escravo). Quando se trata do pronome de tratamento, adotamos o "sr." (*Mr.*, no original) [TODAS AS NOTAS SÃO DESTA EDIÇÃO, SALVO MENÇÃO CONTRÁRIA].

acordado pelos gritos comoventes e pelos tristes urros da pobre Esther. Eu dormia no chão de terra de um pequeno quarto rústico que dava para a cozinha, e pelas frestas de suas tábuas irregulares pude ver e ouvir com nitidez o que estava acontecendo, sem ser visto. Os pulsos de Esther foram firmemente amarrados, e a corda retorcida foi presa a uma forte argola de ferro ao lado da lareira. Ali ela ficou de pé, os braços fortemente amarrados acima da cabeça. As costas e os ombros estavam completamente nus. Atrás dela estava o velho senhor, chicote na mão, fazendo seu trabalho bárbaro enquanto pronunciava todo tipo de nome desagradável, grosseiro e chocante. Ele agiu de modo cruelmente deliberado e prolongou a tortura como alguém que sente prazer na agonia de sua vítima. Vez após vez ele ajeitava o odioso açoite em sua mão, ajustando-o com a intenção de dar o golpe mais doloroso que sua força e habilidade lhe permitiam infligir. A pobre Esther jamais havia sido açoitada com severidade antes. Seus ombros eram roliços e tenros. Cada golpe, executado com vigor, extraía dela gritos e sangue. "Tem misericórdia! Ah, misericórdia!", ela gritava. "Eu não faço mais isso." Mas os gritos cortantes pareciam só aumentar a fúria dele. A cena inteira, com todas as suas circunstâncias, foi revoltante e chocante em grau máximo, e, quando as motivações para o castigo brutal são conhecidas, a linguagem não tem poder de transmitir um senso justo do crime terrível. Depois de ter batido não ouso dizer quantas vezes, o velho senhor desamarrou sua vítima sofredora. Ao ser solta, ela mal pôde ficar em pé. Em meu coração senti pena dela, e criança como eu era, desconhecedor de cenas como essa, o choque foi tremendo. Fiquei apavorado, quieto, atônito e perplexo. A cena aqui descrita se repetiu muitas vezes, pois Edward e Esther continuaram a se encontrar, não obstante todos os esforços para impedi-los.

Capítulo VI

O PENSAMENTO DE UMA CRIANÇA

Primeiras reflexões do autor sobre a escravidão • Tia Jennie
e tio Noah • Pressentimento de que iria se tornar um homem
livre um dia • Conflito entre um feitor e uma escrava •
Vantagem da resistência • Morte de um feitor • A fazenda
do coronel Lloyd • Distribuição mensal de comida •
Canto dos escravos • Uma explicação • Alimentação
e vestimenta dos escravos • Crianças nuas • Vida no
alojamento • Lugares para dormir • Sem camas • Privação
de sono • Os cuidados dispensados aos bebês pelas amas •
Bolo de cinzas • Contraste

Os incidentes relatados no capítulo anterior me levaram a questionar desde cedo a origem e a natureza da escravidão. Por que sou um escravo? Por que algumas pessoas são escravas e outras são proprietárias de escravos? Essas eram perguntas intrigantes e bastante incômodas na minha infância. Muito cedo alguém me disse que *"Deus lá no céu"* tinha feito todas as coisas e criou os negros para serem escravos e os brancos para serem seus senhores. Disseram-me também que Deus era bom e que Ele sabia o que era melhor para todos. Essa afirmação, porém, era menos satisfatória do que a primeira. Ela ia de encontro a todas as minhas noções de bondade. O caso de tia Esther estava em minha mente. Além disso, eu não entendia como alguém podia saber que Deus criou os negros para serem escravos. Depois descobri também que havia exceções intrigantes a essa teoria da escravidão, uma vez que nem todo negro era escravo e nem todo branco era senhor de escravos.

Um incidente mais ou menos nessa época causou profunda impressão em minha mente. Minha tia Jennie e um dos escravos do capitão Anthony fugiram. Fez-se grande estardalhaço por isso. O velho senhor ficou furioso. Ele disse que os perseguiria e os pegaria e que os traria de volta, mas nunca conseguiu, e alguém me disse que tio Noah e tia Jennie chegaram aos estados livres e agora estavam em liberdade. Além dessa ocorrência, que iluminou bastante minha mente sobre o tema, havia vários escravos na fazenda do sr. Lloyd que se lembravam de ter sido trazidos da África. Outros me diziam que seus pais e mães haviam sido roubados da África.

Esse era um conhecimento importante para mim, mas que não me deixava confortável com minha condição de escravo. O êxito de tia Jennie e tio Noah em fugirem da escravidão foi, acredito, o primeiro fato que me fez pensar a sério em também fugir. Eu certamente não tinha mais do que 7 ou 8 anos na época desse episódio, mas mesmo tão novo eu já era, em espírito e propósito, um fugitivo da escravidão.

Até a época do tratamento brutal dado a minha tia Esther, já narrado, e o estado chocante em que eu vira minha prima de Tuckahoe, minha atenção não estava especialmente voltada para os traços mais brutos e revoltantes da escravidão. Obviamente, eu tinha ouvido falar sobre açoitamentos e mutilações selvagens de escravos cometidos por senhores brutais. Mas, felizmente para mim, eu sempre estivera distante de ocorrências do gênero. O tempo destinado ao lazer, eu passava perto dos campos de milho e de tabaco, onde os feitores e escravos se encontravam e entravam em conflito. Mas depois do caso de minha tia Esther vi outros da mesma natureza asquerosa e chocante. Desses, o que mais me deixou agitado e angustiado foi o açoitamento de uma mulher que não pertencia a meu antigo senhor, mas sim ao coronel Lloyd. A acusação contra ela era muito comum e bastante vaga, a saber, *"insolência"*. Esse crime podia ser cometido por um escravo de centenas de formas diferentes e dependia de o temperamento do feitor saber se ele havia ou não sido cometido. Ele poderia criar a ofensa sempre que desejasse. Um olhar, uma palavra, um gesto, acidental ou intencional, nunca deixava de ser visto como insolência quando ele estava no humor apropriado para tal ofensa. Nesse caso havia todas as condições necessárias para o crime. A infratora era quase branca, para começo de conversa; era esposa de um dos homens prediletos na tripulação da chalupa do sr. Lloyd e era, além disso, mãe de cinco filhos felizes. Sendo uma mulher vigorosa e bem-disposta como era, casada e com filhos, com uma porção predominante de sangue do senhor de escravos correndo em suas veias, Nellie (pois esse era seu nome) tinha todas as qualidades essenciais para ser insolente com um feitor de escravos. Minha atenção foi atraída para a cena do castigo pelos berros e xingamentos que vinham daquela direção. Quando me aproximei das partes envolvidas na disputa, o feitor tinha dominado Nellie e lutava com todas as suas forças contra a resistência dela para arrastá-la até uma árvore. Tanto o rosto dele quanto o dela sangravam, pois a mulher estava fazendo o melhor que podia. Três dos filhos dela estavam presentes, e, embora fossem bem pequenos (entre 7 e 10 anos, imagino), eles bravamente defenderam a mãe contra o feitor e lançavam contra ele pedras e nomes feios. Em meio aos gritos das crianças, *"Solta a minha mãe! Solta a minha mãe!"*, a voz rouca do enlouquecido feitor era ouvida em terríveis juramentos de que agora ele a ensinaria a não ser *"insolente"* com o homem branco. O sangue no rosto dele e no dela atestava a habilidade da mulher em usar as unhas e a determinação obstinada dele em dominá-la. O objetivo dele era amarrá-la à árvore e dar aquilo que no linguajar dos escravos se chamava "uma sova das boas", e era evidente que ele não esperava a resistência firme e prolongada que estava encontrando, nem contava que ela tivesse a força ou a habilidade necessária para aquilo. Por vezes ela parecia levar a melhor sobre o brutamontes, mas ele acabou conseguindo dominá-la e prender com firmeza os braços dela à árvore para a qual a ia arrastando. A vítima agora estava à mercê de seu chicote impiedoso. Não é necessário que eu descreva o que se seguiu. Os gritos da mulher agora indefesa, enquanto sofria o terrível castigo, mesclavam-se ao praguejar rouco do feitor e aos gritos enlouquecidos dos mesmerizados filhos dela. Quando foi desamarrada, a pobre mulher tinha as costas cobertas de sangue. Ela foi açoitada, terrivelmente açoitada, mas não se deixou subjugar, e continuou a denunciar o feitor e a chamá-lo por todos os nomes ruins de que podia se lembrar. Esses açoitamentos dificilmente são repetidos pelos feitores nas mesmas pessoas. Eles preferem espancar aqueles que se deixam chicotear com mais facilidade. A doutrina segundo a qual a submissão à violência é a melhor cura para a violência não se mostrava válida entre escravos e feitores. Era açoitado com maior frequência aquele que se deixava açoitar com maior facilidade. O escravo que tinha coragem para se impor diante do feitor, embora de início pudesse levar muitas e duras chibatadas, acabava se tornando, ainda que legalmente escravo, virtualmente um homem livre. "Você pode atirar em mim", disse um escravo a Rigby Hopkins, "mas não pode me açoitar", e o resultado foi que ele não foi nem chicoteado nem baleado. Não tenho notícia de que o sr. Sevier em algum momento tenha tentado voltar a chicotear Nellie. Provavelmente ele nunca o fez, já que pouco tempo depois ele caiu doente e morreu. Dizia-se que seu leito de morte foi infeliz e que, sendo poderosa no leito de morte a paixão dominante do indivíduo, ele morreu agitando o chicote de bater nos escravos e com juras tenebrosas em seus lábios. Pode ser que essa cena no leito de morte seja mera imaginação dos escravos. Uma coisa é certa: quando ele era saudável, sua linguagem ímpia era o bastante para gelar o sangue de um homem comum. A natureza, ou o hábito, dera a seu rosto uma expressão de selvageria incomum. O tabaco e a raiva deixaram seus dentes pequenos, e quase toda frase que ele pronunciava começava ou se encerrava com uma imprecação. Odiado por sua crueldade, desprezado pela covardia, ele desceu ao túmulo sem ser chorado por ninguém exceto por seus parentes, se é que de fato eles choraram sua perda.

O sr. James Hopkins, que o sucedeu como feitor, era um homem diferente e melhor; talvez tão bom quanto alguém pudesse ser no cargo de feitor de escravos. Embora por vezes usasse a chibata, era evidente que aquilo não lhe dava prazer e que ele o fazia com grande relutância. Ele permaneceu lá por pouco tempo, e sua remoção do cargo foi muito lamentada pelos escravos em geral. Sobre o sucessor do sr. Hopkins direi algo em outro momento e em outro lugar.

Por ora vamos nos ater a descrever de forma mais profunda o aspecto comercial da fazenda onde ficava a "*casa-grande*" do coronel Lloyd. Havia sempre muito alvoroço e barulho ali nos dois últimos dias de cada mês, pois nesses dias os escravos pertencentes a diferentes setores dessa grande propriedade eram reunidos ali por seus representantes para receber suas rações mensais de fubá e carne de porco. Esses eram dias de festa para os escravos das fazendas mais distantes, e havia grande rivalidade entre eles para ver qual seria o grupo escolhido para ir até a fazenda da casa-grande receber as "*rações*", e na verdade para participar de qualquer outra atividade nesse lugar grandioso, que para eles era a capital de uma pequena nação. Sua beleza e grandiosidade, sua imensa riqueza, sua numerosa população, e o fato de que os tios Harry, Peter e Jake, os marinheiros a bordo da chalupa, em geral tinham quinquilharias trazidas de Baltimore para vender a seus colegas de cativeiro menos felizes, tornavam a visita à fazenda da casa-grande um alto privilégio, avidamente desejado. A viagem era também valorizada como marca de distinção e confiança; mas, provavelmente, a principal motivação dos competidores era a oportunidade de sair da monotonia do campo e ficar longe dos olhos e do chicote do feitor. Depois de ter caído na estrada e assumido a condução do carro puxado por uma junta de bois, sem nenhum feitor para vigiá-lo, o escravo se sentia relativamente livre.

Esperava-se que escravos cantassem tanto quanto trabalhassem. Um escravo silencioso não era estimado nem pelos senhores nem pelos feitores. *"Faz algum barulho aí! Faz algum barulho aí!"* e "Dá uma mão aqui" eram palavras usualmente dirigidas a escravos quando eles estavam em silêncio. Isso e a natural disposição do negro para fazer barulho no mundo podem responder pela cantoria quase constante entre eles durante o trabalho. Em geral, os grupos de trabalhadores cantavam constantemente, às vezes mais, às vezes menos. Era um modo de dizer ao feitor, à distância, onde eles estavam e o que estavam fazendo. Mas nos dias de distribuição de ração aqueles que ficavam incumbidos de ir à fazenda da casa-grande cantavam com particular disposição. Enquanto estavam a caminho, eles faziam as grandes florestas reverberarem por quilômetros com sua música selvagem e em tom de lamento. Eles eram de fato ao mesmo tempo felizes e tristes. Criança que eu era, essas canções selvagens deprimiam tremendamente meu ânimo. Em nenhum outro lugar além da querida Irlanda, nos dias de penúria e fome, ouvi sons tão tristes.

Em todas essas canções de escravos havia sempre alguma expressão de louvor à fazenda da casa-grande – algo que fosse agradável ao orgulho dos Lloyd.

> Estou a caminho da fazenda da casa-grande,
>> Sim! Sim! Sim!
> Meu senhor é um bom senhor!
>> Sim! Sim! Sim!

Essas palavras eram cantadas várias e várias vezes, com outras, improvisadas enquanto eles seguiam adiante – cantos bárbaros, talvez, para o leitor, mas cheios de sentido para quem os cantava. Por vezes me pareceu que ouvir essas canções, por si só, teria feito mais para impressionar as boas pessoas do Norte com o caráter devastador que a escravidão tem para a alma do que volumes inteiros expondo as crueldades físicas do sistema escravagista; pois o coração não tem idioma como a música. Muitos anos atrás, ao relembrar minha experiência quanto a isso, escrevi sobre essas canções de escravos a seguinte passagem:

> Quando escravo, não compreendi plenamente o profundo sentido dessas canções rudes e aparentemente incoerentes. Eu estava dentro do círculo, portanto não conseguia ouvir nem ver como aqueles que estavam do lado de fora podiam ver e ouvir. Elas exalavam a oração e a queixa das almas transbordando com a mais amarga angústia. Elas deprimiam meu ânimo e enchiam meu coração de inefável tristeza.

Nos tempos antigos não era incomum a observação de que os escravos eram os trabalhadores mais contentes e felizes do mundo, e sua dança e seu canto eram mencionados como prova desse suposto fato; era um grande equívoco, entretanto, supô-los felizes por produzirem às vezes esses ruídos alegres. As canções dos escravos representavam suas dores, mais do que suas alegrias. Como lágrimas, elas eram um alívio para corações sofridos. Não é incoerente com a constituição da mente humana que ela se utilize de um mesmo método para expressar emoções opostas. A tristeza e a desolação têm sua música. Assim como a alegria e a paz.

Os senhores de escravos se gabavam de que seus escravos gozavam de mais confortos na vida do que os camponeses de qualquer país do mundo. Minha experiência contradiz isso. Os escravos e as escravas da fazenda do coronel Lloyd recebiam como ração mensal de alimentos 3,5 quilos de carne de porco em conserva, ou seu equivalente em peixe. A carne de porco frequentemente vinha putrefata, e o peixe era da pior qualidade. Com sua carne de porco e seu peixe, eles recebiam 25 quilos de fubá não peneirado, dos quais uns bons 15% eram mais apropriados para porcos do que para humanos. Com isso recebiam 400 gramas de sal, e essa era toda a ração fornecida para um escravo adulto, trabalhando constantemente nos campos desde a manhã até a noite todos os dias do mês exceto aos domingos. Não existe tipo de trabalho que exija melhor suprimento de alimentos para prevenir o esgotamento físico do que o trabalho feito por um escravo no campo. A cota anual de roupas não era mais abundante do que a ração alimentar. Ela consistia de duas camisas de estopa, um par de calças do mesmo material para o verão e um par de calças de lã e uma blusa de lã para o inverno, com um par de meias de fios e um sapato do tipo mais rudimentar. Crianças abaixo de 10 anos não recebiam nem sapatos nem meias, nem blusas nem calças. Recebiam duas camisas de estopa por ano, e quando estas ficavam gastas elas permaneciam nuas até o dia da distribuição da cota seguinte – e essa era a situação tanto das meninas quanto dos meninos. Quanto a camas, não havia. Cada escravo adulto recebia uma coberta grosseira. As crianças se enfiavam em buracos e cantos dos alojamentos, muitas vezes nos cantos onde ficavam imensas chaminés, com os pés nas cinzas para mantê-los aquecidos. A ausência de camas, no entanto, não era considerada grande privação pelos trabalhadores do campo. O tempo disponível para dormir era bem mais importante. Pois quando o dia de trabalho acabava a maioria tinha de cuidar de lavar utensílios, remendar roupas e cozinhar, e dispondo de poucos lugares para fazer isso, ou de lugar algum, muitos precisavam consumir horas de sono com os preparativos necessários para a labuta do dia seguinte. Os dormitórios, se é que poderiam ser adequadamente assim chamados, não tinham grande preocupação com conforto ou decência. Velhos e jovens, homens e mulheres, casados e solteiros dormiam todos no chão de terra, cada um sob seu cobertor, única proteção contra o frio e a exposição. A noite, porém, era abreviada nas duas pontas. Os escravos frequentemente trabalhavam enquanto conseguissem ver, e cozinhavam e costuravam até tarde para o dia seguinte, e ao primeiro vestígio de cinza da manhã eram convocados para o campo pela corneta do feitor. A infração que mais levava ao açoitamento era dormir além do permitido. Não havia concessões para escravos de nenhum sexo e de nenhuma idade. O feitor ficava à porta do alojamento, armado com um pau e um chicote, pronto para dar pesados golpes em qualquer um que estivesse um pouco atrasado. Quando a corneta tocava havia uma corrida para a porta, pois o último da fila sem dúvida levaria um golpe do feitor. Jovens mães que trabalhavam no campo tinham permissão para ir para casa por uma hora às dez da manhã para amamentar os filhos. Isso quando não se exigia que elas levassem os filhos consigo para o campo e os deixassem no trecho não cultivado da terra ou nos cantos das cercas.

Como regra geral os escravos não iam a seus alojamentos para fazer as refeições, comendo seu bolo de cinzas (assim chamado por ser assado nas cinzas) e seu pedaço de carne de porco, ou seu arenque salgado, onde estivessem trabalhando.

Deixemos agora, porém, os costumes rudimentares do campo, onde a vulgar grosseria e a crueldade brutal floresciam como ervas daninhas nos trópicos e onde um infeliz desgraçado, em forma de homem, cavalga, anda e perambula por aí, chicote na mão, dando pesados golpes e deixando lanhos profundos na carne de homens e mulheres, e voltemos nossa atenção para a vida menos repulsiva dos escravos como ela existia na casa de minha infância. Alguma noção do esplendor daquele lugar sessenta anos atrás já foi dada. O contraste entre a condição dos escravos e a de seus senhores era espantosamente forte e impressionante. Havia orgulho, pompa e luxo por um lado, subserviência, tristeza e aflição por outro.

Capítulo VII
LUXOS NA CASA-GRANDE

Contrastes • Luxos da casa-grande • Sua hospitalidade •
Entretenimentos • Censura • Vergonhosa humilhação de
um velho e fiel cocheiro • William Wilks • Incidente curioso •
Expressão de satisfação nem sempre genuína • Razões para
omissão da verdade

A mesquinhez que alimentava o pobre escravo com fubá grosseiro e carne apodrecida, que o vestia com estopa esgarçada e que o apressava para a lida no campo independentemente do tempo, com o vento e a chuva passando por suas vestimentas em farrapos, e que mal concedia até mesmo à jovem mãe-escrava tempo para amamentar seu bebê na cerca, desaparecia completamente ao se aproximar dos sagrados recintos da "casa-grande". Ali a frase das Escrituras descrevendo a riqueza encontrava sua ilustração exata. Os moradores altamente privilegiados dessa mansão literalmente se vestiam de "púrpura e fino linho e se alimentavam suntuosamente todos os dias". A mesa dessa casa gemia sob o peso dos luxos comprados com sangue, cuidadosamente trazidos dali ou de fora. Campos, florestas, rios e mares se tornavam tributários da casa. Imensa riqueza e seus generosos gastos enchiam a casa-grande com tudo que pudesse agradar os olhos e tentar o paladar. Havia peixes, carnes e aves em profusão. Galinhas de todas as raças; patos de todos os tipos, tanto selvagens quanto domésticos, do comum e do imenso moscovita; galinhas-d'angola, perus, gansos e pavões; todos eram gordos e cevados para a voragem a que se destinavam. Ali o gracioso cisne, o ganso mestiço, o ganso de pescoço preto, perdizes, codornas, faisões, pombos e aves aquáticas seletas, com todas as suas estranhas variedades, eram pegos por essa imensa rede. Carne de boi, vitela, carneiro e carne de veado, dos tipos e qualidades mais seletos, corriam em profusão generosa rumo a esse voraz consumidor. As prolíficas riquezas da baía de Chesapeake, seus robalos, pescadas, trutas, ostras, caranguejos e tartarugas, eram levadas para ornamentar a mesa cintilante. Os laticínios, também, eram os mais finos que se podiam encontrar à época na costa leste de Maryland, fornecidos pelo melhor gado de linhagem inglesa, importado expressamente com esse propósito, e que derramava sua rica contribuição usada em queijos perfumados, manteigas douradas e deliciosos cremes que aumentavam a atratividade do deslumbrante e infindo banquete. Os frutos da terra também não eram negligenciados. O fértil jardim, de muitos acres, compondo um estabelecimento à parte da fazenda comum, com seu jardineiro perito trazido diretamente da Escócia, um certo sr. McDermott, e quatro homens que trabalhavam sob sua supervisão, não ficava atrás, seja em termos de abundância, seja em termos do refinamento de suas contribuições. O tenro aspargo, o crocante aipo e as delicadas couves-flor, berinjelas, beterrabas, alfaces, cherivias, ervilhas e vagens, precoces e tardias; rabanetes, cantalupos, melões de todo tipo; e as frutas de todos os climas e de toda espécie, das robustas maçãs do Norte até o limão e a laranja do Sul, chegaram a seu ponto alto aqui. Foram reunidos figos, passas, amêndoas e uvas da Espanha, vinhos e conhaques da França, chás de vários sabores da China, e rico, aromático café de Java, tudo conspirando para fazer subir a maré da vida de fartura, onde o orgulho e a indolência viviam tranquilamente em meio à magnificência e à abundância.

Atrás das cadeiras de espaldar alto e com madeira altamente trabalhada ficavam os criados, em número de quinze, cuidadosamente selecionados, não apenas tendo em vista suas capacidades e adequação, mas com especial atenção para sua aparência pessoal, sua agilidade graciosa e seu trato agradável. Alguns desses criados, munidos de leques, sopravam brisas revigorantes na direção do semblante superaquecido das damas de alabastro, ao passo que outros observavam com olhos ávidos e passos de fauno, antecipando-se aos desejos e satisfazendo-os antes que eles estivessem suficientemente formados para serem anunciados por meio de palavras ou sinais.

Esses criados eram uma espécie de aristocracia negra. Não se pareciam em nada com os trabalhadores do campo exceto pela cor da pele, e nesse aspecto tinham a vantagem, sobre aqueles, de um brilho aveludado, intenso e bonito. Os cabelos, igualmente, apresentavam a mesma vantagem. A criada de formas delicadas farfalhava nas sedas pouco usadas de sua jovem senhora, ao passo que os criados do sexo masculino se vestiam igualmente bem com peças que transbordavam dos guarda-roupas de seus jovens senhores, de modo que no traje, tanto quanto na forma e nos traços, nos modos e na fala, nos gostos e nos hábitos, era imensa a distância entre esses poucos escolhidos e a triste multidão faminta dos alojamentos e do campo.

Se fôssemos dar uma espiada nas estrebarias e nas cocheiras encontraríamos os mesmos indícios de orgulho e luxuosa extravagância. Havia ali três esplêndidas carruagens, macias por dentro e lustrosas por fora. Ali também havia cabriolés, faetontes, caleches, tílburis e trenós. Ali havia selas e arreios, lindamente trabalhados e ricamente montados. Nada menos do que 35 cavalos com certificação do melhor sangue, tanto para velocidade quanto para beleza, eram mantidos ali apenas por prazer. O cuidado desses cavalos ocupava integralmente dois homens, dos quais um sempre estava na estrebaria para atender a qualquer pedido que fosse feito pela casa-grande. No caminho para a estrebaria, havia uma casa construída especificamente para os cães, uma matilha de 25 ou 30 animais, cada um recebendo alimentação que teria deixado feliz o coração de uma dezena de escravos. Cavalos e cães, porém, não eram os únicos a consumir o fruto do trabalho dos escravos. A hospitalidade praticada por Lloyd teria aturdido e encantado muitos religiosos em busca de tratamento de saúde ou mercadores vindos do Norte. Visto da mesa, e *não* do campo, o coronel Lloyd era de fato um modelo de hospitalidade generosa. Durante os meses de verão, sua casa transformava-se literalmente num hotel por semanas. Nesses momentos, especialmente, o ar ficava carregado com o cheiro de comida assada, cozida, tostada e grelhada. Para mim, já era uma experiência e tanto poder compartilhar esses odores com o vento, mesmo se as respectivas comidas estivessem limitadas a um monopólio mais estrito. Eu tinha no senhor Daniel, de quem às vezes ganhava um bolo e me mantinha informado sobre as visitas e seus entretenimentos, um amigo do lado de dentro da corte. Tomando por base a mesa do coronel Lloyd, ninguém diria que seus escravos não eram bem-vestidos ou bem cuidados. Quem diria que eles não se regozijavam por ser escravos de tal senhor? Quem, à exceção de um fanático, poderia ver motivo para sentir compaixão, fosse pelo senhor, fosse pelo escravo? Infelizmente, essa imensa riqueza, esse esplendor dourado, essa profusão de luxo, essa ausência da necessidade de trabalhar, essa vida tranquila, esse mar de fartura não eram os perolados portões de entrada para um mundo de felicidade e doce contentamento que pareciam ser. O pobre escravo, em sua tábua dura de pinho, mal protegido por seu fino cobertor, dormia mais profundamente do que o febril sibarita que se reclinava sobre seu travesseiro macio. Comida para o indolente é veneno, e não sustento. À espreita, atrás dos ricos e tentadores alimentos, havia invisíveis espíritos malignos que enchiam o iludido glutão de dores e padecimentos, paixões incontroláveis, índoles ferozes, dispepsia, reumatismo, lumbago e gota, e Lloyd tinha sua cota completa de tudo isso.

Tive diversas oportunidades de testemunhar o inquieto descontentamento e a caprichosa irritação dos Lloyd. Meu gosto por cavalos me atraía para a estrebaria em grande parte do tempo. Os dois homens encarregados desse estabelecimento eram o velho e o jovem Barney – pai e filho. O velho Barney era um senhor de idade bonito e corpulento de uma compleição castanha, e de porte respeitoso e digno. Era bastante dedicado a sua profissão e considerava seu trabalho honrado. Sabia ferrar um cavalo, assim como sabia fazer todos os trabalhos de estribeiro, realizava sangrias, removia abscessos da boca dos cavalos e lhes ministrava remédios. Ninguém na fazenda sabia tão bem quanto o velho Barney o que fazer com um cavalo doente; mas a posição dele não era invejável, e de pouco lhe valiam seus dons e conhecimentos. Em nenhum outro aspecto o coronel Lloyd era menos razoável e mais exigente do que no que dizia respeito ao tratamento de seus cavalos. Qualquer suposta desatenção a esses animais certamente resultaria em punição degradante. Os cavalos e cães dele se alimentavam melhor do que seus homens. Suas camas eram muito mais macias e limpas do que as de seu gado humano. Não havia desculpa que pudesse proteger o velho Barney caso o coronel meramente suspeitasse de algo errado com seus cavalos, e como consequência era comum que ele fosse punido sem ter feito nada de errado. Era doloroso ouvir as reprimendas irracionais e cheias de irritação que esse pobre homem recebia do coronel Lloyd, de seu filho Murray e dos genros. Três das filhas do coronel Lloyd eram casadas, e durante parte do ano elas permaneciam com os maridos na casa-grande e gozavam do luxo de açoitar os criados quando assim desejavam. Era raro que se trouxesse um cavalo do estábulo sem que pudessem fazer alguma objeção. "Havia pó nos pelos dele"; "as rédeas estavam retorcidas"; "os pelos da cabeça não estavam penteados"; "a crina não parava no lugar"; "a cabeça dele não estava com boa aparência"; "os pelos acima dos cascos não tinham sido bem aparados". Sempre havia algo errado. Por mais que a reclamação fosse infundada, Barney deveria ficar ali, chapéu na mão, boca fechada, sem jamais responder com uma palavra que fosse para se explicar ou se desculpar. Em um estado livre, um senhor que reclamasse desse modo sem motivo poderia ouvir do responsável pela estrebaria: "Senhor, lamento não conseguir agradá-lo, mas, levando em conta que fiz meu melhor e mesmo assim fracassei, a solução que lhe resta é me dispensar". Mas aqui o escravo devia ouvir e obedecer tremendo a suas ordens. Uma das cenas mais comoventes e humilhantes que testemunhei em toda a minha vida foi o açoitamento do velho Barney pelo coronel Lloyd. Os dois homens tinham idade avançada; havia os cabelos prateados do senhor e a cabeça calva e desgastada pelo trabalho do escravo – superior e inferior aqui, poderoso e fraco aqui, mas *iguais* perante Deus. "Descubra a cabeça", disse o senhor imperioso; o outro obedeceu. "Tire a blusa, seu velho tratante!" e Barney tirou a blusa. "De joelhos!" E o velho homem se ajoelhou, ombros nus, a calva cintilando ao sol, e os joelhos desgastados no chão frio e úmido. Com o escravo nessa atitude humilde e degradante, o senhor, a quem ele dedicara os melhores anos e a melhor parcela de força de sua vida, veio e lhe deu trinta golpes com seu chicote de cavalo. O velho homem não resistiu, suportando pacientemente, respondendo a cada golpe apenas com um encolher de ombros e um gemido. Não creio que o sofrimento físico causado por esse castigo tenha sido severo, pois era um chicote leve de equitação; mas o espetáculo de um homem idoso – casado e pai de família – humildemente ajoelhado diante de outro homem me chocou à época; e, desde que me tornei adulto, poucas características da escravidão me deram maior noção de sua injustiça e de sua barbárie do que essa cena. Para ser franco, entretanto, devo dizer que essa foi a primeira e última vez que vi um escravo obrigado a se ajoelhar para ser açoitado.

Devo mencionar aqui outro incidente, que ilustra uma fase da escravidão a que me referi em contexto diferente. Além de dois outros cocheiros, o coronel Lloyd possuía um chamado William Wilks, e ele era um dos casos excepcionais em que um escravo tinha sobrenome, e era reconhecido por ele, tanto pelos negros quanto pelos brancos. Wilks era um homem de muito boa aparência. Era quase tão branco quanto qualquer outra pessoa na fazenda, e tanto na forma quanto nos traços tinha uma semelhança muito impressionante com Murray Lloyd. Sussurrava-se e acreditava-se amplamente que William Wilks era filho do coronel Lloyd com uma das escravas prediletas dele, que ainda estava na fazenda. Havia muitos motivos para se acreditar nesse rumor, não só a aparência dele como a inegável liberdade de que só ele desfrutava, e a aparente consciência de que ele tinha de ser algo além de um escravo para seu senhor. Também era notório que William era inimigo mortal de Murray Lloyd, com quem ele tanto se parecia, e que este importunava sempre o pai para que ele vendesse William. Na verdade, ele não deu sossego ao pai até que de fato ele o vendeu para Austin Woldfolk, o grande comerciante de escravos da época. Antes de vendê-lo, porém, ele quis acalmar as coisas dando chibatadas em William, mas essa ideia se revelou um fracasso. A tentativa era obter um meio-termo e, como em geral acontece nesses casos, não foi bem-sucedida – pois o coronel Lloyd pouco depois ofereceu a William como reparação pelo abuso um relógio de ouro com corrente. Outro fato algo curioso foi que, embora vendido para o inclemente Woldfolk, levado a ferros para Baltimore e posto na prisão, para depois ser levado ao Sul, William ofereceu um valor mais alto do que todos os compradores, pagou por sua liberdade e depois foi morar em Baltimore. Como ele conseguiu isso foi um grande mistério na época, só explicado pela suposição de que a mesma mão que lhe dera o relógio de ouro e a corrente lhe deu também o dinheiro para sua compra, porém mais tarde eu vim a saber que essa não era a real explicação. Wilks tinha muitos amigos em Baltimore e Annapolis, e eles se uniram para salvá-lo de um destino que era, entre todos, o mais temido pelos escravos. A miscigenação, porém, era tão comum no Sul, e tantas circunstâncias apontavam nessa direção, que há poucos motivos para duvidar que William Wilks fosse filho de Edward Lloyd.

Os verdadeiros sentimentos e as reais opiniões dos escravos não eram muito conhecidos nem respeitados por seus senhores. A distância entre os dois era grande demais para que se admitisse tal conhecimento, e quanto a isso o coronel Lloyd não fugia à regra. Os escravos dele eram tão numerosos que ele não os reconhecia quando os via. E, na verdade, nem todos os escravos o conheciam. Conta-se que ele, ao cavalgar pela estrada certo dia, encontrou um negro e se dirigiu a ele no modo em geral usado para falar com pessoas de cor em vias públicas do Sul: "Garoto, a quem você pertence?". "Ao coronel Lloyd", respondeu o escravo. "Muito bem, e o coronel te trata bem?" "Não, senhor", foi a resposta imediata. "O quê, ele te faz trabalhar duro?" "Sim, senhor." "Muito bem, ele não te dá o bastante para comer?" "Sim, ele me dá o bastante para comer, por assim dizer." O coronel continuou cavalgando; o escravo também foi adiante cuidar de suas tarefas, sem sequer sonhar que tinha conversado com seu dono. Ele não pensou sobre o caso nem falou nada sobre isso até que, duas ou três semanas depois, foi informado pelo feitor de que, por ter criticado seu senhor, seria vendido para um comerciante da Geórgia. Ele foi imediatamente acorrentado e algemado; e assim, sem nenhum tipo de aviso, foi levado embora e separado para sempre da família e dos amigos por uma mão tão implacável quanto a da morte. Essa era a pena por dizer a simples verdade, por responder a uma série de perguntas simples. Em parte foi por consequência desses fatos que os escravos, quando lhes perguntavam sobre as condições e o caráter de seus donos, quase invariavelmente respondiam que estavam contentes e que seus donos eram bondosos. Sabe-se que donos de escravos enviavam espiões entre seus escravos para descobrir, se fosse possível, o que eles pensavam e sentiam sobre a sua situação; vem daí a máxima estabelecida entre eles de que "uma língua parada faz uma cabeça sábia". Eles preferiam omitir a verdade a sofrer as consequências de dizê-la, e ao fazer isso demonstravam ser parte da família humana. Muitas vezes me perguntaram se eu tinha um dono bondoso, e eu não me lembro de jamais ter dado resposta negativa. Eu não achava que estava dizendo algo estritamente inverídico, pois sempre media a bondade de meu dono pelo padrão de bondade estabelecido pelos donos de escravos à nossa volta.

Capítulo VIII
CARACTERÍSTICAS DOS FEITORES

Austin Gore • Esboço de seu caráter • Feitores como uma
classe • Suas características peculiares • A acentuada
individualidade de Austin Gore • Seu senso de dever •
Assassinato do pobre Denby • Sensação • Como Gore fez as
pazes com o coronel Lloyd • Outros assassinatos horríveis •
Ausência de leis para proteção dos escravos que pudessem
ser garantidas

A gestão relativamente moderada do sr. Hopkins como feitor na *plantation* do coronel Lloyd foi sucedida por outra, de um homem chamado Austin Gore. Mal sei como apresentar de modo adequado esse homem ao leitor; pois sob sua administração houve mais sofrimento trazido pela violência e pelo derramamento de sangue do que jamais havia acontecido ali, segundo escravos mais velhos. Ele era um feitor e tinha as características peculiares da classe; no entanto, chamá-lo meramente de feitor não daria uma ideia justa do homem. Falo dos feitores como uma classe, pois eles de fato o eram. Eles eram tão distintos da pequena nobreza dona de escravos do Sul quanto as peixeiras de Paris e os descarregadores de carvão de Londres são distintos de outros níveis da sociedade. Eles constituíam, no Sul, uma fraternidade à parte. Eram organizados e classificados por aquela grande lei da atração que determina a esfera de afinidade dos homens e ordena que homens cuja tendência à maldade e à brutalidade predomina sobre seus dotes morais e intelectuais acabem naturalmente fazendo trabalhos que prometem a maior das gratificações a seus instintos ou propensões preponderantes. O ofício de feitor pegava essa matéria-prima de vulgaridade e brutalidade e a carimbava como uma classe à parte na vida do Sul. Mas nessa classe, como em todas as outras, por vezes havia pessoas de acentuada individualidade, ainda que mantendo semelhança geral com a massa. O sr. Gore era um desses a quem a caracterização geral não faria justiça. Ele era um feitor, mas era algo além disso.

Às qualidades malignas e tirânicas de um feitor ele somava algo do legítimo senhor de escravos. Tinha a astúcia e a ambição má de sua classe, sem sua repulsiva arrogância e suas bravatas ruidosas. Seu ar era de agradável independência, de um tranquilo autodomínio, e ao mesmo tempo seu olhar era de uma dureza que poderia muito bem amedrontar corações menos tímidos do que os daqueles pobres escravos acostumados desde a infância a se encolher diante do chicote de um capataz. Ele era um daqueles feitores capazes de torturar a menor das palavras ou olhares até transformá-los em insolência, e tinha a ousadia não apenas de se ressentir como de punir pronta e severamente. Não se podia responder. Culpado ou inocente, a acusação era a certeza do açoite. A própria presença dele causava medo, e eu fugia dele como teria fugido de uma cascavel. Os penetrantes e agudos olhos negros e a voz estridente sempre despertavam sensações de terror. Outros feitores, por mais brutais que fossem, por vezes tentavam cair nas graças dos escravos permitindo-se um pequeno gracejo; mas Gore jamais disse algo engraçado ou contou uma piada. Ele era sempre frio, distante e inacessível – o *feitor* da fazenda do coronel Edward Lloyd – e não precisava de maior prazer do que os proporcionados pela realização das tarefas de seu cargo. Quando usava o açoite, era por um senso de dever, sem temer as consequências. Havia nele uma vontade firme, uma realidade férrea, que facilmente faria dele o chefe de um bando de piratas, caso o ambiente em que vivesse fosse favorável a isso. Entre outros atos de chocante crueldade cometidos por ele estava o assassinato de um rapaz negro chamado Bill Denby. Era um sujeito forte, cheio de energia e um dos mais valiosos escravos do coronel Lloyd. De algum modo, não sei como, ele ofendeu esse sr. Austin Gore e, de acordo com seu costume, o feitor puniu-o com o açoite. Ele havia aplicado alguns poucos golpes quando Denby se livrou dele, mergulhou no riacho e, ali ficando com água pelo pescoço, recusou-se a sair; imediatamente, ao ver sua recusa, Gore *o matou a tiros*! Dizem que Gore chamou Denby três vezes para sair, afirmando que, se ele não obedecesse ao último chamado, atiraria. Quando o último chamado veio, Denby continuou em seu lugar, e Gore, sem falar mais nem fazer nenhum outro esforço para induzi-lo a obedecer, ergueu a arma deliberadamente até a altura do rosto, mirou fatalmente em sua vítima, e com um clique da arma o corpo mutilado afundou e sumiu, e apenas seu sangue vermelho e quente marcava o lugar onde ele estivera.

Como não poderia deixar de ser, esse assassinato diabólico causou tremenda comoção. Os escravos entraram em pânico e gemiam alarmados. A atrocidade inflamou meu antigo senhor, e ele reprovou verbalmente o ocorrido. Tanto ele quanto o coronel Lloyd criticaram Gore por sua crueldade; mas o feitor, calmo e tranquilo como se nada fora do usual tivesse ocorrido, declarou que Denby tornara-se ingovernável; que dera um exemplo perigoso para os outros escravos e que, se alguma medida não tivesse sido tomada imediatamente, todo o controle sobre a fazenda se perderia e deixaria de haver ordem. Ele recorreu àquele disfarce conveniente para todo tipo de vilania e ultraje; aquele covarde alarme afirmando que os escravos iriam "tomar conta do lugar", a que tantas vezes já se havia recorrido em casos semelhantes. A defesa de Gore obviamente foi considerada satisfatória, pois ele continuou no cargo sem ser exposto a uma investigação judicial. O assassinato foi cometido apenas na presença de escravos, e eles, sendo escravos, não podiam nem abrir processo nem testemunhar contra o homicida. O sr. Gore morava em St. Michaels, condado de Talbot, Maryland, e, pelo que sei sobre o sentimento moral do lugar, não tenho motivos para duvidar que era tido em alta estima e era muito respeitado, como se sua alma cheia de culpa não estivesse manchada por sangue inocente.

Não falo sem conhecimento quando digo que no condado de Talbot, Maryland, matar um escravo, ou qualquer pessoa de cor, não era tratado como crime, nem pelos tribunais nem pela comunidade. O sr. Thomas Lanman, carpinteiro de navios em St. Michaels, matou dois escravos, um dos quais ele assassinou usando uma machadinha para abrir sua cabeça. Ele costumava se gabar de ter cometido o ato horrível e sanguinário. Eu o ouvi fazer isso, rindo, dizendo-se um benfeitor do país e afirmando que "quando outros fizessem o que ele tinha feito, eles se livrariam dos malditos crioulos".

Outro fato notório que posso relatar aqui foi o assassinato de uma moça de 15 ou 16 anos por sua dona, a sra. Giles Hicks, que morava perto da fazenda do coronel Lloyd. Essa mulher pérfida, no auge de sua fúria, não contente em assassinar sua vítima, literalmente mutilou seu rosto e quebrou seu osso esterno. Mesmo dominada pela selvageria e pela fúria, ela tomou a precaução de sepultar a garota; mas, com os fatos relativos ao caso sendo divulgados em outros lugares, os restos mortais foram exumados e uma junta de legistas foi formada, decidindo após deliberação que "a garota morreu por ter sido severamente espancada". A ofensa pela qual a menina foi retirada tão precocemente do mundo foi esta: ela tinha sido escolhida naquela noite, e em várias noites anteriores, para cuidar do bebê da sra. Hicks e, tendo caído em sono profundo, o choro do bebê não a acordou como acordou a mãe da criança. A demora da garota irritou a sra. Hicks, que, depois de tê-la chamado várias vezes, pegou um pedaço de lenha da lareira e bateu em seu crânio e no esterno até que a morte sobreveio. Não vou dizer que esse assassinato abominável não tenha causado comoção. Houve *sim* comoção. Foi emitido um mandado para que se prendesse a sra. Hicks, mas incrivelmente, sabe-se lá por qual motivo, o mandado jamais foi cumprido, e ela não só escapou da punição que seria justa como também da dor e da mortificação de ser processada em um tribunal de justiça.

Uma vez que estou detalhando os fatos sangrentos que ocorreram durante o período em que permaneci na fazenda do coronel Lloyd, vou narrar brevemente outro caso sombrio, que se passou mais ou menos na época do assassinato de Denby.

Na outra margem do rio Wye em relação à fazenda do coronel Lloyd, morava um certo sr. Beal Bondley, rico senhor de escravos. Na direção das terras dele, e perto da margem, havia um excelente local para pesca de ostras, e lá iam ocasionalmente alguns escravos do sr. Lloyd em suas pequenas canoas, à noite, a fim de compensar a deficiência de sua escassa ração alimentar com as ostras que facilmente conseguiam pegar ali. O sr. Bondley meteu na cabeça que aquilo deveria ser considerado invasão de propriedade, e, quando um escravo idoso estava pescando alguns dos milhões de ostras que ficavam no fundo do riacho, para saciar a fome, o vil Bondley, que esperava numa emboscada, sem o menor aviso, descarregou o conteúdo de seu mosquete nas costas do pobre velho. Quis a sorte que o tiro não fosse fatal, e o sr. Bondley foi no dia seguinte falar com o coronel Lloyd sobre o assunto. Não sei dizer o que aconteceu entre os dois, mas pouco foi dito sobre o assunto e nada foi feito publicamente. Um dos ditados mais comuns a que meus ouvidos se acostumaram desde cedo era que "custava meio centavo matar um crioulo, e custava meio centavo enterrá-lo". Embora eu tenha ouvido falar de vários assassinatos cometidos por donos de escravos na costa leste de Maryland, jamais soube de um único exemplo de um dono de escravos que tenha sido enforcado ou preso por ter assassinado um escravo. O pretexto comum para esses crimes era que o escravo tinha oferecido resistência. Caso um escravo, quando atacado, levantasse a mão para se defender, o branco que o atacava estava plenamente protegido pela lei sulista e pela opinião pública do Sul para atirar no escravo, e para isso não havia punição.

Capítulo IX
MUDANÇA DE LOCAL

Srta. Lucretia • Sua bondade • Como ela se manifestava •
"Ike" • Uma batalha com ele • O bálsamo da srta. Lucretia •
Pão • Como ele era obtido • Raios de sol em meio à escuridão
generalizada • Passando frio • Como comíamos nosso mingau •
Preparativos para ir a Baltimore • Alegria com a mudança •
A opinião do primo Tom sobre Baltimore • Chegada •
Recepção bondosa • Sr. e sra. Hugh Auld • Seu filho Tommy •
Minhas relações com eles • Minhas tarefas • Um momento de
mudança em minha vida

Nada tenho a relatar de cruel ou chocante sobre minha experiência pessoal enquanto permaneci na fazenda do coronel Lloyd, na casa de meu antigo senhor. Um bofetão ocasional de tia Katy e surras regulares de meu antigo senhor, iguais às que qualquer menino negligente e arteiro poderia levar do próprio pai, é tudo que tenho a contar sobre isso. Eu não tinha idade para trabalhar no campo e, não havendo muito trabalho a ser feito fora dali, tinha bastante tempo livre. O máximo que eu fazia era tocar as vacas no fim da tarde para manter o jardim livre, ir a algum lugar a mando de minha jovem senhora, Lucretia Auld. Eu tinha motivos para achar que essa senhora tinha muito boa disposição a meu respeito e, embora eu não fosse objeto de sua atenção com grande frequência, constantemente a via como minha amiga, e sempre ficava feliz quando tinha o privilégio de lhe prestar um serviço. Em uma família na qual tantas coisas eram difíceis e indiferentes, a menor bondade em uma palavra ou olhar tinha grande valor. A srta. Lucretia – como todos nós continuávamos a chamá-la já muito tempo depois de ela ter se casado – tinha me dirigido olhares e palavras que me ensinaram que ela sentia pena de mim, se é que não chegava a me amar. Por vezes ela me dava um pedaço de pão com manteiga, um item que não constava de nosso cardápio e que era uma ração à parte concedida sem que tia Katy e meu antigo senhor soubessem,

59

e que ela me dava, segundo creio, unicamente pela ternura que sentia por mim. Então, um dia eu também me peguei no meio das guerras de "Ike", filho de tio Abel, e as coisas pioraram; o pequeno patife me bateu direto na testa com um pedaço afiado de cinzas fundidas com ferro retirado da velha forja do ferreiro, que me deixou uma cruz na testa que pode ser vista com bastante facilidade ainda hoje. O ferimento sangrou livremente, eu dei um berro e me enfiei em casa. A insensível tia Katy não prestou atenção nem ao corte nem ao meu grito, a não ser para me dizer que "aquilo ia me servir de lição; eu não tinha nada que me meter com o Ike; ia ser bom para mim; agora eu ia ficar longe dos 'malditos crioulos do Lloyd'". A srta. Lucretia se apresentou e me chamou para ir ao salão da casa (um privilégio extra), e, sem usar comigo as palavras duras e os nomes feios utilizados por tia Katy, discretamente agiu como uma boa samaritana. Com sua mão macia lavou o sangue de minha cabeça e de meu rosto, trouxe seu próprio frasco de bálsamo e com ele molhou um belo pedaço de linho branco e fez uma atadura na minha cabeça. O bálsamo não fez mais para curar o ferimento na minha cabeça do que a gentileza dela fez para curar as feridas de minha alma, abertas pelas palavras cruéis de tia Katy.

Depois disso a srta. Lucretia ficou ainda mais minha amiga. Eu percebia isso e não tenho dúvida de que o simples ato de fazer um curativo na minha cabeça fez muito para despertar em seu coração um interesse por meu bem-estar. É bem verdade que esse interesse raramente se manifestou de outra forma que não fosse me oferecer um pedaço de pão com manteiga, mas esse era um grande favor em uma fazenda com escravos, e eu era a única criança a ganhar tal atenção. Quando estava com muita fome, eu tinha o hábito de cantar, algo que a boa senhora logo veio a entender, e quando ela me ouvia cantar debaixo de sua janela havia grande chance de eu ser recompensado pela minha música.

Assim eu tinha dois amigos, ambos em posições importantes – o senhorzinho Daniel na casa-grande e a srta. Lucretia em casa. Do senhorzinho Daniel eu obtinha proteção contra os meninos maiores, e da srta. Lucretia eu obtinha pão ao cantar quando estava com fome, e compaixão quando sofria abusos da megera na cozinha. Por tal amizade eu era profundamente grato, e, ainda que minhas recordações da escravidão sejam amargas, é um genuíno prazer me lembrar de quaisquer exemplos de bondade, de quaisquer raios de sol de tratamento humano que chegavam à minha alma, ultrapassando as barras de ferro de meu cativeiro. Esses raios de sol parecem ainda mais brilhantes em função da escuridão generalizada em que penetravam, e a impressão que eles causam lá é vividamente perceptível.

Como disse antes, não recebi tratamento severo das mãos de meu senhor, porém a insuficiência tanto de comida quanto de vestimentas foi uma séria provação para mim, especialmente no caso das roupas. Tanto no auge do verão quanto no mais gelado inverno eu era mantido quase em estado de nudez. Minha única roupa – uma espécie de camisa de saco ou de estopa que mal chegava à altura dos joelhos – era usada dia e noite e trocada uma vez por semana. Durante o dia eu conseguia me proteger me mantendo do lado ensolarado da casa ou, quando havia tempestade, no canto da cozinha onde ficava a chaminé. Mas a grande dificuldade era me manter aquecido à noite. Os porcos no chiqueiro tinham folhas, e os cavalos no estábulo tinham palha, mas as crianças não tinham cama. Elas se alojavam em qualquer lugar na ampla cozinha. Eu em geral dormia em um pequeno armário, sem ter sequer um cobertor para me proteger. Quando fazia muito frio, eu por vezes pegava o saco em que o milho era levado para o moinho e entrava nele. Dormindo ali com a cabeça para dentro e os pés para fora, eu ficava parcialmente protegido, embora jamais confortável. Meus pés ficavam tão rachados de frio que a pena com que escrevo agora poderia ter sido colocada nas frestas. Nosso mingau de fubá, que era nossa única dieta regular, ainda que não totalmente suficiente, depois de ser esfriado após o cozimento, era colocado em uma larga bandeja ou tina. Essa bandeja era colocada no piso da cozinha ou no chão do lado de fora da casa, e as crianças eram chamadas como se fossem porcos, e como porcos iam até lá, alguns com conchas de ostras, alguns com pedaços de telhas, mas nenhum com colher, e literalmente devoravam o mingau. Quem comesse mais rápido comia mais, e o mais forte ficava com o melhor lugar, mas poucos saíam dali verdadeiramente satisfeitos. Eu era o mais azarado de todos, pois tia Katy não gostava de mim, e se eu empurrasse as crianças, ou se elas dissessem qualquer coisa desfavorável sobre mim, ela sempre acreditava no pior e com certeza me batia.

À medida que ficava mais velho e mais reflexivo, eu me tornava cada vez mais consciente de minha miséria. A crueldade de tia Katy, a fome e o frio que eu passava, e os terríveis relatos de injustiças e ultrajes que chegavam a meus ouvidos, somados àquilo que quase diariamente eu testemunhava, levaram-me a desejar nunca ter nascido. Eu costumava comparar minha condição à dos melros, que eu imaginava, por suas canções selvagens e doces, serem muito felizes. A aparente alegria deles aprofundava a escuridão de minha tristeza. Há dias reflexivos na vida das crianças – pelo menos havia na minha – em que elas se confrontam com os grandes temas primários do conhecimento, e chegam em um momento a conclusões que nenhuma experiência posterior é capaz de abalar. Aos 9 anos, eu sabia tão bem quanto hoje do caráter injusto, contrário à natureza e assassino da escravidão. Sem recorrer a livros, a leis ou a autoridades de nenhum tipo, considerar que Deus é "Pai Nosso" já condenava a escravidão como um crime.

Eu estava nesse estado de infelicidade quando recebi da srta. Lucretia a alegre informação de que meu antigo senhor havia decidido me deixar ir a Baltimore para morar com o sr. Hugh Auld, irmão do sr. Thomas Auld, marido da srta. Lucretia. Jamais vou me esquecer do êxtase com que recebi essa informação, três dias antes da data prevista para a minha partida. Foram os três dias mais felizes que conheci. Passei a maior parte deles no riacho, tirando a pele descamada da fazenda e assim me preparando para minha nova casa. A srta. Lucretia se interessou vivamente em tomar parte de meus preparativos. Disse que eu devia tirar toda a pele morta dos pés e joelhos, pois as pessoas em Baltimore eram muito limpas e ririam de mim caso eu parecesse sujo; e além disso ela tinha a intenção de me dar calças, mas eu não poderia vesti-las a não ser que removesse toda a sujeira. Essa foi uma advertência a que eu não poderia deixar de prestar atenção, pois a ideia de possuir e vestir calças era realmente grandiosa. Por isso levei o conselho a sério, pela primeira vez em minha vida trabalhando na esperança de receber uma recompensa. Eu estava muito animado e mal me permitia pegar no sono por medo de ser deixado para trás.

Os laços que em geral vinculam as crianças a suas casas não existiam em meu caso, e ao pensar em outra casa eu acreditava que não encontraria nenhuma de que viesse a gostar menos do que daquela que estava deixando. Caso eu fosse deparar com privação, fome e nudez, eu já teria conhecido tudo isso antes e saberia como suportar isso em outro lugar, especialmente em Baltimore, pois sentia por aquela cidade aquilo que está expresso no ditado segundo o qual "é melhor ser enforcado na Inglaterra do que morrer de morte natural na Irlanda". Eu desejava fortemente ver Baltimore. Meu primo Tom, um menino dois ou três anos mais velho do que eu, tinha estado lá e, embora não falasse com fluência (ele gaguejava tremendamente), havia inspirado em mim esse desejo por suas eloquentes descrições do lugar. Tom às vezes trabalhava servindo os passageiros da chalupa *Sally Lloyd* (comandada pelo capitão Thomas Auld), e quando ia a Baltimore sempre se tornava uma espécie de herói para nós, pelo menos até que a viagem para Baltimore fosse esquecida. Eu nunca conseguia contar algo a ele, ou dizer que algo me parecera belo ou poderoso, sem que ele tivesse visto algo muito mais impressionante em Baltimore. Até mesmo a "casa-grande", com todos os seus retratos por dentro e todos os seus pilares por fora, ele tinha a audácia de dizer que "não era nada para os padrões de Baltimore". Ele comprou um trompete (que valia 6 centavos) e levou para casa; contou o que tinha visto nas vitrines das lojas; que tinha ouvido tiroteios e visto soldados; que tinha visto um barco a vapor, e que em Baltimore havia navios capazes de transportar quatro chalupas como a *Sally Lloyd*. Falou muito sobre o mercado; sobre o badalar dos sinos e sobre muitas outras coisas que me deixaram extremamente curioso e que na verdade deram brilho às minhas esperanças de felicidade em minha casa nova.

Navegamos pelo rio Miles até Baltimore em uma manhã de sábado. Eu me lembro apenas do dia da semana, pois na época não tinha noção dos dias do mês, nem na verdade dos meses do ano. Ao içar velas fui até a popa e olhei para a *plantation* do coronel Lloyd esperando ser a última vez que a via, ou que via qualquer lugar como aquele. Depois dessa última olhada, deixei o tombadilho superior, fui até a proa do barco e passei o restante do dia olhando para a frente; tomei interesse por aquilo que estava distante, mais do que por aquilo que estava à minha volta ou que tinha ficado para trás. As embarcações que cruzavam a baía eram objetos que me enchiam de interesse. A ampla baía se abria como um oceano infinito para minha visão infantil, o que me enchia de espanto e admiração.

No fim da tarde chegamos a Annapolis, mas a parada não foi longa o bastante para permitir desembarques. Foi a primeira cidade grande que vi na vida, e, embora fosse inferior a muitos vilarejos fabris na Nova Inglaterra, minha empolgação ao vê-la foi pouco menor do que aquela que viajantes sentiam ao ver Roma pela primeira vez. O domo da Assembleia Legislativa era especialmente imponente e ultrapassava em grandiosidade a aparência da "casa-grande" que eu deixara para trás. Assim o grande mundo ia se abrindo para mim, e eu avidamente deparava com suas múltiplas lições.

Chegamos a Baltimore na manhã de domingo e atracamos no cais Smith, a pequena distância do cais Bowly. Tínhamos a bordo um grande rebanho de ovelhas que estavam sendo levadas para o mercado de Baltimore; e depois de ter ajudado a conduzi-las para o abatedouro do sr. Curtiss, na colina de Loudon Slater, fui levado por Rich – um dos membros da tripulação da chalupa – para minha nova casa na rua Alliceana, perto do estaleiro de Gardiner, em Fell's Point. O sr. e a sra. Hugh Auld, meus novos senhores, estavam ambos em casa e me encontraram na porta, com seu filhinho corado, Thomas, de quem eu deveria tomar conta, uma vez que essa seria minha nova ocupação. Na verdade foi mais para o "pequeno Tommy" do que para os pais dele que meu antigo senhor me dera de presente, e, embora não tivesse feito nenhum arranjo *legal* tratando disso, eu não tinha dúvida de que o sr. e a sra. Auld acreditavam que no devido tempo eu pertenceria legalmente a seu amado Tommy de olhos brilhantes. Fiquei especialmente impressionado com a aparência de minha nova senhora. O rosto dela estava iluminado pelas mais agradáveis emoções; e a influência indireta do seu semblante, enquanto ela me fazia pequenas perguntas variadas, causou-me imenso prazer e iluminou, na minha imaginação, o caminho para meu futuro. O pequeno Thomas ouviu sua mãe dizer de modo afetuoso que "ali estava o seu Freddy" e que "o Freddy ia tomar conta dele"; e me disseram para "ser gentil com o pequeno Tommy", ordem que eu mal precisava ouvir, pois já me apaixonara pelo garotinho. Com essas pequenas cerimônias fui iniciado em minha nova casa e dei início a minhas tarefas, sem estar consciente na época de uma nuvem que iria toldar seu amplo horizonte.

Posso dizer aqui que vejo minha saída da *plantation* do coronel Lloyd como um dos eventos mais interessantes e felizes de minha vida. Vendo esses fatos à luz das probabilidades humanas, é bastante plausível que, não fosse a mera circunstância de ter sido retirado desse modo da fazenda, antes que os rigores da escravidão se tivessem plenamente abatido sobre mim, antes que meu jovem espírito tivesse sido esmagado pelo férreo controle exercido pelo capataz, eu poderia ter permanecido na escravidão até ter sido emancipado pela guerra.

Capítulo X
APRENDENDO A LER

Incômodos da cidade · Mágoas da fazenda · Minha senhora ·
Sua história · Sua bondade · Meu senhor · Seu azedume ·
Meus consolos · Sensibilidade aumentada · Minha ocupação ·
Aprendendo a ler · Feitos benéficos que a posse de escravos
causou a minha cara e boa senhora · O sr. Hugh proíbe a
srta. Sophia de continuar me ensinando · Nuvens toldam
minhas perspectivas brilhantes · O senhor Auld expõe a
Filosofia da Escravidão · Escravos da cidade · Escravos
do campo · Contrastes · Exceções · Os dois escravos do sr.
Hamilton · O tratamento cruel dado a eles pela sra. Hamilton ·
Aspecto lamentável deles · Nenhum poder para se interpor
entre o escravo e o seu dono

Estabelecido na minha nova casa em Baltimore, não demorei a perceber que, ao pintar para mim mesmo como seria minha vida lá, minha imaginação havia mostrado apenas o lado positivo; e que a realidade tinha também aspectos mais sombrios. Os campos ao ar livre que tinham sido tão importantes para mim desapareceram. Com edifícios de tijolo me cercando por todo lado, o calor do verão era intolerável para mim, e os pavimentos de tijolos quase faziam bolhas em meus pés. Caso eu saísse à rua, novos e estranhos objetos surgiam à minha frente a cada passo, e sons assustadores saudavam meus ouvidos vindos de toda parte. Meus olhos e ouvidos campestres estavam confusos e perplexos. Batalhões de meninos hostis me atacavam em cada esquina. Eles me perseguiam e me chamavam de "Homem da Costa Leste" até me deixarem realmente com vontade de voltar à Costa Leste. Minha nova senhora felizmente provou ser tudo que parecia, e na presença dela eu facilmente me esquecia de todos os incômodos do mundo exterior. A sra. Sophia tinha uma excelente disposição que lhe vinha naturalmente – bondosa, gentil e alegre. O arrogante desprezo pelos direitos e pelos sentimentos alheios e a petulância e o mau humor que em geral caracterizavam os donos de escravos estavam praticamente ausentes dos modos e da postura que ela assumia diante de mim.

Ela jamais tinha sido proprietária de escravos – algo bastante incomum no Sul à época – e dependia quase inteiramente de sua própria diligência para viver. A esse fato sem dúvida a querida senhora devia a excelente preservação de sua natural bondade de coração, pois a escravidão era capaz de transformar um santo em pecador e um anjo em demônio. Eu nem sabia exatamente como me comportar diante da "srta. Sophia", que era como eu costumava chamar a sra. Hugh Auld. Eu não conseguia me aproximar dela nem mesmo do modo como anteriormente me aproximara da sra. Thomas Auld. Por que eu deveria falar de cabeça baixa e com a respiração suspensa se não havia orgulho a escarnecer de mim, se não havia frieza a me repelir e se não havia ódio para me causar medo? Assim, em pouco tempo passei a ver minha senhora mais como algo semelhante a uma mãe do que como uma proprietária de escravos. Longe de considerar insolente que um escravo olhasse diretamente para seus olhos, ela parecia sempre dizer: "Levante os olhos, menino, não tenha medo". Os marinheiros da chalupa consideravam grande privilégio serem portadores de encomendas ou mensagens destinadas a ela, pois, sempre que chegavam, tinham a mais gentil das recepções. Sendo o pequeno Thomas filho dela, uma criança a quem ela tanto amava, ela fez de mim algo semelhante a um meio-irmão dele em seu afeto. Se o pequeno Tommy era erguido nos joelhos da mãe, "Freddy" era honrado com um lugar ao lado dela. Ao menino-escravo também não faltavam os carinhos de sua mão gentil, tranquilizando-o com a consciência de que, ainda que não tivesse mãe, ele tinha amigos. A sra. Auld não era apenas bondosa, era incrivelmente religiosa; ia com frequência ao culto público e era muito dada a ler a Bíblia e a cantar hinos de louvor quando estava sozinha. O sr. Hugh tinha um caráter absolutamente diferente. Dava pouquíssima importância à religião; conhecia mais o mundo e pertencia mais a ele do que sua esposa. Sem dúvida ele estava a caminho de se tornar, como diz a expressão, um homem respeitável e de se transformar em um construtor naval de sucesso naquela cidade de estaleiros. Essa era sua ambição, e ela o ocupava por completo. Eu evidentemente tinha pouquíssima importância para ele, e, quando ele sorria para mim, como por vezes fazia, o sorriso era emprestado a ele pela adorável esposa, e, assim como uma luz emprestada, tinha duração efêmera e desaparecia com a fonte da qual derivava. Embora eu deva na verdade caracterizar o senhor Hugh como um homem amargo de aparência sinistra, é justo admitir que ele jamais foi cruel comigo, de acordo com a noção de crueldade de Maryland. Durante o primeiro ano, ou os primeiros dois anos, ele deixou que sua esposa fosse a única responsável por cuidar de mim. Era ela a minha juíza. Em mãos tão ternas quanto as dela, e na ausência das crueldades da fazenda, tornei-me tanto física quanto mentalmente muito mais sensível, e um simples franzir de testa da minha senhora me causava muito mais sofrimento do que o mais pesado golpe de tia Katy. Em vez do chão frio e úmido da cozinha de meu antigo senhor, eu estava sobre carpetes; em vez do saco de milho no inverno, eu tinha uma boa cama de palha, com boas cobertas; em vez do fubá grosseiro pela manhã, eu tinha bom pão e ocasionalmente mingau; em vez de minha camisa de linho grosseiro, eu tinha roupas boas e limpas. Eu estava realmente bem. Minha função era fazer pequenos serviços na rua e tomar conta do pequeno Tommy; impedir que ele ficasse na frente de carruagens e, de maneira geral, evitar que ele se machucasse.

Assim, por um tempo tudo ficou bem. Digo por um tempo porque o veneno fatal do poder irresponsável e a influência natural da escravidão não demoraram a deixar sua marca na gentil e amorosa disposição de minha excelente senhora. De início ela me via como uma criança, igual a todas as demais. Esse era o pensamento natural e espontâneo; mais tarde, quando ela passou a me considerar como propriedade, nossas relações mudaram, mas uma natureza nobre como a dela não poderia se perverter instantaneamente, e foram necessários vários anos antes que a doçura de seu temperamento se perdesse por completo.

Ouvir frequentemente minha senhora ler a Bíblia em voz alta, pois ela muitas vezes lia em voz alta quando o marido não estava, despertou muita curiosidade a respeito desse *mistério* da leitura e fez crescer em mim o desejo de aprender. Até esse momento, eu nada sabia sobre essa arte maravilhosa, e a minha ignorância e inexperiência sobre o que aquilo poderia fazer por mim, assim como a confiança que eu tinha em minha senhora, encorajaram-me a pedir que ela me ensinasse a ler. Com uma ausência de consciência e sendo tão inexperiente quanto eu, ela imediatamente consentiu, e em um tempo inacreditavelmente curto, com sua gentil ajuda, eu tinha dominado o alfabeto e conseguia soletrar palavras de três ou quatro letras. Minha senhora parecia quase orgulhosa de meu progresso como se eu fosse de fato filho dela e, supondo que seu marido iria igualmente ficar feliz com a ideia, não guardou segredo do que estava fazendo por mim. Na verdade, ela contou exultante sobre a aptidão de seu aluno e sobre sua intenção de perseverar, conforme achava ser seu dever, em me ensinar pelo menos a ler a Bíblia. E aí surgiu a primeira nuvem negra sobre minhas perspectivas em Baltimore, precursora de rajadas de vento geladas e de tempestades fortíssimas. O senhor Hugh ficou absolutamente atônito e, provavelmente pela primeira vez, passou a explicar à esposa a verdadeira filosofia do sistema escravagista e das peculiares regras que necessariamente, devido à natureza do caso, deveriam ser observadas ao tratar de bens humanos. Obviamente, ele a proibiu de continuar me instruindo, dizendo em primeiro lugar que fazer isso ia contra a lei e que também não era seguro; "pois", disse ele, "se você der a um preto a mão, ele vai querer o braço. A instrução estraga o melhor preto do mundo. Se aprender a ler a Bíblia, ele jamais voltará a ser adequado como escravo. Ele não deve saber de nada, exceto das ordens de seu senhor, e aprender a obedecer a elas. Quanto a ele, o aprendizado não vai lhe fazer bem, e sim um grande mal, tornando-o desconsolado e infeliz. Se você o ensinar a ler, ele vai querer saber escrever e, quando tiver conseguido isso, vai fugir". Eis o conteúdo da exposição oracular do senhor Hugh; e é preciso confessar que ele compreendeu de maneira bastante clara a natureza e as exigências da relação entre senhor e escravo. O discurso dele foi decididamente a primeira exposição abolicionista que me coube ouvir. A sra. Auld evidentemente sentiu a força do que ele havia dito e, como esposa obediente, começou a moldar seus rumos de acordo com as direções apontadas por ele. O efeito das palavras dele *sobre mim* não foi pequeno nem transitório. Suas frases férreas, frias e duras afundaram como grandes pesos em meu coração e causaram em mim uma rebelião que não seria dissipada rapidamente.

Essa foi uma revelação nova e especial, que pôs fim a um doloroso mistério contra o qual minha juvenil compreensão se debatera, e se debatera em vão, que era a compreensão do poder usado pelo homem branco para perpetuar a escravidão do homem negro. "Muito bem", pensei. "O conhecimento torna uma criança inadequada para a escravidão." Instintivamente concordei com a afirmação, e a partir daquele momento compreendi qual seria o caminho que levaria diretamente da escravidão para a liberdade. Era exatamente do que eu precisava, e recebi aquela informação no momento mais inusitado e da fonte da qual menos esperava. Claro que fiquei profundamente entristecido com a ideia de perder a ajuda de minha gentil senhora, mas a informação que pude extrair imediatamente compensou para mim em certa medida a perda que eu havia sofrido. Sagaz como era, o sr. Auld subestimou minha compreensão, e mal tinha ideia do uso que eu seria capaz de dar à impressionante lição que ele estava ensinando à esposa. Ele me queria escravo; eu já havia votado contra isso na fazenda do coronel Lloyd. Aquilo que ele mais amava era o que eu mais detestava; e a própria determinação que ele expressou em me manter ignorante me deixou mais determinado a ir atrás de informação. No que diz respeito à minha alfabetização, portanto, não tenho certeza se não devo tanto à oposição de meu senhor quanto devo à gentil ajuda de minha amigável senhora. Reconheço o benefício que me trouxeram um e outro, acreditando que não fosse pela minha senhora eu poderia ter crescido ignorante.

Capítulo XI
CRESCENDO EM CONHECIMENTO

Minha senhora • Suas tarefas como dona de escravos •
Os efeitos disso sobre seu caráter originalmente
nobre • O conflito em sua mente • Ela se opõe a que eu
aprenda a ler • Tarde demais • Ela me deu a "mão", eu estava
determinado a tomar o "braço" • Como dei continuidade
a meu estudo para aprender a ler • Meus tutores •
O progresso que fiz • Escravidão • O que ouvi falar
sobre ela • Treze anos • O *Columbian Orator* • Diálogo •
Discursos • Sheridan • Pitt • Lordes Chatham e Fox •
Conhecimento crescendo • Liberdade • Canto • Tristeza •
Infelicidade da sra. Sophia • Meu ódio à escravidão •
Uma árvore venenosa joga sua sombra sobre todos nós

Morei com a família do sr. Auld, em Baltimore, por sete anos, período em que, como dizem os autores de almanaque ao se referir ao clima, minha condição foi variável. O traço mais interessante de minha história aqui foi ter aprendido, em circunstâncias algo desfavoráveis, a ler e a escrever. Para obter esse conhecimento, precisei recorrer a desonestidades que de modo algum são agradáveis à minha alma, e que eram realmente humilhantes para minha noção de sinceridade e retidão. Minha senhora, confrontada na sua intenção benévola para comigo, não apenas deixou de me instruir como decidiu que me impediria de aprender a ler a qualquer custo. Para ser justo, no entanto, preciso dizer que de início ela não adotou esse caminho em sua integralidade. Ou achou desnecessário, ou não teve a depravação necessária para esquecer imediatamente minha natureza humana. Ela era, como eu disse, naturalmente uma mulher boa e de bom coração, e, na humanidade de seu coração e na simplicidade de sua mente, ela me tratou, quando fui morar com ela, como supôs que um ser humano deveria tratar outro.

A natureza jamais teve a intenção de que homens e mulheres fossem escravos ou donos de escravos, e nada, exceto o rigoroso e longo treinamento feito com persistência, pode aperfeiçoar o caráter de um ou de outro.

A sra. Auld tinha uma singular deficiência das qualidades de um proprietário de escravos. Para ela não era simples pensar ou sentir que o garoto de cabelos crespos que ficava ao lado dela, e que inclusive se reclinava no seu colo, que era amado pelo pequeno Tommy, e que por sua vez amava o pequeno Tommy também, tinha com ela unicamente a relação de uma propriedade. Eu era mais do que isso; ela sentia que eu era mais do que isso. Eu podia falar e cantar; podia rir e chorar; podia raciocinar e lembrar; podia amar e odiar. Eu era humano, e ela, encantadora senhora, sabia e sentia isso. Como ela poderia então me tratar como uma fera, sem que houvesse uma poderosa luta com as mais nobres forças de sua alma? A luta ocorreu, e a vontade e o poder do marido saíram vitoriosos. A nobre alma dela foi derrotada, e aquele que forjou a injustiça feriu-se na queda, assim como todos os demais membros da casa. Quando fui morar naquela casa, o lar era cheio de felicidade e contentamento. A esposa e senhora era um modelo de afeto e ternura. Sua fervorosa religiosidade e sua vigilante retidão tornavam impossível olhar para ela sem pensar e sentir que "aquela mulher é uma cristã". Não havia tristeza nem sofrimento pelos quais ela não derramasse uma lágrima, e não havia alegria inocente pela qual não sorrisse. Ela tinha pão para os famintos, roupas para os nus e consolo para todo aquele que estava triste e estava perto dela.

Em breve, porém, a escravidão demonstrou sua capacidade de privá-la dessas excelentes qualidades; e à sua casa, da felicidade de outrora. A consciência não é capaz de suportar muita violência. Uma vez que ela tenha sido ferida, quem poderá reparar o dano? Se for violada no que diz respeito ao escravo no domingo, terá sido violada no que diz respeito a seu dono na segunda. Ela é incapaz de suportar esses choques por muito tempo. A consciência deve permanecer íntegra, ou deixará de existir. À medida que a minha condição na família piorava, a condição da família caminhava na mesma direção. O primeiro passo na direção errada foi a violência cometida contra a natureza e a consciência ao frear a benevolência que teria dado luzes à minha jovem mente. Ao cessar minha instrução, minha senhora teve de procurar uma justificativa para dar a si mesma e, ao se permitir tomar partido em tal debate, foi obrigada a manter-se naquela posição. Não é necessário ter grande conhecimento de filosofia moral para ver aonde ela inevitavelmente chegou. Ela acabou se tornando até mesmo mais violenta em sua oposição à minha alfabetização do que o próprio sr. Auld. Agora nada parecia deixá-la mais irritada do que me ver sentado em algum canto lendo tranquilamente um livro ou jornal. Ela ia às pressas em minha direção tomada por tremenda fúria e arrancava de minhas mãos o livro ou jornal, com algo que lembrava a raiva e a consternação que um traidor deve supostamente sentir ao ser descoberto por um perigoso espião em uma conspiração armada. Depois que se estabeleceu plenamente em sua mente a convicção de que educação e escravidão eram incompatíveis uma com a outra, eu era observado com muita atenção em todos os meus movimentos. Caso eu permanecesse por tempo considerável em um cômodo sem a presença da família, certamente suspeitariam que eu estava com um livro, e de imediato me chamavam para que eu dissesse o que estava fazendo. Ensinar o alfabeto tinha sido o equivalente a me "dar a mão", e eu agora esperava a oportunidade para "pegar o braço".

Tomado pela determinação de aprender a ler a todo custo, encontrei diversos expedientes para atingir o fim tão desejado. O plano que mais adotei, e que teve maior êxito, foi usar como professores os colegas brancos que brincavam comigo, que eu encontrava nas ruas. Eu levava quase sempre comigo um exemplar do livro de ortografia Webster no bolso, e quando me mandavam fazer algo na rua, ou quando permitiam que eu fosse brincar, eu me reunia a meus jovens amigos e tinha aulas de grafia. Tenho imensa dívida com estes garotos – Gustavus Dorgan, Joseph Bailey, Charles Farity e William Cosdry.

Embora a escravidão fosse um tema delicado e em Maryland os adultos só falassem sobre o assunto de maneira muito cautelosa, eu frequentemente conversava com os garotos brancos sobre isso, e com grande liberdade. Por vezes eu dizia a eles, sentado no meio-fio ou na porta de um porão: "Eu queria poder ser livre, como vocês vão ser quando forem adultos". "Vocês vão ser livres, sabem, assim que completarem 21 anos, e vão poder ir aonde quiserem, mas eu vou ser escravo a vida toda. Será que meu direito de ser livre não é igual ao de vocês?" Palavras como essas, eu percebia, sempre os deixavam incomodados; e não era pequena a satisfação que eu sentia ao extrair deles, como ocasionalmente conseguia, aquela revigorante e amarga condenação da escravidão que sempre brota de naturezas que não foram embotadas ou pervertidas. Entre todas as consciências, deixe-me lidar com essas, as que não foram embotadas e aturdidas com os cuidados e as perplexidades da vida. Não me lembro de ter encontrado, enquanto eu era escravo, um *garoto* que tenha defendido o sistema, mas me lembro de várias vezes que fui consolado por eles, e por eles encorajado a ter esperança de que algo ainda ocorreria para me tornar livre. Muitas e muitas vezes, eles me disseram que "acreditavam que eu tinha o mesmo direito que *eles* de ser livre" e que "não acreditavam que Deus tivesse feito alguém para ser escravo". É fácil perceber que essas pequenas conversas com meus colegas de brincadeiras não tinham a tendência de enfraquecer meu amor pela liberdade nem me deixar contente com minha escravidão.

Quando eu tinha cerca de 13 anos e havia conseguido aprender a ler, cada acréscimo de conhecimento, especialmente em coisas que se relacionavam com os estados livres, era um peso adicional para o fardo quase intolerável de meu pensamento – "*Sou escravo para toda a vida*". Eu não conseguia ver fim para meu cativeiro. Era uma realidade terrível, e jamais serei capaz de dizer quanto essa ideia entristecia meu jovem espírito. Feliz ou infelizmente, eu tinha conseguido algum dinheiro engraxando botas de senhores, com o qual comprei do sr. Knight, na rua Thames, um livro escolar muito popular à época, *The Columbian Orator*, pelo qual paguei 50 centavos. Fui levado a comprar esse livro por ter ouvido alguns meninos dizerem que iam decorar alguns trechos para uma apresentação. Esse volume era de fato um tesouro, e por um tempo toda oportunidade que eu tinha era usada em seu exame diligente. Entre outros temas interessantes, eu lia repetidas vezes com incansável satisfação um diálogo entre um senhor e seu escravo. O escravo é representado como tendo sido recapturado em uma segunda tentativa de fuga; e o senhor de escravos começa o diálogo com um discurso em que repreende o escravo, acusando-o de ingratidão e exigindo saber o que ele tinha para dizer em sua defesa. Tendo sido repreendido e chamado a responder, o escravo afirma saber que aquilo que ele disser terá pouca validade e que ele está completamente nas mãos de seu dono; e, com nobre resolução, diz calmamente: "Eu me submeto a meu destino". Tocado pela resposta do escravo, o senhor insiste em falar e recapitula os diversos atos de bondade que realizou a favor do escravo, e diz que ele tem permissão para falar. Convidado assim a responder, o antigo escravo fazia uma viva defesa de seu comportamento, e em seguida todos os argumentos a favor e contra a escravidão vêm à tona. O senhor de escravos era derrotado todas as vezes na discussão e, percebendo isso, ele generosa e humildemente alforria o escravo, desejando que ele prospere.

Desnecessário dizer que um diálogo com tal origem e com um final como esse, lido por mim num momento em que todos os nervos de meu ser estavam revoltados com minha condição de escravo, teve efeito poderoso sobre mim. Não tive como evitar a sensação de que poderia chegar o dia em que as respostas bem dadas pelo escravo a seu senhor, naquele caso, iriam ter contraparte em minha própria experiência. Esse, no entanto, não foi o único fanatismo que encontrei no *The Columbian Orator*. Achei lá um dos poderosos discursos de Sheridan sobre o tema da Emancipação Católica, o discurso do lorde Chatham sobre a Guerra Americana, e discursos do grande William Pitt e de Fox. Para mim, todos esses eram documentos especiais, e eu os lia sem parar, com interesse sempre crescente, porque sempre me traziam algo novo; pois, quanto mais eu os lia, melhor eu os compreendia. A leitura desses discursos aumentou imensamente meu vocabulário e me permitiu botar em palavras muitos pensamentos que passavam por minha mente e morriam por falta de palavras para que eu pudesse expressá-los. O imenso poder e a franqueza introspectiva da verdade penetrando no coração de um dono de escravos e o levando a abrir mão de seus interesses mundanos em função das reivindicações da justiça eterna estavam muito bem ilustrados no diálogo, e nos discursos de Sheridan tive acesso a uma poderosa denúncia da opressão e a uma brilhante defesa dos direitos do homem.

Eis ali uma nobre aquisição, de fato. Se por um momento cheguei a hesitar sobre a possibilidade de que o Todo-Poderoso, de algum modo, tivesse ordenado meu cativeiro e desejado minha escravização em nome de Sua glória, essa hesitação já não existia. Agora eu havia penetrado no segredo de toda a escravidão e de toda a opressão e descoberto que suas fundações eram o orgulho, o poder e a avareza do homem. Tendo em minhas mãos um livro como aquele, que tanto exalava o perfume dos princípios da liberdade, e com a percepção de minha própria natureza humana e dos fatos de minha experiência no passado e no presente, eu estava em condições de debater com os defensores religiosos da escravidão, fossem brancos ou negros; pois a cegueira quanto a esse tema não se restringia aos brancos. Conheci, no Sul, muitas boas pessoas de cor, religiosas, que se encontravam sob a ilusão de que Deus exigia que elas se submetessem à escravidão e usassem seus grilhões com mansidão e humildade. Para mim não havia maior absurdo, e eu chegava a perder a paciência quando encontrava um negro fraco o suficiente para acreditar nisso. No entanto, ávido como eu estava para comer da árvore do conhecimento, seus frutos nem sempre eram doces, e podiam ser amargos. "Donos de escravos", eu pensava, "são só um bando de ladrões bem-sucedidos que, saindo de suas casas, foram até a África com o propósito de roubar meu povo e reduzi-lo à escravidão". Eu os detestava e os via como os mais cruéis e mais perversos entre os homens. E à medida que eu lia, veja só!, aquele exato descontentamento previsto de maneira tão vívida pelo senhor Hugh já se abatia sobre mim. Eu já não era o garoto alegre e feliz, cheio de contentamento e diversão que eu fora até chegar a Baltimore. A luz havia penetrado no calabouço moral onde eu jazia, e vi o chicote ensanguentado destinado a minhas costas e as correntes de ferro destinadas a meus pés, e meu *bom e gentil* senhor era o responsável pela minha situação. A revelação me assombrou, doeu em mim e me fez sombrio e infeliz. Enquanto me debatia sob a dor e o tormento desse conhecimento, quase cheguei a invejar outros escravos por sua estúpida indiferença. Aquilo abriu meus olhos para o horrível poço e revelou os dentes do temível dragão que estava pronto a me atacar; mas, infelizmente, não abria nenhum caminho para que eu escapasse disso. Eu desejava ser um animal, um pássaro, qualquer coisa que não fosse um escravo. Eu estava infeliz e com ânimo sombrio a tal ponto que não sou capaz de descrever. Esse pensamento incessante me afligia e me atormentava; e no entanto não havia como me libertar do objeto de meus pensamentos. A liberdade, sendo o inestimável direito de nascença de todo homem, convertia todo objeto num porta-voz desse direito. Eu a ouvia em todo som e a via em todo objeto. Ela estava sempre presente para me atormentar com a ideia de minha desgraça. Quanto mais belos e encantadores fossem os sorrisos da natureza, mais horrível e desolada era a minha condição. Eu nada via sem ver isso, e nada ouvia sem ouvir isso. Não exagero ao dizer que a liberdade me olhava de cada estrela, sorria para mim em cada calmaria, respirava em cada vento e se movia em toda tempestade. Não tenho dúvida de que meu estado de espírito tinha algo a ver com a mudança de tratamento que minha senhora adotou para comigo. Posso facilmente crer que meu olhar plúmbeo, desalentado e cheio de desconsolo era bastante ofensivo para ela. Pobre senhora! Não compreendia meu problema, e eu não podia contar a ela. Pudesse eu fazê-la conhecer meu verdadeiro estado de espírito e apresentar os motivos para estar assim, talvez isso fizesse bem a nós dois. Do modo como as coisas eram, o insulto dela recaía sobre mim como os golpes do falso profeta sobre seu asno; ela não sabia que havia um anjo no meio do caminho. A natureza nos fez amigos, porém a escravidão nos tornou inimigos. Meus interesses iam numa direção oposta à dos interesses dela, e nós dois tínhamos pensamentos e planos particulares. Ela pretendia me manter ignorante, e eu estava determinado a *saber*, embora o conhecimento apenas ampliasse minha infelicidade. Meus sentimentos não eram resultado de nenhuma evidente crueldade no tratamento que me era dado; brotavam puramente de considerações sobre o fato de eu ser um escravo. Era a *escravidão*, e não seus meros *incidentes*, que eu odiava. Eu havia sido enganado. Eu percebia o que estava por trás da tentativa de me manter na ignorância. Eu via que os donos de escravos ficariam felizes em me fazer crer que, ao me fazer escravo e fazer de outros seus escravos, estavam meramente agindo sob a autoridade de Deus, e eu os via como ladrões e mentirosos. O fato de eles me darem boa comida e boas roupas não compensava o fato de estarem tirando minha liberdade. Na verdade, mais tarde isso só veio a aumentar minha tristeza. Ela havia mudado, e o leitor verá que eu também mudei. Fomos ambos vítimas da sombra que uma mesma árvore venenosa fazia sobre nós, *ela* como dona de escravos, eu como escravo. Não vou ser duro demais com ela.

Capítulo XII

O DESPERTAR DA NATUREZA RELIGIOSA

Ouvindo falar sobre abolicionistas • Desejo de conhecer o
sentido da palavra • Consulta ao dicionário • Informação
incendiária • O enigma resolvido • A insurreição de
"Nat Turner" • Cólera • Religião • Ministro metodista •
Impressões religiosas • Pastor Lawson • Seu caráter e
ocupação • Sua influência sobre mim • Nossa conexão mútua •
Novas esperanças e aspirações • Luz celestial • Dois irlandeses
no cais • Conversa com eles • Aprendendo a escrever •
Meus objetivos

No infeliz estado de espírito que descrevi no capítulo anterior, lamentando minha própria existência por estar condenado a uma vida de servidão, a tal ponto atormentado e infeliz que chegava por vezes a ser tentado a tirar a própria vida, eu me encontrava extremamente sensível ao conhecimento de toda e qualquer coisa relacionada ao tema da escravidão. Prestava atenção a tudo que ouvia, a tudo que via, sempre que as palavras "escravo" ou "escravidão" saíam dos lábios de qualquer pessoa branca, e cada vez com mais frequência havia ocasiões em que essas palavras levavam a altos debates sociais em nossa casa. Era muito comum que eu ouvisse o senhor Hugh, ou algum de seus visitantes, falar acaloradamente sobre os *"abolicionistas"*. Quem ou o que eram os *abolicionistas*, eu não tinha a menor ideia. Descobri, entretanto, que, fossem o que fossem, eles eram as pessoas mais visceralmente odiadas e as mais insultadas pelos donos de escravos de todo tipo. Em pouco tempo descobri também que a escravidão estava em debate, de algum modo, sempre que se faziam alusões aos abolicionistas. Isso tornava o termo muito interessante para mim. Se um escravo tivesse êxito em sua fuga, alegava-se geralmente que tinha sido convencido a fugir pelos abolicionistas e que havia recebido ajuda deles. Se um escravo assassinava seu senhor, ou batia em seu feitor, ou incendiava a casa de seu senhor, ou cometia qualquer violência ou crime fora do comum, certamente se diria que tal crime era o fruto legítimo do movimento pela abolição. Ao ouvir essas acusações repetidas com frequência, eu, bem naturalmente, fiquei com a impressão de que a abolição – fosse o que fosse – era amiga dos escravos e pouco amiga dos proprietários de escravos. Assim, decidi que iria descobrir, se possível, *quem* e o *que* eram os abolicionistas, e *por que* causavam tamanho desagrado aos donos de escravos. O dicionário me foi de pouca utilidade. Aprendi com ele que a abolição era "o ato de abolir"; mas isso me deixava sem ter exatamente a informação que eu mais queria, e que era o que se queria abolir. Um jornal da cidade – o *Baltimore American* – me ofereceu a informação incendiária que me fora negada pelo dicionário. Em suas colunas descobri que em determinado dia um grande número de petições e memoriais haviam sido apresentados ao Congresso, solicitando a abolição da escravidão no Distrito de Colúmbia e a abolição do tráfico de escravos entre os estados da União. Isso bastou. A amargura rancorosa, a acentuada cautela, a reserva estudada e a ambiguidade praticada pelos brancos quando aludiam ao tema, tudo isso agora estava plenamente explicado. Mesmo depois disso, quando eu ouvia a palavra "abolição", sentia que se tratava de um assunto de meu interesse pessoal, e me aproximava para ouvir sempre que podia, sem parecer solícito demais nem bisbilhoteiro. Havia ESPERANÇA nessas palavras. Ocasionalmente, eu conseguia ver denúncias terríveis da escravidão em nossos jornais – copiadas de jornais abolicionistas do Norte – e comentários sobre a injustiça de tais denúncias. Eu lia isso com avidez. Eu sentia profunda satisfação na ideia de que a patifaria dos donos de escravos não estava oculta aos olhos do mundo, e de que eu não estava sozinho em meu ódio à crueldade e à brutalidade da escravidão. Um raciocínio ainda mais profundo me ocorreu. Vi que no modo como se falava dos abolicionistas havia não apenas ódio, mas também medo, e isso me fez inferir que eles deveriam ter certo grau de poder no país, e achei que eles talvez pudessem ter êxito em seus projetos. Quando encontrava um escravo com quem eu considerava seguro conversar sobre o tema, compartilhava com ele o mistério até onde eu fora capaz de penetrá-lo. Assim a luz desse grandioso movimento irrompeu pouco a pouco em minha mente; e devo dizer que, embora ignorante quanto à filosofia do movimento, acreditei nele desde o princípio, e acreditei em parte por ver que ele alarmava a consciência dos donos de escravos. A insurreição de Nat Turner havia sido sufocada, porém o alarme e o terror que aquela rebelião causou não haviam diminuído. A cólera na época estava a caminho de nossa região, e eu me lembro de pensar que Deus estava zangado com os brancos em função de sua maldade ao manter escravos, e que por isso Seu julgamento estava à solta. Claro que para mim era impossível não ter grande esperança no movimento abolicionista quando o via como algo apoiado pelo Todo-Poderoso e armado com a MORTE.

Antes de contemplar o movimento abolicionista e seus prováveis resultados, minha mente havia sido seriamente despertada para o tema da religião. Eu não contava mais de 13 anos quando, na minha solidão e desamparo, desejei ter alguém que eu pudesse procurar, como um padre ou protetor. A pregação de um ministro metodista, chamado Hanson, foi o meio que me levou a sentir que em Deus eu tinha um amigo desse tipo. Ele pensava que todos os homens, grandes ou pequenos, cativos ou livres, eram pecadores na visão de Deus: que eram naturalmente rebeldes contra Seu governo; e que precisavam se arrepender de seus pecados e se reconciliar com Deus por meio de Cristo. Não tenho como dizer se eu sabia exatamente o que se exigia de mim, mas de uma coisa eu tinha certeza: eu era infeliz e não tinha meios de mudar isso. Consultei um bom homem negro chamado Charles Lawson, e com grande ternura ele me disse para orar e para "deixar todos os meus problemas nas mãos de Deus". Procurei fazer isso; e embora por semanas eu tenha me lamentado, triste e desiludido, navegando em meio a dúvidas e medos, por fim acabei sentindo que meu fardo havia diminuído de peso e que meu coração estava aliviado. Eu amava toda a humanidade, inclusive os donos de escravos, embora detestasse a escravidão mais do que nunca. Eu via o mundo sob uma nova luz, e minha grande preocupação era fazer todos se converterem. Meu desejo de aprender aumentou, e eu queria me familiarizar especialmente com os conteúdos da Bíblia. Eu havia recolhido páginas esparsas da Bíblia de sarjetas imundas, lavando-as e secando-as, e depois conseguia extrair delas uma ou duas palavras de sabedoria nos momentos de folga do trabalho. Enquanto buscava conhecimento religioso, acabei conhecendo um bom homem negro chamado Lawson. Esse homem não apenas rezava três vezes por dia, como rezava enquanto andava pelas ruas, no trabalho, enquanto empurrava seu carrinho – em todo lugar. A vida dele era uma vida de oração, e quando ele falava com alguém suas palavras se referiam a um mundo melhor. Tio Lawson morava perto da casa do senhor Hugh, e, como fiquei profundamente ligado a ele, passei a acompanhá-lo no grupo de orações e gastava meu tempo de folga no domingo com ele. O velho homem sabia ler um pouco, e eu o ajudava bastante a compreender as palavras mais difíceis, pois sabia ler melhor do que ele. Eu sabia lhe ensinar "a letra", porém ele sabia me ensinar "o espírito", e passamos tempos revigorantes juntos, cantando e orando. Esses encontros continuaram por muito tempo sem o conhecimento do senhor Hugh ou da minha senhora. Os dois sabiam, contudo, que eu tinha me tornado religioso e pareciam respeitar minha diligente devoção. Minha senhora era ainda professora de religião, e seu lugar era a sala de aula. Seu líder era ninguém menos do que o reverendo Beverly Waugh, o decano responsável pela região, e que mais tarde seria um dos bispos da Igreja Metodista Episcopal.

Em função das inquietações e ansiedades inerentes à vida que levava, e especialmente em função da separação das associações religiosas a que estava sujeita, minha senhora passou a se mostrar indiferente e precisou da atenção de seu líder. Isso fazia o sr. Waugh ir frequentemente a nossa casa e me dava a oportunidade de ouvir suas exortações e orações. Meu principal instrutor em assuntos religiosos, entretanto, era tio Lawson. Ele era meu pai espiritual e eu o amava intensamente, e ia à sua casa sempre que podia. Esse prazer, porém, não ficou muito tempo sem ser questionado. O senhor Hugh passou a sentir aversão por nossa intimidade e ameaçou me açoitar caso eu voltasse lá. Agora eu me considerava perseguido por um homem mau, e *pretendia* ir. O bom idoso havia me dito que "o Senhor tinha grandes trabalhos para mim" e que eu deveria me preparar para eles; que haviam mostrado a ele que eu deveria pregar o evangelho. As palavras dele causaram profunda impressão em mim, e senti genuinamente que tais trabalhos estavam diante de mim, embora não conseguisse ver como um dia pudesse vir a realizá-los. "O Senhor faria isso acontecer em seu próprio tempo", ele disse, afirmando que eu precisava continuar lendo e estudando as Escrituras. Esse conselho e as sugestões dele tiveram influência sobre meu caráter e sobre meu destino. Ele soprou o fogo de meu já intenso amor pelo conhecimento, transformando-o em uma labareda ao me assegurar que eu seria um homem útil no mundo. Quando eu perguntava a ele: "Como isso pode vir a acontecer? E o que eu posso fazer?", a resposta simples dele era: "*Confia no Senhor*". Quando eu lhe dizia: "Eu sou escravo, e escravo para toda a vida, como posso fazer algo?", ele respondia com tranquilidade: "O *Senhor* pode te libertar, meu caro; tudo é possível para Ele; apenas tem *fé* em Deus. 'Pede e te será dado.' Se queres liberdade, pede liberdade ao Senhor e tem FÉ, e *Ele te dará liberdade*".

Tranquilizado e animado por essa inspiração de esperança, trabalhei e orei com o coração leve, acreditando que minha vida estava sob a direção de uma sabedoria maior do que a minha. Com todas as outras bênçãos levadas ao propiciatório, eu sempre orava pedindo que Deus me libertasse, em Sua grande misericórdia, em Seu próprio tempo, de meu cativeiro.

Certo dia, fui até o cais do sr. Waters, e, vendo dois irlandeses descarregarem uma barcaça que levava pedras, fui a bordo sem que ninguém pedisse e os ajudei. Quando terminamos o trabalho, os dois vieram falar comigo e me fizeram várias perguntas, e entre elas se eu era escravo. Eu disse: "Sou escravo para toda a vida". O bom irlandês ergueu os ombros e pareceu profundamente comovido. Ele disse que era uma pena que um garoto bom como eu fosse escravo a vida toda. Os dois tinham muito o que dizer sobre o assunto e demonstraram a mais profunda compaixão por mim e o mais decidido ódio à escravidão. Eles chegaram a ponto de me dizer que eu devia fugir e ir para o Norte; que eu encontraria amigos lá e que eu devia ser tão livre quanto qualquer outra pessoa. Fingi não estar interessado no que diziam, pois temia que eles pudessem ser traiçoeiros. Ouvia-se falar com frequência de homens brancos incentivando escravos a fugir e depois os raptando para receber o resgate e devolvê-los a seus senhores. Embora eu tendesse a acreditar que aqueles eram homens honestos que não me desejavam mal, temi que pudesse não ser assim. De todo modo, gravei suas palavras e conselhos e pensei em uma fuga para o Norte como meio de obter a liberdade pela qual meu coração ansiava. Não era a minha escravidão naquele momento o que mais me afetava; o mais triste era ser escravo para *toda a vida*. Eu era novo demais para pensar em fugir imediatamente; além disso, eu queria aprender a escrever antes de partir, uma vez que eu poderia ter oportunidade de escrever minha própria permissão. Eu não só tinha a esperança de liberdade, mas também um presságio dos meios que me poderiam levar um dia a essa dádiva inestimável. Enquanto isso, decidi acrescentar a minhas conquistas educacionais a arte da escrita.

Eis como comecei a aprender a escrever. Eu passava bastante tempo no estaleiro – tanto no do senhor Hugh quanto no de Durgan & Bailey – e observei que os carpinteiros, depois de serrar e de ter uma peça pronta para uso, escreviam nela as iniciais do nome da parte do barco a que ela se destinava. Quando, por exemplo, uma peça de madeira estava pronta para o lado estibordo, era marcada com um "E" maiúsculo. Uma peça de bombordo era marcada com um "B"; uma peça da parte dianteira de bombordo era marcada com "BD"; se fosse da parte traseira de bombordo, "BT"; estibordo na parte traseira, "ET"; e estibordo na parte dianteira, "ED". Logo aprendi essas letras e o motivo pelo qual elas eram colocadas nas madeiras.

Meu trabalho agora era manter o fogo debaixo da câmara de vapor. E cuidar do estaleiro enquanto os carpinteiros saíam para comer. Esse intervalo me dava uma boa oportunidade para copiar as letras mencionadas. Logo me peguei perplexo com a facilidade com que eu fazia as letras, e pensei: "Se sou capaz de escrever quatro letras, sou capaz de escrever mais". Tendo feito isso rápida e facilmente, quando encontrava os meninos perto da igreja Betel ou em outro lugar onde brincávamos, eu começava a competir com eles na arte da escrita, e desenhava as letras que eu havia tido a felicidade de aprender, e perguntava se "eles podiam fazer melhor do que aquilo". Tendo colegas de brincadeiras como professores, cercas e ruas como cadernos, e giz como pena e tinta, aprendi a escrever. Contudo, mais tarde adotei diversos métodos para melhorar minha caligrafia. O que mais teve êxito foi copiar os trechos em *cursivo* do livro de ortografia Webster até conseguir desenhar todos sem olhar para o livro. A essa altura meu "pequeno senhor" Tommy tinha crescido e se tornado um menino grande, e já havia preenchido vários cadernos de ditado e trazido para casa. Os cadernos foram mostrados para os vizinhos, receberam os devidos elogios e foram guardados com cuidado. Passando parte de meu tempo de lazer tanto no estaleiro quanto em casa, era comum que eu fosse a única pessoa a ficar cuidando tanto de um lugar quanto do outro. Quando minha senhora me deixava encarregado da casa, eu passava ótimos momentos. Tinha os cadernos do senhor Tommy e pena e tinta, e nos amplos espaços entre as linhas eu escrevia outras linhas o mais semelhantes possível às dele. O processo era tedioso, e eu corria o risco de ser açoitado por riscar os adorados cadernos do filho mais velho deles. Além dessas oportunidades, dormindo como eu dormia na cozinha, um cômodo raramente visitado pelas pessoas da família, consegui um barril de farinha e uma cadeira, e na parte de cima do barril escrevi, ou me esforcei para escrever, copiando da Bíblia e do hinário metodista, e de outros livros que eu fora acumulando, até tarde da noite e quando toda a família tinha ido dormir. Fui auxiliado em meus esforços pelo renovado conselho e pelas sagradas promessas do sr. Lawson, com quem continuei a me encontrar e orar e a ler as Escrituras. Embora o senhor Hugh soubesse desses encontros, devo dizer para crédito dele que ele jamais chegou a levar a cabo suas ameaças de me açoitar por ter empregado dessa maneira inocente meu tempo de folga.

Capítulo XIII

AS VICISSITUDES DA VIDA DE ESCRAVO

Morte de Richard, filho de meu antigo senhor, seguida de perto pela morte de meu antigo senhor • Avaliação e divisão de toda a propriedade, incluindo os escravos • Chamado a Hillsborough para ser avaliado e fazer parte da divisão • Tristes perspectivas e luto • Partida • Escravos não têm voz na decisão de seu próprio destino • Medo generalizado de cair nas mãos do senhor Andrew • Sua bebedeira • Boa sorte de cair nas mãos da srta. Lucretia • Ela permite que eu retorne a Baltimore • Alegria na casa do senhor Hugh • Morte da srta. Lucretia • Segundo casamento do senhor Thomas Auld • Nova esposa diferente da primeira • Mais uma vez retirado da casa do senhor Hugh • Razões para lamentar • Plano de fuga

Devo pedir agora que o leitor recue um pouco no tempo comigo, em minha humilde história, e perceba outra circunstância que fez parte de minha experiência como escravo e que, sem dúvida, teve importância em aprofundar meu horror pela escravidão e a hostilidade que eu sentia contra os homens e contra as medidas que davam sustentação ao sistema escravagista.

Já vimos que, embora *na prática* eu fosse, depois de minha saída da fazenda do coronel Lloyd, escravo do senhor Hugh Auld, *formal* e *legalmente* eu era escravo de meu antigo senhor, capitão Anthony. Pois bem. Pouquíssimo tempo depois de eu ter seguido para Baltimore, o filho mais novo de meu antigo senhor, Richard, morreu; e, três anos e seis meses depois disso, meu próprio antigo senhor morreu, deixando, para dividir seu espólio, apenas sua filha Lucretia e seu filho Andrew. O velho morreu durante uma visita à filha em Hillsborough, onde moravam agora o capitão Auld e a sra. Lucretia. O senhor Thomas, tendo aberto mão do comando da chalupa do coronel Lloyd, agora mantinha uma loja naquela cidade.

Falecendo inesperadamente, o capitão Anthony não deixou testamento, e sua propriedade deveria ser dividida em partes iguais entre seus dois filhos, Andrew e Lucretia.

A avaliação e a divisão dos escravos entre os herdeiros era um fato dos mais importantes na vida de um escravo. O caráter e a tendência dos herdeiros em geral eram bem compreendidos pelos escravos que seriam divididos, e eles tinham suas aversões e suas preferências. Mas nem as aversões nem as preferências valiam de nada. Com a morte de meu antigo senhor, fui imediatamente enviado para ser avaliado e entrar na partilha com o restante da propriedade. Pessoalmente, minha principal preocupação era com a possível saída da casa do senhor Hugh, pois até aquele momento não haviam surgido nuvens negras para toldar o céu daquele lar feliz. Foi um dia triste para mim quando parti para a Costa Leste, para ser avaliado e partilhado, assim como foi para minha querida senhora e professora e para o pequeno Tommy. Todos os três choramos amargurados, pois estávamos nos separando, e talvez para sempre. Ninguém tinha como saber em qual pilha de pertences eu seria jogado. Assim, já cedo tive uma mostra daquela dolorosa incerteza que de uma ou outra forma sempre se colocava no caminho do escravo. Esses fatos me deram uma nova visão sobre o poder contrário à natureza ao qual eu estava sujeito. A doença, a adversidade e a morte podem interferir nos planos e objetivos de todos, mas o escravo via somar-se a isso o perigo de mudar de casa, em separações desconhecidas a outros homens. Além disso, havia a intensa degradação do espetáculo. Que grupo de pessoas! Homens e mulheres, jovens e velhos, casados e solteiros; seres humanos com capacidades morais e de raciocínio, em aberto desprezo por sua humanidade, equiparados a cavalos, ovelhas, gado e porcos. Cavalos e homens, gado e mulheres, porcos e crianças – todos no mesmo nível hierárquico da escala de existência social, e todos sujeitos à mesma estrita inspeção, para averiguar seu valor em ouro e prata – o único padrão de valor aplicado pelos donos de escravos a seus cativos. A personalidade engolida pela sórdida ideia de propriedade! A humanidade perdida pela transformação em um pertence!

Acabada a avaliação, vieram a divisão e o rateio. Nosso destino seria *determinado para toda a vida*, e não tínhamos mais direito a nos pronunciarmos sobre a questão do que bois e vacas que ficam ruminando no palheiro. Uma palavra dos avaliadores, contra todas as preferências e orações, poderia cortar todos os laços de amizade e afeto, inclusive separando maridos e esposas, pais e filhos. Estávamos todos intimidados diante desse poder que, do ponto de vista dos homens, podia em um instante nos abençoar ou nos destruir. Somado a esse temor da separação, mais doloroso para a maior parte dos escravos, todos tínhamos inquestionável horror à ideia de cair nas mãos do senhor Andrew, conhecido por sua crueldade e falta de moderação.

Os escravos sentiam grande medo, naturalmente, de cair nas mãos de donos bêbados. O senhor Andrew era um inveterado beberrão, e sua prodigalidade e dissipação já haviam dado cabo de uma grande porção da propriedade de seu pai. Cair em suas mãos, portanto, era considerado um primeiro passo para ser vendido para o Sul. Ele sem dúvida gastaria sua fortuna em poucos anos, pensava-se, e suas fazendas e escravos seriam vendidos em leilão público, e os escravos levados às pressas para os campos de algodão e para os arrozais do ardente Sul. Isso era causa de profunda consternação.

Os habitantes do Norte, e as pessoas livres em geral, creio, têm menor apego aos lugares onde nasceram e se criaram do que ocorria no caso dos escravos. A liberdade deles de ir e vir, de estar aqui ou ali, conforme bem quisessem, impede qualquer afeição extravagante a um lugar específico. Por outro lado, o escravo era um bem imóvel; não tinha escolhas, não tinha metas, estava preso a um único lugar e devia fixar raízes ali, ou então em parte alguma. A ideia de ser levado para outro lugar em geral vinha na forma de ameaça, e como punição para um crime. Assim, era vista com medo e terror. O entusiasmo que anima o seio dos jovens livres ao contemplar a vida no Oeste distante, ou em algum lugar remoto, quando eles esperam enriquecer e obter distinção, não poderia ocorrer ao pensamento de um escravo; aqueles de quem eles se separavam também não tinham como conhecer a alegria com que amigos e parentes abrem mão uns dos outros quando percebem que a saída de seu lugar de nascimento é para o bem daquele que está indo embora. Também aí existem a correspondência e a esperança da reunião, mas, no caso dos escravos, estavam ausentes todas essas circunstâncias mitigadoras. Não havia *provável* melhoria de condição – não havia correspondência *possível* –, não havia possibilidade de reunião. Ver a partida daquele que seguia para o mundo era como ver um homem vivo descendo para o túmulo, alguém que, de olhos abertos, vê-se sendo enterrado e ficando privado de ver e ouvir a esposa, os filhos e os amigos queridos.

Ao contemplar as probabilidades e possibilidades de nossas circunstâncias, provavelmente sofri mais do que a maioria dos escravos. Eu sabia o que era experimentar um tratamento gentil e até mesmo terno; eles não conheciam nada semelhante. A vida para eles tinha sido brutal e cheia de espinhos, além de sombria. Eles tinham – em sua maioria – vivido na fazenda de meu antigo senhor em Tuckahoe, e sentiram os rigores do governo do sr. Plummer. Ele havia inscrito seu caráter na pele da maior parte deles e deixado suas costas marcadas e insensíveis; minhas costas (graças à minha partida precoce para Baltimore) ainda eram tenras. Eu deixara uma gentil senhora em lágrimas ao partir, e a probabilidade de jamais voltar a vê-la, que pendia sobre a balança, não poderia deixar de me alarmar e de me causar aflição. A ideia de me tornar escravo de Andrew Anthony – que poucos dias antes da divisão agarrara meu irmão Perry pela garganta, na minha presença, jogando-o no chão e pisando sobre sua cabeça com a sola da bota até que jorrasse sangue do nariz e das orelhas – era terrível! Esse diabólico procedimento não tinha desculpa melhor do que o fato de Perry ter ido brincar quando o senhor Andrew o queria para algum serviço banal. Depois de ter tratado meu irmão dessa forma cruel, observando-me enquanto eu o olhava aturdido, ele disse: "*É assim* que vou fazer com você logo, logo"; querendo dizer, provavelmente, quando eu passasse a pertencer a ele. Essa ameaça, poderá bem supor o leitor, não tranquilizava meus sentimentos.

Por fim, a ansiedade e o suspense acabaram; e acabaram graças a uma bondosa Providência, de acordo com meus desejos. Caí na parte da herança que coube à sra. Lucretia, a cara dama que fizera um curativo na minha cabeça na cozinha de meu pai e que me protegera contra as maldições de tia Katy.

O capitão Thomas Auld e a srta. Lucretia imediatamente decidiram por meu retorno a Baltimore. Eles sabiam da afeição calorosa que a sra. Hugh Auld sentia por mim e do deleite que seria para Tommy me rever, e além disso, sem que eu tivesse serventia imediata para eles, de bom grado concluíram por esse arranjo.

Nem preciso parar para narrar minha alegria por me ver de volta a Baltimore. Fiquei apenas um mês ausente, mas pareciam ter se passado seis meses.

Eu tinha retornado a Baltimore havia pouco tempo quando chegaram as notícias de que a minha bondosa amiga, a sra. Lucretia, havia morrido. Ela deixou uma filha, chamada Amanda, de quem voltarei a falar. Pouco depois da morte da sra. Lucretia, morreu o senhor Andrew, deixando esposa e um filho. Assim toda a família dos Anthony, como existia quando fui para a fazenda do coronel Lloyd, deixou de existir nos primeiros cinco anos de minha permanência na casa do senhor Hugh Auld em Baltimore.

Nenhuma mudança especial ocorreu na condição dos escravos em consequência dessas mortes, porém não pude evitar a impressão de que eu estava mais inseguro agora que a sra. Lucretia tinha partido. Enquanto ela viveu, eu sentia que tinha uma amiga poderosa a quem apelar em uma emergência.

Em um pequeno livro que publiquei seis anos depois de minha fuga do cativeiro, intitulado *Narrativa da vida de Frederick Douglass* – quando a distância entre o passado então descrito e o presente não era tão grande quanto agora –, ao falar dessas mudanças na família de meu senhor, e de seus resultados, adotei esta linguagem:

Agora toda a propriedade de meu antigo senhor, escravos incluídos, estava na mão de estranhos – estranhos que nada tiveram a ver com sua acumulação. Nem um escravo sequer foi posto em liberdade. Todos permaneceram cativos, desde o mais jovem até o mais velho. Na minha experiência, se alguma coisa serviu acima das demais para aprofundar minha convicção sobre o caráter infernal da escravidão e me encher de indizível ódio pelos donos de escravos, foi a vil ingratidão que eles demonstraram com minha pobre avó. Minha avó serviu lealmente a meu antigo senhor desde a juventude até a velhice. Foi a fonte de toda a riqueza dele; povoou sua fazenda de escravos; tornou-se bisavó trabalhando para ele. Ela o embalara quando bebê, cuidara dele na infância, servira-o vida afora, e quando ele morreu ela secou de seu rosto gelado o suor da morte e fechou para sempre os seus olhos. E no entanto ela era escrava – escrava por toda a vida –, escrava nas mãos de estranhos; e nas mãos deles viu seus filhos, seus netos e seus bisnetos divididos como um rebanho de ovelhas; e isso sem ter sido recompensada com o pequeno privilégio de uma única palavra sobre o destino deles ou sobre o próprio destino. E para coroar sua vil ingratidão, minha avó, agora muito velha, tendo sobrevivido a meu antigo senhor e a todos os filhos dele, tendo visto o princípio e o fim da vida deles, seu atual dono – neto de meu antigo senhor – vendo que ela agora tinha pouco valor; que seu corpo estava tomado pelas dores da velhice e que a incapacidade rapidamente tomava seus membros antes tão ativos – levou-a para a floresta, construiu para ela uma pequena cabana com chaminé de barro e deu a ela o *generoso* privilégio de se sustentar sozinha em sua completa solidão; deixando-a assim virtualmente para morrer. Caso minha pobre e amada avó viva hoje, viverá para lembrar e lamentar a perda dos filhos, a perda dos netos e a perda dos bisnetos. Eles, nas palavras de Whittier, o poeta dos escravos:

Vão, vão, vendidas vão,
A arrozais de inundação;
Onde nunca cessa o açoite,
Onde há insetos dia e noite,
Onde orvalhos matinais
Produzem febres infernais,
E o sol mórbido ilumina
O ar ardente na neblina:

> Vão, vão, vendidas vão,
> A arrozais de inundação;
> Da Virgínia, das colinas,
> Ai de mim, minhas meninas!

O lar está desolado. As crianças ingênuas que um dia cantaram e dançaram em presença dela foram embora. Ela tateia procurando seu caminho, na escuridão da velhice, em busca de um copo de água. Em vez da voz de seus filhos, ouve de dia o arrulhar da pomba e à noite os gritos da hedionda coruja. Tudo é sombrio. A cova está ali adiante; e agora, encurvada pelas dores e sofrimentos da idade, quando a cabeça se inclina rumo aos pés, quando o início e o fim da existência humana se encontram, e a desamparada primeira infância se soma à dolorosa velhice, nessa hora – nessa hora em que mais precisaria da ternura e do afeto que só os filhos podem dar a seus decadentes pais – minha pobre e velha avó, dedicada mãe de doze filhos, está completamente só, na remota cabaninha, diante de poucas e reduzidas brasas.

Dois anos depois da morte da sra. Lucretia, o senhor Thomas se casou novamente. O nome de sua segunda esposa era Rowena Hamilton, filha mais velha do sr. William Hamilton, rico proprietário de escravos na costa leste de Maryland, que morava a mais ou menos 8 quilômetros de St. Michaels, na época local de residência do senhor Thomas Auld.

Pouco depois de seu casamento, o senhor Thomas teve um desentendimento com o senhor Hugh e, como meio de puni-lo, determinou que eu fosse mandado para casa. Como o motivo do desentendimento servirá para ilustrar o caráter das regras do cavalheirismo e da humanidade do Sul há cinquenta anos, vou relatá-lo.

Entre os filhos de minha tia Milly havia uma filha chamada Henny. Quando criança, Henny caíra em uma fogueira e queimara as mãos a ponto de elas quase ficarem inutilizadas. Seus dedos ficavam quase encostados na palma das mãos. Ela conseguia fazer algumas coisas, mas sua posse era tida como um mau negócio – seu valor era pouco maior do que o de um cavalo com a pata quebrada. Essa propriedade não lucrativa, malformada e desfigurada foi assim enviada para Baltimore pelo capitão Auld.

Depois de ter dado uma chance à pobre Henny, o senhor Hugh e sua esposa chegaram à conclusão de que a pobre aleijada não tinha serventia e a mandaram de volta para o senhor Thomas. Ele, por sua vez, encarou isso como um ato de ingratidão da parte do irmão e, para deixar claro o seu descontentamento, pediu que ele me mandasse imediatamente para St. Michaels, dizendo: "Se ele não pode ficar com a Hen, não vai ter o Fred".

Eis aí outro choque para meus nervos, outra interrupção de meus planos e outro rompimento com minhas ligações religiosas e sociais. Agora eu era um garoto grande. Havia me tornado bastante útil para vários jovens negros, que tinham em mim um professor. Eu os ensinava a ler e estava acostumado a passar muitas de minhas horas de lazer com eles. Nossa ligação era forte, e eu realmente lamentei a separação. Mas, no caso de escravos, lamentos de nada servem; meus desejos nada valiam; minha felicidade era um joguete de meu senhor.

Minha tristeza por deixar Baltimore agora tinha motivos diferentes da ocasião em que parti da cidade para ser avaliado e entregue a meu novo proprietário.

Uma mudança havia ocorrido, tanto no senhor Hugh quanto em sua esposa, antes tão religiosa e afetuosa. As influências do conhaque e das más companhias sobre ele, e da escravidão e do isolamento social sobre ela, haviam sido desastrosas para ambos. Thomas já não era o "pequeno Tommy", mas um garoto grande que tinha aprendido a assumir em relação a mim a afetação de sua classe social. Minha condição, portanto, na casa do senhor Hugh não era de modo algum tão confortável quanto em anos anteriores. Minhas ligações agora eram com pessoas de fora de nossa família. Elas se davam com aqueles com quem eu compartilhava o conhecimento e com aqueles pequenos meninos brancos de quem eu recebia conhecimento. Lá também estava meu querido e velho pai, o religioso Lawson, que em todas as virtudes cristãs era a exata contraparte do "Pai Tomás" – uma semelhança tamanha que ele bem poderia ter sido o herói cristão original da sra. Stowe. A ideia de deixar esses queridos amigos me incomodava, pois eu ia sem a esperança de um dia voltar; a briga tinha sido feia e aparentemente não havia chance de reconciliação.

Além da dor de me separar de meus amigos, que eu supunha ser para sempre, eu tinha a tristeza adicional de pensar que minhas chances de fuga diminuíam. Eu tinha adiado a fuga até agora, quando fui colocado em um lugar onde as oportunidades de fugir seriam muito menores e menos frequentes.

Enquanto navegávamos para St. Michaels pela baía de Chesapeake, a bordo da chalupa *Amanda*, e passávamos pelos vapores que transitavam entre Baltimore e Filadélfia, fiz muitos planos para meu futuro, que começavam e terminavam com a mesma determinação – encontrar algum modo de escapar da escravidão.

Capítulo XIV
EXPERIÊNCIA EM ST. MICHAELS

St. Michaels e seus habitantes • Capitão Auld • Sua nova
esposa • Passando fome • Forçado a roubar • Argumento
em defesa disso • Acampamento religioso no Sul • O que o
capitão Auld fazia lá • Esperanças • Suspeitas • O resultado •
Fé e várias obras • Posição na igreja • A pobre prima Henny •
Pregadores metodistas • O desdém deles pelos escravos •
Uma exceção • Escola sabática • Domado como e por quem •
Triste mudança em minhas perspectivas • Covey, o domador
de negros

St. Michaels, o vilarejo onde ficava minha nova casa, era melhor do
que a maioria dos vilarejos dos estados escravagistas nessa época –
1833. Havia umas poucas casas confortáveis, mas o lugar como
um todo tinha o aspecto de monotonia e desleixo, de algo iniciado
e depois abandonado. A maioria das edificações era de madeira;
as casas jamais haviam desfrutado do adorno artificial da tinta,
e o tempo e as tempestades haviam feito sumir a cor brilhante
da madeira, deixando-as quase tão negras quanto uma edificação
queimada por um incêndio.

St. Michaels gozara em outros tempos da reputação de uma comunidade que construía embarcações, porém essa indústria havia
quase integralmente cedido espaço à pesca de ostras destinada aos
mercados de Baltimore e de Filadélfia, um tipo de vida altamente
desfavorável para a moral, a diligência e os bons modos. O rio Miles
era largo, e havia grandes áreas onde se pescavam ostras, e no
outono, no inverno e na primavera os pescadores frequentemente
ficavam fora o dia todo e parte da noite. Essa exposição ao tempo
era um pretexto para que eles levassem consigo, em quantidades
consideráveis, bebidas alcoólicas, na época consideradas o melhor
antídoto para o frio. Cada canoa era abastecida com seu cântaro de
rum, e a bebedeira se tornou generalizada entre os cidadãos dessa
classe. Esse hábito da bebida, em uma população ignorante, levava

à grosseria, à vulgaridade e a um desprezo indolente pelo aprimoramento social do lugar, de modo que as poucas pessoas sóbrias e pensantes que permaneciam ali admitiam que St. Michaels era um lugar impudico e feio.

Fui morar em St. Michaels em março de 1833. Sei o ano porque foi um ano depois da primeira epidemia de cólera em Baltimore, e foi também o ano daquele estranho fenômeno em que os céus pareceram se separar de seu séquito de estrelas. Testemunhei esse deslumbrante espetáculo e fiquei atônito. O ar parecia tomado por brilhantes mensageiros que desciam dos céus. Foi perto da aurora que vi essa cena sublime. Naquele momento, não deixei de considerar a possibilidade de que aquilo poderia ser o prenúncio da chegada do Filho do Homem; e em meu estado de espírito à época eu estava preparado para saudá-Lo como meu amigo e libertador. Eu havia lido que "as estrelas cairão dos céus", e agora elas estavam caindo. Eu estava sofrendo muito. Parecia que toda vez que as gavinhas de meu afeto se ligavam a algo elas eram rudemente rompidas por algum poder externo contrário à natureza; e eu procurava nos céus o descanso que na terra me era negado.

Mas voltando à minha história. Tinham se passado mais de sete anos desde que eu morara com o senhor Thomas Auld, na família de meu antigo senhor, capitão Anthony, na fazenda do coronel Lloyd. Na época eu o conhecia como marido da filha de meu senhor; agora eu o conheceria como meu senhor. Todas as lições que eu precisava ter sobre seu temperamento e sua disposição e sobre os melhores meios de agradá-lo ainda estavam por vir. Proprietários de escravos, contudo, não eram de muita cerimônia ao abordar um escravo, e minha ignorância sobre aquela nova matéria-prima que chegava na forma de um dono foi passageira. Também minha senhora não demorou em demonstrar sua índole. Ao contrário da srta. Lucretia, de quem eu me lembrava com a ternura deixada pelas bênçãos do passado, a sra. Rowena Auld era tão fria e cruel quanto seu marido era mesquinho, e tinha o poder de fazê-lo tão cruel quanto ela, ao passo que ela facilmente sabia descer ao nível da maldade dele.

Enquanto morei na casa da família de Hugh Auld, independentemente das mudanças lá ocorridas, sempre houve abundância de comida. Agora, pela primeira vez em sete anos, eu sentia as impiedosas aguilhoadas da fome. Tão miserável era a fome em que nos deixavam que acabávamos compelidos a viver à custa de nossos vizinhos, ou a roubar da despensa de casa. Isso era algo duro de fazer; depois de muita reflexão, porém, cheguei à convicção de que não havia outro modo, e de que no final das contas não havia nada de errado naquilo. Considerando que meu trabalho e minha pessoa eram propriedades do senhor Thomas, e que eu me via privado dos artigos necessários para a vida – artigos obtidos por meio de meu próprio trabalho –, era fácil deduzir daí o direito de eu prover a mim mesmo com aquilo que me pertencia. Eu estava simplesmente me apropriando daquilo que era meu para bem de meu senhor, uma vez que a saúde e a força que derivavam daquela comida eram postas a seu serviço. Para ser claro, aquilo era roubo, de acordo com a lei e com o evangelho que eu ouvia do púlpito; mas eu havia começado a dar menos importância ao que vinha desses lugares no que se referia a esses pontos. Nem sempre era conveniente roubar de meu senhor, e os mesmos motivos pelos quais eu podia roubar inocentemente dele não pareciam justificar que eu roubasse de outros. No caso de meu senhor era uma questão de transferência – pegar a carne dele de um recipiente e colocar em outro; a propriedade da carne não era afetada na transação. De início ele era dono dela no recipiente onde estava guardada, e ao final ele a possuía dentro de mim. A despensa onde ficavam as carnes nem sempre estava aberta. Havia uma vigilância rigorosa ali, e a chave ficava no bolso da sra. Auld. Muitas vezes passávamos fome brutal ao mesmo tempo que havia carnes e pães mofando debaixo de trancas e chaves. Isso era assim mesmo quando ela sabia que estávamos quase mortos de fome; e no entanto todas as manhãs ela se ajoelhava com ar de santidade ao lado do marido e orava para que um Deus misericordioso "abençoasse seu cesto e sua amassadeira, e que enfim os salvasse em Seu reino"[2]. Mas continuarei com meu argumento.

Era necessário que o direito de furtar dos outros fosse estabelecido; e isso só podia se apoiar num escopo mais amplo de generalização do que aquele usado para supor meu direito a furtar de meu senhor. Levei algum tempo antes de chegar com clareza a

---

2 Referência a Deuteronômio, 28:5. Para as citações bíblicas utilizou-se a versão da Bíblia Almeida Corrigida Fiel.

esse ponto. Para dar uma noção de meu raciocínio, vou apresentar o caso como ele se desenvolveu em minha mente. "Eu sou", pensei, "não apenas escravo do senhor Thomas, mas sim da sociedade escravagista como um todo. A sociedade como um todo está comprometida, tanto formalmente quanto na prática, em ajudar o senhor Thomas a roubar de mim minha liberdade e a justa recompensa por meu trabalho; portanto, quaisquer direitos que eu tenha em relação ao senhor Thomas, tenho igualmente em relação àqueles que estão associados a ele no roubo de minha liberdade. Do mesmo modo como a sociedade me marcou como um butim privilegiado, com base no princípio da autopreservação, eu estava justificado também a saquear. Uma vez que todo escravo pertence a todos, todos portanto devem pertencer a cada um". Raciocinei ainda que dentro dos limites de seus proventos o escravo estava plenamente justificado em se servir do ouro, da prata e das melhores roupas de seu senhor ou de qualquer outro dono de escravos; e que isso não era roubo, em nenhum sentido justo da palavra.

A moralidade da sociedade livre não podia ser aplicada à sociedade escrava. Os donos de escravos tornavam praticamente impossível para o escravo não cometer nenhum crime, segundo a definição das leis de Deus ou das leis dos homens. Caso roubasse, ele estava tomando apenas aquilo que lhe pertencia; caso matasse seu dono, estaria apenas imitando os heróis da revolução. Os donos de escravos, em minha opinião, eram individual e coletivamente responsáveis por todos os males que surgiam dessa horrenda relação, e eu acreditava que eles deveriam ser responsabilizados aos olhos de Deus. Escravizar um homem equivalia a roubar-lhe a responsabilidade moral. O livre-arbítrio é a essência de toda a responsabilização. Mas meus bondosos leitores provavelmente estarão menos preocupados com o teor de minhas opiniões do que com aquilo que dizia respeito mais de perto à minha experiência pessoal, embora minhas opiniões tenham de alguma forma sido o resultado de minha experiência.

Quando morei com o capitão Auld, eu o considerava incapaz de qualquer ato nobre. Sua principal característica era um intenso egoísmo. Penso que ele próprio tinha consciência desse fato e que frequentemente tentava ocultar esse traço de sua personalidade. O capitão Auld não havia nascido dono de escravos. Ele não tinha nascido com o direito à posse de escravos reservado aos membros da oligarquia. Ele era dono de escravos apenas em função do direito que adquiriu ao se casar; e de todos os donos de escravos esses eram de longe os mais exigentes. Havia nele todo o amor da dominação, o orgulho da propriedade e a arrogância da autoridade; mas ao domínio dele faltava o elemento vital da consistência. Ele podia ser cruel; os métodos que ele usava para demonstrar isso, porém, eram covardes e revelavam sua maldade, mais do que seu espírito. Suas ordens eram fortes, mas ele era fraco para exigir que elas fossem cumpridas.

Escravos não eram insensíveis às qualidades positivas de um senhor de escravos generoso, arrojado, que não temesse as consequências, e preferiam um senhor desse tipo corajoso e ousado, ainda que arriscando levar um tiro ao serem acusados de insolência, ao sujeito pusilânime que jamais usava o chicote a não ser que houvesse a sugestão de um amor pelo lucro.

Os escravos também sabiam discernir entre a postura de quem tinha direito de nascimento a ser dono de escravos e as atitudes simuladas pelo dono acidental de escravos; e, embora fossem incapazes de sentir respeito por qualquer um deles, desprezavam mais este do que aquele.

O luxo de ter escravos a seu serviço era novo para o senhor Thomas, e ele estava completamente despreparado para isso. Ele era um dono de escravos sem a habilidade para manter ou dirigir seus cativos. Não conseguindo obter o respeito deles, tanto ele quanto a esposa estavam sempre em alerta, por medo de que alguma ofensa fosse cometida pelos escravos contra eles.

Foi no mês de agosto de 1833, quando eu estava à beira do desespero com o tratamento dado a mim pelo senhor Thomas, e pensando mais do que nunca na sempre repetida determinação de fugir, que ocorreu uma circunstância que parecia prometer dias mais felizes e melhores para todos nós. Em um encontro metodista, realizado em Bayside (um local famoso para esse tipo de evento), a cerca de 14 quilômetros de St. Michaels, o senhor Thomas encontrou uma religião. Havia muito tempo ele era objeto de interesse da Igreja, como eu via pelas frequentes visitas e longas exortações feitas por seus ministros. Ele era um peixe que valia a pena pescar, pois tinha dinheiro e boa posição social. Na comunidade de St.

Michaels ele nada ficava a dever aos melhores cidadãos. Era absolutamente moderado e não seria preciso fazer muito para lhe dar a aparência de beatitude e para torná-lo um pilar da Igreja. Bem, o encontro continuou por uma semana; vinha gente de toda parte do país, e dois vapores chegaram abarrotados vindos de Baltimore. O lugar foi uma escolha feliz; os bancos foram postos em seus lugares, erigiram-se uma tenda e um altar rústico de frente para o tablado do pregador, cercado, com palha, criando-se um lugar macio para que os convertidos se acomodassem. Esse lugar teria acomodado pelo menos cem pessoas. Na frente e nas laterais do tablado do pregador, e mais além das longas fileiras de bancos, erguia-se a primeira classe de barracas imponentes, competindo umas com as outras em robustez, limpeza e capacidade de acomodação de pessoas. Atrás desse primeiro círculo de barracas havia outro, menos imponente, que circundava o terreno destinado ao encontro até o tablado do pregador. Adiante dessa segunda categoria de barracas havia carroças cobertas, carros de boi e veículos de toda forma e tamanho. Estes serviam de barraca para seus donos. Mais além, imensas fogueiras queimavam em todas as direções, e lá se assava, cozinhava e fritava para todos os que cuidavam de seu bem-estar espiritual dentro do círculo. *Atrás* do tablado do pregador, tinha sido demarcado um espaço estreito para uso dos negros. Não havia bancos separados para essa classe de pessoas, e, caso os pregadores viessem a se dirigir a elas, seria em um comentário *à parte*. Depois que a pregação acabava, em cada culto, convidavam-se os convertidos a entrar no cercado; em alguns casos, os ministros saíam para convencer homens e mulheres a entrar. Um desses ministros convenceu o senhor Thomas a entrar no cercado. Fiquei profundamente interessado na questão, e o segui; e, embora negros não fossem permitidos nem no cercado nem em frente ao tablado do pregador, arrisquei ficar numa espécie de meio caminho entre os negros e os brancos, de onde podia ver nitidamente os movimentos dos convertidos, e sobretudo o progresso do senhor Thomas. "Se ele se converter", pensei, "vai libertar todos os escravos; ou, se não chegar a esse ponto, pelo menos vai ser mais gentil conosco e nos alimentar de maneira mais generosa do que tem feito até aqui". Recorrendo à minha própria experiência religiosa, e julgando meu senhor por aquilo que era verdade em meu caso, eu não conseguia considerar que ele estivesse plenamente convertido, a não ser que esses bons resultados se seguissem à sua profissão de fé. Mas minhas expectativas foram duplamente frustradas: o senhor Thomas ainda era *o senhor Thomas*. Os frutos de sua justiça não se revelariam do modo como eu havia previsto. Sua conversão não mudou a relação que ele tinha com os homens – em todo caso, não a relação que ele tinha com os homens NEGROS –, mas sim a relação com Deus. Minha fé, confesso, não era grande. Havia algo na aparência dele que me fazia duvidar de sua conversão. De onde eu estava, era possível acompanhar todos os movimentos dele. Observei de perto enquanto ele esteve no cercado; e embora eu visse que seu rosto estava extremamente vermelho e seus cabelos, desmazelados, e embora eu o tenha ouvido gemer e visse uma lágrima escorrer até parar em seu rosto, como se perguntando "para que lado devo ir?" – eu não conseguia confiar totalmente na verdade dessa conversão. O comportamento hesitante da lágrima e sua solidão me inquietaram e puseram em dúvida todo o negócio de que aquilo era parte. Mas as pessoas diziam: "O capitão Auld se converteu", e eu devia esperar pelo melhor. A caridade me obrigava a isso, pois também eu era religioso e estava na Igreja havia três anos, embora não tivesse agora mais de 16. Donos de escravos por vezes podem ter confiança na religiosidade de alguns de seus escravos, porém escravos raramente confiam na religiosidade de seus donos. "Ele não pode ir para o céu sem sangue nas orlas de seus vestidos"[3] era ponto pacífico no credo de todo escravo; um ensinamento que se tornava superior a todos os demais que se opunham a ele e que se tornou um fato imutável. A mais alta prova que o dono de escravos podia dar ao escravo de que havia aceitado Deus era a alforria de todos os seus cativos. Isso para nós era prova de que ele estava disposto a abrir mão de tudo por Deus, e em nome de Deus, e não fazer isso equivalia, de nosso ponto de vista, a uma prova de um coração duro e era completamente incompatível com a ideia de uma genuína conversão. Eu tinha lido em algum lugar, na Disciplina Metodista, a seguinte pergunta e a seguinte resposta: "Pergunta. O que deve ser feito para que se extirpe a escravidão?". "Resposta. Declaramos que estamos tão convencidos agora quanto em qualquer outro momento

---

3 Jeremias, 2:34.

do grande mal da escravidão; portanto, nenhum dono de escravos deverá ser elegível para qualquer posição de autoridade em nossa Igreja." Essas palavras soaram em meus ouvidos por muito tempo e me incentivaram a ter esperança. Mas, como eu disse antes, estava fadado a me decepcionar. O senhor Thomas parecia ter consciência de minhas esperanças e expectativas em relação a ele. Pensei em outros momentos que ele olhava para mim respondendo a meus olhares, como se para dizer: "Vou mostrar para você, rapazinho, que, embora tenha me livrado de meus pecados, não me livrei de meu juízo. Vou manter meus escravos e mesmo assim ir para o céu".

Sempre houve uma escassez de bondade nele; mas agora seu semblante como um todo estava *amargo* com as *aparências* da piedade, e ele se tornou mais rígido e mais severo em suas exigências. Se é que a religião teve algum efeito sobre ele, foi torná-lo mais cruel e odioso em todos os seus modos. Estou sendo duro demais com ele? Deus não me permita. O capitão Auld fazia as maiores profissões de fé. A casa dele era literalmente uma casa de oração. Pela manhã e à noite ouviam-se altas orações e hinos ali, de que participavam tanto ele quanto a esposa; no entanto, as refeições distribuídas nos alojamentos não se tornaram mais fartas nem melhores, não se prestava maior atenção ao bem-estar moral da cozinha, e nada se fazia para que sentíssemos que o coração do capitão Thomas tinha se tornado um pouco melhor do que era antes de ele entrar no pequeno cercado, do lado oposto ao tablado do pregador no encontro religioso. Nossas esperanças no que dizia respeito à disciplina também logo sumiram; pois ele foi aceito na Igreja imediatamente e, antes mesmo de terminar seu período probatório, era o líder da classe. Ele se distinguiu na irmandade como um ardoroso exortador. Seu progresso foi quase tão rápido quanto o da planta da fábula de João e o pé de feijão. Ninguém era mais ativo nos avivamentos nem percorria mais quilômetros para ajudar em sua realização, ou para fazer as pessoas de fora se interessarem pela religião. A casa dele, sendo uma das mais santas de St. Michaels, tornou-se a "casa dos pregadores". Eles evidentemente gostavam de compartilhar da hospitalidade dele; pois, ao mesmo tempo que nos *fazia passar fome*, ele os enchia de comida – não era incomum que três ou quatro desses "embaixadores" estivessem lá ao mesmo tempo e vivendo à farta enquanto nós na cozinha estávamos para lá de famintos. Não era frequente que recebêssemos um sorriso de reconhecimento desses santos homens. Eles pareciam tão preocupados com a possibilidade de irmos para o céu quanto com a de nos libertarmos da escravidão. A essa acusação generalizada, devo fazer uma exceção – o reverendo George Cookman. Ao contrário dos reverendos srs. Storks, Ewry, Nicky, Humphrey e Cooper (todos participantes do circuito de St. Michaels), ele bondosamente se interessava por nosso bem-estar temporal e espiritual. Ele considerava sagrados tanto nossa alma quanto nosso corpo e realmente tinha um bom tanto de sentimento abolicionista mesclado com suas ideias colonizadoras. Não havia um único escravo em nossa vizinhança que não amasse e venerasse o sr. Cookman. Era quase geral a crença de que ele tinha tido um papel importante em levar um dos maiores donos de escravos da região – o sr. Samuel Harrison – a libertar seus escravos, e a impressão geral sobre o sr. Cookman era que, sempre que encontrava donos de escravos, ele se esforçava genuinamente, como seu dever religioso, para induzi-los a libertar seus cativos. Quando esse bom homem estava em nossa casa, sabíamos que certamente seríamos chamados para as orações matinais; e ele não demorava a fazer perguntas quanto a nosso estado de espírito nem a nos dizer palavras de exortação e de encorajamento. Grande foi a tristeza de todos os escravos quando esse pregador do evangelho cheio de fé foi retirado de nosso circuito. Ele era um pregador eloquente e tinha aquilo que poucos ministros, ao sul da linha Mason e Dixon, tinham ou ousavam demonstrar; a saber, um coração caloroso e filantrópico. Esse sr. Cookman era inglês de nascimento e faleceu a bordo do malfadado vapor *President* enquanto estava a caminho da Inglaterra.

Mas voltemos à minha experiência com o senhor Thomas após sua conversão. Em Baltimore eu ocasionalmente conseguia entrar em uma escola dominical em meio às crianças livres e ouvir a lição com o restante delas. Quando, entretanto, voltei para a Costa Leste e para a casa do senhor Thomas, eu não tinha permissão nem para ensinar nem para aprender. Toda a comunidade branca, com uma única exceção, via com maus olhos tudo que se assemelhasse a compartilhamento de conhecimento, fosse com escravos ou com negros livres. Essa única exceção, um rapaz religioso chamado Wilson, me perguntou um dia se eu gostaria de ajudá-lo a ministrar aulas em uma pequena escola dominical na casa de um negro liberto chamado James Mitchell. A ideia me deleitava, e eu disse a ele que ficaria feliz em me dedicar a esse trabalho louvável no maior número de domingos que me fosse possível. O sr. Wilson logo reuniu uma dúzia de velhos livros de ortografia e uns poucos Testamentos, e começamos os trabalhos com cerca de vinte alunos em nossa escola. Ali, pensei, estava algo por que valia a pena viver. Eis uma chance de ser útil. O primeiro domingo transcorreu deliciosamente, e passei a semana seguinte muito feliz. Eu não podia ir a Baltimore, onde ficava a pequena companhia de jovens amigos que tanto tinha representado para mim lá e de quem eu havia me separado para sempre, mas podia criar uma pequena Baltimore aqui. Em nosso segundo encontro eu soube que havia algumas objeções à existência de nossa escola; e, de fato, mal havíamos começado o trabalho – um *bom* trabalho, meramente ensinando umas poucas crianças negras a ler o Evangelho do Filho de Deus – quando apareceu uma turba encabeçada por dois líderes de classe, o sr. Wright Fairbanks e o sr. Garrison West, e com eles o senhor Thomas. Eles vinham armados de paus e de outros projéteis e nos expulsaram de lá, mandando que jamais voltássemos a nos encontrar com aquele objetivo. Um dos membros daquele grupo de religiosos me disse que eu queria ser um novo Nat Turner e que, se eu não tomasse cuidado, eu podia levar tantas balas quanto Nat levou. Assim terminou nossa escola dominical, e o leitor não ficará surpreso com o fato de que essa conduta, da parte dos líderes de classe e dos autoproclamados santos homens, não ajudou a fortalecer minha convicção religiosa. A nuvem sobre minha casa de St. Michaels ficou mais pesada e mais negra do que nunca.

Não foi apenas a atuação do senhor Thomas no fechamento de nossa escola dominical que abalou minha confiança no poder daquele tipo de religião do Sul em tornar os homens mais sábios ou melhores, mas eu via nele, *depois* da conversão, toda a crueldade e a maldade que ele exibia antes. A crueldade e a maldade dele se revelavam especialmente no modo como ele tratava minha infeliz prima Henny, cuja deficiência a tornava um fardo para ele. Eu o vi amarrar essa mulher deficiente e mutilada e açoitá-la de maneira extremamente brutal e chocante: e então com uma blasfêmia de arrepiar ele citava a passagem da Escritura: "E o servo que soube a vontade do seu senhor, e não se aprontou, nem fez conforme sua vontade, será castigado com muitos açoites".[4] Ele mantinha essa mulher lacerada atada pelos pulsos a um parafuso na trave por três, quatro e até cinco horas seguidas. Ele a amarrava de manhã cedo, açoitava-a com couro de vaca antes do café da manhã, deixava-a amarrada, ia para sua loja e, ao voltar para o jantar, repetia o castigo, batendo com a áspera chibata na carne viva exposta pelos golpes repetidos. Ele parecia desejar acabar com a existência da pobre garota, ou no mínimo tirá-la de suas mãos. Como prova disso, ele mais tarde a deu para sua irmã Sarah (sra. Cline), mas, assim como no caso do sr. Hugh, Henny em breve voltaria a suas mãos. Por fim, com base em uma farsa segundo a qual ele nada podia fazer por ela (uso as palavras dele mesmo), ele "a deixou à deriva para tomar conta de si mesma". Eis um homem recém-convertido, mantendo com pulso firme os escravos fortes e de boa constituição que herdara do antigo senhor – as pessoas que em liberdade poderiam tomar conta de si mesmas –; e que no entanto libertava a única aleijada entre eles, virtualmente para passar fome e morrer.

Sem dúvida, caso um irmão religioso do Norte tivesse perguntado ao senhor Thomas por que ele tinha escravos, a resposta dele seria precisamente aquela dada por muitos donos de escravos ao ouvir a mesma pergunta, ou seja: "Mantenho meus escravos para o próprio bem deles".

As muitas diferenças que surgiam entre mim e o senhor Thomas, que se deviam à clara percepção que eu tinha de seu caráter e à audácia com que eu me defendia contra as queixas arbitrárias dele, levaram-no a declarar que eu não servia a suas necessidades; que minha vida na cidade havia me afetado perniciosamente; que na verdade ela praticamente me arruinara para qualquer bom propósito e me tornara adequado para tudo que era mau. Um de meus grandes defeitos, ou ofensas, foi deixar o seu cavalo escapar e ir até a fazenda que pertencia ao sogro dele. O animal tinha uma predileção por aquela fazenda da qual eu compartilhava. Sempre que eu o deixava solto, ele saía correndo pela estrada para a fazenda do sr. Hamilton, como se estivesse participando de uma grande brincadeira. Tendo meu cavalo ido embora, evidentemente eu precisava ir atrás dele. A explicação para a ligação que nós dois sentíamos

---

4 Lucas, 12:47.

com o local era a mesma – o cavalo encontrava lá bom pasto, e eu encontrava fartura de pão. O sr. Hamilton tinha lá seus defeitos, mas deixar que seus escravos passassem fome não era um deles. Ele dava comida em abundância, e de excelente qualidade. Na cozinheira do sr. Hamilton – tia Mary – encontrei uma amiga generosa e atenciosa. Ela nunca me permitia ir até lá sem me dar pão o suficiente para compensar as deficiências de um ou dois dias. O senhor Thomas por fim resolveu que não suportaria mais meu comportamento; ele não podia ficar nem comigo nem com o cavalo, uma vez que gostávamos tanto de estar na fazenda de seu sogro. Eu tinha morado quase nove meses com ele, e ele havia me açoitado várias vezes com severidade, sem que isso causasse nenhuma melhoria visível de meu caráter ou de minha conduta, e agora ele estava decidido a me botar para fora, como ele disse, *"para ser domado"*.

Havia, na Bayside, bem perto do local onde meu senhor recebeu seus sentimentos religiosos, um sujeito chamado Edward Covey, que gozava da reputação de ser excelente em domar jovens negros. Esse Covey era um sujeito pobre, um arrendatário; e sua fama de ser bom em domar escravos lhe trazia imensa vantagem pecuniária, uma vez que lhe permitia lavrar a fazenda com custos muito baixos, quando comparados com os que ele teria de outro modo. Alguns donos de escravos acreditavam ser vantajoso deixar que o sr. Covey administrasse seus escravos por um ano ou dois, quase sem taxas, pelo excelente treinamento que eles recebiam sob seus cuidados. Assim como alguns domadores de cavalos conhecidos por suas habilidades, que cavalgam nos melhores animais da região sem custos, o sr. Covey podia ter sob seu comando os temperamentos mais fortes da região, em troca da simples recompensa de devolvê-los *bem domados* a seus donos. Além da natural aptidão do sr. Covey para as tarefas de sua profissão, dizia-se que ele "era religioso", e ele era tão rigoroso no cultivo da religiosidade quanto o era no cultivo de sua fazenda. Fiquei sabendo desses traços de seu caráter por alguém que estivera sob seu comando, e, embora não sentisse prazer algum enquanto esperava para ir à fazenda dele, eu estava feliz em sair de St. Michaels. Eu achava que teria o bastante para comer na fazenda do sr. Covey, ainda que sofresse em outros aspectos, e para um homem faminto essa não é uma perspectiva a ser encarada com indiferença.

Capítulo XV
COVEY, O DOMADOR DE NEGROS

Viagem até a fazenda de Covey • Reflexões no caminho •
A casa de Covey • Família • Falta de habilidade para trabalhar
no campo • Um espancamento cruel • O porquê • Descrição de
Covey • Primeira tentativa de conduzir o gado • Escapando
por um fio • Gado e homens como propriedade • Trabalho
duro mais eficiente do que o açoite para domar o espírito •
Esperteza e truques de Covey • Adoração familiar • Desprezo
chocante e indecente pela castidade • Grande agitação
mental • Angústia indescritível

A manhã de 1º de janeiro de 1834, com seu vento gélido e um frio
cortante, que estavam em perfeita harmonia com o inverno que
havia em minha mente, encontrou-me, com minha pequena trouxa
de roupas na ponta de um pau que eu levava no ombro, na estrada
principal a caminho da fazenda de Covey, seguindo as ordens im-
periosas do senhor Thomas. Ele cumprira a palavra e me destinou
sem reservas ao comando daquele sujeito rigoroso. Oito ou dez
anos tinham se passado então desde que eu fora retirado da cabana de minha avó em Tuckahoe; e esses anos, na maior parte, eu
passara em Baltimore, onde, como o leitor já viu, fui tratado com
relativa ternura. Agora eu estava prestes a sondar novas profundezas da vida de escravo. Meu novo senhor era famoso por sua
disposição feroz e selvagem, e meu único consolo ao ir morar com
ele era a certeza de que iria encontrar nele exatamente aquilo que
sua fama dizia que ele era. Não havia alegria em meu coração nem
agilidade em meu corpo enquanto eu iniciava o caminho para a
casa do tirano. A fome me fazia feliz por deixar a casa de Thomas
Auld, e o açoite cruel me fazia temer a casa de Covey. A fuga, no
entanto, era impossível; assim, lenta e tristemente, percorri os
12 quilômetros que separavam a casa dele de St. Michaels, *pensando* muito, no caminho solitário, sobre minha condição adversa.
Mas *pensar* era só o que eu podia fazer. Como um peixe em uma
rede, que consegue brincar por um tempo, eu agora estava sendo

105

arrastado rapidamente para a praia e vigiado de toda parte. "Eu sou", pensei, "apenas o joguete de um poder que não presta contas nem de meu bem-estar nem de minha felicidade. Por uma lei que não consigo compreender, mas da qual não posso fugir e à qual não posso resistir, fui implacavelmente removido do lar de uma bondosa avó e levado às pressas para a casa de um misterioso senhor; novamente sou retirado de lá para a casa de um senhor em Baltimore; depois sou levado para a Costa Leste para ser avaliado com os animais do campo, e com eles ser dividido e separado para um dono; depois sou mandado de volta para Baltimore, e, quando tinha formado novos vínculos e começava a ter esperanças de que não seria mais alcançado por rudes choques, surge uma rixa entre irmãos, e novamente sou enviado para St. Michaels; e agora estou indo a pé deste lugar para a casa de outro senhor, onde, segundo compreendo, como um jovem animal de carga, devo ser domado para o jugo de um cativeiro amargo e destinado a durar por toda a vida". Com pensamentos e reflexões como esses vi surgir à minha frente uma pequena edificação de madeira pintada, a cerca de 1,5 quilômetro da estrada principal, e que, segundo a descrição que eu tinha recebido ao partir, facilmente reconheci como minha nova casa. A baía de Chesapeake, sobre cujas margens salientes ficava a pequena casa de madeira tingida, branca com a espuma criada pelo forte vento noroeste; a ilha Poplar, com uma densa floresta de pinheiros negros, em meio a esse quase oceano; e Keat Point, estendendo suas margens arenosas, semelhantes a desertos, na direção da baía com cristas de espuma, estavam todos à vista e serviam para aprofundar o caráter selvagem e desolado da cena.

As boas roupas que eu trouxera comigo de Baltimore estavam agora esgarçadas e não tinham sido substituídas; pois o senhor Thomas era tão pouco cuidadoso na proteção contra o frio quanto o era na proteção contra a fome. Deparando ali com um vento norte que varria um descampado de 70 quilômetros, eu estava feliz de encontrar um porto qualquer e, assim, apertei o passo rumo à casa de madeira. A família era composta do sr. e da sra. Covey; da sra. Kemp (uma mulher aleijada), irmã da sra. Covey; William Hughes, primo do sr. Covey; Caroline, a cozinheira; Bill Smith, um trabalhador contratado, e eu. Bill Smith, Bill Hughes e eu éramos a mão de obra da fazenda, que tinha cerca de 300 ou 400 acres. Agora pela primeira vez na vida eu iria trabalhar no campo; e em minha nova função eu me vi ainda mais despreparado do que se imaginaria que um garoto novato do campo ia ser ao se confrontar pela primeira vez com as cenas atordoantes da vida na cidade. Minha inabilidade me causou muitos problemas. Embora isso possa parecer estranho e contrário à natureza, eu estava em minha casa havia apenas três dias quando o sr. Covey (meu irmão na Igreja Metodista) deu-me uma amarga amostra do que estava reservado para mim. Presumo que ele tenha pensado que, como tinha apenas um ano para completar sua tarefa, quanto antes começasse, melhor. Talvez ele tenha pensado que, partindo de uma vez para a violência, nós dois entenderíamos melhor quais eram nossas relações. Mas, fosse qual fosse o motivo, direto ou indireto, eu estava sob sua posse havia menos de três dias completos quando ele me sujeitou a um castigo brutal. Sob os golpes fortes, o sangue fluía livremente, e gretas grossas como meu dedo mínimo foram abertas em minhas costas. As dores desse flagelo persistiram por semanas, pois as feridas eram mantidas abertas pelo tecido grosseiro que eu usava como camisa. A ocasião e os detalhes desse primeiro capítulo de minha experiência como trabalhador do campo devem ser relatados para que o leitor possa compreender quão irracional, além de cruel, meu novo senhor Covey era. Tudo aquilo em minha opinião era característico do homem, e provavelmente não fui tratado pior do que dezenas de outros anteriormente levados a ele por motivos semelhantes àqueles que induziram meu novo senhor a me destinar a seu comando. Mas eis os fatos ligados ao caso, exatamente conforme aconteceram.

Numa das mais frias manhãs de janeiro de 1834, recebi ordens ao romper do dia de pegar uma carga de madeira de uma floresta a cerca de 3 quilômetros da casa. Para realizar esse trabalho, o sr. Covey me deu um par de bois não domesticados, uma vez que aparentemente as habilidades de domesticação dele não haviam se voltado para essa direção. Com toda a formalidade devida, e com todas as cerimônias, fui apresentado a essa imensa junta de bois não domados, e me fizeram compreender cuidadosamente qual deles era "Buck" e qual era "Darby" – qual deles era o externo e qual o interno. O mestre dessa importante cerimônia foi ninguém menos do que o próprio sr. Covey, e essa foi a primeira introdução do gênero que tive.

Minha vida até ali tinha passado longe do gado, e eu não conhecia a arte de manejar bois. Não consegui compreender com facilidade o que significava que um deles fosse o boi externo, em oposição ao interno, sendo que ambos estavam igualmente presos a um mesmo carro, e debaixo de um mesmo jugo; e a diferença implicada nos nomes, e as tarefas peculiares a cada um, pareciam *grego* para mim. Por que o boi "externo" não era chamado de "interno"? Qual seria a razão para essa distinção de nomes, quando nenhuma diferença existe nas coisas em si? Depois de ter me iniciado no uso dos gritos que são o idioma usado entre os bois e o condutor, o sr. Covey pegou uma corda de mais ou menos 3 metros de comprimento e 3 centímetros de espessura e colocou uma ponta em torno dos chifres do boi "interno", e entregou a outra ponta para mim, dizendo que, se os bois começassem a correr (como o biltre sabia que iria ocorrer), eu deveria segurar a corda e fazê-los parar. Não preciso dizer a ninguém que conheça a força e a disposição de um boi indomado que essa ordem era quase tão pouco razoável quanto seria dizer para alguém bater de frente com um touro enlouquecido. Eu nunca tinha conduzido bois antes e era o condutor mais desajeitado que se possa conceber. Eu não podia alegar ignorância para o sr. Covey. Ele tinha algo em seus modos que parecia proibir qualquer resposta. Frio, distante, moroso, com um rosto que trazia todas as marcas do orgulho implicante e da severidade maliciosa, ele repelia qualquer aproximação. Não era um sujeito grande – não tinha mais de 1,78 metro, imagino; tinha pescoço curto, ombros arredondados, movimentos rápidos e nervosos, um rosto fino e que lembrava um lobo, com um par de pequenos olhos verdes acinzentados, bem abaixo de uma testa que não tinha dignidade, e que estavam em constante movimento, expressando mais suas paixões do que seus pensamentos para quem os via, mas sem jamais se permitir manifestá-las em palavras. A criatura tinha uma aparência completamente feroz e sinistra, desagradável e intimidadora ao extremo. Quando falava, era com o canto da boca e numa espécie de rosnado leve, como o que o cão faz quando tentam retirar o osso de sua boca. Eu já acreditava que ele era uma pessoa pior do que o haviam pintado. Com as orientações dele e sem parar para fazer perguntas, parti em direção à floresta, bastante ansioso para fazer tudo corretamente, em minha primeira tentativa de condução. A distância entre a casa e a porteira de madeira – 1,5 quilômetro – transcorreu sem maiores dificuldades: pois, embora os animais tenham corrido, eu era ligeiro o bastante em campo aberto para acompanhar o ritmo deles, especialmente porque eles me levavam junto ao puxar a corda. Mas, ao chegar à floresta, rapidamente me vi em uma situação angustiante. Os animais ficaram com medo e começaram a correr ferozmente para dentro da mata, jogando o carro inclinado contra árvores, passando com ele sobre tocos e correndo de um lado para outro de maneira totalmente apavorante. Segurando a corda, eu esperava a todo momento ser esmagado entre o carro e as árvores imensas, entre as quais eles corriam com tamanha fúria. Depois de ter corrido assim por vários minutos, meus bois finalmente pararam perto de uma árvore, contra a qual se atiraram com grande violência, virando o carro e se emaranhando numa infinidade de mudas. Com o choque, o corpo do carro voou em uma direção e as rodas e o cabeçalho em outra, tudo em uma enorme confusão. Ali estava eu, completamente sozinho, em meio a uma mata fechada que eu não conhecia; meu carro virado e estraçalhado, meus bois, selvagens e furiosos, estavam presos, e eu, pobre alma, era um mero novato para consertar toda essa desordem. Eu não entendia mais de bois do que se supõe que um condutor de bois entenda sobre sabedoria.

Depois de ter ficado ali por alguns minutos, observando o estrago, e não sem pressentir que esses problemas acarretariam outros, mais aflitivos, peguei uma das extremidades do corpo do carro e, usando de toda a minha força, ergui-o em direção ao eixo, de onde ele tinha saído voando violentamente. Depois de muito ter puxado e me esforçado, consegui colocar o corpo do carro no lugar. Esse foi um passo importante para sair da dificuldade, e ter conseguido fazer isso aumentou minha coragem para o trabalho que ainda restava a ser feito. O carro tinha um machado, uma ferramenta que passei a conhecer bem no estaleiro de Baltimore. Com ele, cortei as mudas em que meus bois estavam emaranhados, e retomei a viagem, com o coração na boca, por medo de que os bois malucos decidissem dançar novamente. Mas a correria deles tinha acabado por enquanto, e os patifes agora se moviam com uma sobriedade completa, como se sempre tivessem se comportado naturalmente daquele modo exemplar. Ao chegar à parte da floresta onde no dia anterior eu tinha cortado a madeira, enchi o carro com uma carga pesada, como proteção contra outra fuga. Mas o pescoço de um boi é forte como ferro. Desafia cargas comuns. Proverbialmente tranquilos e dóceis quando *bem* treinados, quando apenas domesticados pela metade para usar o jugo, bois são animais carrancudos e intratáveis. Eu via em minha própria situação vários pontos em comum com a situação dos bois. Eles eram propriedade; eu também. Covey tinha de me domar – eu tinha de domar os bois. Domar e ser domado era a ordem.

Metade do dia já tinha passado e eu ainda não estava no caminho de volta para casa. Foram necessários apenas dois dias de experiência e observação para que eu aprendesse que um aparente desperdício de tempo como aquele seria deixado de lado tranquilamente por Covey. Assim, fui às pressas para casa; mas, ao chegar à porteira do carreiro, deparei com o maior desastre do dia. Essa porteira era um belo espécime de artesanato sulino. Havia dois imensos postes de 45 centímetros de diâmetro cada, rusticamente talhados e quadrados, e a pesada porteira ficava pendurada em um deles de modo a abrir apenas até metade do caminho. Ao chegar ali, precisei soltar a ponta da corda presa nos chifres do boi "interno"; e, assim que a porteira se abriu e a soltei para pegar novamente a corda, meus bois partiram a toda a velocidade; desprezando completamente sua carga, prenderam a imensa porteira entre a roda e o corpo do carro, e literalmente a esmigalharam, e passaram a poucos centímetros de me sujeitar a catástrofe semelhante, pois eu estava bem no caminho da roda quando ela prendeu no poste esquerdo da porteira. Tendo escapado duas vezes por pouco, imaginei que seria capaz de explicar ao sr. Covey o atraso e evitar punições – eu não deixava de ter uma leve esperança de ser elogiado pela determinação que demonstrei em cumprir a árdua tarefa – uma tarefa que, descobri mais tarde, o próprio sr. Covey não teria realizado sem antes conduzir os bois por algum tempo em campo aberto, como preparativo para que eles entrassem na floresta. Mas essa minha esperança se frustraria. Quando cheguei perto dele, seu rosto assumiu um aspecto de severo desgosto, e, à medida que eu relatava os problemas de minha viagem, seu rosto de lobo, com os olhos esverdeados, tornava-se intensamente feroz. "Volte para a floresta", ele disse, murmurando mais alguma coisa sobre desperdício de tempo. Eu rapidamente obedeci, mas não tinha ido muito longe quando o vi me seguindo. Meus bois agora se comportavam particularmente bem, contrastando sua conduta atual com o que eu havia relatado sobre suas excentricidades. Quase desejei, agora que Covey estava vindo, que eles *de fato* fizessem algo que demonstrasse que eles se comportavam como eu dissera; mas não, eles já tinham dado fim a sua correria e agora podiam se dar ao luxo de se comportar extraordinariamente bem, obedecendo às ordens com prontidão e parecendo compreendê-las tão bem quanto eu. Ao chegar à floresta, meu algoz, que parecia o tempo todo reparar no bom comportamento dos bois, aproximou-se de mim e mandou que eu parasse o carro, e acompanhou a ordem com a ameaça de que agora iria me ensinar a quebrar porteiras e a desperdiçar meu tempo quando ele me mandasse para a floresta. Tornando suas ações compatíveis com as palavras, Covey se afastou, a seu modo nervoso, indo rumo a uma árvore negra conhecida como tupelo, cujos galhos em geral são usados como *aguilhão de tocar boi*, sendo extraordinariamente duras. Ele cortou três dessas *varas*, de 1,5 metro a 2 metros de comprimento, e desbastou com seu grande canivete. Depois disso, mandou que eu tirasse minhas roupas. A essa ordem pouco razoável não dei nenhuma resposta, mas, em minha aparente ignorância e desatenção a sua ordem, indiquei de maneira bastante clara uma forte determinação de não fazer aquilo. "Se você vai bater em mim", pensei, "vai fazer por cima de minhas roupas". Depois de muitas ameaças, que não me impressionaram, ele se atirou sobre mim com algo da ferocidade selvagem de um lobo, rasgou as poucas e esgarçadas roupas que eu estava usando e passou a desgastar em minhas costas as pesadas mudas que havia cortado da árvore. Esse espancamento foi o primeiro de uma série e, embora muito severo, não o foi menos do que outros que o seguiram, e esses por ofensas muito menos graves do que a quebra da porteira.

Permaneci na casa do sr. Covey por um ano (não posso dizer que tenha *vivido* lá), e durante os seis primeiros meses em que lá estive fui açoitado, seja com varas ou com couro, toda semana. Ossos doloridos e costas feridas eram meus companheiros constantes. Embora o uso da chibata fosse frequente, o sr. Covey considerava esse um meio menos importante para domar meu espírito do que o trabalho árduo e contínuo. Ele me fazia trabalhar até o limite de minha resistência. Desde a aurora até escurecer completamente, eu era obrigado a trabalhar duro no campo ou na floresta. Em certas estações do ano nós todos éramos mantidos no campo até as onze da noite ou meia-noite. Nessas épocas Covey ia ao campo e nos incitava com palavras ou golpes, conforme lhe parecesse melhor. Ele tinha sido feitor e sabia bem como comandar escravos. Não havia como enganá-lo. Ele sabia exatamente o que um homem ou um garoto era capaz de fazer, e cobrava ambos rigorosamente de acordo com isso. Quando lhe apetecia, ele trabalhava como um mouro, fazendo voar tudo que estava à sua frente. No entanto, mal era necessário ao sr. Covey estar de fato presente no campo para que seu trabalho fosse feito de maneira tão diligente. Ele tinha a capacidade de nos fazer sentir que ele estava sempre presente. Por meio de uma série de surpresas praticadas por ele e habilmente pensadas, eu estava preparado para esperá-lo a qualquer momento. O plano dele era jamais se aproximar de maneira franca, honrada e direta do lugar onde seus trabalhadores estavam na lida. Nenhum ladrão foi mais ardiloso em seus expedientes do que esse Covey. Ele se arrastava e engatinhava por valas e barrancos, escondia-se atrás de tocos de árvores e arbustos, e a tal ponto praticava as espertezas da serpente que Bill Smith e eu, entre nós, jamais o chamávamos por outro nome que não "a cobra". Achávamos que nos olhos dele e no seu modo de andar era possível ver algo de serpe. Metade de sua proficiência na arte de domar negros vinha, creio, dessa espécie de esperteza. Nós nunca estávamos seguros. Ele podia nos ver ou ouvir praticamente o tempo todo. Ele estava, para nós, atrás de cada toco, de cada árvore, arbusto e cerca da plantação. Ele levava esse tipo de truque tão longe que por vezes chegava a montar a cavalo e nos fazer crer que estava indo a St. Michaels, e trinta minutos depois você poderia encontrar o cavalo dele amarrado na floresta, e Covey, sempre semelhante a uma cobra, deitado em uma vala com a cabeça para fora de sua borda, ou no canto de uma cerca, observando todos os movimentos dos escravos. Eu o vi andar até nós e dar ordens especiais sobre o trabalho que deveríamos fazer em seguida, como se estivesse indo para casa ficar vários dias ausente, e antes de chegar até sua casa, a meio caminho, aproveitar-se de nossa falta de atenção a seus movimentos para dar meia-volta, esconder-se atrás de um canto de cerca ou de uma árvore e ficar nos observando até o sol se pôr. Por mais mesquinho e desprezível que tudo isso seja, está plenamente de acordo com o caráter que a vida de um dono de escravos produzia. Não havia na condição do escravo nenhum incentivo que o incitasse a ser honesto no trabalho. O medo da punição era o único motivo para qualquer tipo de diligência da parte dele. Sabendo desse fato como sabia o dono de escravo, e julgando o escravo por si mesmo, ele naturalmente concluía que o escravo ficaria ocioso sempre que esse medo estivesse ausente. Portanto, lançava-se mão de todo tipo de truque mesquinho para causar-lhe medo.

Mas, no caso do sr. Covey, a trapaça era algo natural. Tudo nele, do aprendizado à religião, conformava-se a essa propensão ao embuste. Ele não parecia consciente de que a essa prática faltava hombridade, de que era baixa ou desprezível. Para ele, tratava-se de parte de um importante sistema essencial à relação entre dono e escravo. Creio ter visto, até mesmo em suas devoções religiosas, esse elemento controlador de sua personalidade. Uma longa oração à noite compensava uma oração curta pela manhã, e poucos homens podiam parecer mais devotos do que ele quando nada mais tinha a fazer.

O sr. Covey não se contentava com o estilo frio da adoração em família adotado nas latitudes mais frias, que começava e terminava com uma simples oração. Não! A voz do louvor, tanto quanto a da oração, devia ser ouvida em sua casa pela noite e pela manhã. De início eu era chamado para tomar parte desses exercícios; os frequentes espancamentos que eu recebia, no entanto, transformavam a coisa toda em zombaria. Ele era um mau cantor e dependia bastante de mim para entoar o hino pela família, e, quando eu não o fazia, ele ficava completamente perdido. Acredito que ele nunca tenha brigado comigo por causa desses aborrecimentos. A religião dele era algo completamente à parte de suas preocupações mundanas. Ele não a via como um princípio sagrado a dirigir e controlar sua vida cotidiana e que o obrigasse a conformar seu comportamento às exigências do evangelho. Um ou dois fatos ilustrarão seu caráter melhor do que um volume inteiro de generalidades.

Já sugeri que o sr. Edward Covey era pobre. Ele estava, de fato, apenas começando a estabelecer as fundações de sua fortuna, do modo como a fortuna era compreendida em um estado escravagista. Sendo a propriedade de humanos a primeira condição da riqueza e da responsabilidade nesses estados, o homem pobre fazia todo o esforço possível para chegar a isso, por vezes dedicando pouca atenção aos meios utilizados. Na busca por esse objetivo, embora religioso, o sr. Covey se mostrou tão inescrupuloso e vil quanto o pior de nossos vizinhos. De início ele só conseguiu – nas palavras dele mesmo – "comprar uma escrava"; e, por mais que isso seja escandaloso e chocante, ele se gabava de tê-la comprado unicamente "como procriadora". Mas o pior disso não transparece nessa afirmação. Essa jovem (Caroline era o nome dela) foi virtualmente forçada por Covey a se entregar para o propósito para o qual ele a havia comprado; e o resultado foi o nascimento de gêmeos no fim do ano. Covey e a esposa ficaram em êxtase com esse acréscimo trazido a seu rebanho humano. Ninguém sequer sonhava em censurar a mulher ou em culpar o empregado, Bill Smith, o pai das crianças, pois o próprio sr. Covey trancava os dois todas as noites juntos, convidando assim ao resultado.

No entanto, não falarei mais desse tema revoltante. Não se poderá encontrar melhor ilustração do caráter impudico, desmoralizante e aviltante da escravidão do que o fato de que esse dono de escravos autoproclamado cristão, em meio a todas as suas orações e a todos os seus hinos, estava desavergonhada e orgulhosamente incentivando e na verdade forçando, dentro da própria casa, a prática descarada e rematada da fornicação como meio de aumentar seu rebanho. Era o *sistema* da escravidão que tornava isso permissível e que não condenava o dono de escravos por comprar uma escrava e destiná-la a essa vida mais do que condenava por comprar uma vaca e fazê-la dar cria, e as mesmas regras eram observadas, tendo em vista o aumento da quantidade e da qualidade da propriedade em ambos os casos.

Se em algum momento da vida, mais do que em qualquer outro, fui obrigado a sorver os mais amargos goles da escravidão, esse momento ocorreu durante os seis primeiros meses de minha estada com esse Covey. Trabalhávamos em todas as condições climáticas. Jamais estava quente demais ou frio demais; a chuva, o vento, a neve e o granizo jamais eram fortes demais para nos impedir de trabalhar no campo. Trabalhar, trabalhar, trabalhar era a ordem do dia e também da noite. Os dias mais longos eram curtos demais para ele, e as noites mais breves eram longas demais para ele. De início fiquei um pouco indócil, porém alguns meses dessa disciplina me amansaram. O sr. Covey conseguiu me *domar* – em corpo, alma e espírito. Minha resistência natural foi esmagada; meu intelecto definhou; a disposição para ler me deixou, a fagulha de entusiasmo que pairava sobre meu olhar desapareceu; a negra noite da escravidão se abateu sobre mim; e eis um homem transformado em animal.

Domingo era meu dia de folga. Eu passava esse tempo debaixo de alguma árvore grande, numa espécie de torpor animalesco entre o sono e a vigília. Por vezes eu me levantava e um lampejo de liberdade cheio de energia percorria minha alma, acompanhado por um pálido raio de esperança que tremulava por um momento e depois desaparecia. Eu voltava a me afundar, lamentando minha desgraçada condição. Em alguns momentos eu chegava a ser tentado a acabar com minha vida e com a de Covey, mas era impedido por uma soma de esperança e medo. Meus sofrimentos, como eu os lembro agora, parecem mais um sonho do que uma dura realidade.

Nossa casa ficava a poucos metros da baía de Chesapeake, cujo amplo seio estava sempre branco com as velas vindas de todos os cantos do globo habitável. Aquelas belas embarcações, trajadas de branco e tão agradáveis aos olhos dos homens livres, para mim eram fantasmas amortalhados, que me apavoravam e me atormentavam com pensamentos sobre minha infeliz condição. Muitas vezes, em meio ao profundo marasmo dos domingos de verão, fiquei de pé completamente sozinho sobre as margens daquela nobre baía e, com o coração entristecido e os olhos cheios de lágrimas, contei as numerosas velas partindo para o pujante oceano. A vista dessas embarcações sempre teve poderoso efeito sobre mim. Meus pensamentos exigiam que eu os pusesse em palavras; e ali, sem nenhuma plateia além do Todo-Poderoso, eu dava vazão às queixas de minha alma a meu modo grosseiro, com uma apóstrofe para a móvel multidão de embarcações.

Vocês estão livres de suas âncoras e são livres. Eu estou preso a meus grilhões e sou escravo! Vocês se movem alegres diante do vento, e eu vou triste diante do sangrento açoite. Vocês são os anjos de velozes asas da liberdade, que voam em torno do mundo; eu estou confinado em cadeias de ferro. Ah, se eu fosse livre! Ah, se eu estivesse em um de seus elegantes tombadilhos e sob sua asa protetora! Ai de mim!, entre vocês e mim passam as turvas águas.

Prossigam, prossigam. Ah, se eu pudesse ir também! Se eu pudesse nadar! Se eu pudesse voar! Ah, por que nasci um homem, do qual se faz um animal! O alegre navio se foi: esconde-se na indistinta distância. Fico eu no inferno da infinita escravidão. Ah, Deus, salvai-me! Deus, libertai-me! Deixai-me ser livre! – Existe um Deus? Por que sou escravo? Vou fugir. Não vou suportar. Ser pego ou ser livre, vou tentar. Tanto faria morrer de malária ou com febre. Tenho apenas uma vida para perder. Tanto faria ser morto em fuga ou morrer parado. Só pense nisto: 150 quilômetros ao norte e estou livre! Tento? Sim! Se Deus me ajudar, tentarei. Não posso viver e morrer escravo. Vou me atirar na água. Esta mesma baía vai me levar para a liberdade. Os vapores viram a nordeste ao passar por North Point; farei o mesmo; e, quando chegar ao fim da baía, deixarei minha canoa à deriva e passarei por Delaware para chegar à Pensilvânia. Quando chegar lá não me exigirão permissão: viajarei sem ser perturbado. Quando a primeira oportunidade aparecer, seja como for, eu partirei. Tentarei suportar o jugo. Não sou o único escravo no mundo. Por que eu deveria me deixar afligir? Sou capaz de suportar o mesmo que qualquer um. Além disso, ainda sou apenas um garoto, e todo garoto está limitado por alguém. Pode bem ser que minha infelicidade na escravidão venha apenas a aumentar minha felicidade quando eu estiver livre. Um dia melhor se aproxima.

Jamais serei capaz de narrar metade da experiência mental pela qual passei durante minha estada na fazenda de Covey. Eu me vi completamente destruído, modificado e perplexo; açoitado quase até a loucura uma vez, e depois me reconciliando com minha infeliz condição. Toda a bondade que recebi em Baltimore, todas as minhas anteriores esperanças e as aspirações que eu tinha de ser útil no mundo, e até mesmo os momentos felizes passados nos exercícios religiosos, comparados com minha condição atual, só serviam para aumentar minha angústia.

Eu sofria tanto física quanto mentalmente. Não tinha nem tempo suficiente para comer nem para dormir, exceto aos domingos. O excesso de trabalho e os brutais castigos dos quais fui vítima, somados ao pensamento que eu não parava de remoer e que devastava minha alma – *"Sou escravo – um escravo para toda a vida – um escravo sem base racional para esperar ser livre"* –, tornaram-me a personificação viva da desgraça mental e física.

Capítulo XVI
MAIS PRESSÃO NO TORNO DO TIRANO

Experiência resumida na fazenda de Covey • Primeiros seis meses mais severos do que os outros seis • Preliminares para a mudança • Motivos para narrar as circunstâncias • Cena no quintal • O autor adoece • Foge para St. Michaels • A perseguição • Sofrimentos na floresta • Conversa com o senhor Thomas • Espancamento • Levado de volta para a fazenda de Covey • Escravos jamais adoecem • É natural esperar que eles finjam estar doentes • Indolência dos senhores de escravos

O leitor só precisará repetir, em sua mente, uma vez por semana a cena da floresta, onde Covey me sujeitou a seu implacável açoite, para ter uma boa ideia de minha amarga experiência durante os primeiros seis meses do processo pelo qual ele me domou. Não tenho ânimo para repetir cada uma das situações. Uma narrativa de tal gênero encheria um volume muito maior do que este. Pretendo apenas dar ao leitor uma impressão verdadeira de minha vida como escravo, sem necessariamente comovê-lo com detalhes angustiantes.

Como sugeri que minhas agruras foram muito maiores durante os seis primeiros meses de minha estada na fazenda de Covey do que durante o restante do ano, e como a mudança em minha situação se deveu a causas que podem ajudar o leitor a compreender melhor a natureza humana quando sujeitada aos terríveis extremos da escravidão, narrarei as circunstâncias dessa mudança, embora possa com isso parecer estar aplaudindo minha própria coragem.

Você me viu, caro leitor, humilhado, degradado, abatido, escravizado e animalizado; e você entende como isso foi feito; agora vejamos a reversão de tudo isso e como ela se deu; e isso nos fará revisitar o ano de 1834. Em um dos dias mais quentes de agosto do ano que acabo de mencionar, caso o leitor passasse pela fazenda de Covey, poderia ter me visto trabalhando naquilo que era chamado de "quintal" – uma área em que se debulhava o trigo com uma máquina movida a tração animal. Eu estava trabalhando lá alimentando a "debulhadora", ou na verdade levando o trigo até ela, enquanto Bill a alimentava. Nossa mão de obra era composta de Bill Hughes, Bill Smith e um escravo chamado Eli, tendo este último sido contratado para a ocasião. O trabalho era simples e exigia mais força e atividade do que habilidade ou inteligência; no entanto, para alguém sem nenhuma familiaridade com esse tipo de atividade, era algo bastante difícil. O calor era intenso e avassalador, e havia grande pressa em fazer o trigo ser debulhado naquele dia; uma vez que, caso o trabalho estivesse terminado uma hora antes de o sol se pôr, os trabalhadores teriam, de acordo com uma promessa de Covey, aquela hora acrescentada a seu descanso noturno. Meu desejo de completar o trabalho antes do pôr do sol não era menor do que o de nenhum deles, e por isso lutei com todas as minhas forças para fazer tudo com rapidez. A promessa de uma hora de repouso em um dia de semana era suficiente para acelerar meu ritmo e para me induzir a um esforço extra. Além disso, todos tínhamos feito planos de ir pescar, e eu certamente queria participar disso. Mas eu me frustrei, e o dia acabou sendo um dos mais amargos que já vivi. Por volta de três da tarde, enquanto o sol derramava seus raios ardentes e não havia sequer uma brisa, eu desmoronei; minhas forças me abandonaram; fui tomado por uma violenta dor de cabeça, somada a uma tontura extrema e a um tremor de todos os meus membros. Percebendo o que se seguiria, e acreditando que isso jamais seria o bastante para fazer parar o trabalho, eu me enchi de coragem e segui cambaleando, até cair ao lado da debulhadora de trigo, com uma sensação de que a terra tinha caído sobre mim. Isso fez todo o trabalho parar. Havia trabalho para quatro pessoas: cada um precisava realizar uma parte, e cada parte dependia da outra, de modo que, quando um parava, todos eram forçados a parar. Covey, que havia se tornado meu pavor, estava na casa, a cerca de 100 metros de onde eu trabalhava, e instantaneamente, ao ouvir a máquina parar, foi até o quintal para perguntar a causa da interrupção. Bill Smith contou que eu estava doente e que não conseguia mais levar o trigo para a debulhadora.

A essa altura eu havia me arrastado até a sombra, debaixo de uma cerca de madeira, e estava muito mal. O calor intenso do sol, a poeira pesada que saía da debulhadora e o ato de me abaixar para pegar o trigo do quintal, somados à pressa para realizar o trabalho, fizeram o sangue me subir à cabeça. Nessa condição Covey, descobrindo onde eu estava, foi até mim e, depois de ter ficado sobre mim por um tempo, perguntou qual era o problema. Contei o melhor que pude, pois falava com dificuldade. Ele me deu um chute brutal no flanco que sacudiu meu corpo todo e me mandou levantar. O monstro tinha conseguido ter controle completo sobre mim, e se ele tivesse me mandado fazer qualquer coisa que fosse possível eu teria, em meu estado de espírito, feito de tudo para obedecer. Fiz um esforço para me levantar, mas caí antes mesmo de ficar de pé. Ele me deu outro chute forte e novamente ordenou que eu me levantasse. Novamente tentei, e consegui parar de pé; mas, ao me abaixar para pegar o tonel que estava usando para alimentar a debulhadora, novamente cambaleei e fui ao chão. Eu teria caído daquele jeito ainda que tivesse certeza de que cem balas atravessariam meu corpo como consequência. Enquanto eu estava caído nessa condição, absolutamente desamparado, o inclemente domador de negros pegou a chapa de nogueira que Hughes vinha usando para nivelar o trigo quando ele ficava na altura de meio alqueire (uma arma bastante dura) e, com sua borda, bateu com força em minha cabeça, abrindo um grande talho e fazendo o sangue correr livremente, dizendo ao mesmo tempo: "Se você está com dor de cabeça, eu vou te curar". Depois disso, voltou a ordenar que eu me levantasse, mas não fiz esforço para isso, porque a essa altura eu tinha decidido que aquilo era inútil e que aquele vilão sem coração podia fazer o seu pior. No máximo ele poderia me matar, e isso acabaria com meu sofrimento. Vendo que eu não conseguia me levantar, ou perdendo a esperança de que eu o faria, Covey me deixou, com vistas a continuar o trabalho sem mim. Eu sangrava bastante, e meu rosto logo estava coberto por meu sangue quente. Por mais cruel e inclemente que tenha sido o motivo do golpe, o ferimento me favoreceu. Nenhuma sangria jamais foi tão eficaz quanto aquela. A dor de cabeça rapidamente desapareceu e em pouco tempo consegui me erguer. Covey havia me deixado, como eu disse, à minha própria sorte, e a questão era: devo retornar ao trabalho ou devo achar o caminho para St. Michaels e informar o capitão Auld da atroz crueldade de seu irmão Covey e suplicar que ele me arranje outro senhor? Lembrando o objetivo que ele tinha ao me colocar sob a gestão de Covey, e, além disso, o tratamento cruel dado por ele à minha prima Henny, e sua mesquinhez no que dizia respeito à alimentação e às vestes de seus escravos, havia poucos motivos para esperar uma recepção favorável da parte do capitão Thomas Auld. No entanto, decidi ir direto até ele, pensando que, caso não fosse movido por questões humanitárias, ele poderia ser levado a interferir em meu nome por motivos egoístas. "Ele não pode", pensei, "permitir que sua propriedade seja ferida e maltratada dessa forma, que seja desfigurada e deformada, e vou tratar disso com ele". Para chegar a St. Michaels pelo caminho mais favorável e direto, eu deveria andar 12 quilômetros e isso, em minha triste condição, não era algo fácil. Eu já tinha perdido muito sangue, estava exausto pelo esforço excessivo, meus flancos estavam machucados pelos chutes que levaram das botas robustas do sr. Covey, e em todos os aspectos eu estava em situação desfavorável para a jornada. No entanto, vi minha chance enquanto o cruel e esperto Covey olhava para a direção oposta, e parti para St. Michaels atravessando o campo. Foi uma decisão ousada. Caso ela falhasse, apenas exasperaria Covey e aumentaria os rigores de meu cativeiro durante o restante de minha permanência a serviço dele. Mas a decisão fora tomada e eu devia ir em frente. Consegui chegar quase até a metade do largo campo em direção à floresta, quando Covey me viu. Eu ainda sangrava e o esforço da corrida fez o sangramento aumentar. "*Volte aqui! Volte aqui!*", ele vociferava, com ameaças sobre o que faria caso eu não retornasse imediatamente. Mas, desconsiderando seus chamados e suas ameaças, continuei em direção à floresta com a maior velocidade que meu débil estado permitia. Sem ver indícios de que eu ia parar, ele fez que seu cavalo fosse trazido e selado, como se pretendesse me perseguir. A corrida agora seria desigual, e, acreditando que eu poderia ser alcançado por ele caso continuasse na estrada principal, fiz quase todo o percurso pela floresta, mantendo distância suficiente da estrada para evitar que ele e me detectasse e me perseguisse. Mas eu não tinha chegado longe quando minhas poucas forças de novo me abandonaram, e fui obrigado a deitar. O sangue continuava se esvaindo do ferimento na cabeça, e por um tempo sofri mais do que consigo descrever. Eis-me ali na mata densa, doente e fragilizado, sangrando e quase sem sangue, e perseguido por um desgraçado cuja reputação de crueldade revoltante desafia todas as injúrias. Cheguei a temer que fosse sangrar até a morte. A ideia de morrer completamente sozinho no meio da floresta e de ser destroçado pelos urubus ainda não tinha se tornado tolerável apesar de meus muitos problemas e de minhas agruras, e fiquei feliz quando a sombra das árvores e a fresca brisa da tarde se somaram a meus cabelos emplastrados para estancar o fluxo do sangue. Depois de ter ficado ali deitado por cerca de três quartos de hora, meditando sobre o singular e triste destino a que eu estava fadado, minha mente passando por todo o espectro ou círculo de crença e descrença, indo da fé numa Providência que tudo decide ao mais negro ateísmo, novamente retomei minha jornada rumo a St. Michaels, mais cansado e triste do que na manhã em que deixei a casa de Thomas Auld para ir à de Covey. Eu estava descalço, com a cabeça nua e em mangas de camisa. O caminho era cheio de sarças e pântanos, e muitas vezes lacerei meus pés durante o trajeto. Levei cinco horas completas para percorrer os 12 ou 13 quilômetros; em parte por causa das dificuldades do caminho, e em parte por causa da fragilidade causada por minha doença, pelos ferimentos e pela perda de sangue.

Ao chegar à loja de meu senhor, minha aparência era marcada a tal ponto pela desgraça e pelo infortúnio que seria capaz de comover um coração de pedra. Desde o topo da cabeça até a sola dos pés havia marcas de sangue. Meus cabelos estavam coagulados de poeira e sangue, e as costas de minha camisa tinham ficado literalmente duras em razão da mesma mistura. Sarças e espinhos haviam cortado e lacerado meus pés e minhas pernas. Tivesse eu escapado de um covil de tigres, minha aparência não seria pior. Nessas condições apareci diante de meu senhor autoproclamado *cristão*, para humildemente pedir que ele usasse de seu poder e de sua autoridade para me proteger contra novos abusos e mais violência. Durante a parte final de minha tediosa jornada, eu tinha começado a nutrir esperanças de que meu senhor agora se mostraria sob uma luz mais nobre do que eu já o tinha visto até então. Mas me decepcionei. Eu havia pulado de um navio naufragando direto para o mar. Tinha fugido de um tigre e ido na direção de algo pior. Contei a ele o melhor que pude todas as circunstâncias; como eu estava me esforçando para agradar Covey; como eu dava duro no trabalho; como caí sem querer por causa do calor, do trabalho pesado e da dor; a maneira brutal como Covey me chutara os flancos, o corte em minha cabeça; minha hesitação em ir incomodar a ele (capitão Auld) com queixas; mas que agora eu tinha a sensação de que não seria melhor esconder dele os ultrajes cometidos contra mim de tempos em tempos. De início, o senhor Thomas pareceu um pouco comovido com a história das injustiças que eu contava, mas logo ele reprimiu quaisquer sentimentos que possa ter tido e se tornou frio e duro como o ferro. Era impossível, *de início*, comigo diante dele, parecer indiferente. Vi nitidamente a natureza humana dele afirmar sua convicção contra o sistema escravagista, que tornava *possíveis* casos como o meu; como eu disse, porém, a humanidade se rendera diante da tirania sistemática da escravidão. No começo ele andou de um lado para outro, aparentemente muito agitado por minha história e pelo espetáculo que minha aparência oferecia; mas pouco depois chegou a vez de *ele* falar. Começou falando com moderação e tentando encontrar desculpas para Covey, e terminou justificando-o plenamente e me condenando com veemência. Ele não tinha dúvidas de que eu merecera a chibata. Não acreditava que eu estivesse doente; eu só estava tentando me livrar do trabalho. Minha tontura era preguiça, e Covey fez o certo ao me espancar daquele jeito. Depois de ter praticamente me aniquilado com isso, empolgado com a própria eloquência, ele perguntou ferozmente o que eu queria que *ele* fizesse quanto a isso! Tendo todas as minhas esperanças nocauteadas, e sentindo como eu sentia toda a minha sujeição ao poder dele, eu tinha pouquíssima coragem de responder. Eu não devia afirmar minha inocência quanto às acusações que ele havia enfileirado contra mim, pois isso seria insolência. A culpa de um escravo era sempre e em toda parte presumida, e a inocência do senhor de escravos, ou do empregador, era sempre reafirmada. A palavra do escravo contra essa presunção era em geral tratada como insolência, merecedora de punição. "Você ousa me contestar, seu patife?" era a frase que silenciava as contestações que saíssem da boca de um escravo. Um pouco mais calmo, diante de meu silêncio e de minha hesitação, e talvez um pouco tocado por minha aparência de desamparo e indigência, ele perguntou mais uma vez o que eu queria que ele fizesse. Convidado dessa forma pela segunda vez a me pronunciar, eu disse que desejava permissão para ir a uma nova casa e para encontrar um novo senhor; que certamente, se eu voltasse a morar com o sr. Covey, ele iria me matar; que ele jamais me perdoaria por ter voltado para casa para me queixar; que, desde que passei a morar com ele, Covey praticamente esmagara meu espírito, e que eu acreditava que ele iria me arruinar para futuros trabalhos e que minha vida não estava em segurança nas mãos dele. O senhor Thomas (*meu irmão de Igreja*) achou que isso era "bobagem". Não havia risco de o sr. Covey me matar; ele era um bom homem, diligente e religioso, e ele não pensaria em me retirar daquela casa; "além disso", ele disse – e creio que esse era o pensamento mais aflitivo de todos para ele –, "se você deixasse a casa de Covey tendo passado apenas metade do ano que devia lá, eu perderia todos os salários devidos a você pelo ano todo. Você pertence ao sr. Covey por um ano e *deve voltar* para ele, aconteça o que acontecer; e não deve mais vir me incomodar com histórias; e, se você não for imediatamente para casa, eu mesmo vou cuidar de você". Era exatamente isso que eu esperava quando percebi que ele havia *decidido* o caso contra mim. "Mas, senhor", eu disse, "estou doente e cansado, e não tenho como chegar em casa hoje". Ao ouvir isso, ele cedeu um pouco e acabou permitindo que eu passasse a noite lá, mas disse que eu devia partir de manhã cedo e terminou suas instruções me fazendo ingerir uma dose gigante de sais de Epsom, que era praticamente o único remédio dado aos escravos.

Era bastante natural que o senhor Thomas presumisse que eu estava fingindo estar doente para fugir do trabalho, pois provavelmente ele imaginava que, caso estivesse no lugar de um escravo, sem salário pelo seu trabalho, sem elogios quando fizesse algo bem-feito, tendo o chicote como única motivação para dar duro, ele lançaria mão de todo tipo de esquema para fugir do trabalho. Digo que não tenho dúvidas quanto a isso; o motivo era que não havia, debaixo dos céus, um grupo de homens que tivesse tanto horror ao trabalho quanto os donos de escravos. A acusação de preguiça contra os escravos era usada por eles o tempo inteiro e era o pretexto perpétuo para todo tipo de crueldade e brutalidade. Esses homens de fato literalmente "atam fardos pesados e difíceis de suportar, e os põem aos ombros dos homens; eles, porém, nem com seu dedo querem movê-los"[5].

---

5 Mateus, 23:4.

Capítulo XVII
O ÚLTIMO AÇOITE

Uma noite de insônia • Retorno para a casa de Covey •
Punido por ele • A perseguição interrompida • Vingança
adiada • Meditando na floresta • A alternativa • Espetáculo
deplorável • Noite na floresta • Ataque esperado • Abordado
por Sandy • Um amigo, não um senhor • Hospitalidade
de Sandy • A ceia de bolo de cinzas • Conversa com
Sandy • O conselho dele • Sandy, encantador além de
cristão • A raiz mágica • Estranho encontro com Covey •
Os modos dele • O rosto dominical de Covey • Resolução
defensiva do autor • A luta • A vitória e seus resultados

O sono nem sempre vem aliviar aqueles que têm o corpo exausto e o espírito abatido; especialmente quando problemas que já se passaram são apenas presságios de futuros desastres. Minha última esperança se extinguira. Meu senhor, que eu nem ousava imaginar que fosse me proteger como HOMEM, tinha agora se recusado a me proteger como *sua propriedade* e havia me lançado de volta, coberto de admoestações e machucados, nas mãos daquele que desconhecia a compaixão que é a alma da religião professada por ele. Que o leitor jamais venha a saber o que é passar uma noite como eu passei aquela que anunciava meu retorno ao covil de horrores de onde eu tinha escapado temporariamente.

Permaneci – embora não possa dizer que tenha dormido – a noite inteira em St. Michaels, e pela manhã (sábado) parti, obediente à ordem do senhor Thomas, achando que não tinha amigos sobre a terra e duvidando que tivesse um nos céus. Cheguei à fazenda de Covey perto de nove horas da manhã; e assim que pisei no campo, antes de chegar à casa, fiel a seus hábitos de cobra, Covey saltou sobre mim saindo de trás de uma cerca onde havia se escondido com o objetivo de me agarrar. Ele tinha nas mãos um açoite e uma corda, e evidentemente pretendia *me amarrar* e exercer plenamente em mim sua vingança. Eu seria presa fácil caso ele conseguisse colocar as mãos em mim, pois não tinha tomado líquidos desde o meio-dia da sexta-feira; e isso, somado às outras árduas circunstâncias, havia reduzido em muito minha força. No entanto, voltei correndo para a floresta antes que o cão feroz conseguisse me pegar, e me enfiei em um matagal, onde ele me perdeu de vista. O milharal me deu abrigo para chegar até a floresta. Não fosse pelo milho alto, Covey teria me alcançado e me feito cativo. Ele estava irritado por não conseguir e, com grande relutância, interrompeu a perseguição, como pude ver por seus movimentos zangados, enquanto ele voltava para casa.

Por algum tempo me vi livre de Covey e de sua chibata. Eu estava na floresta, enfiado em seu ambiente sombrio e quieto em meio a seu solene silêncio; escondido de todo olho humano; rodeado pela natureza e com o Deus da natureza, e isolado de todo artifício humano. Eis ali um bom lugar para orar; para orar pedindo ajuda, pedindo libertação – um tipo de oração que eu já tinha feito muitas vezes. Mas agora eu podia orar? Covey podia orar – o capitão Auld podia orar. Eu ficaria feliz por orar; as dúvidas que surgiam, contudo, em parte por eu desconhecer os meios da graça e em parte em função da religião fraudulenta que prevalecia em toda parte, haviam despertado em minha mente uma falta de confiança em qualquer religião e a convicção de que toda oração era inútil e ilusória.

A própria vida tinha se tornado quase um fardo para mim. Todas as pessoas com quem eu me relacionava estavam contra mim. Eu devia ou ficar ali e morrer de fome, ou ir para a casa de Covey e ter minha carne cortada em pedaços e minha alma humilhada por seu cruel açoite. Essas eram as alternativas que se me apresentavam. O dia foi longo e irritante. Eu estava fraco por causa dos trabalhos do dia anterior e pela privação de comida e sono, e estava tão pouco preocupado com minha aparência que ainda não tinha lavado o sangue de minhas roupas. Eu era motivo de horror, até para mim mesmo. A vida em Baltimore, mesmo em seus momentos mais opressivos, era um paraíso comparada a isso. O que eu tinha feito, o que meus pais tinham feito, para que minha vida fosse o que era? Naquele dia na floresta, eu teria trocado minha humanidade pela bestialidade de um boi.

A noite chegou. Eu continuava na floresta e ainda não tinha resolvido o que fazer. A fome ainda não tinha apertado a ponto de me fazer ir para casa, e deitei em meio às folhas para descansar; pois eu vinha ficando de olho em possíveis caçadores o dia todo, mas, como não havia sido importunado por eles durante o dia, imaginei que não seria perturbado durante a noite. Eu tinha chegado à conclusão de que Covey confiava que a fome me faria voltar para casa, e estava certo, pois ele não fez nenhum esforço para me pegar depois que amanheceu.

Durante a noite ouvi passos de um homem na floresta. Ele ia na direção onde eu estava deitado. Uma pessoa deitada na floresta durante o dia tem a vantagem sobre quem está andando, e essa vantagem é muito maior à noite. Eu não tinha forças para lutar e precisava apelar para o recurso comum dos fracos. Eu me escondi em meio às folhas para não ser descoberto. Mas à medida que o andarilho noturno se aproximava percebi que era um *amigo*, não um inimigo; um escravo do sr. William Groomes, de Easton, um sujeito bondoso chamado "Sandy". Sandy morava naquele ano com o sr. Kemp, a cerca de 6 quilômetros de St. Michaels. Ele, assim como eu, tinha sido locado, mas, ao contrário de mim, não tinha sido entregue a um domador. Ele era casado com uma mulher livre que morava na parte baixa de "Poppie Neck", e agora estava atravessando a floresta para se encontrar com ela e para os dois passarem o domingo juntos.

Assim que confirmei que quem perturbava minha solidão não era um inimigo, mas sim o bondoso Sandy – famoso entre os escravos da região por sua boa natureza e seu bom senso –, saí de meu esconderijo e deixei que ele me visse. Expliquei a ele as circunstâncias dos dois dias anteriores que me haviam levado à floresta, e ele ficou profundamente tocado por minha situação. Seria muita coragem da parte dele me oferecer abrigo, e eu não podia pedir que ele fizesse isso, pois, se eu fosse encontrado na cabana dele, ele receberia como punição 39 açoites nas costas nuas ou algo pior. Mas Sandy era generoso demais para permitir que o medo da punição o impedisse de aliviar o sofrimento de um irmão de cativeiro exposto à fome e ao frio, e por isso, por iniciativa dele, fui com ele até a casa da esposa – pois a casa e o terreno eram dela, uma vez que ela era livre. Era perto de meia-noite, mas a mulher dele foi acordada, uma fogueira foi acesa, alguma comida nativa logo foi misturada a sal e água, e um bolo de cinzas foi assado às pressas, para aliviar minha fome. A esposa de Sandy não ficava devendo em nada a ele em termos de bondade; ambos pareciam acreditar ser um privilégio me socorrer, pois embora eu fosse odiado por Covey e por meu senhor eu era amado pelos negros, porque eles achavam que eu era odiado devido a meu conhecimento e que eu era perseguido por ser temido. Eu era o único escravo da região que sabia ler ou escrever. Tinha havido outro homem, pertencente ao sr. Hugh Hamilton, que sabia ler, mas ele, pobre homem, fora vendido para um lugar remoto no Sul pouco depois de ter chegado à região. Eu o vi no carro, prestes a ser carregado até Easton para ser vendido, agrilhoado e amarrado como um bezerro indo para o abate. Meu conhecimento era agora o orgulho de meus irmãos escravos, e sem dúvida Sandy sentia por isso algo de interesse geral em mim. A ceia logo estava pronta, e, embora depois disso, do outro lado do oceano, eu tenha banqueteado com pessoas ilustres, prefeitos e vereadores, minha ceia com bolo de cinzas e água fria, com Sandy, foi entre todas as refeições de minha vida a mais doce e a que ficou mais vívida em minha memória

Encerrada a ceia, Sandy e eu começamos a discutir minhas *possibilidades*, enfrentando os perigos e as agruras que haviam tornado mais escuro meu caminho. A questão era: será que eu deveria voltar para a casa de Covey ou deveria tentar fugir? Depois de cuidadoso estudo, chegamos à conclusão de que esta última saída era impossível; pois eu estava em um trecho estreito de terra, no qual toda avenida me colocaria no campo de visão dos perseguidores. Havia a baía de Chesapeake à direita e o rio "Pot-pie" à esquerda, e St. Michaels e seus arredores ocupavam o único espaço pelo qual se poderia passar.

Encontrei em Sandy um velho conselheiro. Ele não só era um homem religioso como dizia acreditar em um sistema para o qual eu não tenho nome. Ele era um genuíno africano e havia herdado parte dos chamados poderes mágicos que dizem que as nações orientais possuem. Ele me disse que poderia me ajudar; que naquela floresta existia uma erva que era possível encontrar pela manhã, e que tinha todos os poderes necessários para minha proteção (ponho as palavras dele em minha própria linguagem), e que, se eu fosse seguir seus conselhos, ele arranjaria para mim a raiz dessa erva de que havia falado. Ele me disse, além disso, que se eu bebesse daquela raiz e a usasse de meu lado direito seria impossível que Covey me acertasse um golpe, e que, com a raiz perto de minha pessoa, nenhum homem branco poderia me açoitar. Ele jamais havia recebido um golpe de um dono de escravos desde que começou a carregar a raiz com ele, e esperava jamais receber, pois pretendia sempre levar consigo a raiz para estar protegido. Ele conhecia bem Covey, pois a sra. Covey era filha da sra. Kemp; e ele (Sandy) tinha ouvido falar sobre o tratamento bárbaro a que tinham me sujeitado e queria fazer algo por mim.

De meu ponto de vista, toda essa conversa sobre a raiz soava absurda e ridícula, além de quase ser um pecado. De início rejeitei a ideia de que o simples fato de carregar uma raiz no lado direito de meu corpo (uma raiz, aliás, sobre a qual eu andava toda vez que entrava na floresta) pudesse ter qualquer capacidade mágica como aquelas que ele lhe atribuía, e portanto não estava disposto a encher meu bolso com aquilo. Eu tinha completa aversão a toda pretensa *"magia"*. Não estava à altura de alguém de minha inteligência admitir tais transações com o diabo como as que esse poder sugeria. Mas mesmo com todo o meu aprendizado – que na verdade era pouco – eu não tinha como competir com Sandy. "O aprendizado que extraí dos livros", ele disse, "não havia me livrado de Covey" (um argumento poderoso naquele momento), e ele me suplicou, com os olhos piscando, que eu tentasse isso. Se não me fizesse bem, mal não iria fazer, e de qualquer maneira não me custaria nada. Sandy era tão franco e confiava tanto nas qualidades dessa erva que eu, para agradá-lo, fui induzido a aceitar. Ele tinha sido um bom samaritano para mim, e me encontrara quase providencialmente e me ajudara quando eu não tinha como ajudar a mim mesmo; como eu podia saber que Deus não estava me ajudando por meio dele? Com pensamentos desse tipo aceitei as raízes de Sandy e as guardei em meu bolso direito.

Isso, claro, aconteceu na manhã de domingo. Sandy agora me incitava a partir a toda a velocidade, a andar corajosamente até a casa, como se nada tivesse acontecido. Vi em Sandy, com toda a sua superstição, um conhecimento profundo demais sobre a natureza humana para não sentir algum respeito pelo seu conselho; e quem sabe, também, um pequeno raio de sol ou uma pequena sombra da superstição dele tenha recaído sobre mim. Em todo caso, parti na direção da fazenda de Covey, conforme ele me instruíra. Tendo, na noite anterior, falado de minha situação para Sandy e o recrutado para meu lado, tendo feito a esposa dele compartilhar de minhas mágoas e tendo também me revigorado com sono e comida, fui corajosamente na direção do temido Covey. Curiosamente, assim que entrei pela porteira, encontrei Covey e a esposa em roupas de domingo indo para a igreja e parecendo anjos sorridentes. Os modos dele me deixaram totalmente perplexo. O semblante dele tinha de fato algo benigno. Ele falava comigo como nunca antes, e me disse que os porcos tinham entrado no terreno e que ele queria que eu os tocasse para fora; perguntou como eu estava, parecia outro homem. Essa conduta extraordinária realmente me fez começar a pensar que a erva de Sandy tinha mais virtudes do que eu, em meu orgulho, estava disposto a aceitar, e, caso não fosse domingo, eu teria atribuído os modos de Covey unicamente ao poder da raiz. Eu suspeitava, no entanto, que o *domingo*, e não a raiz, fosse a verdadeira explicação para a mudança. A religião dele o proibia de violar o domingo, mas não de violar minha pele em qualquer outro dia da semana. Ele tinha mais respeito pelo dia do que pelo homem para quem o dia fora dado em misericórdia; pois, embora ele cortasse e golpeasse meu corpo durante a semana, no domingo ele me ensinava o valor de minha alma, e o modo de viver e de ser salvo em Jesus Cristo.

Tudo ficou bem comigo até a manhã de segunda-feira; e aí, fosse porque a raiz havia perdido sua virtude, ou porque meu algoz tivesse ido mais a fundo na magia do que eu (como por vezes se dizia sobre ele), ou porque ele tivesse obtido uma indulgência especial em função de sua adoração dominical, não preciso saber nem informar ao leitor; mas posso dizer que aquele sorriso pio e benigno que adornava o rosto de Covey no *domingo* tinha desaparecido completamente na *segunda-feira*.

Muito antes de o dia clarear fui chamado para dar comida aos cavalos, limpá-los e escová-los. Obedeci à ordem, como teria feito caso me chamassem uma hora antes, pois durante minhas reflexões de domingo eu tinha tomado a firme resolução de obedecer a qualquer ordem, ainda que pouco razoável, se fosse possível, e que, caso o sr. Covey decidisse me bater, eu deveria me defender e me proteger o melhor que pudesse. Minhas crenças religiosas sobre o tema da resistência a meu senhor haviam sofrido um sério choque em função da perseguição selvagem a que eu tinha sido exposto, e minhas mãos já não se encontravam atadas pela religião. A indiferença do senhor Thomas havia rompido o último elo. A partir daí eu havia voltado para o credo religioso dos escravos, e não demorou para que eu pudesse revelar minha queda a meu beato irmão dominical, Covey.

Enquanto eu obedecia às ordens dele para alimentar os cavalos e deixá-los prontos para o campo, e quando subia ao sótão do estábulo para jogar algum capim que estava lá, Covey entrou silenciosamente no estábulo, a seu modo peculiar, e me agarrando de repente pela perna, puxou-me para o chão, causando tremenda trepidação em meu corpo recém-recomposto. Com isso, esqueci tudo sobre minhas *raízes* e me lembrei de minha determinação de me defender. O bruto estava habilmente se esforçando para fazer um nó cego em minhas pernas, antes que eu conseguisse erguer meus pés. Assim que percebi o que ele estava tentando fazer, dei um súbito salto (meus dois dias de descanso me foram muito úteis) e foi isso que permitiu, sem dúvida, que ele me puxasse para o chão com tanta força. O plano dele de me amarrar tinha fracassado. Enquanto eu estava lá embaixo, ele pareceu pensar que eu estava tranquilamente sob seu poder. Ele mal imaginava que – como dizem os arruaceiros – "tinha acabado de arranjar encrenca"; mas esse era o fato. De onde veio o espírito de ousadia necessário para lutar com um homem que, 48 horas antes, podia, sem sequer pronunciar uma palavra, ter me feito tremer como uma folha na tempestade, eu não sei; de qualquer modo, eu *estava decidido a lutar* e, o que era ainda melhor, eu realmente lutei com garra. A loucura da briga tinha tomado conta de mim, e me peguei com meus dedos fortes firmemente agarrados à garganta do tirano, negligenciando no momento as consequências como se fôssemos iguais perante a lei. Não me lembrei nem da própria cor do sujeito. Eu me senti ágil como um gato, e estava pronto para ele a cada momento. Todos os golpes dele eram aparados, embora eu não desse contragolpes. Eu estava apenas me *defendendo*, impedindo que ele me machucasse, em vez de tentar machucá-lo. Eu o joguei no chão várias vezes quando ele tentou me derrubar. Eu o segurei com tanta força pela garganta que o sangue dele seguiu minhas unhas. Ele me segurava, e eu o segurava.

Até ali tudo foi justo, e a luta era bastante equilibrada. Minha resistência foi de todo inusitada, e Covey foi pego de surpresa por isso. Todos os membros dele tremiam. "*Você vai resistir*, seu patife?", ele disse. A isso eu respondi com um educado "*Sim, senhor*", olhando firmemente meu interrogador nos olhos, para ver surgir o golpe que eu imaginava que minha resposta ia gerar. Mas a luta não permaneceu equilibrada por muito tempo. Covey logo começou a gritar pedindo ajuda; não que eu estivesse conseguindo qualquer vantagem nítida sobre ele, ou que o estivesse machucando por ele não estar conseguindo vantagem sobre mim, sem ser capaz, sozinho, de me dominar. Ele chamou seu primo Hughes para vir ajudá-lo, e agora a cena tinha mudado. Fui obrigado a golpear, não me limitando a aparar os golpes deles, e, como de qualquer jeito eu iria ser punido por ter resistido, achei que tanto fazia (como afirma o velho ditado) "ser enforcado por uma ovelha ou por um cordeiro". Eu continuava na defensiva com Covey, mas atacava Hughes, em quem, na primeira vez que ele se aproximou, acertei um golpe que quase o fez vomitar. Ele se afastou, curvado com a dor, e sem mostrar disposição de voltar a se aproximar de mim. O pobre homem estava tentando pegar minha mão para amarrar, e, enquanto se gabava por ter conseguido, eu dei nele o chute que o deixou cambaleando de dor, ao mesmo tempo que segurava Covey com mão firme.

Tomado completamente pela surpresa, Covey pareceu ter perdido sua força e sua frieza usuais. Ele estava assustado e ficou arfando e bufando, aparentemente sem conseguir desferir palavras nem golpes. Quando viu que Hughes estava encurvado com dor atrás dele, o covarde tirano perguntou se eu "pretendia persistir em minha resistência". Eu disse que *pretendia resistir*, independentemente das consequências; que eu tinha sido tratado como um animal durante os seis meses anteriores e que não ia mais aguentar aquilo". Ao ouvir isso, ele me sacudiu e tentou me arrastar em direção a uma ripa que estava do lado de fora da porta do estábulo. Ele queria me nocautear com aquilo; mas, bem na hora em que ele se abaixou para pegar o pau, eu o agarrei com as duas mãos, pelo colarinho, e com um súbito e vigoroso puxão joguei meu oponente, sem machucá-lo, de cara no chão, que não era exatamente limpo, uma vez que agora estávamos no curral. Ele escolhera o lugar para a briga, e nada mais justo que tivesse todas as vantagens da própria escolha.

A essa altura Bill, o empregado, chegou em casa. Ele tinha ido passar o domingo na casa do sr. Helmsley com sua suposta esposa. Covey e eu estávamos brigando desde antes do nascer do sol até agora. O sol já lançava seus raios sobre as florestas do leste, e ainda estávamos lá. Eu não conseguia ver onde aquilo ia terminar. Ele evidentemente tinha medo de me deixar ir, imaginando que eu pudesse voltar para a floresta, caso contrário provavelmente teria ido até a casa para pegar armas e me intimidar. Enquanto me segurava, ele chamou Bill para ir ajudá-lo. A cena aqui teve algo de cômico. Bill, que sabia exatamente o que Covey queria que ele fizesse, fingiu não entender o que o outro queria. "O que devo fazer, senhor Covey?", disse Bill. "Segura ele! – segura ele!", gritou Covey. Com um movimento de cabeça que era típico dele, Bill disse: "Na verdade, senhor Covey, quero ir para o trabalho". *"Este é o teu trabalho"*, disse Covey; "segura ele". Bill respondeu, espirituoso: "Meu senhor me mandou para cá para trabalhar, não para ajudar o senhor a açoitar o Frederick". Foi minha vez de falar. "Bill", eu disse, "não ponha as mãos em mim". Ao que ele respondeu: "Meu Deus, Frederick, não vou encostar em você"; e Bill se afastou, deixando que Covey e eu resolvêssemos nossas diferenças por conta própria.

Mas minha vantagem momentânea foi ameaçada quando vi Caroline (a escrava de Covey) aproximar-se do curral para ordenhar as vacas, pois ela era uma mulher forte, que poderia ter me dominado com facilidade, exausto como eu estava.

Assim que ela se aproximou, Covey tentou cooptá-la. Estranhamente, e para minha sorte, Caroline não estava com ânimo para ajudar em algo como aquilo. Estávamos todos em franca rebelião naquela manhã. Caroline respondeu à ordem do seu senhor de "me segurar" exatamente do mesmo modo que Bill havia respondido, mas no caso dela isso era bem mais perigoso, pois ela era escrava de Covey, e ele podia fazer o que bem entendesse com ela. Não era o caso de Bill, e Bill sabia disso. Samuel Harris, a quem Bill pertencia, não permitia que seus escravos fossem espancados a não ser que fossem culpados de algum crime passível de punição legal. Mas a pobre Caroline, assim como eu, estava à mercê do inclemente Covey, e ela não escapou dos terríveis efeitos de sua recusa: ele deu vários golpes duros nela.

Depois de muito tempo (tinham se passado duas horas) a luta finalmente acabou. Ao me soltar, bufando e arfando rapidamente, Covey disse: "Agora, seu patife, vai trabalhar; eu não teria te batido com metade da força se você não tivesse resistido". O fato era que ele não tinha me batido. Ele não tirou, durante toda a briga, uma só gota de sangue de mim. Eu tinha tirado sangue dele, e mesmo sem essa satisfação teria saído vitorioso, porque meu objetivo não era machucá-lo, mas impedir que ele me machucasse.

Durante os seis meses em que morei com Covey depois disso, ele jamais voltou a encostar um dedo em mim. De vez em quando ele dizia que não queria pôr as mãos em mim de novo – uma afirmação na qual eu acreditava sem dificuldades –; e eu tinha uma sensação secreta que respondia: "Melhor para você não querer pôr as mãos em mim de novo, porque é provável que você se saísse pior na segunda luta do que se saiu na primeira".

Essa batalha com o sr. Covey, indigna como foi e como eu receio que seja minha narração, foi o ponto de inflexão em minha "vida de escravo". Ela reacendeu em meu peito as brasas ardentes da liberdade. Ela me levou de volta a meus sonhos de Baltimore e fez reviver uma sensação de minha própria humanidade. Eu era uma nova pessoa depois daquela briga. Antes eu não era *nada*; *agora eu era um homem*. Aquilo trouxe de volta à vida meu alquebrado amor-próprio e minha autoconfiança, e me inspirou com renovada determinação a ser um *homem livre*. A um homem sem força falta a dignidade essencial da humanidade. A natureza humana é tal que não pode honrar um homem desamparado, embora possa sentir *pena* dele, e até mesmo isso não pode fazer por muito tempo caso não surjam sinais de poder.

Só poderá compreender o efeito desse combate sobre meu espírito aquele que tenha feito algo, ou arriscado algo, para repelir as injustas e cruéis agressões de um tirano. Covey era um tirano, e além disso um tirano covarde. Depois de ter oposto resistência a ele, eu me senti como nunca antes. Era uma ressurreição do túmulo escuro e pestilento da escravidão, rumo ao paraíso da liberdade relativa. Eu deixara de ser um sujeito servil e covarde, tremendo ao ver franzir o cenho um verme irmão em meio ao pó, e agora meu espírito que tanto tempo passara intimidado se elevou a uma atitude de independência. Eu tinha chegado ao ponto em que *não temia a morte*. Esse espírito fez de mim um homem livre *de fato*, embora *formalmente* eu ainda continuasse escravo. Quando não pode ser açoitado, um escravo percorre mais da metade do caminho até a liberdade. Ele tem domínios tão amplos quanto seu viril coração para defender, e é de fato "uma potência sobre a terra". Desde essa época até minha fuga da escravidão, jamais voltei a ser exatamente açoitado. Houve várias tentativas, mas sempre sem sucesso. Cheguei a me machucar, mas o caso que acabei de relatar foi o fim da animalização a que a escravidão havia me sujeitado.

O leitor poderá desejar saber por que, depois de uma ofensa tão grave como a que cometi contra o sr. Covey, ele não me entregou às autoridades; na verdade, por que a lei de Maryland, que previa o enforcamento do escravo que resistisse a seu dono, não foi usada contra mim, ou pelo menos por que não fui pego e, como era comum em casos desse tipo, açoitado em praça pública para servir de exemplo a outros escravos, como meio de impedir que eles cometessem a mesma infração. Confesso que a facilidade com que eu me safei sempre foi uma surpresa para mim, e mesmo hoje não sei explicar exatamente as causas, embora o mais provável seja que Covey tenha ficado com vergonha de deixar que os outros soubessem que ele tinha sido dominado por um garoto de 16 anos. Ele gozava da fama irrestrita e muito valiosa de ser um feitor de primeira classe e um domador de negros, e em função dessa reputação ele conseguia pôr as mãos em compensações bem triviais com grande facilidade. Os interesses e o orgulho dele sugeririam mutuamente a sabedoria de deixar o caso passar em silêncio. A história de que ele tinha tentado açoitar um negro e que este resistira seria em si mesma prejudicial para a estima que os donos de escravos sentiam por ele.

Talvez não se possa creditar unicamente a meu temperamento o fato de que, depois desse conflito com o sr. Covey, às vezes eu propositadamente o provocasse a me atacar, recusando-me a permanecer trabalhando no campo com os outros; mas eu nunca conseguia fazê-lo começar outra briga. Eu estava determinado a lhe causar grande mal caso ele voltasse a tocar suas mãos violentas em mim.

> Escravos hereditários, não sabeis
> Que para ser livre é preciso que vós mesmos vibreis o golpe?

Capítulo XVIII
NOVAS RELAÇÕES E OBRIGAÇÕES

Mudança de senhores • Benefícios derivados da mudança • Notoriedade da briga com Covey • Despreocupação imprudente • Ódio do autor pela escravidão • Saber ler como motivo de preconceito • As festas • Como foram passadas • Duro golpe na escravidão • Efeitos das festas • Diferença entre Covey e Freeland • Um senhor sem religião melhor do que um religioso • Dura vida com Covey útil para o autor • Melhoria de condição não traz contentamento • Pessoas amistosas na casa de Freeland • Escola dominical do autor • Segredo necessário • Relações afetuosas entre tutor e pupilos • Confiança e amizade entre escravos • Escravidão como convite à vingança

Meu tempo de serviço com Edward Covey acabou no dia de Natal de 1834. Foi com alegria que deixei a casa dele, embora a essa altura ele fosse gentil como um cordeiro. Minha casa durante o ano de 1835 já estava decidida, meu novo senhor tinha sido escolhido. Sempre havia um grau maior ou menor de agitação a cada vez que mudávamos de mãos, mas, determinado como eu estava a lutar para abrir meu caminho, eu tinha me tornado algo despreocupado e me importava menos com as mãos nas quais cairia. Tinha corrido a informação de que não era fácil me açoitar; que eu era culpado de reagir e que, embora em geral fosse um negro de boa natureza, às vezes eu "tinha o diabo em mim". Essas afirmações eram correntes no condado de Talbot e me distinguiam entre meus irmãos de servidão. Escravos por vezes lutavam entre si e chegavam inclusive a morrer pelas mãos uns dos outros, mas poucos eram os que não se deixavam tomar por reverência diante de um homem branco. Treinados desde o berço para pensar e sentir que seus senhores eram superiores e que havia neles algo de sacro, havia poucos capazes de se elevar acima do controle exercido por esse sentimento. Eu havia me libertado dele, e as pessoas sabiam disso. Uma ovelha má pode estragar o rebanho inteiro. Eu era uma ovelha má. Eu detestava a escravidão, os donos de escravos e tudo que dissesse respeito a eles;

e inspirava nos outros o mesmo sentimento sempre que a oportunidade se apresentava. Isso me deixou marcado entre os escravos e me tornou suspeito para os donos de escravos. A informação de que eu sabia ler e escrever também se disseminara bastante, o que me era muito desfavorável.

Os dias entre o Natal e o Ano-Novo eram concedidos como feriados aos escravos. Durante esses dias todo o trabalho regular era suspenso, e não havia nada para fazer a não ser manter aceso o fogo e cuidar do rebanho. Víamos essa época como uma dádiva concedida por nossos senhores, e portanto usávamos e abusávamos dela como bem nos aprouvesse. Em geral esperava-se que aqueles que tinham família em lugares distantes fossem visitá-la e passar a semana toda com ela. Dos escravos mais jovens e dos solteiros esperava-se que cuidassem dos animais e fizessem trabalhos incidentais em casa. Havia vários modos de passar as festas. Os mais sóbrios, pensativos e diligentes se empenhavam fazendo vassouras de palha de milho, tapetes, colares de cavalo e cestos, e alguns eram muito bem-feitos. Outra classe passava o tempo caçando gambás, quatis, coelhos e outros animais. Mas a maioria passava a época das festas em atividades esportivas, jogando bola, praticando luta livre, boxe, correndo sozinhos ou competindo uns contra os outros na corrida, dançando e bebendo uísque; e este último modo em geral era o que mais agradava os senhores. Um escravo que passava a época de festas trabalhando era visto como alguém que não merecia os dias de descanso. Havia nesse simples ato de trabalho contínuo uma acusação contra os escravos, e era impossível para um escravo deixar de pensar que, caso ganhasse 3 dólares durante as festas, podia conseguir 300 durante o ano. Não estar bêbado durante esse período do ano era uma vergonha.

A música das rabecas, a dança e o som da "juba" ocorriam por todos os cantos. Este último passatempo era típico do Sul. A juba substituía o violino ou outros instrumentos musicais e era tocada com tamanha facilidade que quase toda fazenda tinha seu tocador de juba. O músico improvisava enquanto batia no instrumento, marcando as palavras que cantava, de modo que elas combinassem com o movimento de suas mãos. De vez em quando, em meio a uma massa de absurdos e brincadeiras selvagens, surgia um forte golpe contra a maldade dos donos de escravos. Veja o seguinte exemplo:

> A gente planta o trigo, A gente limpa a carne,
> Eles dão pra gente o milho: Eles dão pra gente o couro;
> A gente assa o pão, E esse é o jeito
> Eles dão pra gente a casca; Que eles veem o crioulo;
> A gente joeira a farinha; A gente encosta na panela,
> Eles dão pra gente o farelo; Eles dão pra gente a cana,
> E dizem que isso aí basta pro crioulo.
> Sai dessa! ai dessa!
> Tua manteiga e a banha;
> Pobre crioulo, essa você jamais ganha!
> Sai dessa

Esse não é um mau resumo da palpável injustiça e de fraude da escravidão, dando, como dá, aos preguiçosos e aos indolentes os confortos que Deus havia decretado que fossem dados apenas ao trabalhador honesto. Mas falemos das festas. A julgar por minhas próprias observações e por minha experiência, creio que essas festas estavam entre os meios mais eficazes que os donos de escravos tinham em mãos para amansar o espírito de insurreição entre os escravos.

Para ter êxito na escravização de um homem e fazer isso de modo seguro, é necessário manter a mente deles ocupada com pensamentos e aspirações que não cheguem à liberdade da qual eles são privados. Certo grau de bem tangível deve ser colocado ao alcance deles. Essas festas serviam ao propósito de manter a mente dos escravos ocupada com a perspectiva do prazer dentro dos limites da escravidão. Os rapazes podiam ir flertar, os casados podiam ir ver a esposa, o pai e a mãe podiam ir ver os filhos, os diligentes e aqueles que gostavam de dinheiro podiam ganhar alguns dólares, o grande lutador podia ganhar seus louros, os jovens podiam se encontrar e gozar da companhia uns dos outros, aquele que bebia podia tomar bastante uísque, e o religioso podia ir a encontros de orações, pregar, orar e exortar. Antes das festas havia a perspectiva de diversos prazeres; depois das festas havia os prazeres das memórias, e eles serviam para manter nossos pensamentos e desejos longe de um caráter mais perigoso. Essas festas eram usadas também como condutores, ou válvulas de segurança, para levar para longe os elementos explosivos inseparáveis da mente humana quando reduzida à condição da escravidão. Não fosse por isso, os rigores do cativeiro teriam se tornado severos demais para serem suportados, e o escravo teria sido forçado na direção de um perigoso desespero.

Assim as festas se tornavam parte das grandes injustiças e da desumanidade da escravidão. Supostamente se tratava de instituições de benevolência pensadas para mitigar os rigores da vida de escravo, mas na prática eram uma fraude instituída pelo egoísmo humano, para melhor assegurar os fins da injustiça e da opressão. Não era a felicidade do escravo, mas sim a segurança de seu dono, o objetivo buscado. As festas não eram resultado de uma generosa despreocupação pelo trabalho do escravo, mas sim de uma prudência do sistema escravagista. Essa minha opinião é fortalecida pelo fato de que a maior parte dos donos de escravos gostava de fazer que seus cativos passassem as festas de maneira que não lhes trouxesse reais benefícios. Tudo que lembrasse um gozo racional desses dias era objeto de censura, e somente eram incentivados esportes selvagens e baixos peculiares a povos semicivilizados. A licença concedida parecia ter como único objetivo fazer os escravos sentirem repugnância por sua liberdade temporária e ficarem tão felizes por voltar ao trabalho como tinham ficado por abandoná-lo. Soube de senhores de escravos que recorriam a trapaças, com vistas a fazer seus escravos se embebedarem de maneira deplorável. O plano usual era fazer apostas para ver se um escravo era capaz de beber mais do que qualquer outro, e desse modo induzir uma rivalidade entre eles para ver quem melhor dominava essa degradação. As cenas criadas por isso eram frequentemente escandalosas e detestáveis ao extremo. Encontravam-se multidões atiradas no chão em brutal embriaguez, a um só tempo desamparadas e repulsivas. Assim, quando o escravo pedia horas de "virtuosa liberdade", seu esperto senhor se aproveitava de sua ignorância e o alegrava com uma dose de depravação habilmente rotulada com o nome de "*liberdade*".

Éramos induzidos a beber, eu assim como os outros, e quando as festas acabavam todos saíamos cambaleando de nossa imundície e, chafurdando, respirávamos fundo e voltávamos para nossos vários campos de trabalho, sentindo-nos, tudo levado em conta, felizes por deixarmos aquilo que nossos senhores habilmente nos faziam crer ser a liberdade e por voltar aos braços da escravidão. Aquilo não era como imagináramos nem era o que teria sido se não tivéssemos abusado. Tanto fazia ser escravo de um senhor ou escravo do uísque e do rum. Quando o escravo estava bêbado, seu senhor não tinha receio de que ele fosse planejar uma insurreição ou de que fosse fugir para o Norte. Era o escravo sóbrio e pensativo que precisava ser vigiado por seu senhor para que fosse mantido como escravo.

Em 1º de janeiro de 1835, fui de St. Michaels para a fazenda do sr. William Freeland – minha nova casa. O sr. Freeland morava a apenas 5 quilômetros de St. Michaels, em uma fazenda velha e maltratada pelo tempo, que exigia muito trabalho para chegar perto de ser um estabelecimento autossustentável.

Encontrei no sr. Freeland um homem muito diferente de Covey. Embora não fosse rico, ele era aquilo que se podia chamar de um sulista bem-criado. Apesar de ser dono de escravos e compartilhar de alguns vícios de sua classe, parecia ter uma compreensão do sentimento de honra, e também certo senso de justiça, e alguns sentimentos de humanidade. Era irascível, impulsivo e passional, mas não tinha as características da maldade e do egoísmo que distinguiam a criatura da qual eu havia ficado feliz de escapar. O sr. Freeland era aberto, franco e imperativo. Não era dissimulado e desdenhava da possibilidade de fazer o papel de espião. Ele era, em todas essas qualidades, o oposto de Covey.

Meu pobre barco assolado pelo tempo agora chegava a águas mais calmas e a brisas mais suaves. Minha vida tempestuosa com Covey me servira de algo. As coisas que teriam me parecido muito árduas, caso eu tivesse ido direto da casa do senhor Thomas para a do sr. Freeland, agora eram "banalidades leves como o ar". Eu continuava trabalhando no campo e tinha passado a preferir o trabalho duro no campo aos enervantes deveres de um servo doméstico. Eu me tornara grande e forte e começava a me orgulhar de poder aguentar o trabalho pesado tanto quanto alguns homens mais velhos. Havia muita rivalidade entre os escravos em certos momentos quanto a quem era capaz de trabalhar mais, e os senhores em geral buscavam estimular essa rivalidade. Mas alguns de nós eram sábios demais para competir uns com os outros por muito tempo. Essa competição, nós tínhamos a sagacidade de ver, dificilmente seria recompensada. Tínhamos nossos momentos para medirmos forças, mas éramos inteligentes demais para manter a competição por tempo excessivo de modo a gerar um dia de trabalho extraordinário. Sabíamos que, se por um esforço extraordinário uma quantidade imensa de trabalho fosse realizada em um dia, e isso chegasse ao conhecimento do senhor, ele poderia exigir a mesma quantidade todos os dias. Essa ideia bastava para que parássemos abruptamente sempre que ficávamos empolgados demais com a competição.

Na fazenda do sr. Freeland minha situação melhorou em todos os sentidos. Eu já não era o bode expiatório que tinha sido na casa de Covey, onde era responsabilizado por tudo que saísse de errado e onde os outros escravos eram punidos com minhas costas. Bill Smith era protegido por uma proibição positiva, feita por seu rico senhor (e uma ordem de um *rico* senhor de escravos era *lei* para o senhor de escravos mais pobre). Hughes era favorecido por sua relação com Covey, e os trabalhadores temporários contratados escapavam do açoite. Eu era um burro de carga como os outros, mas o sr. Freeland responsabilizava cada um por sua conduta. O sr. Freeland, assim como o sr. Covey, dava a seus trabalhadores o bastante para comer, mas, ao contrário do sr. Covey, dava a eles tempo para que fizessem suas refeições. Ele nos fazia trabalhar duro durante o dia, mas nos dava a noite para descanso. Raramente ficávamos no campo depois de anoitecer ou antes de o sol nascer. Nossos implementos de trabalho eram de padrão superior e muito melhores do que aqueles usados nas terras de Covey.

Não obstante todas as melhorias em minhas relações, não obstante as muitas vantagens que obtive em minha nova casa e com meu novo senhor, eu continuava inquieto e descontente. Era tão *difícil* um senhor que me agradasse quanto é raro um escravo que agrade o seu senhor. Estar livre da tortura corporal e do trabalho incessante dera à minha mente uma sensibilidade aumentada e lhe permitiu maior atividade. Eu ainda não estava exatamente nas relações certas. "Mas não é primeiro o espiritual, senão o natural; depois o espiritual."[6] Quando sepultado na casa de Covey e amortalhado em escuridão e desgraça física, o bem-estar temporal era a grande aspiração; no entanto, tendo sido satisfeitas as necessidades temporais, o espírito faz suas reivindicações. Bata no escravo

---

6 1 Coríntios, 15:46.

e o mantenha agrilhoado, faça-o passar fome e ficar abatido, e ele seguirá as correntes de seu senhor como um cão; alimente-o, porém, e vista-o bem, faça-o trabalhar moderadamente e cerque-o de confortos físicos, e os sonhos de liberdade se intrometerão. Dê a ele um *mau* senhor e ele aspirará a um bom senhor; dê a ele um bom senhor e ele desejará se tornar senhor de si mesmo. Tal é a natureza humana. Você pode atirar um homem abaixo do nível de sua espécie, e ele perderá todas as noções justas sobre sua posição natural, porém eleve-o um pouco, e a clara concepção dos direitos ganha vida e força e o leva adiante. Tendo sido assim um pouco elevado na casa de Freeland, os sonhos evocados por aquele bom homem, o pastor Lawson, quando estive em Baltimore, voltaram a me visitar. Ramos da árvore da liberdade começaram a brotar, e tênues esperanças de um futuro começaram a nascer.

Vi-me em meio a um grupo agradável de pessoas. Havia Henry Harris, John Harris, Handy Caldwell e Sandy Jenkins (este último é o do caso da raiz protetora).

Henry e John Harris eram irmãos e pertenciam ao sr. Freeland. Eram ambos notavelmente brilhantes e inteligentes, embora nenhum dos dois soubesse ler. E agora falemos de travessuras! Comecei a conversar com meus companheiros sobre o tema da educação e sobre as vantagens da inteligência na comparação com a ignorância, e, até o ponto em que eu ousava, tentei demonstrar o papel que a ignorância exercia para que os homens fossem mantidos escravos. O livro de ortografia Webster e o *Columbian Orator* voltaram a ser consultados. Quando o verão chegou e os longos domingos se estenderam diante de nossa indolência, eu me tornei inquieto e desejei uma escola dominical na qual pudesse exercer meus dons e compartilhar com meus irmãos de cativeiro o pouco conhecimento que tinha. Durante o verão, nem seria necessário ter uma casa; eu podia fazer minha escola na sombra de um velho carvalho, assim como em qualquer outro lugar. O que faltava era conseguir os estudantes e deixá-los completamente imbuídos da ideia do aprendizado. Encontrei facilmente dois garotos assim em Henry e John, e a partir deles o contágio se disseminou. Não demorou para que eu conseguisse reunir à minha volta vinte ou trinta rapazes, que se matricularam felizes em minha escola dominical e estavam dispostos a se encontrar comigo regularmente debaixo das árvores ou onde fosse, com o objetivo de aprender a ler. Foi surpreendente a facilidade com que eles conseguiram livros de ortografia. Em geral eram livros antigos descartados por seus jovens senhores e senhoras. De início pensei na nossa própria fazenda. Todos perceberam a necessidade de manter o assunto na maior discrição possível, pois o destino da tentativa feita em St. Michaels ainda estava fresco na memória de todos. Nossos religiosos senhores em St. Michaels não deviam saber que um punhado de seus irmãos mais escuros estavam aprendendo a ler a Palavra de Deus, sob o risco de caírem sobre nós com chibatas e correntes. Podíamos nos encontrar para beber uísque, praticar luta livre, brigar e outras coisas indecorosas, sem medo de que os santos ou pecadores de St. Michaels nos interrompessem. Mas nos reunirmos para aprimorar nossa mente e nosso coração, aprendendo a ler as Sagradas Escrituras, era um incômodo que deveria ser cessado imediatamente. Os donos de escravos dali, assim como os de qualquer parte, preferiam ver os escravos participando de esportes degradantes a vê-los agindo como seres morais e responsáveis. Caso alguém tivesse perguntado, a qualquer momento, a um homem branco religioso em St. Michaels os nomes dos três homens daquela cidade cuja vida mais seguia os padrões de nosso Senhor e Mestre Jesus Cristo, a resposta teria sido: Garrison West, líder de classe, Wright Fairbanks e Thomas Auld, ambos também líderes de classe; e no entanto esses três homens, armados com projéteis como uma turba, invadiram minha escola dominical cheios de ferocidade e proibiram que nos reuníssemos de novo sob pena de termos nossas costas sujeitas ao açoite sangrento. Esse mesmo Garrison West era meu líder de classe, e eu o imaginava cristão até ele tomar parte no desmonte de minha escola. Depois disso ele não teve mais liderança sobre mim.

A desculpa para esse ultraje foi, como sempre, a desculpa do tirano de que aquilo era necessário. Caso aprendessem a ler, os escravos aprenderiam algo a mais e algo pior. A paz da escravidão seria perturbada. O controle dos escravos estaria em risco. Não contesto a solidez do raciocínio. Caso a escravidão fosse algo correto, escolas dominicais para ensinar escravos a ler seriam erradas e deveriam ser impedidas de funcionar. Quanto a isso, esses líderes de classe cristãos eram coerentes. Eles haviam decidido que a escravidão era algo correto e, seguindo esse padrão, determinaram que as escolas dominicais eram erradas. Lembrando que eles eram protestantes e defendiam o grande direito protestante de que cada homem deveria "examinar as escrituras"[7] por conta própria; mas então, para toda regra geral, existem exceções. Que conveniente! Que crimes não poderiam ser cometidos de acordo com esse entendimento! A irmandade de meus caros líderes de classe metodistas, porém, não condescendeu em me oferecer uma razão para acabar com minha escola em St. Michaels. Eles haviam decretado sua destruição, e isso bastava.

Depois de ter dado pela segunda vez um belo início à escola, em meio ao bosque atrás do celeiro e à sombra das árvores, consegui convencer um homem negro livre que morava a vários quilômetros de nossa casa a deixar que um cômodo de sua casa servisse de sede para nossa escola. Ele corria graves perigos ao permitir isso, pois as reuniões eram ilegais. Em certa ocasião tive mais de quarenta alunos, todos do tipo certo, e muitos deles conseguiram aprender a ler. Tive vários empregos durante a vida, mas em retrospecto nenhum deles me dá tanta satisfação quanto esse. Uma ligação, profunda e permanente, surgiu entre mim e meus alunos, o que tornou meu afastamento deles intensamente doloroso.

Além de minha escola dominical, eu dedicava três noites por semana a meus irmãos de cativeiro durante o inverno. Aquelas almas queridas que iam à minha escola dominical não iam até lá por se tratar de algo popular ou respeitável, pois eles corriam o risco de levar quarenta chibatadas em suas costas nuas. Nesse lugar cristão, homens e mulheres eram obrigados a se esconder de cristãos professos em celeiros e bosques e árvores para poder aprender a ler a Bíblia Sagrada. Suas mentes haviam sido estreitadas e deixadas à míngua por seus cruéis senhores. A luz da educação fora completamente excluída, e os frutos de seu árduo trabalho eram tirados deles para educar os filhos do senhor de escravos. Eu sentia prazer em driblar os tiranos e em abençoar as vítimas de suas maldições.

Vendo de fora, o ano na casa do sr. Freeland passou muito tranquilamente. Não recebi nenhum golpe durante todo o ano. Para dar o devido crédito ao sr. Freeland, ainda que fosse um sujeito desprovido de religião, é preciso dizer que ele foi o melhor senhor que eu

---

7 João, 5:39.

tive antes de me tornar senhor de mim mesmo e de assumir, como tinha direito, a responsabilidade por minha própria existência e o exercício de minhas capacidades.

Grande parte da felicidade, ou ausência de infelicidade, que tive naquele ano devo à cordialidade e à ardorosa amizade de meus irmãos de cativeiro. Todos eles tinham hombridade, generosidade e coragem. Sim, digo que eram corajosos, e acrescentarei que eram belos. É difícil que alguém tenha a sorte de contar com amigos mais verdadeiros e melhores do que eram os escravos daquela fazenda. Não era incomum acusar escravos de serem traiçoeiros uns com os outros, porém devo dizer que jamais amei, estimei ou confiei em outros homens mais do que amei, estimei e confiei naqueles escravos. Eles eram verdadeiros como o aço, e nenhuma irmandade poderia ser mais amorosa. Ninguém se aproveitava maldosamente do outro, nada de mexericos, ninguém falando mal um do outro para o sr. Freeland, e ninguém tentando galgar degraus à custa dos outros. Jamais realizávamos coisa alguma de importância e que tivesse probabilidade de afetar os outros sem antes nos consultarmos mutuamente. Em geral éramos uma unidade e nos movíamos em conjunto. Havia troca de ideias e sentimentos entre nós que poderiam muito bem ser considerados incendiários caso chegassem ao conhecimento de nossos senhores. O dono de escravos, fosse gentil ou cruel, era ainda assim um dono de escravos, o homem que violava continuamente os direitos inalienáveis e justos do homem, e estava a toda hora, silenciosamente mas sem dúvidas, amolando a faca da vingança que seria apontada para o próprio pescoço. Ele jamais pronunciava uma sílaba em homenagem aos pais desta república sem convidar ao uso da espada e reafirmar o direito à rebelião de seus próprios escravos.

Capítulo XIX

O PLANO DE FUGA

Ideias e reflexões de Ano-Novo • Contratado outra vez por
Freeland • Gentileza não é compensação pela escravidão •
Passos incipientes rumo à fuga • Considerações que levam
a isso • Hostilidade à escravidão • Juramento solene • Plano
divulgado para os escravos • De novo o *Columbian Orator* •
Plano é favorecido • Perigo da descoberta • Habilidade
dos donos de escravos • Suspeição e coerção • Hinos com
duplo sentido • Consulta • Senha • Esperança e medo •
Ignorância da geografia • Dificuldades imaginárias •
Patrick Henry • Sandy, um sonhador • Rota para o Norte
mapeada • Objeções • Fraudes • Permissões • Ansiedades •
Medo do fracasso • Estranho pressentimento • Coincidência •
Traição • Prisões • Resistência • A sra. Freeland • Prisão •
Zombarias brutais • Permissões consumidas • Negação •
Sandy • Arrastado atrás de cavalos • Mercadores de
escravos • Sozinho na prisão • Enviado para Baltimore

Estou agora no começo de 1836. No início do ano, minha mente
naturalmente se ocupa com os mistérios da vida em todas as suas
fases – a ideal, a real e a atual. Pessoas sóbrias olham então para
os dois lados, observando os erros do passado e tomando providências contra possíveis erros do futuro. Eu também fazia assim. Era
pequeno o prazer que eu sentia em ver as coisas em retrospecto, e
as perspectivas futuras não eram brilhantes. "Não obstante", eu
pensava, "as muitas resoluções que tomei e as muitas orações que
fiz em nome da liberdade, ainda sou, neste primeiro dia de 1836,
um escravo, vagando nas profundezas de uma desgraçada servidão.
Minhas faculdades e capacidades do corpo e da alma não me pertencem, são propriedade de outro mortal que em nenhum sentido
é superior a mim, exceto por ter a força física para me obrigar a
ser propriedade dele e a ser controlado por ele. A soma das forças
físicas da comunidade me faz escravo dele – e escravo para toda a

vida". Pensamentos assim me irritavam e me deixavam perplexo, além de me fazerem sombrio e desolado. Impossível descrever a angústia de minha alma.

No final do ano, o sr. Freeland havia renovado com o sr. Auld a compra de meus serviços para o ano seguinte. A prontidão dele em fazer isso seria uma lisonja para minha vaidade caso eu tivesse ambição de ser reputado como um escravo valioso. Mesmo as coisas sendo como eram, senti um ligeiro grau de complacência pela circunstância. Aquilo mostrava que ele estava tão satisfeito comigo como escravo como eu estava com ele como senhor. A bondade de um senhor de escravos, no entanto, apenas dourava os grilhões. Não retirava nada de seu peso ou de sua força. A ideia de que os homens são feitos para outras finalidades, e para finalidades melhores do que a escravidão, prosperava mais sob o tratamento gentil de um senhor de escravos bondoso. Seu semblante sombrio não podia se permitir sorrisos capazes de fascinar o escravo parcialmente esclarecido a ponto de levá-lo a se esquecer do cativeiro, ou do desejo de liberdade.

Ainda não havia acabado o primeiro mês de meu segundo ano com o gentil e cavalheiresco sr. Freeland quando comecei a avidamente cogitar e a traçar planos para conquistar aquela liberdade que, quando eu ainda era meramente uma criança, garantiram-me ser direito natural e inato de todo membro da família humana. O desejo por essa liberdade havia sido entorpecido enquanto eu estava sob o domínio animalizador de Covey, e tinha sido adiado e tornado inoperante por minhas atividades genuinamente agradáveis na escola dominical com meus amigos durante o ano que passei na casa do sr. Freeland. Aquele desejo, no entanto, jamais desaparecera de todo. *Sempre* detestei a escravidão, e meu desejo de liberdade apenas precisava de uma brisa favorável que o acendesse a qualquer momento. A ideia de ser uma criatura apenas do *presente* e do *passado* me incomodava, e eu desejava ter um *futuro* – um futuro em que houvesse esperança. Estar confinado completamente no passado e no presente equivale, para a alma cuja vida e cuja felicidade se encontram no progresso contínuo, ao que a prisão é para o corpo – uma praga e um bolor, um inferno de horrores. A aurora desse novo ano me fez despertar do sono temporário e trouxe à vida minhas latentes, mas havia muito acalentadas, aspirações por liberdade. Passei a ter vergonha não apenas por me sentir contente na escravidão como também por *parecer* estar contente. E, em minha situação favorável da época, sob o comando suave do sr. Freeland, não tenho certeza de que o bondoso leitor não me condenará por ser ambicioso demais e estar longe de ser humilde quando digo a verdade: eu afastava de mim qualquer ideia de fazer o melhor possível com o destino que me fora dado e acolhia apenas pensamentos que me levassem para longe da casa da servidão. A intensidade de meu desejo de ser livre, acelerada pelas circunstâncias atuais favoráveis, deu-me determinação para *agir*, assim como para pensar e para falar.

Assim, no início do ano de 1836, fiz um juramento solene, de que aquele ano que se iniciava não terminaria sem testemunhar uma genuína tentativa, de minha parte, de conquistar a liberdade. Esse juramento me obrigava a tentar minha fuga individual, porém minha amizade com meus irmãos de cativeiro era tão afetuosa e confiante que eu sentia ser meu dever, além de meu prazer, dar a eles oportunidade de compartilhar de minha determinação. Em relação a Henry e John Harris eu sentia uma amizade tão forte quanto um homem pode sentir por outro, pois eu poderia morrer com eles e por eles. Para eles, portanto, com a cautela devida, comecei a revelar meus sentimentos e planos, sondando-os sobre o tema da fuga, caso uma boa chance se apresentasse. Nem preciso dizer que fiz *o melhor* que pude para incutir na mente de meus diletos amigos meus pontos de vista e meus sentimentos. Completamente desperto agora, e com um juramento definitivo sobre mim, toda a pouca leitura que eu tinha sobre o tema dos direitos humanos foi colocada à disposição de meus amigos em minhas conversas com eles. Aquela joia de livro, o *Columbian Orator*, com suas orações eloquentes e diálogos apimentados denunciando a opressão e a escravidão – contando o que havia sido ousado, feito e sofrido pelos homens para obter a inestimável bênção da liberdade –, ainda estava fresca na minha memória, e seus sentimentos expressos com tanta nobreza entravam como um turbilhão nas fileiras de minha fala com a aptidão de soldados bem treinados indo para um exercício. Começaram aqui minhas falas em público. Debati com Henry e John o tema da escravidão e atirei contra ela o estigma da condenação da justiça eterna de Deus. Meus companheiros de servidão não eram indiferentes, tolos nem ineptos.

Nossos sentimentos eram mais parecidos do que nossas opiniões. Todos, no entanto, estavam prontos a agir quando fosse proposto um plano viável. "Mostre como a coisa deve ser feita", eles disseram, "e todo o resto está resolvido".

Todos nós, à exceção de Sandy, estávamos livres do sacerdócio da escravidão. Foi em vão nos falarem do púlpito de St. Michaels sobre o dever de obedecer a nossos senhores; dizer que devíamos reconhecer Deus como o autor de nossa escravização; que devíamos ver a fuga como uma infração, tanto contra Deus quanto contra os homens; que devíamos considerar nossa escravização um arranjo misericordioso e benéfico; que devíamos pensar na nossa situação neste país como um paraíso em relação àquela da qual fomos raptados na África; que devíamos considerar nossas mãos calejadas e nossa cor escura como sinal de desgosto de Deus e como fatores que apontavam para nós como o grupo certo de pessoas para a escravidão; que a relação entre senhor e escravo trazia benefícios recíprocos e que nosso trabalho não era mais útil para nossos senhores do que o pensamento de nossos senhores era para nós. Digo que foi em vão que o púlpito de St. Michaels inculcou com tanta constância essas doutrinas plausíveis. A natureza riu e zombou delas. De minha parte, eu me tornara grande demais para minhas correntes. As palavras solenes do pastor Lawson sobre o que eu deveria ser, e sobre o que eu poderia ser na providência de Deus, não tinham morrido em minha alma. Eu me aproximava velozmente da vida adulta, e as profecias de minha infância continuavam sem se realizar. A ideia de que ano após ano havia se passado e que minhas melhores resoluções de fuga haviam fracassado e sumido e de que eu continuava sendo escravo, com chances cada vez menores de conquistar minha liberdade – não era algo que me deixasse dormir tranquilamente. Mas eis um problema. Essas ideias e propósitos que eu agora acalentava não podiam agitar por muito tempo a alma sem se tornarem manifestos para observadores pouco amistosos que os examinavam cuidadosamente. Eu tinha motivo para temer que meu rosto negro se revelasse transparente demais para ocultar em segurança meu arriscado empreendimento. Planos de grande importância haviam vazado por meio de paredes de pedra, revelando seus idealizadores. Mas aqui não havia paredes de pedra para ocultar meu propósito. Eu teria trocado meu pobre rosto que me denunciava pelo semblante imóvel de um índio, pois ele estava longe de ser uma prova contra os olhares que me escrutinavam diariamente.

Estudar a natureza humana, e em particular a natureza do escravo, tendo em vista resultados práticos, era de interesse dos donos de escravos, e era seu negócio; e muitos deles atingiam uma impressionante proficiência nesse sentido. Eles tinham de lidar não com terra, madeira e pedra, mas com *homens*; e por toda a estima que eles sentiam pela própria segurança e prosperidade, eles precisavam conhecer o material com que iriam trabalhar. Uma quantidade tão grande de intelecto quanto a que os cercava precisava ser vigiada. A segurança deles dependia dessa vigilância. Conscientes da injustiça e do mal que perpetravam a toda hora e sabendo o que eles próprios fariam caso fossem vítimas dessas injustiças, eles procuravam constantemente os primeiros sinais de uma terrível retribuição. Observavam, portanto, com olhos hábeis e treinados, através do rosto negro. Uma sobriedade fora do comum, uma aparente abstração, mau humor e indiferença – na verdade, qualquer humor fora do normal – eram motivos de suspeita e investigação. Confiando em sua posição superior e em sua sabedoria, eles frequentemente levavam escravos ameaçadores a confessar fingindo ter certeza da veracidade de suas acusações. "Você está com o diabo dentro de você, e nós vamos tirá-lo daí com a chibata", eles diziam. Frequentemente fui torturado com base em mera suspeição. Esse sistema tinha suas desvantagens, assim como o seu oposto – por vezes o escravo açoitado confessava infrações que jamais havia cometido. Veremos que a boa e velha regra "Todos são inocentes até que se prove o contrário" não valia nas fazendas escravagistas. A suspeita e a tortura eram os métodos aprovados para chegar à verdade. Era necessário, portanto, que eu cuidasse de meu comportamento para que o inimigo não levasse vantagem sobre mim. Mas, com toda a nossa cautela e discrição calculada, não tenho certeza de que o sr. Freeland não suspeitou que havia algo errado conosco. Parecia de fato que ele nos observava mais de perto depois que o plano de fuga fora concebido e discutido entre nós. Os homens raramente veem a si próprios do mesmo modo como os outros os veem; e, embora para nós mesmos tudo que estava ligado à nossa desejada fuga parecesse oculto, o sr. Freeland pode, com a peculiar presciência de um dono de escravos, ter percebido o pensamento gigantesco que perturbava nossa paz. Olhando agora em retrospectiva, estou mais inclinado a pensar que ele suspeitava de nós, porque, embora fôssemos prudentes, consigo ver que fizemos muitas coisas tolas que podiam despertar suspeitas. Por vezes estávamos numa alegria impressionante, cantando hinos e soltando exclamações de felicidade, de um tom quase tão triunfante como se tivéssemos chegado a uma terra de liberdade e segurança. Um observador sagaz poderia ter detectado em nosso canto repetido de

Ó Canaã, doce Canaã
Meu destino é a terra de Canaã

algo mais do que uma esperança de chegar aos céus. Estávamos falando de chegar ao *Norte*, e o Norte era nossa Canaã.

Disseram que haveria
Leões pelo caminho;
Não pretendo ficar
   Por muito tempo mais.
Corre para Jesus, evita o perigo.
Não pretendo ficar
Por muito tempo mais

era uma de nossas canções prediletas e tinha duplo sentido. Nos lábios de alguns significava a expectativa de ser chamado logo para o mundo dos espíritos; mas nos lábios de nossos companheiros significava simplesmente uma peregrinação em breve para um estado livre e a libertação de todos os males e perigos da escravidão.

Eu tinha conseguido conquistar para meu plano um grupo de cinco rapazes, a exata flor da região, cada um dos quais teria sido vendido por mil dólares no mercado local. Em New Orleans teriam valido 1.500 dólares cada um, talvez mais. Seus nomes eram os que se seguem: Henry Harris, John Harris, Sandy Jenkins, Charles Roberts e Henry Bailey. Eu era o segundo mais novo do grupo. No entanto, tinha sobre todos eles a vantagem da experiência e o conhecimento das letras. Isso me dava grande influência sobre eles. Talvez nenhum deles, por conta própria, tivesse sonhado que uma fuga era possível. Todos queriam ser livres, mas eles não haviam pensado a sério em fugir até que eu os conquistei para a empreitada. Todos estavam razoavelmente bem – para escravos – e tinham tênues esperanças de serem libertados algum dia por seus senhores. Caso algum deles deva ser considerado culpado por perturbar a tranquilidade dos escravos e dos donos de escravos na região de St. Michaels, ESTE ALGUÉM SOU EU. Reivindico ter sido o instigador desse grande crime (segundo o ponto de vista dos donos de escravos) e o mantive vivo enquanto foi possível.

Até o momento da planejada partida de nosso Egito, nós nos encontrávamos frequentemente à noite, e todos os domingos. Nesses encontros falávamos do assunto, de nossas esperanças e medos, e das dificuldades que descobríamos ou imaginávamos; e, como homens ajuizados, computávamos os custos da empreitada com que estávamos nos comprometendo. Essas reuniões devem ter parecido, em menor escala, os encontros dos conspiradores revolucionários antes de colocar o plano em execução. Tramávamos contra nossos (autoproclamados) legítimos governantes, com esta diferença – estávamos em busca de nosso próprio bem, e não do mal de nossos inimigos. Não pretendíamos tirá-los do poder, mas sim fugir deles. Quanto ao sr. Freeland, todos gostávamos dele e teríamos ficado felizes de permanecer com ele como *homens livres*. A *liberdade* era nosso objetivo, e passáramos a crer que tínhamos direito a ela contra todo obstáculo, até mesmo contra a vida dos homens que nos escravizavam.

Tínhamos várias palavras que expressavam coisas importantes para nós, que nós compreendíamos, mas que, ainda que fossem nitidamente ouvidas por alguém de fora, não teriam transmitido um sentido certo. Eu detestava todo esse sigilo, mas onde a escravidão era forte, e a liberdade, fraca, esta última era levada a se esconder ou a ser destruída.

A perspectiva nem sempre era brilhante. Por vezes éramos quase tentados a abandonar a empreitada e a tratar de voltar àquela paz de espírito relativa que até mesmo um homem agrilhoado pode sentir quando toda a esperança de fuga desaparece. Às vezes éramos confiantes, corajosos e determinados, e depois, hesitantes, tímidos e cheios de dúvida; assobiando, como fazia o menino no túmulo para manter os espíritos afastados.

Olhando no mapa e observando a proximidade da costa leste de Maryland com Delaware e a Pensilvânia, pode parecer absurdo ao leitor que a fuga proposta seja vista como um empreendimento formidável. Mas para *compreender*, alguém já disse, é preciso *vivenciar*. A distância real era bastante grande, mas a distância imaginada era, na nossa ignorância, muito maior. Donos de escravos buscavam impressionar seus cativos com uma crença na infinidade do território da escravidão e no poder ilimitado deles próprios. Nossas noções sobre a geografia do país eram vagas e indistintas. A distância, no entanto, não era o principal problema, pois, quanto mais perto um estado escravagista ficava das fronteiras de um estado livre, maior era o problema. As fronteiras ficavam infestadas de sequestradores a soldo. E sabíamos também que chegar a um estado livre não era o bastante para nos libertar e que, independentemente de onde fôssemos pegos, poderíamos ser devolvidos à escravidão. Não sabíamos de nenhum lugar deste lado do oceano onde estivéssemos a salvo. Tínhamos ouvido falar do Canadá, à época a única verdadeira Canaã do cativo americano, simplesmente como um lugar que os gansos selvagens e os cisnes procuravam ao fim do inverno para fugir do calor do verão, mas não como terra de homens. Eu sabia algo sobre teologia, mas nada sobre geografia. Eu realmente não sabia que existia um estado de Nova York ou um estado de Massachusetts. Eu ouvira falar de Pensilvânia, Delaware e New Jersey, e de todos os estados do Sul, mas era completamente ignorante sobre os estados livres. A cidade de Nova York era nosso limite ao norte, e ir para lá e ser eternamente assediado pelo risco de ser caçado e devolvido para a escravidão, com a certeza de ser tratado dez vezes pior do que antes, era uma perspectiva que bem podia causar hesitação. A situação, portanto, para nossos olhos empolgados por vezes se afigurava assim: em todo portão por onde precisávamos passar, víamos um vigia; em cada balsa, um guarda; em cada ponte, um sentinela, e em cada bosque, uma patrulha ou um caçador de escravos. Estávamos cercados por todo lado. O bem que procurávamos e o mal que queríamos evitar eram postos na balança e pesados um em comparação com o outro. De um lado estava a escravidão, uma dura realidade que nos olhava assustadoramente, com o sangue de milhões em suas vestes poluídas, terrível de olhar, cobiçosamente devorando nossos ganhos e se alimentando de nossa carne. Esse era o mal do qual desejávamos escapar. Por outro lado, bem longe, na distância nebulosa que torna todas as formas meras sombras sob a trêmula luz da estrela polar, por trás de alguma colina escarpada ou de uma montanha recoberta de neve, havia uma liberdade duvidosa, parcialmente congelada, e que nos acenava de seus domínios gelados. Esse era o bem a ser buscado. Essa desigualdade era tão grande quanto aquela entre a certeza e a incerteza. Isso por si só era o bastante para nos fazer vacilar; quando passamos a examinar a estrada, porém, não percorrida e a conjecturar as muitas possíveis dificuldades, ficamos chocados, e por vezes, como eu disse, estivemos a ponto de desistir por completo da luta. O leitor dificilmente terá ideia dos fantasmas que pairavam, em tais circunstâncias, diante da mente sem instrução do escravo. Em ambos os lados víamos a morte sombria, assumindo uma diversidade de formas horrendas. Ali a fome, que nos levava, em uma terra desconhecida e hostil, a comer de nossa própria carne. Adiante lutávamos contra as ondas e nos afogávamos. Aqui éramos caçados por cães e alcançados, dilacerados por suas presas inclementes. Éramos picados por escorpiões, perseguidos por animais selvagens, mordidos por cobras e, pior de tudo, depois de termos conseguido atravessar rios a nado, enfrentarmos animais selvagens, dormirmos na floresta e aguentarmos fome, frio, calor e nudez, éramos alcançados por sequestradores a soldo que, em nome da lei e de uma recompensa três vezes maldita, poderiam quem sabe atirar contra nós, matando alguns, ferindo outros e capturando a todos. Esse retrato sombrio, desenhado pela ignorância e pelo medo, por vezes abalava tremendamente nossa determinação, e não era raro que nos levasse a

Antes os males de que sofríamos
A fugir rumo a outros desconhecidos.[8]

Não pretendo exagerar essa circunstância em minha experiência, e no entanto creio que, para o leitor, devo passar a impressão de que estou exagerando. Mas ninguém terá como relatar a agonia que o escravo sentia quando titubeava no momento de sua fuga.

---

8 Citação de *Hamlet*, ato III, cena 1.

Tudo que ele tem está em jogo, e mesmo aquilo que ele não tem está também em jogo. A vida que ele tem pode ser perdida, e a liberdade que ele busca pode não ser conquistada.

Patrick Henry, diante de um Senado atento e entusiasmado com sua mágica eloquência e pronto a se colocar ao lado dele em seus mais ousados voos, pôde dizer: "Dê-me a liberdade ou então me dê a morte", e essa frase é sublime, até mesmo para um homem livre; incomparavelmente mais sublime, porém, é o mesmo sentimento quando manifestado na *prática* por homens acostumados ao açoite e aos grilhões, homens cuja sensibilidade deveria ter se tornado mais ou menos amortecida pela servidão. Em nosso caso, no melhor dos cenários o que buscávamos era uma liberdade incerta, e o que nos esperava caso fracassássemos era uma morte certa e lenta nos arrozais de inundação e nas plantações de cana. A vida não é algo a que o homem mentalmente são dê pouco valor. Ela é preciosa tanto para o miserável quanto para o príncipe, tanto para o escravo quanto para seu senhor; e no entanto creio que todos entre nós teriam preferido morrer a bala a passar a vida em uma servidão sem fim.

À medida que nossos preparativos avançavam, Sandy (o sujeito da raiz) começou a ficar incomodado. Passou a ter sonhos aflitivos. Um deles, que ocorreu em uma noite de sexta-feira, teve grande importância para ele, e estou bastante disposto a confessar que eu mesmo me deixei desanimar um pouco por ele. Ele disse: "Ontem à noite sonhei que barulhos estranhos me acordavam, barulhos como os que faria uma revoada de pássaros ferozes, um ribombar que feria meus ouvidos como uma rajada de vento no topo das árvores. Olhando para cima para ver o que aquilo significava, vi você, Frederick, nas garras de um pássaro imenso, cercado por um grande número de pássaros de todas as cores e de todos os tamanhos. Essas aves bicavam você, enquanto você, com os braços, parecia tentar proteger os olhos. Passando por cima de mim, os pássaros voaram para sudoeste, e eu os observei até eles saírem de meu campo de visão. Isso tudo eu vi tão nitidamente quanto vejo você agora; e além disso, meu querido, fique atento ao sonho de sexta-feira; tem algo nele que mostra que você nasceu; tem mesmo, meu querido". Não gostei do sonho, porém não demonstrei preocupação, atribuindo-o ao estado de espírito geral e à emoção causada por nossos planos de fuga. No entanto, não consegui me livrar logo de seu efeito. Pensei que ele não pressagiava nada de bom. Sandy foi excepcionalmente enfático e oracular, e o modo como ele falou teve muito a ver com a impressão que aquilo causou em mim.

O plano de nossa fuga, recomendado por mim e acatado por todos os meus camaradas, era pegarmos uma grande canoa do sr. Hamilton e, no sábado anterior ao feriado de Páscoa à noite, lançarmo-nos na baía de Chesapeake e remarmos com todas as nossas forças até a margem, numa distância de 110 quilômetros. Ao alcançarmos esse ponto, deixaríamos a canoa à deriva e iríamos seguindo a estrela polar até chegarmos a um estado livre.

Houve várias objeções a esse plano. Com tempo ruim as águas da baía de Chesapeake ficam muito agitadas e correríamos o risco de a canoa ser inundada por uma onda. Outra objeção era o fato de que logo dariam falta da canoa, e os escravos que não estivessem lá logo seriam suspeitos de tê-la levado, e seríamos perseguidos por alguma embarcação mais veloz que sairia de St. Michaels. E além disso, caso chegássemos à margem da baía e deixássemos a canoa à deriva, ela poderia se revelar um guia para quem estava nos rastreando e levar os caçadores até nós.

Essas e outras objeções foram deixadas de lado por outras mais fortes, que podiam ser feitas contra qualquer plano que pudesse ser sugerido. Na água poderíamos ser vistos como pescadores a serviço de um senhor. Por outro lado, indo por terra, passando pelos distritos em torno de Delaware, estaríamos sujeitos a todo tipo de interrupção e a muitas perguntas inconvenientes, que poderiam nos encrencar. Qualquer branco, se achasse que era o caso, estava autorizado a parar um negro em qualquer estrada e a investigá-lo e prendê-lo. Nesse tipo de arranjo muitos abusos (incluindo os cometidos pelos donos de escravos) ocorriam. Sabia-se de casos em que homens livres, forçados por um bando de facínoras a mostrar seus documentos, apresentaram-nos, tendo os rufiões os rasgado, capturado a vítima e a vendido para uma vida de infinita servidão.

Na semana anterior à data em que pretendíamos partir, escrevi uma permissão para cada um de nosso grupo, autorizando-o a visitar Baltimore durante o feriado de Páscoa. A permissão dizia o seguinte:

Certifico por meio desta que eu, abaixo assinado, concedi ao portador, meu criado John, total liberdade para ir até Baltimore passar o feriado de Páscoa.

W.H.

PERTO DE ST. MICHAELS, condado de Talbot, Maryland.

Embora não estivéssemos indo para Baltimore e pretendêssemos desembarcar a leste de North Point, na direção em que eu havia visto irem os vapores com destino a Filadélfia, essas permissões poderiam nos ser úteis na parte baixa da baía, enquanto íamos na direção de Baltimore. No entanto, esses papéis não deviam ser mostrados por nós até que nossas respostas deixassem de satisfazer quem estivesse nos fazendo perguntas. Tínhamos total noção da importância de nos mantermos calmos e controlados quando fôssemos abordados, caso essa abordagem viesse a acontecer; e mais de uma vez ensaiamos entre nós como deveríamos nos comportar na hora de nossa provação.

Aqueles dias e noites foram longos e tediosos. O suspense era doloroso ao extremo. Medir as probabilidades, quando a vida e a liberdade dependem do resultado, exige nervos firmes. Eu ansiava por entrar em ação e fiquei feliz quando raiou sobre nós o dia ao fim do qual devíamos partir. Dormir, na noite anterior, estava fora de cogitação. Provavelmente senti tudo aquilo mais profundamente do que qualquer um de meus companheiros, por ter sido eu quem instigara o movimento. A responsabilidade da empreitada toda recaía sobre meus ombros. A glória do sucesso e a vergonha e a confusão do fracasso não podiam me parecer indiferentes. Nossa comida estava preparada, nossas roupas estavam empacotadas; já íamos partir e estávamos impacientes pela manhã de sábado – considerando-a *como* a última de nosso cativeiro.

Não tenho como descrever a tempestade e o tumulto de meu cérebro naquela manhã. O leitor por favor terá em mente que em um estado escravagista um fugitivo malsucedido não estava sujeito apenas à tortura cruel e a ser vendido para o Sul distante, mas era frequente que ele fosse execrado pelos demais escravos. Ele era acusado de tornar intolerável a condição dos outros escravos ao colocá-los todos sob a suspeição de seu senhor – deixando-os sujeitos a uma vigilância maior e a uma imposição de maiores limites a seus privilégios. Eu temia burburinhos desse tipo. Também era difícil para um senhor de escravos acreditar que escravos em fuga não tivessem tido auxílio de alguns de seus companheiros de servidão. Quando, portanto, um escravo desaparecia, todos os escravos do local eram investigados para que se descobrisse até onde eles sabiam sobre aquilo.

Nossa ansiedade se intensificava à medida que a hora marcada para nossa partida se aproximava. Víamos aquilo verdadeiramente como uma questão de vida e morte, e estávamos totalmente decididos a *lutar*, e também a *fugir*, caso fosse necessário recorrer a esses extremos. Mas a hora da provação ainda não chegara. Era fácil tomar a decisão, mas não era tão fácil agir. Eu esperava que pudesse haver algum recuo na última hora; era natural que isso ocorresse; assim, no meio-tempo, não perdi oportunidade de explicar dificuldades, tirar dúvidas, dissipar temores e inspirar todos com firmeza. Era tarde demais para voltar atrás, e esse era o momento de seguir adiante. Apelei para o orgulho de meus camaradas dizendo que caso, depois de fazerem um juramento solene de partir, como haviam feito, eles não fizessem a tentativa, ficariam marcados como covardes e podiam muito bem sentar, cruzar os braços e reconhecer que só serviam para escravos. Ninguém queria assumir esse papel detestável. Todos exceto Sandy (ele, para nossa tristeza, desistiu) mantiveram-se firmes, e em nosso último encontro fizemos novo juramento, e da maneira mais solene, dizendo que na hora indicada certamente partiríamos para nossa longa jornada rumo a um lugar livre de servidão. Esse encontro ocorreu no meio da semana em que iríamos partir.

Bem cedo na manhã marcada fomos até o campo de costume, porém com o coração batendo rápido e cheio de ansiedade. Qualquer um que nos conhecesse direito poderia perceber que as coisas não iam bem e que havia algum monstro em nossos pensamentos. Nosso trabalho naquela manhã foi o mesmo de vários dias anteriores – pegar esterco e espalhá-lo. Enquanto fazia isso, tive um súbito pressentimento, que me apareceu como um raio em uma noite escura, revelando ao viajante solitário o golfo à sua frente e o inimigo às suas costas. Imediatamente me virei para Sandy Jenkins, que estava perto de mim, e disse: "*Sandy, nós fomos traídos!* – alguma coisa acaba de me dizer isso". Tive tanta certeza disso quanto se estivesse vendo as autoridades vindo em nossa direção. "Rapaz, isso é estranho, mas eu tenho a mesma impressão." Caso minha mãe – que a essa altura já havia muito estava em seu túmulo – tivesse aparecido à minha frente e me dito que tínhamos sido traídos, eu não teria tido mais certeza do fato.

Poucos minutos depois, as longas, baixas e distantes notas da corneta nos convocaram do campo para o café da manhã. Eu sentia o que deve sentir alguém que está sendo conduzido para ser executado por algum grande crime. Eu não queria café da manhã, mas para manter as aparências fui com os outros escravos na direção da casa. Nada perturbou o que eu sentia em relação a meu direito de fugir; minhas apreensões não vinham daí, mas sim da percepção das consequências do fracasso.

Trinta minutos depois da vívida impressão veio o choque que eu havia antevisto. Ao chegar à casa e olhar na direção da porteira, o pior se revelou imediatamente. A porteira da casa do sr. Freeland ficava a 1 quilômetro da porta e era bastante sombreada pelo denso bosque que ladeava a estrada principal. Pude, porém, discernir quatro homens brancos e dois negros se aproximando. Os brancos estavam a cavalo, e os negros vinham andando atrás, e pareciam estar amarrados. *"Acabou mesmo para nós; com certeza fomos traídos"*, pensei comigo mesmo. Mantive a compostura, ou pelo menos perto disso, e calmamente aguardei o resultado. Observei o grupo agourento entrar pelo portão. Uma fuga bem-sucedida era impossível, e decidi ficar e me pôr frente a frente com o mal, fosse ele qual fosse, pois eu ainda tinha uma ligeira esperança de que as coisas pudessem ser diferentes do que eu temera inicialmente. Em poucos momentos surgiu o sr. William Hamilton, cavalgando rápido e nitidamente bastante agitado. Ele tinha o hábito de cavalgar muito devagar e raramente era visto a galope em seu cavalo. Dessa vez o cavalo estava quase em velocidade total, levantando grande quantidade de poeira atrás de si. O sr. Hamilton, embora fosse um dos homens mais determinados da região, era um sujeito de fala notavelmente mansa, e mesmo quando estava bastante agitado sua linguagem era tranquila e circunspecta. Ele chegou até a porta e perguntou se o sr. Freeland estava. Eu disse que o sr. Freeland estava no celeiro. O velho cavalheiro cavalgou até o celeiro com velocidade incomum. Em poucos instantes o sr. Hamilton e o sr. Freeland saíram do celeiro rumo à casa, e, assim que eles apareceram no jardim, três homens, que se revelaram policiais, surgiram cavalgando às pressas, como se convocados por um gesto que exigisse trabalho veloz. Em poucos segundos eles estavam no jardim, onde desmontaram rapidamente e amarraram seus cavalos. A seguir, eles se uniram ao sr. Freeland e ao sr. Hamilton, que estavam a pouca distância da cozinha. Passaram alguns minutos como se estivessem decidindo como proceder, e depois todos andaram até a porta da cozinha. Naquele momento estávamos na cozinha só eu e John Harris; Henry e Sandy ainda estavam no celeiro. O sr. Freeland entrou na cozinha e, com voz agitada, chamou meu nome e me disse para dar um passo adiante; falou que havia alguns cavalheiros que desejavam me ver. Fui na direção deles na porta e perguntei o que eles queriam; foi quando os policiais me agarraram e disseram que era melhor não resistir; que eu tinha me metido em confusão, ou que pelo menos era o que diziam; que eles iriam meramente me levar para um lugar onde eu pudesse ser examinado; que iriam me levar até meu senhor em St. Michaels e que, caso os indícios contra mim não se provassem verdadeiros, eu seria absolvido. Eles me amarraram com firmeza, e agora eu estava completamente à mercê deles. Resistir era inútil. Eles estavam em cinco e armados até os dentes. Quando terminaram de me amarrar, eles se voltaram para John Harris e em poucos instantes ele tinha sido amarrado com a mesma firmeza. A seguir eles se voltaram para Henry Harris, que havia voltado do celeiro. "Cruze as mãos", disse o policial a Henry. "Não vou cruzar", disse Henry com uma voz tão firme e clara, e com um modo tão determinado, que por um momento todos os procedimentos foram suspensos. "Você não vai cruzar as mãos?", disse Tom Graham, o policial. "*Não, não vou*", disse Henry com ênfase crescente. O sr. Hamilton, o sr. Freeland e os policiais agora se aproximaram de Henry. Dois dos policiais sacaram suas pistolas brilhantes e juraram, em nome de Deus, que ele iria cruzar as mãos ou que eles iam atirar. Todos aqueles malfeitores a soldo agora engatilharam as pistolas e, com os dedos aparentemente no gatilho, apontaram as armas fatais para o peito do escravo desarmado, dizendo que, se ele não cruzasse as mãos, iriam "explodir o coração" dele. "*Atire, atire*", disse Henry; "vocês só podem me matar uma vez. *Atire, atire* e que tudo se acabe! Eu não vou ser amarrado!". O corajoso rapaz disse isso numa voz tão desafiadora e num tom tão heroico quanto a própria linguagem; e ao dizer isso, com as pistolas em seu peito, ele rapidamente ergueu os braços e as tirou das frágeis mãos de seus assassinos, as armas voando em todas as direções. Seguiu-se a luta. Todas as mãos se dirigiram apressadamente para o bravo rapaz e, depois de terem batido nele por algum tempo, conseguiram dominá-lo e amarrá-lo. Henry me fez sentir vergonha; ele lutou, e lutou corajosamente. John e eu não resistimos. O fato é que eu nunca vi muita utilidade em lutar quando não houvesse uma probabilidade razoável de vencer. No entanto, a resistência de Henry teve caráter quase providencial. Não fosse por aquela resistência, todos nós teríamos sido levados rapidamente para o Sul remoto. Um momento antes do problema com Henry, ouvi o sr. Hamilton dizer *suavemente* – e isso me deu a pista inequívoca quanto ao motivo de nossa prisão: "Talvez fosse bom agora procurar aquelas permissões que segundo soubemos Frederick escreveu para ele e para os outros". Caso encontrassem as autorizações, eles teriam provas cabais contra nós e teriam confirmado todas as afirmações de nosso traidor. Graças à resistência de Henry, a agitação produzida pela briga chamou toda a atenção, e consegui atirar minha permissão no fogo, sem ser observado. A confusão causada pela briga e o medo de outros possíveis problemas talvez tenham levado nossos captores a deixar de lado, por um tempo, qualquer busca por *"aquelas permissões* que segundo soubemos Frederick escreveu para ele e para os outros"; portanto, ainda não estávamos condenados por planejar uma fuga, e era evidente que havia da parte de todos uma dúvida sobre se nós éramos culpados disso.

Assim que estávamos completamente amarrados e prontos para partir rumo a St. Michaels, e portanto para a cadeia, a sra. Betsey Freeland (mãe de William, que tinha grande apego, de acordo com a tradição sulina, a Henry e John, tendo os dois sido criados desde a infância na casa deles) foi até a porta da cozinha com as mãos cheias de biscoitos, pois não tínhamos tomado café da manhã naquele dia, e os dividiu entre Henry e John. Depois disso, a senhora fez o seguinte discurso de despedida para mim, apontando o dedo ossudo em minha direção: "Seu diabo! Seu diabo amarelo! Foi você quem meteu a fuga na cabeça do John e do Henry. Se não fosse por *você, seu diabo amarelo de pernas compridas*, o Henry e o John jamais teriam pensado em fugir". Lancei para a senhora um olhar

160

que a fez gritar com uma mescla de fúria e terror, enquanto batia a porta da cozinha e entrava, deixando a mim e aos outros em mãos tão ásperas quanto sua voz trêmula.

Pudesse o bondoso leitor estar cavalgando pela estrada principal para Easton naquela manhã, seus olhos teriam deparado com uma visão dolorosa. Ele teria visto cinco rapazes, culpados de crime algum exceto o de preferir a *liberdade* à *escravidão*, sendo levados pela via pública – firmemente amarrados uns aos outros, andando a passos pesados em meio ao pó e ao calor, descalços e com a cabeça descoberta – amarrados a três cavalos fortes, cujos cavaleiros estavam armados com pistolas e adagas, e a caminho da prisão como criminosos, e sofrendo todo tipo de insulto da multidão ociosa e vulgar que se aglomerava em torno, e vendo o fracasso de seu plano de fuga ser transformado em ocasião para todo tipo de obscenidade e zombaria. Ao olhar para aquela multidão de pessoas vis, e vendo a mim e a meus amigos atacados e perseguidos daquele jeito, não tive como evitar ver o sonho de Sandy realizado. Eu estava nas mãos de abutres morais, preso em suas garras afiadas, e era levado às pressas para Easton, na direção sudeste, em meio a escárnios de pássaros novos de mesma plumagem, por todo lugar em que passávamos. A mim parecia que todos tinham saído, e que sabiam a causa de nossa prisão, e que nos esperavam passar para banquetear seus olhos gulosos de vingança com nossa desgraça.

Alguns diziam que eu *"devia ser enforcado"*, e outros que eu *"devia ser queimado"*; outros, que deviam tirar o "couro" de minhas costas; e ninguém dirigia a nós uma palavra bondosa ou um olhar de compaixão, exceto os pobres escravos que levantavam suas pesadas enxadas e cautelosamente olhavam para nós através das cercas, atrás das quais trabalhavam. Nossos sofrimentos naquela manhã podem ser mais facilmente imaginados do que descritos. Nossas esperanças tinham sido devastadas de um único golpe. A cruel injustiça, o crime vitorioso e o desamparo da inocência me levaram a perguntar, em minha ignorância e fraqueza: Onde está agora o Deus da justiça e da misericórdia? Por que esses homens maus têm o poder de calcar desse modo nossos direitos e de insultar nossos sentimentos? E, no entanto, no momento seguinte vinha o pensamento consolador, "o dia do opressor enfim chegará". De uma coisa eu podia sentir orgulho: nenhum de meus queridos amigos para os quais eu atraíra essa tremenda calamidade me repreendeu, fosse por palavras ou por olhares, por tê-los levado a isso. Éramos uma irmandade e nunca tínhamos sentido tanto amor uns pelos outros quanto agora. O pensamento que mais nos doía era a provável separação que agora ocorreria caso fôssemos vendidos para o Sul remoto, como era provável. Enquanto os policiais olhavam para a frente, Henry e eu estando amarrados um ao outro conseguíamos ocasionalmente trocar uma palavra sem sermos observados pelos sequestradores que nos tinham sob seu comando. "O que eu faço com minha permissão?", disse Henry. "Coma com o biscoito", eu disse; "rasgar não basta". Estávamos agora perto de St. Michaels. A ordem para as permissões foi repassada e executada. "Não fiquem com nada", eu disse. "Não fiquem com nada" foi repassado, imposto e acatado. A confiança que sentíamos uns nos outros não fora abalada, e estávamos determinados a termos êxito ou a fracassarmos juntos; isso valia depois da calamidade que se abatera sobre nós tanto quanto valera antes dela.

Ao chegar a St. Michaels, passamos por uma espécie de investigação na loja de meu senhor, e para mim ficou evidente que o senhor Thomas suspeitava da veracidade dos indícios que os levaram a nos prender, e que ele apenas fingiu, até certo ponto, a certeza com que reafirmou nossa culpa. Ninguém de nosso grupo disse algo que pudesse de algum modo prejudicar nossa causa, e ainda havia esperança de que pudéssemos voltar para casa, pelo menos para descobrir o culpado ou a culpada por nos trair.

Para esse fim, todos negamos ter planejado uma fuga. O senhor Thomas disse que os indícios de nossa intenção de fugir eram fortes o bastante para que fôssemos enforcados em um caso de assassinato. "Mas", eu disse, "os casos não eram iguais; se um assassinato tivesse sido cometido – a coisa estaria feita! mas nós não fugimos. Qual era a prova contra nós? Estávamos trabalhando tranquilamente". Falei desse modo com liberdade fora do comum, para fazê-los apresentar os indícios contra nós, pois todos queríamos sobretudo saber quem havia nos traído, de forma a termos um alvo tangível onde despejar nossas execrações. A partir de algo que foi dito no transcorrer da conversa, ficou parecendo que havia apenas uma testemunha contra nós e que essa testemunha não podia ser apresentada. O senhor Thomas não nos dizia quem era seu informante, mas suspeitávamos, e suspeitávamos apenas de *uma* pessoa. Várias circunstâncias pareciam apontar para Sandy como nosso traidor. Ele conhecia na íntegra nossos planos, participou deles, depois recuou, havia o sonho dele e o pressentimento simultâneo de que havíamos sido traídos, o fato de terem nos levado e o deixado para trás, tudo isso levava a suspeitar dele, e no entanto não podíamos suspeitar dele. Todos amávamos Sandy demais para achar possível que ele nos traísse. Por isso pusemos a culpa sobre outros ombros.

Naquela manhã, tínhamos sido arrastados atrás de cavalos por uma distância de 25 quilômetros e enfiados na cadeia de Easton. Estávamos felizes de chegar ao fim de nossa jornada, pois nosso trajeto foi cheio de insultos e mortificação. Eis o poder da opinião pública, forte a ponto de até mesmo o inocente ter dificuldade em achar um feliz consolo em sua inocência quando cai sob as maldições de tal poder. Como podíamos achar que estávamos certos quando tudo à nossa volta nos denunciava como criminosos, e tinha o poder e a disposição de nos tratar como tais.

Na cadeia fomos colocados aos cuidados de Joseph Graham, o xerife do distrito. Henry, John e eu fomos colocados em uma cela, e Henry Bailey e Charles Roberts em outra, sozinhos. Essa separação pretendia evitar que pudéssemos combinar o que diríamos e impedir problemas na cadeia.

Depois de encarcerados, um novo grupo de algozes se abateu sobre nós. Um enxame de diabretes em forma humana – os mercadores de escravos e seus agentes – que se aglomeravam em toda cidade do estado esperando oportunidades para comprar carne humana (como urubus em busca de carniça) se agrupou em torno de nós para verificar se nossos senhores nos tinham colocado na cadeia para sermos vendidos. Eu jamais havia visto tal grupo de criaturas degradadas e vis, e espero jamais voltar a vê-las. Senti como se eu estivesse cercado por um bando de *demônios* recém-saídos da *danação eterna*. Eles riam, zombavam e tiravam sarro de nós, dizendo: "Ah, meninos, pegamos vocês, não foi? Então vocês iam fugir? Para onde vocês iam?". Depois de terem nos provocado assim pelo tempo que desejaram, eles nos submeteram a uma inspeção individual para estabelecer nosso valor, sentindo nossos braços e pernas e nos chacoalhando pelos ombros, para ver se estávamos saudáveis e em boas condições, perguntando de maneira insolente se "gostaríamos que eles fossem nossos senhores". A essas perguntas ficamos em silêncio (o que os irritou). Um deles me disse que "se eu fosse dele, ele tiraria o diabo de mim rapidinho".

Esses compradores de negros eram bastante ofensivos para o público cristão bem-educado do Sul. Eram vistos pela sociedade respeitável de Maryland como personagens necessários, porém detestáveis. Como classe, tratava-se de bandidos empedernidos, tornados assim pela natureza e por sua ocupação. Sim, eles eram o fruto legítimo da escravidão e só perdiam em vilania para os próprios senhores de escravos, que tornavam *possível* a existência dessa classe. Eram meros mascates da fábrica de escravos de Maryland e da Virgínia – valentões grosseiros, cruéis e arrogantes cujo próprio hálito cheirava a blasfêmia e sangue.

Afora os compradores de escravos que infestavam a cadeia de tempos em tempos, nossas acomodações eram muito mais confortáveis do que teríamos direito a esperar. Nossa ração de comida era pouca e grosseira, mas nossa cela era a melhor da cadeia – limpa e espaçosa, e sem nada que lembrasse necessariamente que estávamos na prisão, a não ser os pesados cadeados e trancas e as grades nas janelas. Éramos prisioneiros em condições excelentes se comparados com a maior parte dos escravos colocados naquela cadeia de Easton. Mas não era um lugar de felicidade. Cadeados, barras e janelas com grades não são aceitáveis para pessoas que amam a liberdade, independentemente da cor de sua pele. O suspense também era doloroso. Ouvíamos com atenção cada passo na escada, na esperança de que alguém fosse jogar um raio de luz sobre nosso destino. Teríamos dado os cabelos de nossa cabeça por meia dúzia de palavras com um dos garçons do hotel Sol. Lowe's. Esses garçons iriam ouvir na mesa o rumo provável das coisas. Podíamos vê-los andando para lá e para cá em suas casacas brancas em frente ao hotel, mas não conseguíamos falar com nenhum deles.

Logo depois do fim do feriado, contrariando todas as nossas expectativas, os srs. Hamilton e Freeland foram a Easton; não para fazer uma barganha com "mercadores da Geórgia", nem para nos mandar para Austin Woldfolk, como era comum no caso de escravos fugitivos, mas para tirar da prisão Charles, Henry Harris, Henry Bailey e John Harris, e sem desferir um único golpe. Fiquei sozinho na prisão. Os inocentes haviam sido levados; e o culpado, deixado. Meus amigos foram separados de mim, e aparentemente para sempre. Essa circunstância me causou mais dor do que qualquer outro incidente ligado à nossa captura e a nosso aprisionamento. Trinta e nove chibatadas em minhas costas nuas e ensanguentadas teriam sido suportadas com alegria e teriam sido preferíveis à separação daqueles que eram os amigos de minha juventude. E no entanto eu só conseguia me ver como a vítima de algo semelhante à justiça. Por que aqueles rapazes, que foram levados àquele plano por mim, deveriam sofrer tanto quanto quem os incitou? Fiquei feliz por eles terem sido libertados da cadeia e da terrível perspectiva de uma vida (ou seria melhor dizer morte) nos campos alagados dos arrozais. Foi o nobre Henry quem disse ter ficado quase tão relutante em deixar a prisão estando eu ainda lá dentro quanto havia ficado em se deixar amarrar e arrastar para a prisão. Mas ele e todos nós sabíamos que devíamos, segundo todas as probabilidades de um caso como aquele, ser separados se fôssemos vendidos; e, como estávamos completamente nas mãos de nossos próprios donos, eles concluíram que seria melhor ir pacificamente para casa.

Até essa separação final, caro leitor, eu não tinha tocado as mais abissais profundezas da desolação que o escravo por vezes costuma atingir. Eu estava solitário dentro das paredes de uma prisão de pedra, deixado ali para cumprir um destino que me reservava uma vida inteira de infelicidades. Eu tinha tido tantas esperanças e expectativas durante meses, porém minhas esperanças e expectativas tinham murchado e se perdido. A sempre temida vida de escravo na Geórgia, na Louisiana e no Alabama – da qual era quase impossível fugir – agora me encarava em meio à minha solidão. A possibilidade de me tornar algo que não fosse um escravo abjeto, mera máquina nas mãos de um proprietário, tinha agora desaparecido, e para mim parecia que tinha desaparecido para sempre. Viver como um morto-vivo, marcado pelos incontáveis horrores do campo de algodão e da plantação de cana, parecia ser meu destino. Os diabos que correram para a prisão quando chegamos lá continuavam a me visitar e a me assediar com perguntas e observações torturantes. Fui insultado, mas estava impotente; estava absolutamente atento às demandas da justiça e da liberdade, mas sem meios para reafirmá-las. Falar com aqueles demônios sobre justiça ou misericórdia teria sido tão absurdo quanto tentar usar da razão com ursos e tigres. Chumbo e aço eram os únicos argumentos que eles eram capazes de compreender, conforme demonstrariam os fatos dos anos seguintes.

Depois de ter permanecido nessa vida de misérias e desespero por cerca de uma semana, que me pareceu um mês, o senhor Thomas, para minha grande surpresa e imenso alívio, foi à prisão e me retirou de lá, com o objetivo, conforme ele disse, de me mandar para o Alabama com um amigo dele, que iria me alforriar ao fim de oito anos. Eu estava feliz por sair da cadeia, mas não acreditava na história de que o amigo dele iria me alforriar. Além disso, eu jamais tinha ouvido falar que ele tivesse um amigo no Alabama, e tomei o anúncio simplesmente como um método simples e confortável para me enviar ao Sul remoto. Havia também certo escândalo associado à ideia de um cristão vender outro para mercadores da Geórgia, embora fosse visto como algo completamente adequado vendê-los para outras pessoas. Achei que esse amigo no Alabama era um meio de superar essa dificuldade, pois o senhor Thomas era bastante zeloso de sua reputação de homem religioso, independentemente de quanto estivesse preocupado com seu verdadeiro caráter cristão. Pode ser que eu esteja sendo injusto com ele nessas observações. Ele certamente não exerceu seu poder sobre mim nesse caso como poderia ter feito, e de modo geral agiu de maneira bastante generosa, considerando a natureza de minha infração. Ele tinha o poder e o motivo para me mandar, sem maiores reservas, para a própria região de pântanos da Flórida, onde não haveria a mais remota esperança de liberdade; e o fato de ele se recusar a exercer esse poder deve ser mencionado em seu favor.

Depois de ter permanecido por alguns dias em St. Michaels, e sem que aparecesse amigo algum do Alabama, o senhor Thomas decidiu me enviar de novo para Baltimore, para morar com seu irmão Hugh, com quem agora ele tinha feito as pazes. Provavelmente a reconciliação aconteceu depois de ele ter se convertido no encontro religioso em Bayside. O senhor Thomas me disse que desejava que eu fosse para Baltimore e que aprendesse uma profissão; e que, se eu me comportasse bem, ele *me alforriaria aos 25 anos*. Graças por esse raio de esperança no futuro! A promessa só tinha um problema – parecia boa demais para ser verdade.

Capítulo XX
VIDA DE APRENDIZAGEM

Nada se perdeu em minha tentativa de fuga • Camaradas
em casa • Motivos para me mandar para longe • Retorno a
Baltimore • Tommy mudado • Calafetando no estaleiro de
Gardiner • Luta desesperada • Suas causas • Conflito entre
trabalhadores brancos e negros • Ultraje • Testemunho •
Senhor Hugh • Escravidão em Baltimore • Minha situação
melhora • Novas ligações • Direito do dono de escravos ao
salário dos escravos • Como tornar descontente um escravo

Bom, caro leitor, como você provavelmente terá inferido, não saí
derrotado da agitação generalizada descrita no capítulo anterior. A
pequena revolução doméstica, não obstante o revés causado pela
traição de alguém, não terminou de modo tão desastroso quanto
eu havia concebido durante meu período na jaula de ferro de Easton. Daquele ponto de vista, a perspectiva era tão sombria quanto
qualquer outra que já tenha jogado suas sombras sobre o espírito
humano ansioso e perspicaz. "Tudo está bem quando termina bem!"
Meus afetuosos amigos, Henry e John Harris, continuam com o sr.
Freeland. Charles Roberts e Henry Bailey estão a salvo em suas casas. Não tenho, portanto, nada a lamentar por eles. Seus senhores
demonstraram clemência e os perdoaram, provavelmente com base
no que sugeriu o pequeno porém enérgico discurso da sra. Freeland,
feito pouco antes de partirmos para a cadeia. Meus amigos nada
tinham a lamentar igualmente: pois, embora estivessem sendo vigiados mais de perto, estavam sem dúvida sendo tratados com mais
bondade agora do que antes e tinham recebido novas garantias de
que algum dia seriam legalmente alforriados, desde que seu comportamento dali em diante os fizesse merecer. Não se encostou um
dedo sequer neles. Quanto ao sr. Freeland, essa boa alma, ele não
acreditava que tivéssemos pretendido fugir. Não tendo dado – segundo ele pensava – nenhum motivo para que seus garotos o aban-
donassem, ele não podia achar que fosse provável que eles tivessem

pensado em algo tão atroz. Esse, porém, não era o modo como o assunto era encarado por "sinhô Billy", como costumávamos chamar o sr. William Hamilton, aquele homem de fala macia, porém astuto e determinado. Ele não tinha dúvida de que o crime fora premeditado, e, acreditando que eu tinha sido o instigador, disse francamente ao senhor Thomas que ele devia me tirar das redondezas, caso contrário ele iria atirar em mim. Ele não aceitaria alguém tão perigoso quanto "Frederick" se intrometendo com seus escravos. William Hamilton não era um homem cujas ameaças pudessem ser desprezadas com segurança. Não tenho dúvida de que, caso o alerta dele tivesse sido negligenciado, ele teria cumprido com sua palavra. Ele estava furioso com a ideia de um *roubo* presunçoso como aquele que estávamos por perpetrar – o furto de nosso corpo e de nossa alma. Da mesma forma, a viabilidade do plano, caso os primeiros passos tivessem sido dados, era maravilhosamente evidente. Além disso, essa era uma *nova* ideia, esse uso da baía. Até então, escravos fugitivos tinham usado a floresta; eles jamais haviam pensado em profanar e violar as águas da nobre baía de Chesapeake tornando-a uma via expressa que ia da escravidão para a liberdade. Ali estava uma ampla estrada que levava à destruição da escravidão, que até ali havia sido considerada pelos donos de escravos como uma muralha de proteção. O senhor Billy, no entanto, não conseguia fazer o sr. Freeland ver as coisas exatamente como ele as via nem conseguia fazer o senhor Thomas, ainda que estivesse tão agitado, ver tudo daquele modo. Este último, preciso dizer para ser justo com ele, demonstrou grande sentimento humano e compensou em grande medida os modos duros, cruéis e nada razoáveis com que havia me tratado e tratado aos outros. Meu "primo Tom" me contou que, enquanto eu estava na cadeia, o senhor Thomas ficou bastante infeliz e que, na noite antes de ir me libertar, ficou andando de um lado para outro quase a noite toda, demonstrando grande inquietação; que ofertas muito tentadoras haviam sido feitas a ele pelos mercadores de negros, mas que ele rejeitou todas, dizendo que *não havia dinheiro que pudesse tentá-lo a me vender para o Sul remoto*. Posso facilmente acreditar em tudo isso, pois ele pareceu bastante relutante em me mandar embora. Disse que só consentiu em fazer isso em função do forte preconceito contra mim na região e que ele temia por minha segurança caso eu permanecesse lá.

Assim, depois de três anos no campo, trabalhando duro nas plantações e experimentando todo tipo de agrura, tive novamente permissão para voltar a Baltimore, que entre todos os lugares, exceto por um estado livre, era onde eu mais desejava morar. Os três anos passados no campo tinham mudado algo em mim e também na casa do senhor Hugh. O "pequeno Tommy" já não era o pequeno Tommy, e eu não era o sujeito esguio que havia partido para a Costa Leste apenas três anos antes. As relações afetuosas entre mim e o senhor Tommy foram rompidas. Ele não dependia mais de minha proteção, pois se sentia um *homem* e tinha outras companhias mais adequadas. Na infância ele mal me considerava inferior a ele – e certamente me via como igual a qualquer outro menino com o qual brincava; mas havia chegado o tempo em que seu *amigo* deve ser seu escravo. Agora éramos frios um com o outro e nos afastamos. Era triste para mim que, gostando um do outro como tínhamos gostado, agora devêssemos percorrer caminhos diferentes. Para ele havia mil avenidas abertas. A instrução o fez conhecer os tesouros do mundo, e a liberdade havia aberto todas as portas para que ele os aproveitasse; eu, contudo, que cuidara dele por sete anos; que havia zelado por ele com o cuidado de um irmão mais velho, lutando as batalhas dele nas ruas e o protegendo contra males a ponto de levar a mãe dele a dizer: "Ah, o Tommy sempre fica em segurança quando está com o Freddy" – eu devia ficar confinado a uma única condição. Ele havia crescido e se tornado *homem*: eu, embora tivesse crescido até a estatura de um homem adulto, devia permanecer um menor por toda a minha vida – um mero garoto. Thomas Auld Júnior obteve um posto a bordo do brigue *Tweed* e partiu para o mar. Depois disso ouvi dizer que ele morreu.

Havia poucas pessoas a quem fui mais ligado do que a ele.

Pouco depois de eu ter ido morar em Baltimore, o senhor Hugh conseguiu me arrendar para o sr. William Gardiner, dono de um grande estaleiro em Fell's Point. Fui colocado lá para aprender a calafetar, uma profissão da qual eu já tinha algum conhecimento, em função do período que passei no estaleiro do sr. Hugh Auld. O estaleiro do sr. Gardiner, no entanto, acabou se revelando um lugar bastante desfavorável para a realização do que era desejado. Na época o sr. Gardiner estava empenhado na construção de dois grandes navios de guerra, supostamente para o governo mexicano.

Esses navios deviam ser lançados no mês de julho daquele ano, e caso perdesse o prazo o sr. Gardiner perderia uma quantia considerável de dinheiro. Assim, quando comecei no estaleiro, tudo era feito às pressas e com grande intensidade. Havia cerca de cem homens trabalhando; destes, uns setenta ou oitenta eram carpinteiros regulares – homens privilegiados. Não havia tempo para um trabalhador inexperiente aprender algo. Cada um precisava fazer aquilo que sabia fazer, e, ao começar a trabalhar no estaleiro, o sr. Gardiner me colocou para fazer qualquer coisa que os carpinteiros me mandassem fazer. Isso me colocava à disposição de 75 homens. Eu devia considerar todos eles como meus chefes. A palavra deles era lei para mim. Minha situação era desafiadora. Eu era chamado em uma dúzia de lugares diferentes no espaço de um minuto. Eu precisava de uma dúzia de pares de mãos. Três ou quatro vozes chegavam a meus ouvidos no mesmo instante. Era "Fred, vem me ajudar a chanfrar essa madeira aqui", "Fred, vem carregar essa madeira pra lá", "Fred, traz essa calandra aqui", "Fred, vai pegar uma lata de água fresca", "Fred, vem me ajudar a serrar essa ponta de madeira", "Fred, vai rápido pegar o pé de cabra", "Fred, segura a ponta desse guincho", "Fred, vai na oficina do ferreiro e pega uma broca nova", "Ei, Fred! Corre e pega uma talhadeira fria pra mim", "Fred, escuta, dá uma mão e acende um fogo debaixo da câmara de vapor o mais rápido que puder", "Você aí, crioulo! Vem virar essa mó", "Vem, vem. Rápido, rápido! E curva essa madeira", "Ei, escurinho, que droga! Por que você não esquenta um pouco de breu?", "Ei! Ei! Ei! (três vozes ao mesmo tempo)", "Vem aqui; vai lá; fica onde está. Que droga, se você se mexer eu estouro os seus miolos!". Eis, caro leitor, um vislumbre da escola que frequentei durante meus oito primeiros meses no estaleiro do sr. Gardiner. Ao final de oito meses o senhor Hugh se recusou a permitir que eu continuasse com Gardiner. A circunstância que levou a essa recusa foi um ultraje cometido contra mim pelos aprendizes brancos do estaleiro. A luta foi desesperada e saí dela com ferimentos chocantes. Estava com cortes e hematomas em diversos lugares, e meu olho esquerdo quase saiu da órbita. Os fatos que levaram a esse ultraje brutal contra mim ilustram uma fase da escravidão que estava destinada a se tornar um elemento importante na abolição do sistema escravagista, e portanto posso relatá-los com alguma minúcia. A fase era a seguinte – o conflito entre a escravidão e os interesses dos trabalhadores braçais brancos. No campo esse conflito não era aparente; no entanto, nas cidades, tais como Baltimore, Richmond, New Orleans, Mobile etc., isso era bastante visível. Os donos de escravos, com uma astúcia que lhes era peculiar, ao incentivar a inimizade entre os pobres trabalhadores brancos e os negros, conseguiram tornar o dito homem branco quase tão escravo quanto o próprio escravo negro. A diferença entre o escravo branco e o escravo negro era a seguinte: este último pertencia a um senhor de escravos, ao passo que o primeiro pertencia aos senhores de escravos coletivamente. Ao escravo branco tinham retirado de maneira indireta aquilo que ao escravo negro fora retirado diretamente e sem cerimônia. Ambos foram saqueados, e pelos mesmos saqueadores. O escravo tinha todos os seus ganhos roubados pelo seu senhor, restando apenas aquilo que era exigido pelas meras necessidades físicas, e o trabalhador braçal branco teve roubados pelo sistema escravagista os justos resultados de sua lida, porque tinha sido colocado para competir com uma classe de trabalhadores que trabalhavam sem receber salários. Os donos de escravos os cegaram para essa concorrência mantendo vivo o preconceito contra os escravos como *homens* – e não contra os escravos como *escravos*. Apelavam para o orgulho deles, muitas vezes denunciando a alforria como algo que tendia a colocar o trabalhador branco em pé de igualdade com os negros, e conseguindo assim desviar a mente dos pobres brancos do verdadeiro fato, de que o rico dono de escravos já os via como algo muito próximo de um escravo. A impressão astutamente criada era que o escravo era a única força que poderia impedir o trabalhador branco de cair ao nível de pobreza e degradação de um escravo. Para tornar mais profunda e mais ampla essa inimizade entre o escravo e o homem branco pobre, este último tinha permissão para cometer abusos e para usar a chibata contra o primeiro sem nenhum obstáculo. Como eu disse, porém, esse estado de coisas se dava *principalmente* no campo. Na cidade de Baltimore não era incomum ouvirem-se rumores de que instruir escravos para que eles se tornassem artesãos poderia, ao fim e ao cabo, dar aos donos de escravos o poder de dispensar totalmente os serviços do homem branco pobre. Entretanto, com o receio característico de ofender os donos de escravos, esses artesãos brancos pobres no estaleiro do sr. Gardiner, em vez de aplicar o remédio natural e honesto para o mal que temiam, e objetar imediatamente a trabalhar ali lado a lado com escravos, fizeram um ataque covarde contra os trabalhadores negros livres, dizendo que eles estavam comendo o pão que deveria ser comido por americanos livres, e jurando que eles, os artesãos, não iriam trabalhar com eles. O que os incomodava *na verdade* era o fato de seu trabalho ser colocado em concorrência com o dos negros livres, por acreditarem que isso os impediria de continuar trabalhando, no crepúsculo da vida, com os serviços que sempre prestaram a seu senhor durante seus dias de maior vigor. Caso tivessem conseguido expulsar os negros livres do estaleiro, eles teriam decretado também a remoção dos escravos negros. O sentimento, nessa época, era de grande rancor contra todos os negros em Baltimore (1836), e eles – tanto os livres quanto os escravos – sofriam toda espécie de insulto e injustiça.

Até pouco antes de eu ir para lá, os carpinteiros brancos e negros trabalhavam lado a lado nos estaleiros do sr. Gardiner, do sr. Duncan, do sr. Walter Price e do sr. Robb. Ninguém parecia ver nada de inadequado nisso. Alguns dos negros eram trabalhadores de primeira linha e designados para trabalhos que exigiam o mais alto grau de habilidade. De uma hora para outra, porém, os carpinteiros brancos juraram que não continuariam a trabalhar no mesmo lugar que os negros. Tirando vantagem do pesado contrato que obrigava o sr. Gardiner a ter os navios mexicanos prontos para navegar em julho, e da dificuldade de contratar outros trabalhadores naquela estação do ano, eles juraram que não martelariam nem mais um prego a não ser que ele dispensasse seus trabalhadores negros livres. Muito embora não dissesse respeito a mim *formalmente*, na *realidade* esse movimento me atingia. O espírito que aquilo despertava era de rancor e amargura contra os negros *em geral*, e sofri junto com os demais, e sofri bastante. Meus colegas de aprendizagem em pouco tempo passaram a considerar algo degradante trabalhar comigo. Começaram a me lançar olhares de superioridade e a falar com desprezo e malícia sobre os "crioulos", dizendo que eles tomariam o "país" e que "deviam ser assassinados". Estimulados por trabalhadores que, sabendo que eu era escravo, não criaram caso com o sr. Gardiner por minha presença, esses rapazes fizeram tudo que estava a seu alcance para tornar impossível minha permanência ali. Raramente me chamavam para algo sem completar o chamado com um xingamento, e Edward North, superior em tudo aos demais, inclusive na patifaria, arriscou me dar uma pancada, o que me fez jogá-lo nas docas. Sempre que algum deles me batia, eu revidava, independentemente das consequências. Eu podia enfrentar qualquer um deles *individualmente*, e desde que eu conseguisse evitar que eles se unissem eu me saía bem. No conflito que acabou com minha permanência no estaleiro do sr. Gardiner fui cercado por quatro ao mesmo tempo – Ned North, Ned Hayes, Bill Stewart e Tom Humphreys. Dois deles eram tão grandes quanto eu, e eles quase me mataram em plena luz do dia. Um deles veio na frente dos demais, armado com um tijolo; havia um de cada lado e um atrás, e eles se juntaram à minha volta. Fui golpeado de todos os lados; e enquanto cuidava dos que estavam à minha frente recebi um golpe por trás na cabeça, dado com uma pesada alavanca de mão. Fiquei completamente aturdido pelo golpe e caí no chão em meio às madeiras. Tirando vantagem de minha queda, eles foram às pressas para cima de mim e começaram a me socar. Tentando recuperar as forças, deixei-os ficar assim por um tempo depois de ter voltado a mim. Até então eles tinham me causado pouco dano; mas finalmente me cansando daquela brincadeira fiz um movimento súbito e, apesar do peso deles, ergui minhas mãos e meus joelhos. Assim que fiz isso, um deles me chutou com sua bota no olho esquerdo, o que por um tempo pareceu ter vazado meu olho. Quando me viram com o olho completamente fechado, meu rosto coberto de sangue e eu cambaleante debaixo dos golpes atordoantes que eles haviam me dado, eles foram embora. Assim que reuni forças, peguei a alavanca e saí enlouquecido tentando alcançá-los; mas aí os carpinteiros interferiram e me forçaram a desistir da perseguição. Era impossível lutar com tantos deles.

Caro leitor, dificilmente você vai acreditar na afirmação, porém ela é verdadeira e portanto eu a faço aqui; de que não menos de cinquenta homens brancos estavam ali e viram esse ultraje brutal e vergonhoso ser cometido, e nenhum interpôs uma única palavra de compaixão. Eram quatro contra um, e o rosto desse um foi espancado e agredido da maneira mais horrenda, e ninguém disse "basta", mas houve quem gritasse: "Mata! Mata! Mata esse crioulo de merda! Estoura os miolos dele! Ele bateu num branco!".

Menciono esse grito desumano para demonstrar o caráter dos homens e o espírito do tempo no estaleiro de Gardiner; e na verdade em toda a Baltimore em 1836. Olhando em retrospectiva para esse período, fico quase chocado por eu não ter sido assassinado, tal era o espírito homicida que prevalecia ali. Em duas outras ocasiões enquanto permaneci lá, quase perdi a vida. Em uma delas, eu parafusava a sobrequilha com Hayes. O parafuso espanou. Hayes me xingou e disse que fui eu quem espanara o parafuso. Eu disse que não e coloquei a culpa nele. Em um surto de raiva ele pegou uma plaina e arremessou em minha direção. Aparei o golpe com uma marreta, ou teria perdido a vida.

Depois do ataque conjunto de North, Stewart, Hayes e Humphreys, descobrindo que os carpinteiros sentiam por mim o mesmo rancor que os aprendizes, e que estes provavelmente estavam sendo incitados por aqueles, percebi que minha única chance de sobreviver era fugir. Consegui escapar sem levar mais nenhum golpe. Bater em um homem branco era um ato punido com a morte por linchamento no estaleiro de Gardiner; e essa era basicamente a única lei relativa aos negros naquela época em qualquer parte de Maryland.

Depois de ter fugido do estaleiro, fui direto para casa e contei minha história ao senhor Hugh; e para crédito dele devo dizer que sua conduta, embora não se tratasse de um homem religioso, foi em todos os sentidos mais humana do que a do irmão dele, Thomas, quando o procurei depois de situação algo semelhante, escapando das mãos de seu "irmão Edward Covey". O senhor Hugh escutou com atenção minha narrativa das circunstâncias que levaram ao ataque vil e deu muitas provas de estar fortemente indignado com o que acontecera. Ele era um sujeito duro, mas que tinha hombridade, e dessa vez o melhor de sua natureza se revelou.

O coração da senhora Sophia, em outros tempos tão bondosa, mais uma vez se derreteu de compaixão por mim. Meu olho inchado e meu rosto cheio de cicatrizes e coberto de sangue levaram a cara senhora às lágrimas. Ela bondosamente puxou uma cadeira para mim e, com palavras amistosas e consoladoras, trouxe água e lavou o sangue de meu rosto. Nenhuma mãe poderia ter tido mão mais suave do que a dela. Ela fez uma bandagem em minha cabeça e cobriu meu olho machucado com um fino pedaço de carne fresca. Quase serviu de compensação por tudo que eu havia sofrido o fato de aquilo ter causado uma nova manifestação da bondade característica original de minha senhora. O coração afetuoso dela ainda não estava morto, embora tivesse sido tremendamente empedernido pelo tempo e pelas circunstâncias. Quanto ao senhor Hugh, ele estava furioso e manifestou seus sentimentos na forma do discurso usual para a localidade. Amaldiçoou todos do estaleiro e jurou que iria tomar satisfações. A indignação dele foi realmente forte e saudável; mas, infelizmente, era resultado do pensamento de que sua propriedade, em minha pessoa, havia sido desrespeitada, mais do que por qualquer noção do ultraje perpetrado contra mim *como homem*. Eu tinha razões para pensar a partir desse fato que ele mesmo podia bater e mutilar quando achasse conveniente.

Para tomar satisfações, como ele havia dito, assim que melhorei um pouco de meus machucados o senhor Hugh me levou ao escritório do juiz Watson, na rua Bond, em Fell's Point, para que aqueles que me atacaram fossem presos. Ele fez ao magistrado um relato do ultraje conforme eu o havia relatado, e parecia esperar que o juiz expedisse imediatamente um mandado de prisão para aqueles bárbaros bandoleiros. O sr. Watson ouviu tudo que ele tinha a dizer e então tranquilamente perguntou: "Sr. Auld, quem viu esse ataque do qual o senhor está falando?". "Ele aconteceu, senhor, na presença de um estaleiro cheio de trabalhadores." "Senhor", disse o sr. Watson, "mas eu não tenho como agir neste caso a não ser com base em declarações de testemunhas brancas sob juramento". "Mas aqui está o garoto, olhe para a cabeça e para o rosto dele", disse o agitado senhor Hugh; "*isso* mostra *o que* foi feito". Entretanto, Watson insistiu que não estava autorizado a fazer nada, a não ser que testemunhas brancas do ato comparecessem e dessem seu depoimento sobre o que havia ocorrido. Ele não podia expedir nenhum mandado com base em minha palavra contra pessoas brancas, e, caso eu tivesse sido morto na presença de *mil negros*, o depoimento deles continuaria sendo insuficiente para condenar um único assassino. O senhor Hugh foi forçado a dizer, pelo menos uma vez, que essa situação era *péssima* e saiu revoltado do escritório do magistrado.

É claro que seria impossível conseguir que algum branco testemunhasse contra aqueles que haviam me atacado. Os carpinteiros viram o que ocorreu; aqueles que agiram, porém, eram nada mais do que agentes da maldade deles e fizeram apenas o que os carpinteiros autorizaram. Eles haviam gritado em uníssono: "Mata o crioulo! Mata o crioulo!". Mesmo aqueles que poderiam sentir compaixão por mim, se é que havia alguém assim entre eles, não teriam a coragem moral para se voluntariar a testemunhar. A menor mostra de compaixão ou justiça com um negro era denunciada como abolicionismo; e ser chamado de abolicionista sujeitava a pessoa a riscos terríveis. "Diabo de abolicionistas" e "matem os crioulos" eram os princípios dos marginais de boca suja da época. Nada foi feito, e provavelmente nada teria sido feito ainda que eu tivesse morrido na briga. As leis e a moral da cidade cristã de Baltimore não ofereciam proteção a seus habitantes de ébano.

O senhor Hugh, ao descobrir que não conseguiria nenhuma reparação pela cruel injustiça, retirou-me do estaleiro do sr. Gardiner e me levou para sua própria família, com a sra. Auld bondosamente cuidando de mim e de meus machucados até que eles estivessem curados e eu estivesse pronto novamente para o trabalho.

Enquanto eu estava na Costa Leste, o senhor Hugh enfrentou reveses que afetaram seus negócios e havia desistido de construir navios em seu próprio estaleiro, no City Block, e agora trabalhava como contramestre do sr. Walter Price. O melhor que ele podia fazer por mim era me levar para o estaleiro do sr. Price e permitir que eu tivesse acesso às instalações para completar a formação iniciada no estaleiro de Gardiner. Ali rapidamente me tornei perito nas ferramentas de calafetação e, no decorrer de um único ano, consegui ser contratado pelo maior salário pago a um trabalhador de calafetação que oferecesse seus serviços como diarista em Baltimore.

O leitor observará que eu agora tinha alguma espécie de valor pecuniário para meu senhor. Durante a alta temporada eu trazia de 6 a 7 dólares por semana. Cheguei a levar para ele até 9 dólares por semana, pois o pagamento era de 1,50 dólar por dia.

Depois de aprender a calafetar, eu procurava meus próprios trabalhos, fazia meus próprios contratos e coletava meus próprios ganhos – sem dar trabalho ao senhor Hugh em nenhuma parte das transações de que eu participava.

Aqui, portanto, os dias eram melhores para o *escravo* da Costa Leste. Eu estava livre dos ataques vexatórios dos aprendizes de

Gardiner; livre dos perigos da vida na fazenda e mais uma vez em condições favoráveis para aumentar um pouco minha instrução, que tinha ficado estanque desde minha saída de Baltimore. Na Costa Leste eu tinha atuado apenas como professor, quando em companhia de outros escravos, mas agora havia negros aqui que podiam me instruir. Muitos dos jovens calafetadores sabiam ler, escrever e calcular. Alguns deles tinham boas noções sobre aprimoramento mental, e os negros livres de Fell's Point organizavam aquilo que eles chamavam de "Sociedade para o Aprimoramento Mental do Leste de Baltimore". Fui admitido nessa sociedade, não obstante a ideia fosse que apenas pessoas livres pudessem se associar, e em várias ocasiões tive uma participação de destaque nos debates. Devo muito à companhia desses jovens.

O leitor já sabe o suficiente sobre os efeitos *daninhos* que o bom tratamento traz a um escravo para antecipar qual era meu caso agora que eu me encontrava em melhores condições. Não demorou para que eu passasse a mostrar sinais de inquietação com a escravidão, e passasse a observar ao redor tentando encontrar meios para escapar dela pelo caminho mais curto. Eu vivia entre homens livres, e em todos os aspectos era igual a eles pela natureza de minhas conquistas. *Por que eu deveria ser escravo? Não* havia motivo para que eu fosse escravo de outro homem. Além disso, como falei, eu agora recebia 1,50 dólar por dia. Eu fazia o contrato, trabalhava e coletava o dinheiro; ele era pago a mim, e *por direito* pertencia a mim; e no entanto a cada noite de sábado esse dinheiro – que eu havia trabalhado duro para receber, cada centavo – era exigido de mim e tirado de minhas mãos pelo senhor Hugh. Ele não fizera por merecer aquilo; não foi ele quem trabalhou para receber aquilo; por que, então, ele deveria ficar com aquele dinheiro? Eu não devia nada a ele. Ele não havia me instruído, e eu tinha recebido dele apenas minha comida e minhas vestes; e desde o início isso supostamente foi pago com meu trabalho. O direito de ficar com meus ganhos era o direito ao roubo. Ele tinha o poder de me forçar a entregar os frutos de meu trabalho, e esse *poder* era o único direito nesse caso. Eu me tornei cada vez mais insatisfeito com esse estado de coisas, e com isso apenas dei prova da natureza humana que todo leitor deste capítulo de minha vida – seja ou não dono de escravos – tem consciência de possuir.

Para deixar um escravo satisfeito, é preciso fazê-lo não pensar. É preciso obscurecer sua visão moral e mental, e, até onde for possível, aniquilar seu poder de raciocínio. Ele não deve ser capaz de detectar as incoerências da escravidão. O homem que fica com seus ganhos deve ser capaz de convencê-lo de que tem todo o direito a isso. Não se pode depender unicamente da força: o escravo não deve conhecer lei mais alta do que o desejo de seu senhor. Todo o relacionamento deve demonstrar não apenas sua necessidade, mas também sua absoluta justiça. Se houver uma única fenda por onde possa cair uma gota sequer, ela certamente irá enferrujar os grilhões do escravo.

Capítulo XXI

FUGA DA ESCRAVIDÃO

Últimos incidentes de minha "Vida de Escravo" •
Descontentamento • Suspeitas • A generosidade de meu
senhor • Dificuldades para fugir • Plano para conseguir
dinheiro • Permissão para arrendar meu tempo •
Um raio de esperança • Ida a evento religioso • Fúria
do senhor Hugh • O resultado • Planos de fuga • Dia
para partida fixado • Tomado por dúvidas e temores •
Pensamentos dolorosos sobre a separação dos amigos

Minha situação durante o ano de minha fuga (1838) era de relativa
liberdade e tranquilidade, pelo menos no que diz respeito às necessidades físicas do homem; o leitor, porém, há de ter em mente que
desde o princípio meus problemas eram menos físicos do que mentais, e assim estará preparado para compreender que a vida como
escravo não estava se tornando mais fascinante para mim à medida
que eu ficava mais velho e a conhecia cada vez melhor. A prática de
me roubarem, abertamente, semana após semana, todos os meus
ganhos mantinha o tempo inteiro diante de mim a natureza e o
caráter da escravidão. Eu podia ser roubado indiretamente, mas
daquele jeito as coisas eram abertas e descaradas demais para que
eu suportasse. Eu não conseguia ver motivos para, ao fim de cada
semana, depositar a recompensa por meu trabalho honesto na algibeira de meu senhor. A obrigação de fazer isso me irritava, e o
modo como o senhor Hugh recebia meu salário me irritava ainda
mais. Cuidadosamente contando o dinheiro, e revolvendo dólar
após dólar, ele olhava para mim, como se vasculhasse meu coração
tanto quanto meus bolsos, e em tom de censura me perguntava:
"É só isso?" – sugerindo que eu talvez tivesse ficado com parte de
meus vencimentos; ou, se não fosse o caso, a pergunta talvez fosse
feita para que eu tivesse a impressão de que, no fim das contas, era
um "criado pouco lucrativo". Drenando até o último centavo de
meu dinheiro, às vezes, no entanto, quando eu levava para casa

179

uma quantia particularmente grande, ele me dava 6 centavos ou 1 xelim, talvez pensando em despertar minha gratidão. Mas aquilo tinha o efeito contrário. Era uma admissão de meu direito à quantia toda. O fato de que ele me dava parte de meus vencimentos era prova de que ele suspeitava que eu tinha direito a tudo; e eu sempre me sentia desconfortável depois de receber algo desse modo, por receio de que o fato de ele me dar alguns poucos centavos possivelmente aliviasse a sua consciência e o fizesse sentir-se um ladrão bastante honrado, no fim das contas.

Tendo de relatar tudo que eu fazia e sendo mantido sob estrita vigilância – a antiga suspeita sobre minha fuga não desaparecera completamente –, fugir parecia algo muito difícil. A ferrovia que ligava Baltimore a Filadélfia seguia regras tão rigorosas que até mesmo viajantes negros *livres* estavam praticamente excluídos. Eles precisavam ter documentos comprovando sua liberdade; precisavam ser avaliados e cuidadosamente examinados antes de entrar nos vagões, e só podiam viajar durante o dia, mesmo depois de tal exame. Os vapores tinham regras igualmente rígidas. E ainda mais, e pior de tudo, todas as grandes estradas que levavam para o Norte estavam cercadas por sequestradores; uma classe de homens que liam os jornais em busca de anúncios de escravos foragidos, ganhando a vida com a abominável recompensa dada aos caçadores de escravos.

Meu descontentamento crescia, e eu estava constantemente em busca de meios para fugir. Com dinheiro eu poderia ter facilmente resolvido o problema, e a partir dessa consideração pensei no plano de solicitar o privilégio de alugar meu tempo. Era bastante comum em Baltimore permitir que escravos tivessem esse privilégio, e essa também era a prática em New Orleans. Um escravo considerado confiável podia, desde que pagasse a seu senhor uma quantia definida ao fim de cada semana, dispor de seu tempo como bem lhe aprouvesse. Minha fama, porém, não era muito boa e eu estava longe de ser um escravo confiável. No entanto, vi minha oportunidade quando o senhor Thomas foi a Baltimore (pois eu ainda era propriedade dele, e Hugh atuava apenas como seu agente), na primavera de 1838, para comprar suprimentos para a estação, e fiz diretamente a ele a solicitação para ter o privilégio altamente cobiçado de alugar meu tempo. Sem sequer hesitar, o senhor Thomas se

180

recusou a me conceder o privilégio e me acusou, com certa severidade, de inventar esse estratagema para fugir. Disse que se eu fosse a *algum lugar* ele iria atrás de mim; e que, caso eu fugisse, podia estar certo de que ele não pouparia esforços para me recapturar. Com grande eloquência, ele recapitulou as muitas bondades que tinha feito por mim e me exortou a ficar satisfeito e a ser obediente. "Não faça planos para o futuro", ele disse. "Se você se comportar direito, vou cuidar de você." Embora a oferta fosse gentil e atenciosa, aquilo não bastava para me deixar sossegado. Apesar de tudo que o senhor Thomas disse, e apesar de meus próprios esforços em contrário, a injustiça e a perversidade da escravidão eram sempre meu principal pensamento, reforçando meu objetivo de fugir na primeira ocasião possível.

Cerca de dois meses depois de ter pedido ao senhor Thomas o privilégio de alugar meu tempo, solicitei a mesma liberdade para o senhor Hugh, imaginando que ele não soubesse que eu tinha feito um pedido semelhante para o senhor Thomas e que ele recusara. Minha ousadia em fazer o pedido o deixou bastante atônito de início. Ele me olhou perplexo. Mas eu tinha vários bons motivos para insistir no assunto e, depois de ter me ouvido por um tempo, ele não rejeitou cabalmente a solicitação, dizendo que iria pensar no assunto. Isso me deixou com esperanças. Uma vez que eu fosse dono de meu próprio tempo, tinha certeza de que conseguiria ganhar, acima do que tinha obrigação de pagar a ele, 1 ou 2 dólares por semana. Alguns escravos tinham obtido, desse modo, dinheiro suficiente para comprar sua liberdade. Esse era um grande estímulo para sua diligência; e alguns dos negros mais empreendedores de Baltimore alugavam seus serviços dessa maneira.

Depois de ter amadurecido seus pensamentos, imagino, o senhor Hugh me concedeu o privilégio solicitado nos seguintes termos: eu teria permissão para dispor de todo o meu tempo; para fazer barganhas para trabalhar e para coletar meus próprios ganhos; e, como compensação por tal liberdade, eu seria obrigado a pagar a ele 3 dólares ao fim de cada semana e a arcar com meus custos de hospedagem e com minhas roupas, e precisaria comprar meus próprios instrumentos de calafetação. Se eu falhasse em algum desses pontos, o privilégio seria encerrado. Era um acordo pesado. As roupas que se esgarçavam e rasgavam, as ferramentas que se perdiam ou quebravam, e as despesas de hospedagem tornavam necessário que eu ganhasse pelo menos 6 dólares por semana para fazer frente a todas as despesas. Todos os que conhecem de calafetação sabem quão incerto e irregular esse serviço é. Ele só pode ser feito no tempo seco, pois é inútil colocar estopa molhada nas frestas da madeira de um navio. Com chuva ou sol, no entanto, trabalhando ou não trabalhando, ao fim de cada semana o dinheiro devia chegar.

Por um tempo, o senhor pareceu muito feliz com nosso acordo; e deveria estar mesmo, pois decididamente o acordo era positivo para ele. Ele ficava livre de toda ansiedade no que dizia respeito a mim. O dinheiro dele era garantido. Ele havia armado meu amor pela liberdade com um açoite e um capataz muito mais eficientes do que eu jamais conhecera; pois, ao mesmo tempo que por esse acordo ele obtinha todos os benefícios de possuir um escravo sem seus males, eu suportava todos os males de ser um escravo, e ao mesmo tempo sofria com todo o cuidado e com a ansiedade de um homem livre responsável. "Entretanto", pensei, "trata-se de um privilégio valioso – mais um passo em minha trajetória rumo à liberdade". Não deixava de ser algo obter permissão para ir rumo à liberdade ainda que cambaleando, e eu estava determinado a fazer uso dessa nova condição com a devida diligência. Estava disposto a trabalhar tanto à noite quanto de dia, e, em meu excelente estado de saúde, não só seria capaz de fazer frente a minhas despesas como conseguiria separar uma pequena quantia ao fim de cada semana. Tudo continuou desse modo de maio até agosto; então, por motivos que se tornarão claros à medida que eu continuar o relato, minha tão estimada liberdade me foi arrancada.

Durante a semana anterior a esse evento calamitoso, eu tinha feito arranjos com alguns jovens amigos para ir com eles na noite de sábado a um encontro religioso que seria realizado a uns 20 quilômetros de Baltimore. Na noite em que pretendíamos partir para o lugar do evento, algo ocorreu no estaleiro onde eu estava trabalhando que me reteve até muito mais tarde do que o normal, forçando-me a decepcionar meus amigos ou a descumprir com minhas obrigações devidas ao senhor Hugh. Sabendo que eu tinha o dinheiro e que poderia entregar a ele em outro dia, decidi ir ao evento e, na volta, pagar a ele os 3 dólares devidos pela semana que passara. Depois de ter chegado ao local do evento, fui induzido a permanecer por um dia além do que havia previsto quando saí de casa. Mas assim que voltei fui direto à casa dele na rua Fell para entregar seu (meu) dinheiro. Infelizmente o erro fatal havia sido cometido. Eu o encontrei extraordinariamente zangado. Ele demonstrava todos os sinais de apreensão e fúria que se possa conjecturar que um proprietário de escravos demonstre com a suposta fuga de um escravo predileto. "Seu patife! Minha intenção é dar uma surra daquelas em você. Como ousa sair da cidade sem primeiro pedir e obter permissão?" "Senhor", eu disse, "aluguei meu tempo e paguei o preço que o senhor pediu. Eu não sabia que fazia parte do acordo que eu devia pedir permissão para ir a algum lugar". "Você não sabia, seu patife! Você tem que se apresentar aqui todo sábado à noite." Depois de ter pensado por alguns instantes ele se acalmou um pouco, mas, evidentemente muito incomodado, disse: "Agora, seu biltre, basta; chega de você alugar seu tempo. Da próxima vez que eu ouvir falar de você, vai ser porque você fugiu. Traga as ferramentas para casa imediatamente. Vou te ensinar a sair assim desse jeito".

Isso acabou com minha liberdade parcial. Eu já não podia alugar meu tempo. Obedeci às ordens de meu senhor imediatamente. O gostinho de liberdade que eu tive – embora, como se verá, esse gostinho estivesse longe de ser perfeito – de modo algum me deixou mais satisfeito com a escravidão. Punido pelo senhor Hugh, agora era minha vez de puni-lo. "Uma vez que você *vai* fazer de mim um escravo", pensei, "vou esperar suas ordens para tudo". Assim, em vez de ir em busca de trabalho na segunda-feira pela manhã, como fazia anteriormente, permaneci em casa durante toda a semana, sem trabalhar por um único segundo. Sábado à noite chegou e ele me chamou como de costume para receber meus proventos. Eu, é claro, disse a ele que não havia trabalhado e não tinha recebido dinheiro. Aqui ele chegou a ponto de querer me bater. A ira dele vinha se acumulando durante toda a semana; pois ele evidentemente viu que eu não me esforçava para arranjar trabalho e que estava irritantemente esperando que ele me desse ordens para fazer tudo. Olhando em retrospectiva para esse meu comportamento, mal sei dizer o que me deu na cabeça para brincar assim com a pessoa que tinha poder ilimitado para me abençoar ou me destruir.

O senhor Hugh falava aos brados e jurou que iria "me pegar", mas, sabiamente para *ele* e felizmente para *mim*, a raiva dele foi empregada apenas naqueles golpes inofensivos e intangíveis lançados por uma língua ágil. Em meu desespero eu havia me convencido completamente a medir forças com ele caso ele tentasse executar sua ameaça. Fico feliz que não tenha havido ocasião para isso, pois resistir a ele podia não ter o mesmo final feliz que teve para mim no caso de Covey. O senhor Hugh não era um homem a quem um escravo pudesse resistir em segurança; e reconheço que em minha conduta em relação a ele, nesse caso, houve mais tolice do que sabedoria. Ele encerrou sua censura me dizendo que daí em diante eu não precisaria me incomodar em conseguir trabalho; ele mesmo "iria providenciar trabalho para mim, e certamente em quantidade suficiente". Essa ameaça, confesso, causou-me certo terror, e, ao pensar nisso durante o domingo, resolvi não apenas poupá-lo da tarefa de conseguir trabalho para mim, mas também decidi que no dia 3 de setembro eu tentaria fugir. Assim, a recusa dele em permitir que eu alugasse meu tempo apressou o momento de minha fuga. Eu tinha três semanas para me preparar para a jornada.

Depois de ter tomado a resolução, senti alguma tranquilidade, e na manhã de segunda, em vez de esperar que o senhor Hugh procurasse trabalho para mim, acordei ao raiar do dia e parti para o estaleiro do sr. Butler, no City Block, perto da ponte levadiça. O sr. Butler gostava de mim, e, mesmo sendo jovem, eu já havia trabalhado como contramestre dele, no dique seco, na calafetação. Claro que consegui trabalho com facilidade, e no fim da semana que, por sinal, foi excepcionalmente boa, levei 9 dólares para o senhor Hugh. O efeito dessa mostra de volta ao bom senso de minha parte foi excelente. Ele ficou bastante contente; pegou o dinheiro, me fez um elogio e disse que eu podia ter feito o mesmo na semana anterior. É uma bênção que o tirano não possa sempre conhecer os pensamentos e propósitos de sua vítima. Mal sabia o senhor Hugh de meus planos. A ida sem permissão dele ao evento religioso; as respostas insolentes às censuras dele e meu comportamento carrancudo na semana depois de ter sido privado de meu privilégio de alugar meu tempo haviam despertado a suspeita de que eu pudesse estar acalentando propósitos desleais. Meu objetivo, portanto, ao trabalhar de maneira estável, era acabar com as suspeitas; e meu êxito foi admirável. Ele provavelmente achou que eu jamais havia estado tão satisfeito com minha situação do que no exato momento em que eu planejava minha fuga. A segunda semana se passou, e novamente levei para ele meus proventos integrais – *9 dólares* –; ele ficou tão contente que me deu *25 centavos*! e me disse para "fazer bom uso do dinheiro". Eu disse que iria, pois um dos usos que pretendia dar ao dinheiro era pagar minha tarifa na "ferrovia clandestina".

As coisas continuaram ocorrendo como de costume; eu, porém, estava passando pela mesma agitação interna e pela mesma ansiedade que havia experimentado dois anos e meio antes. O fracasso naquela ocasião não me fez ter mais confiança no sucesso dessa segunda tentativa; e eu sabia que um segundo fracasso podia me levar a um lugar diferente do que acontecera na primeira vez. Ou eu iria para o *extremo Norte* ou seria enviado para o *extremo Sul*. Além da agitação mental causada por esses fatos, eu tinha a dolorosa sensação de estar prestes a me separar de um círculo de amigos honestos e bondosos. Pensar em tal separação, em que a esperança de um reencontro estava excluída, e na qual não poderia haver correspondência, era bastante doloroso. Acredito que muitos milhares mais teriam fugido da escravidão se não fosse pelo forte afeto que os unia a suas famílias, a seus parentes e a seus amigos. A filha era limitada pelo amor que sentia pela mãe; e o pai, pelo amor que sentia pela mulher e pelos filhos, e assim por diante. Eu não tinha parentes em Baltimore e não via como provável um dia vir a morar perto de irmãs e irmãos; no entanto, a ideia de abandonar meus amigos era o mais forte obstáculo a minha fuga. Passei os dois últimos dias da semana juntando minhas coisas para a viagem. Tendo trabalhado quatro dias daquela semana para meu senhor, entreguei a ele 6 dólares na noite de sábado. Eu raramente passava os domingos em casa, e, por receio de que algo em minha conduta pudesse ser descoberto, mantive meu costume e me ausentei durante todo o dia. Na segunda-feira, dia 3 de setembro de 1838, de acordo com minha resolução, dei adeus à cidade de Baltimore e à escravidão que havia sido o objeto de meu ódio desde a infância.

Segunda parte

Capítulo I
FUGA DA ESCRAVIDÃO

Motivos para não ter revelado o modo de fuga • Nada
de romântico no método • Perigo • Documentos
de liberdade • Imposto injusto • Documentos de
proteção • "Direitos de livre comércio e de marinheiros" •
Águia americana • Trem • Condutor desatento •
Capitão McGowan • Alemão honesto • Receios •
Chegada a salvo a Filadélfia • O mesmo em Nova York

Em minha primeira narrativa sobre a experiência que tive com a escravidão, escrita há cerca de quarenta anos, e em vários textos desde então, ofereci ao público aquilo que considerei como bons motivos para não revelar a maneira como escapei. Basicamente esses motivos eram, em primeiro lugar, o fato de que uma publicação do gênero a qualquer momento durante a existência da escravidão poderia ser usada pelo senhor contra o escravo e impedir futuras fugas de qualquer um que pudesse adotar os mesmos meios que adotei. O segundo motivo, se é que isso é possível, obrigava ainda mais ao silêncio – pois a publicação de detalhes certamente teria colocado em perigo as pessoas e a propriedade daqueles que me ajudaram. Nem mesmo o assassinato é punido com maior rigor e com maior certeza no estado de Maryland do que o auxílio dado a um escravo em fuga, ou àquele que se revelar seu cúmplice. Muitos negros, sem ter cometido nenhum crime exceto o de ajudar um escravo fugitivo, como Charles T. Torrey, morreram na prisão. A abolição da escravidão em meu estado nativo e em todo o país, e a passagem do tempo, já tornam desnecessária a cautela adotada até aqui. Desde a abolição da escravidão, no entanto, por vezes eu pensei em despistar a curiosidade dizendo que enquanto a escravidão existia havia bons motivos para não revelar como fugi, e que uma vez que ela fora abolida não havia motivo para contar. No entanto, devo agora deixar de lançar mão dessa fórmula, e até onde me for possível esforçar-me para satisfazer essa curiosidade bastante natural.

Talvez eu tivesse cedido a esse sentimento antes caso houvesse algo bastante heroico ou emocionante nos fatos associados a minha fuga, pois lamento dizer que não tenho nada do gênero a relatar; e no entanto a coragem que podia correr o risco da traição e a bravura que estava disposta a um encontro com a morte caso fosse necessário, na busca pela liberdade, foram características essenciais da empreitada. Meu êxito se deveu mais à habilidade do que à coragem; à sorte mais do que à bravura. Meus meios de fuga me foram oferecidos pelos próprios homens que estavam aprovando leis para me prender com maior força à escravidão. Era costume no estado de Maryland exigir que os negros livres tivessem aquilo que chamavam de documentos de liberdade. Era necessário renovar esse documento com grande frequência, e, como se cobrava uma taxa pelo papel, o estado coletava somas consideráveis de tempos em tempos. Nesses documentos iam descritos o nome, a idade, a cor, a altura e os traços do homem livre, além de quaisquer cicatrizes ou outras marcas no corpo que pudessem ajudar em sua identificação. Essa invenção da engenhosidade escravagista, assim como outras invenções geradas pela perversidade, em certa medida se voltou contra seus inventores – uma vez que mais de um homem podia se encaixar na mesma descrição geral. Assim, muitos escravos conseguiam fugir fingindo serem donos de um mesmo documento; e isso frequentemente era feito da seguinte forma: um escravo que se encaixava o bastante na descrição feita nos documentos conseguia-os emprestados ou os alugava até ter condições de fugir para um estado livre, e depois, por correio ou de algum outro modo, devolvia os papéis a seu dono. A operação era arriscada tanto para quem emprestava os documentos a um terceiro quanto para aquele que os usava na fuga. Caso o fugitivo não conseguisse devolver os papéis, o dono do documento estaria em perigo, e a descoberta dos documentos de posse do homem errado poria em risco tanto o fugitivo quanto seu amigo. Era, portanto, um ato de suprema confiança da parte do negro livre colocar desse modo em perigo a sua liberdade para que outra pessoa pudesse ser livre. No entanto, não era incomum que isso fosse corajosamente feito, e raramente a manobra era descoberta. Eu não tinha a sorte de me parecer o suficiente com algum de meus conhecidos livres para poder corresponder à descrição em seus documentos. No entanto, eu tinha um amigo – um marinheiro – que possuía uma proteção de marinheiro, que de certo modo tinha o mesmo objetivo dos documentos – descrever a pessoa e certificar que ela era um marinheiro livre americano. O instrumento tinha em seu topo a águia americana, que imediatamente lhe conferia a aparência de um documento oficial. Essa proteção, quando em minhas mãos, não descrevia seu portador de maneira muito precisa. Na verdade, descrevia um homem muito mais escuro do que eu, e caso fosse examinada de perto isso poderia ter me levado para a prisão já no começo da fuga. Para evitar esse escrutínio fatal da parte do agente da ferrovia, arranjei para que Isaac Rolls, um cocheiro, levasse minha bagagem para o trem apenas no momento da partida, e saltei para o vagão quando o trem já estava em movimento. Caso eu tivesse ido até a estação e me oferecido para comprar uma passagem, eu seria imediatamente examinado com atenção e sem dúvida seria preso. Ao escolher esse plano de ação, levei em consideração o acotovelamento dos trens e a pressa natural do condutor em um trem lotado de passageiros, e confiei que minha habilidade de interpretar o marinheiro descrito em meu documento fizesse o resto. Um elemento a meu favor era o sentimento generoso que prevalecia em Baltimore e em outros portos marítimos à época em relação àqueles que "vão aos mares em navios". "Livre comércio e direitos dos marinheiros" era um slogan que expressava o sentimento do país na época. Eu estava trajado ao estilo dos marinheiros. Vestia uma camisa vermelha e um chapéu de lona e uma gravata preta, com nó à moda dos marujos, deixada solta e negligentemente em torno de meu pescoço. Meu conhecimento de navios e da linguagem dos marinheiros foi muito útil, pois eu conhecia um navio da popa à proa, e da quilha à cruzeta, e sabia falar como um "velho lobo do mar". O trem acelerou e eu já tinha percorrido um bom trecho na direção de Havre de Grace quando o condutor entrou no vagão dos negros para coletar os tíquetes e examinar os documentos dos passageiros negros. Esse foi um momento decisivo de meu drama. Meu futuro inteiro dependia da decisão desse condutor. Eu estava agitado enquanto essa cerimônia era realizada, mas mesmo assim, pelo menos na aparência, estava calmo e controlado. Ele foi adiante com sua obrigação – examinando vários passageiros negros antes de chegar a mim. Ele tinha um jeito de falar um pouco duro e modos peremptórios até chegar a mim, quando, estranhamente, e para minha surpresa e alívio, seus modos mudaram por completo. Vendo que não apresentei imediatamente meus documentos de liberdade, como haviam feito os outros negros do vagão, ele disse num contraste amistoso com o modo como tinha agido com os outros: "Imagino que você tenha seus documentos de liberdade?". A isso eu respondi: "Não, senhor; jamais levo meus documentos de liberdade comigo para o mar". "Mas você tem algo para comprovar que você é livre, não tem?" "Sim, senhor", respondi. "Tenho um documento com a águia americana que levo comigo pelo mundo todo." Ao dizer isso saquei de meu fundo bolso de marujo minha proteção de marinheiro, como descrita antes. Um mero olhar de relance para o papel o satisfez, e ele pegou o dinheiro da passagem e foi em frente com seus deveres. Esse foi um dos instantes de maior ansiedade que experimentei. Caso tivesse visto de perto o documento, o condutor dificilmente deixaria de perceber que ele pertencia a uma pessoa de aparência bastante diferente, e nesse caso seria sua obrigação me prender na hora e me mandar para Baltimore da primeira estação em que parássemos. Quando ele me deixou, tendo assegurado que estava tudo bem comigo, embora muito aliviado, percebi que continuava correndo grande perigo: eu ainda estava em Maryland e sujeito a ser preso a qualquer momento. Vi no trem várias pessoas que teriam me reconhecido com outras roupas, e temi que elas percebessem que se tratava de mim, mesmo em meu "traje" de marinheiro, e que me delatassem para o condutor, que então iria me submeter a um exame mais detalhado, certamente fatal para mim.

Embora eu não fosse um assassino foragido da justiça, eu provavelmente me sentia tão desgraçado como um criminoso desse gênero. O trem se movia a uma velocidade muito alta para uma viagem ferroviária da época, porém para minha mente ansiosa ele ia devagar demais. Os minutos eram horas, e as horas eram dias durante essa parte de minha fuga. Depois de Maryland eu devia passar por Delaware – outro estado escravagista, onde em geral os caçadores de escravos esperavam por suas presas, pois não era no interior do estado, mas sim em suas fronteiras, que esses cães de caça humanos ficavam mais vigilantes e ativos. As fronteiras entre a escravidão e a liberdade eram as que traziam perigo para os fugitivos. O coração de uma raposa ou de um cervo, com cães de caça famintos em seu rastro, em plena perseguição, não teria pulsado com maior ansiedade ou mais alto do que o meu pulsou desde a saída de Baltimore até a chegada a Filadélfia. A travessia do rio Susquehanna em Havre de Grace na época era feita de balsa, a bordo da qual encontrei um rapaz negro chamado Nichols, que passou muito perto de me delatar. Ele trabalhava na balsa, mas, em vez de cuidar da própria vida, insistiu em me conhecer e me fez perguntas perigosas sobre meu destino e sobre quando eu ia voltar etc. Eu me afastei de meu velho e inconveniente conhecido assim que pude fazê-lo com alguma decência e fui para outra parte da balsa. Depois da travessia do rio encontrei novo perigo. Poucos dias antes eu tinha trabalhado numa unidade da fiscalização alfandegária, sob os cuidados do capitão McGowan. No encontro nesse ponto dos dois trens, o que ia para o sul parou nos trilhos bem à frente do que ia para o norte, e calhou de esse capitão McGowan estar sentado em uma janela de onde podia me ver nitidamente, e ele com certeza teria me reconhecido caso me visse mesmo que por um segundo. Felizmente, na pressa do momento, ele não me viu, e os trens, indo cada um numa direção, logo passaram um pelo outro. Mas esse não foi o único momento em que escapei por um fio. Um ferreiro alemão que eu conhecia bem estava no trem comigo e olhou para mim com grande atenção, como se achasse que já tinha me visto em algum lugar em suas viagens. Eu realmente acredito que ele me reconheceu, mas não teve coragem de me delatar. De qualquer modo, ele me viu fugir e ficou em silêncio.

O último ponto de perigo iminente, e aquele que eu mais temia, era Wilmington. Ali saímos do trem e pegamos o vapor para Filadélfia. Ao fazer a transferência, novamente temi ser preso, mas ninguém me perturbou, e em pouco tempo eu estava no largo e belo Delaware, a toda a velocidade a caminho da Cidade dos Quacres. Ao alcançar Filadélfia à tarde, perguntei a um negro como eu podia chegar a Nova York. Ele me orientou a ir até o armazém da rua Willow, e fui até lá, pegando o trem naquela noite. Cheguei a Nova York na manhã de terça-feira, tendo completado a viagem em menos de 24 horas. Eis brevemente o modo como escapei da escravidão – e o fim de minha experiência como escravo. Outros capítulos contarão a história de minha vida como homem livre.

Capítulo II
VIDA COMO HOMEM LIVRE

Solidão e insegurança • "Jake do Allender" • Socorrido
por um marinheiro • David Ruggles • Casamento •
O vapor *J. W. Richmond* • A caminho de New Bedford •
Chegada lá • O cocheiro retém a bagagem • Nathan
Johnson • Mudança de nome • Por que "Douglass" •
Conseguindo trabalho • O *Liberator* e seu editor

Minha vida de homem livre teve início em 3 de setembro de 1838.
Na manhã do dia 4 daquele mês, depois de uma jornada ansiosa e
tremendamente perigosa, mas que terminou sendo segura, eu me
vi na grande cidade de Nova York como *homem livre*; mais um que
se somava à imensa multidão que, assim como as confusas ondas
do mar encapelado, agitava-se de um lado para outro entre os imponentes muros da Broadway. Embora estivesse deslumbrado com
as maravilhas com que deparava a cada passo, meus pensamentos
não podiam se afastar muito de minha estranha situação. Àquela
altura, os sonhos de minha juventude e as esperanças de minha
vida adulta tinham sido completamente satisfeitos. Os vínculos
que me mantinham preso ao "velho senhor" estavam rompidos.
Não havia homem agora que tivesse o direito de me chamar de seu
escravo ou que pudesse ter domínio sobre mim. Eu estava no torvelinho do mundo, para arriscar a sorte em meio a seus tantos outros
ocupantes, tão ativos. Muitas vezes fui indagado quanto àquilo que
senti ao me descobrir pela primeira vez em território livre. Meus
leitores poderão compartilhar da mesma curiosidade. Sobre poucas coisas em minha experiência eu poderia dar uma resposta tão
pouco satisfatória. Um novo mundo havia se aberto para mim. Se
a vida é mais do que a respiração e o "rápido trânsito do sangue",
então vivi mais em um dia do que em um ano de minha vida de
escravo. Foi um tempo de alegre entusiasmo que as palavras mal
podem descrever. Em uma carta escrita para um amigo pouco depois de ter chegado a Nova York, eu disse: "Senti como poderia

se sentir alguém que escapasse de um covil de leões famintos". A angústia e a tristeza, assim como a escuridão e a chuva, podem ser retratadas; a alegria e a felicidade, porém, assim como o arco-íris, desafiam a habilidade da pena ou do lápis. Durante dez ou quinze anos de minha vida eu vinha, por assim dizer, arrastando uma corrente que eu não tinha forças para romper – eu não era apenas um escravo, era escravo para toda a vida. Podia me tornar marido, pai, idoso, mas durante todo esse tempo, do berço ao túmulo, eu me sentia condenado. Todos os esforços que tinha feito previamente para conquistar minha liberdade tinham não apenas fracassado como também haviam reforçado meus grilhões e tornado minha fuga mais difícil. Confuso, enredado e desestimulado, por vezes eu me fizera a pergunta: será que minha condição no fim das contas não poderá ser obra de Deus, tendo sido decretada por um propósito sábio, e, se for o caso, a submissão não seria meu dever? Na verdade, uma disputa estava em curso havia muito tempo em minha mente, entre a clara consciência do direito e os improvisos plausíveis da teologia e da superstição. Uma delas me mantinha como escravo abjeto – um prisioneiro por toda a vida, punido por alguma transgressão da qual eu não tinha tomado parte; a outra me aconselhava a me esforçar com hombridade para conquistar minha liberdade. Essa disputa agora chegara ao fim; minhas correntes tinham sido rompidas, e a vitória me trouxe indizível felicidade. Minha alegria, porém, durou pouco, pois eu ainda não estava fora do alcance e do poder dos donos de escravos. Logo descobri que em Nova York não havia tanta liberdade quanto eu havia suposto e que a cidade também não era um refúgio tão seguro, e uma sensação de solidão e de insegurança voltou a me oprimir e a me deixar em grande tristeza. Por acaso encontrei na rua, poucas horas depois de minha chegada, um escravo foragido que certa vez eu conheci bem quando era escravo. A informação repassada por ele me alarmou. O foragido em questão era conhecido em Baltimore como "Jake do Allender", porém em Nova York ele usava o nome mais respeitável de "William Dixon". Jake, legalmente, era propriedade do dr. Allender, e Tolly Allender, filho do médico, certa vez tentou recapturar o *sr. Dixon*, mas fracassou por falta de provas que sustentassem sua reivindicação. Jake me contou as circunstâncias dessa tentativa e disse quão perto passou de ser mandado de volta para a escravidão e para a tortura. Ele me contou que Nova York na época estava repleta de sulistas que voltavam de tratamentos em águas termais no Norte; que não se podia confiar nos negros de Nova York; que havia homens de minha própria cor que trabalhavam a soldo e que me delatariam por uns poucos dólares; que havia homens a soldo que estavam sempre em busca de fugitivos; que eu não devia confiar meu segredo a ninguém; que eu não devia pensar nem em ir ao cais nem a hospedarias para negros, pois todos os lugares do gênero eram vigiados de perto; que ele próprio não tinha como me ajudar; e, na verdade, enquanto falava comigo, ele pareceu temer que eu próprio pudesse ser um espião e um delator. Temendo isso, suponho, ele mostrou sinais de desejar se ver livre de mim, e com um pincel de caiação em mãos, à procura de trabalho, ele desapareceu logo. Esse retrato de Nova York dado pelo pobre "Jake" foi um balde de água fria em meu entusiasmo. Em breve minha magra algibeira estaria exaurida, e, uma vez que não seria seguro ir ao cais para trabalhar e eu não tinha conhecidos em lugar algum, minhas perspectivas não eram das melhores. Percebi que seria prudente me manter longe dos estaleiros, pois, caso fossem me perseguir, como eu tinha certeza de que iriam, o sr. Auld naturalmente me procuraria entre os trabalhadores de calafetação. Todas as portas pareciam fechadas para mim. Eu estava em meio a um oceano de homens e no entanto era um perfeito desconhecido para todos. Eu não tinha casa, não tinha conhecidos, não tinha dinheiro, não tinha crédito, não tinha trabalho e não tinha um conhecimento exato de que caminho tomar ou de onde procurar socorro. Tal situação extrema dá à pessoa algo em que pensar, além de sua liberdade recém-nascida. Enquanto vagava pelas ruas de Nova York, e dormindo pelo menos uma noite em meio aos barris de um cais, eu não tinha mais grilhões – mas também não tinha mais nem comida nem abrigo. Guardei meu segredo para mim enquanto pude, mas acabei sendo forçado a procurar alguém que pudesse se tornar meu amigo sem tirar vantagem de meu desamparo para me trair. Encontrei tal pessoa em um marujo chamado Stuart, um sujeito gentil e generoso que, de sua casa na rua central, viu-me de pé na calçada oposta, perto de The Tombs, a cadeia. Quando ele se aproximou, arrisquei um comentário, e ele prontamente se dispôs a me ouvir. Ele me levou a sua casa para passar a noite, e pela manhã foi comigo ao sr.

David Ruggles, secretário do Comitê de Vigilância de Nova York que trabalhava com Isaac T. Hopper, Lewis e Arthur Tappan, Theodore S. Wright, Samuel Cornish, Thomas Downing, Philip A. Bell e outros verdadeiros homens de sua época. Todos estes (exceto o sr. Bell, que ainda vive e é editor e responsável pela publicação de um jornal chamado *Elevator* em San Francisco) já encerraram sua obra sobre a terra. Depois de ter chegado às mãos desses homens corajosos e sábios, eu me senti relativamente seguro. Fiquei por vários dias escondido com o sr. Ruggles, na esquina das ruas Lispenard e Church, e durante esse período a mulher com quem eu pretendia me casar veio de Baltimore a meu pedido, para compartilhar os fardos da vida comigo. Ela era livre e veio imediatamente ao receber as boas-novas de minha segurança. Fomos casados pelo reverendo J. W. C. Pennington, na época um conhecido e respeitado ministro presbiteriano. Eu não tinha dinheiro para pagar pelo casamento, mas ele pareceu se contentar com nossos agradecimentos.

O sr. Ruggles foi o primeiro agente da ferrovia clandestina com quem me encontrei depois de ter chegado ao Norte, e na verdade foi o único com quem tive relações, até eu mesmo me tornar um agente mais tarde. Ao saber que eu trabalhava com calafetação, ele imediatamente decidiu que o melhor lugar para mim era New Bedford, em Massachusetts. Ele disse que muitos baleeiros eram equipados lá e que lá eu poderia encontrar trabalho dentro de minha especialidade e ganhar um bom dinheiro. Assim, no dia da cerimônia de casamento, levamos nossa bagagem para o vapor *John W. Richmond*, que na época era um dos que faziam a linha entre Nova York e Newport, em Rhode Island. Havia 43 anos viajantes negros não tinham permissão de entrar na cabine nem atrás das rodas de pá dos vapores. Independentemente de qual fosse o clima, fizesse frio ou calor, estivesse ou não chovendo, eles eram obrigados a passar a noite no convés. Mesmo sendo tão injusta, essa regra não nos incomodava tanto. Já tínhamos passado por coisa muito pior antes. Chegamos a Newport na manhã seguinte, e logo depois uma carruagem à moda antiga, com "New Bedford" escrito em grandes letras amarelas nas laterais, chegou ao cais. Eu não tinha dinheiro suficiente para pagar a tarifa e fiquei ali hesitante, sem saber o que fazer. Felizmente para nós, havia dois cavalheiros quacres que estavam prestes a embarcar na carruagem – os amigos William C.

Taber e Joseph Ricketson – que imediatamente perceberam nossa real situação, e de um modo peculiarmente tranquilo, dirigindo-se a mim, o sr. Taber disse: "Entrai". Jamais obedeci a uma ordem com tamanho entusiasmo, e em pouco tempo estávamos a caminho de nossa nova casa. Quando chegamos à "Ponte de Pedra", os passageiros desceram para tomar café da manhã e pagaram as passagens para o cocheiro. Nós não tomamos café da manhã, e quando pediram o dinheiro de nossas passagens eu disse ao cocheiro que iria acertar com ele assim que chegássemos a New Bedford. Esperei que ele fosse fazer alguma objeção, porém não houve nenhuma. Quando, no entanto, chegamos a New Bedford, ele pegou nossa bagagem, incluindo três livros de música – dois deles coletâneas de Dyer e um de Shaw – e a manteve com ele até que pude resgatá-la pagando a quantia devida por nossas passagens. Isso foi feito em pouco tempo, pois o sr. Nathan Johnson não apenas me recebeu bondosa e hospitaleiramente como, ao ser informado sobre nossa bagagem, imediatamente me emprestou 2 dólares para que eu acertasse as contas com o cocheiro. O sr. e a sra. Nathan Johnson chegaram a uma boa velhice e hoje descansam de seus trabalhos. Sou muito grato a eles. Eles não apenas "me hospedaram quando me viram estrangeiro" e "me deram de comer quando tive fome"[1], como me ensinaram a ganhar a vida honestamente.

Assim, duas semanas depois de minha fuga de Maryland, eu estava em segurança em New Bedford – um cidadão da grande e antiga comunidade de Massachusetts.

Depois de ter sido iniciado em minha nova vida de liberdade e de o sr. Johnson me assegurar que eu não precisava temer ser recapturado naquela cidade, uma questão comparativamente menos importante surgiu, que era aquela relativa ao nome pelo qual eu devia ser conhecido dali em diante, em minha nova situação de homem livre. O nome dado a mim por minha querida mãe era nada menos do que o pretensioso Frederick Augustus Washington Bailey. Enquanto morei em Maryland, porém, deixei de lado o Augustus Washington e mantive apenas Frederick Bailey. Entre Baltimore e New Bedford, para melhor me ocultar dos caçadores de escravos, deixei de lado o Bailey e me chamei de Johnson; mas, ao descobrir

---

1 Mateus, 25.

198

que em New Bedford a família Johnson era numerosa a ponto de causar confusão entre seus membros, pareceu desejável mudar esse nome. Nathan Johnson, meu anfitrião, foi enfático quanto a essa necessidade e quis que eu lhe desse permissão para escolher um novo nome para mim. Consenti, e ele me chamou pelo meu nome atual – aquele pelo qual sou conhecido há 43 anos –, Frederick Douglass. O sr. Johnson tinha acabado de ler *A dama do lago*[2] e gostou tanto da sua grande personagem que desejava que eu usasse seu nome. Depois de ter lido eu mesmo esse poema encantador, muitas vezes pensei que, levando em consideração a nobre hospitalidade e a personalidade viril de Nathan Johnson, embora fosse negro, ele ilustrava as virtudes de Douglas da Escócia bem melhor do que eu. Tenho certeza de que, caso algum caçador de escravos entrasse em sua residência tentando me recapturar, Johnson teria agido como aquele "da mão firme".

Tendo morado em Baltimore como morei por muitos anos, o leitor poderá se surpreender quando eu contar a verdade sobre as impressões que eu concebera em certo sentido sobre as condições sociais e materiais das pessoas no Norte. Eu não tinha noção adequada da riqueza, da sofisticação, do dinamismo e da alta civilização dessa parte do país. Meu *Columbian Orator*, quase meu único livro, nada fizera para me iluminar a respeito da sociedade do Norte. Haviam me ensinado que a escravidão era a base de toda a riqueza. Tendo essa ideia fundamental, eu chegara naturalmente à conclusão de que a pobreza deveria ser a condição geral dos povos dos estados livres. Um homem branco sem escravos no lugar de onde eu vinha era em geral um ignorante atingido pela pobreza. Homens dessa classe eram desdenhosamente chamados de "escória branca". Assim, eu supunha que, se os brancos sem escravos do Sul eram, como classe, ignorantes, pobres e degradados, os brancos sem escravos do Norte deveriam viver em condição semelhante. New Bedford, portanto, que à época era em proporção à população de fato a cidade mais rica da União, foi uma grande surpresa para mim, pelos indícios que deu de sólida riqueza e grandiosidade. Descobri que mesmo as classes trabalhadoras viviam em casas

---

2 Poema narrativo do escocês Walter Scott de 1810. A "dama do lago" do título é a personagem Ellen Douglas.

melhores, que suas casas eram mobiliadas com maior elegância e tinham maior abundância de conveniências e confortos do que as casas de muitos proprietários de escravos na costa leste de Maryland. Isso valia não apenas para a gente branca daquela cidade, mas também para meu amigo, o sr. Johnson. Ele vivia numa casa melhor, jantava em uma mesa mais ampla, possuía mais livros, lia mais jornais, dialogava mais com a situação moral, social e política do país e do mundo do que 90% dos proprietários de escravos do condado de Talbot. Não demorou para que eu descobrisse a causa da diferença, nesses aspectos, entre a gente do Norte e a do Sul. Era a superioridade de uma mente instruída sobre a mera força bruta. Não irei deter o leitor com extensos exemplos de como minha compreensão do tema veio a se dar. Nos cais de New Bedford recebi minhas primeiras luzes sobre o assunto. Lá vi diligência sem alvoroço, trabalho sem ruído, labuta – honesta, zelosa e exaustiva – sem chibata. Não havia cantoria alta ou gritaria, como acontecia nos cais dos portos do Sul quando os navios estavam carregando ou descarregando; não havia xingamentos ou querelas em voz alta; tudo funcionava perfeitamente bem, como numa máquina azeitada. Um dos primeiros incidentes que me deixaram impressionado com o caráter mental superior do trabalho no Norte, quando comparado com o do Sul, foi a maneira de carregar e descarregar as embarcações. Em um porto do Sul, vinte ou trinta trabalhadores seriam empregados para fazer aquilo que cinco ou seis homens, com a ajuda de um boi, faziam no cais de New Bedford. A principal força – o músculo humano – sem assistência de habilidade inteligente era o método de trabalho da escravidão. Com um capital de cerca de 60 dólares na forma de um boi velho tranquilo ligado à ponta de uma corda robusta, New Bedford fazia o trabalho de 10 mil ou 12 mil dólares, representados pelos ossos e músculos dos escravos, e fazia muito melhor. Em poucas palavras, encontrei tudo sendo gerido com muito maior escrúpulo no que diz respeito à economia, tanto de homens quanto de coisas, tanto de tempo quanto de força, do que no lugar de onde eu tinha vindo. Em vez de andar 100 metros até a fonte, a criada tinha um poço ou uma bomba ao alcance da mão. A lenha usada como combustível era mantida seca e ficava em pilhas bem organizadas para o inverno. Ali havia pias, ralos, portões que se fechavam sozinhos, tinas, máquinas de lavar, máquinas de torcer e uma centena de outros dispositivos para economizar tempo e dinheiro. As docas onde se faziam os reparos nos navios demonstravam a mesma sabedoria reflexiva que eu via em toda parte. Todos pareciam zelosos. O carpinteiro acertava o golpe do martelo na *cabeça* do prego, e os calafetadores não desperdiçavam forças em floreios desnecessários de suas marretas. Os navios que chegavam ali para consertos saíam mais fortes e melhores do que quando novos. Não havia outra parte dos Estados Unidos onde eu pudesse ter desembarcado em que pudesse ter encontrado contraste tão impressionante e tão gratificante, não apenas com a vida do Sul em geral, mas com a condição dos negros lá, do que em New Bedford. Nenhum negro era de fato livre enquanto vivia em um estado escravagista. Ele sempre estava em maior ou menor grau sujeito às condições de seu irmão escravo. Sua cor era o emblema de seu cativeiro. Em New Bedford vi o que eu havia visto de mais perto em minha vida de verdadeira liberdade e igualdade. Fiquei atônito quando o sr. Johnson me disse que não havia nada nas leis ou na Constituição de Massachusetts que impedisse um negro de ser o governador do estado, caso as pessoas achassem apropriado elegê-lo. Ali, também, os filhos dos negros frequentavam as mesmas escolas públicas que os filhos dos brancos, e aparentemente sem que houvesse objeção de nenhuma parte. Para me deixar seguro de que eu não seria recapturado e levado de volta à escravidão, o sr. Johnson me disse que nenhum dono de escravos podia tirar um escravo de New Bedford; que havia homens que arriscariam a vida para me salvar de tal destino. Certa vez ameaçaram um negro de relatar a seu dono onde seu escravo foragido podia ser encontrado. Assim que souberam dessa ameaça, os negros ficaram furiosos. Um comunicado foi lido do púlpito da Terceira Igreja Cristã (de negros) informando sobre uma reunião pública em que iriam ser abordados assuntos importantes (não se disse do que se tratava). Nesse ínterim medidas especiais haviam sido tomadas para garantir que o aspirante a Judas comparecesse, e esses esforços foram bem-sucedidos, pois quando chegou a hora da reunião, ignorando o motivo de ter sido chamado, o delinquente compareceu prontamente ao encontro. Todas as formalidades foram cumpridas, com a oração, a indicação de presidente, secretários etc. Então o presidente, com ar de grande solenidade, levantou-se e disse: "Bem, amigos e irmãos, nós o temos aqui, e eu recomendaria que vocês, jovens, levassem-no para o lado de fora e o matassem". Isso bastou; houve correria em direção ao vilão, que provavelmente teria sido morto se não escapasse pela janela. Ele jamais voltou a ser visto em New Bedford.

No quinto dia após minha chegada, vesti as roupas de um trabalhador comum e fui até o cais em busca de trabalho. Ao andar pela rua Union vi uma grande pilha de carvão em frente à casa do reverendo Ephraim Peabody, o ministro unitarista. Fui até a porta da cozinha e solicitei o privilégio de levar aquele carvão para dentro e guardar. "Quanto você vai cobrar?", disse a senhora. "Isso eu deixo para a senhora decidir." "Pode guardar", ela disse. Não fazia muito que eu tinha dado início ao trabalho quando a cara senhora colocou em minha mão duas moedas de prata de *meio dólar cada uma*. Para compreender a emoção que encheu meu coração enquanto eu pegava aquele dinheiro, percebendo que não tinha um senhor que pudesse tirá-lo de mim – *que aquilo era meu, que meu trabalho pertencia a mim mesmo* e que eu podia ganhar mais moedas preciosas como aquelas –, é preciso também ter sido escravo em algum sentido. Meu trabalho seguinte foi carregar uma chalupa no cais da Uncle Gid. Howland com uma carga de óleo que partia para Nova York. Eu não apenas era um homem livre como também era um trabalhador livre, e não havia nenhum senhor Hugh pronto para pegar no fim da semana meus proventos conquistados a duras penas.

A estação chegava ao fim e havia muito trabalho. Navios estavam sendo equipados para a caça às baleias, e muita madeira era usada para prepará-los. Serrar essa madeira era considerado um bom trabalho. Com a ajuda do velho amigo Johnson (abençoada seja sua memória!), consegui uma "serra" e um "cavalete" e fui atrás do trabalho. Quando entrei em uma loja para comprar uma corda para amarrar minha serra na estrutura, pedi 1 *fip* de corda. O homem atrás do balcão olhou rispidamente para mim e disse de modo igualmente ríspido: "Você não é daqui". Fiquei alarmado e achei que eu tinha me entregado. Um *fip* em Maryland eram 6 centavos e um quarto, algo que em Massachusetts chamavam de *fourpence*. Mas nada de mau aconteceu, exceto por meu medo, causado pela gafe, e segui confiante e alegre para o trabalho com minha serra e o cavalete. Era um trabalho novo para mim, mas nunca fiz, no mesmo período de tempo, para Covey, o domador de negros, trabalho melhor, nem em maior quantidade, do que fiz para mim mesmo naqueles primeiros anos de minha liberdade.

Não obstante o sentimento justo e humano de New Bedford 43 anos antes, o lugar não estava totalmente livre de preconceitos de raça e cor. A boa influência dos Roach, Rodman, Arnold, Grinnell e Robeson não inspirou todas as classes de seu povo. O teste do verdadeiro grau de civilização da comunidade aconteceu quando me candidatei a um trabalho em minha área, e então minha rejeição foi enfática e decisiva. Calhou de o sr. Rodney French, um cidadão rico e empreendedor, conhecido como avesso à escravidão, estar equipando um navio baleeiro, e em função disso havia um grande trabalho de calafetação e de cobreamento a ser feito. Eu tinha alguma habilidade em ambas as áreas e me candidatei com o sr. French para o trabalho. Ele, um homem generoso, disse que iria me dar o emprego e que eu podia ir imediatamente para o navio. Obedeci, mas ao chegar ao dique seco, onde outros calafetadores trabalhavam, fui informado de que todos os brancos abandonariam o navio naquela condição inacabada caso eu trabalhasse nele por um minuto que fosse. Esse tratamento descortês, desumano e egoísta não pareceu tão chocante e escandaloso a meus olhos na época quanto parece hoje. A escravidão me acostumara a agruras que faziam problemas comuns me parecerem banalidades. Caso tivesse trabalhado em minha área, eu poderia ganhar 2 dólares por dia, mas como trabalhador comum eu recebia apenas 1 dólar. A diferença era de grande importância para mim, mas, se eu não tinha como ganhar os 2 dólares, ficava feliz em ganhar 1; e assim fui trabalhar para o sr. French como trabalhador comum. A consciência de que eu era livre – não mais um escravo – me manteve alegre mesmo diante dessa e de outras proscrições que eu estava destinado a enfrentar em New Bedford e em outras partes do território livre de Massachusetts. Por exemplo, embora as crianças brancas e negras frequentassem as mesmas escolas e fossem tratadas com gentileza por seus professores, o Liceu de New Bedford se recusou ainda por vários anos depois de eu ter começado a morar na cidade a permitir que qualquer pessoa negra assistisse às palestras realizadas em seu saguão. Essa restrição só foi abandonada quando homens como o ilustre Charles Sumner, Theodore Parker, Ralph

W. Emerson e Horace Mann se recusaram a fazer palestras no curso deles enquanto ela persistisse.

Percebendo que eu não poderia depender de minha profissão em New Bedford para ganhar a vida, preparei-me para fazer qualquer tipo de trabalho que surgisse. Serrei madeira, removi carvão, cavei porões, retirei lixo de quintais, trabalhei no cais, carreguei e descarreguei navios e limpei suas cabines.

Esse era um modo de vida incerto e insatisfatório, pois eu perdia muito tempo em busca de trabalho. Felizmente isso não durou muito. Um dos cavalheiros que mencionei como estando em companhia do sr. Taber no cais de Newport quando ele disse "Entrai" era o sr. Joseph Ricketson, e ele era proprietário de uma grande fábrica de vela na parte sul da cidade. Por meio da bondade do sr. Ricketson encontrei nessa "fábrica de vela" como era chamada, embora nenhuma vela fosse fabricada ali, aquilo que é da maior importância para um jovem que está começando a vida – trabalho constante e salários regulares. Meu trabalho exigia muito fôlego e músculos. Grandes barris de óleo tinham de ser transportados de um lugar para outro e era preciso erguer muito peso. Felizmente não me faltavam as qualidades necessárias. Jovem (21 anos), forte e ativo, e tendo a ambição de fazer toda a minha parte, logo me tornei útil, e acredito que era bem quisto pelos homens que trabalhavam comigo, embora todos fossem brancos. Fiquei ali enquanto houve trabalho a ser feito, voltando depois para o cais e, como trabalhador, consegui trabalho em dois navios que pertenciam ao sr. George Howland, e que estavam sendo consertados e preparados para a caça às baleias. Meu empregador era um homem de grande dinamismo; era bastante exigente, mas pagava direito, e me dei bem com ele. Não apenas tive a felicidade de conseguir trabalho com o sr. Howland como também tive a sorte de ter bons colegas de trabalho. Poucas vezes encontrei três trabalhadores mais inteligentes do que John Briggs, Abraham Rodman e Solomon Pennington, que trabalharam comigo no *Java* e no *Golconda*. Eles eram sóbrios, sérios e corretos, completamente imbuídos do espírito de liberdade, e tenho uma grande dívida com eles por muitas ideias e impressões valiosas. Eles me ensinaram que nem todo negro era dado a frivolidades, incapaz de pensamentos ou esforços sérios. Meu lugar de trabalho seguinte foi na fundição de latão de propriedade do sr. Richmond. Minha tarefa ali era soprar os foles, girar a grua e esvaziar os frascos em que a fundição ocorria; e por vezes esse era um trabalho quente e pesado. Os artigos produzidos ali eram principalmente para a indústria naval, e na alta estação a fundição funcionava dia e noite. Muitas vezes trabalhei duas noites por semana além de todos os dias úteis. Meu supervisor, o sr. Cobb, era um bom homem, e mais de uma vez me protegeu contra ofensas que um ou mais trabalhadores estavam dispostos a lançar contra mim. Enquanto estive nessa situação tive pouco tempo para aprimoramento mental. Trabalhar duro, dia e noite, em uma fornalha quente o bastante para manter o metal escorrendo como água, favorecia mais a ação do que o pensamento, e no entanto eu frequentemente pregava um jornal no poste perto de meus foles e lia enquanto fazia o movimento de sobe e desce na pesada barra que levava os foles a inflar e soprar. Era a busca por conhecimento em condições adversas, e hoje, depois de tantos anos, olho para trás e vejo com certa complacência e certo espanto que eu pudesse ter sido tão zeloso e perseverante na busca por algo que não fosse o pão de cada dia. Certamente eu nada via na conduta daqueles a meu redor que inspirasse tal interesse; todos se dedicavam exclusivamente àquilo que suas mãos encontravam para fazer. Fico feliz em poder dizer que durante minha permanência nessa fundição jamais houve queixa de que eu não tenha feito meu trabalho, e feito bem. Os foles que eu operava com minha força passaram, depois de minha partida, a ser movidos por um motor a vapor.

Eu morava havia quatro ou cinco meses em New Bedford quando um rapaz me deu uma cópia do *Liberator*, o jornal editado por William Lloyd Garrison e publicado por Isaac Knapp, e me pediu para assiná-lo. Eu disse que acabara de fugir da escravidão e que evidentemente era muito pobre, e que na época não tinha como pagar pela assinatura. Ele estava muito disposto a fazer de mim um assinante, no entanto, e a partir daí fui posto em contato com a mente do sr. Garrison, e o jornal dele ganhou em meu coração um lugar só menos importante do que o da Bíblia. O veículo detestava a escravidão e não dava trégua àqueles que traficavam com corpos e almas de homens. O jornal pregava a irmandade; expunha a hipocrisia e a maldade que grassavam nos altos cargos; denunciava a opressão e, com toda a solenidade do "Assim disse o Senhor", exigia a completa emancipação de minha raça. Eu adorava esse jornal e também seu editor. Ele me parecia páreo para qualquer oponente, falasse em nome da lei ou do evangelho. Suas palavras estavam repletas de fogo santo e iam direto ao ponto. Sendo por natureza dado à adoração de heróis, vi ali alguém capaz de conquistar minha admiração e reverência.

Pouco depois de ter me tornado leitor do *Liberator*, tive o privilégio de ouvir uma palestra de seu editor, o sr. Garrison, no Liberty Hall. Na época ele era um homem jovem, com um semblante singularmente agradável, e modos sérios e impressionantes. Nessa ocasião ele tornou públicas quase todas as suas heresias. A Bíblia era seu livro didático – ele a tinha como sagrada e como a própria palavra do Pai Eterno. Garrison acreditava numa perfeição livre de pecado, na completa submissão a insultos e injúrias, e numa obediência literal de "oferecer a outra face". O domingo não era o único dia santo, sendo santos todos os dias e devendo ser observados. Todo sectarismo era falso e enganoso – os regenerados de todo o mundo sendo membros de um corpo, e a cabeça sendo Jesus Cristo. *O preconceito de cor era uma rebelião contra Deus*. De todos os homens sob os céus, os escravos, por serem os mais negligenciados e desprezados, eram os que estavam mais próximos de seu grande coração, e os que lhe eram mais queridos. Os ministros que defendiam a escravidão contra a Bíblia pertenciam "a seu pai, o diabo"; e as igrejas que aceitavam donos de escravos como cristãos eram sinagogas de Satã, e nossa nação era uma nação de mentirosos. Ele jamais falava alto e jamais era ruidoso, estando sempre calmo e sereno como um céu de verão, e tão puro quanto ele. "Você é o homem – o Moisés, criado por Deus, para livrar seu moderno Israel da servidão", foi o sentimento espontâneo de meu coração, enquanto eu ficava sentado na parte de trás do saguão e ouvia suas palavras poderosas – poderosas por serem verdadeiras –, poderosas por serem simples em seu zelo. Não foi muito depois de ter me tornado leitor do *Liberator* e ouvinte de seu editor que compreendi com clareza os princípios do movimento contra a escravidão. Eu já tinha seu espírito e só precisava compreender seus princípios e seus meios, e à medida que passei a conhecê-los minha esperança pela liberdade definitiva de minha raça aumentou. Toda semana o *Liberator* chegava, e toda semana eu dominava seu conteúdo. Eu comparecia a todos os encontros contrários à escravidão realizados em New Bedford, meu coração batendo forte a cada afirmação verdadeira contra o sistema escravagista e a cada repreensão voltada para seus amigos e apoiadores. Assim se passaram os três primeiros anos de minha vida em liberdade. Na época eu nem sequer sonhava com a possibilidade de me tornar um defensor público da causa que estava tão profundamente incrustada em meu coração. Para mim bastava ouvir, receber e aplaudir as grandes palavras de outros, e somente sussurrar em privado, entre os trabalhadores brancos nos cais e em outros lugares, as verdades que ardiam em meu coração.

Capítulo III
APRESENTADO AOS ABOLICIONISTAS

Convenção contra a escravidão em Nantucket • Primeiro
discurso • Grande sensação • Discurso extraordinário do
sr. Garrison • Atuação contra a escravidão • Entusiasmo
juvenil • Passado como escravo posto em dúvida • Escrevendo
sobre a experiência da escravidão • Perigo da recaptura

No verão de 1841 foi realizada uma grande convenção contra a escravidão em Nantucket, sob os auspícios do sr. Garrison e de seus amigos. Eu não tivera nenhum feriado desde que me estabeleci em New Bedford, e, sentindo a necessidade de um pouco de descanso, resolvi comparecer ao encontro, embora não tenha pensado em tomar parte em nenhum dos procedimentos. Na verdade, eu não tinha consciência de que meu nome sequer fosse conhecido por alguma pessoa ligada à convenção. O sr. William C. Coffin, abolicionista de renome naqueles dias difíceis, tinha me ouvido falar a meus amigos negros na pequena escola na rua Dois, onde realizávamos nosso culto. Ele me procurou em meio à multidão e me convidou para dizer algumas palavras à convenção. Tendo sido encontrado e recebendo o convite, fui levado a expressar os sentimentos inspirados pela ocasião e as memórias ainda frescas do que eu tinha passado como escravo. Foi com imensa dificuldade que consegui ficar em pé, ou que consegui falar e articular duas palavras sem hesitar e gaguejar. Todos os meus membros tremiam. Pode ser que meu constrangimento tenha sido a parte mais eficaz do discurso, se é que se pode chamar aquilo de discurso. De todo modo, essa é a única parte de minha atuação de que me lembro nitidamente. A plateia logo se identificou comigo e, de um estado de impressionante quietude, passou a uma grande empolgação. O sr. Garrison falou em seguida, fazendo de mim seu tema, e, tenha eu feito ou não uma defesa eloquente da liberdade, o discurso dele foi inesquecível. Aqueles que o ouviam com maior frequência e que o conheciam havia mais tempo ficaram atônitos com seu esforço magistral.

Na época ele tinha aquela inspiração quase fabulosa de que muito se fala, mas que raras vezes se atinge, em que uma reunião pública se transforma, por assim dizer, em uma única individualidade, com o orador agitando mil cabeças e corações de uma só vez e, pela simples majestade de seu pensamento que tudo controla, convertendo seus ouvintes na imagem de sua própria alma. Naquela noite havia pelo menos mil garrisonianos em Nantucket!

No encerramento desse grande encontro descobri que o sr. John A. Collins, na época agente geral da Sociedade Antiescravagista de Massachusetts, estava à minha espera, e ele solicitou com urgência que eu me tornasse um agente daquela sociedade e que defendesse publicamente seus princípios. Relutei em aceitar a oferta. Não fazia ainda nem três anos que eu me libertara da escravidão e eu realmente não confiava em minha habilidade, e desejava ser dispensado. Além disso, a publicidade poderia me revelar para meu senhor, e muitas outras objeções se apresentaram. No entanto, não se podia dizer não ao sr. Collins, e finalmente consenti em participar por três meses, supondo que durante esse tempo eu chegaria ao fim de minha história e que com isso acabaria também minha utilidade.

Aqui se abriu uma nova vida para mim – uma vida para a qual eu não tinha sido preparado. O sr. Collins costumava dizer ao me apresentar a uma plateia que eu "me formara na instituição peculiar[3], com meu diploma *escrito em minhas costas*". Os três anos de minha liberdade tinham sido passados na dura escola da adversidade. Minhas mãos pareciam ter sido recobertas por algo como uma capa de couro, e eu tinha à minha frente uma vida de trabalho duro, compatível com a aspereza de minhas mãos, como meio de sustentar minha família e de criar meus filhos.

Jovem, ardente e cheio de esperanças, entrei nessa vida repleto de um entusiasmo insuspeito. A causa era boa, os homens engajados nela eram bons, os meios para conquistar seu triunfo eram bons. As bênçãos dos céus deveriam recair sobre todos, e a liberdade em breve deveria ser concedida aos milhões que definhavam sob um implacável cativeiro. Meu coração estava integralmente empenhado na causa sagrada, e minhas mais ardorosas orações ao Onipotente Senhor do coração dos homens eram continuamente

---

3 "Instituição peculiar" era um eufemismo comum para escravidão.

oferecidas por seu rápido triunfo. Nesse espírito de entusiasmo entrei para as fileiras dos amigos da liberdade e parti para a batalha. Por um tempo isso me fez esquecer que minha pele era escura e que meu cabelo era crespo. Por um tempo lamentei não ter compartilhado das agruras e dos perigos sofridos por aqueles que antes de mim trabalharam pela libertação dos escravos. No entanto, logo descobri que meu entusiasmo fora extravagante, que as agruras e os perigos não tinham acabado e que a vida diante de mim ainda tinha sombras, assim como luzes.

Entre os primeiros deveres que me foram designados ao entrar para as fileiras, esteve o de viajar em companhia do sr. George Foster para conseguir assinantes para o *Anti-Slavery Standard* e para o *Liberator*. Com ele viajei e fiz palestras pelos distritos da parte leste de Massachusetts. Houve grande interesse – grandes plateias foram reunidas. Muitos compareciam sem dúvida pela curiosidade de ouvir o que um negro poderia dizer em nome da própria causa. Eu em geral era apresentado como um "bem" – uma "coisa" – uma propriedade sulina – com o presidente da assembleia garantindo à plateia que *essa coisa* poderia falar. *Escravos foragidos* eram raros na época, e como escravo foragido palestrante eu tinha a vantagem de ser um "fato completamente novo" – o primeiro do gênero. Até então, um negro que confessasse ter fugido da escravidão era considerado um tolo, não apenas pelo perigo a que se expunha de ser recapturado, como também por se tratar da confissão de uma origem muito baixa. Alguns de meus amigos negros acharam pouco sábio de minha parte me expor e me degradar dessa maneira. A única precaução que tomei de início, para impedir que o senhor Thomas soubesse onde eu estava e o que fazia, foi não dizer meu antigo nome, o nome de meu senhor e o nome do estado e do distrito de onde eu vim. Durante os três ou quatro primeiros meses meus discursos foram quase exclusivamente relatos de minhas experiências pessoais como escravo. "Conte os fatos", diziam as pessoas. O mesmo disse George Foster, que sempre desejava que eu me ativesse a uma simples narrativa. "Dê-nos os fatos", disse Collins, "nós cuidamos da filosofia". Aqui surgiu certo constrangimento. Para mim, era impossível repetir mês após mês a mesma história e me manter interessado naquilo. Era novidade para as pessoas, é verdade, mas para mim era história antiga; e relatar aquilo noite após noite era uma tarefa mecânica demais para minha natureza. "Conte sua história, Frederick", sussurrava meu reverenciado amigo, o sr. Garrison, quando eu subia ao tablado. Nem sempre eu conseguia seguir a ordem, pois agora eu lia e pensava. Novos pontos de vista sobre o assunto se apresentavam à minha mente. Não me satisfazia inteiramente *narrar* as injustiças; tinha vontade de *denunciá-las*. Nem sempre eu conseguia conter minha indignação moral contra os perpetradores da vilania da escravidão por muito tempo em nome de um relato circunstancial dos fatos que eu tinha quase certeza de que todos deviam conhecer. Além disso, eu crescia e precisava de espaço. "As pessoas jamais vão acreditar que um dia você foi um escravo, Frederick, se você continuar assim", disse o amigo Foster. "Seja você mesmo", disse Collins, "e conte sua história". "Melhor ter um pouco do relato sobre a vida na fazenda do que não", disseram para mim; "não é bom que você pareça instruído demais". Esses excelentes amigos eram influenciados pelos melhores motivos e não estavam totalmente errados em seus conselhos; e no entanto eu devia falar apenas aquilo que *me* parecia que *eu* tinha de falar.

Por fim, o problema temido surgiu. As pessoas duvidaram que eu tivesse sido escravo. Diziam que eu não falava como um escravo, não me parecia com um escravo nem agia como um escravo, e que eles achavam que eu jamais tinha estado ao sul da linha Mason e Dixon. "Ele não diz de onde veio, qual era o nome do senhor dele, ou como fugiu; além disso, é instruído, e isso está em contradição com todos os fatos que sabemos a respeito da ignorância dos escravos." Assim, eu estava a caminho de ser denunciado como impostor. A comissão da Sociedade Antiescravagista de Massachusetts sabia de todos os fatos de meu caso e concordou comigo até ali sobre a prudência de mantê-los em privado; mas ao percorrer os corredores das igrejas em que minhas reuniões ocorriam e ouvir os sinceros ianques dizerem repetidamente: "Ele nunca foi escravo, posso garantir a você", decidi que em um dia não muito distante, e com tais revelações de fatos que jamais poderiam ser feitas por alguém que não fosse um genuíno foragido, eu iria dissipar todas as dúvidas. Em pouco menos de quatro anos, portanto, depois de ter me tornado um orador público, fui induzido a escrever os principais fatos ligados à minha experiência com a escravidão, citando nomes de pessoas, lugares e datas, dando assim a qualquer um que tivesse dúvidas a capacidade de averiguar a verdade ou a falsidade de minha história. Esse relato logo se tornou conhecido em Maryland, e eu tinha motivos para crer que tentariam me recapturar.

Não era provável que qualquer tentativa de me manter como escravo fosse bem-sucedida, exceto pela possibilidade de meu senhor receber o valor monetário por meus ossos e minha carne. Felizmente para mim, nos quatro anos de meus trabalhos na causa da abolição, eu tinha feito muitos amigos que aceitariam ser tributados em quase qualquer valor para me salvar da escravidão. O sentimento era que eu havia cometido a dupla infração de fugir e de expor os segredos e os crimes da escravidão e dos donos de escravos. Havia um duplo motivo para que se fizesse uma tentativa de me devolver à escravidão – avareza e vingança –; e embora, como eu disse, a probabilidade de uma recaptura bem-sucedida fosse pequena, caso fosse tentada de maneira aberta, eu corria constantemente o perigo de ser abduzido em um momento em que meus amigos não pudessem me oferecer assistência alguma. Ao viajar de um lugar para outro, frequentemente sozinho, eu estava bastante exposto a esse tipo de ataque. Qualquer um que acalentasse o desejo de me delatar podia fazer isso simplesmente rastreando meu paradeiro por meio dos jornais abolicionistas, pois meus movimentos e minhas reuniões eram neles divulgados com antecedência. Meus amigos sr. Garrison e sr. Phillips não acreditavam no poder de Massachusetts para proteger meu direito à liberdade. O sentimento público e a lei, na opinião deles, iriam me entregar a meus algozes. O sr. Phillips particularmente pensava que eu corria perigo, e disse, quando mostrei a ele o manuscrito de minha história, que se estivesse em meu lugar ele "o jogaria no fogo". O leitor perceberá assim que a superação de uma dificuldade apenas resultava no surgimento de outra e que, embora tivesse chegado a um estado livre e a uma posição em que era útil ao público, eu continuava correndo o risco de perder tudo aquilo que havia conquistado.

Capítulo IV
LEMBRANÇAS DE VELHOS AMIGOS

Trabalho em Rhode Island • A rebelião Dorr •
Lembranças de velhos amigos • Novos trabalhos em
Rhode Island e em outros lugares da Nova Inglaterra

No estado de Rhode Island, sob a liderança de Thomas W. Dorr, fez-se um esforço em 1841 para revogar a velha Carta colonial, sob a qual o estado vivera e florescera desde a Revolução, para substituí-la por uma nova Constituição portadora de melhorias que se imaginava na época serem sábias e necessárias, e que a experiência demonstrara serem prudentes. Essa nova Constituição foi especialmente estruturada para aumentar a base de representação no que dizia respeito às pessoas brancas do estado – abolir o odioso pré-requisito de propriedade e confinar o direito do sufrágio apenas aos cidadãos brancos do sexo masculino. O sr. Dorr era um homem bem-intencionado e, a seu modo, um homem de visões abertas e progressistas bastante avançadas em relação ao partido pelo qual trabalhava. Para conseguir o apoio do partido, ele consentiu com essa restrição a apenas uma classe de um direito que deveria ser gozado por todo cidadão. Nesse ponto ele agiu pensando mais em termos de política do que em direitos, e acabou compartilhando do destino de todos aqueles que tentam a conciliação e o oportunismo, pois terminou cabalmente derrotado. Os traços excludentes de sua Constituição chocaram a noção do que era justo e causaram indignação moral nos abolicionistas do estado, uma classe que, se não fosse por isso, teria ficado feliz em cooperar com ele, ao mesmo tempo que nada fez para conquistar o apoio da classe conservadora que se agarrou à antiga Carta. Os antiescravagistas desejavam uma nova Constituição, mas não queriam um instrumento defeituoso que precisasse de reformas desde o começo. O resultado foi que homens como Willian M. Chase, Thomas Davis, George L. Clark, Asa Fairbanks, Alphonso Janes e outros de Providence, os irmãos Perry de Westerly, John Brown e C.C. Eldridge, de East Greenwich,

Daniel Mitchell, William Adams e Robert Shove, de Pawtucket, Peleg Clark, Caleb Kelton, G.J. Adams e os Anthony e os Gould, de Conventry e arredores, Edward Harris, de Woonsocket, e outros abolicionistas do estado decidiram que havia chegado o tempo de o povo de Rhode Island poder aprender um evangelho mais abrangente de direitos humanos do que aquele que constava da Constituição de Dorr. A opinião pública havia sido despertada, e pelo menos uma classe de seu povo estava pronta a trabalhar conosco para derrotar a Constituição proposta, embora suas razões para isso fossem muito diferentes das nossas. Stephen S. Foster, Parker Pillsbury, Abby Kelley, James Monroe e eu fomos chamados ao estado para defender direitos iguais, ao contrário do que previa essa Constituição limitada e excludente. O trabalho para o qual fomos convidados não estava livre de dificuldades. A maioria da população estava evidentemente ao lado da nova Constituição; até mesmo a palavra "brancos" soava bem para o preconceito popular contra os negros, e de início ajudou a tornar o movimento popular. Por outro lado, todos os argumentos que os homens de Dorr podiam apresentar contra o voto censitário eram igualmente persuasivos para a exclusão de cidadãos com base em cor, e essa era a nossa vantagem. Mas a disputa foi intensamente amarga e empolgante. Fomos como de costume denunciados como enxeridos e nos disseram para cuidarmos de nossa própria vida, e coisas do gênero, um modo de defesa comum para homens que são chamados a prestar contas de conduta má e vergonhosa. Stephen S. Foster, Parker Pillsbury e o restante de nós não éramos o tipo de homem para ser expulso por oposições desse gênero. Não dávamos a mínima para o partido de Dorr, de um lado, nem para o Partido "da Lei e da Ordem", do outro. O que queríamos, e foi isso que trabalhamos para conseguir, era uma Constituição livre das limitações estreitas, egoístas e sem sentido trazidas pela palavra "brancos". Naturalmente, quando falávamos algo forte e decisivo contra a Constituição de Dorr, os conservadores ficavam felizes e aplaudiam, ao passo que os homens de Dorr ficavam revoltados e indignados. Foster e Pillsbury eram como o restante de nós, jovens, fortes e que estavam em seu auge nessa disputa. A esplêndida veemência de um e as estranhas e terríveis denúncias do outro jamais deixavam de causar a fúria da turba onde quer que eles falassem. Foster, especialmente, era eficaz quanto a isso. A teoria dele era que deveríamos gerar convertidos ou turbas. Caso não conseguíssemos nem uma coisa nem outra, ele culpava ou sua falta de habilidade ou sua falta de fé. Fiquei bastante tempo com o sr. Foster durante a turnê por Rhode Island e, embora por vezes ele me parecesse extravagante e desnecessariamente ofensivo na maneira de apresentar suas ideias, pensando nele como um todo, tratava-se de um dos mais impressionantes defensores da causa que o escravo americano já teve. Nenhum homem branco jamais fez tão completamente sua a causa do negro. Abby Kelley, mais tarde Abby Kelley Foster, talvez fosse a mais bem-sucedida de todos nós. Sua juventude e sua beleza simples de quacre combinavam com sua maravilhosa franqueza, com seu imenso conhecimento e com sua grande capacidade lógica, vencendo cabalmente toda oposição, onde quer que ela falasse, independentemente de ter sido atingida por ovos podres e por palavras não menos podres, lançadas pelas turbas ruidosas que compareciam a nossos eventos.

Monroe e eu éramos menos agressivos do que nossos colegas e evidentemente não causávamos a mesma resistência. Ele, pelo menos, tinha a eloquência que encanta e a habilidade que desarma. Creio que nosso trabalho em Rhode Island durante a agitação causada pela Constituição de Dorr fez mais para abolir a escravidão no estado do que qualquer outro esforço anterior ou posterior. Era a "maré", "arrastada pela correnteza". Um efeito desse trabalho foi induzir o velho Partido "da Lei e da Ordem", quando ele começou a trabalhar em sua própria Constituição, a evitar a tolice limitadora dos seguidores de Dorr e a fazer uma Constituição que não limitasse os direitos do homem com base em raça ou cor. Essa Constituição acabou sendo adotada.

Talvez devido a minha eficiência nessa campanha, por algum tempo continuei trabalhando em Rhode Island para a Sociedade Antiescravagista do estado, e fiz lá muitos amigos para a causa e também para mim. Como classe, os abolicionistas desse estado compartilhavam do espírito de seu fundador. Tinham opiniões próprias, eram independentes e não chamavam a nenhum homem seu mestre. Tenho motivos para me lembrar deles com imensa gratidão. Eles me receberam como homem e como irmão, quando eu acabara de sair da casa da servidão e tinha poucas das graças que derivam da sociedade livre e refinada. Conduziram-me com mão zelosa a suas casas e a seus lares, e me fizeram sentir que, embora minha pele tivesse o tom escuro dos que vivem sob o sol,[4] eu continuava sendo um compatriota e um membro da família do qual eles jamais se envergonhavam. Jamais me esquecerei dos Clark, Kelton, Chase, Brown, Adams, Greene, Sisson, Eldredge, Mitchell, Shove, Anthony, Applin, Janes, Gould, Fairbanks e de muitos outros.

Ao me recordar assim dos nobres homens e mulheres antiescravagistas de Rhode Island, não me esqueço de ter sofrido muitos maus-tratos dentro de suas fronteiras. Como em todos os demais estados do Norte na época, havia a influência do poder escravagista, e frequentemente havia demonstrações de um espírito excludente e de perseguição, especialmente nas ferrovias, nos vapores e nos edifícios públicos. Viajar pela estrada de Stonington era difícil para um negro na época. Fui várias vezes arrastado para fora de vagões pelo *crime* de ser negro. No estuário entre Nova York e Stonington, havia as mesmas restrições que eu disse anteriormente serem seguidas nos vapores entre Nova York e Newport. Nenhum negro podia ficar atrás da roda de pás, e em todas as estações do ano, fizesse calor ou frio, chovesse ou não, o convés era o único lugar em que ele podia ficar. Se eu fosse me deitar à noite, precisava fazê-lo sobre a carga no convés, e no frio essa não era uma cama muito confortável. Quando viajando em companhia de meus amigos brancos, eu sempre os incitava a me deixar e a ir para a cabine onde havia acomodações confortáveis. Eu não via motivo para que eles passassem por agruras simplesmente porque eu precisava passar. Alguns aceitavam meu conselho muito rapidamente. Confesso, no entanto, que embora eu fosse completamente honesto em minha incitação para que eles fossem, e não visse princípio que os obrigasse a permanecer e a sofrer comigo, eu sempre me sentia um pouco mais próximo daqueles que não aceitavam meu conselho e que insistiam em compartilhar comigo de meus dissabores.

Existe no mundo algo que se encontra acima das regras fixas e da lógica do certo e do errado, e existe algum fundamento para reconhecer obras que podem ser chamadas de obras de supererrogação. Wendell Phillips, James Monroe e William White sempre foram muito bondosos comigo no modo gentil como perceberam

---

4 Citação de William Shakespeare, *O mercador de Veneza*, ato II, cena 1.

esse ponto. Sei que James Monroe chegou a se cobrir com seu casaco e a se arrastar sobre os fardos de algodão entre os deques para passar a noite comigo, sem um único murmúrio. Wendell Phillips jamais entrava em um vagão de primeira classe enquanto eu era forçado a permanecer naquilo que era denominado vagão Jim Crow. Eis verdadeiros homens, que não podiam aceitar ser acolhidos na mesa de um homem onde eu fosse rejeitado. Falo desses cavalheiros não como casos singulares ou excepcionais, mas como representantes de uma grande categoria dos que estiveram nos primórdios da luta pela abolição da escravidão. Como regra geral, na Nova Inglaterra depois de 1840 havia poucas dificuldades para obter lugares adequados onde eu pudesse defender a causa de meu povo. Os abolicionistas haviam passado pelo mar Vermelho das turbas e conquistado o direito a serem ouvidos respeitosamente. Eu, contudo, deparei com várias cidades em que as pessoas fechavam as portas e se recusavam a falar do assunto. Notáveis entre essas foram Hartford, em Connecticut, e Grafton, em Massachusetts. Na primeira, os senhores Garrison, Hudson, Foster, a sra. Abby Kelley e eu decidimos realizar nossas reuniões a céu aberto, o que fizemos em um pequeno pátio sob os beirais do "santuário" onde era ministro o reverendo dr. Hawes, o que nos deixou muito satisfeitos, e creio que isso trouxe vantagens para nossa causa. Em Grafton eu estive sozinho, e não havia casa, salão, igreja ou mercado em que eu pudesse falar com as pessoas; *determinado*, porém, *a falar*, fui ao hotel e peguei emprestada uma campainha, e com ela em mãos passei pelas ruas principais, tocando a campainha e gritando: "*Atenção!* Frederick Douglass, até recentemente escravo, vai falar sobre a escravidão nos Estados Unidos, no Grafton Common, esta noite, às sete. Aqueles que gostariam de ouvi-lo falar sobre a lida da escravidão da boca de alguém que foi escravo estão respeitosamente convidados a comparecer". Essa notícia atraiu uma grande plateia, e depois disso a maior igreja da cidade abriu as portas para mim. Apenas em outro caso fui forçado a seguir essa mesma estratégia mais tarde, e isso ocorreu em Manchester, em New Hampshire, e meus esforços lá foram seguidos de resultados semelhantes. Quando as pessoas descobriam que eu seria ouvido, viam que seria sábio abrir caminho para mim.

O tratamento que eu recebia ao usar transportes públicos nessa época era extremamente rude, sobretudo na "Ferrovia Leste, de

Boston a Portland". Nessa ferrovia, assim como em muitas outras, existia um vagão sórdido, sujo e desconfortável destinado a viajantes negros e denominado "Jim Crow". Vendo isso como fruto do preconceito dos donos de escravos e estando decidido a lutar contra o espírito da escravidão onde quer que eu deparasse com ele, decidi evitar esse vagão, embora por vezes fazer isso exigisse certa coragem. Os negros em geral aceitavam a situação e reclamavam de mim como se eu estivesse piorando as coisas em vez de melhorá-las quando me recusava a me submeter a essa exclusão. No entanto, eu insistia e às vezes era agredido fisicamente pelo condutor e pelo operador dos freios. Em uma ocasião, seis desses "homens da mais baixa extração"[5], sob direção do maquinista, decidiram me retirar de meu assento. Como de costume, eu tinha comprado um bilhete de primeira classe e pagara a quantia exigida por ele, e, ao ouvir o maquinista me dizendo que eu deveria sair, eu me recusei, e então ele chamou esses homens para "me arrastar para fora". Eles tentaram obedecer com um ar que me dizia claramente que eles se divertiam com o trabalho. Entretanto, eles descobriram que eu estava *bem preso* a meu assento, e ao me removerem rasguei dois ou três assentos ao redor, aos quais me agarrei com firmeza, e acabei deixando mais algumas outras marcas no vagão. Eu era forte e vigoroso, e os assentos não eram muito bem presos nem eram feitos com a mesma solidez dos de hoje. O resultado foi que Stephen A. Chase, superintendente da ferrovia, ordenou que todos os trens de passageiros passassem por Lynn, onde eu morava à época, sem parar. Isso se tornou um grande inconveniente para as pessoas, sendo que muitas delas faziam negócios em Boston e em outros pontos da ferrovia. No entanto, liderado por James N. Buffman, Jonathan Buffum, Christopher Robinson, William Bassett e outros, o povo de Lynn tomou corajosamente meu partido e denunciou a administração da ferrovia em termos enfáticos. O sr. Chase respondeu que uma empresa ferroviária não era nem uma instituição religiosa nem um reformatório; que a ferrovia era gerida pensando no bem-estar do público e que *isso* exigia a exclusão de negros dos vagões. Com ar de triunfo, ele disse que não podíamos esperar que uma companhia ferroviária fosse melhor do que a igreja evangélica e que enquanto

---

5 Atos, 17:5.

as igrejas não abolissem os "bancos para negros" nós não deveríamos esperar que a empresa ferroviária abolisse o vagão para negros. Esse era certamente um bom argumento contra a Igreja, mas que não resolvia a exigência de justiça e igualdade. Meu velho e querido amigo J. N. Buffum afirmou que a empresa ferroviária "frequentemente permitia cachorros e macacos nos vagões de primeira classe, e no entanto excluía um homem como Frederick Douglass!". Em poucos anos essa prática bárbara foi deixada de lado, e creio que não tenha havido exemplos de exclusão desse gênero nos últimos trinta anos; e hoje as pessoas negras, em toda parte da Nova Inglaterra, viajam nas mesmas condições que os demais passageiros.

Capítulo V
CEM CONVENÇÕES

Convenções antiescravagistas realizadas em partes da Nova
Inglaterra e em alguns estados do Meio-Oeste e do Oeste dos
Estados Unidos • Turbas • Incidentes etc.

O ano de 1843 foi marcado por uma impressionante atividade antiescravagista. A Sociedade Antiescravagista da Nova Inglaterra, em seu encontro anual realizado na primavera daquele ano, decidiu, sob os auspícios do sr. Garrison e de seus amigos, promover uma série de cem convenções. O território abarcado por esse plano para criar um sentimento antiescravagista incluía New Hampshire, Vermont, Nova York, Ohio, Indiana e Pensilvânia. Tive a honra de ser escolhido como um dos agentes que iriam auxiliar nessas convenções e jamais iniciei um trabalho com mais amor e esperança. Tudo que o povo americano precisava, eu pensava, era de luz. Caso conhecessem a escravidão como eu a conhecia, as pessoas iriam às pressas trabalhar por sua extinção. O pelotão de oradores que participariam dessas convenções a meu lado era formado pelos srs. George Bradburn, John A. Collins, James Monroe, William A. White, Charles L. Remond e Sydney Howard Gay. Todos eram mestres no assunto, e alguns eram oradores hábeis e eloquentes. Para mim foi uma grande sorte, apenas alguns anos depois de ter deixado a escravidão, ser colocado em contato com tais homens. Foi uma verdadeira campanha, e sua realização exigiu quase seis meses.

Aqueles que só conhecem o estado de Vermont como é hoje mal poderão compreender e ficarão espantados ao saber que quarenta anos atrás havia necessidade de um esforço antiescravagista dentro de suas fronteiras. Nossa primeira convenção foi realizada em Middlebury, principal local de aprendizagem no estado e lar de William Slade, que por anos trabalhou com John Quincy Adams no Congresso; e no entanto nessa cidade a oposição a nossa convenção antiescravagista foi intensamente amarga e violenta. O único homem de renome nessa cidade que eu hoje me lembro de demonstrar simpatia por nós ou de nos dar boa acolhida foi o sr. Edward Barber, um homem de coragem e de habilidade, e que fez o melhor a seu alcance para que nossa convenção fosse um sucesso. Antes de nossa chegada, os estudantes da faculdade haviam se empenhado em afixar cartazes enganosos pela cidade com violentas calúnias contra nossas pessoas e com as mais grosseiras representações de nossos princípios, meios e objetivos. Eu era descrito como um condenado que havia fugido de uma prisão estadual, e os demais oradores eram atacados de maneira não menos difamatória. Poucas pessoas compareceram à nossa reunião, e aparentemente ela não obteve muitos resultados. Na cidade vizinha de Ferrisburgh o caso foi diferente e mais favorável. O caminho tinha sido preparado para nós por vigorosos trabalhadores antiescravagistas como Orson S. Murray, Charles C. Burleigh, Rowland T. Robinson, entre outros. No geral, entretanto, as diversas cidades visitadas mostraram que Vermont estava surpreendentemente sob a influência do poder da escravatura. O orgulho demonstrado pelo fato de que dentro de suas fronteiras jamais um escravo havia sido entregue a seu dono não escondia o ódio contra o abolicionismo. O que se pode dizer sobre o "estado da Montanha Verde" valia também de maneira ainda mais desestimulante para Nova York, o estado que visitamos a seguir. Ao longo do canal Erie, desde Albany até Buffalo, havia visível apatia, indiferença, aversão e, por vezes, um espírito de turba. Até mesmo Syracuse, mais tarde lar do humano Samuel J. May e cenário do "resgate de Jerry"; onde Gerrit Smith, Beriah Greene, William Goodell, Alvin Stewart e outros homens hábeis ensinaram sua nobre lição, não nos cedeu naquela época uma igreja, um mercado, uma casa, um saguão onde pudéssemos realizar nossos encontros. Ao descobrir tal estado de coisas, alguns de nós estavam dispostos a dar as costas para a cidade e sacudir a poeira de nossos pés,[6] mas desses, fico feliz em dizer, eu não fazia parte. Eu tinha lido em algum lugar uma determinação para sair aos caminhos e valados e forçar os homens a entrar.[7] O sr. Stephen Smith, sob cujo teto hospitaleiro pudemos nos sentir em casa, pensava como eu. Seria fácil silenciar a agitação antiescravagista caso a

---

6 Mateus, 10:14.
7 Lucas, 14:23.

recusa de ceder a seus agentes o uso de saguões e igrejas pudesse afetar o resultado. A casa de nosso amigo Smith ficava no canto sudoeste do parque, bem recoberto por jovens árvores pequenas demais para oferecer sombra ou abrigo, mas ainda assim melhor do que nada. Postado sob uma pequena árvore no canto sudeste desse parque, comecei a falar pela manhã para uma plateia de cinco pessoas, e antes do fim de minha reunião da tarde tinha diante de mim não menos de quinhentas pessoas. À noite fui esperado por autoridades da Igreja Congregacional, que me ofereceram uma antiga edificação de madeira que eles haviam abandonado depois de ter construído um templo melhor, mas que ainda pertencia a eles, e ali nossa convenção continuou por três dias. Creio que depois disso não houve problemas para encontrar lugares em Syracuse onde realizar encontros antiescravagistas. Nunca vou àquela cidade sem me esforçar para ver aquela árvore que, assim como a causa que ela abrigou, cresceu em tamanho, força e imponência.

Acredito que minha primeira infração contra nosso Israel Antiescravagista tenha sido cometida durante essas reuniões em Syracuse. Eis o que se passou: nosso agente geral, John A. Collins, voltara recentemente da Inglaterra cheio de ideias comunistas, ideias que acabariam com a propriedade individual e que tornaria comum a propriedade de todas as coisas. Ele havia organizado um batalhão de oradores que compartilhavam de suas ideias, composto por John O. Wattles, Nathaniel Whiting e John Orvis, para seguir nossas convenções antiescravagistas e, enquanto realizávamos nosso encontro em Syracuse, um evento, como o leitor observará, conquistado com grande dificuldade, o sr. Collins surgiu com seus novos amigos e suas novas doutrinas e propôs a suspensão de nossas discussões antiescravagistas para discutir o tema do comunismo. Ousei objetar. Afirmei que isso traria uma carga adicional de impopularidade à nossa causa, e que seria um gesto de má-fé com as pessoas que pagavam o salário do sr. Collins e eram responsáveis por essas cem convenções. Estranhamente, minha atuação não foi avalizada pela sra. M. W. Chapman, integrante influente do conselho de gestores da Sociedade Antiescravagista de Massachusetts, e me levou a sofrer uma forte reprimenda dela, por insubordinação a meus superiores. Essa foi uma estranha e incômoda revelação para mim, da qual não me livrei logo. Eu achava que tinha cumprido com meu dever, e ainda acho. O principal motivo para essa reprimenda foi o uso que os jornais da causa fariam de minha aparente rebelião contra os comandantes de nosso exército antiescravagista.

Na florescente cidade de Rochester tivemos uma recepção melhor em todos os sentidos. Abolicionistas de todos os matizes foram tolerantes o suficiente para ouvir os garrisonianos (pois eis o que éramos). Samuel D. Porter e a família Avery, embora pertencessem à escola de Gerrit Smith, Myron Holly e William Goodell, não foram tacanhos o suficiente para nos recusar o uso de sua igreja para nossa convenção. Ouviram nossos argumentos morais e de maneira honrada nos enfrentaram em um debate. Nós nos opúnhamos a levar a causa abolicionista para um plebiscito, e eles eram favoráveis. Eles viam a escravidão como algo criado pela *lei*; nós a percebíamos como algo criado pela opinião pública. É surpreendente observar como hoje as diferenças parecem pequenas em retrospectiva, depois de quarenta anos; no entanto, naquela época a diferença era imensa.

Durante nossa permanência em Rochester fomos recebidos com hospitalidade por Isaac e Amy Post, duas pessoas de abundante benevolência, as mais sinceras e melhores de Long Island, e quacres de Elias Hicks. Eles eram tão corajosos quanto amistosos, pois jamais pareceram perguntar: "O que o mundo irá dizer?", mas apenas foram em frente naquilo que lhes parecia ser sua obrigação, independentemente de quem pudesse se sentir feliz ou ofendido. Muitos pobres escravos fugitivos encontraram abrigo sob o teto deles quando esse teto era difícil de encontrar em outros lugares, e os menciono aqui no calor e na integralidade da honesta gratidão.

Contentes com nosso sucesso em Rochester, nós – isto é, o sr. Bradburn e eu – seguimos para Buffalo, na época uma próspera cidade de vapores, alvoroço e negócios. Buffalo estava ocupada demais para tratar de questões como aquelas que abordávamos. Nosso amigo, sr. Marsh, tinha conseguido para nossa convenção apenas uma sala degradada e abandonada, antes usada como agência dos correios. Comparecemos na hora marcada e encontramos sentados uns poucos cocheiros com suas grosseiras roupas de todo dia, chicotes na mão, enquanto suas parelhas esperavam por trabalho nas ruas. O amigo Bradburn olhou ao redor, vendo essa plateia pouco promissora, e deu meia-volta, afirmando que não iria falar para "meia dúzia de maltrapilhos", e pegou o primeiro vapor para Cleveland, lar de seu irmão Charles, e me deixou "fazer" Buffalo sozinho. Durante quase uma semana falei todos os dias naquela antiga agência dos correios para plateias que cresciam constantemente tanto em número de pessoas quanto em respeitabilidade, até que abriram a igreja batista para mim; e quando essa igreja se tornou pequena demais fui no domingo para o parque ao ar livre falar para uma assembleia de quatrocentas ou quinhentas pessoas. Depois disso meus amigos negros, Charles L. Remond, Henry Highland Garnett, Theodore S. Wright, Amos G. Beaman, Charles M. Ray e outros homens de cor bastante conhecidos fizeram uma convenção ali; e então Remond e eu partimos para nossa convenção seguinte, no condado de Clinton, em Ohio. Esse encontro foi realizado em um grande galpão, construído especialmente com esse propósito pelos abolicionistas, entre os quais os mais notáveis eram o dr. Abram Brook e Valentine Nicholson. Milhares de pessoas se reuniram ali e ouviram Bradburn, White, Monroe, Remond e Gay, além de mim. A influência dessa convenção foi profunda e bastante disseminada. Seria tedioso falar de tudo, ou de uma pequena parte de tudo que houve de interessante e de ilustrativo das dificuldades encontradas pelos primeiros defensores do abolicionismo e que esteve associado a essa campanha, e portanto deixo essa parte de lado.

De Ohio dividimos nossas forças e partimos para Indiana. No primeiro encontro fomos atacados por uma turba, e alguns de nós tiveram suas roupas boas estragadas por ovos malcheirosos. Isso aconteceu em Richmond, onde Henry Clay recentemente fora convidado para a mais alta cátedra da congregação quacre depois de seus fortes insultos contra o sr. Mendenhall, porque este último lhe havia apresentado uma respeitosa petição pedindo que ele alforriasse seus escravos. Em Pendelton esse espírito de turba foi ainda mais forte. Foi impossível conseguir um lugar onde pudéssemos realizar nossa convenção, e nossos amigos, o dr. Fussell e outros, erigiram um tablado no meio do bosque, onde se reuniu uma plateia bastante grande. O sr. Bradburn, o sr. White e eu comparecemos. Assim que começamos a falar, uma turba composta de mais ou menos sessenta dos tipos mais grosseiros que já vi nos mandou, por meio de seus líderes, "ficar em silêncio", ameaçando-nos com violência caso não obedecêssemos. Tentamos dissuadi-los, mas eles não tinham vindo para dialogar, e sim para brigar, e estavam bem armados. Destruíram o tablado sobre o qual estávamos, atacaram o sr. White e arrancaram vários dentes dele, deram um forte golpe em William A. White, acertando-o na parte de trás da cabeça, fazendo um corte feio no couro cabeludo e derrubando-o no chão. Abrindo caminho à força por entre a multidão com um pedaço de pau que consegui pegar no meio da confusão, atraí a fúria da turba, que me deixou prostrado no chão sob uma torrente de golpes. Depois de terem me deixado ali, com a mão direita quebrada, e inconsciente, os arruaceiros montaram em seus cavalos e cavalgaram até Andersonville, onde a maioria morava. Logo fui erguido e acordado por Neal Hardy, bondoso membro da Sociedade de Amigos, e em sua carroça levado pelos campos por cerca de 5 quilômetros até sua casa, onde a boa sra. Hardy me atendeu afetuosamente e fez curativos, tratando de mim até que eu me pusesse novamente de pé; mas como os ossos quebrados não foram ajustados adequadamente, minha mão jamais recuperou a força e destreza naturais. Ficamos por um longo tempo em Indiana, e os bons efeitos de nosso trabalho lá podem ser percebidos até hoje. Visitei recentemente Pendleton, hoje uma das melhores cidades republicanas no estado, e voltei a ver o lugar em que fui espancado, e estendi a mão novamente a algumas das testemunhas daquela cena, entre as quais a gentil e boa sra. Hardy, que, de modo tão semelhante ao antigo bom samaritano de outrora, tratou de meus ferimentos e cuidou de mim com tanta bondade. Uma história completa dessas cem convenções encheria um volume bem maior do que este em que uma simples referência deve ser feita. Seria tarefa grata falar dos nobres jovens que abriram mão da tranquilidade e do prazer, como foi o caso de White, Gay e Monroe, e enfrentaram todo tipo de privação pela causa dos escravizados e oprimidos de minha raça. Gay, Monroe e eu somos os únicos que sobrevivem hoje entre os que participaram como agentes nas cem convenções. O sr. Monroe foi por muitos anos cônsul no Brasil, e desde então tem sido leal membro do Congresso representando o Distrito de Oberlin, em Ohio, e ocupou outras posições importantes em seu estado. O sr. Gay foi editor do *National Anti-Slavery Standard* e, depois, do *New York Tribune* e, mais tarde, do *New York Evening Post*.

Capítulo VI
IMPRESSÕES NO EXTERIOR

Perigo a ser evitado • À procura de refúgio no exterior •
Viagem no vapor *Cambria* • Recusa da passagem de
primeira classe • Atrações do castelo de proa • Família
Hutchinson • Convidado a fazer um discurso • Sulistas
se sentem ofendidos • O capitão ameaça pô-los a ferros •
Experiências no exterior • Atenções recebidas • Impressões
de diferentes membros do Parlamento e de outros homens
públicos • Contrastes com a vida nos Estados Unidos •
Bondade dos amigos • A compra de minha pessoa e sua
entrega como presente para mim • Meu retorno

Como sugeri anteriormente, a publicação de minha *Narrativa* foi
vista por meus amigos com sentimentos mistos de satisfação e
apreensão. Eles ficaram felizes de ver desmentidas diante do mundo
as dúvidas e insinuações que os defensores e partidários da escravidão faziam contra mim, porém tinham muitos receios de que essa
mesma prova pudesse colocar em risco minha segurança e me obrigar a abandonar uma posição que de maneira importante havia se
aberto para mim, e na qual eu tinha sido até então eficiente ajudando
a fazer o sentimento moral da comunidade se voltar contra um sistema que havia me privado, junto aos demais escravos, de todos os
atributos da humanidade.

Eu me tornei dolorosamente consciente do perigo que me ron-
dava e que poderia a qualquer momento acabar com minhas presun-
çosas esperanças e me devolver a um destino pior do que a morte.
Foi assim que fui levado a buscar refúgio na monárquica Inglaterra
contra os perigos da escravidão republicana. Sendo um escravo
foragido rude e inculto, fui levado ao país aonde vão os jovens americanos em busca de conhecimentos, de prazeres e de um contato
com a sofisticação aristocrática dos ingleses que suavizasse seus
rústicos modos democráticos.

Meu amigo James N. Buffum, de Lynn, em Massachusetts, que deveria me acompanhar, solicitou passagens a bordo do vapor *Cambria*

226

da empresa Cunard e foi informado de que eu não podia ser recebido como passageiro de primeira classe. O preconceito americano contra os negros triunfara sobre a liberalidade e a civilização inglesas, e criara um teste de cor como condição para atravessar o oceano na cabine de um navio britânico.

O insulto foi profundamente sentido por meus amigos brancos, mas para mim esse tipo de insulto era tão frequente e esperado que não havia grande importância em estar na primeira ou na terceira classe. Além disso, imaginei que, caso eu não pudesse viajar na primeira classe, os passageiros desta poderiam ir até a terceira, e nisso eu não estava errado, uma vez que logo me vi como objeto de interesse geral, até mais do que havia desejado e, longe de ser degradado por ser colocado na terceira classe, aquela parte do navio se tornou cenário de prazer e refinamento na mesma medida que a primeira. A família Hutchinson de New Hampshire – os doces cantores do abolicionismo e de *There's a Good Time Coming* – eram companheiros de viagem e frequentemente iam a minhas rústicas acomodações no castelo de proa e cantavam as mais doces canções, tornando o lugar eloquente com música e cheio de animada conversa. Eles não apenas me visitavam como também me convidaram a visitá-los, e dois ou três dias depois da partida de Boston uma parte do navio era tão livre quanto a outra. Minhas visitas, no entanto, eram raras. Eu preferia viver dentro de minhas acomodações e ficar no espaço que me fora destinado. Isso era muito mais compatível com a boa política e também com meus próprios sentimentos. O efeito foi que no caso da maior parte dos passageiros todas as distinções de cor deixaram de ter importância, e fui tratado com todas as marcas de respeito desde o princípio até o fim da viagem, exceto em um único caso, e nessa situação passei perto de ser alvo da turba por aceitar um convite feito pelos passageiros e pelo capitão do *Cambria* para fazer uma palestra sobre a escravidão. Havia vários rapazes, passageiros da Geórgia e de New Orleans, e eles tiveram prazer em considerar minha palestra como um insulto a eles, e juraram que eu não iria falar. Chegaram a ponto de ameaçar me atirar da amurada e, não fosse pela firmeza do capitão Judkins, provavelmente teriam tentado executar suas ameaças, inspirados pela escravidão e pelo conhaque. Não tenho espaço para descrever essa cena, embora seus traços trágicos e cômicos bem valham a descrição. O capitão pôs fim ao tumulto determinando que os arruaceiros de alto-mar fossem postos a ferros, o que levou os cavalheiros do açoite a sair em desabalada carreira e a se comportar de maneira bastante decorosa durante o resto da viagem.

Esse incidente da viagem me colocou diante do público britânico dois dias depois do desembarque em Liverpool. Os cavalheiros tão prontamente contidos em sua tentativa de violência contra mim foram apressadamente à imprensa justificar sua conduta e me denunciar como um negro desprezível e insolente. Essa atitude foi ainda menos prudente do que a conduta que eles pretendiam defender, pois, além de despertar algo como um interesse nacional em mim e de me garantir plateia, levou a declarações em contrário e colocou sobre eles a culpa que eles pretendiam pôr em mim e no bravo capitão do navio.

Minha visita à Inglaterra foi importante para mim em todos os sentidos. Entre as muitas vantagens derivadas da oportunidade, não foi a menor delas conhecer pessoas instruídas e ver e ouvir muitos homens distintos daquele país. Meu amigo sr. Wendell Phillips, tendo certo conhecimento de minha admiração por oradores e pela retórica, disse antes de partirmos de Boston: "Embora em geral os americanos falem melhor do que os ingleses, na Inglaterra você encontrará oradores individuais superiores a nossos melhores". Não sei se o sr. Phillips foi justo consigo mesmo ao fazer essa observação, pois encontrei poucos, ou talvez nenhum, que lhe fossem superiores no dom da fala. Quando fui para a Inglaterra, aquele país estava em meio a uma tremenda agitação. As pessoas estavam divididas por duas revogações – a revogação da lei dos cereais e a da união entre Inglaterra e Irlanda.

O debate era intenso tanto no Parlamento quanto entre as pessoas em toda parte, especialmente no que dizia respeito à lei dos cereais. Dois interesses poderosos do país se confrontavam – um venerável pela idade, e o outro jovem, firme e crescente. Ambos se esforçavam para obter supremacia. O conservadorismo se uniu para manter a lei dos cereais, ao passo que o poder crescente do comércio e das manufaturas exigia sua revogação. Tratava-se de interesse contra interesse, porém também de algo maior e mais profundo, pois se de um lado havia o enaltecimento da aristocracia fundiária, de outro havia fome e pestilência. Richard Cobden e John Bright, ambos membros do Parlamento, eram os líderes do movimento contrário à lei dos cereais. Eles eram os estadistas em ascensão na Inglaterra e tinham disposição muito amistosa a respeito dos Estados Unidos. O sr. Bright, que hoje é Sua Excelência John Bright e tem alta posição no gabinete britânico, era favorável e leal ao espírito progressista que aboliu nossa escravidão e salvou o país de ser desmembrado. Vi e ouvi esses homens a bordo e, caso me permitam tal egoísmo, posso dizer que me tornei conhecido de ambos. Além disso, fui muito bem recebido como hóspede na casa do sr. Bright em Rochdale e tratado como amigo e irmão entre seus irmãos e irmãs. Os srs. Cobden e Bright eram igualmente grandes líderes. Um era em ampla medida complemento do outro. Em geral, eram chamados de Cobden e Bright, mas não havia motivo, exceto pelo fato de Cobden ser o mais velho, para que os nomes não pudessem ser invertidos.

Eles eram igualmente bem talhados para suas funções no grande movimento do qual eram líderes notáveis, e nenhum deles parecia suscetível a se apropriar do trabalho do outro. O contraste era nítido em sua personalidade tanto quanto em sua oratória. Os discursos poderosos de um, à medida que eles viajavam juntos pelo país, ampliavam o efeito dos discursos do outro, de modo que suas diferenças eram tão eficazes quanto suas concordâncias. O sr. Cobden – para um inglês – era magro, alto e ligeiramente pálido, e podia ser tomado por americano ou francês. O sr. Bright era, no mais amplo sentido, um inglês, com abundância de todas as perfeições físicas peculiares a seus compatriotas – cheio, roliço e corado. Cobden tinha olhos e cabelos escuros, cabeça bem formada muito acima dos ombros, e, quando estava sentado imóvel, apresentava um olhar de tristeza e fadiga. Na Câmara dos Comuns ele frequentemente ficava sentado com uma das mãos apoiando a cabeça. Bright parecia o exato oposto nesse e em outros aspectos. Seus olhos eram azuis, os cabelos eram claros, a cabeça grande e assentada com firmeza sobre os ombros, sugerindo imensa energia e determinação. Em sua oratória o sr. Cobden era calmo, cândido, deliberado, direto, embora por vezes um pouco hesitante. O sr. Cobden era cheio de fatos e números, apresentando estatísticas a toda hora. O sr. Bright era cheio de perspicácia, conhecimento e sentimento, e dotado de impressionante capacidade de expressão. Um falava ao lado frio, racional da nação britânica, que pergunta "se a nova ideia vai compensar". O outro falava ao lado infinito da natureza humana – o lado que pergunta, sobretudo: "Isso é certo? É justo? É humano?". Sempre que esses dois grandes homens apareciam, as pessoas se reuniam aos milhares. Eles eram capazes, caso a notícia fosse dada com uma hora de antecedência, de encher o Auditório Municipal de Birmingham, que abrigava setecentas pessoas, ou o Free Trade Hall, em Manchester, e o Covent Garden, em Londres, cada um com capacidade para oitocentas pessoas.

Um dos primeiros cuidados que esses cavalheiros tiveram comigo foi me fazer bem recebido no Clube de Livre Comércio, em Londres.

Eu estava havia pouco tempo em Londres quando uma crise atingiu o movimento contrário à lei dos cereais. O anúncio de que *sir* Robert Pell, na época primeiro-ministro da Inglaterra, havia se convertido ao ponto de vista dos srs. Cobden e Bright teve efeito sensacional sobre o país e serviu de ponto de inflexão na questão relativa à lei dos cereais. *Sir* Robert tinha sido o forte defensor da aristocracia agrária da Inglaterra, e sua deserção os deixou sem um líder competente; e bem nesse ponto surgiu a oportunidade para o sr. Benjamin Disraeli, o Hebreu, mais tarde tornado lorde Beaconsfield. Para ele isso foi o equivalente na vida pública à "maré que levou à fortuna"[8]. Com amargura insuperável ele tinha sido denunciado, por ser judeu, como descendente direto do ladrão na cruz. Mas agora a hora dele chegara, e ele não era homem para deixar passar o momento sem aproveitá-lo. Pela primeira vez, parece, ele concebeu a ideia de se colocar à frente de um grande partido, e assim se tornou o principal defensor da aristocracia agrária. O caminho era simples. Ele precisava ser mais eficiente do que todos os demais na denúncia contra *sir* Robert Peel e superar todos os demais em ardor. Sua habilidade estava à altura da situação, e o mundo conhece o resultado de sua ambição. Eu o observei de perto quando o vi na Câmara dos Comuns, mas nada vi nem ouvi ali que previsse o imenso espaço que ele acabou ocupando na mente de seu país e do mundo. Ele não tinha nada da graça e do calor de Peel no debate, e seus discursos eram melhores impressos do que ouvidos; no entanto, quando ele falava

---

8 Citação de William Shakespeare, *Júlio César*, ato IV, cena 3.

todos os olhos ficavam fixos e todos os ouvidos, atentos. Mas, apesar de toda a sua habilidade e poder como defensor dos interesses da elite agrária da Inglaterra, a causa dele estava perdida. O poder crescente da liga contrária à lei dos cereais, o fardo do imposto sobre o pão, o grito de angústia que vinha da Irlanda assolada pela fome e a adesão de Peel ao ponto de vista de Cobden e Bright tornaram a revogação da lei dos cereais rápida e certa.

A revogação da união entre a Inglaterra e a Irlanda não teve a mesma sorte. Ela continua sendo, sob um ou outro nome, a acalentada esperança e a inspiração de seus filhos. A causa se encontra pouco melhor ou mais forte do que se encontrava 36 anos atrás, quando seu grande defensor, Daniel O'Connell, recebeu-me na Irlanda e no "Conciliation Hall", e onde pela primeira vez tive uma mostra de sua eloquência verdadeiramente assombrosa. Até ouvir esse homem eu achava que a história de sua oratória e de sua capacidade era bastante exagerada. Eu não via como um homem pudesse falar para 20 ou 30 mil pessoas de uma só vez e ser ouvido por uma porção considerável delas, mas o mistério foi resolvido quando vi sua figura ampla e ouvi sua voz musical. A eloquência dele atingiu uma vasta assembleia do mesmo modo como uma tempestade de verão cai sobre uma estrada empoeirada. Ele podia a seu bel-prazer levar uma multidão a uma tempestade de fúria ou reduzi-la ao silêncio que uma mãe faz ao deixar o lado do berço de seu bebê adormecido. Tal ternura, tal sentimento, tal amor capaz de abraçar o mundo! – e, por outro lado, tal indignação, tal denúncia feroz e vociferante, tal sagacidade e tal humor, eu jamais ouvi superados, nem sequer igualados, seja em meu país ou no exterior. Ele tinha a Irlanda cativa em sua mão forte e podia conduzi-la para onde quisesse, pois a Irlanda acreditava nele e o amava de um modo como não amou nenhum líder desde então. Em Dublin, depois de ele ter estado ausente da cidade por algumas semanas, eu o vi ser seguido pela rua Sackville por uma multidão de meninos e meninas, que gritavam em seus adoráveis sotaques "Lá vai o Dan! lá vai o Dan!" enquanto ele olhava para a multidão maltrapilha e descalça com o ar bondoso de um pai amoroso que volta para seus alegres filhos. Ele era chamado de "O Libertador", e não sem motivo, pois, embora não tenha conseguido levar a efeito a revogação da união entre Inglaterra e Irlanda, ele lutou na batalha pela emancipação dos católicos e era claramente amigo da liberdade em qualquer lugar do mundo. Ao me apresentar a uma imensa plateia no Conciliation Hall, ele me chamou, brincando, de "o O'Connell negro dos Estados Unidos". Ele também não deixou que passasse a ocasião sem sua costumeira denúncia de nosso sistema escravagista. O. A. Brownson na época acabara de se converter ao catolicismo e, aproveitando seu novo público católico na *Brownson's Review*, acusou O'Connell de atacar as instituições americanas. Em resposta o sr. O'Connell disse: "Sou acusado de atacar as instituições americanas, como a escravidão é chamada; não sinto vergonha por esse ataque. Minha compaixão não está confinada aos estreitos limites de minha verde Irlanda; meu espírito anda pelo mundo sobre mar e terra, e onde quer que exista opressão eu odeio o opressor, e onde quer que o tirano erga sua cabeça, atirarei minhas setas contra ele, e onde quer que haja tristeza e sofrimento, lá estará meu espírito para prestar socorro e levar consolo". Nenhum estadista do outro lado do Atlântico deu um testemunho mais forte e mais revelador contra o crime e a maldição da escravidão do que Daniel O'Connell. Ele não apertava a mão de nenhum dono de escravos nem permitia que o apresentassem a alguém que ele soubesse possuir cativos. Quando os defensores da revogação dos estados do Sul mandaram dinheiro para que ele prosseguisse com o trabalho, O'Connell, com indizível desprezo, recusou o suborno e mandou de volta aquela que considerava uma oferta manchada de sangue, dizendo que "jamais compraria a liberdade da Irlanda ao preço de escravos".

Pouco depois de ter me encontrado com o sr. O'Connell, a saúde dele se deteriorou, e sua carreira foi encerrada pela morte. Minha impressão foi que um grande defensor da liberdade havia tombado e que a causa do escravo americano, não menos do que a causa da Irlanda, sofrera uma grande perda. Essa sensação se ampliou ainda mais quando vi o tipo de homem que ascendeu quando a voz de O'Connell já não podia ser ouvida na Irlanda. Ele foi sucedido pelos Duffy, Mitchell, Meagher e outros – homens que amavam a liberdade para si mesmos e para seu país, mas que eram completamente desprovidos de simpatia pela causa da liberdade em outros países. Um dos primeiros pronunciamentos de John Mitchell ao chegar a este país, seu exílio e cativeiro, foi um desejo por uma "fazenda bem suprida de escravos".

Além de ouvir Cobden, Bright, Peel, Disraeli, O'Connell, lorde John Russell e outros debatedores do Parlamento, tive a sorte de ouvir lorde Brougham quando estava perto de seu auge. Ele tinha à época pouco mais de 60 anos, e para um estadista britânico não era considerado idoso; no caso dele, ainda restavam trinta anos de vida pela frente. Ele me pareceu o mais magnífico orador entre todos. Não consigo imaginar como se poderia descrevê-lo. Ouvi-lo era como estar perto de um trem puxado por uma locomotiva a 70 quilômetros por hora; você fica imóvel, encantado com o sublime espetáculo de velocidade e força, mas incapaz de descrever os vagões, ou os passageiros nas janelas. Havia tanto para ver e ouvir, e tão pouco tempo restava a quem via e ouvia para fazer anotações dos detalhes que quando esse estranho homem se sentava tinha-se a impressão de ter passado pelas desconcertantes maravilhas de uma exposição mundial. Na ocasião em que o ouvi, seu discurso foi sobre as relações postais entre a Inglaterra e o mundo exterior, e ele parecia ter um conhecimento perfeito da organização postal de cada nação da Europa e, na verdade, de todo o universo. Ele tinha a grande vantagem, tão valiosa para o debatedor no Parlamento, de fazer todas as interrupções servirem ao propósito de seu raciocínio e de seu discurso, e de realizar um diálogo com diversas pessoas sem interromper a rápida corrente de seu pensamento. Eu tinha mais curiosidade de ver e ouvir esse homem do que qualquer homem na Inglaterra, e ele mais do que atendeu a minhas expectativas.

Enquanto estive na Inglaterra, vi poucas celebridades literárias, além de William e Mary Howitt e *sir* John Bowering. Fui convidado para um café da manhã por este último em companhia de William Lloyd Garrison e passei uma deliciosa manhã com ele, principalmente como ouvinte da conversa deles. *Sir* John era poeta, estadista e diplomata, e representara a Inglaterra como ministro na China. Ele tinha muitas informações interessantes e um jeito encantador de compartilhar seu conhecimento. A conversa tratou de escravidão e da China, e, como meu conhecimento sobre o "Reino Florido" e seu povo era muito escasso, fiquei enormemente interessado pela descrição que *sir* John fez das ideias e dos costumes que prevaleciam entre eles. De acordo com ele, a doutrina da substituição era naquele país levada a ponto de alguns homens por vezes conseguirem que outros sofressem a pena de morte em seu lugar.

233

A justiça não parecia interessada na punição do verdadeiro criminoso, desde que alguém fosse punido quando a lei fosse violada.

William e Mary Howitt estão entre as pessoas mais gentis que conheci. Seu interesse pelos Estados Unidos e suas conhecidas declarações contra a escravidão fizeram eu me sentir em casa ao me hospedar com eles na parte de Londres conhecida como Clapham. Enquanto estava ali, conheci o poeta e escritor escandinavo – Hans Christian Andersen. Assim como eu, ele era um hóspede, passando alguns dias. Apesar disso eu pouco o vi sob o mesmo teto. Ele era peculiar em sua aparência e igualmente singular em seu silêncio. Sua mente me parecia o tempo todo integralmente voltada para os próprios pensamentos. Ele andava pelo belo jardim como alguém poderia andar em um sonho. Os Howitt haviam traduzido as obras dele para o inglês e evidentemente conseguiam se comunicar com ele em sua língua natal. É possível que o inglês ruim dele e o fato de eu não falar sueco sejam responsáveis por nosso silêncio mútuo, porém observei que ele se comportava do mesmo modo em relação a todo mundo. O sr. e a sra. Howitt eram leitores incansáveis. Jamais houve duas pessoas mais diligentes e bondosas. Apesar de todo o trabalho literário, eles sempre tinham tempo para dedicar a desconhecidos, e a todo tipo de esforço benevolente para melhorar a situação dos pobres e necessitados. Embora fossem quacres, eles se interessaram profundamente pelos Hutchinson – Judson, John, Asa e Abby –, que estiveram várias vezes na casa deles durante minha estada. A sra. Howitt apropriadamente os chamou de um *grupo de jovens apóstolos*". Eles cantavam pelos oprimidos e pelos pobres – pela liberdade e pela humanidade.

Em Edimburgo, tão famosa por sua beleza, suas instituições educacionais, seus literatos e sua história, tive um intenso desejo satisfeito – ver e conversar com George Combe, o eminente filósofo da mente e autor da *Constituição do homem*, um livro que eu conhecera poucos anos antes pelas mãos do dr. Peleg Clark, de Rhode Island, e cuja leitura removera muitas sombras de meu caminho. Em companhia de George Thompson, James N. Buffum e William L. Garrison, tive a honra de ser convidado pelo sr. Combe para tomar café da manhã, e a ocasião foi uma das mais prazerosas com que deparei na velha e querida Escócia. Evidentemente, na presença de tais homens, meu papel era um tanto secundário. Eu era um ouvinte. O sr. Combe foi quem falou na maior parte do tempo, e falou com tanta propriedade que ninguém sentiu o desejo de dizer uma só palavra, a não ser para incitá-lo a ir adiante. Ele discutiu as leis dos cereais e a proposta para reduzir as horas de trabalho. Ele observava todas as questões políticas e sociais por meio de sua peculiar ciência mental. Os seus modos eram notavelmente tranquilos, e ele falava como se não esperasse oposição a seus pontos de vista. A frenologia explicava tudo para ele, do finito ao infinito. Olho em retrospectiva com grande satisfação para a manhã que passei com esse homem singularmente lúcido.

Eu deteria o leitor por tempo demais, e tornaria excessivamente grande este livro, caso contasse as muitas gentilezas feitas a mim no exterior, ou mesmo para mencionar todas as pessoas importantes e dignas de nota que me estenderam uma mão amistosa e me acolheram cordialmente; há mais uma, porém, que agora já partiu para seu descanso há muito, de quem devo falar algumas palavras, e esta é Thomas Clarkson – o último de uma nobre linhagem de ingleses que deram início ao movimento abolicionista na Inglaterra e no mundo civilizado –, amigo de toda a vida e colega de obra de Granville Sharpe, William Wilberforce, Thomas Fowell Buxton e outros líderes naquela grande reforma que quase pôs fim à escravidão em todas as partes do globo. Assim como no caso de George Combe, fui ver o sr. Clarkson em companhia dos srs. Garrison e Thompson. Eles haviam enviado um bilhete avisando de nossa chegada e receberam outro em resposta, dizendo que éramos bem-vindos. Encontramos o venerável homem que estávamos visitando sentado a uma mesa onde estivera ocupado escrevendo uma carta para os Estados Unidos contra a escravidão; pois, apesar de seus 87 anos, ele continuava a escrever. Quando fomos apresentados, ele se levantou para nos cumprimentar. A cena foi impressionante. Era o encontro de dois séculos. Garrison, Thompson e eu éramos jovens. Depois de ter apertado a mão de meus dois distintos amigos e de lhes dar boas-vindas, ele tomou uma de minhas mãos nas suas e, com voz trêmula, disse: "Deus te abençoe, Frederick Douglass! Dediquei 65 anos de minha vida para a libertação do teu povo e, se eu tivesse outros sessenta, iria dedicá-los à mesma causa". Nossa estada com esse velho homem de bom coração foi breve. Ele estava debilitado, e nossa presença causou grande comoção para ele, e deixamos a casa com um sentimento semelhante ao que um homem tem ao se despedir de um amigo querido à beira do túmulo.

Pode-se ter uma ideia da diferença de meus sentimentos e circunstâncias enquanto viajei pelo exterior a partir de extratos de uma série de cartas que enviei ao sr. Garrison e que foram publicadas no *Liberator*. Esta foi escrita em 1º de janeiro de 1846:

> Meu caro amigo Garrison:
> Até o momento, não expressei diretamente os pontos de vista, sentimentos e opiniões que formei a respeito do caráter e da condição do povo desta terra. Evitei isso deliberadamente. Queria falar com conhecimento de causa e, para isso, resolvi esperar. Confio que a experiência levou a opinião a uma maturidade de compreensão. Tomei esse cuidado não por acreditar que aquilo que eu disser terá grande efeito ao moldar as opiniões do mundo, mas porque, seja qual for a influência que eu tiver, pequena ou grande, desejo que ela caminhe na direção correta e que esteja em conformidade com a verdade. Mal preciso dizer que ao falar da Irlanda não serei influenciado por preconceitos em favor dos Estados Unidos. Creio que todas as minhas circunstâncias o proíbem. Não tenho uma finalidade à qual servir, nenhum credo a sustentar, nenhum governo a defender; quanto a nações, não pertenço a nenhuma. Não tenho proteção em casa nem lugar de pouso fora. A terra onde nasci me acolhe apenas como escravo e desdenha da ideia de me tratar de outra forma; de modo que sou um proscrito da sociedade de minha infância, e um fora da lei na terra em que nasci. "Sou um estrangeiro contigo e peregrino, como todos os meus pais."[9] Que os homens devam ser patrióticos me parece perfeitamente natural; e, como fato filosófico, sou capaz de lhe dar reconhecimento intelectual. Não posso, porém, ir mais longe. Se em algum momento já senti patriotismo, ou alguma capacidade de acolher esse sentimento, ele me foi tirado há muito tempo pelo açoite dos capatazes da alma americanos. Ao pensar nos Estados Unidos, por vezes me pego admirando seu céu azul brilhante, suas grandes e antigas florestas, seus campos férteis, seus belos rios, seus imensos lagos e suas montanhas coroadas por estrelas. No entanto, meu êxtase logo é refreado – minha alegria em pouco tempo se transforma em luto. Quando lembro que tudo está

---

9 Salmos, 39:12.

amaldiçoado pelo espírito infernal da escravidão, do roubo e da injustiça; quando lembro que com as águas de seus mais nobres rios correm também para o oceano as lágrimas de meus irmãos, desprezadas e esquecidas, e que seus mais férteis campos bebem diariamente o sangue quente de minhas irmãs ultrajadas, sou tomado por um ódio indizível e levado a me censurar por algo poder sair de meus lábios em louvor a tal terra. Meu país não permitirá que seus filhos o amem. Ele parece decidido a forçar aqueles que seriam seus mais calorosos amigos a se transformarem em seus piores inimigos. Que Deus possa fazê-lo se arrepender antes que seja tarde demais, eis a prece ardente de meu coração. Continuarei a orar, a trabalhar e a esperar, acreditando que os Estados Unidos não poderão ser para sempre insensíveis aos ditames da justiça ou surdos à voz da humanidade. Minhas oportunidades para conhecer o caráter e a condição do povo dessa terra foram imensas. Viajei da colina de Howth até a Calçada dos Gigantes, e da Calçada dos Gigantes até o cabo Clear. Durante essas viagens deparei com muito do caráter e da condição do povo que devo aprovar, e com muito que deve ser condenado; com muitas coisas que me enchem de prazer, e com muitas coisas que me enchem de dor. Não irei, nesta carta, tentar dar nenhuma descrição dessas cenas que me trazem dor. Farei isso mais tarde. Já falei bastante, e mais do que seus assinantes estarão dispostos a ler de uma só vez, sobre o lado brilhante do retrato. Posso verdadeiramente dizer que passei alguns dos dias mais felizes de minha vida desde que desembarquei neste país. Pareço ter passado por uma transformação. Vivo uma nova vida. A calorosa e generosa cooperação oferecida a mim pelos amigos de minha raça desprezada; os modos expeditos e liberais com que a imprensa me deu sua ajuda; o glorioso entusiasmo com que milhares de pessoas se reuniram para ouvir o retrato das cruéis injustiças sofridas por meus compatriotas oprimidos e há muito escravizados; a profunda compaixão pelo escravo e o forte ódio ao dono de escravos, demonstrado em toda parte; a cordialidade com que os fiéis e os ministros de diversas igrejas e de várias opiniões religiosas me abraçaram e me ofereceram seu auxílio; a gentil hospitalidade constantemente oferecida por pessoas da nata da sociedade; o espírito de liberdade que parece animar a todos com quem entrei em contato, e a total ausência de tudo que se assemelhe a um preconceito contra mim, por causa da cor de minha pele, tudo isso contrasta tão fortemente com minha longa e amarga experiência nos

Estados Unidos que olho com espanto e perplexidade para a transição. Na parte sul dos Estados Unidos, eu era um escravo – visto e tratado como propriedade; na linguagem da *lei*, "tido, tomado, reputado e julgado como propriedade nas mãos de meus proprietários e possuidores, e de seus executores, administradores e cessionários, para todos os objetivos, construções e propósitos, sejam quais forem". (*Brevard's Digest*, 224) Nos estados do Norte, um escravo fugitivo, exposto a ser caçado a qualquer momento como um criminoso e a ser arremessado nas terríveis garras da escravidão – fadado, por inveterado preconceito de cor, a insultos e ultrajes de toda parte (Massachusetts fora de questão) – destituído dos privilégios e cortesias comuns a outros no uso dos mais humildes meios de transporte – proibido de entrar nas cabines de vapores, rejeitado em hotéis respeitados, caricaturado, zombado, escarnecido e achincalhado e destratado com impunidade por qualquer um, independentemente de quão negro seja seu coração, desde que sua pele seja branca. Agora, porém, perceba a mudança! Onze dias e meio passados, e atravessei 5 mil quilômetros de profundezas perigosas. Em vez de um governo democrático, encontro-me sob um regime monárquico. Em vez dos céus brilhantes e azuis dos Estados Unidos, sou recoberto por uma neblina suave e cinzenta da Ilha Esmeralda. Respiro e, veja!, a propriedade se transforma em homem! Olho ao redor em vão à procura de alguém que questione minha igualdade em relação aos demais homens, que me reivindique como seu escravo ou que me insulte. Pego uma carruagem – estou sentado ao lado de pessoas brancas – chego ao hotel – entro pela mesma porta – sou levado ao mesmo salão – janto à mesma mesa – ninguém se sente insultado. Nenhum nariz delicado se deforma em minha presença. Não encontro dificuldades aqui em ser admitido a qualquer local de orações, de instrução ou de lazer, em termos iguais aos de pessoas brancas como jamais vi nos Estados Unidos. Nada encontro que me leve a lembrar qual é a cor de minha pele. Sou visto e tratado em toda parte com a bondade e a deferência usadas com os brancos. Quando vou à igreja, não deparo com narizes empinados e lábios zombeteiros, que me digam: "Não permitimos negros aqui".

Lembro que cerca de dois anos atrás eu estava em Boston, perto do limite sudoeste do Boston Common, um zoológico. Havia muito tempo eu desejava ver uma coleção de animais como a que eu imaginava estar sendo exibida ali. Sem jamais ter tido uma oportunidade enquanto era escravo, resolvi aproveitar a chance, e, ao me aproximar da entrada, o porteiro me disse, em voz dura e desdenhosa: "*Não permitimos negros aqui*". Também me lembro de participar de um encontro religioso na casa de cultos do reverendo Henry Jackson, em New Bedford, e, ao andar pelo amplo corredor em busca de um assento, encontrar um bom diácono, que me disse, em tom de beatitude: "*Não permitimos negros aqui*". Logo depois de minha chegada a New Bedford, vindo do Sul, tive um forte desejo de ir ao liceu, mas me disseram: "*Eles não permitem negros lá*". Ao ir de Nova York para Boston no vapor *Massachusetts*, na noite de 9 de dezembro de 1843, quando gelado quase até os ossos, entrei na cabine para me aquecer um pouco. Logo fui tocado no ombro, e me disseram: "*Não permitimos negros aqui*". Uma semana ou duas antes de partir dos Estados Unidos, eu tinha uma reunião marcada em Weymouth, a casa daquele glorioso grupo de genuínos abolicionistas – a família Weston e outros. Ao tentar tomar assento no ônibus para aquele lugar, o condutor me disse (e jamais vou me esquecer do seu tom diabólico): "Não permito negros aqui". Agradeço a Deus pelo respiro de que gozo agora! Eu estava havia poucos dias em Dublin quando um cavalheiro de grande respeitabilidade se ofereceu para me conduzir por todos os edifícios públicos daquela bela cidade, e logo depois fui convidado pelo prefeito para cear com ele. Uma pena que não houvesse algum cristão democrata na porta de sua esplêndida mansão para bradar ao ver que eu me aproximava: "Eles não permitem negros aqui!". A verdade é que as pessoas aqui nada sabiam sobre o republicano ódio ao negro que prevalece em nossa terra gloriosa. Eles avaliam e estimam os homens de acordo com sua moral e com seu valor intelectual, e não pela cor de sua pele. Independentemente do que possa ser dito sobre as aristocracias daqui, nada se baseia na cor da pele de um homem. Essa espécie de aristocracia pertence sobretudo à "terra dos livres, e lar dos bravos". Jamais a encontrei no exterior a não ser em americanos. Isso permanece impregnado neles aonde quer que vão. Para eles é quase tão difícil se livrar disso quanto se livrar da própria pele.

No segundo dia depois de minha chegada a Liverpool, em companhia de meu amigo Buffum e de vários outros amigos, fui a Eaton Hall, a residência do marquês de Westminster, uma das edificações mais esplêndidas da Inglaterra. Ao me aproximar da porta, encontrei diversos passageiros americanos que haviam viajado conosco no *Cambria*, esperando que lhes permitissem a entrada, uma vez que só se permitia a entrada de um grupo por vez na casa. Todos precisamos esperar até que saíssem as pessoas que estavam lá dentro, e, de todos os rostos que demonstravam incômodo, os dos americanos eram os que mais se destacavam. Eles pareciam azedos como vinagre e amargos como fel, quando descobriram que eu teria permissão para entrar nos mesmos termos que eles. Quando a porta se abriu, entrei junto aos meus concidadãos brancos e, por tudo que pude ver, recebi tanta atenção dos criados que nos mostravam a casa quanto qualquer outro de pele mais clara. Ao sair da casa, a estatuária não ruiu, os retratos não saltaram de seus lugares, as portas não se recusaram a abrir e os criados não disseram: "*Não permitimos negros aqui*".

Meu tempo e meus trabalhos no exterior se dividiram entre Inglaterra, Irlanda, Escócia e Gales. Essa experiência em si bastaria para encher um volume. Entre os poucos incidentes que o espaço me permitirá mencionar, um que atraiu muita atenção e provocou grande debate nos Estados Unidos foi uma breve declaração dada por mim na Convenção Mundial da Temperança, realizada no teatro Covent Garden, em Londres, em 7 de agosto de 1846. Os Estados Unidos tinham grande representação nessa convenção, com eminentes teólogos, em sua maioria doutores em teologia. Eles tinham ido à Inglaterra com o duplo objetivo de participar da Aliança Evangélica Mundial e da Convenção Mundial da Temperança. No primeiro desses eventos os ministros se esforçavam para obter aval para o caráter cristão dos donos de escravos; e, naturalmente, eram avessos à exposição das práticas do cativeiro. Para eles não era agradável ver um dos escravos andando à solta pela Inglaterra e contando o outro lado da história. O reverendo Samuel Hanson Cox, doutor em teologia, do Brooklyn, Nova York, ficou especialmente incomodado com minha presença e com o discurso que fiz na Convenção da Temperança. Darei aqui, primeiro, a versão do cavalheiro reverendo para a ocasião em uma carta dele, como publicada no *New York Evangelist*, o veículo de sua denominação. Depois de uma descrição do lugar (o teatro Covent Garden) e dos oradores, ele diz:

Todos defendiam a mesma causa, demonstravam gloriosa unidade de pensamento e sentimento, e o efeito era constantemente ampliado – a cena moral era soberba e gloriosa – até que Frederick Douglass, o agitador negro da escravidão e extremista, subiu ao tablado e falou, bem a seu estilo, de modo a arruinar a influência de quase todos os que o precederam! Ele falou longamente sobre o antiescravagismo, ou abolição, sem dúvida incitado a isso por algum político que pode usá-lo para fazer aquilo que não se aventuraria a fazer pessoalmente. Supõe-se que tenha sido bem pago por essa abominação.

Que perversão, que abuso, que iniquidade contra a lei da justiça recíproca, reunir centenas de pessoas e fazê-las, algumas pelo menos, parecer notáveis e dedicadas a um só e grandioso objetivo, e depois de uma só vez, de modo oblíquo, despejar sobre elas uma avalanche por algum mal ou monstruosidade que lhes é imputado, pelo qual, seja qual for o mal ou a ofensa causada, elas estavam fatigadas demais e tomadas de surpresa para estarem adequadamente preparadas. Para mim se trata de maldade. É abominável. Nessa ocasião o sr. Douglass se permitiu denunciar os Estados Unidos e todas as suas sociedades de temperança a um só tempo como uma comunidade opressora de inimigos de seu povo; tal denúncia não conteve um único elemento positivo em relação a todos nós; foi absolutamente indiscriminada em seus rigores; falou dos delegados americanos e para eles como se tivesse sido nosso professor e nós, seus dedicados alunos; e lançou seus vingativos projéteis contra nosso país sem um paliativo sequer, e como se não houvesse um único cristão ou um genuíno opositor da escravidão vivendo nos Estados Unidos. O fato é que esse homem foi bajulado e adulado e usado e pago por certos abolicionistas, que não nos são desconhecidos, do tipo *ne plus ultra*, até que ele se esquecesse de si mesmo, e, embora ele possa assim satisfazer seus impulsos e aqueles do velho Adão em outros, tenho certeza de que esse é o modo de arruinar a própria influência, de derrotar o próprio objetivo e de fazer mal, e não bem, à exata causa que ele diz amar. Com a única exceção de um parricida sem compaixão, cujo caráter abomino, que não irei mencionar pelo nome e que não tem, receio, nenhum sentimento verdadeiro de patriotismo e de religiosidade, todos os delegados de nosso país ficaram em uníssono chocados e indignados. Não é de espantar. Escrevo livremente. Aquilo não foi feito em um lugar escondido. Sua inspiração, creio, veio de baixo, e não de cima. Foi pensado para reacender de ambos os lados do Atlântico as chamas da exasperação nacional e da guerra. E eis o jogo que o sr. Frederick Douglass e seus tolos chefes estão jogando na Inglaterra e na Escócia, e onde quer que percebam haver ainda espaço para que mãos ociosas cometam novos estragos. Cheguei aqui como seu amigo e simpatizante; depois de tê-lo conhecido, mudei de ideia. Minha opinião é cada vez mais que esse espírito deve ser exorcizado da Inglaterra e dos Estados Unidos antes que algum bem substantivo possa ser levado à causa do escravo. Isso serve apenas para tornar pior aquilo que é ruim e para inflamar as paixões de milhões de pessoas indignadas, transformando-as em um ressentimento incurável. Ninguém, exceto um ignorante ou um louco, poderia pensar que esse era o modo de proceder dos inspirados apóstolos do Filho de Deus. Isso pode satisfazer os sentimentos de uns poucos iludidos e maus, mas não fará nenhum tipo de bem, muito menos para o próprio escravo. Trata-se de uma visão míope, impulsiva, exaltada, imprudente e que só tende a fins sanguinários. Nada que se preste a homens de juízo e princípios.

Todos nós queríamos responder, mas era tarde demais. Todo o teatro parecia tomado pelo espírito do alvoroço dos efésios[10], as pessoas estavam furiosas e violentas ao extremo, e o sr. Kirk mal conseguiu obter um momento, embora muitos estivessem do seu lado, para dizer algumas palavras, de maneira muito calma e adequada, afirmando que a causa da temperança não era nem de longe responsável pela escravidão e que não tinha nenhuma conexão com ela.

Agora, para mostrar ao leitor quais eram as bases para essa invectiva saída da pena de tal eminente teólogo, e para mostrar quão facilmente os americanos deixaram de lado sua candura e seu autocontrole quando a escravidão foi mencionada de maneira desfavorável, apresentarei aqui integralmente minha ofensa. Tenha-se em mente que se tratava de uma convenção *mundial* dos amigos da temperança. Não se tratava de uma convenção de americanos nem de homens brancos, mas sim de um evento composto de homens de todas as nações e de todas as raças; e como tal a convenção tinha todo o direito de saber tudo sobre a causa da temperança em todas as partes do mundo, e especialmente de saber quais obstáculos se interpunham a seu avanço em cada parte do globo.

---

10 Atos, 19:23.

Fazia todo o sentido que eu falasse exatamente como o fiz. Não fui um "intruso" nem "me afastei do tema". Eu tinha sido convidado e anunciado como orador pelo mesmo comitê que convidou os drs. Beecher, Cox, Patton, Kirk, Marsh e outros, e meu discurso esteve perfeitamente dentro dos limites do tema, conforme o seguinte relato demonstrará:

Sr. Presidente – Senhoras e senhores:
Não sou delegado desta convenção. As pessoas que teriam maior probabilidade de me eleger como delegado não puderam fazê-lo, pois são hoje mantidas em abjeta escravidão nos Estados Unidos. Senhor, lamento não poder unir-me aos delegados americanos em suas patrióticas eulogias aos Estados Unidos e às sociedades de temperança americanas. Não posso fazê-lo por este bom motivo: existem neste momento 3 milhões de pessoas nos Estados Unidos que em função da escravidão e do preconceito ficam totalmente esquecidas pelas sociedades americanas de temperança. Os 3 milhões de escravos são totalmente excluídos pela escravidão, e 400 mil negros livres são quase completamente excluídos por um inveterado preconceito contra eles em função da cor de sua pele. [Gritos de "Vergonha! Vergonha!".]
Não digo essas coisas para ferir os sentimentos dos delegados americanos. Menciono-as simplesmente em sua presença e perante esta plateia para que, ao perceber como vocês veem esse ódio e essa negligência com o povo negro, eles talvez se inclinem ao voltar para casa a ampliar o campo de suas operações de temperança e incluam no escopo de sua influência minha raça há tanto tempo negligenciada. [Grande salva de palmas e alguma confusão no palco.] Senhor, para lhe dar uma ideia das dificuldades e obstáculos que se interpõem no caminho da reforma da temperança da população negra dos Estados Unidos, permita-me comunicar alguns fatos.
Em torno do ano de 1840, uns poucos cavalheiros inteligentes, sóbrios e benevolentes em Filadélfia, estando a par da terrível devastação causada pela intemperança em meio a uma numerosa classe de negros naquela cidade, e vendo-se negligenciados por essas sociedades e excluídos delas, organizaram eles próprios novas sociedades, nomearam comitês, enviaram agentes, erigiram casas de temperança e estavam diligentemente resgatando com êxito muitas pessoas das garras da intemperança.

A causa prosseguiu nobremente até 1º de agosto de 1842, o dia em que a Inglaterra concedeu liberdade a 800 mil almas nas Índias Ocidentais. As sociedades de temperança dos negros escolheram esse dia para marchar em procissão pela cidade, na esperança de que tal manifestação atraísse mais pessoas para suas fileiras. Eles formaram sua procissão, desfraldaram seus estandartes a favor da abstinência e foram em busca de cumprir seu intento. Era uma visão agradável. Mas, senhor, eles não haviam caminhado por duas quadras quando foram brutalmente atacados por uma turba implacável; seu estandarte foi rasgado e pisoteado sobre o chão empoeirado, suas fileiras foram rompidas, as pessoas foram espancadas e arremessaram-se contra elas pedras e pedaços de tijolos. Uma das igrejas deles foi devastada pelo fogo, e a melhor casa de temperança que eles possuíam foi totalmente demolida. ["Vergonha! Vergonha! Vergonha!" vindo da plateia, grande confusão, e gritos de "Sente-se" dos delegados americanos sobre o palco.]

Em meio a essa comoção o presidente tocou em meu ombro e, sussurrando, informou que os quinze minutos destinados a cada orador haviam se esgotado; isso levou a vasta plateia a gritar simultaneamente: "Não interrompa!", "Não seja autoritário!", "Continue!", "Continue!", "Douglass!", "Douglass!". Isso continuou por vários minutos, até que eu retomasse da seguinte maneira: "Bondosos amigos, suplico que acreditem que o presidente nem de longe tentou alterar qualquer sentimento que eu esteja ansioso para expressar nesta ocasião. Ele estava simplesmente me lembrando que o tempo destinado à minha fala havia se esgotado. Não pretendo ocupar nem um momento a mais do que o destinado a outros oradores. Agradecendo sua bondosa indulgência, vou tomar meu assento". Ao fazer isso novamente, houve altos brados de "Continue! Continue!" a que eu obedeci por alguns instantes, mas sem dizer mais nada que estivesse particularmente relacionado aos negros dos Estados Unidos. Não permiti que a carta do dr. Cox ficasse sem resposta nos jornais americanos e imediatamente expus sua injustiça. A carta é longa demais para ser inserida aqui. Uma parte dela foi publicada no *Evangelist* e em muitos outros jornais, tanto neste país quanto na Inglaterra. Nosso eminente teólogo não fez nenhuma tréplica, e o silêncio dele foi visto na época como uma admissão de derrota.

Outra circunstância interessante associada à minha visita à Inglaterra foi a posição da Igreja Livre da Escócia, tendo à frente os grandes drs. Chalmers, Cunningham e Candlish. Aquela Igreja decidira por conta própria a questão frequentemente formulada pelos oponentes da abolição nos Estados Unidos, "*O que temos a ver com a escravidão?*", ao aceitar contribuições de donos de escravos; ou seja, recebendo o preço do sangue em seu tesouro com o qual construiria igrejas e pagaria ministros para pregar o evangelho; e pior do que isso, quando o honesto John Murray, de Bowlein Bay, com William Smeal, Andrew Paton, Frederick Card e outros genuínos antiescravagistas em Glasgow, denunciaram a transação como vergonhosa, e chocante para o sentimento religioso da Escócia, essa Igreja, por meio de seus principais teólogos, em vez de se arrepender e buscar reparar o erro em que caíra, tornou esse *erro* um flagrante pecado ao passar a defender, em nome de Deus e da Bíblia, o princípio não apenas de aceitar dinheiro de donos de escravos para a construção de igrejas e para desse modo propagar o evangelho, como também de se aliar a traficantes de carne humana. Isso, como o leitor verá, trouxe à tona toda a questão da escravidão e abriu caminho para uma discussão completa do tema. Jamais vi um povo mais profundamente comovido com essa questão que o povo da Escócia. Havia uma profusão de reuniões públicas, discursos, panfletos, editoriais, sermões; e tudo isso levou o consciente povo escocês a um perfeito *furor*. "DEVOLVAM O DINHEIRO!", gritava-se com indignação de Greenock a Edimburgo, e de Edimburgo a Aberdeen. George Thompson, de Londres, Henry C. Wright, J. N. Buffum e eu, dos Estados Unidos, estávamos evidentemente do lado contrário à escravidão, e Chalmers, Cunningham e Candlish do lado oposto. O dr. Cunningham era o debatedor mais poderoso do lado favorável à escravidão, o sr. Thompson o mais hábil do lado contrário à escravidão. Uma cena ocorreu entre esses dois homens, algo para o qual jamais encontrei paralelo antes ou depois. O incidente foi causado por uma única exclamação da parte do sr. Thompson e se deu assim:

A assembleia geral da Igreja Livre estava em andamento em Cannon Mills, em Edimburgo. O local tinha capacidade para 2.500 pessoas e estava abarrotado, porque havia corrido a notícia de que os drs. Cunningham e Candlish falariam naquele dia em defesa das relações entre a Igreja Livre da Escócia e a escravidão nos Estados Unidos. Os srs. Thompson, Buffum, alguns outros amigos antiescravagistas e eu comparecemos, mas ficamos sentados a certa distância e em um lugar de onde não podíamos ser vistos do palco. Havia grande agitação, tornada ainda mais intensa por uma série de encontros organizados por mim e por amigos, num esplêndido salão daquela linda cidade, pouco antes de a assembleia geral se reunir. "DEVOLVAM O DINHEIRO!" em grandes letras maiúsculas encarava a população em cada esquina; "DEVOLVAM O DINHEIRO!" adornava as largas bandeiras colocadas nas ruas; "DEVOLVAM O DINHEIRO!" era o estribilho cantado pelo povo nas ruas; "DEVOLVAM O DINHEIRO!" era o título dos editoriais dos jornais diários. Naquele dia, em Cannon Mills, os grandes doutores da Igreja dariam uma resposta a essa sonora e firme exigência. Homens de todos os partidos e de todas as seitas estavam ansiosos para ouvir. Esperava-se algo grandioso. A ocasião era grandiosa, os homens eram grandiosos, e esperavam-se discursos grandiosos da parte deles.

Além da pressão externa havia hesitação do lado de dentro. A consciência da Igreja não estava tranquila. A insatisfação com a posição da Igreja no que dizia respeito à escravidão era perceptível entre seus membros, e era preciso fazer algo para compensar essa influência inconveniente. O grande dr. Chalmers estava com a saúde debilitada na época, e por isso sua potente eloquência não podia ser invocada em Cannon Mills, como acontecera anteriormente. Aquele cuja voz havia tido o poder de botar abaixo as paredes de granito da Igreja Estabelecida da Escócia, e liderado uma multidão saindo dela em solene procissão como quem abandona uma cidade condenada, agora estava velho e fragilizado. Além disso, ele havia se posicionado sobre essa questão, e isso não silenciara o clamor do lado de fora nem acalmara a agitação e a ansiedade do lado de dentro. A ocasião era importante, e era vista assim. A Igreja estava em situação delicada. Era preciso algum tipo de mudança, ou ela poderia se fragmentar. Permanecer no mesmo lugar era impossível. Todo o peso do problema recaía sobre os ombros de Cunningham e Candlish. Não havia na Igreja ombros mais largos do que os deles; e devo dizer, por mais que eu detestasse os princípios apresentados e defendidos por eles, eu era forçado a reconhecer os imensos dotes intelectuais de ambos.

Cunningham se levantou, e isso foi a senha para um aplauso estrondoso. Pode-se dizer que isso pouco combinava com a solenidade da ocasião, porém para mim serviu para aumentar sua pompa e gravidade. O aplauso, embora estrondoso, não foi feliz. A mim pareceu, enquanto ele ressoava em meio à imensa plateia, a queda de uma enorme carga, arremessada de ombros já esmagados por seu peso avassalador. Foi como dizer: "Doutor, carregamos esse fardo por tempo demais e estamos dispostos a colocá-lo sobre seus ombros. Uma vez que foi você quem o jogou sobre nossas costas, assuma-o e faça o que bem quiser com ele, pois estamos cansados demais para suportá-lo".

O doutor deu início a seu discurso – abundante em lógica, conhecimento e eloquência, e aparentemente superando toda a oposição –; mas no momento – no momento fatal – em que ele estava levando seus argumentos a uma conclusão, e essa conclusão sendo que "nem Jesus nem seus santos apóstolos consideravam a escravidão como um pecado", George Thompson, em uma voz nítida, sonora, porém cheia de censura, rompeu o profundo silêncio da plateia, exclamando "BRAVO! BRAVO! BRAVO!". O efeito dessa exclamação simples e comum foi quase inacreditável. Foi como se uma parede de granito repentinamente tivesse sido arremessada contra a correnteza de um rio poderoso. Por um momento o orador e a plateia foram levados a um silêncio completo. Tanto o doutor quanto seus ouvintes pareciam chocados pela audácia e também pela adequação da censura. Enfim um grito se elevou dizendo *Ponham-no para fora!*". Felizmente ninguém tentou executar essa ordem covarde, e o discurso prosseguiu; mas não como antes. A exclamação de Thompson deve ter voltado a ecoar mil vezes em sua memória, pois o doutor, durante o restante de seu discurso, jamais foi capaz de se recuperar do golpe. O fato estava consumado, entretanto; os pilares da Igreja – *a altiva Igreja Livre da Escócia* – estavam abalados, e a humildade do arrependimento estava ausente. A Igreja Livre se agarrou ao dinheiro manchado de sangue e continuou justificando sua posição.

A conduta da Igreja Livre trouxe bom resultado; ofereceu uma oportunidade para que as pessoas conhecessem plenamente o caráter da escravidão e para opor a ela os sentimentos morais e religiosos daquele país; portanto, embora não tenhamos conseguido a devolução do dinheiro, nosso trabalho foi amplamente justificado por seus bons frutos.

Devo acrescentar uma palavra sobre a Aliança Evangélica. Tratou-se de uma tentativa de formar uma união de todos os cristãos evangélicos do mundo e que teve sua primeira sessão realizada em Londres, no ano de 1846, na mesma época em que a Convenção Mundial da Temperança lá se realizou. Cerca de sessenta ou setenta ministros dos Estados Unidos participaram da convenção, sendo que o objetivo de alguns deles era tecer um traje, amplo como o globo, para vestir os donos de escravos evangélicos; e nisso eles obtiveram sucesso parcial. Contudo, a questão da escravidão era grande demais para ser deixada de lado pela Aliança Evangélica, e de seu julgamento nós apelamos para o julgamento do povo da Grã-Bretanha, com o mais feliz dos efeitos – o esforço de nossos compatriotas para mascarar o caráter dos donos de escravos serviu para que os ouvidos britânicos se abrissem à discussão antiescravagista.

Posso mencionar aqui um incidente algo divertido e instrutivo, uma vez que ilustra quão facilmente os americanos podiam abrir mão de seu celebremente inveterado preconceito de cor quando ele atrapalhava a realização de seus desejos, ou quando se encontravam em ambiente onde esse preconceito fosse impopular e visto como não cristão.

Na entrada da Câmara dos Comuns um dia conversei por alguns momentos com lorde Morpeth, e assim que estava me despedindo dele senti um forte empurrão contra meu braço e, olhando à volta, vi em meu cotovelo o reverendo dr. Kirk, de Boston. "Apresente-me a lorde Morpeth", ele disse. "Certamente", eu disse, e fiz as apresentações; não sem lembrar, no entanto, que nos Estados Unidos o amigável doutor dificilmente teria pedido tal favor a um negro.

O objetivo de meu trabalho na Grã-Bretanha foi a concentração do sentimento moral e religioso de seu povo contra a escravidão americana. Para isso fui a quase toda grande cidade do Reino Unido, fazendo palestras, e tive muitas oportunidades favoráveis para observar e me informar. Eu deveria escrever um livro sobre esses países, pelo menos para fazer uma agradecida menção a muitos amigos queridos cujas ações benevolentes a meu respeito ficaram indelevelmente gravadas em minha memória e guardadas com carinho em meu coração. A esses amigos devo minha liberdade nos Estados Unidos.

A srta. Ellen Richardson, excelente integrante da Sociedade de Amigos, auxiliada pela cunhada, a sra. Henry Richardson, uma senhora dedicada a toda boa obra, amiga dos índios e dos africanos, concebeu o plano de arrecadar recursos para me resgatar da escravidão. Elas se corresponderam com Sua Excelência Walter Forward, da Pensilvânia, e por meio dele averiguaram que o capitão Auld aceitaria 150 libras esterlinas por mim; e essa quantia elas imediatamente levantaram e pagaram por minha libertação, colocando os documentos de minha alforria em minhas mãos antes de permitirem que eu voltasse à terra natal. A essa transação comercial, a esse dinheiro manchado de sangue, devo minha imunidade contra a Lei do Escravo Fugitivo de 1793 e também contra a de 1850. O caso fala por si e dispensa comentários, agora que a escravidão deixou de existir neste país, não sendo provável que um dia volte a acontecer.

Alguns de meus amigos antiescravagistas mais intransigentes não conseguiram ver a sabedoria dessa transação e não ficaram felizes por eu ter dado aval a ela, ainda que apenas por meio do silêncio. Eles acharam que isso violava os princípios antiescravagistas, concedendo o direito de propriedade sobre um homem, e que se tratava de um desperdício de dinheiro. Quanto a mim, vendo aquilo simplesmente como um resgate, ou como dinheiro extorquido por um ladrão, e entendendo que minha liberdade valia mais do que 150 libras esterlinas, eu não conseguia ver nisso uma violação fosse das leis da moralidade, fosse das leis da economia. É verdade que as pessoas que reivindicavam direito sobre mim não me tinham sob sua posse e que eu poderia ter permanecido na Inglaterra, pois meus amigos teriam generosamente me ajudado a me estabelecer por lá. Eu não poderia consentir com isso. Eu acreditava que era meu dever trabalhar e sofrer com meu povo oprimido em minha terra natal. Considerando todas as circunstâncias, incluída aí a lei dos foragidos, penso hoje como na época, que se fez o melhor ao permitir que o sr. Hugh recebesse o dinheiro, o que me deixava com liberdade para voltar ao campo de trabalho mais adequado para mim. Caso eu fosse uma pessoa privada, sem relações ou deveres que ultrapassassem a natureza pessoal e familiar, eu não deveria ter consentido com o pagamento de uma quantia tão grande pelo privilégio de viver em segurança sob nossa gloriosa forma republicana (?) de governo. Eu poderia viver em outro lugar, ou quem sabe pudesse passar despercebido mesmo aqui, porém eu tinha ganhado alguma notoriedade, e em certo sentido minha popularidade era tão grande quanto minha notoriedade, e portanto eu estava bastante exposto a ser preso e capturado.[11]

> A quem interessar possa: Eu, Thomas Auld, do condado de Talbot e estado de Maryland, perante a quantia de cem dólares, em moeda corrente, pagos a mim por Hugh Auld da cidade de Baltimore, no mesmo estado, antes de este documento ser selado, cujo recebimento eu, o referido Thomas Auld, reconheço, concedi, negociei e vendi, e por meio desta concedo, negocio e vendo ao dito Hugh Auld, seus executores, administradores e cessionários, UM HOMEM NEGRO, de nome FREDERICK BAILEY, ou DOUGLASS, conforme ele se denomina – ele tem hoje cerca de vinte e oito anos de idade – para que possua e mantenha o dito negro pela vida toda. E eu, o referido Thomas Auld, de minha parte, assim como de meus herdeiros, de executores e administradores, todos e cada um, o referido FREDERICK BAILEY, também chamado DOUGLASS, ao referido Hugh Auld, seus executores e administradores, e contra toda e qualquer outra pessoa, devemos e iremos garantir e para sempre defender por meio deste documento.
>
> Dando fé disso, assino e selo este documento a treze de novembro de mil oitocentos e quarenta e seis (1846).
>
> THOMAS AULD
>
> Assinado, selado e entregue na presença de Wrightston Jones, John C. Lear.

A autenticidade desse documento de venda é atestada por N. Harrington, juiz de paz do estado de Maryland e do condado de Talbot, datada do mesmo dia acima.

> A quem interessar possa: Saiba-se que eu, Hugh Auld, da cidade de Baltimore, no condado de Baltimore, no estado de Maryland, por diversas boas causas e considerações que me levam a isso, libertei da escravidão, liberto, alforriado e posto em liberdade, MEU HOMEM

---

11 O que se segue é uma cópia desses curiosos documentos, tanto de Thomas para Hugh Auld quanto de Hugh para mim. [NOTA DO AUTOR]

NEGRO de nome FREDERICK BAILEY, também chamado DOUGLASS, aos vinte e oito anos de idade, ou em torno disso, e capaz de trabalhar e ganhar o suficiente para seu sustento; e ele, o referido homem chamado FREDERICK DOUGLASS, declaro portanto livre, alforriado e dispensado de todos os modos da servidão em relação a mim, meus executores e administradores para sempre.

Dando fé disso, eu, o referido Hugh Auld, assinei e selei esta a cinco de dezembro, no ano de mil oitocentos e quarenta e seis.

HUGH AULD.

Selado e entregue na presença de T. Hanson Bell, James N. S. T. Wright.

Tendo permanecido no exterior por quase dois anos, e prestes a retornar aos Estados Unidos, não escravo como parti, mas homem livre, amigos de renome da causa abolicionista declararam sua intenção de prestar um tributo a mim, tanto como homenagem a mim pessoalmente como também em nome da causa a que eles se dedicavam com tanto ardor. Não sei como tal projeto teria se dado, mas muitas razões me levaram a preferir que meus amigos simplesmente me dessem os meios para obter uma prensa e os materiais que me permitissem lançar um jornal defendendo os interesses de meu povo escravizado e oprimido. Eu disse a eles que talvez o maior obstáculo à adoção dos princípios abolicionistas pelo povo dos Estados Unidos era o fato de em toda parte do país os negros serem tidos em tão baixa conta; que em função dessa suposta inferioridade natural as pessoas acreditavam que essa escravização e essa opressão eram inevitáveis, talvez até mesmo desejáveis. A coisa mais importante a ser feita, portanto, era mudar o modo como os negros eram vistos, comprovando a inexistência de tal inferioridade e demonstrando que o negro tinha capacidade para um estágio civilizatório superior àquele a que havia sido relegado pela escravidão e pelo preconceito. Em minha opinião, uma imprensa razoavelmente bem conduzida nas mãos de pessoas pertencentes à raça desprezada, fazendo suas capacidades latentes se tornarem conhecidas, pelos outros e por eles mesmos, fazendo-os ter esperança no futuro e desenvolver sua força moral, seria um meio poderosíssimo para acabar com o preconceito e despertar o interesse pelos negros. Naquela época não havia um único jornal no país de publicação regular editado por negros, embora muitas tentativas tivessem sido feitas de criar algo do gênero, fracassando por um ou outro motivo. Expressei esses pontos de vista a meus amigos. O resultado foi que quase 2.500 dólares foram rapidamente arrecadados para que eu criasse o jornal que havia indicado. Por essa ajuda rápida e generosa, feita depois de eu apenas mencionar o assunto, sem nenhum esforço pessoal de minha parte, jamais deixarei de ser grato, e a ideia de satisfazer as expectativas dos amigos queridos que me haviam oferecido esse indício de sua confiança era uma inspiração permanente para perseverar no esforço.

Ao me propor a deixar a Inglaterra e partir para os Estados Unidos na primavera de 1847, fui dolorosamente lembrado do tipo de vida que me esperava quando lá chegasse. Pela primeira vez nos muitos meses passados no exterior, deparei com a proscrição em razão da cor da pele. Em Londres eu comprara uma passagem e reservara uma cabine no *Cambria* para voltar para casa – o vapor em que eu havia vindo de lá – e pagara por isso a exata quantia de 40 libras esterlinas e 19 xelins. O preço era de primeira classe, mas ao ir a bordo descobri que o agente de Londres determinara que minha cabine fosse dada a outra pessoa e me proibira de entrar no salão. Foi bastante duro, depois de ter gozado por um tempo tão longo de privilégios sociais iguais, depois de ter feito refeições com celebridades do mundo literário, social, político e religioso, e sem jamais, durante todo o tempo, ter me defrontado com uma única palavra, olhar ou gesto que me desse o menor motivo para pensar que minha cor era uma ofensa para alguém, ser agora colocado na gaiola do *Cambria* e ver que me negavam o direito a entrar no salão, para que minha presença não perturbasse alguns outros democráticos passageiros. O leitor pode bem imaginar quais terão sido meus sentimentos diante de tal indignidade.

Essa conduta desprezível foi severamente repreendida pela imprensa britânica. O *London Times* e outros grandes jornais do Reino Unido condenaram duramente o ultraje. Não existira oportunidade tão boa quanto essa para atrair o sentimento dos britânicos para o tema, e nós a aproveitamos. O resultado foi que o sr. Cunard publicou uma carta que expressava seu arrependimento e prometia que outras indignidades do gênero jamais voltariam a ocorrer em seus vapores, uma promessa que creio ter sido mantida rigorosamente.

Capítulo VII
TRIUNFOS E PROVAÇÕES

Novas experiências • Dolorosa discordância de opinião com velhos amigos • Decisão final de publicar meu jornal em Rochester • Seus destinos e seus amigos • Mudança de meus próprios pontos de vista sobre a Constituição dos Estados Unidos • Fidelidade à convicção • Perda de velhos amigos • Apoio de novos amigos • Perda da casa etc. por um incêndio • Triunfos e provações • Ferrovia clandestina • Incidentes

Preparado como estava para deparar com muitas provações e perplexidades ao voltar para casa, encontrei uma com a qual mal sonhava à minha espera. Meus planos para ser útil no futuro, conforme indiquei no último capítulo, estavam todos traçados, e na imaginação eu já me via brandindo minha pena do mesmo modo como brandia minha voz na grande obra de renovar a opinião pública e de construir um sentimento público que deveria mandar a escravidão para seu túmulo e devolver a "liberdade e a busca da felicidade"[12] ao povo com o qual eu sofrera.

Meus amigos em Boston tinham sido informados de minhas intenções, e eu esperava vê-los com disposição favorável a minha acalentada iniciativa. Nisso eu estava equivocado. Eles tinham várias objeções a meu projeto. Em primeiro lugar, um jornal desse gênero não era necessário; em segundo, isso iria interferir em minha utilidade como palestrante; em terceiro, eu tinha mais vocação para a oratória do que para a escrita; em quarto, o jornal podia não ser bem-sucedido. Essa oposição de pessoas que eu tanto estimava, e às quais tinha me acostumado a pedir conselhos e orientação, levou-me não apenas a hesitar como me deixou propenso a abandonar a ideia. Todas as tentativas anteriores de estabelecer um jornal desse tipo haviam fracassado, e eu receava acrescentar mais um fracasso à lista e assim contribuir com mais uma prova

---

12 Referência à Declaração de Independência dos Estados Unidos.

relativa às deficiências intelectuais de minha raça. Muito do que se disse a mim a respeito de meus imperfeitos talentos literários eu percebia ser dolorosamente verdadeiro. Os responsáveis pelos projetos malsucedidos anteriormente eram todos superiores a mim em termos de educação, e, se *eles* haviam fracassado, como eu poderia ter esperança de ser bem-sucedido? E no entanto eu tinha esperanças de ser bem-sucedido e persisti no projeto, incentivado por meus amigos ingleses a seguir em frente.

Perdoo com facilidade aqueles que viram em minha persistência ambição e presunção injustificáveis. Eu tinha deixado de ser escravo havia apenas nove anos. Em muitas fases da experiência mental eu tinha apenas 9 anos de idade. O fato de alguém em tais circunstâncias e cercado por pessoas instruídas aspirar a estabelecer uma prensa pode muito bem ser considerado impraticável, se não ambicioso. Meus amigos americanos me olhavam atônitos. "Um cortador de madeira" se oferecendo ao público como editor! Um escravo, criado nas profundezas da ignorância, pretendendo instruir o povo altamente civilizado do Norte sobre os princípios da liberdade, da justiça e da humanidade! A coisa parecia absurda. No entanto, perseverei. Senti que a ausência de instrução, grande como era, poderia ser superada por meio do estudo e que a sabedoria viria com a experiência; e além disso (e esta talvez fosse a consideração mais importante) imaginei que um público inteligente, que conhecesse minha história prévia, facilmente perdoaria as muitas deficiências que eu bem sabia que meu jornal teria. A parte mais angustiante de tudo isso era o insulto que eu faria a meus amigos da antiga organização antiescravagista, uma vez que isso pareceria a eles uma desconsideração por sua opinião e seu conselho. Não tenho certeza se eu não estava sob a influência de algo parecido com uma adoração servil a essa boa gente, e trabalhei duro para convencê-los de que meu modo de pensar sobre o tema era o certo, mas sem sucesso.

Para manter a paz, em vez de publicar meu jornal em Boston, em meio a meus amigos da Nova Inglaterra, fui para Rochester, em Nova York, em meio a desconhecidos, onde a circulação local de meu jornal – *THE NORTH STAR* – não iria interferir na do *Liberator* ou na do *Anti-Slavery Standard*, pois eu era à época um leal discípulo de William Lloyd Garrison e estava completamente comprometido com a doutrina dele no que dizia respeito ao caráter escravagista da Constituição americana, e também quanto ao *princípio do boicote às eleições*, do qual ele era célebre defensor. Assim como ele, eu acreditava que o primeiro dever dos estados onde não havia escravos era dissolver a união com os estados escravagistas, e portanto meu brado, assim como o dele, era "Sem união com os escravagistas". Com esses pontos de vista fui para o oeste do estado de Nova York e durante os primeiros quatro anos de meus trabalhos lá os defendi com minha pena e minha voz até onde minhas limitações permitiam. Depois de certo tempo, uma cuidadosa reconsideração do tema me convenceu de que não havia necessidade de dissolver a "união entre os estados do Norte e do Sul"; que buscar essa dissolução não era parte de meu dever como abolicionista; que se abster de votar equivalia a me recusar a exercer um meio legítimo e poderoso para a abolição da escravatura; e que a Constituição americana não só não continha garantias a favor da escravidão, mas que, pelo contrário, sua letra e seu espírito eram instrumentos antiescravagistas, exigindo a abolição da escravidão como condição de sua própria existência como lei suprema do país.

Essa mudança radical em meu pensamento gerou uma mudança correspondente em minhas ações. Passei a discordar daqueles com quem concordava. Aquilo que eles viam como grande e importante verdade agora eu entendia como um erro perigoso. Algo muito natural, porém para mim doloroso, aconteceu. Aqueles que não conseguiam enxergar quaisquer motivos honestos para mudar seus pontos de vista, como eu havia feito, não conseguiam ver com facilidade motivos para minha mudança, e a punição comum aos apóstatas recaiu sobre mim.

Minhas primeiras opiniões tinham derivado naturalmente e eu as defendia com honestidade. Posto diretamente, quando escapei da escravidão, em contato com abolicionistas que viam a Constituição como instrumento escravagista, e vendo que seus pontos de vista encontravam sustentação em toda a história de cada departamento de governo, não chega a ser estranho que eu tenha presumido que a Constituição fosse exatamente aquilo que esses amigos a faziam parecer. Eu estava fadado a presumir as opiniões deles sobre o tema como verdadeiras não apenas pelo conhecimento superior deles, mas também porque eu não tinha meios de demonstrar que essas opiniões não eram sólidas. Não fosse pela responsabilidade de conduzir um jornal e pela necessidade que me seria imposta de debater com pontos de vista de abolicionistas de fora da Nova Inglaterra, era muito provável que eu permanecesse firme em meus pontos de vista sobre a dissolução da União. Minhas novas circunstâncias me forçaram a repensar o tema completo e a estudar com certo cuidado não apenas as regras justas e adequadas da interpretação legal, como também a origem, a intenção, a natureza, os direitos, poderes e deveres dos governos, e também as relações que os homens mantêm com eles. Esse rumo tomado por meu raciocínio e por minhas leituras me levou a concluir que a Constituição dos Estados Unidos – promulgada para "formar uma união mais perfeita, estabelecer a justiça, garantir a tranquilidade doméstica, oferecer meios para a defesa comum, promover o bem-estar geral e assegurar as bênçãos da liberdade" – não podia ter sido escrita ao mesmo tempo com a intenção de manter e perpetuar um sistema de rapina e assassinato como a escravidão, especialmente porque não se pode encontrar na Constituição uma única palavra autorizando tal crença. Assim, se os propósitos declarados de um instrumento são governar o sentido de todas as suas partes e detalhes, como claramente deve ser o caso, a Constituição de nosso país é a nossa garantia da abolição da escravidão em todos os estados da União. Seriam necessários muito tempo e espaço para estabelecer os argumentos que demonstraram para minha mente a inconstitucionalidade da escravidão; mas, estando convencido do fato, meu dever quanto a isso no que dizia respeito à conduta de meu jornal era simples. O *North Star* era uma folha grande, publicada semanalmente, a um custo de 80 dólares por semana e com uma circulação média de 3 mil assinantes. Em minha experiência como editor e proprietário de jornal, muitas vezes passei por problemas financeiros, porém de um jeito ou de outro consegui manter meus compromissos financeiros e meu estandarte antiescravagista de pé durante todo o conflito desde o outono de 1847 até que a união dos estados estivesse garantida e a abolição fosse fato consumado. Eu tinha amigos no exterior e também nos Estados Unidos que me ajudaram com liberalidade. Jamais poderei agradecer o suficiente ao reverendo Russell Lant Carpenter e à sra. Carpenter o auxílio moral e material que eles me ofereceram durante todas as vicissitudes que enfrentei com meu jornal. Mas nenhuma dívida foi maior do que aquela que acumulei pelo auxílio substancial oferecido pela sra. Julia Griffiths Crofts. Ela veio em meu socorro quando meu jornal havia consumido quase todos os meus recursos, quando eu estava seriamente endividado e já havia hipotecado minha casa para levantar recursos para fazer frente às despesas correntes; em um único ano a administração enérgica e eficaz dela me permitiu ampliar a tiragem do jornal de 2 mil para 4 mil exemplares, pagar as dívidas e quitar a hipoteca de minha casa. A diligência dela era tão grande quanto sua dedicação. Ela dava a impressão de crescer a cada urgência, e seus recursos pareciam inesgotáveis. Jamais deixarei de me lembrar com sincera gratidão do apoio que essa nobre senhora me deu, e eu a menciono aqui no desejo de prestar, ainda que de forma humilde, "homenagem a quem a homenagem é devida"[13]. Durante os primeiros três ou quatro anos, meu jornal foi publicado sob o nome de *North Star*. Posteriormente, o título passou a ser *Frederick Douglass's Paper*, para diferenciá-lo de vários outros jornais que traziam referência a estrelas em seus nomes. Havia *North Stars*, *Morning Stars*, *Evening Stars* e sabe-se lá quantas outras estrelas no firmamento dos jornais, e naturalmente isso gerava certa confusão entre eles; por isso, e também porque alguns desses jornais eram mais velhos do que o meu, achei que o meu, e não os deles, devia ser o que "se apagaria".

Entre meus amigos neste país que me ajudaram em meus esforços iniciais para manter meu jornal, posso orgulhosamente mencionar homens ilustres, como o falecido sr. Gerrit Smith; o sr. presidente da Suprema Corte, Chase; o sr. Horace Mann; o sr. Joshua R. Giddings; o sr. Charles Sumner; o sr. John G. Palfry; o sr. William H. Seward; o reverendo Samuel J. May; e muitos outros que, embora menos notáveis, foram igualmente dedicados à minha causa. Entre estes últimos estiveram Isaac e Amy Post, William e Mary Hallowell, Asa e Hulda Anthony e na verdade todo o comitê da Sociedade Antiescravagista do Oeste de Nova York. Eles organizaram festivais e feiras para arrecadar fundos e me ajudaram de todos os modos possíveis para manter meu jornal em circulação enquanto fui um abolicionista que pregava a abstenção nas urnas,

---

13 Romanos, 13:7.

porém se afastaram de mim quando passei a ser um abolicionista que defendia o exercício do voto. Por algum tempo a retirada do apoio deles me constrangeu bastante, porém logo outro grupo de amigos se ergueu em minha defesa, entre os quais devo citar como principal a família Porter, de Rochester. O falecido Samuel D. Porter e sua esposa, Susan F. Porter, e suas irmãs, Maria e Elmira Porter, merecem grata menção entre meus companheiros leais que muito me ajudaram financeiramente.

É claro que havia forças morais operando contra mim em Rochester, assim como forças materiais. Havia aqueles que viam a publicação de um "jornal de negros" naquela bela cidade como uma mácula e uma infelicidade. O *New York Herald*, fiel ao espírito da época, aconselhou o povo da cidade a atirar minha prensa no lago Ontário e a me banir para o Canadá, e, embora a população não estivesse disposta a essa violência, era evidente que muitas pessoas não ficavam felizes com minha presença entre elas. Esse sentimento, porém, foi desaparecendo gradualmente, à medida que as pessoas passaram a saber mais sobre mim e sobre meu trabalho. Dei palestras todo domingo à noite durante um inverno inteiro no belo Corinthian Hall, na época de propriedade de William R. Reynolds, que, embora não fosse abolicionista, era um amante da justiça e estava disposto a me fazer ser ouvido. Se nessas palestras não fiz surgir novos abolicionistas, consegui tornar a atmosfera moral tolerante; a ponto de, na verdade, eu passar a me sentir tão em casa lá como havia me sentido nas partes mais amistosas da Nova Inglaterra. Eu trabalhava lá havia poucos anos com meu jornal quando viajantes negros me disseram que haviam sentido a influência de meu trabalho ao chegar a 80 quilômetros de Rochester. Eu não me fiava unicamente no que podia fazer por meio do jornal, mas escrevia o dia inteiro, e depois pegava um trem para Victor, Farmington, Canandaigua, Geneva, Waterloo, Batavia ou Buffalo, ou para outros lugares, e falava à noite, voltando para casa mais tarde ou de manhã cedo, para novamente me pôr diante da escrivaninha produzindo textos ou enviando jornais pelo correio. Houve momentos em que eu quase cheguei a pensar que meus amigos de Boston estavam certos ao me dissuadir do projeto do jornal. Mas olhando em retrospectiva para aqueles dias e noites de trabalho duro e reflexão, forçado muitas vezes a fazer coisas para as quais eu não tinha a devida preparação ou instrução, passei a pensar que, para aquelas circunstâncias, foi a melhor escola que eu poderia ter. Aquilo me obrigou a pensar e a ler, ensinou como eu podia expressar meus pensamentos de forma clara, e talvez tenha sido melhor do que qualquer outro rumo que eu pudesse ter tomado. Além disso, o jornal me obrigou a depender de mim, e não da igreja abolicionista, a ser um dirigente, e não um agente. Eu tinha uma plateia para a qual falar toda semana e devia dizer algo que valesse a pena ser ouvido, ou então parar de vez de falar. Não existe nada como a chibata da necessidade para fazer um homem trabalhar, e meu jornal me ofereceu essa motivação. Mais de um cavalheiro do Sul, ao parar em Niágara, foi me ver, para verificar por conta própria se eu sabia escrever, tendo, como eles diziam, acreditado ser impossível que um escravo foragido sem instrução pudesse escrever os textos atribuídos a mim. Eu tinha dificuldade em certos círculos para receber crédito fosse pelo que eu escrevia ou pelo que eu falava. Embora não houvesse nada muito profundo ou erudito em nenhum dos dois casos, as crenças sobre as limitações dos negros induziam à ideia de que tanto meus editoriais quanto meus discursos eram escritos por brancos. Não tenho certeza de que esse ceticismo ainda não perdure na mente de alguns de meus democráticos concidadãos.

O dia 2 de junho de 1872 me trouxe uma perda muito dolorosa. Minha casa em Rochester foi devastada por um incêndio, e, entre outras coisas de valor, doze volumes de meu jornal, cobrindo o período de 1848 a 1860, foram devorados pelas chamas. Jamais consegui repô-los, e a perda é imensurável. Algumas semanas antes eu tinha recebido um convite para enviar esses volumes encadernados para a biblioteca da Universidade Harvard, onde eles teriam sido preservados em um prédio à prova de chamas, e o resultado de minha procrastinação atesta a sabedoria de mais de um provérbio. Excetuados os anos abarcados pela mais recente e imensa guerra, não houve período mais repleto de grandes fatos, ou que tivessem maior capacidade de despertar as melhores energias mentais e morais dos homens, do que os anos cobertos por aqueles volumes perdidos. Se em algum momento eu disse ou escrevi algo que valha a pena lembrar ou repetir, devo tê-lo dito entre 1848 e 1860, e meu jornal era uma crônica da maior parte do que eu disse naquele período. Naquela época tivemos a grande Convenção do Solo Livre em Buffalo, a escolha de Martin van Buren como candidato, a Lei do Escravo Fugitivo, o discurso de Daniel Webster em 7 de março, a decisão sobre o caso Dred Scott, a revogação do Compromisso do Missouri, o Ato de Kansas-Nebraska, a guerra da fronteira no Kansas, a incursão de John Brown em Harpers Ferry, e parte da guerra contra a Rebelião, entre muitas outras coisas, destinadas a incendiar a alma dos homens que tivessem dentro de si uma fagulha de liberdade e patriotismo. Hoje tenho apenas fragmentos de todo o trabalho feito durante aqueles doze anos e devo suprir essa lacuna da melhor forma possível com minha memória e com os itens incidentais que sou capaz de recolher de várias fontes. Dois volumes do *North Star* me foram generosamente oferecidos por meu amigo Marshall Pierce, de Saco, no Maine. Ele os tinha cuidadosamente preservados e encadernados e mandou para mim em Washington. Ele era um dos homens mais metódicos e cuidadosos entre todos os meus amigos abolicionistas, pois duvido que exista algum outro volume completo do jornal.

Uma parte importante de meu trabalho abolicionista em Rochester, além das palestras e dos textos contra a escravidão, não deve ser esquecida ou omitida. Minha posição me deu a chance de desferir alguns golpes eficazes contra aquele velho amigo em outras direções. Eu estava na margem sul do lago Ontário, e os domínios da rainha ficavam logo na margem oposta – e meu renome como abolicionista e como editor de um jornal contrário à escravidão naturalmente fez de mim o chefe de estação e condutor pela estação da ferrovia clandestina que passava pela agradável cidade. O sigilo e o disfarce eram condições necessárias para o êxito da operação dessa ferrovia, e por isso o uso do adjetivo "clandestina". Meu papel era ainda mais empolgante e interessante porque não estava totalmente isento de perigo. Eu não podia cometer um único erro sem me expor a uma multa e à pena de prisão, pois essas eram as punições impostas pela Lei do Escravo Fugitivo para quem alimentasse, abrigasse ou ajudasse de algum outro modo um escravo a fugir de seu senhor; em função disso, porém, posso dizer que jamais fiz trabalho mais agradável, atraente, fascinante e satisfatório. Verdade que, como meio de destruir a escravidão, equivalia a tentar esvaziar o oceano com uma colher de chá, mas a ideia de que havia um escravo a menos e um homem livre a mais – tendo eu sido um escravo, e um escravo foragido – enchia meu coração de uma alegria indizível. Em certa ocasião tive onze fugitivos ao mesmo tempo sob meu teto, e foi necessário que todos eles continuassem comigo até que eu conseguisse levantar dinheiro suficiente para que eles fossem até o Canadá. Foi a maior quantidade de foragidos que recebi ao mesmo tempo, e tive certa dificuldade de arranjar comida e abrigo para todos, mas, como se pode imaginar, eles não eram exatamente exigentes e se contentavam com comida bem simples, e um pedaço de tapete no chão ou um pouco de palha no celeiro servia de cama.

A ferrovia clandestina tinha muitos ramos; porém aquele a que eu estava conectado tinha suas principais estações em Baltimore, Wilmington, Filadélfia, Nova York, Albany, Syracuse, Rochester e St. Catharines (Canadá). Não é necessário dizer quem eram os principais agentes em Baltimore; Thomas Garrett era o agente em Wilmington; Melloe McKim, William Still, Robert Purvis, Edward M. Davis e outros faziam o trabalho em Filadélfia; David Ruggles, Isaac T. Hopper, Napolian e outros, na cidade da Nova York; a srta. Mott e Stephen Myers encaminhavam os passageiros em Albany; os reverendos Samuel J. May e J. W. Loguen eram os agentes em Syracuse; e J. P. Morris e eu recebíamos e despachávamos passageiros de Rochester para o Canadá, onde eles eram recebidos pelo reverendo Hiram Wilson. Quando um grupo chegava a Rochester, cabia ao sr. Morris e a mim arrecadar fundos para pagar suas passagens para St. Catharines, e para ser justo é preciso afirmar que raramente pedíamos ajuda a democratas e a *whigs*[14] sem sermos socorridos. Os homens eram melhores do que sua teologia, e mais leais à humanidade do que à sua política, ou a seus cargos.

Em uma ocasião, enquanto um dono de escravos estava em um escritório de um comissário americano em busca dos documentos necessários para a prisão e a devolução de três rapazes que haviam fugido de Maryland (um deles estava sob meu teto na época, outro em Farmington e o outro trabalhando na fazenda de Asa Anthony, fora dos limites da cidade), um sócio do comissário no escritório

---

14 Referência ao Partido Whig, que existiu nos Estados Unidos entre 1833 e 1856, cujo nome se inspirava no partido liberal existente no Reino Unido.

de advocacia, na época um democrata de renome, foi até mim, me contou o que estava acontecendo e me incitou a usar todos os meios que estivessem a meu alcance para retirar esses rapazes do caminho daqueles que os reivindicavam e que estavam à sua procura. Claro que não havia tempo a perder. Um cavaleiro veloz foi enviado para Farmington, a 30 quilômetros de distância, outro para a fazenda de Asa Anthony, a cerca de 5 quilômetros, e outro para minha casa, na parte sul da cidade, e, antes que os papéis ficassem prontos, todos os três estavam sobre as águas livres do lago Ontário, rumando para o Canadá. Ao escrever para seu antigo senhor, eles haviam datado a carta de Rochester, embora tivessem tomado a precaução de enviá-la ao Canadá para ser postada, porém esse erro na data entregou o paradeiro deles, de modo que os caçadores saíram imediatamente no seu encalço.

Eram tantos os fugitivos que passavam por Rochester que acabei sendo obrigado a apelar para meus amigos britânicos em busca de recursos para enviá-los ao Canadá, e depois que o sr. e a sra. Carpenter assumiram a responsabilidade, nunca mais tive problemas com isso. Quando a escravidão foi abolida, escrevi para a sra. Carpenter parabenizando-a por estar livre do trabalho de angariar fundos para tais propósitos, e a resposta característica daquela senhora foi que ela ficara muito feliz de fazer o que tinha feito e que não sentia necessidade de se ver livre daquilo.

Meu caminho em Rochester não foi livre de espinhos, e os ferimentos e as dores causados por eles talvez tenham sido mais difíceis de suportar pelo fato de eu ter ficado livre desses aborrecimentos enquanto estive na Inglaterra. Com o tempo, os homens podem se acostumar a quase tudo, até mesmo a serem insultados e banidos, porém esse tratamento causa sofrimento de início e quando em certa medida ocorre de maneira inesperada. O preconceito comum de cor, tão frequente entre os americanos, atingiu-me de várias maneiras desagradáveis. Um colégio para jovens senhoras e senhoritas, sob os auspícios da srta. Tracy, funcionava perto de minha casa na rua Alexander, e, desejando que minha filha fosse educada como as filhas de outros homens, procurei a srta. Tracy para que a criança fosse admitida na escola. Tudo parecia bem, e a menina foi enviada para o "Colégio Tracy", e eu fui tratar de meus assuntos acreditando que ela estava a caminho de uma educação refinada e cristã. Várias semanas se passaram antes que eu descobrisse que estava completamente enganado. A menina chegou em casa um dia e me disse que estava sozinha na escola; que na verdade estava sendo mantida numa solitária; que não tinha permissão para entrar na sala com as outras meninas, nem para ir ao jardim quando as outras iam; que era mantida em uma sala sozinha e que não tinha permissão para ser vista ou ouvida pelas outras. Ninguém que tenha o sentimento da paternidade deixaria de ficar tocado por tal revelação, e confesso que fiquei chocado, triste e indignado. Fui imediatamente ver a srta. Tracy para averiguar se o que eu ouvira era verdade, e ela com tranquilidade me disse que sim, e a infeliz alegação apresentada é que, caso ela tivesse agido de outra maneira, isso teria prejudicado a escola. Eu disse que ela deveria ter me informado no começo, mas que eu não acreditava que nenhuma garota da escola teria se oposto à presença de minha filha, e que eu ficaria feliz em submeter a questão a elas. Ela consentiu e, para ser justo com as moças, nenhuma delas fez objeção alguma. Sem se dar por satisfeita com esse veredito dado pelo sentimento natural e não corrompido de justiça e humanidade das moças, a srta. Tracy insistiu que seria necessário consultar os pais e que, se um único deles objetasse, não admitiria a presença de minha filha nos mesmos aposentos e salas que as demais alunas. Apenas um pai teve a crueldade de objetar, e se tratava do sr. Horatio G. Warner, um editor democrata, e com essa conclusão adversa minha filha foi excluída do "Colégio Tracy". Evidentemente a srta. Tracy era uma católica devota dentro dos princípios da época e da localidade, com boa posição na Igreja.

Meus problemas com a educação de meus filhos não iriam terminar aí. Eles não eram aceitos na escola pública do distrito em que eu morava, possuía propriedade e pagava impostos, sendo obrigados, caso desejassem frequentar uma escola pública, a ir até o outro lado da cidade para uma escola inferior, destinada a negros. Nem preciso dizer que eu não estava disposto a me submeter tranquilamente a essa exclusão, assim como não estivera disposto a me submeter à escravidão, por isso fiz que eles fossem educados em casa por um tempo pela srta. Thayer. Enquanto isso, eu procurava as pessoas responsáveis pela questão, fazendo considerável agitação. Insisti e consegui uma audiência com o Conselho de Educação, e, depois de repetidos esforços feitos com a voz e a pena, as portas das escolas públicas se abriram e as crianças negras tiveram permissão para frequentá-las com os demais alunos.

Havia barreiras erigidas contra negros na maior parte dos lugares de instrução e lazer da cidade, e até que eu chegasse lá elas eram impostas sem nenhum aparente senso de injustiça, e as pessoas se submetiam em silêncio; uma a uma, porém, essas barreiras foram gradualmente removidas, e os negros agora podiam entrar livremente, sem obstáculos ou supervisão, em todos os lugares públicos. Essa mudança não foi levada a termo integralmente por mim. Desde o começo, tive em minhas demandas por direitos iguais o aplauso e o apoio de cidadãos responsáveis como Isaac Post, William Hallowell, Samuel D. Porter, William C. Bloss, Benjamin Fish, Asa Anthony e muitos outros homens bons e leais de Rochester.

Não obstante o que eu disse sobre o sentimento adverso demonstrado por alguns dos cidadãos quando escolhi Rochester como o lugar em que iria basear meu jornal, e os problemas em questões educacionais a que acabo de me referir, essa escolha foi muito feliz em diversos aspectos. A cidade era e ainda é o centro de uma população virtuosa, inteligente, dinâmica, liberal e crescente. A região do entorno é notável por sua fertilidade, e a cidade tem um dos mais belos sistemas de energia hidráulica do mundo. Ela fica no trajeto da ferrovia New York Central – uma linha que, com suas conexões, chega a todo o país. Seu povo era diligente e se encontrava em circunstâncias confortáveis – não era rico a ponto de ser indiferente às reivindicações da humanidade nem pobre a ponto de não poder ajudar causas que considerassem boas.

O terreno havia sido preparado até certo ponto por mim para o trabalho de outros – notavelmente o caso do ilustre Myron Holley, cujo monumento em mármore perene hoje se encontra no belo cemitério no monte Esperança, com um destaque compatível com seu nobre caráter. Não conheço outro lugar nos Estados Unidos onde eu pudesse ter me instalado com menor resistência, ou onde tivesse recebido maior grau de simpatia e cooperação, e hoje olho em retrospectiva para minha vida e meus trabalhos lá com ilimitada satisfação, e, tendo passado um quarto de século em meio à sua população, sempre irei me sentir mais em casa lá do que em qualquer outro lugar deste país.

Capítulo VIII
JOHN BROWN E A SRA. STOWE

Meu primeiro encontro com o capitão Brown • O movimento
pelo Solo Livre • Convenção Negra • *A cabana do pai Tomás* •
Escola Industrial para negros • Carta para a sra. H.B. Stowe

Mais ou menos na época em que dei início a meu empreendimento
em Rochester, passei por acaso uma noite e um dia sob o teto de
um homem que, por seu caráter e sua conversa, por seus objetivos
e finalidades, causou profunda impressão em minha mente e em
meu coração. Seu nome havia sido mencionado por várias pessoas
negras de destaque, entre as quais o reverendo Henry Highland
Garnet e J.W. Loguen. Ao falar dele, suas vozes se reduziam a um
sussurro, e o que diziam sobre ele me deixava com grande vontade
de vê-lo e de travarmos conhecimento. Felizmente, fui convidado
para me encontrar com ele em sua casa. Na época a que me refiro, esse homem era um respeitado comerciante em uma cidade
populosa e pujante, e o local de nosso primeiro encontro foi sua
loja. Era uma grande edificação de tijolos, em uma rua importante,
movimentada. Uma olhadela para o interior, assim como para as
grossas paredes do lado de fora, bastou para me causar a impressão de que o proprietário devia ser uma pessoa de considerável
fortuna. Minha acolhida foi tudo que eu poderia esperar. Todos
os membros da família, jovens e velhos, pareceram felizes de me
ver, e em pouquíssimo tempo eu me sentia em casa. No entanto,
fiquei um pouco decepcionado com a aparência da casa e sua localização. Depois de ter conhecido a bela loja, eu estava preparado
para ver uma bela residência em um lugar apropriado, porém essa
conclusão foi totalmente dissipada pelo que de fato encontrei. Na
verdade, a casa não era nem ampla nem elegante, e sua situação
não era a desejável. Era uma pequena construção de madeira numa
rua pequena, em uma vizinhança ocupada principalmente por operários e mecânicos; era respeitável, sem dúvida, mas não era o lugar, pensei, onde alguém fosse procurar a casa de um comerciante

265

próspero e bem-sucedido. Por mais simples que fosse o exterior da casa, o interior era ainda mais. Sua mobília teria sido satisfatória para um espartano. Demoraria mais para dizer o que não havia na casa do que para dizer o que havia. A casa tinha um ar de simplicidade que quase sugeria privação. Minha primeira refeição foi inadequadamente chamada de chá, embora não houvesse nada ali que lembrasse o significado comum do termo. A refeição consistia de sopa de carne, repolho e batatas – uma refeição que um homem poderia apreciar depois de arar a terra o dia inteiro ou de fazer uma marcha forçada de 20 quilômetros numa estrada ruim num dia de inverno congelante. Sem jamais ter sido corrompida por tinta ou verniz e sem toalha, a mesa inequivocamente se anunciava como de pinho e construída da maneira mais simples. Não havia criados à vista. A mãe, as filhas e os filhos eram responsáveis pelo serviço, e o faziam bem. Eles estavam nitidamente acostumados àquilo e não achavam impróprio nem degradante servir a si mesmos. Diz-se que uma casa em certa medida reflete o caráter de seus habitantes; nesse caso era certamente verdade. Nela não havia disfarces, nem ilusões, nem faz de conta. Tudo sugeria uma austeridade genuína, um propósito sólido e uma economia rigorosa. Não precisei de muito tempo com o senhor daquela casa para descobrir que ele de fato era o senhor ali, e que provavelmente se tornaria meu senhor também caso eu permanecesse com ele por tempo suficiente. Ele era o exemplo da ideia que São Paulo tinha do chefe de família. Sua esposa acreditava nele, e os filhos o reverenciavam. Sempre que ele falava, suas palavras exigiam genuína atenção. Seus argumentos, que em alguns casos ousei contestar, pareciam convencer a todos; seus apelos comoviam a todos, e sua força de vontade a todos impressionava. Certamente eu jamais me senti na presença de uma influência religiosa mais forte do que enquanto estive na casa daquele homem.

Fisicamente ele era magro, forte e vigoroso, feito com o melhor molde da Nova Inglaterra, talhado para tempos tumultuados, apto a lidar com as piores dificuldades. Vestido com a mais simples lã americana, calçado com botas de couro e usando uma gravata do mesmo material, com cerca de 1,80 metro, pesando menos de 75 quilos, perto dos 50 anos, ele apresentava uma imagem vertical e simétrica como um pinheiro da montanha. Seu porte era singularmente impressionante. A cabeça não era grande, mas compacta e alta. Os cabelos eram ásperos, ligeiramente grisalhos e curtos, deixando a testa baixa. O rosto era bem barbeado e revelava uma boca quadrada e forte, sustentada por um amplo e destacado queixo. Os olhos eram de um cinza quase azul, e durante a conversa se enchiam de luz e fogo. Quando estava na rua, ele se locomovia com um passo longo e rápido como o de um cavalo de corrida, absorto nas próprias reflexões, nem buscando nem evitando ser visto. Eis o homem cujo nome eu havia ouvido em sussurros, eis o espírito de sua casa e de sua família, eis o capitão John Brown, que hoje entrou para a história como um dos mais importantes personagens e maiores heróis dos Estados Unidos.

Depois da refeição substancial já descrita, o capitão Brown cautelosamente abordou o tema para o qual desejava chamar minha atenção; pois ele parecia recear oposição a seus pontos de vista. Ele denunciava a escravidão com ferocidade e amargura na linguagem e no olhar, acreditava que os donos de escravos haviam perdido o direito à vida, que os escravos tinham o direito a obter a liberdade usando qualquer meio que estivesse à sua disposição, não acreditava que o convencimento moral algum dia fosse libertar os escravos ou que a ação política fosse abolir o sistema. Ele disse que havia muito tempo tinha um plano que poderia levar a esse fim, e que havia me convidado à sua casa para me apresentar esse plano. Ele disse que havia algum tempo estava em busca de homens negros para quem pudesse em segurança revelar seu segredo, e que por vezes havia quase perdido as esperanças de encontrar tais homens, mas que agora se sentia encorajado, pois via homens desse gênero surgindo em toda parte. Ele tinha observado minha trajetória tanto dentro dos Estados Unidos quanto no exterior e desejava minha cooperação. Seu plano, da forma como ele o pensara, era bastante elogiável. Ao contrário do que alguns supõem, o plano não previa uma insurreição geral dos escravos nem uma carnificina generalizada de seus proprietários. Ele acreditava que uma insurreição seria contraproducente, mas seu plano de fato contemplava a criação de uma força armada que deveria agir no coração do Sul. Ele não se opunha ao derramamento de sangue e acreditava que a prática de carregar armas seria boa para os negros caso eles a adotassem, uma vez que isso lhes daria um senso de sua masculinidade. Não se podia dizer que um povo tinha amor-próprio ou que fosse respeitado se não lutasse por sua liberdade. Ele chamou minha atenção para um mapa dos Estados Unidos e apontou para a cadeia de montanhas das Alleghanies, que se estendiam desde a fronteira de Nova York até os estados do Sul. "Essas montanhas", ele disse, "são a base de meu plano. Deus deu à liberdade a força das montanhas, elas foram colocadas aqui para a emancipação da raça negra; elas estão repletas de fortalezas naturais, onde um homem se defendendo equivale a cem no ataque; elas também estão repletas de bons esconderijos, onde é possível ocultar centenas de homens corajosos, e que permitem confundir os perseguidores e fugir deles por um longo período. Conheço bem essas montanhas, e poderia levar um grupo de homens até lá e mantê-las sob nosso domínio apesar de todos os esforços que o governo da Virgínia venha a fazer para nos tirar de lá. O verdadeiro objetivo a ser buscado é primeiro de tudo destruir o valor monetário do escravo como propriedade; e só é possível fazer isso conseguindo que essa posse seja insegura. Meu plano, portanto, é começar levando 25 homens escolhidos, e começar em pequena escala; abastecê-los com armas e munição, dividi-los em esquadrões de cinco em uma linha de 40 quilômetros, sendo que os mais convincentes e sensatos devem descer para os campos de tempos em tempos, à medida que as oportunidades surgirem, e induzir os escravos a se unir a eles, procurando e selecionando os mais inquietos e ousados".

Ele percebia que nessa parte do trabalho seria necessário o máximo de cuidado para evitar traições e revelações. Apenas os mais conscienciosos e hábeis deveriam ser enviados nessa tarefa perigosa; com cautela e diligência ele acreditava que em pouco tempo seria capaz de reunir uma força de cem homens destemidos que ficariam felizes em viver da forma livre e cheia de aventuras para a qual ele pretendia treiná-los, quando eles estivessem prontos; e, quando cada homem tivesse encontrado o lugar que lhe fosse mais adequado, o trabalho ia começar para valer; eles iriam libertar escravos em larga escala, ficar com os mais corajosos e fortes na montanha, e mandar os fracos e receosos para o Norte usando a ferrovia clandestina; as operações dele aumentariam com uma quantidade cada vez maior de pessoas, e não se restringiriam a uma localidade.

Quando perguntei como ele iria sustentar esses homens, ele disse enfaticamente que eles iriam tirar sua subsistência do inimigo. A escravidão era um estado de guerra, e o escravo tinha o direito a qualquer coisa que fosse necessária para levá-lo à liberdade. No entanto, eu disse: "Suponha que você tenha êxito em obter a fuga de alguns escravos, e que isso leve os proprietários de escravos da Virgínia a sentir insegurança quanto a seus escravos, o efeito seria apenas fazê-los vender seus escravos para uma região ainda mais ao sul". "Isso", ele disse, "seria a primeira coisa que eu desejaria; depois eu iria atrás deles. Se conseguíssemos expulsar a escravidão de um *condado*, seria uma grande conquista; isso enfraqueceria o sistema no estado todo". "Mas eles usariam cães para caçar você nas montanhas." "Eles podem tentar", ele disse, "mas o mais provável é que nós os derrotássemos, e, depois que derrotássemos o primeiro grupo, eles passariam a ser mais cautelosos na perseguição". "Mas você pode ficar cercado e eles podem conseguir cortar o fornecimento de provisões ou dos meios de subsistência." Ele achava que isso era impossível, mas que, mesmo que ocorresse o pior, o máximo que poderia acontecer era ele ser morto, e ele não tinha uso melhor para dar à sua vida do que doá-la pela causa dos escravos. Quando sugeri que poderíamos converter os donos de escravos, ele ficou exaltado e disse que isso jamais ocorreria, "ele conhecia o coração orgulhoso deles e sabia que eles jamais seriam levados a abrir mão de seus escravos sem antes sentir que havia um grande porrete sobre a própria cabeça". Ele comentou que eu talvez tivesse percebido a simplicidade em que ele vivia, acrescentando que tinha adotado esse método a fim de economizar dinheiro para levar adiante seus planos. Ele não disse isso como quem se gaba, pois sentia que já tinha postergado demais e que não fazia sentido se gabar fosse de seu ardor, fosse de sua abnegação. Tivesse algum outro homem dado tal mostra de rígida virtude, eu poderia rejeitá-la como afetação, falsidade ou hipocrisia, porém em John Brown eu tinha a impressão de que se tratava de algo real como ferro ou granito. Depois da noite que passei com John Brown em Springfield, Massachusetts, em 1847, embora eu tenha continuado a escrever e a falar contra a escravidão, passei a ter menos esperanças em sua abolição pacífica. Minhas falas se tornaram cada vez mais marcadas pelas cores das fortes impressões desse homem. Falando em uma convenção antiescravagista em Salem, Ohio, exprimi essa apreensão de que a escravidão só pudesse ser destruída por meio do derramamento de sangue, quando fui súbita e bruscamente interrompido por minha boa e velha amiga Sojourner Truth, com a pergunta: "Frederick, Deus está morto?". "Não", respondi, e "porque Deus não está morto a escravidão só pode terminar em derramamento de sangue". Minha singular e velha irmã pertencia à escola de Garrison de não resistentes e ficou chocada com minha doutrina sanguinária, mas ela também se tornaria uma defensora da espada quando a guerra pela manutenção da União foi declarada.

Em 1848 tive o privilégio de assistir à famosa Convenção do Solo Livre realizada em Buffalo, Nova York, e em certa medida também pude participar dela. Foi uma imensa e variegada assembleia, composta de pessoas de todas as seções do Norte, e pode-se dizer que se tratou de um novo ponto de inflexão na história das forças organizadas para resistir às crescentes e agressivas demandas da escravidão e do poder escravagista. Até essa convenção em Buffalo, as ações antiescravagistas vinham se dirigindo principalmente à tarefa de mudar o sentimento da opinião pública por meio da exposição na imprensa e tendo como plataforma a natureza do sistema escravagista. O antiescravagismo até então era mero relâmpago; a convenção de Buffalo buscou torná-la trovão. É verdade que o Partido da Liberdade, uma organização política, existia desde 1840, quando conseguiu 7 mil votos para James G. Birney, um ex-proprietário de escravos que, em obediência a uma consciência esclarecida, nobremente emancipou seus escravos e que agora dedicava seu tempo e seus talentos à abolição da escravidão. É verdade que esse pequeno partido de homens corajosos chegou a aumentar sua votação para 60 mil votos. O partido, porém, não havia atingido seu ápice e já não era capaz de atrair e de reunir todos os elementos disponíveis no Norte, não era capaz de fazer frente às medidas e aos objetivos crescentes e cada vez mais agressivos do poder escravagista. Havia muitos no antigo Partido Whig conhecidos como Whigs com Consciência, e, no Partido Democrata, como Incendiários de Celeiros e Democratas Livres, que tinham sentimento antiescravagista e se opunham frontalmente a que o sistema escravagista se estendesse para territórios que até então não eram amaldiçoados por sua presença, mas que mesmo assim não estavam dispostos a entrar para o Partido da Liberdade. O partido era visto como tendo quantidade insuficiente de pessoas e como uma agremiação sem prestígio. Seu destino foi o mesmo de todos os pioneiros. O trabalho que se exigiu que o partido fizesse o expôs a ataques de todos os lados, e agora ele carregava as feias marcas do conflito. O partido era impopular exatamente pela fidelidade que demonstrava à causa da liberdade e da justiça. Não é de espantar que alguns de seus membros, como Gerrit Smith, William Goodell, Beriah Green e Julius Lemoyne, tenham se recusado a trocar o velho pelo novo. Eles tinham a impressão de que o Partido do Solo Livre era um passo para trás, um rebaixamento dos padrões, que as pessoas deviam ir atrás deles, não eles atrás das pessoas. O partido que tinha sido bom o bastante para eles deveria ser bom o bastante para todos os demais. Os fatos, no entanto, sobrepuseram-se a esse raciocínio. Tornou-se geral a convicção de que havia chegado o momento de uma nova organização, que deveria abranger todos que de alguma maneira se opusessem à escravidão e ao poder escravagista, e essa Convenção do Solo Livre em Buffalo foi o resultado dessa convicção. É fácil dizer que essa ou aquela medida teria sido mais inteligente ou melhor do que aquela que foi de fato tomada. Toda medida, porém, é justificada por sua necessidade e por seus resultados. Era impossível que a montanha fosse a Maomé ou que os componentes do Solo Livre fossem rumo ao Partido da Liberdade, portanto este é que teve de ir na direção daqueles. "Tudo está bem quando acaba bem." Essa convenção dos militantes do Solo Livre em Buffalo, ainda que tenha ficado a desejar, estabeleceu as fundações de uma grande superestrutura. Foi um elo poderoso na cadeia de eventos que levou à abolição da escravidão e à emancipação dos escravos e que salvou o país do desmembramento.

Não há de pesar contra os participantes desse movimento o fato de não terem visto desde o começo como as coisas terminariam; de não terem desde o início assumido a postura de superioridade moral no conflito que seus sucessores se viram impelidos a adotar, ou o fato de que seu Partido do Solo Livre, assim como o antigo Partido da Liberdade, tenha sido levado a sair de cena abrindo caminho para o grande Partido Republicano. Por esses fatos, entre outros, o partido ilustra a experiência de reforma em todos os tempos e se ajusta às leis do progresso humano – as medidas mudam, os princípios jamais.

Não fui o único negro conhecido pelo país que esteve presente a essa convenção. Samuel Ringold Ward, Henry Highland Garnet, Charles L. Remond e Henry Bibb estiveram lá e fizeram discursos que foram recebidos com surpresa e satisfação pelos milhares de convencionais ali reunidos. Como negro, eu me senti extremamente encorajado e fortalecido em minha causa ao ouvir aqueles homens – diante dos mais capazes homens da raça caucasiana. O sr. Ward atraiu especial atenção na convenção. Como orador e pensador, ele era imensamente superior, penso, a qualquer um de nós, e, sendo descendente apenas de negros, sem miscigenação, os esplendores de seu intelecto eram atribuídos diretamente à glória de sua raça. Em termos de profundidade de pensamento, fluência oratória, rapidez nos comentários sagazes, exatidão lógica e inteligência em geral, Samuel R. Ward não deixou sucessor entre os negros, e foi um triste dia para nossa causa aquele em que ele foi sepultado no solo de uma terra estrangeira.

Depois de o Partido do Solo Livre, tendo "Solo Livre", "Trabalhador Livre", "Estados Livres", "Livre Expressão" e "Homens Livres" em seu estandarte, ter derrotado o quase permanentemente vitorioso Partido Democrata sob a liderança de um porta-voz tão hábil e popular quanto era o general Lewiss Cass, o sr. Calhoun e outros estadistas do Sul ficaram mais alarmados do que nunca com o rápido crescimento do sentimento antiescravagista no Norte e dedicaram cada vez mais suas energias na tentativa de encontrar meios de frear a torrente e parar a tempestade. Eles não ignoravam até onde tal sentimento cresceria caso não fosse subjugado e extinto. Isso os tornou ferozes e furiosos no debate, e mais extravagantes do que nunca em suas exigências de novas salvaguardas para seu sistema de roubo e assassinato. Presumindo que a Constituição assegurava seus direitos de propriedade sobre seus compatriotas, eles acreditavam ser uma clara violação da Constituição que um cidadão americano em qualquer parte dos Estados Unidos falasse, escrevesse ou agisse contra tal direito. Não demorou, porém, para que eles percebessem que essa lógica rasa não os levaria a obter novas salvaguardas para a escravidão. Para conseguir isso, foi sugerida a ideia de modificar a Constituição, para que houvesse dois presidentes dos Estados Unidos, em vez de um – um do Norte e um do Sul – e para que nenhuma medida se tornasse lei sem a sanção de ambos. Esse artifício, porém, era a tal ponto impraticável que logo caiu no esquecimento, e eu o menciono aqui apenas para demonstrar o desespero dos donos de escravos para proteger seu sistema bárbaro contra o qual o sentimento do Norte dirigia sua habilidade e seus efeitos destrutivos. Eles clamavam por mais estados escravagistas, maior poder no Senado e na Câmara dos Deputados, e insistiam na supressão da liberdade de expressão. Ao fim de dois anos, em 1850, quando Clay e Calhoun, dois dos mais hábeis líderes que o Sul já teve, continuavam no Senado, tivemos uma tentativa de acerto das diferenças entre o Norte e o Sul que nossos legisladores tinham a pretensão de ser decisiva. Não preciso enumerar aqui quais eram essas medidas, bastando dizer que a principal delas era a Lei do Escravo Fugitivo, concebida por James M. Mason, da Virgínia, e apoiada por Daniel Webster, de Massachusetts; uma lei que sem dúvida era mais voltada para tornar o Norte cúmplice da escravidão e amortecer seus sentimentos morais do que para fazer os fugitivos serem devolvidos àqueles que eram chamados de seus donos. Por um tempo esse projeto não foi um fracasso. Cartas, discursos e panfletos literalmente choveram sobre o povo do Norte, lembrando-os de seu dever constitucional de caçar escravos foragidos e de devolvê-los à servidão. Nesse ponto, os pastores não ficaram muito atrás da imprensa e dos políticos, especialmente aquele tipo de pastor conhecido como Doutor da Divindade. Uma longa lista desses pastores se apresentou com suas Bíblias para demonstrar que nem Cristo nem seus santos apóstolos objetavam à devolução de escravos foragidos. Agora, quando esses tempos terríveis já passaram, não tenho dúvida de que olhar tais sermões faria corar de vergonha o rosto de muitos.

Vivendo em Rochester como eu vivia na época, na fronteira do Canadá, eu me vi compelido a observar os efeitos terrivelmente angustiantes que essa lei cruel teve. Escravos foragidos, que havia muitos anos viviam em segurança no oeste do estado de Nova York e em outras regiões, alguns dos quais por meio de seu trabalho e de sua economia, haviam poupado dinheiro e comprado pequenas casas para si e para seus filhos, subitamente se viram alarmados e compelidos a fugir para o Canadá em busca de segurança como se estivessem fugindo de um território inimigo – de uma cidade condenada a ser invadida – e a fazer uma triste marcha rumo a uma nova casa, de mãos vazias, em meio a desconhecidos. Meu velho amigo Ward, de quem acabo de falar, achou que era necessário desistir da luta e fugir para o Canadá, e milhares seguiram seu exemplo. O bispo Daniel A. Payne, da Igreja Metodista Episcopal Africana, veio falar comigo mais ou menos nessa época para perguntar se o melhor era resistirmos ou fugir para o Canadá. Quando eu disse que não podia desertar de meu posto antes de ver que seria impossível defendê-lo, acrescentando que não desejava partir enquanto Garnet e Ward permanecessem, ele retrucou: "Ora, mas o Ward, o Ward já partiu. Eu o vi atravessar de Detroit para Windsor". Perguntei se ele iria ficar e ele respondeu: "Sim; estamos derrotados, estamos derrotados!, e podemos muito bem bater em retirada de modo ordeiro". Esse foi de fato um golpe atordoante. Esse homem tinha o poder de fazer mais para derrotar essa lei desumana do que qualquer outro negro do país, pois nenhum outro tinha tal capacidade intelectual para se opor a ela. Eu me senti como uma cidade sitiada ao saber que seus defensores haviam tombado. As provações impostas por essa lei atroz e despudorada foram cruéis e chocantes, e no entanto apenas uns poucos fugitivos dos estados do Norte foram devolvidos à escravidão por meio de suas cláusulas infames e perversas. Como meio de recapturar sua propriedade em forma de carne humana que havia fugido, a lei foi um grande fracasso. Sua eficiência foi destruída por sua enormidade. Seu principal efeito foi alarmar e aterrorizar a classe de pessoas sujeita a sua operação, e isso ela fez da maneira mais eficiente e angustiante. Até mesmo pessoas de cor que haviam sido livres a vida toda se tornaram muito inseguras quanto a sua liberdade, pois a lei previa que o juramento de dois vilões quaisquer era o bastante para destinar um homem livre à escravidão por toda a sua vida. Embora a lei fosse um terror para o livre, era ainda mais apavorante para o foragido. Para ele não havia paz. Dormindo ou acordado, no trabalho ou no descanso, na igreja ou no mercado, ele estava exposto a ser surpreendido e capturado. Pela lei o juiz recebia 10 dólares por pessoa que condenasse à escravidão, e apenas 5 dólares por pessoa que libertasse. Embora eu fosse livre a essa altura, não deixei de me sentir apreensivo. A validade de minha compra era duvidosa, uma vez que eu havia sido comprado num momento em que não estava sob a posse de meu proprietário e no qual ele devia aceitar o que lhe era dado ou ficar com nada. Era incerto se essa venda seria o suficiente para impedir a reivindicação de meu ex-proprietário caso ele alegasse direitos certos ou supostos sobre meu corpo e minha alma. Em função de boatos que chegaram até mim, minha casa foi vigiada por meus amigos durante várias noites, e os raptores, caso tivessem vindo, teriam uma fria recepção, pois teria havido "golpes a levar assim como golpes a dar". Felizmente esse reino do terror não durou muito. Apesar dos esforços de Daniel Webster e de Millard Fillmore e de nossos Doutores da Divindade, a lei rapidamente caiu em descrédito. O resgate de Shadrack, que resultou na morte de um dos raptores, em Boston, os casos de Simms e de Anthony Burns, no mesmo local, criaram o mais profundo sentimento contra a lei e seus defensores. Mas o fator que mais contribuiu, entre todos, para destruir a Lei do Escravo Fugitivo foi a resistência imposta pelos próprios fugitivos. A execução da lei sofreu um revés decisivo em Christiana, na Pensilvânia, onde três negros, sendo perseguidos pelo sr. Gorsuch e seu filho, assassinaram o pai, feriram o filho, repeliram as autoridades e conseguiram escapar para minha casa em Rochester. A tarefa de fazer esses homens chegarem em segurança ao Canadá foi delicada. Eles não só eram escravos foragidos como também eram acusados de assassinato, e as autoridades estavam atrás deles. Não havia tempo a perder. Eu não conseguia vê-los como assassinos. Para mim, eles eram heroicos defensores do justo direito do homem contra aqueles que roubavam e matavam seres humanos. Por isso eu os alimentei e os abriguei em minha casa. Caso eles tivessem sido encontrados ali, minha casa teria sido manchada de sangue, pois esses homens que já tinham sentido o gosto do sangue estavam bem armados e preparados para trocar sua vida a qualquer custo pela vida e pelos membros de seus prováveis oponentes. Aquilo que eles já tinham feito em Christiana e a fria determinação que demonstravam de maneira muito nítida, especialmente no caso de Parker (pois esse era o nome do líder), não deixaram dúvidas em minha cabeça de que a coragem deles era genuína e de que as ações deles correspondiam a suas palavras. A situação era crítica e perigosa. O telégrafo anunciou naquele dia o que eles tinham feito em Christiana, sua fuga, e que as montanhas da Pensilvânia estavam sendo vasculhadas em busca dos assassinos. Esses homens chegaram até mim com essas notícias nos jornais de Nova York. Imediatamente depois do ocorrido em Christiana, eles, em vez de ir para as montanhas, foram colocados em um trem que os levou a Rochester. Desse modo estavam quase à frente do telégrafo, e muito à frente dos prováveis perseguidores, a não ser que o telégrafo já tivesse feito surgir agentes aqui. As horas que eles passaram em minha casa, portanto, foram ao mesmo tempo de ansiedade e de atividade. Enviei minha amiga, a srta. Julia Griffiths, ao cais, a 5 quilômetros de distância, no rio Genesee, para ver se haveria algum vapor naquela noite partindo para qualquer porto canadense, e fiquei em casa para proteger meus hóspedes exaustos, cobertos de pó e adormecidos, pois eles vinham viajando e sendo perseguidos havia dois dias e duas noites, e precisavam descansar. Felizmente para nós o suspense não foi longo, pois calhou de um vapor estar de partida naquela mesma noite para Toronto, no Canadá.

Esse fato, porém, não acabou com minha ansiedade. Havia o risco de que entre minha casa e o cais ou de que no próprio porto enfrentássemos problemas. Na verdade, o cais era o lugar onde havia maior probabilidade de problemas. Do modo mais paciente que pude, esperei as sombras da noite e coloquei os homens em minha "Carruagem Democrática", partindo para o cais do Genesee. Foi um trajeto emocionante e ao mesmo tempo veloz. Chegamos ao barco pelo menos quinze minutos antes da hora da partida sem ouvirmos nenhum comentário nem sermos importunados. No entanto, aqueles quinze minutos pareceram muito mais longos do que o normal. Fiquei a bordo até a ordem de reboque ser dada no passadiço; apertei a mão de meus amigos, recebi de Parker o revólver que caiu da mão de Gorsuch quando ele morreu, dado agora como sinal de gratidão e como recordação da batalha pela Liberdade em Christiana, e voltei para casa com uma sensação de alívio que não tenho como descrever aqui. Esse caso, em Christiana, e o resgate de Jerry, em Syracuse, feriram de morte a Lei do Escravo Fugitivo. Desde então ela se tornou praticamente letra morta, pois os donos de escravos não só achavam que ela não conseguia devolver-lhes a posse de seus escravos como também percebiam que a tentativa de fazer a lei ser cumprida gerava ódio contra eles e enfraquecia o sistema escravagista.

Em meio a esses problemas com os escravos foragidos, surgiu o livro conhecido como *A cabana do pai Tomás*, uma obra de maravilhosa profundidade e força. Nada poderia ser mais adequado às necessidades morais e humanas do momento. Seu efeito foi impressionante, instantâneo e universal. Nenhum livro sobre o tema da escravidão havia tocado o coração dos americanos de modo tão amplo e favorável. A obra combinava todo o poder e as emoções dos livros precedentes de seu gênero e foi saudada por muitos como um trabalho inspirado. A sra. Stowe imediatamente se tornou objeto de interesse e admiração. Ela havia conseguido fortuna e fama nos Estados Unidos, e despertou profundo interesse no exterior. Pessoas eminentes na Inglaterra levadas a um entusiasmo antiescravagista por seu *A cabana do pai Tomás* a convidaram para visitar aquele país e prometeram dar a ela um prêmio. A sra. Stowe aceitou o convite e o prêmio que lhe foi oferecido. Antes de partir para a Inglaterra, porém, ela me convidou para sair de Rochester, em Nova York, e ir passar um dia em sua casa em Andover, Massachusetts. Encantado com uma oportunidade de conhecer pessoalmente a talentosa autora, não perdi tempo e fui a Andover. Fui recebido na casa dela com genuína cordialidade. Não havia contradição entre a autora e seu livro. A sra. Stowe se mostrava na conversa a mesma que em sua escrita. Ela me fez um belo e pequeno discurso ao explicar seu objetivo de me convidar a sua casa. "Convidei o senhor para vir até aqui", ela disse, "porque queria conversar sobre o que pode ser feito pelos negros do país. Vou à Inglaterra e imagino que me será dada uma soma considerável de dinheiro, e pretendo usar esses recursos de algum modo que melhore de maneira permanente a condição dos negros, especialmente daqueles que se tornaram livres por meio do próprio esforço. O tema que desejo abordar nesta conversa é saber como posso fazer isso com maior êxito. Seja como for, desejo erigir um monumento em homenagem a *A cabana do pai Tomás*, que irá demonstrar que o livro teve mais do que uma influência passageira". Ela disse que vários planos foram sugeridos, entre os quais uma instituição educacional, pura e simplesmente, mas que ela tendia à criação de uma escola industrial; e ela desejava que eu expressasse meus pontos de vista sobre qual seria, em minha opinião, o melhor plano para ajudar os negros. Não demorei a dizer à sra. Stowe tudo que sabia e pensava sobre o tema. Quanto a uma instituição puramente educacional, eu concordava que isso não atendia a nossas necessidades. Fui contra usar o dinheiro desse modo. Também me opus a uma escola industrial na qual os alunos simplesmente teriam os meios de obter uma educação por meio de livros. Já existiam escolas assim. O que eu considerava melhor era uma série de oficinas onde os negros pudessem aprender ofícios, aprender a trabalhar com ferro, madeira e couro, e onde também pudesse haver aulas de inglês. Eu disse que a *falta* de dinheiro era a raiz de todos os males dos negros. Eles ficavam privados de todos os empregos lucrativos e eram compelidos a se tornar meros barbeiros, garçons, cocheiros e coisas do gênero, recebendo salários tão baixos que não lhes permitiam realizar quase nada. A pobreza os mantinha na ignorância, e a ignorância os mantinha em situação degradante. Tínhamos maior necessidade de aprender como ter uma boa renda do que de aprender latim e grego. Depois de ter me escutado por um bom tempo, ela foi bondosa o suficiente para me dizer que concordava com meus pontos de vista e que dedicaria o dinheiro que esperava receber no exterior para realizar aquilo que descrevi como o mais importante; ao estabelecer uma instituição em que os jovens negros pudessem aprender ofícios, além de ler, escrever e fazer contas. Quando eu estava prestes a deixar Andover, a sra. Stowe me pediu que expusesse o que eu pensava sobre o tema na forma de uma carta, para poder levá-la à Inglaterra e mostrá-la a seus amigos lá, para que eles pudessem ver a que seriam dedicadas suas contribuições. Atendi ao pedido e escrevi a seguinte carta com esse propósito.

ROCHESTER, 8 de março de 1853

Minha cara sra. Stowe:

A senhora me informou, quando estive em sua casa há duas semanas, que pretendia fazer algo que contribuísse de modo permanente para a melhoria e a dignidade dos negros livres nos Estados Unidos. A senhora expressou um interesse especial pela classe de homens que se tornaram livres por meio do próprio esforço e disse desejar acima de tudo ser útil para eles. De que modo fazer isso, e usando quais meios, foi o tema sobre o qual a senhora deu-me a honra de pedir minha opinião... Eu afirmo então que a *pobreza*, a *ignorância* e a *degradação* são os males associados; ou, em outras palavras, esses fatores constituem a doença social dos negros livres dos Estados Unidos.

Libertá-los dessa tríplice doença irá melhorar suas condições de vida e lhes dará dignidade, o que significa meramente colocá-los em pé de igualdade com seus compatriotas brancos no que diz respeito ao sagrado direito "à *Vida*, à *Liberdade* e à busca da felicidade". Não sou favorável a nenhuma dignidade artificial, e peço apenas uma disputa igualitária. Como isso pode ser conquistado? Respondo, primeiro, que não será por meio da criação de escolas secundárias e faculdades para nosso uso. Essas instituições estão, em minha opinião, além de nossa circunstância imediata e não se adaptam a nossas necessidades mais urgentes do momento. Escolas secundárias e faculdades são instituições excelentes, e no momento correto serão imensamente importantes para nosso progresso; elas são, porém, o resultado, assim como são a demanda de certo ponto do progresso, a que nós como povo ainda não chegamos. Acostumados como fomos aos mais duros e difíceis modos de vida e de subsistência, não podemos e não devemos de um único salto passar de nossa baixa condição para postos de *ministros, advogados, médicos, editores, mercadores* etc. Sem dúvida chegaremos a essas posições; isso, porém, só ocorrerá quando tivermos, com paciência e trabalho duro – e devo acrescentar com sucesso –, dominado e ultrapassado graus intermediários da agricultura e das artes mecânicas. Além disso, existem (e talvez esse seja um motivo melhor para o modo como vejo o caso) numerosas instituições de aprendizado neste país, já abertas aos jovens de cor. Para o modo como penso, já há instituições suficientes abertas aos negros para dar conta do tempo de que eles podem dispor, levando em consideração os deveres mais rigorosos da vida. Em sua atual condição de pobreza, eles não teriam como pôr seus filhos por dois ou três anos em internatos ou faculdades, sem falar nos recursos que seria necessário encontrar para sustentá-los enquanto estivessem em tais instituições. Penso, portanto, que estamos bem atendidos nesse quesito; e que isso pode ser inferido do fato de que as instituições dedicadas à nossa educação, no que diz respeito a escolas e faculdades nos estados livres, aumentarão em proporção com nossas necessidades futuras. As faculdades estão abertas para jovens negros neste país há doze anos. No entanto, comparativamente foram poucos os que obtiveram uma educação clássica; e mesmo esses poucos descobriram ter sido instruídos num grau muito acima da vida que podiam levar, não havendo métodos pelos quais eles pudessem transformar em renda o seu aprendizado. Vários dos que se encaixam nesta situação poderiam ter entrado para o ministério; no entanto, não preciso dizer que tem de haver um povo instruído para manter um ministro instruído. No momento não contamos com tal grau de educação entre nós; e portanto valorizamos no pastor os pulmões fortes mais do que uma educação superior. Não digo que ministros instruídos não sejam necessários entre nós, longe disso! Desejaria que houvesse mais deles! Aumentar sua quantidade, porém, *não* é o melhor benefício que a senhora pode nos oferecer.

Temos dois ou três advogados negros neste país; e este fato me deixa feliz; pois isso oferece indícios muito gratificantes a respeito de nosso progresso. No entanto, é preciso confessar que do ponto de vista do êxito nossos advogados são um fracasso tão grande quanto nossos ministros. Os brancos não os contratam pelo óbvio constrangimento que isso imporia a suas causas, e os negros, seguindo o exemplo dos brancos, não têm confiança suficiente em suas habilidades para contratá-los. Portanto, negros instruídos, entre os negros em geral, encontram-se muito desanimados. Fica a impressão de que para nós a instrução e a imigração andam de mãos dadas, pois, assim que surge entre nós alguém capaz, por seu gênio e seu aprendizado, de nos prestar serviços importantes, ele descobre que estará em melhor situação indo para outro lugar. Como prova disso, posso citar como exemplo os Russwurm, os Garnett, os Ward, os Crummell e outros, todos homens de potencial e realizações superiores, e capazes de remover montanhas de preconceitos contra sua raça, por meio de sua simples presença no país; mas esses cavalheiros, vendo-se constrangidos aqui pelas peculiares desvantagens a que me referi, desvantagens que em parte vêm de sua instrução, sendo repelidos pela ignorância de um lado, e pelo preconceito de outro, não sentindo prazer em continuar lutando contra tais probabilidades, foram em busca de climas mais agradáveis, onde podem viver a vida em maior paz e tranquilidade. Lamento a escolha deles, porém não tenho como culpá-los; pois, tendo o mesmo grau de instrução e enfrentando as mesmas dificuldades, talvez eu seguisse seu exemplo.

Há poucos motivos para ter esperança de que uma quantidade considerável dos negros livres um dia será levada a deixar este país, ainda que isso fosse desejável. O negro (*ao contrário* do índio) adora a civilização. Ele não obtém grande progresso na civilização, porém gosta de estar em seu meio, e prefere sofrer seus mais irritantes males a deparar com a barbárie. Assim, o amor pelo país, o medo do isolamento, a ausência de um espírito de aventura e o receio de dar a impressão de estar desertando de seus "irmãos de servidão" são um freio poderoso para todo esquema de colonização que pense na remoção dos negros, sem os escravos. A verdade, cara senhora, é que estamos *aqui*, e que provavelmente aqui permaneceremos. Indivíduos emigram – nações jamais. Crescemos com esta república, e não vejo nada no caráter dela, ou mesmo no caráter do povo americano, que leve à crença de que devemos deixar os Estados Unidos. Se, portanto, devemos permanecer aqui, a questão a que os sábios e os bons devem responder é precisamente aquela que a senhora me apresentou – a saber: O que pode ser feito para melhorar a condição dos negros livres nos Estados Unidos? O plano que eu humildemente submeto como resposta a essa pergunta (e na esperança de que essa proposta possa agradá-la, assim como aos muitos amigos da humanidade que honram, amam e cooperam com a senhora) é a criação, em Rochester, Nova York, ou em alguma outra parte dos Estados Unidos igualmente favorável a tal empreendimento, de uma FACULDADE INDUSTRIAL em que se ensinem vários ramos importantes das artes mecânicas. Essa faculdade deve ser aberta a jovens negros. Passarei por cima dos detalhes de tal instituição proposta por mim... Jamais tendo frequentado a escola por um único dia em toda a minha vida, não se pode esperar que eu consiga mapear os detalhes de um plano tão abrangente como o que está envolvido na ideia de uma faculdade. Repito, portanto, que deixo a organização e a administração a sua sabedoria superior e a seus amigos que a apoiam em seus nobres esforços. O argumento a favor de uma faculdade industrial (uma faculdade que deverá ser conduzida pelos melhores homens, e pelos melhores trabalhadores que podem ser encontrados nas artes mecânicas; uma faculdade onde os negros possam ser instruídos a usar as mãos, assim como a cabeça; onde possam obter os meios de ganhar seu pão caso a sorte os coloque em sua vida posterior em meio a homens civilizados ou incivilizados; caso eles decidam permanecer aqui, ou prefiram voltar para a terra de seus pais) é em resumo este: em nenhum outro lugar o preconceito contra os negros nos Estados Unidos se mostrou mais forte do que entre os trabalhadores manuais. O fazendeiro e o profissional não têm o mesmo sentimento amargo demonstrado por eles. Se pudessem, os trabalhadores manuais nos fariam passar fome até sairmos completamente do país. Neste momento eu conseguiria com maior facilidade colocar meu filho em um escritório de advocacia do que em uma oficina de ferreiro para fazer soprar os foles e trabalhar com a marreta. Tendo negados os meios de aprender atividades úteis, somos forçados até o limite para ganhar nosso pão. Em outras épocas fomos os cortadores de lenha e os carregadores de água da sociedade americana, e em determinado período tivemos o monopólio dos trabalhos servis, no entanto hoje essa já não é a situação. Até mesmo esses empregos estão rapidamente saindo de nossas mãos. O fato é que (todos os dias começam com esta lição e terminam com esta lição) os negros precisam aprender ofícios; precisam encontrar novos empregos; novos modos de serem úteis à sociedade, ou deverão perecer sob as prementes necessidades que sua condição rapidamente lhes impõe.

Devemos nos tornar mecânicos; devemos não apenas morar em casas, mas construí-las; devemos fabricar mobília, e não apenas usá-la; devemos construir pontes, e não apenas passar sobre elas, antes de podermos propriamente viver e antes de sermos respeitados pelos outros homens. Precisamos de mecânicos tanto quanto de ministros. Precisamos de negros trabalhando com ferro, argila e couro. Temos oradores, escritores e outros profissionais, mas essas ocupações chegam apenas a determinada classe e obtêm respeito para nossa classe em certos círculos seletos. Para vivermos aqui como devemos, precisamos nos atar a nossos compatriotas por meio de suas necessidades básicas diárias. Devemos ser capazes não só de *engraxar* botas, mas também de *fazê-las*. No momento não somos conhecidos nos estados do Norte como artífices. Não damos provas de gênio ou habilidade nas feiras locais, estaduais ou nacionais. Não participamos de nenhuma das grandes exposições da indústria de nossos compatriotas, e por não participarmos somos desconsiderados.

O fato de que não demonstramos nossa habilidade é tido como prova conclusiva de nossa incapacidade, o que faz recair sobre nós toda a indiferença e o desprezo que em geral são destinados à incapacidade, e o mesmo se dá quando não tivemos meios de desmentir a infame opinião sobre nossa natural inferioridade. Nos últimos doze anos tenho negado diante dos americanos que sejamos uma raça inferior; isso foi feito, porém, com argumentos baseados em princípios geralmente admitidos, mais do que pela apresentação de fatos. No entanto, acreditando firmemente, como acredito, que há entre os negros gente hábil, inventiva, vigorosa, diligente e artífices de verdadeiro gênio, que servirão como testemunho favorável para a raça, e que precisam apenas dos meios para desenvolver essas qualidades, sou decididamente favorável ao estabelecimento de tal faculdade como mencionei. Os benefícios de tal instituição não se restringiriam aos estados do Norte nem aos negros livres. Eles se estenderiam a toda a União. Os escravos se beneficiariam de tal instituição tanto quanto o homem livre. Deve--se confessar que o argumento mais poderoso usado hoje pelo dono de escravos do Sul, e o que mais apazigua sua consciência, deriva da má condição dos negros livres no Norte. Há muito tenho a impressão de que nossos mais genuínos amigos neste país dão pouca atenção à remoção desta pedra que fica no caminho da libertação do escravo.

A refutação mais reveladora, mais devastadora da escravidão é a apresentação de uma população negra livre que seja industriosa, empreendedora, econômica e inteligente. Creio que tal população vá surgir nos estados do Norte sob os cuidados de uma faculdade tal como a aqui proposta.

Para demonstrar que somos capazes de nos tornar artífices, posso citar uma imensidão de casos; não preciso, porém, cara senhora, insistir nesse ponto. Nenhuma pessoa desprovida de preconceitos duvida que os negros sejam capazes de se tornarem bons artífices. Na verdade, mesmo aqueles que nutrem por nós os mais amargos sentimentos têm admitido o receio de que os negros possam roubar seus empregos, o que levou a política a excluí-los completamente dos ofícios. Mas não me estenderei sobre esse ponto por receio de já ter tomado demais seu precioso tempo e escrito mais do que deveria esperar que a senhora lesse. Permita-me dizer como conclusão que creio que todo negro inteligente nos Estados Unidos aprovará a criação da instituição aqui sugerida e se regozijará com ela. Há muitos negros respeitáveis, pais de grandes famílias, com filhos quase adultos, cuja mente é atormentada dia e noite com a aflitiva pergunta: o que devo fazer com meus meninos? Uma instituição como essa atenderá às necessidades dessas pessoas. Além disso, a criação de tal instituição seria condizente com a filantropia eminentemente prática de seus amigos transatlânticos. Os Estados Unidos dificilmente poderiam objetar contra ela alegando tratar-se de uma tentativa de agitar o espírito do público no que diz respeito ao tema da escravidão, ou de *dissolver a União*. Não haveria tortura que transformasse essa instituição em motivo de palavras duras da parte do povo americano, e as pessoas nobres e boas de todas as classes veriam nesse esforço uma excelente causa, um objetivo benevolente, manifestado com moderação, sabedoria e praticidade.

Desejando-lhe, cara senhora, saúde renovada, uma passagem agradável e um retorno em segurança a sua terra natal,

Sou, com grande sinceridade, seu grato amigo,

FREDERICK DOUGLASS.

Não recebi o pedido apenas de escrever a carta acima com o propósito indicado, mas também me foi solicitado, com admirável previdência, que verificasse, até onde fosse possível, os pontos de vista dos negros livres quanto à medida proposta em seu benefício. Pude fazer isso em julho de 1853, na maior e mais esclarecida convenção de negros até então realizada neste país. Essa convenção aprovou calorosamente o plano de uma escola de ofícios manuais, como já descrita, e expressou grande admiração pela sabedoria e pela benevolência da sra. Stowe. A convenção foi realizada em Rochester, Nova York, e por muito tempo será ali lembrada pela surpresa e gratidão que causou a nossos amigos naquela cidade. Eles não esperavam tal demonstração de paixão esclarecida e de habilidade como a que se pôde ver lá em discursos, petições e resoluções; e na condução dos temas que levaram à reunião. O evento atraiu ampla atenção tanto nos Estados Unidos quanto no exterior.

Enquanto estava no exterior, a sra. Stowe foi atacada pela imprensa pró-escravidão de nosso país de modo tão persistente e vigoroso por receber dinheiro para seu uso pessoal que o reverendo Henry Ward Beecher se sentiu impelido a responder a eles nas colunas do *New York Independent*, do qual era editor na época. Ele negou que a sra. Stowe estivesse arrecadando ouro britânico para si e disse que aqueles que a atacavam deveriam falar comigo para saber o que ela pretendia fazer com o dinheiro. Em resposta a seus caluniadores, denunciei as acusações como infundadas e garanti ao público, por meio das colunas de meu jornal, que os recursos que a sra. Stowe estava recebendo na Inglaterra seriam sagradamente dedicados à criação de uma escola industrial para jovens negros. Esse anúncio circulou em outros jornais, e os ataques cessaram. Ninguém podia objetar a tal uso do dinheiro, recebido de qual fonte fosse, tanto dentro dos Estados Unidos quanto fora. Depois que ela voltou ao país, visitei novamente a sra. Stowe e fiquei muito decepcionado ao saber que ela havia reconsiderado o plano para a construção da escola industrial. Jamais consegui ver força nos motivos que levaram à mudança. Basta, no entanto, dizer que esses motivos foram suficientes para ela e que sem dúvida ela agiu com consciência, embora sua mudança de propósito tenha sido uma grande decepção e tenha me colocado em uma situação difícil diante do povo negro deste país, assim como diante de amigos no exterior, a quem eu havia assegurado que o dinheiro seria usado da maneira descrita.

Capítulo IX
DEMANDAS CRESCENTES DO PODER ESCRAVAGISTA

Demandas crescentes dos escravagistas • Guerra
no Kansas • O ataque de John Brown • Sua captura
e execução • Minha fuga para a Inglaterra para
escapar das autoridades dos Estados Unidos

Apesar da tendência natural dos seres humanos de se cansar dos
assuntos depois de algum tempo, e de fazer vista grossa a abusos
crônicos para os quais parece não haver remédio, a agitação antiescravagista durante trinta longos anos – de 1830 a 1860 – foi
sustentada com intensidade e força cada vez maiores. Isso não se
deveu inteiramente à paixão e à habilidade extraordinárias dos agi-
tadores abolicionistas; pois apesar de todo o seu ardor e de sua eloquência eles pouco poderiam ter feito sem a ajuda que lhes foi dada,
involuntariamente, pelo caráter agressivo da própria escravidão.
Estava na natureza do sistema jamais permanecer na obscuridade,
embora essa condição fosse fundamental para sua segurança. Ela
estava eternamente se colocando em destaque. Inconsciente, ao
que parece, da própria deformidade, ela não perdia oportunidade
de causar repulsa ao buscar aprovação e admiração. Ela era mais
ruidosa quando deveria ser mais silenciosa e discreta. Um de seus
defensores, quando indagado sobre o que o satisfaria como dono de
escravos, disse que ele "jamais ficaria satisfeito até poder fazer a
chamada de seus escravos à sombra do monumento de Bunker Hill".
Cada esforço feito para abafar a agitação servia apenas para lhe dar
mais força e vigor. Foi o que aconteceu com a "regra da mordaça",
que foi alvo de uma tentativa no Congresso e que chegou a ser parcialmente aplicada – a tentativa de supressão do direito de petição – as manifestações de turbas contra o exercício da liberdade de
expressão – a exibição de pistolas, cassetetes e de modos grosseiros
no Congresso Nacional – a exigência feita despudoradamente por
nosso governo à Inglaterra de que escravos que haviam conquistado a liberdade por sua bravura nos mares fossem devolvidos – a

lei para a recaptura de escravos foragidos – a anexação do Texas com o propósito confesso de aumentar a quantidade de estados escravagistas, e assim aumentar o poder da escravidão na União – a guerra com o México – as expedições irregulares contra Cuba e a América Central – a decisão tomada a sangue-frio pelo presidente Taney, da Suprema Corte, no caso Dred Scott, na qual ele afirma, por assim dizer, um fato histórico, que "os negros estão fadados a não ter direitos que os homens brancos sejam obrigados a respeitar" – a perversa revogação do Compromisso do Missouri, quando o Sul havia conquistado todas as vantagens que ele lhe traria e o Norte não havia conquistado nada – a tentativa armada e sangrenta de forçar a escravidão no solo virgem do Kansas – os esforços dos dois grandes partidos políticos para remover e tirar do poder qualquer um suspeito de ter ideias e princípios hostis à escravidão – os rudes ataques a Giddings, Hale, Chase, Wilson, William H. Seward e Charles Sumner – o esforço para caluniar esses homens corajosos e para removê-los de suas posições de destaque – a maneira sumária com que a Virgínia enforcou John Brown – em poucas palavras, tudo que foi feito ou tentado com vistas a dar sustentação e segurança à escravidão apenas serviu de combustível para o fogo e aqueceu a fornalha da agitação a um ponto jamais atingido anteriormente. Isso foi verdade até o momento em que a nação decidiu pegar a espada em nome da salvação do país e da destruição da escravidão.

Durante os dez anos que antecederam a guerra, a opinião pública não teve um único momento de tranquilidade. As medidas anunciadas pelo sr. Clay em 1850 para se chegar a um meio-termo, que deveriam fazer todos os problemas do país relativos à escravidão ficarem "sepultados no fundo do oceano", ainda estavam secando no livro dos estatutos quando todo o país foi abalado com rumores, e eu, de minha parte, fiz o que pude, usando a pena e a voz, além de incessante atividade, para manter esses rumores vivos e vigorosos. Mais tarde, em 1854, tivemos o Compromisso do Missouri, que removeu o único grande entrave legal para que a escravidão se espraiasse por todo o território dos Estados Unidos. A partir desse momento não houve pausa, não houve descanso. Todos, mesmo os mais tolos, podiam ver que essa era uma fase da questão escravagista que não devia ser menosprezada ou ignorada. O povo do Norte havia se acostumado a perguntar, em um tom de cruel indiferença:

"O que nós temos a ver com a escravidão?". E agora não era preciso um discurso elaborado para responder a isso. A agressão dos donos de escravos havia resolvido esse ponto para nós. A presença da escravidão em um território certamente excluiria os filhos e as filhas dos estados livres de maneira mais eficaz do que o fariam as leis ou a febre amarela. Aqueles que não se importavam nem um pouco com os escravos e que estavam dispostos a tolerar a escravidão dentro dos estados escravagistas não estavam, no entanto, preparados para ver a si e a seus filhos excluídos da herança comum da nação. Não é de surpreender, portanto, que tenha sido fácil manter intensamente viva a opinião pública do Norte sobre esse tema nem que em 1856 uma alarmante expressão do sentimento sobre esse ponto tenha sido vista na grande votação dada a John C. Frémont e William L. Dayton para presidente e vice-presidente dos Estados Unidos. Até esse último levante do Norte contra o poder escravagista, o poder do movimento antiescravagista tinha ficado em grande medida nas mãos dos abolicionistas originais, cujos líderes mais renomados já foram mencionados em outras partes deste volume. Depois de 1856, um braço mais poderoso e uma hoste mais numerosa se ergueram contra a escravidão, e a agitação se tornou mais ampla e mais profunda. Esse período ilustrou o princípio de tensão e compressão, ação e reação. Quanto mais aberto, flagrante e despudorado era o poder escravagista, mais firme era a confrontação feita pelo crescente poder antiescravagista do Norte. Nenhum ato foi tão importante para levar o Norte a compreender o espírito infernal e bárbaro da escravidão e para gerar sua determinação de "dominar ou destruir" do que o covarde e brutal ataque feito no Senado americano a Charles Sumner por Preston S. Brooks, um congressista da Carolina do Sul. Embora o ataque tenha sido chocante e escandaloso, o espírito com que ele foi recebido e elogiado pela comunidade foi ainda pior. As senhoras do Sul chegaram até mesmo a aplaudir o valentão armado por seu ataque homicida a um senador desarmado do Norte, por causa de palavras ditas em um debate! Isso, mais do que qualquer outra coisa, mostrou ao pensativo povo do Norte qual era o tipo de civilização a que eles estavam ligados e como aquilo claramente pressagiava um conflito em escala mais ampla.

Como medida da agitação, a revogação do Compromisso do Missouri a que aludi talvez seja a mais eficaz. Foi isso que pôs em destaque Abraham Lincoln e que o levou a entrar em conflito com Stephen A. Douglas (o autor de tal medida) e que impeliu os estados do Oeste a se interessar mais profundamente do que jamais haviam se interessado pela questão como um todo. Palavras prenhes de sentido agora eram ditas pelos defensores da liberdade, palavras que falavam direto ao coração da nação. Foi o sr. Lincoln quem disse ao povo americano durante essa crise que "a União não podia perdurar sendo metade escravagista e metade livre; que era necessário ser totalmente uma coisa ou totalmente outra, e que a opinião pública só podia encontrar tranquilidade na crença de que a escravidão acabaria sendo abolida". Essas não são as palavras de um abolicionista – empunhadas por um fanático e levadas adiante em nome da dedicação entusiasmada ao negro –, mas sim o discurso calmo, tranquilo e deliberado de um estadista, abrangente o suficiente para levar em conta o bem-estar de todo o país. Não é de admirar que os amigos da liberdade tenham visto nesse homem simples do Illinois o porta-voz adequado para todas as forças morais e políticas que pudessem ser angariadas e brandidas contra o poder escravagista. Em poucas e simples palavras ele havia incorporado o pensamento da nação leal e indicado o caráter apropriado para liderar e guiar o país em meio aos perigos presentes e àqueles que ainda viriam.

O Sul não demorou muito mais do que o Norte para reconhecer em Abraham Lincoln o líder natural do sentimento político crescente do país contra a escravidão, e foi igualmente rápido em seus esforços para reagir e destruir sua influência. Seus jornais estavam coalhados das mais amargas invectivas contra o "caipira do Illinois", o "barqueiro", o "lenhador", o "advogado de terceira classe", e muito mais e pior.

Antes da revogação do Compromisso do Missouri, desenhei, no aniversário da Sociedade Antiescravagista Americana em Nova York, o seguinte retrato do estado do conflito contra a escravidão conforme ele era naquele momento:

> É evidente que existe neste país um partido puramente escravagista, um partido que existe pelo único propósito de promover os interesses da escravidão. Ele não é conhecido por nenhum nome específico e não assumiu nenhuma forma definida, mas suas ramificações na Igreja e no

Estado são grandes e profundas. Esse partido sem forma e sem nome não é intangível em outros aspectos mais importantes. Ele tem uma política fixa, definitiva e abrangente em relação a toda a população negra dos Estados Unidos. Segundo compreendo, essa política abrange, em primeiro lugar, a completa supressão de todo debate antiescravagista; em segundo, a expulsão de todo o povo livre dos Estados Unidos; em terceiro, a nacionalização da escravidão; em quarto, garantias para a perpetuação eterna da escravidão e para sua expansão em direção ao México e à América Central. Senhor, esses objetivos nos são apresentados de maneira convincente pela lógica rigorosa por trás dos fatos que vivemos, e em todos os fatos que presenciamos durante os últimos três anos. O país vem se dividindo em relação a essas grandes questões. Antigos vínculos partidários se romperam. Os iguais estão se encontrando em ambos os lados dessas questões, e a grande batalha está à nossa frente. Por ora o melhor representante do partido da escravidão é o Partido Democrata. Seu grande chefe no momento é o presidente Pierce, que antes da eleição se gabou de toda a sua vida ter sido coerente com os interesses da escravidão – de estar acima de críticas referentes a isso. Em seu discurso de posse ele tranquiliza o Sul quanto a esse ponto, para que não haja mal-entendidos. Muito bem, estando o chefe do poder escravagista no poder, é natural que os elementos pró-escravidão se aglomerem em torno de seu governo, e isso está acontecendo rapidamente. O defensor inflexível do protecionismo e o defensor do livre comércio se dão as mãos. Os apoiadores de Fillmore vão se tornando os apoiadores de Pierce. Os *whigs* grisalhos apertam as mãos dos democratas da facção Hunker, que se diferenciam entre si apenas no nome. Na verdade todos têm um só coração e uma só mente, e a união entre eles é natural e talvez inevitável. Pilatos e Herodes se tornaram amigos. A pedra fundamental do arco dessa grande união de forças do partido da escravidão é o chamado Acordo de 1850. Nessa medida estão especificados todos os objetivos da política dos donos de escravos. Esse modo de ver a situação, senhor, explica por que o Partido Whig e o Partido Democrata desceram mais, se afundaram mais e se esforçaram mais em suas convenções preparatórias para as últimas eleições presidenciais para satisfazer as exigências da escravidão. Jamais os partidos se apresentaram diante do povo do Norte com propostas que desdenhassem tão abertamente do sentimento moral e das ideias religiosas daquelas pessoas. Ousaram pedir que eles se unissem aos povos do Sul numa guerra contra a liberdade de expressão, contra a consciência, e para expulsar a presença do Todo-Poderoso dos corpos legislativos da nação. Apoiando suas plataformas na Lei do Escravo Fugitivo, eles ousadamente pediram a esse povo poder político para executar seus planos horrendos e infernais. A história daquela eleição revela com grande clareza até que ponto a escravidão "injetou o germe da lepra" no sangue da nação. O partido que mais completamente se opõe à causa da justiça e da humanidade triunfou, ao passo que o partido apenas suspeito de ter inclinação para esses princípios foi fragorosamente derrotado e, segundo alguns, aniquilado. Mas há aqui um fato ainda mais importante e ainda mais revelador dos planos do poder escravagista. Trata-se de um fato repleto de sentido que, logo depois de o Partido Democrata ter chegado ao poder, foi apresentado a todas as legislaturas dos estados do Norte um sistema de legislação que pretendia colocar todos esses estados em harmonia com a Lei do Escravo Fugitivo, e com o espírito maligno demonstrado pelo governo nacional em relação aos habitantes negros livres do país. Todo o movimento feito pelos estados traz indícios inequívocos de ter uma única fonte, de ter emanado de uma só cabeça e de ter seu andamento sido incitado por um único poder. O movimento foi simultâneo, uniforme e geral, e tinha em vista apenas uma finalidade. Pretendia colocar espinhos sob pés que já sangravam; esmagar um povo já curvado; escravizar um povo que já era apenas parcialmente livre; em uma palavra, expulsar todos os negros livres do país. Observando a lei relativa aos negros aprovada pouco antes pelo estado do Illinois, fica-se perplexo por sua enormidade. Pareceria que os homens que aprovaram aquela lei tinham conseguido não apenas banir da mente todo o senso de justiça como também todo o pudor; esses códigos legais pretendem vender corpos e almas dos negros para arrecadar fundos que oferecerão inteligência e refinamento para os brancos; roubar do negro que é um estranho entre eles para aumentar seu fundo educacional.

Enquanto esse tipo de legislação avança nos estados, uma junta médica a favor da escravidão está sendo criada em Washington. Os senadores Hale, Chase e Sumner tiveram roubados seus direitos senatoriais e sua dignidade como representantes de estados soberanos por se recusar a serem inoculados com o vírus pró-escravidão de nossos tempos. Entre os serviços que se espera que um senador desempenhe, há muitos que só podem ser realizados de maneira eficiente quando se é membro de importantes comissões, e o poder escravagista no Senado, ao dizer a esses excelentíssimos senadores "vocês não farão parte das comissões de nosso legislativo", se tornaram responsáveis por insultar e assaltar os estados que enviaram a Washington tais senadores. Trata-se de uma tentativa de Washington de decidir em nome dos estados quem os estados devem enviar para o Senado. Senhor, parece-me que essa agressão da parte do poder escravagista não teve dos senadores proscritos e insultados a resposta que teríamos o direito de esperar. Parece-me que uma grande oportunidade foi perdida, que o importante princípio da igualdade senatorial ficou sem quem o defendesse num momento em que sua defesa era rigorosamente necessária. No entanto, não é objetivo deste meu discurso criticar a conduta de amigos. Muitas coisas deveriam ser deixadas ao alvitre dos abolicionistas que estão no Congresso. Acusações de traição só devem ser feitas quando há bases sólidas. Pois considero Washington – o bastião da escravidão – o lugar onde um antiescravagista mais precisa da confiança e do estímulo de seus amigos.

Prestemos atenção agora às influências sociais que operam e cooperam com o poder escravagista de nossos tempos, com a intenção de promover todos os seus objetivos malignos. Vemos aqui o homem negro atacado em seus interesses mais vitais: o preconceito e o ódio contra ele são sistematicamente incitados. A raiva de outros trabalhadores contra ele é estimulada. Os irlandeses, que em seu país prontamente demonstram simpatia pelos oprimidos de toda parte, são logo ensinados, quando pisam em nosso solo, a odiar e a desprezar o negro. São ensinados a acreditar que o negro come o pão que pertence a eles. Conta-se a eles a mentira cruel segundo a qual nós os privamos de seu trabalho e recebemos o dinheiro que de outro modo chegaria aos bolsos deles. Senhor, o irlandês-americano um dia descobrirá seu erro. Ele descobrirá que, ao assumir nossas ocupações, estará também assumindo para ele nossa degradação. Mas por ora somos nós que sofremos. Nossos antigos empregos com os quais nos acostumamos a ganhar nosso pão estão gradualmente escorrendo por entre nossos dedos: cada hora nos vê expulsos de algum ofício para ceder espaço a algum grupo que acaba de emigrar da Ilha Esmeralda, cuja fome e cuja cor da pele garantem a ele tratamento especial. Esses homens brancos estão se tornando empregados domésticos, cozinheiros, camareiros, garçons e lacaios. Em troca de qualquer coisa vejo-os se ajustarem a suas funções com toda a devida humildade. Se não podem se elevar à dignidade do homem branco, eles demonstram que podem se rebaixar à degradação do negro. Mas agora, senhor, olhe de novo! Ao mesmo tempo que os negros são assim expulsos de seus empregos; ao mesmo tempo que uma incessante inimizade é instigada nos irlandeses contra nós; ao mesmo tempo que os estados, sucessivamente, aprovam leis contrárias a nós; ao mesmo tempo que estamos sendo cassados como animais selvagens; ao mesmo tempo que somos oprimidos por uma sensação de crescente insegurança, a Sociedade Americana de Colonização, com a palavra "hipocrisia" escrita em sua testa, apresenta-se, ganha nova vida e vigorosamente se esforça para atrair a atenção do povo americano para seu esquema que prevê nossa expatriação. Jornais foram abertos no Norte e no Sul para promover este objetivo há tanto tempo desejado – livrar o país dos negros, vistos como uma permanente ameaça à escravidão. Cada um desses jornais está adaptado à latitude em que é publicado, mas todos se unem ao incitar o governo a fazer apropriações que possibilitem à Sociedade de Colonização nos enviar de vapor para fora do país. Evidentemente essa sociedade vê em nossa desgraça a sua oportunidade, e sempre que os elementos se põem contra nós eles são estimulados a entrar em uma atividade incomum. Eles não deploram nossa infelicidade, pelo contrário, se regozijam com ela, uma vez que isso prova que as duas raças não podem florescer no mesmo solo. Mas, senhor, devo me apressar. Ofereci em breves palavras meu ponto de vista sobre a presente condição e as perspectivas futuras dos negros dos Estados Unidos. E o que eu disse está longe de encorajar meu povo aflito. Vi as nuvens se formarem sobre o semblante negro de alguns que me ouvem. Confesso que a situação parece bem ruim. Senhor, não sou um homem de muitas esperanças. Acredito que posso subestimar os benefícios que o futuro nos trará. No entanto, senhor, nesse cenário de aparente desespero, não perco a esperança por meu povo. Existe um lado positivo em quase todo panorama, e nosso caso não é exceção à regra geral. Se as influências contra nós são fortes, também são fortes os que estão de nosso lado. À pergunta "irão nossos inimigos prevalecer na execução de seus planos?" – em meu Deus e em minha alma, acredito que *não vão*. Vejamos o primeiro objetivo perseguido pelo partido da escravidão neste país, ou seja, a supressão do debate antiescravagista.

Eles desejam suprimir a discussão sobre este tema, visando obter paz para o dono de escravos e segurança para a escravidão. No entanto, senhor, nem o princípio nem os objetivos que lhe são subordinados, aqui declarados, podem ser obtidos pelo poder escravagista, e por esta razão: isso envolve a proposição de amordaçar os brancos, para que se possa garantir a permanência dos grilhões nas pernas dos negros. O direito à livre expressão, precioso e inestimável, *não pode ser – e não será* – sujeitado à escravidão. Pede-se sua supressão, como eu disse, para obter paz e segurança para os proprietários de escravos. Senhor, isso não pode ser feito. Deus interpôs um obstáculo insuperável a tal resultado. *"Não pode haver paz"*, disse meu Deus, "para o perverso". Suponha-se que fosse possível deixar de lado esse debate, de que isso serviria ao dono de escravo, cheio de culpas, deitado como se encontra sobre o peito arfante de almas arruinadas? Seu espírito não ficaria em paz. Ainda que todas as línguas que falam contra a escravidão no país fossem silenciadas – que todas as organizações antiescravagistas fossem dissolvidas –, que todos os periódicos, jornais, panfletos, livros e qualquer outro material abolicionista fossem rastreados, incinerados e que suas cinzas fossem espalhadas aos quatro ventos, ainda assim, ainda assim o proprietário de escravos *não teria paz*. Em cada pulsação de seu coração, em cada palpitação de sua vida, em cada imagem registrada por seus olhos, na brisa que consola e no trovão que apavora, seria despertado um acusador, dizendo: "É imensa a vossa culpa no que diz respeito a vosso irmão".

Esse não é nenhum retrato fantasioso daqueles tempos. A situação durante todo o governo do presidente Pierce só não foi mais ameaçadora e tumultuada do que durante a presidência de James Buchanan. Um semeou, o outro colheu. Um foi o vento, o outro, o redemoinho. Inebriados pelo sucesso que obtiveram na revogação do Compromisso do Missouri – na retirada da cidadania do negro nascido nos Estados Unidos –, em atrelar tanto o Partido Whig quanto o Partido Democrata ao carro da escravidão, os propagandistas da escravidão deixaram de lado todos os disfarces, abandonaram toda a aparência de moderação e muito natural e inevitavelmente passaram, no governo do sr. Buchanan, a se beneficiar de todas as vantagens obtidas com suas vitórias. Tendo eliminado legalmente o grande muro nacional, erigido nos melhores dias da

República, contra o espraiamento da escravidão, contra o aumento de seu poder – tendo acabado com toda distinção, segundo eles achavam, entre liberdade e escravidão na lei que até então regia os territórios dos Estados Unidos, e tendo deixado toda a questão sobre legalizar ou proibir a escravidão para ser decidida pelo povo de um território, o passo seguinte era ocupar o território do Kansas – o que tinha maior probabilidade de se organizar primeiro – com uma população que visse a escravidão com bons olhos, e evitar que lá entrassem todos os que pretendiam fazer daquele território um estado livre. Ali estava um convite aberto para uma luta feroz e amarga; e a história do período mostra como esse convite foi rapidamente aceito por ambas as classes a que foi feito, e as cenas de barbárie e violência e sangue que se seguiram.

De início todas as vantagens ficaram com aqueles que estavam fazendo do Kansas um estado escravagista. As forças morais da revogação do Compromisso do Missouri estavam com eles; a potência do triunfante Partido Democrata estava com eles; o poder e o apadrinhamento do governo federal estavam com eles; os diversos governadores, enviados sob o governo territorial, estavam com eles; e, acima de tudo, a proximidade do território com o estado escravagista do Missouri era favorável a eles e a todos os seus planos. Na maioria dos casos, aqueles que se opunham a fazer do Kansas um estado escravagista estavam distantes do campo de batalha, morando principalmente na Nova Inglaterra, a mais de 1.600 quilômetros da fronteira oriental do território, e o caminho direto que os levaria até lá passava por uma região violentamente hostil a eles. Com todas essas probabilidades contrárias a eles, e apenas uma ideia – embora uma ideia grandiosa – para apoiá-los, será para sempre objeto de espanto que eles tenham conseguido fazer do Kansas um estado livre. Não é meu objetivo escrever particularmente sobre essa ou sobre qualquer outra fase do conflito com a escravidão, mas simplesmente indicar a natureza da luta. O que é importante para mim, sendo meu desejo ver o poder escravagista perder a força, ver a escravidão limitada e abolida, foi o efeito dessa batalha do Kansas sobre o sentimento moral do Norte: o modo como isso gerou abolicionistas que ainda nem tinham percebido ser a favor da abolição, e o modo como isso fez reviver a paixão, estimulou a atividade e fortaleceu a fé de nossas forças antiescravagistas. "Contem com mil dólares por mês de minha parte enquanto o conflito durar", disse o magnânimo Gerrit Smith. George L. Stearns despejou seus milhares de dólares, e homens antiescravagistas com menos recursos foram proporcionalmente generosos. H. W. Beecher deu o brado certo à frente de uma poderosa coluna; Sumner, no Senado, falou como nenhum homem havia falado antes ali. Lewis Tappan, representando uma classe dos antigos oponentes da escravidão, e William L. Garrison a outra, deixaram de lado as antigas diferenças e dedicaram todas as suas energias à liberdade do Kansas. No entanto, esses e outros foram meramente geradores da força antiescravagista. Os homens que *foram* para o Kansas com o objetivo de torná-lo um estado livre foram os heróis e os mártires. Um dos líderes dessa santa cruzada pela liberdade, com quem passei a ter relações próximas, foi John Brown, cuja pessoa, casa e finalidades eu já descrevi. Esse homem velho e corajoso e seus filhos estiveram entre os primeiros a ouvir e a seguir o trompete da liberdade que os chamava para a batalha. O que eles fizeram e sofreram, o que eles buscaram e conquistaram, e usando quais meios, são assuntos para a história, e não precisam ser repetidos aqui.

Logo se tornou evidente que a guerra entre aqueles que eram contrários e aqueles que eram favoráveis à escravidão no Kansas não se decidiria por meios pacíficos, por palavras e cédulas eleitorais, mas que espadas e balas seriam empregadas pelos dois lados. O capitão John Brown achou que, depois de longos anos de espera, sua hora tinha chegado, e jamais algum homem enfrentou tamanhos perigos com tanta alegria, coragem e desinteresse. Eu o encontrei com frequência durante essa luta e enxerguei sua alma mais a fundo do que havia enxergado sete ou oito anos antes quando o encontrei em Springfield, e tudo o que vi dele me deu uma impressão mais favorável do homem e me inspirou um respeito ainda mais alto pelo seu caráter. Em suas diversas visitas ao Leste para obter as armas e os suprimentos necessários, ele muitas vezes me concedeu a honra de passar horas e dias comigo em Rochester. Em mais de uma dessas ocasiões eu organizei reuniões e solicitei ajuda para ele em sua causa, e posso dizer sem me gabar que meus esforços nesse sentido não foram inteiramente infrutíferos. Profundamente interessado como "Osawatomie Brown" estava no

Kansas, ele jamais perdeu de vista aquilo que chamava de seu trabalho maior – a libertação de todos os escravos nos Estados Unidos. Mas naquele momento ele viu que o meio para chegar a sua grandiosa finalidade era o Kansas. Seria uma tarefa gratificante falar sobre suas proezas na luta da fronteira, sobre como ele respondeu à perseguição com perseguição, à guerra com guerra, à estratégia com estratégia, ao assassinato e ao incêndio de casas com impressionantes e terríveis retaliações, até que os próprios propagandistas da escravidão, sedentos de sangue, foram forçados a implorar por misericórdia. Os horrores forjados por sua mão de ferro não podem ser contemplados sem um calafrio, mas trata-se do calafrio que se sente ao presenciar a execução de um assassino. A amputação de um membro é uma provação severa aos sentimentos, porém a necessidade é justificativa suficiente para que ela seja feita. Chamar um assassino no meio da noite, e sem aviso ou alerta, juiz ou júri, transpassá-lo pela espada, era um remédio terrível para uma doença terrível.

A questão não era simplesmente sobre quem deveria prevalecer no Kansas, mas se homens vindos de estados livres deveriam viver lá. Bandidos na fronteira com o Missouri haviam declarado abertamente seu propósito não apenas de tornar o Kansas um estado escravagista, como também de tornar impossível a vida de homens livres lá. Eles queimaram suas cidades, queimaram as sedes de suas fazendas, e por meio do assassinato espalharam o terror entre eles até que muitos colonos vindos de estados livres se viram compelidos a fugir para salvar a própria vida. John Brown foi, portanto, o resultado lógico das perseguições promovidas pelos donos de escravos. Até que a vida dos tiranos e dos assassinos venha a se tornar mais preciosa aos olhos dos homens do que a justiça e a liberdade, John Brown não precisará ser defendido. Ao lidar com os ferozes inimigos da causa dos estados livres no Kansas, ele não apenas demonstrou infinita coragem como também eminente habilidade militar. Com tão poucos homens e tão grandes probabilidades contra si, poucos capitães algum dia ultrapassaram suas conquistas, algumas das quais parecem desproporcionais demais para acreditar, e no entanto ainda não surgiram vozes para questioná-las. Com apenas oito meses ele encontrou, combateu, derrotou e capturou Henry Clay Pate com 25 homens bem armados e com boas montarias. Nessa batalha ele escolheu o campo de confronto com tanta sabedoria, liderou seus homens com tanta habilidade e atacou seus inimigos com tanto vigor que eles não puderam nem fugir nem combater, sendo assim forçados a se render para uma força que equivalia a menos de um terço da sua. Com apenas trinta homens, em outra ocasião memorável ele deparou com quatrocentos homens do Missouri sob o comando do general Read e os derrotou. Esses homens tinham entrado no território tendo jurado jamais voltar a suas casas no Missouri sem antes haver aniquilado o último vestígio do espírito de estado livre do Kansas. Um único combate com o velho Brown instantaneamente tirou deles essas ideias elevadas, e eles se deram por satisfeitos de voltar para casa fosse como fosse, sem parar para negociar os termos. Com menos de cem homens para defender a cidade de Lawrence, ele se ofereceu para liderá-los e dar combate a 1.400 homens nas margens do rio Waukerusia, e ficou extremamente irritado quando sua oferta foi recusada pelo general Jim Lane, entre outros, que acreditava que a defesa do local estava comprometida. Antes de partir do Kansas, ele foi até a fronteira do Missouri e libertou doze escravos em uma única noite, e, apesar das leis escravagistas e das autoridades, ele levou essas pessoas por meia dúzia de estados e as entregou em segurança no Canadá. Os bem-sucedidos esforços do Norte em fazer do Kansas um estado livre, apesar de todas as doutrinas sofistas e das medidas sanguinárias do Sul para torná-lo um estado escravagista, tiveram poderosa influência sobre as forças políticas e sobre acontecimentos do futuro próximo.

É interessante observar a facilidade com que os estadistas de parte do país adaptaram suas convicções às novas condições. Quando se descobriu que a doutrina da soberania popular (que creio ter sido inicialmente inventada pelo general Cass e depois adotada por Stephen A. Douglas) não foi capaz de tornar o Kansas um estado escravagista, e que não se podia confiar com segurança em outras emergências, estadistas do Sul prontamente a abandonaram e a repudiaram, e adotaram bases que consideravam mais sólidas. Eles perderam a fé nos direitos, nos poderes e na sabedoria do povo e se refugiaram na Constituição. Dali em diante, a teoria predileta do Sul foi aquela segundo a qual o povo de um território não podia se pronunciar de modo nenhum sobre a escravidão; que a Constituição dos Estados Unidos, pela própria força e efeito, levava a escravidão a salvo a qualquer território do país e com isso protegeria o sistema até que o Kansas deixasse de ser um território e se tornasse um estado. O resultado prático dessa doutrina seria tornar escravagistas todos os futuros estados, pois, depois de ter brotado e de ter crescido por anos em um território, a escravidão facilmente se fortaleceria para se proteger contra os dias de dificuldade e desafiaria sua erradicação. Essa doutrina em certo sentido foi apoiada por Taney, presidente da Suprema Corte, na infame decisão do caso Dred Scott. Essa nova base jurídica, porém, estava destinada a causar problemas para seus criadores, pois durante um tempo ela dividiu o Partido Democrata, tendo uma de suas alas acompanhado John C. Breckenridge e a outra apoiando a causa de Stephen A. Douglas; o primeiro defendia firmemente a doutrina de que a Constituição americana, sem nenhuma legislação – fosse territorial, nacional ou de outro tipo –, pela própria força e efeito, levava a escravidão a todos os estados americanos; o outro afirmava que o povo de um território tinha o direito de admitir a escravidão ou rejeitá-la, de acordo com seu melhor juízo.

Enquanto essa guerra de palavras – esse conflito de doutrinas – estava em curso, a portentosa sombra de uma estupenda guerra civil se tornou cada vez mais visível. Amargas reclamações foram feitas pelos donos de escravos, que diziam estar prestes a se ver espoliados da parcela justa do território que havia sido conquistada por sua bravura ou comprada com seus recursos. O Norte, por outro lado, ou na verdade um grande e crescente partido no Norte, insistia que a queixa era sem sentido e infundada; que nada que pudesse ser adequadamente considerado como propriedade estava excluído dos territórios, nem se pretendia que viesse a ser; que os sulistas podiam se radicar em qualquer território dos Estados Unidos com alguns tipos de propriedade, e em pé de igualdade e com o mesmo tipo de proteção dado aos cidadãos do Norte; que homens e mulheres não são propriedade no mesmo sentido que casas, terras, cavalos, ovelhas e suínos podem ser propriedade, e que os pais da República não tinham a intenção de que a escravidão fosse estendida ou perpetuada; que a liberdade é nacional, e a escravidão é regional. De 1856 a 1860 o país todo foi sacudido por essa grande controvérsia. Quando a força explosiva dessa controvérsia já tinha soltado os parafusos da União Americana; quando a agitação da opinião pública estava em seu ápice; quando os dois lados estavam em seus pontos extremos de divergência; quando, compreendendo a perigosa situação, estadistas do Norte como William H. Seward buscaram acalmar a tempestade que se formava com discursos suaves e persuasivos, e quando toda a esperança de acordo já tinha quase desaparecido, como que banindo até mesmo a última centelha de esperança de paz entre os dois lados, John Brown entrou em cena. Na noite de 16 de outubro de 1859, surgiu perto da confluência dos rios Potomac e Shenandoah um grupo de dezenove homens – catorze brancos e cinco negros. Eles não só estavam armados como levavam consigo um grande sortimento de armas para pessoas que pudessem se unir a eles. Esses homens invadiram a cidade de Harpers Ferry, desarmaram os vigias, tomaram posse do arsenal, da fábrica de rifles, da sala de armas e de outras propriedades do governo, prenderam e tomaram como prisioneiros quase todos os cidadãos de destaque das imediações, reuniram cerca de cinquenta escravos, puseram baionetas nas mãos daqueles que eram capazes e que estavam dispostos a lutar por sua liberdade, mataram três homens, proclamaram a emancipação geral, defenderam sua posição por mais de trinta horas, foram posteriormente dominados e quase todos mortos, feridos ou capturados por tropas dos Estados Unidos sob o comando do coronel Robert E. Lee, desde então famoso como o rebelde general Lee. Três dos dezenove invasores foram capturados durante o combate, e um deles era o capitão John Brown – o homem que originou, planejou e comandou a expedição. No momento de sua captura o capitão Brown estava supostamente ferido de morte, uma vez que tinha diversos talhos profundos e feridas feitas a baioneta na cabeça e no corpo, e compreendendo que ele poderia morrer rapidamente, ou que poderia ser resgatado por seus amigos, e que assim a oportunidade de torná-lo um exemplo da vingança escravagista seria perdida, seus captores o mandaram às pressas para Charleston, 15 quilômetros depois da fronteira da Virgínia, colocaram-no em uma prisão fortemente guardada por soldados, e, antes que suas feridas estivessem curadas, ele foi levado ao tribunal, submetido a algo a que se deu o nome de julgamento, condenado por alta traição e por incitar escravos à insurreição, e executado.

Seu cadáver foi entregue à enlutada viúva, e ela, assistida por amigos abolicionistas, o fez ser levado até Elba, no condado de Essex, em Nova York, e ali suas cinzas repousam hoje em meio à grandeza silente, solene, coberta de neve das montanhas Adirondack. Essa invasão de Harpers Ferry foi a gota d'água. O sentimento do Sul que antes estava irritado se tornou furioso e incontrolável. Um brado de vingança partiu de todas as regiões dos estados escravagistas e de grandes multidões no Norte. Todos aqueles que supostamente estavam de algum modo associados a John Brown foram cassados e entregues à crueldade da escravagista e apavorada Virgínia, e lá foram julgados à maneira do julgamento de John Brown, e evidentemente acabaram sumariamente executados.

Na noite em que chegaram as notícias de que John Brown havia tomado Harpers Ferry e, naquele momento, ainda estava de posse da cidade, eu por acaso estava falando para uma grande plateia no National Hall, em Filadélfia. A notícia teve em nós o efeito alarmante de um terremoto. Aquilo era algo capaz de fazer o mais corajoso dos homens perder o fôlego. Imediatamente percebi que meu velho amigo havia tentado aquilo que tanto tempo antes ele decidira fazer, e tive certeza de que o resultado seria sua captura e destruição. Como eu imaginava, o dia seguinte trouxe a notícia de que com dois ou três homens ele havia fortificado e estava defendendo um pequeno engenho, mas que ele estava cercado por um corpo de milicianos da Virgínia, que até então não havia se arriscado a capturar os insurgentes, mas que a fuga era impossível. Poucas horas depois veio a notícia de que o coronel Robert E. Lee, com uma companhia de soldados americanos, havia aberto uma brecha na fortificação do capitão Brown e que o haviam capturado vivo, porém mortalmente ferido. Sua valise tinha ficado com o governador Wise, e nela foram encontradas diversas cartas e documentos que implicavam diretamente Gerrit Smith, Joshua R. Giddings, Samuel G. Howe, Frank P. Sanborn e a mim. Essa informação foi logo seguida por um telegrama afirmando que todos nós seríamos presos. Sabendo que eu estava em Filadélfia, com meu amigo Thomas J. Dorsey, o sr. John Hern, o operador do telégrafo, veio falar comigo e, com outros, incitou-me a deixar a cidade no primeiro trem, uma vez que os jornais informavam sobre minha presença em Filadélfia, e as autoridades podiam estar em meu encalço já naquele momento. Isso não me parecia nada improvável. A maior parte de meus amigos ficou chocada com a ideia de que eu fosse preso ali mesmo, ou quando estivesse fazendo a travessia de balsa do cais da rua Walnut para Camden, pois era ali que eu tinha certeza de que a prisão ocorreria, e pedi que alguns deles me acompanhassem até lá meramente para ver o que podia acontecer, mas por um motivo ou outro todos eles acharam melhor não serem vistos comigo naquele momento, à exceção do velho Franklin Turner – um verdadeiro homem. A verdade é que, em meio ao clima de nervosismo que prevalecia, meus amigos tinham motivo para temer até mesmo que o fato de estarem comigo fosse motivo suficiente para eles serem presos junto. A demora na partida do vapor me pareceu excepcionalmente longa, pois confesso que eu estava tomado por um desejo de chegar a uma latitude mais ao norte. Meu amigo Frank não saiu de meu lado até que viesse a ordem para que todos os que não eram passageiros descessem e as pás começassem a se mover. Cheguei a Nova York à noite, ainda temendo ser preso a qualquer momento, mas, não havendo nenhum sinal nesse sentido, fui imediatamente para a balsa da rua Barclay, fiz a travessia do rio e fui direto para a rua Washington, em Hoboken, a casa da sra. Marks, onde passei a noite, e posso acrescentar sem exagerar em minha covardia, uma noite *ansiosa*. Os jornais matutinos não trouxeram alívio, pois anunciavam que o governo não pouparia esforços para encontrar e punir todos aqueles associados com o ultraje de Harpers Ferry, e que tanto documentos quanto pessoas seriam objetos de busca. Eu agora estava um pouco incomodado pelo fato de haver diversas cartas e uma Constituição escritas por John Brown trancadas em minha escrivaninha em Rochester. Para impedir que esses papéis caíssem nas mãos do governo da Virgínia, ditei para minha amiga, a srta. Ottilia Assing, o seguinte telegrama para B.F. Blackall, o operador do telégrafo em Rochester, um amigo e visitante frequente de minha casa, que facilmente compreenderia o sentido do despacho:

B.F. BLACKALL, adv.
Diga a Lewis (meu filho mais velho) para pegar todos os documentos importantes em minha escrivaninha.

Não assinei meu nome, e o resultado demonstrou que eu tinha julgado corretamente que o sr. Blackall iria compreender e prontamente atender a meu pedido. A marca do formão com que a escrivaninha foi aberta está até hoje na gaveta e é um dos vestígios da incursão de John Brown. Tendo tomado providências para proteger meus documentos, o problema era saber exatamente o que fazer comigo mesmo. Permanecer em Hoboken estava fora de questão, e ir para Rochester parecia ser ir na direção dos caçadores, pois eles naturalmente iriam me procurar em minha casa se estivessem de fato atrás de mim. No entanto, decidi ir para casa e arriscar minha segurança lá. Tive certeza de que estando na cidade não seria fácil me retirar de lá sem uma audiência preliminar relativa à requisição, e sem que a população tomasse conhecimento do que estava acontecendo. Como chegar a Rochester, porém, se tornou uma questão séria. Não seria possível ir a Nova York e pegar o trem, pois aquela cidade estava tão enfurecida contra os cúmplices de John Brown quanto muitas partes do Sul. O trajeto imaginado por meus amigos, o sr. Johnston e a srta. Assing, era me colocar à noite em um transporte privado de Hoboken para Paterson, de onde eu devia pegar a ferrovia Erie para casa. Esse plano foi seguido e cheguei em casa em segurança, porém mal tinha posto os pés lá quando recebi a visita do advogado Samuel Porter e de meu vizinho, o vice-governador Selden, que me informaram que o governador do estado certamente me entregaria caso recebesse uma solicitação formal do governador da Virgínia, e que, embora o povo de Rochester não fosse permitir que eu fosse levado ao Sul, para evitar confrontos com o governo e o derramamento de sangue que se seguiria, eles me aconselharam a sair do país, o que eu fiz – indo para o Canadá. O governador Wise, enquanto isso, sendo avisado de que eu tinha partido de Rochester e ido para o estado de Michigan, fez uma solicitação para que o governador daquele estado me entregasse para a Virgínia.

A carta abaixo do governador Wise para o presidente James Buchanan (que depois da guerra me foi enviada pelo historiador B.J. Lossing) mostrará por quais meios o governador da Virgínia pretendia garantir que eu ficasse em suas mãos, e que meu receio de ser preso não era totalmente infundado:

[Confidencial]

RICHMOND, VIRGÍNIA, 18 de novembro de 1859

Para Vossa Excelência James Buchanan, presidente dos Estados Unidos, e para o ilustre chefe do Serviço Postal dos Estados Unidos:

Cavalheiros,

Estou de posse de informações que me levaram, com base em declarações juramentadas, a fazer uma requisição para que o Executivo de Michigan entregue a pessoa de Frederick Douglass, um homem negro, que supostamente estaria em Michigan, acusado de assassinato, roubo e de incitar insurreição civil no estado da Virgínia. Meus agentes para a prisão e a reivindicação da pessoa assim acusada são Benjamin M. Morris e William N. Kelly. Este último está de posse da requisição e irá esperar que os senhores lhe concedam autoridade nominal como agentes postais. Eles precisam atuar com total discrição nesta questão e necessitam de algum pretexto para atravessar a perigosa região a fim de executarem as leis, e precisam de alguma proteção contra qualquer violência importuna, insubmissa ou bárbara. Se isso for considerado adequado, o sr. chefe do Serviço Postal poderia conceder ao sr. Kelly, para cada um desses homens, uma autorização e a autoridade para agir como detetives do Departamento de Correios, sem remuneração, para que possam ir e vir sem questionamentos, atrasos ou obstáculos?

Submetida respeitosamente por seu obediente criado,

HENRY A. WISE.

Não há motivo para duvidar que James Buchanan tenha oferecido toda a ajuda e a cooperação solicitadas. Fui informado de que diversos funcionários do governo americano estiveram em Rochester à minha procura seis horas depois de minha partida. Não sei se posso fazer algo melhor neste ponto de minha história do que inserir a carta a seguir, escrita por mim para o *Democrat and American* de Rochester:

OESTE DO CANADÁ, 31 de outubro de 1859

Sr. editor:

Observo que, segundo o telégrafo, o sr. Cook (um dos infelizes insurgentes de Harpers Ferry e hoje prisioneiro nas mãos daquele que se autodenomina o governo da Virgínia, mas que de fato não passa de uma conspiração organizada por uma parte do povo contra outra parte mais fraca) me denuncia como um covarde e afirma que eu havia me comprometido a estar pessoalmente presente na insurreição de Harpers Ferry. Trata-se certamente de acusação muito grave, seja do ponto de vista do que pensarão meus amigos, seja do ponto de vista do que pensarão meus inimigos, e vocês não haverão de considerar estranho que eu deva levar isso algo a sério. Estou disposto a duvidar que ele possa ter usado em relação a mim a linguagem que o telégrafo lhe atribui. O telégrafo, ao falar livremente, está entre as coisas mais diretas, confiáveis e verdadeiras; ao falar, porém, dos donos de escravos tomados pelo pânico em Harpers Ferry, ele se tornou o mais veloz dos mentirosos. Sob seus dedos ágeis e trêmulos, o telégrafo transformou dezessete homens em setecentos e desde então vem enchendo por dias a fio as colunas do *New York Herald* com suas intermináveis contradições. No entanto, presumindo que ele tenha dito meramente a verdade quanto às afirmações do sr. Cook neste caso, tenho esta resposta a oferecer a meu acusador: o sr. Cook pode ter total razão em me denunciar como covarde; nada tenho a dizer em defesa de meu caráter no que diz respeito à coragem; sempre fui mais célebre por fugir do que por lutar, e ao deparar com o teste da insurreição de Harpers Ferry me revelo ainda mais miseravelmente deficiente no quesito coragem do que Cook no momento em que desertou seu velho e corajoso capitão e fugiu para as montanhas. Quanto a isso o sr. Cook está certo, e não será contradito por mim nem por qualquer outra pessoa. O sr. Cook, porém, está completa, grave e inexplicavelmente errado ao afirmar que eu me comprometi a estar presente à insurreição de Harpers Ferry. Independentemente de quais outras imprudências e leviandades eu possa ter cometido, jamais fiz uma promessa tão precipitada e fantástica quanto essa. A tomada de Harpers Ferry foi uma medida que jamais encorajei com palavras nem com meu voto. Seja por sabedoria ou covardia, sempre me mantive à distância de Harpers Ferry, assim como jamais me comprometi a estar lá. Quero ser bastante enfático aqui, pois, de todas as culpas que um homem possa ter, nenhuma é maior do que a de atrair companheiros para uma empreitada desse gênero por meio da promessa de uma ajuda que mais tarde deixa de oferecer. Portanto, declaro que não há nenhum homem vivo, nem nenhum homem morto que, caso estivesse vivo, pudesse fidedignamente dizer que um dia prometi a ele, ou a outra pessoa, ainda que de maneira condicional, ou de outro modo, estar presente pessoalmente à insurreição de Harpers Ferry. Meu campo de trabalho pela abolição da escravatura não se estendeu a um ataque ao arsenal dos Estados Unidos. Diante dos documentos já publicados, e daqueles que possam vir a ser publicados de agora em diante, afirmo que nenhum homem ligado àquela insurreição, começando por seu nobre e heroico líder e chegando até os menos graduados, pode associar meu nome a uma única promessa quebrada de qualquer tipo. A ponto de eu considerar que é o caso de dizer isso negativamente. Ainda não chegou, e talvez jamais chegue, o momento para que eu relate de maneira completa o que sei e TUDO que sei sobre esse esforço desesperado, porém sublimemente desinteressado de emancipar os escravos da Carolina do Norte e da Virgínia de seus cruéis capatazes. Quanto à negativa que acabo de fazer, minha motivação tem mais a ver com uma respeitosa consideração pelas opiniões dos amigos dos escravos do que com meu temor de ser tomado como cúmplice na conspiração geral contra a escravidão, quando houver uma esperança razoável de êxito. Homens que vivem de roubar de outros homens seu trabalho e sua liberdade perderam o direito de saber o que quer que seja sobre as ideias, os sentimentos e os propósitos daqueles que eles roubam e saqueiam. Eles, pelo ato em si de possuírem escravos, voluntariamente se colocaram fora do alcance das leis da justiça e da honra, e se tornaram dignos apenas da companhia de ladrões e piratas – inimigos tanto de Deus quanto da humanidade. Embora possa se considerar correto se proteger contra ladrões, assaltantes, roubos e assassinos, e matar um animal selvagem que esteja devorando sua presa humana, jamais poderá ser tido como errado o escravo embrutecido e lanhado pela chibata, ou aqueles que se consideram seus amigos, ao caçar, acossar ou mesmo atacar os traficantes de carne humana. Caso alguém esteja propenso a me considerar uma pessoa pior em função desse sentimento, ou por eu ter tomado conhecimento do que estava prestes a ocorrer, e não ter feito o papel vil e detestável do informante, eis um homem cujas boas ou más opiniões sobre mim podem ser igualmente repugnantes e desprezíveis.

Sendo esses meus sentimentos, seria possível perguntar por que não me uni a John Brown – o velho e nobre herói cuja mão abalou as estruturas da União Americana, e cujo espectro assombrará as alcovas de todos os donos de escravos, incluindo os ainda nem nascidos, da Virgínia por todas as suas gerações, alarmando-os e enchendo-os de consternação. Minha resposta a isso já foi dada; ou pelo menos já está implícita – "As ferramentas àqueles que sabem usá-las!". Que cada homem trabalhe pela abolição da escravidão a seu modo. Eu a todos ajudaria e não entravaria os esforços de ninguém. Minha posição em relação à insurreição de Harpers Ferry pode ser facilmente inferida dessas observações, e ficarei feliz caso os jornais que me associaram a ela encontrem espaço para estas breves palavras. Não me desculparei por evitar os distintos funcionários do governo americano que segundo se diz fizeram uma visita algo prolongada a Rochester nos últimos dias na intenção de falarem comigo. Um governo que reconhece a validade da decisão do caso *Dred Scott* em dias como os que vivemos dificilmente demonstrará quaisquer sentimentos caridosos em relação a minha pessoa, e caso tenha de encontrar seus representantes prefiro fazê-lo pelo menos em pé de igualdade. Caso eu tenha cometido qualquer ofensa contra a sociedade, eu a cometi no estado de Nova York e estou perfeitamente disposto a ser julgado lá por um júri imparcial; tenho, porém, objeções praticamente insuperáveis a ser pego pelos cães do sr. Buchanan e carregado como carne de *caça* pelo governador Wise. Pois esse parece ser o acordo. Buchanan dá combate e caça, e Wise carrega a *caça*. Algumas reflexões podem ser feitas acerca de minha partida para uma turnê na Inglaterra exatamente neste momento. Só tenho a dizer que minha viagem para aquele país foi adiada, e não apressada, pela insurreição em Harpers Ferry. Todos sabem que eu pretendia partir daqui na primeira semana de novembro.

FREDERICK DOUGLASS.

Capítulo X
O COMEÇO DO FIM

Minha conexão com John Brown • Ida e volta da Inglaterra •
Disputa presidencial • Eleição de Abraham Lincoln

Agora posso contar qual era minha conexão com John Brown e o
que eu sabia de seu esquema para tomar Harpers Ferry. Desde o
momento em que o visitei em Springfield, Massachusetts, em 1847,
nossas relações foram amistosas e confidenciais. Jamais passei por
Springfield sem visitá-lo, e ele jamais veio a Rochester sem me visitar. Era frequente que ele dormisse em minha casa, e nessas ocasiões falávamos da viabilidade do plano dele para destruir o valor
do escravo como propriedade e do motivo para manter escravos
nos estados de fronteira. Aquele plano, como já insinuado em outro lugar, era de levar entre 20 e 25 homens discretos e confiáveis
para as montanhas da Virgínia e de Maryland, e dividi-los em esquadrões de cinco, com mais ou menos 10 quilômetros de distância
entre cada grupo, em uma linha de 40 quilômetros; cada esquadrão
deveria cooperar com todos os outros, e todos deveriam colaborar
entre si. Eles se posicionariam em locais seguros e confortáveis que
teriam sido selecionados para eles nas fortalezas das montanhas,
onde eles facilmente poderiam se defender em caso de ataque. Eles
deveriam subsistir com o que conseguissem nos arredores. Estariam bem armados, mas deveriam evitar o combate e a violência, a
não ser que fossem compelidos a isso ao serem perseguidos ou para
se defenderem. Nesse caso, eles deveriam causar os maiores danos
possíveis a quem os atacasse, fossem soldados ou cidadãos. Ele
propôs também uma série de postos na linha que vai da Pensilvânia
até a fronteira com o Canadá, onde os escravos que ele, por meio de
seus homens, pudesse induzir a fugir fossem alimentados e abrigados e depois enviados de um posto para o seguinte até chegar a um
lugar seguro, fosse no Canadá ou nos estados do Norte. Ele propôs
acrescentar a sua força nas montanhas quaisquer fugitivos corajosos e inteligentes que se mostrassem dispostos a permanecer e a

enfrentar as privações e os perigos da vida na montanha. Esses homens, ele acreditava, caso fossem apropriadamente selecionados, em função do conhecimento que tinham dos arredores, poderiam ser assistentes valiosos. A tarefa de ir ao vale da Virgínia e convencer os escravos a fugir para as montanhas seria desempenhada pelos homens mais corajosos e sensatos ligados a cada esquadrão.

Odiando a escravidão como eu odiava, e tomando sua abolição como o objetivo de minha vida, eu estava pronto a acolher qualquer novo modo de ataque ao sistema escravagista que contivesse alguma promessa de êxito. Imediatamente vi que esse plano poderia ser muito eficaz em tornar sem valor a propriedade de escravos em Maryland e na Virgínia ao torna-la insegura. Os homens não gostam de comprar cavalos fugidos nem de investir seu dinheiro em um tipo de propriedade que tenha possibilidade de criar pernas e sair andando por conta própria. No pior cenário, também, caso o plano fracassasse e John Brown fosse expulso das montanhas, um fato novo teria sido criado para manter a nação desperta para a existência da escravidão. Portanto, concordei com o plano de John Brown ou o esquema para libertar os escravos.

Para colocar esse plano em operação, eram necessários homens, armas e munição, comida e vestuário; e esses itens, tendo em vista a natureza da empreitada, não eram obtidos com facilidade, e nada era feito com rapidez. O capitão Brown, também, não obstante sua rígida economia, era pobre e não tinha capacidade de armar e equipar homens para a perigosa vida que ele havia planejado. Assim o trabalho perdurou até que o problema no Kansas estivesse encerrado, e a liberdade fosse um fato consumado naquele território. Isso o deixou com armas e homens, pois os homens que tinham estado com ele no Kansas acreditavam nele e o seguiriam em qualquer empreitada de caráter humano, ainda que perigosa.

Depois do fim do trabalho no Kansas, o capitão Brown foi a minha casa em Rochester e disse que desejava permanecer comigo por várias semanas; "mas", ele acrescentou, "não vou ficar a não ser que você me permita pagar pela hospedagem". Sabendo que ele não era dado a frivolidades, e desejando mantê-lo sob meu teto, cobrei 3 dólares por semana. Enquanto esteve aqui, ele passou a maior parte do tempo escrevendo correspondências. Ele escrevia com frequência para George L. Stearns, de Boston, Gerrit Smith, de Peterboro, em Nova York, e vários outros, e recebia muitas cartas por sua vez. Quando não estava escrevendo cartas, ele escrevia e revisava uma Constituição que pretendia colocar em vigência para os homens que fossem com ele para as montanhas. Ele dizia que, para evitar a anarquia e a confusão, deveria haver um governo regularmente constituído, que todo homem que fosse com ele deveria jurar honrar e apoiar. Tenho um exemplar dessa Constituição escrita de próprio punho pelo capitão Brown, preparada por ele em minha casa.

Ele chamou seus amigos de Chatham (Canadá) a se encontrarem com ele para lhes apresentar sua Constituição, a fim de que eles a aprovassem e a adotassem. Todo o tempo e o pensamento dele eram dedicados a esse tema. Era a primeira coisa pela manhã e a última à noite, a ponto de, confesso, começar a me entediar um pouco. Por vezes ele dizia que poderia, com alguns poucos homens determinados, capturar Harpers Ferry e conseguir armas pertencentes ao governo naquele lugar, porém ele jamais anunciou que tinha a intenção de fazer isso. No entanto, era bastante evidente que essa possibilidade passava por sua cabeça. Eu não prestava muita atenção a esses comentários, embora jamais tenha duvidado que aquilo que ele falava era idêntico ao que ele pensava. Logo depois de ter chegado a minha casa, ele me pediu que obtivesse duas placas bem aplainadas nas quais ele pudesse ilustrar, usando compassos, o plano de fortificação que ele pretendia usar nas montanhas.

Essas fortificações deveriam ser organizadas de modo que uma fosse conectada com a outra, por meio de passagens secretas, de forma que, se uma delas fosse capturada, fosse possível passar com facilidade para outra, e para que pudessem ser o meio de causar a morte ao inimigo no exato momento em que ele acreditasse ter saído vitorioso. Eu estava menos interessado nesses desenhos do que meus filhos, mas eles mostravam que o velho homem tinha olho para os meios tanto quanto tinha para os fins e dedicava seus melhores esforços ao trabalho que ele estava prestes a assumir.

A intenção dele era começar esse trabalho em 1858, e não em 1859. As circunstâncias a seguir revelarão por que ele não o fez.

Enquanto estava no Kansas, ele conheceu um certo coronel Forbes, um inglês, que tinha tido alguma participação em movimentos revolucionários na Europa e havia se tornado um aventureiro – um mercenário. Esse Forbes dizia ser um expert em assuntos militares e com facilidade se ligou a John Brown; ao conhecer seu esquema para a libertação dos escravos, demonstrou grande interesse e ofereceu seus serviços para ele na preparação dos homens para o trabalho que os esperava. Depois de ter permanecido por um breve período com Brown, ele veio me encontrar em Rochester, com uma carta dele, que me pedia que o recebesse e o auxiliasse. Minha primeira impressão do coronel Forbes não foi boa, porém "venci meu preconceito", levei-o a um hotel e paguei pela estada dele enquanto ele permaneceu por lá. Pouco antes de partir, ele falou que sua família na Europa estava em situação de miséria e que ele tinha o desejo de enviar algum dinheiro para eles. Eu lhe dei certa quantia – não lembro quanto – e, por meio da srta. Assing, uma mulher alemã profundamente interessada nos planos de John Brown, ele foi apresentado a vários de meus amigos alemães em Nova York. No entanto, logo ele os cansou com seus infinitos pedidos; e, quando não teria mais como conseguir dinheiro afirmando que estava levando adiante o projeto de John Brown, ele ameaçou revelá-lo, e todos os que estavam associados a ele. Imediatamente informei isso ao capitão Brown. Por meio de minha amiga, a srta. Assing, descobri que Forbes havia informado os planos de Brown a Horace Greeley e a autoridades do governo em Washington, o que também informei ao capitão Brown, e isso levou ao adiamento do projeto por mais um ano. Esperava-se que com esse adiamento a história de Forbes fosse desacreditada, e esse cálculo estava correto, pois ninguém acreditou no patife, embora nesse caso ele estivesse falando a verdade.

Enquanto estava em minha casa, John Brown conheceu um homem negro que usava diferentes nomes – por vezes "Imperador", por vezes "Shields Green". Era um escravo foragido que tinha fugido de Charleston, na Carolina do Sul, um estado de onde não era fácil escapar. Mas Shields Green não era de retroceder diante de dificuldades ou perigos. Era um homem de poucas palavras, e sua fala era fragmentada de uma maneira singular; porém sua coragem e seu amor-próprio faziam dele um caráter bastante digno. John Brown logo viu do que Green era feito e confidenciou a ele seus planos e propósitos. Green facilmente acreditou em Brown e se comprometeu a ir com ele aonde quer que Brown estivesse disposto a ir. Cerca de três semanas antes da incursão a Harpers Ferry, John

Brown me escreveu, informando que em breve seu trabalho seria iniciado e que antes de ir em frente ele desejava me ver, e indicou uma pedreira perto de Chambersburg, na Pensilvânia, como o lugar em que poderíamos nos encontrar. O sr. Kagi, secretário dele, estaria lá, e eles queriam que eu levasse todo o dinheiro que pudesse juntar e que levasse Shields Green comigo. Na mesma carta, ele dizia que estava "minerando ferramentas" e que seu estoque estava em Chambersburg, e que ele estaria lá para pegá-lo. Obedeci às ordens do velho homem. Levando Shields comigo, passamos pela cidade de Nova York, onde visitamos o reverendo James Glocester e sua esposa, e dissemos a ele aonde estávamos indo e para quê, e que nosso velho amigo precisava de dinheiro. A sra. Glocester me deu 10 dólares e pediu que eu os entregasse a John Brown, com seus melhores votos.

Quando cheguei a Chambersburg, houve grande surpresa (pois fui imediatamente reconhecido) por eu ir até lá sem ser anunciado, e insistiram que eu fizesse um discurso para eles, um convite que prontamente aceitei. Enquanto isso, visitei o sr. Henry Watson, homem de espírito simples e de coração caloroso, com quem o capitão Brown havia compartilhado o segredo de minha visita, para que ele me mostrasse o caminho que levava ao encontro marcado. Watson estava muito ocupado com sua barbearia, mas largou tudo e me colocou na direção certa. Eu me aproximei da velha pedreira com grande cautela, pois em geral John Brown estava bem armado e era desconfiado a respeito de estranhos. Ele estava sendo procurado pelo governo, e havia recompensas significativas por sua prisão, por crimes que ele supostamente teria cometido no Kansas. Ele estava usando o nome de John Smith. Ao me aproximar, ele me olhou de maneira desconfiada, mas logo me reconheceu e me recebeu cordialmente. Quando o encontrei, ele tinha à mão materiais de pesca, com os quais aparentemente tinha ido pescar num regato ali perto; porém não vi nenhum peixe, e imaginei que ele não se importava muito com a má sorte na pescaria. A pescaria era meramente um disfarce, e com certeza um bom disfarce. Ele parecia um homem que morava na vizinhança e que se sentia tão em casa quanto qualquer um dos fazendeiros da região. O chapéu dele era velho, estava mal conservado, e suas cores tinham aproximadamente a cor da própria pedreira – que por ora era o lugar onde ele morava.

Seu rosto tinha uma expressão de ansiedade, e ele estava muito desgastado pelo esforço mental e pela exposição ao clima. Tive a impressão de estar em uma missão perigosa, e estava tão receoso quanto ele de ser descoberto, embora não houvesse recompensa por minha captura.

Nós – o sr. Kagi, o capitão Brown, Shields Green e eu – nos sentamos entre as rochas e conversamos sobre a empreitada que estava prestes a ser levada adiante. A tomada de Harpers Ferry, que o capitão Brown havia apenas insinuado antes, agora era declaradamente seu objetivo, e ele queria saber o que eu pensava disso. Imediatamente me opus à medida com todos os argumentos a meu dispor. Para mim, essa medida seria fatal para a libertação dos escravos (assim como o plano original), e fatal para todos os que estivessem envolvidos nela. Seria um ataque ao governo federal e colocaria todo o país contra nós. O capitão Brown foi quem mais falou sobre os pontos positivos da iniciativa. Ele não tinha nenhuma objeção à ideia de inflamar a nação; acreditava que algo chocante era exatamente aquilo de que a nação precisava. Ele tinha renunciado completamente a seu antigo plano e achava que a captura de Harpers Ferry serviria de aviso para os escravos e que seus amigos haviam chegado como um clarim para atraí-los a seu estandarte. Ele descreveu o lugar que lhe serviria de meio de defesa e disse como seria impossível retirá-lo de lá depois que ele estivesse de sua posse. É claro que eu não era páreo para ele em tais assuntos, porém eu lhe disse, e estas foram minhas palavras, que todos os argumentos dele e todas as descrições que fez do lugar convenceram-me de que ele estava indo rumo a uma perfeita armadilha; e que depois de entrar ele jamais sairia de lá vivo; que ele seria imediatamente cercado e que a fuga seria impossível. Ele não se abalava com nada do que eu dizia, porém tratava com respeito meus pontos de vista, respondendo que mesmo se estivesse cercado encontraria meios para fugir; contudo, eles não conseguiriam forçá-lo a tanto; ele teria diversos dos melhores cidadãos da região como prisioneiros desde o começo, e por tê-los como reféns ele poderia, no pior cenário, ditar os termos para sair da cidade. Olhei para ele com certo espanto, não acreditando que ele pudesse se apoiar em algo tão frágil, e disse que a Virgínia iria mandá-lo pelos ares com seus reféns em vez de permitir que ele ficasse de posse de Harpers Ferry por uma hora. Nossa conversa foi longa e sincera; passamos a maior parte do sábado e parte do domingo nesse debate – Brown a favor de Harpers Ferry e eu contra; ele a favor de aplicar um golpe que instantaneamente inflamaria o país, eu a favor da política de aos poucos e inexplicavelmente atrair os escravos para as montanhas, conforme sugerido por ele no início. Quando percebi que ele estava inexoravelmente decidido e que não havia como dissuadi-lo, eu me virei para Shields Green e disse que ele tinha ouvido o que o capitão Brown havia dito; o antigo plano dele havia mudado, e eu devia voltar para casa, caso quisesse ele poderia ir comigo. O capitão Brown nos incitou a ir com ele, mas eu não poderia fazer isso, e só conseguia pensar que ele estava prestes a prender com firmeza ainda maior do que antes os grilhões nos pés dos escravizados. Ao partir, ele colocou os braços em volta de mim de um modo mais do que amistoso e disse: "Venha comigo, Douglass, eu vou defendê-lo com minha vida. Quero você por um propósito especial. Quando eu atacar, as abelhas vão formar um enxame, e quero que você esteja lá para ajudar a pô-las na colmeia". No entanto, minha prudência ou minha covardia me fizeram à prova da eloquência do velho homem – talvez tenha sido um pouco de ambas as coisas que tenha determinado meu caminho. Quando estava prestes a sair, perguntei a Green o que ele tinha decidido fazer, e fui surpreendido com o modo frio como ele disse, à sua maneira fragmentada: "Acho que vou com o velho". Ali nos separamos; eles para irem a Harpers Ferry, eu para Rochester. Houve certa divergência de opinião quanto ao acerto de minha decisão de não ir com meu amigo. Alguns acharam que eu devia ter ido com ele, mas não me censuro quanto a isso, e, como só fui criticado por negros que se mantiveram ainda mais longe desse corajoso e heroico homem do que eu, não vou me preocupar com essas críticas. Eles me elogiam ao presumir que eu deveria realizar feitos maiores do que eles.

Essa foi minha conexão com John Brown, e seria possível perguntar por que, sendo só isso, objetei a ser mandado para a Virgínia para ser julgado pelas acusações feitas contra mim. A explicação não é difícil. Eu sabia que, caso meus inimigos não tivessem como provar que eu era culpado de estar com John Brown, eles poderiam provar que eu era Frederick Douglass; podiam provar que eu me correspondia e que conspirava com Brown contra a escravidão; podiam provar que levei Shields Green, um de seus mais valorosos soldados, de Rochester até Chambersburg; podiam provar que levei dinheiro para ajudá-lo, e no estado em que se encontrava a opinião pública naquele momento eu não podia ter esperanças de fazer um júri da Virgínia acreditar que não fui até o final com ele, ou que não era um de seus apoiadores, e eu sabia que toda a Virgínia, depois que eu estivesse em suas garras, diria: "Mandem-no para a forca".

Antes que eu partisse do Canadá para a Inglaterra, Jeremiah Anderson, um dos homens de Brown, que esteve presente e tomou parte na incursão, mas que escapou para as montanhas, uniu-se a mim e me disse que ele e Shields Green foram enviados em missão especial depois da captura do arsenal etc. A tarefa deles era trazer os escravos dos arredores, e por isso eles estavam fora quando Brown foi cercado. Eu disse a ele: "Por que Shields não veio com você?". "Bem", ele respondeu, "eu disse para ele vir; que não havia mais nada que ele pudesse fazer, mas ele simplesmente disse que precisava ir com o velho". Anderson me contou também que o capitão Brown foi cauteloso em esconder seus planos de seus homens, e que houve grande oposição quando eles descobriram exatamente quais eram os movimentos determinados; mas eles eram uma companhia que havia prestado um juramento e como bons soldados concordaram em seguir seu capitão aonde ele os levasse.

Em 12 de novembro de 1859 parti de Quebec a bordo do vapor *Scotia*, sob ordens do capitão Thompson, da companhia Allan. Minha ida para a Inglaterra inicialmente não foi sugerida por minha conexão com John Brown, mas o fato de que agora eu corria risco de ser preso por acusação de cumplicidade com ele tornou uma necessidade aquilo que eu pretendia fazer por prazer, pois embora estivesse no Canadá, e sob a lei britânica, não era impossível que eu fosse raptado e levado para a Virgínia. A Inglaterra havia me servido de abrigo e proteção quando os cães da escravidão estiveram em meu encalço catorze anos antes, e seus portões seguiam abertos para mim agora que eu era perseguido pela justiça da Virgínia. Eu não conseguia evitar a impressão de que eu estava indo para o exílio, talvez para o resto da vida. A escravidão me parecia estar no auge de seu poder; o governo nacional, com todo o seu poder e suas ferramentas, estava em suas mãos, e era de imaginar que continuasse assim por muitos anos. Ninguém teria como ver que no breve espaço de quatro anos esse poder seria quebrado e o sistema escravagista, destruído. Assim dei início a minha viagem com sentimentos que estavam longe de ser alegres. Ninguém que não tenha sido compelido a deixar sua casa e seu país para ser banido permanentemente pode imaginar o estado de espírito e a emoção causados por essa situação. A viagem foi pela passagem norte, e naquela estação, como sempre, estava frio, escuro e tempestuoso. Antes de nos afastarmos da costa de Labrador, enfrentamos 20 graus abaixo de zero. Embora tivesse atravessado o Atlântico duas vezes antes, eu não havia enfrentado clima tão pouco amistoso como o que se deu durante a maior parte dessa viagem. Nosso grande navio era arremessado pela superfície do mar como se fosse a menor das canoas. Parecia ser necessário pôr à prova todos os homens de nosso capitão para que ela continuasse em condições de ser manejada; depois, porém, de ter lutado com as ondas em um oceano furioso durante catorze longos dias, eu agradecidamente me vi sobre o solo da Grã-Bretanha, fora do alcance do poder de Buchanan e das prisões da Virgínia. Ao chegar a Liverpool, fiquei sabendo que a Inglaterra estava quase tão atenta ao que havia acontecido em Harpers Ferry quanto os Estados Unidos, e fui imediatamente chamado em diferentes partes do país para falar sobre o tema da escravidão, e especialmente para fazer um relato sobre os homens que desse modo haviam lançado mão da própria vida em uma tentativa desesperada de libertar os escravos. Minha relação pessoal com o caso foi tema de grande interesse, assim como o fato de minha presença lá de algum modo servir para escapar às demandas feitas pelo governador Wise, que ao saber que eu não estava em Michigan, mas que *estava* em um vapor britânico indo para a Inglaterra, publicamente declarou que "se tivesse como alcançar aquele navio, iria me tirar do convés a qualquer custo".

Enquanto estive na Inglaterra, desejando visitar a França, escrevi para o sr. George M. Dallas, ministro americano na corte britânica, para obter um passaporte. O atentado contra a vida de Napoleão III mais ou menos naquela época, e a suspeita de que a conspiração contra ele tivesse nascido na Inglaterra, tornaram o governo francês bastante rigoroso nos trâmites do sistema de passaporte. Eu poderia ter obtido permissão para visitar aquele país sem um certificado de minha cidadania, mas, desejando não arriscar nada, recorri à única autoridade competente; mas sendo leal às tradições do Partido Democrata – sendo leal à política dos donos de escravos de seu país – sendo leal à decisão da Suprema Corte dos Estados Unidos, e leal, talvez, à mesquinhez de sua própria natureza, o sr. George M. Dallas, o ministro democrata americano, recusou-se a me conceder um passaporte, alegando que eu não era cidadão americano. Não implorei nem me queixei a tal dignitário, e simplesmente enviei um bilhete ao embaixador francês em Londres, pedindo autorização para visitar a França, e esse documento chegou sem demora. Menciono isso não para diminuir a civilidade de meu país natal, mas como parte da história de minha vida. Eu poderia ter encarado essa negativa com maior serenidade, caso tivesse como antever o que aconteceu depois, mas, dentro das circunstâncias, foi uma decepção irritante.

A essa altura eu estava havia seis meses fora dos Estados Unidos. Meu tempo tinha sido ocupado principalmente falando sobre a escravidão e sobre outros temas, em diferentes partes da Inglaterra e da Escócia, em encontros prazerosos com muitos dos gentis amigos que eu havia feito durante minha visita a esses países catorze anos antes. Em grande parte a agitação causada pela insurreição de Harpers Ferry havia arrefecido, tanto nos Estados Unidos quanto no exterior, e eu deveria satisfazer um antigo desejo de visitar a França, e para isso me serviria da autorização tão pronta e civilmente concedida a mim pelo ministro francês, não tivessem chegado até mim, vindas de casa, notícias da morte de minha amada filha Annie, a luz e a vida de minha casa. Profundamente angustiado por esse luto, e agindo no impulso do momento, desconsiderando o perigo, resolvi imediatamente voltar para casa e peguei o primeiro vapor que partia para Portland, no Maine. Depois de uma viagem difícil de dezessete dias, cheguei em casa passando pelo Canadá e permaneci em minha casa por cerca de um mês antes de correr a notícia de que eu tinha voltado ao país. Grandes mudanças tinham ocorrido na opinião pública no que se referia ao ataque de John Brown. A Virgínia tinha satisfeito sua sede de sangue. O estado havia executado todos os participantes da incursão que caíram em suas mãos. A Virgínia, numa rapidez movida pelo pânico, não deu ao capitão Brown o benefício da dúvida razoável, levando-o às pressas para o cadafalso. O estado passou por ridículo devido a seu temor e se mostrou desprezível por sua fúria. A previsão de

Emerson de que a forca de Brown se tornaria como a cruz se realizou. O velho herói, no momento do julgamento, comportou-se de maneira tão grandiosa que os homens o viram não como um assassino, mas como um mártir. Em todo o Norte os homens cantavam a canção de John Brown. Seu corpo virou cinzas, porém sua alma seguia marchando. Sua derrota já assumia a forma e a força da vitória, e sua morte dava vida nova e poder aos princípios da justiça e da liberdade. Ele havia falado palavras grandiosas diante da morte e dos defensores da escravidão. Ele não recuou diante de ninguém. Aquilo que perdeu pela espada, ele mais do que ganhou pela verdade. Se ele tivesse hesitado, se tivesse se retratado ou pedido desculpas, o caso teria sido diferente. Ele nem sequer pediu que o cálice da morte fosse afastado dele. Aos olhos da própria alma ele estava com a razão, e "nem a morte, nem a vida, nem os anjos, nem os principados, nem as potestades, nem o presente, nem o porvir" poderiam abalar seu espírito destemido, ou fazê-lo retroceder. Ele talvez não tenha se abaixado no caminho da forca para beijar uma pequena criança negra, como se diz que teria feito, mas o ato seria condizente com seu coração terno, assim como com seu heroico espírito. Aqueles que desejavam ouvir uma confissão ouviram apenas palavras de censura e alerta.

Pouco depois da insurreição em Harpers Ferry, uma comissão de investigação foi nomeada pelo Congresso, e uma "rede de arrasto" foi estendida por todo o país, na esperança de considerar culpadas muitas pessoas célebres. Eles haviam prendido Thaddeus Hyatt, que negou a eles o direito de interrogá-lo, e haviam convocado diversas testemunhas diante dele, como se o poder judicial da nação tivesse sido delegado a sua comissão, e não à Suprema Corte dos Estados Unidos. Contudo, o capitão Brown não delatou ninguém. Ele convidou todos os raios da vingança escravagista a cair sobre a própria cabeça. Brown disse que ele, e somente ele, foi responsável por tudo que ocorreu. Ele tinha muitos amigos, porém nenhum instigador. Em todos os seus esforços, a comissão fracassou redondamente, e logo depois de minha chegada em casa eles desistiram das buscas e pediram para ser dispensados, sem ter cumprido nem mesmo metade da tarefa para a qual foram nomeados.

Jamais consegui explicar de maneira satisfatória o abandono súbito dessa investigação que não fosse a de que os homens que participavam dela esperavam em breve estar eles mesmos rebelados, e não fazendo parte de uma rebelião pela liberdade como a de John Brown, mas em uma rebelião a favor da escravidão, e que eles viram que, ao usar seus poderes senatoriais para buscar os rebeldes, poderiam estar afiando a faca para ser usada no próprio pescoço. De qualquer modo, o país logo se livrou da rede de arrasto congressual e passou a se engajar no calor e no tumulto de uma eleição presidencial – uma eleição sem paralelos, envolvendo como envolvia a questão de guerra ou paz, a integridade ou o desmembramento da República; e, posso acrescentar, a manutenção ou a destruição da escravidão. Em alguns estados do Sul as pessoas já se organizavam e armavam para se aprontar para uma disputa que as deixava apreensivas, e tendo em mãos esse trabalho elas não tinham tempo a perder com aqueles que desejavam condenar como instigadores da incursão, por mais que sob outras circunstâncias desejassem fazê-lo, pois seu ódio continuava intacto. Para demonstrar qual era a disposição deles quanto a mim, posso contar que um homem negro apareceu mais ou menos por essa época em Knoxville, no Tennessee, e foi atormentado por uma multidão furiosa com facas e cassetetes, porque se supunha que ele fosse Frederick Douglass. No entanto, por mais que para mim pudesse ser perigoso ser visto em algum estado do Sul, não havia perigo especial para mim no Norte.

Embora minha viagem ao continente tenha se frustrado, e eu tenha sido chamado para casa por um dos fatos mais tristes que podem ocorrer em um círculo doméstico, minha presença aqui foi afortunada, pois me permitiu participar da mais importante e memorável eleição presidencial já vista nos Estados Unidos, e trabalhar pela eleição de um homem que na ordem dos eventos estava destinado a prestar a seu país e à humanidade um serviço maior do que qualquer outro já prestado pelos demais homens que ocuparam antes dele o gabinete presidencial. É bom ter seu nome associado a ocasiões importantes, e para mim foi muito relevante poder desempenhar um humilde papel nesse momento, o maior já ocorrido ao povo americano. Foi algo grandioso obter a independência americana quando éramos 3 milhões, porém foi algo ainda maior salvar este país do desmembramento e da ruína quando éramos 30 milhões. Apenas ele entre todos os nossos presidentes teria a oportunidade de destruir a escravidão e de elevar à categoria da humanidade milhões de seus compatriotas até então tidos como propriedades e equiparados aos animais do campo.

A eleição presidencial de 1860 teve três lados, e cada um tinha uma doutrina distinta sobre a questão da escravidão e sobre a extensão da escravidão. Tínhamos três candidatos. Stephen A. Douglas era o porta-voz daquela que pode ser chamada de facção do Oeste do velho e dividido Partido Democrata, e John C. Breckinridge era o porta-voz da facção sulista ou escravagista daquele partido. Abraham Lincoln representava o então jovem, crescente e unido Partido Republicano. As linhas que separavam esses partidos e seus candidatos eram tão distintas e claras quanto podem ser as linhas divisórias na política. O nome de Douglas representava a soberania territorial ou, em outras palavras, o direito das pessoas de um território de admitir ou excluir, de estabelecer ou abolir a escravidão, conforme lhes parecesse melhor. A doutrina de Breckinridge era a de que os donos de escravos tinham o direito de levar seus escravos para qualquer território dos Estados Unidos e de mantê-los lá, com ou sem o consentimento das pessoas daquele território; de que a Constituição pela própria força garantia a escravidão e a protegia em qualquer território disponível para colonização nos Estados Unidos. Abraham Lincoln e o Partido Republicano se opunham a esses dois partidos, a essas duas facções e a essas duas doutrinas. Eles afirmavam que o governo federal tinha o direito e o poder de excluir a escravidão dos territórios dos Estados Unidos, e que esse direito e esse poder deveriam ser exercidos para confinar a escravidão aos estados escravagistas, tendo em vista sua extinção definitiva. A posição do sr. Douglas dava a ele um esplêndido pretexto para demonstrações de um estilo de oratória de que ele era um notório mestre. Apenas ele entre os três candidatos subiu ao palanque como o pregador da soberania popular, chamada pejorativamente na época de Soberania dos "Grileiros". Essa doutrina, mesmo que em outros tempos, permitiu a ele dar impressões diferentes sobre sua política, conforme fosse a ocasião. No Sul e entre os donos de escravos, ele podia dizer: "Meu grande princípio da soberania popular não tem como pretensão impedir a extensão da escravidão; pelo contrário, ele dá a vocês o direito de levar seus escravos para territórios e aprovar leis que legalizem a escravidão; ele nega ao governo federal qualquer direito de interferir contra vocês, e portanto é eminentemente favorável aos interesses de vocês". Quando estava entre pessoas conhecidas por serem indiferentes, ele podia dizer: "Eu não me importo se a escravidão vai ser legalizada ou proibida no território"; quando falava, porém, aos conhecidos adversários da extensão da escravidão, ele podia dizer que o povo dos territórios não corria o risco de ver a escravidão ser imposta a eles, uma vez que eles podiam impedir a escravidão aprovando leis contrárias a ela. Tivesse feito essas declarações antes do advento de ferrovias, telégrafos, fonógrafos, e antes de os jornais terem se tornado as poderosas ferramentas que viriam a ser, o sr. Douglas poderia ter conquistado muitos votos, porém agora isso de pouco valia. O Sul era sagaz demais para deixar que a escravidão corresse o risco de derrota em uma votação justa realizada pela população de um território. De todas as propriedades, nenhuma estava tão longe de poder correr esse risco, pois nenhuma propriedade poderia exigir condições mais fortemente favoráveis para poder existir. Não só a inteligência do escravo como os instintos de humanidade devem ser barrados pelo direito positivo, e portanto Breckinridge e seus amigos erigiram os muros de pedra da Constituição e da Suprema Corte como proteção para a escravidão desde o princípio. Contrariando Douglas e Breckinridge, Abraham Lincoln propôs sua grandiosa doutrina histórica do poder e do dever do governo nacional de impedir a disseminação e a perpetuação da escravidão. Entrei de cabeça nessa eleição, com fé mais firme e esperança mais ardente do que em qualquer outro momento, e tudo que minha pena e minha voz poderiam fazer foi feito com gosto. A característica mais impressionante e memorável dessa eleição foi o fato de ela ter transcorrido sob a portentosa sombra de uma ameaça: importantes homens públicos do Sul haviam dito antecipadamente, com a veemência de um propósito feroz, que caso não conseguissem eleger seu candidato (o sr. John C. Breckinridge) começariam a retirar os estados escravagistas da União, e que de modo nenhum se submeteriam ao governo de Abraham Lincoln. Para muitos amigos da União que amavam a paz, esse foi um anúncio temeroso, e sem dúvida custou muitos votos ao candidato republicano. Para muitos outros, no entanto, isso foi visto como mera bravata – som e fúria significando nada.

Com uma terceira classe de eleitores o efeito foi muito diferente. Eles estavam cansados da intimidação do tipo dominar-ou-destruir adotada pelo Sul e tiveram a sensação, como nunca antes, de que haviam se deixado amedrontar por isso por vezes demais, por tempo demais. A afirmação foi vista a um só tempo como um insulto e um desafio, e despertou neles desejo de independência, autoafirmação e ressentimento. Caso os homens do Sul tivessem tentado encontrar o meio mais eficaz de fazer a sólida oposição do Norte voltar-se contra a escravidão e os modos dos donos de escravos, eles não teriam encontrado expediente mais adequado do que essa ameaça. Aquilo não era apenas injusto, era também insolente, e soava mais como um discurso dirigido a escravos acovardados do que a homens livres e independentes; havia naquilo a maldade do jóquei que, ao entrar em uma corrida, diz que se for vencido irá fugir com o dinheiro das apostas. Em todos os discursos que fiz durante essa eleição, não deixei de tirar vantagem dessa ameaça e dessa intimidação do Sul.

Como eu disse, essa ameaça do Sul causou a perda de muitos votos, porém trouxe muitos mais para compensar. Ela assustou os medrosos, mas estimulou os bravos; e o resultado foi – a triunfante eleição de Abraham Lincoln.

Então surgiu a dúvida: o que fará o Sul quanto a isso? Será que os sulistas irão engolir suas palavras corajosas e se submeter ao veredito do povo, ou será que executarão o programa que havia sido determinado antes da eleição? A pergunta causava ansiedade, e o sangue do Norte ficou inerte, à espera da resposta. Não foi preciso esperar muito, pois logo soou o clarim da guerra, e o troar dos passos de homens armados fez-se ouvir naquela região. Durante todo o inverno de 1860, notas dos preparativos para um tremendo conflito chegaram até nós, trazidas do Sul por todos os ventos. Mesmo assim o alerta não foi ouvido. Poucos no Norte conseguiam de fato acreditar que essa insolente exibição de armas acabaria em algo mais substancial do que poeira e fumaça.

O vergonhoso e chocante trajeto feito pelo presidente Buchanan e seu ministério em direção a essa crescente rebelião contra o governo que cada um deles havia jurado solenemente "apoiar, defender e manter" – o fato de o tesouro ter sido esvaziado, de o exército ter sido desmantelado, de nossos navios de guerra terem sido mandados para longe, de nossos fortes e arsenais no Sul terem sido enfraquecidos e danificados – propositadamente deixava uma presa fácil para os possíveis insurgentes – o fato de, um após outro, os estados terem tido autorização para levar em frente a secessão, de essas medidas tomadas pelos rebeldes terem sido em grande medida incentivadas pela doutrina do sr. Buchanan, de que ele não encontrava poderes na Constituição para coagir um estado, são todos temas para a história e precisam receber apenas uma breve menção aqui.

Para deter essa onda de secessões e de revolução que varria o Sul, os jornais sulistas, que ainda tinham algum receio quanto às potenciais consequências desse programa traçado antes da eleição, propuseram como meio de promover conciliação e satisfação que "cada estado do Norte, por meio de sua legislatura, ou em uma reunião de convencionais, deveria repelir todas as leis aprovadas que causassem danos aos direitos constitucionais do Sul (o que significava qualquer lei aprovada para proteção da liberdade pessoal); que eles deveriam aprovar leis que facilitassem a execução da Lei do Escravo Fugitivo; que eles deveriam aprovar outras leis impondo penalidades a todos os malfeitores que viessem a ajudar ou a incentivar a fuga de escravos; além disso, deveriam também ser aprovadas leis declarando e protegendo o direito dos donos de escravos de viajar e permanecer temporariamente em estados do Norte acompanhados por seus escravos; além disso, os estados deveriam instruir seus deputados e senadores no Congresso a revogar a lei que proibia a venda de escravos no Distrito de Colúmbia e aprovar leis que garantissem a plena proteção da propriedade de escravos nos territórios da União".

Podemos lamentar que houvesse homens no Norte dispostos a tentar remendar uma paz com tal espírito de desunião, concordando com esses termos ofensivos, escandalosos e humilhantes, e que estivessem abertos a fazer isso sem garantia alguma de que o Sul seria assim pacificado; na verdade com a certeza, obtida pelo aprendizado de experiências prévias, de que de maneira nenhuma isso promoveria a finalidade desejada. Confesso ter sentido algo parecido com satisfação diante da perspectiva de um conflito entre o Norte e o Sul. Estando fora dos limites da humanidade americana, tendo negada a cidadania, impedido de chamar de pátria o país onde nasci, e considerado pela Suprema Corte dos Estados Unidos alguém que não pode ter direitos que os homens brancos sejam obrigados a respeitar, e desejoso do fim da servidão de meu povo, eu estava pronto para qualquer insurreição política que pudesse levar a uma mudança na situação. Nessa época ainda era incerto se essa guerra de palavras se transformaria ou não em violência física; e quando ficou claro que o Sul estava falando totalmente a sério, e que pretendia a todo custo executar suas ameaças de ruptura, uma mudança visível no sentimento do Norte se tornou aparente.

A reação à gloriosa afirmação de liberdade e independência da parte do Norte com a triunfante eleição de Abraham Lincoln foi um doloroso e humilhante avanço de sua fraqueza. A impressão era de que tudo que tinha sido conquistado na eleição estava prestes a ser entregue aos perdedores: que o Sul, embora derrotado nas urnas, havia saído vitorioso e que teria tudo feito a seu modo no final das contas. Durante todo o período de novembro a março, o sentimento do Norte caminhou para a possibilidade de um acordo. Para tornar esse caminho mais fácil, a maior parte das legislaturas do Norte revogou as leis de liberdade que elas mesmas haviam aprovado, criadas para dificultar a entrega de escravos foragidos a quem os reivindicasse. Em toda parte o sentimento parecia ser que era necessário fazer algo para convencer o Sul de que a eleição do sr. Lincoln não prejudicaria a escravidão nem o poder escravagista, e de que o Norte estava firme quanto ao direito do dono de escravos de manter seu escravo e caçá-lo como bem entendesse, e de que até mesmo o direito de manter escravos nos territórios deveria ser submetido à Suprema Corte, que provavelmente decidiria a favor das mais extravagantes exigências dos estados escravagistas. A imprensa do Norte assumiu um tom mais conservador em relação aos propagandistas da escravidão e um tom correspondente de crítica aos antiescravagistas e às medidas contrárias à escravidão. Passou a ser algo comum ouvir alguém criticando na mesma frase a Carolina do Sul e Massachusetts, e mostrando o mesmo grau de censura a ambos. Reviveu-se o velho espírito escravagista que em 1835 vandalizou encontros de orações antiescravagistas e arrastou William Lloyd Garrison pelas ruas com uma corda em torno do pescoço. De Massachusetts ao Missouri, encontros antiescravagistas foram atacados de modo implacável e dispersados. Junto a outras pessoas, fui tratado de maneira rude por uma turba em Tremont Temple, em Boston, liderada por um dos homens mais ricos da cidade. Dizia-se que o sangue de algum abolicionista deveria ser derramado para apaziguar a ira do Sul, que se sentia ofendido, e para restabelecer relações pacíficas entre as duas metades do país. Uma turba vociferante seguiu Wendell Phillips por três dias a cada vez que ele aparecia nas calçadas de sua cidade natal, em função de sua habilidade e de seu destaque na propagação das opiniões antiescravagistas.

Enquanto essa reação humilhante ocorria no Norte, diversos mecanismos foram sugeridos em Washington para que se chegasse à paz e à reconciliação. Comissões foram nomeadas para ouvir as queixas do Sul e, caso possível, elaborar meios de reparar os danos alegados. Algumas dessas proposições em nome da paz teriam sido extremamente chocantes para o senso moral do Norte, não tivesse o receio pela segurança da União sobrepujado toda a convicção moral. Homens como William H. Seward, Charles Francis Adams, Henry B. Anthony, Joshua R. Giddings e outros – homens cuja coragem estivera à altura de qualquer outra emergência – se curvaram diante dessa tempestade do Sul e estavam dispostos a comprar a paz a qualquer custo. Aqueles que haviam estimulado a coragem do Norte antes da eleição, e que haviam gritado "Quem tem medo?", agora estavam tremendo de apreensão e terror. Um deles estava aprovando leis nos estados do Norte para proteger os caçadores de escravos e para aumentar a eficiência da Lei do Escravo Fugitivo. Outro estava aprovando leis para punir a invasão dos estados escravagistas, e outros estavam alterando a Constituição dos Estados Unidos para que o governo federal jamais pudesse abolir a escravidão enquanto houvesse um único estado que objetasse.[15] Tudo que pudesse ser exigido pelo orgulho e pelo egoísmo insaciáveis do Sul escravagista, ou que pudesse ser entregue pelo medo e pelo servilismo abjetos do Norte, contava com defensores hábeis e eloquentes.

Felizmente para a causa da liberdade humana, e para a unidade final da nação americana, o Sul havia enlouquecido e não se dispunha a ouvir as concessões. Eles não aceitavam os termos que lhes

---

15 Ver *History of American Conflict*, vol. II, de Horace Greeley. [N. A.]

eram oferecidos nem apresentavam outros. Eles haviam decidido que, dada certa contingência, iriam se separar da União e desse modo desmembrar a República. Essa contingência havia ocorrido, e eles deviam executar sua ameaça. O sr. Ireson, da Geórgia, expressou o sentimento dominante da região ao dizer aos pacificadores do Norte que, caso o povo do Sul recebesse uma folha de papel em branco na qual pudesse escrever nos próprios termos para permanecer na União, mesmo assim eles não permaneceriam. Eles tinham passado a odiar tudo que tivesse a palavra "livre" – solo livre, estados livres, territórios livres, escolas livres, livre expressão e a liberdade em geral, e eles não tolerariam mais essa palavra. Essa atitude arrogante e irracional do imperioso Sul salvou o escravo e salvou a nação. Caso o Sul tivesse aceitado nossas concessões e permanecido na União, o poder escravagista provavelmente teria continuado a dominar; o Norte teria saído profundamente desmoralizado; os ponteiros teriam retrocedido no mostrador do relógio da civilização americana, e o escravo estaria arrastando seus odiosos grilhões onde quer que a bandeira americana tremulasse. Aqueles que desejem ver até que grau de humildade e autodegradação um povo nobre pode ser levado sob o sentimento do medo não encontrará capítulo da história mais instrutivo do que aquele que trata dos fatos nos círculos oficiais de Washington entre os meses de novembro de 1959 e março de 1960.

Capítulo XI
SECESSÃO E GUERRA

Recrutando o 54º e o 55º Regimentos de Negros • Visita ao
presidente Lincoln e ao secretário Stanton • Promessa de um
cargo como general auxiliar do general Thomas • Decepção

A reação covarde e desonrosa depois de uma defesa corajosa e viril
de princípios corretos, descrita nas páginas anteriores, surpreendentemente continuou ocorrendo muito depois de a secessão e a
guerra terem começado. A paciência e a tolerância do leal povo do
Norte foram impressionantes. Falando sobre esse traço da situação
no Corinthian Hall, em Rochester, na época, eu disse:

> Nós (o povo do Norte) somos um povo caridoso, e devido ao excesso
> desse sentimento nos dispusemos a fazer o melhor possível diante do
> estranho comportamento de nossos irmãos do Sul. Tivemos a espe-
> rança de que tudo sairia bem. Pensamos que a Carolina do Sul poderia
> abandonar a União; seria típico daquele estado fazer isso. A Carolina
> do Sul havia falado de maneira imprevidente sobre a possibilidade
> de deixar a União, e seria natural imaginar esse estado fazendo algo
> extravagante e chocante, pelo menos para mostrar que era coerente.
> Acreditamos que a Geórgia também poderia fazer o mesmo. Curiosa-
> mente, porém, achamos e tivemos quase certeza de que esses estados
> gêmeos e rebeldes ficariam sozinhos e não teriam apoio em sua infâmia
> e impotência; achamos que logo eles se cansariam de seu isolamento,
> que se arrependeriam de sua tolice e que voltariam a ocupar seus lu-
> gares na União. Traidores abandonaram o ministério, a Câmara dos
> Deputados e o Senado, e foram às pressas a seus estados para "incen-
> diar o coração sulista" e para abanar as chamas da traição em casa.
> Mesmo assim duvidávamos que algo sério decorreria disso. Tratamos
> isso como uma bolha em uma onda – fogo de palha. Sendo nós mesmos
> homens calmos e reflexivos, confiamos que o povo do Sul ponderaria
> melhor sobre a questão. Mesmo a captura de um forte e um tiro de um
> de nossos navios – um insulto à bandeira nacional – causaram apenas

um sentimento momentâneo de indignação e ressentimento. Nós nos sentíamos compelidos a acreditar que havia no Sul um sentimento latente e poderoso de união que acabaria se afirmando. Embora soldados legalistas tenham sido alvejados nas ruas de Baltimore; embora sangue legalista tenha manchado as calçadas daquela bela cidade, e o governo nacional tenha sido alertado para não enviar tropas passando por Baltimore para defender a Capital da Nação, não conseguíamos acreditar que os estados da fronteira mergulhariam loucamente no vórtice sangrento da rebelião.

No entanto, essa confiança, essa paciência e essa tolerância não podiam durar para sempre. Essas felizes ilusões de esperança foram em certa medida dissipadas quando as baterias do porto de Charleston abriram fogo contra a guarnição do forte Sumpter, que estava à míngua. Naquele momento o cordeiro do Norte se transformou em um leão e seu rugido foi terrível. Ele, porém, apenas mostrou os dentes, e claramente não tinha a intenção de usá-los. Nós preferimos combater com dólares, e não com adagas. "Quanto menos batalhas, melhor" era o esperançoso lema em Washington. "Paz em sessenta dias" eram as palavras do astuto secretário de Estado. Na verdade, não havia disposição para o combate no Norte; não havia espírito de ódio; não se compreendiam o estupendo caráter e as dimensões da rebelião, e não se percebia sua maldade inerente. A traição havia lançado suas raízes venenosas cada vez mais fundo e havia espalhado seus ramos fatais para lugares mais distantes do que previam os cálculos de qualquer um de nós no Norte. Assim, enquanto os rebeldes estavam travando uma guerra bárbara, recrutando índios selvagens para se juntar a eles no massacre; enquanto balas de canhão eram arremessadas contra as muralhas de nossas fortalezas, e a mão de ferro do poder monárquico estava sendo invocada para ajudar na destruição de nosso governo e no desmembramento de nosso país; enquanto um imenso navio rebelado afundava nossa frota e ameaçava as cidades de nossa costa, continuávamos sonhando com a paz. Esse apego, essa cegueira em relação ao significado dos fatos só podem ser atribuídos à rapidez com que os eventos se sucederam, e à habitual leniência e à boa vontade que o Norte sempre nutriu pelo Sul. Até mesmo nossa falta de preparo para o conflito nos dispôs a olhar para algum outro caminho para sair da dificuldade que não fosse o do sangue. A traição havia em grande medida infectado o Exército e a Marinha. Floyd dispersara nossas armas, Cobb esvaziara nosso tesouro, e Buchanan envenenara o pensamento político da época com suas doutrinas contrárias à coerção. Foi nessas condições que Abraham Lincoln (compelido, pelo medo de ser assassinado, a entrar disfarçado na capital) assumiu a presidência e fez sua proclamação pela "retomada dos fortes, locais e propriedades que foram tomados da União", e sua convocação para que as milícias de diversos estados ultrapassassem a quantidade de 75 mil homens – um documento que demonstrava quanto até mesmo ele mal compreendia a tarefa que os legalistas da nação enfrentariam. Talvez fosse melhor para o país e para a humanidade que o bom homem não soubesse desde o começo como aquilo terminaria. Caso ele tivesse antevisto os milhares que deveriam descer a túmulos sangrentos; a montanha de dívidas que se acumularia sobre o peito da nação; as terríveis provações e sofrimentos envolvidos no confronto; e a própria morte pela mão de um assassino, ele também poderia ter aderido ao sentimento débil daqueles que diziam: "Deixem que nossas irmãs equivocadas partam em paz".

Desde o princípio, pessoalmente, vi nessa guerra o fim da escravidão; e a verdade exige que eu diga que meu interesse no sucesso do Norte se devia em grande medida a essa crença. É verdade que essa fé foi muitas vezes abalada pelos fatos, entretanto jamais destruída. Quando o secretário Seward instruiu nossos pastores a dizer aos governos dos estados em que tinham autorização para pregar que, "independentemente de como terminasse, o status das classes de pessoas nos Estados Unidos não seria modificado pela rebelião – que os escravos permaneceriam sendo escravos e que os donos de escravos permaneceriam sendo donos de escravos" – quando o general McClellan e o general Butler alertaram os escravos antecipadamente de que quaisquer tentativas para obter liberdade "seriam suprimidas com mão de ferro" – quando o governo persistentemente se recusou a empregar soldados negros – quando a proclamação da emancipação do general John C. Frémont no Missouri foi retirada – quando os escravos estavam sendo devolvidos de nossas fileiras para seus donos – quando os soldados da União estavam estacionados em torno das sedes de fazendas da Virgínia para vigiar e proteger os donos de escravos – quando os soldados da União passaram a se dedicar mais a expulsar os negros de seus acampamentos do que em atirar contra os rebeldes – quando até mesmo o sr. Lincoln foi capaz de dizer ao pobre negro que "ele era a causa da guerra", eu segui acreditando, e falei de acordo com essa fé, por todo o Norte, que a missão da guerra era libertar o escravo, tanto quanto salvar a União; e portanto desde o início eu repreendi o Norte por combater os rebeldes apenas com uma das mãos, quando poderia usar de maneira eficaz as duas – por lutar apenas com a macia mão branca enquanto mantinha atrás de si a férrea mão negra acorrentada e abandonada – por combater o efeito ao mesmo tempo que protegia a causa, e porque a causa da União jamais prosperaria até que a guerra assumisse uma atitude antiescravagista, e o negro fosse alistado no lado legalista. De todos os modos possíveis, nas colunas de meu jornal e sobre o palanque, em cartas a amigos, nos Estados Unidos e no exterior, fiz tudo que pude para imprimir essa convicção neste país. No entanto, as nações raramente ouvem conselhos de indivíduos, por mais razoáveis que sejam. Elas aprendem menos por teorias do que por fatos e acontecimentos. Havia muitos argumentos que poderiam ser usados contra a ideia de transformar a guerra em uma guerra pela abolição – muitos argumentos que pareciam sábios e patrióticos. "Transformem a guerra numa guerra pela abolição", disseram-nos, "e vocês levarão os estados neutros a entrar na rebelião, e desse modo aumentarão o poder do inimigo, e ampliarão a quantidade de soldados que enfrentarão no campo de batalha. Vocês vão exasperar e intensificar o sentimento do Sul, tornando-o mais desesperado, e afastar o dia em que haverá paz entre as duas regiões". "Empregue o braço negro, e os homens leais do Norte largarão suas armas e irão para suas casas." "Este país é dos brancos, e esta é uma guerra de brancos." "Isso causaria um dano intolerável no orgulho e no espírito dos soldados brancos da União, ver os negros vestindo o uniforme dos Estados Unidos. Além disso, se você transforma um negro em soldado, não há como confiar em sua coragem: bastaria um estalar do chicote de seu antigo dono para que ele saísse correndo apavorado do campo de batalha." E foi assim que os costumes, o orgulho, o preconceito e o antigo respeito pelo sentimento do Sul impediram que o governo assumisse uma política antiescravagista e que se armassem os negros. Enquanto isso, a rebelião se aproveitava dos negros de maneira mais eficaz. Eles eram não apenas o estômago da rebelião, ao abastecer o Departamento de Alimentação, como também construíam seus fortes, cavavam suas trincheiras e realizavam outras tarefas de seu acampamento, o que deixava o soldado rebelde com maior liberdade para combater o exército legalista. Eram o algodão e o milho do negro que faziam o saco da rebelião parar de pé e que levaram à continuação da guerra. "Destruam isso", era o refrão de todas as minhas falas durante essa fase da guerra, "e vocês aleijarão e destruirão a rebelião". É surpreendente como foi longa e amarga a resistência do governo, que se recusava a ver as coisas dessa forma. O coração abolicionista do Norte sofria com essa demora e se queixava amargamente, porém o governo continuava cego e mudo. Os desastres de Bull Run, Ball's Bluff, Big Bethel, Fredericksburg e da Península foram os únicos professores cuja autoridade foi suficiente para chamar atenção e conseguir o respeito de nossos governantes, e mesmo assim o aprendizado foi lento. Um avanço importante, porém, ocorreu quando o general B. F. Butler, na fortaleza Monroe, anunciou a política de tratar os escravos como "contrabando", que deveriam ser tornados úteis para a causa da União, no que recebeu apoio de Washington, e sentimentos de natureza semelhante foram manifestados no plenário do Congresso pelo ilustre sr. A. G. Riddle, de Ohio. Uma grande adesão a essa ideia ocorreu quando o ilustre sr. Simon Cameron, na época secretário da Guerra, deu seu franco apoio, e o general David Hunter colocou a medida em prática na Carolina do Sul. O general Phelps, de Vermont, que estava no comando em Carrollton, na Louisiana, defendeu o mesmo plano, embora tenha sido alvo de críticas que lhe custaram o comando. E muitos desastres dolorosos de vários tipos foram necessários para que a nação legalista e o presidente Lincoln se dessem conta da necessidade, sem falar na justiça, dessa posição, e muitos artifícios, passos intermediários e improvisos foram feitos para suavizar o caminho dessa derradeira política de libertar os escravos e armar os homens livres.

Quando o governo finalmente começou a se dar conta de que o negro poderia se tornar útil para o lado legalista, tanto quanto para os traidores, para a União tanto quanto para os confederados, passou-se a se considerar qual seria o modo como ele poderia ser empregado, o modo que menos chocaria e ofenderia o preconceito popular contra ele. Ele já estava no Exército como garçom, e nessa função não havia objeção a ele, e assim se imaginou que, sendo esse o caso, o sentimento que o tolerava como garçom não teria objeções sérias caso ele fosse admitido ao Exército como mão de obra, especialmente porque ninguém sob o sol sulista se importava em ter o monopólio de cavar e suar nas trincheiras. Esse foi o primeiro passo para empregar negros no governo americano. O segundo foi dar a eles um uniforme peculiar que deveria distingui-los dos soldados, mas ao mesmo tempo marcando-os como parte das forças legalistas. À medida que os olhos da administração legalista iam se abrindo mais, propôs-se dar a esses trabalhadores algo melhor do que pás e espadas com que se defender em caso de emergência. Ainda mais tarde, houve a proposta de torná-los soldados, porém soldados sem o uniforme azul. Soldados com uma marca que demonstraria que eles eram inferiores aos demais soldados; soldados com um emblema de degradação. No entanto, depois de ter entrado no Exército como trabalhador, de lá ter estado com uma camisa vermelha sobre as costas e uma pistola no cinturão, o negro não demorou a aparecer no campo de batalha como soldado. No entanto, mesmo então ele não deveria ser um soldado no mesmo sentido e em pé de igualdade com os demais. Dizia-se que ele não deveria ser empregado no campo de batalha junto aos soldados brancos, inspirados pela ideia de combater e conquistar vitórias para a causa da União, e diante de seus antigos senhores, mas deveria ser usado em guarnições de fortes em locais assolados pela febre amarela e com outros problemas de insalubridade, para poupar a saúde dos soldados brancos. E para manter a distinção ainda mais aprofundada, os soldados negros deveriam receber apenas metade do salário pago aos brancos e deveriam ser comandados exclusivamente por oficiais brancos. Embora evidentemente eu estivesse um tanto amargurado e entristecido pelo modo como nossa raça era julgada, e aflito pela lentidão que caracterizava a conduta de nosso governo legalista, não me deixei abalar e incitei todos os que pude a se alistar; a colocar uma águia em seu botão, um mosquete em seu ombro e a bandeira americana acima de sua cabeça. Portanto, assim que o governador Andrew, de Massachusetts, recebeu do sr. Lincoln a permissão para organizar dois regimentos de negros, o 54º e o 55º, eu me dirigi da seguinte forma aos cidadãos negros do

Norte por meio de meu jornal, na época publicado em Rochester, que depois foi transcrito nos principais jornais:

HOMENS NEGROS, ÀS ARMAS.

Quando pela primeira vez o canhão rebelde estraçalhou as muralhas de Sumpter e expulsou os homens famintos que faziam sua guarnição, eu previ que a guerra ali iniciada não seria combatida exclusivamente por homens brancos. A experiência que tivemos mês a mês durante esses tristes anos confirmou essa opinião. Uma guerra iniciada e despudoradamente levada adiante em nome da perpétua escravidão dos negros clama de modo lógico e em voz alta que os negros ajudem a vencê-la. Bastava uma quantidade moderada de sagacidade para ver que o braço do escravo seria a melhor defesa contra o braço do escravizador. Portanto, a cada revés sofrido pelas armas nacionais, a cada grito exultante de vitória dado pelos rebeldes escravagistas, eu implorei para que a nação ameaçada libertasse, para o combate contra seus inimigos, sua poderosa mão negra. De maneira lenta e relutante esse apelo começa a ser ouvido. Não paremos agora para nos queixarmos de que ele não foi ouvido antes. Pode ou não ter sido melhor que ele não fosse ouvido. Não é este o momento de discutir tal questão. Deixemos isso para o futuro. Quando a guerra estiver encerrada, o país estiver salvo, a paz estiver estabelecida e os direitos do negro estiverem assegurados, como estarão, a história com mão imparcial tratará dessa e de tantas outras questões. Ação! Ação! e não crítica é o dever deste momento. A única utilidade das palavras neste momento é estimular o combate. O dever da fala agora é simplesmente apontar quando, onde e como atacar de maneira mais vantajosa. Não temos tempo a perder. A maré está na cheia que leva ao destino. De leste a oeste, de norte a sul, em todo o céu leem-se as palavras "AGORA OU NUNCA". A liberdade, conquistada apenas por homens brancos, teria somente metade do seu esplendor. "Aquele que quer sua liberdade deve ele mesmo combater." "Melhor morrer livre do que viver como escravo." Eis o sentimento de todo homem negro corajoso entre nós. Existem homens fracos e covardes em todas as nações. Nós os temos entre nós. Eles dirão a você que esta é "uma guerra dos brancos"; que você "não estará melhor depois do que antes da guerra"; que colocar você no Exército tem como único objetivo "sacrificá-lo na primeira oportunidade". Não acredite neles; sendo eles próprios covardes, eles não desejam que sua covardia seja exposta ao vexame pela bravura de outros. Deixe-os com sua fraqueza, ou com qualquer que seja o motivo que os impede de seguir adiante. Não são levianas as palavras que dirijo a vocês agora. O conselho que dou vem da atenta observação da grande guerra que está sendo travada e da profunda convicção de que esta é a hora de vocês, tanto quanto minha. Com toda a franqueza, portanto, e depois de deliberar detidamente, agora pela primeira vez durante esta guerra, sinto-me à vontade para convocá-los às armas. Por todos os pensamentos que ligam vocês a seus compatriotas escravizados, e pela paz e o bem-estar de seu país; por todas as aspirações que vocês tenham de liberdade e igualdade para vocês e seus filhos; por todos os laços de sangue e identidade que nos tornam um só com os corajosos homens negros que hoje combatem nossa guerra na Louisiana e na Carolina do Sul, eu os incito a correr para as armas, e a castigar com a morte a força que sepultaria em um mesmo inelutável túmulo nosso governo e sua liberdade. Gostaria de poder dizer que o estado de Nova York os convoca a essa alta honra. Por ora suas autoridades constituídas estão em silêncio quanto ao tema. Elas falarão com o tempo, e sem dúvida estarão do lado certo; não somos, porém, obrigados a esperar por isso. Podemos atacar o coração da traição por meio do estado de Massachusetts. O estado foi o primeiro na Guerra da Independência; o primeiro a romper os grilhões de seus escravos; o primeiro a tornar o homem negro igual perante a lei. O primeiro a admitir crianças negras em suas escolas regulares, e o primeiro a responder com seu sangue ao grito de alarme da nação, quando sua capital esteve ameaçada pelos rebeldes. Vocês conhecem seu patriótico governador, e vocês conhecem Charles Sumner. Não preciso dizer mais.

Massachusetts agora os acolhe como soldados em seu exército. O estado tem uma população negra pequena para recrutar. Tendo autorização plena do governo geral para enviar um regimento para a guerra, Massachusetts se prepara para fazer isso. Vão rápido e ajudem a completar o primeiro regimento negro do Norte. Estou autorizado a assegurar que vocês receberão os mesmos salários, as mesmas rações e os mesmos equipamentos, a mesma proteção, o mesmo tratamento e as mesmas recompensas dadas aos soldados brancos. Vocês serão liderados por oficiais capazes e hábeis, homens que terão especial orgulho de sua eficiência e de seu êxito. Eles serão rápidos em conceder a vocês todas as honras que vocês conquistarem por seu mérito e sua bravura, e garantirão que seus direitos e seus sentimentos sejam respeitados pelos demais soldados. Eu me certifiquei quanto a esses pontos, e posso falar com autoridade. Mais de vinte anos de leal dedicação à nossa causa podem me levar a humildemente reivindicar confiança neste momento de crise. Não irei argumentar. Fazer isso implicaria hesitação e dúvida, e vocês não hesitarão. Vocês não terão dúvidas. O dia amanhece; a estrela da manhã brilha no horizonte! O portão de ferro de nossa prisão se encontra entreaberto. Uma corajosa investida do Norte irá escancará-lo, e 4 milhões de nossos irmãos e irmãs marcharão rumo à liberdade. A chance se apresenta de que vocês ponham fim em um dia a uma servidão de séculos, e de saírem de um só salto da degradação social para o plano da igualdade com todas as outras variedades de homens. Lembrem-se de Denmark Vessey, de Charleston; lembrem-se de Nathaniel Turner, de South Hampton; lembrem-se de Shields Green e Copeland, que seguiram o nobre John Brown e que tombaram como gloriosos mártires da causa do escravo. Lembrem-se de que em uma luta contra a opressão o Todo-Poderoso não tem atributos que possam tomar o partido diante dos opressores. O caso está exposto diante de vocês. Essa é sua oportunidade de ouro. Vamos aceitá-la e nos livrarmos para sempre das pérfidas censuras feitas contra nós por nossos inimigos. Conquistemos para nós a gratidão de nosso país e as bênçãos de nossa posteridade por toda a eternidade. O núcleo desse primeiro regimento se encontra agora no acampamento de Readville, perto de Boston. Eu me responsabilizarei por encaminhar para Boston todas as pessoas que forem consideradas aptas a serem arregimentadas, que deverão me procurar em qualquer momento dentro das duas próximas semanas.

ROCHESTER, 2 de março de 1863.

Imediatamente depois de o presidente Lincoln ter concedido ao governador John A. Andrew, de Massachusetts, a autoridade para alistar e equipar dois regimentos de negros para a guerra, recebi uma carta de George L. Stearns, de Boston, um nobre operário da liberdade no Kansas e amigo íntimo de John Brown, suplicando-me com toda a sinceridade que o deixasse me ajudar a arregimentar a quantidade necessária de homens. Presumia-se que devido a meu trabalho na causa da abolição eu tivesse conquistado certa influência com os negros do país e que eles me escutariam nessa emergência; suposição que, fico feliz em dizer, foi sustentada pelos resultados. Houve menos negros em Massachusetts na época do que hoje, e para completar a cota desses regimentos foi necessário recrutá-los em outros estados do Norte. As condições oferecidas para que os negros se alistassem não eram satisfatórias nem para mim nem para eles; no entanto, as garantias dadas pelo governador Andrew de que essas condições acabariam se tornando justas e igualitárias, somadas a minha fé na lógica dos acontecimentos, e a minha convicção de que a coisa sábia a fazer era colocar os negros no Exército em qualquer porta que se abrisse para eles, não importando quão estreita ela fosse, levaram-me a aceitar com entusiasmo a tarefa para a qual fui convidado. O alistamento desses dois regimentos – o 54º e o 55º – e seu esplêndido comportamento na Carolina do Sul e na Carolina do Norte foram o início de grandes novidades para o povo negro de todo o país; e não menor que a satisfação que sinto hoje ao contemplar minha humilde parte em seu alistamento é o fato de meus dois filhos, Charles e Lewis, terem sido os dois primeiros a se alistar no estado de Nova York. Depois de ter chegado ao campo de batalha, não demorou para que o 54º se provasse valoroso e forte, digno de ombrear com os mais corajosos entre seus companheiros de armas brancos. Seu ataque ao forte Wagner, no qual foi perigosamente dizimado, perdendo quase metade de seus oficiais, incluindo seu amado e confiável comandante, coronel Shaw, imediatamente lhe deu reputação e fama em todo o país. Naquela terrível batalha, sob as asas da noite, mais sofismas sobre a virilidade do homem negro foram aniquilados do que durante um século de vida ordinária e observação. Depois daquele ataque não se ouviu mais falar em mandar negros para guarnições e arsenais, para enfrentar miasmas, febre amarela e catapora. Começaram a prevalecer os ditos sobre sua capacidade de confrontar o inimigo em campo aberto e sobre eles terem a mesma capacidade do homem branco para enfrentar as balas. A partir desse momento (e é importante lembrar esse fato), os soldados negros foram chamados para ocupar posições que exigiam a coragem, a firmeza e a resistência de veteranos, e mesmo seus inimigos foram obrigados a admitir que eles haviam se mostrado dignos da confiança que lhes foi depositada. Depois de o 54º e o 55º Regimentos de Massachusetts terem entrado na batalha, e de um deles ter se notabilizado com tamanha distinção no momento da verdade, o desejo de enviar mais soldados negros para o front se tornou praticamente generalizado. A Pensilvânia se propôs a organizar dez regimentos. Novamente fui chamado por meu amigo sr. Stearns para ajudar na arregimentação, e comecei a trabalhar com todo o meu empenho, usando todos os argumentos de que eu era capaz, a fim de convencer todos os negros a pegar em armas para se reunir em torno da bandeira e ajudar a salvar o país e a raça. Foi durante essa época que a atitude do governo em Washington me causou profunda tristeza e desânimo, e me forçou em certa medida a suspender meus esforços naquela direção. Eu tinha assegurado aos homens negros que depois de entrarem no Exército da União eles estariam em pé de igualdade com os demais soldados; que seriam pagos, promovidos e trocados como prisioneiros de guerra, apesar da ameaça de Jeff Davis de que seriam tratados como criminosos. No entanto, até então o governo não havia cumprido sua promessa, ou a promessa feita em seu nome. A carta a seguir, que encontro publicada em meu jornal da mesma data, mostrará o caminho que me vi forçado a seguir diante das circunstâncias:

ROCHESTER, 1º de agosto de 1863
Major George L. Stearns:
Caro senhor – Tendo declinado do convite para a reunião que promoveria os alistamentos, marcada para mim em Pittsburgh, nas atuais circunstâncias, devo ao senhor uma palavra de explicação. Considerei até aqui meu dever, assim como certamente um prazer, cooperar com o senhor na tarefa de alistar soldados negros nos estados livres para combater as batalhas da República contra rebeldes e traidores escravagistas. Assim que fui chamado pelo senhor para essa tarefa, respondi com entusiasmo. Vi, ou pensei ver, um raio de luz iluminando o futuro de toda a minha raça assim como de nosso país atormentado pela guerra, ao incitar homens negros a lutar pela vida de nossa nação. Continuo a acreditar no braço do homem negro, e continuo tendo certa esperança na integridade de nossos governantes. No entanto, por ora devo deixar para outros a tarefa de convencer homens negros a se alistar no Exército da União. Devo isso a meu povo que por tanto tempo vem sofrendo, especialmente àqueles que já estão no Exército, para expor seus erros e defender sua causa. Não posso fazer isso e ao mesmo tempo continuar

recrutando. Quando eu for solicitar recrutas, quero fazer isso de todo o coração, sem ter de acrescentar poréns. Não tenho como fazer isso agora. Fico com a impressão de que os negros superestimaram tremendamente o esclarecimento, a justiça e a generosidade de nossos governantes em Washington. A meu humilde modo contribuí em algo para essa falsa impressão. O senhor sabe que, quando se sugeriu pela primeira vez a ideia de que se deveriam arregimentar soldados negros, a tarefa especialmente atribuída a eles foi trabalhar na guarnição de fortes e arsenais em certas localidades quentes, insalubres e miasmáticas no Sul. Acreditou-se que eles se adaptariam melhor a esse serviço do que os soldados brancos. Aos soldados brancos treinados para a guerra, corajosos e ousados, caberia tomar fortificações, e aos negros, defendê-los para que eles não caíssem em mãos dos rebeldes inimigos. Três vantagens deveriam surgir dessa divisão do trabalho: primeiro, o espírito e o orgulho dos soldados brancos não seriam desperdiçados em uma inatividade enfadonha e monótona na vida dos fortes; suas armas permaneceriam continuamente brilhantes em função de seu constante uso. Em segundo lugar, a saúde dos soldados brancos seria preservada. Em terceiro, os soldados negros teriam a vantagem de um sólido treinamento militar e se tornariam úteis, ao mesmo tempo que estariam razoavelmente a salvo de serem capturados pelos rebeldes, que desde cedo deixaram clara sua determinação de escravizá-los e assassiná-los, afrontando as leis da guerra. Duas das três vantagens se destinavam aos soldados brancos. Até o momento, porém, acredito que soldados negros tenham sido usados na defesa de fortificações. Esses soldados fizeram outros trabalhos muito mais importantes do que defender fortificações. Não tenho queixas especiais quanto a esse ponto, e simplesmente o menciono para reforçar a afirmação de que desde o começo disso tudo foi a fé confiante dos negros e dos brancos defensores do alistamento dos negros de que o presidente Lincoln, como comandante em chefe do Exército e da Marinha, certamente garantiria que seus soldados negros fossem tratados e empregados de modo a estarem menos expostos à captura pelos rebeldes, e que, caso essa exposição ocorresse, como repetidas vezes aconteceu desde o princípio, o presidente teria tanto a disposição quanto os meios para obrigar os rebeldes a respeitar os direitos daqueles que pudessem cair nas mãos deles. A proclamação criminosa de Jefferson Davis, anunciando a escravidão e o assassinato para prisioneiros negros, ocorreu diante dos olhos do país e do mundo. Os homens, porém, tinham fé no sr. Lincoln e em seus conselheiros. Sem dúvida ele manteve o silêncio, porém a caridade sugeria que, sendo um homem de ação mais do que de palavras, ele apenas esperou a ocasião em que se tornasse necessário que ele entrasse em ação. Essa fé no homem nos permitiu falar com entusiasmo e com resultados ao incitar o alistamento de homens negros. Essa fé, meu caro senhor, hoje praticamente desapareceu. Várias ocasiões surgiram ao longo dos últimos seis meses para o exercício desse poder em nome dos homens negros que estão a serviço do presidente. No entanto, não chega até nós uma única palavra oriunda do Departamento da Guerra, assegurando com firmeza ao chefe dos rebeldes que haverá investigações posteriores sobre o derramamento de sangue inocente. Nenhuma palavra de retaliação quando um homem negro é assassinado por um rebelde a sangue-frio. Nenhuma palavra foi dita quando homens livres de Massachusetts foram pegos e vendidos como escravos no Texas. Nenhuma palavra é dita quando corajosos homens negros combateram, de acordo com depoimentos tanto de amigos quanto de inimigos, como heróis para fincar a bandeira americana nos parapeitos em chamas do forte Wagner, e ao fazer isso foram capturados, alguns mutilados e mortos, e alguns vendidos como escravos. O mesmo silêncio esmagador que paira sobre esse ultraje escandaloso paira sobre o massacre dos condutores de animais em Murfreesboro; paira sobre os massacres de Milliken's Bend e de Vicksburg. Sinto-me à vontade para dizer, meu caro senhor, que a impressão é que os soldados negros que depositaram sua confiança no governo foram traídos pelas mãos ensanguentadas do mesmo governo que eles defendem combatendo heroicamente. Sei o que o senhor responderá a isso; o senhor dirá "espere mais um pouco, e no fim das contas o melhor meio de garantir que a justiça seja feita a seu povo é fazê-los entrar no Exército o mais rápido possível". O senhor pode ter razão nisso; meu argumento tem sido o mesmo, porém será que já não esperamos, e será que já não demonstramos as mais altas qualidades militares, e será que por conta disso não merecemos a proteção do governo pelo qual estamos lutando? Poderá algum caso mais forte do que esse ser apresentado do que aquele ocorrido às portas de Charleston? Se algum dia o presidente tiver a intenção de exigir justiça e tratamento humanitário para os soldados, não será esta a hora para fazer isso? Quantos regimentos como o 54º precisarão ser dizimados, ter seus prisioneiros mutilados assassinados, e seus soldados vivos vendidos como escravos, sendo lentamente torturados até a morte, antes que o sr. Lincoln diga: "Esperem, já basta!"?

O senhor conhece o 54º Regimento. Ao senhor, mais do que a qualquer outra pessoa, pertence o crédito de alistar esse regimento. Pense em seus nobres e corajosos oficiais literalmente destroçados, ao mesmo tempo que muitos de seus soldados foram vendidos para uma escravidão pior do que a morte, e me perdoe se eu hesito em ajudar a alistar um quarto regimento antes que o presidente ofereça a eles a mesma proteção dada aos soldados brancos.

Com calorosas e sinceras recomendações,

FREDERICK DOUGLASS.

Desde que escrevi a carta acima, que agora tornamos pública, recebemos do major Stearns garantias de que o governo dos Estados Unidos já está editando medidas que irão assegurar aos soldados negros capturados em Charleston e em outros lugares a mesma proteção contra a escravidão e a crueldade estendida aos soldados brancos. O que deveria ter sido feito desde o princípio chega tarde, mas chega. Os pobres soldados negros conquistaram a grandes penas tal interferência. Realmente parece que não se pode obter nenhum grau de justiça, liberdade ou humanidade a não ser por meio de lágrimas e sangue.

O homem negro na Casa Branca

Meus esforços para garantir um tratamento justo e igualitário para os soldados negros não fez parar as cartas e os discursos. Por sugestão de meu amigo, o major Stearns, a quem a carta acima foi endereçada, fui induzido a ir a Washington e apresentar as queixas de meu povo ao presidente Lincoln e ao secretário da Guerra; e a incitá-los a adotar medidas que assegurassem um grau razoável de justiça aos soldados negros que na época lutavam por nosso país. Não preciso dizer que na época em que cumpri com essa missão era necessário ter muito mais coragem do que hoje. A distância que existia à época entre um negro e o cidadão branco americano era incomensurável. Eu era um ex-escravo, identificado com uma raça desprezada; e no entanto iria encontrar a pessoa que ocupava o mais alto cargo desta grande República. Era uma tarefa

340

absolutamente ingrata e da qual eu gostaria de ser dispensado. Eu não tinha como saber qual o tipo de recepção que me seria dada. Poderia acontecer de me mandarem para casa tratar de meus assuntos, e deixar questões como aquela que eu tinha ido debater aos cuidados dos homens sabiamente escolhidos pelo povo americano para tratar delas. Ou poderiam simplesmente me negar uma audiência. No entanto, senti que era minha obrigação ir; e o fato de eu ser conhecido dos senadores Charles Sumner, Henry Wilson, Samuel Pomeroy, do secretário Salmon P. Chase, do secretário William H. Seward e do secretário assistente da Guerra, Charles A. Dana, me incentivou a ter esperanças de que eu teria no mínimo uma recepção civilizada. O resultado justificou plenamente minhas esperanças. Jamais irei me esquecer do primeiro encontro que tive com esse grande homem. Fui acompanhado até a mansão presidencial e apresentado ao presidente Lincoln pelo senador Pomeroy. A sala em que ele recebia visitas era a mesma usada hoje pelos secretários do presidente. Entrei nela com uma estimativa moderada de minha própria importância, e no entanto naquele lugar eu deveria falar com o homem que estava à frente de uma grande nação, e até mesmo aconselhá-lo. Felizmente para mim, nele não havia nada de pompas fúteis e cerimônias. Jamais fui colocado à vontade mais rápida ou completamente na presença de um grande homem do que na presença de Abraham Lincoln. Quando entrei, ele estava sentado em uma poltrona baixa, com os pés estendidos sobre o piso, cercado por um grande número de documentos, e por vários secretários ocupados. A sala trazia as marcas da atividade, e as pessoas que estavam nela, incluindo o presidente, pareciam estar exaustas e trabalhando excessivamente. Longas marcas de expressão já estavam profundamente traçadas no semblante do sr. Lincoln, e seu rosto forte, cheio de franqueza, ficou iluminado assim que meu nome foi mencionado. Enquanto eu me aproximava e era apresentado a ele, o sr. Lincoln se levantou, estendeu a mão e me deu boas-vindas. Imediatamente me senti na presença de um homem honesto – um homem que eu poderia amar, honrar e em quem confiar sem reservas ou dúvidas. Quando comecei a dizer a ele quem eu era e o que estava fazendo, ele prontamente, mas de modo gentil, interrompeu dizendo: "Sei quem o senhor é, sr. Douglass; o sr. Seward me contou tudo sobre o senhor. Sente-se. Estou feliz de conhecê-lo". Falei então qual era o assunto de minha visita: que eu estava ajudando a arregimentar soldados negros; que vários meses antes eu havia tido êxito em conseguir que homens se alistassem, porém agora não era fácil induzir homens negros a entrar para as forças armadas, porque havia entre eles uma sensação de que o governo não era justo com eles em vários aspectos. O sr. Lincoln me pediu detalhes. Respondi que havia três pontos específicos que eu desejava levar à atenção dele. Primeiro, que os soldados negros deviam receber os mesmos salários pagos aos brancos. Segundo, que os soldados negros deveriam receber a mesma proteção quando feitos prisioneiros e ser trocados com a mesma rapidez, e, nos mesmos termos, que quaisquer outros prisioneiros, e caso Jefferson Davis fuzilasse ou enforcasse soldados negros a sangue-frio, o governo dos Estados Unidos deveria retaliar na mesma moeda sem demora contra soldados confederados que estivessem em suas mãos. Terceiro, quando soldados negros, em busca do "ornamento da reputação diante da boca das canhoneiras", desempenhassem serviços grandiosos e incomuns no campo de batalha, deveriam ser recompensados com distinções e promoções, exatamente da mesma maneira como soldados brancos eram recompensados por tais serviços.

O sr. Lincoln ouviu com paciência e em silêncio a tudo que eu tinha a dizer. Ficou sério e até mesmo incomodado com o que eu havia dito e com o que ele evidentemente pensara sobre os mesmos pontos. Ele me impressionou com a firme circunspecção de seu caráter, com o modo silencioso como ouviu e também com a resposta sincera que me deu.

Começou dizendo que o emprego de soldados negros por si só era um grande avanço para os negros; que a medida talvez não poderia ter sido adotada com sucesso no início da guerra; que a prudência de tornar homens negros soldados ainda era objeto de dúvida; que seu alistamento era uma grave afronta ao preconceito da população; que eles tinham mais motivos para ser soldados do que os homens brancos; que eles deveriam estar dispostos a entrar nas forças armadas independentemente das condições; que o fato de que eles não receberiam o mesmo pagamento que os soldados brancos parecia uma concessão necessária para facilitar o caminho para seu emprego como soldados; eles acabariam, porém, recebendo salários iguais. Sobre o segundo ponto, quanto à proteção igual, ele disse que o caso era mais difícil. Retaliação era um remédio terrível, de aplicação muito difícil; era algo que, caso fosse iniciado, não haveria como dizer de que forma terminaria; que, caso ele tivesse como pôr as mãos nos soldados confederados culpados de tratar soldados negros como criminosos, poderia facilmente retaliar, mas a ideia de enforcar homens por um crime perpetrado por outros era algo que revoltava seus sentimentos. Ele achava que os próprios rebeldes iriam parar com tais atos bárbaros de guerra e que o mal seria menor caso não se recorresse à retaliação. Que ele já tinha recebido informações de que soldados negros estavam sendo tratados como prisioneiros de guerra. Em tudo isso vi o coração terno de um homem, mais do que o austero guerreiro e comandante em chefe do Exército e da Marinha americana, e, embora não concordasse com ele, eu respeitava seu espírito humano.

Sobre o terceiro ponto ele pareceu ter menos dificuldade, embora não tenha se comprometido. Simplesmente disse que assinaria toda promoção para soldados negros que seu secretário da Guerra viesse a lhe recomendar. Embora eu não tivesse ficado totalmente satisfeito com seus pontos de vista, fiquei tão satisfeito com o homem e com a tendência educativa do conflito que resolvi prosseguir com o recrutamento.

Depois de ter visto o presidente, fui me encontrar com o secretário Stanton. Os modos dos dois homens não poderiam ser mais diferentes. Fui apresentado pelo secretário assistente Dana, que eu havia conhecido muitos anos antes na fazenda Brook, em Massachusetts, e depois como editor responsável pelo *New York Tribune*. Todos os traços do rosto do sr. Stanton me diziam que minha comunicação com ele deveria ser breve, clara e direta ao ponto; que ele poderia a qualquer momento considerar que eu o estava entediando e dar as costas para mim; que a polidez não era um dos pontos fracos dele. O primeiro olhar dele era de um homem que diz: "Muito bem, o que o senhor deseja? Não tenho tempo a desperdiçar com o senhor nem com ninguém, e não devo desperdiçá-lo. Fale rápido, ou vou embora". Tanto o homem quanto o lugar pareciam ocupados. Vendo que eu não tinha tempo a perder, apressadamente tratei do tema sobre o qual havia conversado com o presidente Lincoln. Quando terminei, fiquei surpreso ao ver um homem transformado diante de mim. Desdém e suspeita e rispidez, tudo havia desaparecido de seu rosto e de seus modos, e por alguns minutos ele fez a melhor defesa que eu havia até então ouvido de qualquer pessoa sobre o tratamento dado pelo governo aos soldados negros. Eu não estava satisfeito, no entanto parti acreditando plenamente que o verdadeiro caminho do negro rumo à liberdade e à cidadania passava pelo campo de batalha, e que cabia a mim arregimentar todo negro que pudesse para os exércitos da União. Tanto o presidente quanto o secretário da Guerra me asseguraram que a justiça acabaria sendo feita a minha raça, e eu acreditei plenamente na promessa deles. Ao assegurar ao sr. Stanton minha disposição de aceitar um posto, ele disse que me tornaria assistente do general Thomas, que na época recrutava e organizava tropas no vale do Mississippi. Ele me perguntou quando eu poderia partir. Eu disse que em duas semanas e que minhas ordens poderiam ser enviadas para Rochester. Por algum motivo, no entanto, minha insígnia jamais chegou. O governo, infelizmente, ainda se deixava prender à ideia de que posições de honra nas forças armadas deviam ser ocupadas por brancos e de que não era o caso de dar início exatamente naquele momento a uma política de perfeita igualdade. Escrevi para o departamento sobre minha insígnia, mas fui simplesmente informado de que deveria me apresentar ao general Thomas. Isso foi tão diferente do que eu esperava e do que me havia sido prometido que escrevi ao secretário Stanton afirmando que me apresentaria ao general Thomas quando recebesse minha insígnia, porém ela não chegou, e não parti para o vale do Mississippi como tanto desejei. Eu conhecia bem demais a vida militar e o valor dos emblemas no Exército para entrar nas forças armadas sem uma marca visível de minha patente. Não tenho dúvidas de que o sr. Stanton no momento de nosso encontro falava a sério, porém, pensando sobre o assunto, ele teve a impressão de que não havia chegado a hora de um passo tão radical e agressivo. Enquanto isso, meus três filhos estavam no Exército. Lewis e Charles, que já mencionei, nos regimentos de Massachusetts, e Frederick recrutando soldados negros no vale do Mississippi.

Capítulo XII
ESPERANÇA PARA A NAÇÃO

Proclamação da emancipação • Recepção da notícia
em Boston • Objeções feitas contra o ato • Seu efeito no
país • Encontro com o presidente Lincoln • Tumultos em
Nova York • Reeleição do sr. Lincoln • Sua posse e o discurso •
Vice-presidente Johnson • Recepção presidencial • A queda
de Richmond • Faneuil Hall • O assassinato • Condolências

O 1º de janeiro de 1863 foi um dia memorável no progresso da liberdade e da civilização nos Estados Unidos. Foi o ponto de inflexão no conflito entre a liberdade e a escravidão. Um golpe de morte foi dado na rebelião escravagista. Até então o poder federal tinha se mostrado mais tolerante com aquele vestígio da barbárie. O governo federal defendia sua existência dentro dos estados escravagistas; revogou a política de emancipação de John. C. Frémont no Missouri; devolveu escravos para seus assim chamados proprietários; e fez ameaças afirmando que quaisquer tentativas por parte dos escravos de obter a liberdade por meio de insurreição, ou de outros modos, seriam esmagadas com mão de ferro; o governo federal chegou mesmo a recusar que a família Hutchinson cantasse suas músicas contrárias à escravidão nos acampamentos do exército do Potomac; cercou as casas dos donos de escravos com baionetas para lhes dar proteção; e por meio de seu secretário da Guerra, William H. Seward, informou ao mundo que, "independentemente de como terminasse a guerra pela União, não seriam feitas mudanças nas relações entre donos e escravos". Com base nessa plataforma pró-escravidão, a guerra contra os rebeldes foi travada durante mais de dois anos. Não se tratava de uma guerra de conquista, mas sim de uma guerra de conciliação. McClellan, no comando do Exército, vinha tentando aparentemente sufocar a rebelião sem ferir os rebeldes e certamente sem ferir a escravidão, e o governo parecia cooperar com ele em ambos os sentidos. Charles Sumner, William Lloyd Garrison, Wendell Phillips, Gerrit Smith e toda a facção abolicionista do Norte haviam denunciado essa política e implorado ao sr. Lincoln que adotasse um caminho oposto, mas tudo em vão. Os generais no campo de batalha e os conselheiros no gabinete haviam insistido em levar adiante essa política mesmo sofrendo derrotas e desastres, e até mesmo à beira da ruína. Nós combatíamos a rebelião, mas não sua causa. A chave para a situação eram os 4 milhões de escravos; e no entanto o escravo, que nos amava, era odiado; e o dono de escravos, que nos odiava, era amado. Nós beijávamos a mão que nos feria, desprezávamos a mão que nos havia ajudado. Quando os meios para chegar à vitória estavam diante de nós – ao alcance das mãos –, saímos em busca dos meios que nos levariam à derrota. E agora, neste primeiro dia de janeiro de 1863, fez-se o anúncio formal e solene de que a partir daquele momento o governo se posicionaria do lado da emancipação. Essa proclamação mudou tudo. Deu uma nova direção para os conselhos no Gabinete e para a conduta das forças armadas da nação. Devo deixar ao homem público, ao filósofo e ao historiador a discussão mais abrangente desse documento, e contar aqui apenas como ele me tocou e como tocou aqueles que estavam em condições semelhantes às minhas no momento. Eu estava em Boston, e a recepção do anúncio ali pode indicar a importância dada a ele em toda parte. Uma imensa assembleia se reuniu no Tremont Temple para esperar as primeiras notícias do telégrafo anunciando "a nova partida". Dois anos de uma guerra travada em nome dos interesses da escravidão haviam tornado possível a liberdade de expressão em Boston, e agora estávamos reunidos para receber e celebrar o primeiro pronunciamento da tão esperada proclamação, *caso* ele viesse, e, caso ele *não* viesse, para falar livremente; pois, tendo em vista o passado, não havia como ter certeza de que ele viria. A ocasião, portanto, era ao mesmo tempo de esperança e medo. Nosso navio estava em mar aberto, chacoalhado por uma terrível tempestade; as ondas, umas após as outras, passavam por sobre nós, a cada hora o perigo aumentava. Podíamos sobreviver ou perecer, e isso dependia em grande medida da chegada da proclamação. Pelo menos era o que parecia. Embora as condições exigidas pelo sr. Lincoln para não fazer o pronunciamento não tivessem sido cumpridas, em função de diversas considerações, havia espaço para dúvida e medo. O sr. Lincoln era conhecido como um homem de coração terno e de infinita paciência; ninguém tinha como saber até que ponto ele seria capaz de ir, ou se poderia deixar de ir na direção da paz e da reconciliação. Até então, ele não havia se mostrado um homem de medidas heroicas, e esse passo, bastante apropriadamente, pertencia a essa classe de medidas. Isso deveria ser o fim de todas as concessões à escravidão – uma declaração de que a partir dali a guerra seria conduzida com base em um novo princípio, com um novo objetivo. Seria uma afirmação plena e justa de que o governo já não perderia tempo nem deixaria que a perda de tempo lhe fosse imposta. Será, porém, que a proclamação viria? Quem duvidava afirmava que a natureza bondosa do sr. Lincoln, que vinha de uma antiga família escravagista, influenciaria sua decisão e o levaria a procrastinar e a dar aos donos de escravos mais uma chance.[16] Cada momento de espera diminuía nossas esperanças e aumentava nossos temores. Uma linha de mensageiros foi estabelecida entre o escritório do telégrafo e a plataforma de Tremont Temple, e o tempo foi ocupado com breves discursos feitos pelo ilustre sr. Thomas Russell, de Plymouth, a srta. Anna E. Dickinson (uma moça de maravilhosa eloquência), o reverendo sr. Grimes, J. Sella Martin, William Wells Brown e por mim. No entanto, as pessoas não tinham se reunido para fazer ou ouvir discursos. A hora da argumentação havia passado. O que as pessoas queriam não era ouvir a lógica, mas o clarim do júbilo. Estávamos esperando e tentando ouvir um trovão nos céus, que deveria despedaçar os grilhões de 4 milhões de escravos; esperávamos, por assim dizer, à tênue luz das estrelas, pela aurora de um novo dia; desejávamos uma resposta para séculos de dolorosas orações. Lembrando aqueles que estavam agrilhoados e nos sentindo ligados a eles, queríamos nos unir no brado da liberdade e no hino dos redimidos.

Passaram-se as oito, as nove, as dez horas, e nada. Parecia cair sobre a multidão que esperava uma visível sombra, que as afirmações cheias de confiança dos oradores procuravam dissipar em vão. Por fim, quando a paciência estava perto de se esgotar, e o suspense se transformava em agonia, um homem (creio que era o juiz Russell) avançou a passos rápidos em meio à multidão e, com

---

16 Tenho motivos para saber que essa suposição era uma grande injustiça com o sr. Lincoln. [N. A.]

rosto belamente iluminado pelas notícias que trazia, exclamou com notas que emocionaram todos os corações: "Está chegando! Está chegando pelo telégrafo!!". O efeito desse anúncio foi impressionante a ponto de não se poder descrevê-lo, e a cena foi fantástica e grandiosa. A alegria e a felicidade exauriram todas as formas de expressão, de gritos de louvor ao choro e às lágrimas. Meu velho amigo Rue, um pastor negro, um homem de maravilhoso poder vocal, expressou a emoção do momento, quando comandou um coro formado por todas as vozes: "Que os tambores do Senhor soem sobre o negro mar do Egito, Jeová triunfou, seu povo já é livre"[17]. Perto da meia-noite, vendo que as pessoas não se dispunham a deixar o salão, que devia ser esvaziado, meu amigo Grimes (de abençoada memória) levantou-se e sugeriu que o encontro passasse para a 12ª Igreja Batista, da qual ele era pastor, e logo aquela igreja estava lotada, das portas ao púlpito, e essa reunião perdurou até quase o raiar do dia. Foi um dos eventos mais cheios de afeto e mais emocionantes que eu testemunhei, e uma digna celebração do primeiro passo tomado pela nação em seu rompimento com a vetusta escravidão.

Evidentemente as pessoas que estavam ali não se dispunham a criticar a proclamação; nem de início havia qualquer um que se dispusesse a isso. Naquele momento víamos apenas seu lado antiescravagista. Contudo, exames posteriores e mais críticos mostraram que a proclamação era cheia de defeitos. Não se tratava de uma proclamação de "liberdade em todo o país e para todos os que nele habitam", como se esperava que fosse; era uma proclamação marcada por discriminações e senões. Sua operação se confinava a certas linhas geográficas e militares. Abolia a escravidão apenas onde ela não existia e a deixava intacta onde existia. Era uma medida aparentemente inspirada pelo motivo pouco nobre da necessidade militar, e, na medida em que fosse assim, ela se tornaria nula e inútil quando a necessidade militar deixasse de existir. Muito se disse nesse sentido, e muito se disse que era limitado e errôneo. De minha parte, acreditei que a proclamação, fundamentalmente, era algo além do que pretendia; e vi em seu espírito uma vida e um poder que iam muito além de sua letra. Seu significado para mim

---

17 Do hino *Sound the Loud Timbrel o'er Egypt's Dark Sea*, de Thomas Moore (1779-1852).

era a abolição completa da escravidão, onde quer que o mal pudesse ser alcançado pelo poder federal, e eu vi que sua força moral se estenderia muito além. Em minha opinião, tratava-se de um imenso ganho fazer a guerra pela União se comprometer com a extinção da escravidão, ainda que em função de uma necessidade militar. Não é algo ruim que indivíduos ou nações façam aquilo que é certo por motivos egoístas. Eu acreditava na sabedoria de "Paddy" com sua única espora, que achava que, se conseguisse fazer um lado de seu cavalo correr, poderia confiar na velocidade da outra metade.

O efeito da proclamação no exterior foi altamente benéfico para a causa legalista. Partes desinteressadas agora podiam ver nela um caráter benevolente. Já não se tratava de mera disputa por território e domínio, mas de uma luta da civilização contra a barbárie.

A proclamação em si era exatamente como o sr. Lincoln. Foi moldada de forma a causar o menor dano e a trazer o maior bem possível dentro das circunstâncias, e tinha especial consideração por este último fator. Era refletida, cautelosa e prudente em todos os pontos. Embora odiasse a escravidão e realmente desejasse sua destruição, ele sempre agia contra ela do modo que tinha menor probabilidade de chocar ou de afastar dele qualquer um que tivesse genuína simpatia pela preservação da União, mas que não sentisse simpatia pela causa da Emancipação. Por isso ele fazia a distinção entre escravagistas leais e desleais, e agia favoravelmente aos primeiros, e contra os últimos. Em poucas palavras, em tudo que fazia ou tentava fazer, ele deixava manifesto que seu grande e principal objetivo era a paz e a preservação da União, e que esse era o motivo e a principal fonte de todas as suas medidas. Sua sabedoria e sua moderação quanto a isso foram por um tempo úteis à causa legalista nos estados neutros, mas pode-se questionar se isso em certa medida não esfriou o ardor legalista do povo do Norte, e se não diminuiu ao invés de aumentar as nossas forças contra a rebelião: pois mesmo medidas moderadas e prudentes como essa proclamação faziam surgir brados de indignação e ira entre os rebeldes e seus aliados. As víboras emitiram em seus jornais o velho clamor sobre uma "guerra de abolição", e assim encontrou-se um pretexto para rejeitar o alistamento e para usar a favor dos rebeldes todo o preconceito do Norte contra os negros. Os homens podiam dizer que estavam dispostos a lutar pela União, mas não pela liberdade dos negros; e assim ficou mais difícil arregimentar e fazer que as pessoas aceitassem sua convocação. Isso valia principalmente para Nova York, onde havia uma grande população de irlandeses. A tentativa de fazer valer a convocação naquela cidade encontrou a oposição de turbas e rebeliões e levou a derramamento de sangue. Talvez não exista capítulo mais sombrio em toda a história da guerra do que esse levante covarde e sangrento em junho de 1863. Por três dias e três noites Nova York esteve nas mãos de uma turba feroz, e o governo federal e o poder municipal não tiveram força suficiente para impedir a violência e o derramamento de sangue. Embora essa turba se dissesse contra a convocação que havia sido ordenada, sua fúria se voltou contra os negros e seus amigos. Sexo e idade não serviram como proteção; enforcavam negros simplesmente por serem negros, matavam mulheres dentro de suas casas e incendiavam a casa com as pessoas dentro, estouravam os miolos de crianças arremessando-as contra postes, queimaram o orfanato de negros, uma nobre instituição de caridade na esquina da Quinta Avenida, e mal houve tempo para que as duzentas crianças desamparadas escapassem, ao mesmo tempo que saquearam o prédio, retirando toda a mobília de valor; e homens, mulheres e crianças negras foram obrigados a procurar esconderijo em porões ou sótãos ou onde fosse possível até que esse festival de crimes e o reino do terror cessassem.

Em associação com George L. Stearns, Thomas Webster e o coronel Wagner, eu havia estado no acampamento William Penn, em Filadélfia, ajudando no trabalho de recrutar homens para os regimentos de negros, e estava a caminho de casa bem no momento em que esses fatos se passaram. Encontrei um amigo em Newark que me informou sobre a situação. Eu, no entanto, segui caminho em segurança até a estação da rua Chambers na ferrovia do rio Hudson, uma vez que a turba se encontrava no norte da cidade, felizmente para mim, pois não apenas minha cor, mas também minha conhecida atividade de alistamento teria me tornado particularmente repulsivo para o espírito assassino. Não foi a primeira vez que me encontrei em eminente perigo na cidade de Nova York. A primeira ida à cidade, depois de eu ter fugido da escravidão, foi repleta de perigos. Minha passagem por seus limites depois do ataque de John Brown a Harpers Ferry dificilmente foi mais segura. Eu havia encontrado Isaiah Rynders e sua gangue de bandidos no antigo tabernáculo da

Broadway em nosso encontro abolicionista, e eu sabia alguma coisa sobre o temperamento alucinado dessas multidões; no entanto, essa turba anticonvocação e antinegro era diferente e pior – era parte da força rebelde, sem o uniforme dos rebeldes, mas com seu ódio mortal; era o fogo do inimigo aberto na retaguarda do exército legalista. Homens como Franklin Pierce e Horatio Seymour tinham dado grande estímulo com seus discursos para que houvesse resistência à convocação. Seymour na época era governador do estado de Nova York, e enquanto a turba fazia seu trabalho mortal ele se dirigia a eles como "meus amigos", dizendo que eles parassem por ora, enquanto ele podia arranjar em Washington para que a convocação fosse encerrada. Caso o governador Seymour tivesse sido leal a seu país e à causa de seu país nesse momento de necessidade, ele teria preferido queimar a língua com um ferro incandescente a se permitir chamar esses bandidos, ladrões e assassinos de "amigos".

Meus encontros com o presidente Lincoln e com seu competente secretário, narrados anteriormente, aumentaram muito minha confiança na integridade antiescravagista do governo, embora eu confesse que tenha me decepcionado tremendamente por não ter recebido as insígnias que me foram prometidas pelo secretário Stanton. No entanto, acreditei fielmente e proclamei em voz alta minha crença de que a rebelião seria suprimida, de que a União seria preservada, de que os escravos seriam emancipados e de que os soldados negros acabariam recebendo um tratamento justo. Essa confiança foi incomensuravelmente fortalecida quando vi o general George B. McClellan retirado do comando do exército do Potomac e o general U. S. Grant colocado à sua frente, e no comando de todos os exércitos dos Estados Unidos. Minha confiança no general Grant não se devia inteiramente a seus êxitos militares, havendo, além da base militar, motivos morais que levavam a minha fé nele. Ele havia demonstrado sua obstinação e sua superioridade em relação ao preconceito popular por meio da pronta cooperação com o presidente Lincoln em sua política de empregar soldados negros, e por suas ordens aos soldados sob seu comando para tratarem tais soldados com o devido respeito. Assim, ele provou ser não apenas um sábio general como também um grande homem – um homem que poderia se adaptar a novas condições e adotar as lições ensinadas pelos acontecimentos da época. Essa qualidade do general

Grant se tornava e se torna ainda mais conspícua e impressionante quando contrastada com sua educação em West Point e suas associações políticas anteriores; pois nem West Point nem o Partido Democrata foram boas escolas para aprender a ser justo com os negros e a tratá-los de maneira igualitária.

Foi quando o general Grant estava abrindo caminho para Richmond em meio à mata, no "trajeto" que ele pretendia seguir "ainda que isso demorasse todo o verão", e quando todos os reveses de seus exércitos se tornavam ocasiões para uma nova exigência de paz sem emancipação, que o presidente Lincoln me concedeu a honra de me convidar à Mansão Executiva para uma conferência sobre a situação. Não preciso dizer que fiquei imensamente feliz em ir. O principal assunto que ele queria debater comigo eram os meios mais desejáveis a serem empregados fora do Exército para induzir os escravos nos estados rebeldes a entrar nos limites da federação. A crescente oposição à guerra, no Norte, e o alucinado brado contra ela, por estar se tornando uma guerra abolicionista, alarmaram o sr. Lincoln e o deixaram receoso de que se impusesse a ele uma paz que mantivesse na escravidão todos os que não tivessem passado para dentro de nossas fronteiras. O que ele desejava era tornar sua proclamação o mais eficiente possível caso viesse essa paz. Ele disse num tom de lamento: "Os escravos não estão chegando até nós nem na velocidade nem na quantidade que eu esperava". Respondi que os donos de escravos sabiam como evitar que seus escravos soubessem desse tipo de coisa, e era muito provável que pouquíssimos soubessem de sua proclamação. "Bom", ele disse, "quero que você comece a inventar meios de os fazer conhecê-la e de trazê-los para dentro de nossas fronteiras". Ele falou com grande franqueza e de modo muito solícito, e pareceu incomodado com a atitude do sr. Greeley e com a crescente impaciência que estava sendo manifestada com a guerra pelo Norte. Disse que vinha sendo acusado de prolongar a guerra além daquilo que lhe permitia seu objetivo legítimo, e de fracassar em conseguir a paz, quando poderia ter feito isso de modo vantajoso. Ele tinha medo do que poderia vir como resultado de todas essas queixas, porém estava convencido de que não havia como obter uma paz estável e duradoura a não ser pela completa submissão da parte dos rebeldes, e ele não estava disposto a lhes dar trégua em função de conferências inúteis nas cataratas do Niágara, ou em qualquer outro lugar, feitas por pessoas não autorizadas. Ele percebia o perigo de uma paz prematura e, sendo um sujeito reflexivo e sagaz, desejava encontrar os meios de levar a guerra a esse final causando o menor dano possível. Fiquei ainda mais impressionado com essa consideração benevolente porque antes ele dissera, em resposta a um clamor pela paz, que seu objetivo era *salvar a União* e fazer isso com ou sem a escravidão. O que ele disse nesse dia demonstrou uma convicção moral mais profunda do que eu jamais havia visto em qualquer coisa falada ou escrita por ele. Ouvi com o mais profundo interesse e com a mais intensa satisfação, e, por sugestão dele, concordei em organizar um grupo de batedores, composto de negros, que se dedicariam a algo parecido com o plano original de John Brown, de entrar nos estados rebeldes, à frente das linhas de nossos exércitos, levar a informação sobre a emancipação e incitar os escravos a passar para dentro de nossas fronteiras.

Esse plano, porém, em pouco tempo se tornou desnecessário em função do sucesso da guerra tanto nas matas quanto em outros lugares, e por seu encerramento com a completa abolição da escravatura.

Eu me refiro a essa conversa por acreditar que se trata de uma prova cabal de que, da parte do sr. Lincoln, pelo menos no que dizia respeito a ele, a proclamação não foi feita apenas como uma "necessidade".

Durante esse encontro ocorreu um incidente que ilustra o caráter desse grande homem, embora sua menção possa dar a impressão de ligeira vaidade de minha parte. Enquanto eu conversava com ele, seu secretário por duas vezes anunciou o "governador Buckingham, de Connecticut", um dos mais nobres e patrióticos entre os governantes legalistas. O sr. Lincoln disse: "Diga ao governador Buckingham que espere, pois quero ter uma longa conversa com meu amigo Frederick Douglass". Objetei, e implorei que ele recebesse o governador imediatamente, pois eu poderia esperar; mas não, ele insistiu que queria conversar comigo, e o governador Buckingham podia esperar. Essa provavelmente foi a primeira vez na história desta República que sua principal autoridade teve oportunidade ou disposição para exercer tal ato de imparcialidade entre pessoas que ocupavam posições tão diferentes e que tinham direitos supostamente tão díspares à sua atenção. Pelos modos do governador, quando ele finalmente foi recebido, inferi que estava tão satisfeito quanto eu com o que o sr. Lincoln havia feito ou deixado de fazer.

Muitas vezes eu disse em outros lugares aquilo que desejo repetir aqui, que o sr. Lincoln foi não só um grande presidente, mas também um GRANDE HOMEM – grande demais para se apequenar em qualquer coisa. Em sua companhia jamais fui de qualquer modo lembrado de minhas origens humildes, ou de minha cor impopular. Enquanto estou, como pode parecer, contando vantagem sobre a gentil consideração que o sr. Lincoln destinava a mim, segundo tenho motivos para crer, posso mencionar mais uma coisa. Na porta de meu amigo John A. Gray, onde eu estava hospedado em Washington, encontrei certa tarde a carruagem do secretário Dole e um mensageiro do presidente Lincoln com um convite para que eu fosse tomar chá com ele no Lar dos Soldados, onde ele passava suas noites na época, indo para lá depois de encerrar o dia de trabalho na Mansão Executiva. Infelizmente eu tinha um discurso agendado para aquela noite, e, tendo decidido que uma das regras de minha conduta de vida seria jamais faltar a um compromisso caso pudesse honrá-lo, eu me senti obrigado a recusar a honraria. Muitas vezes lamentei não ter feito nesse caso uma exceção a minha regra geral. Se tivesse como saber que não voltaria a ter tal oportunidade, eu teria justificativa para decepcionar uma grande plateia em nome de tal visita a Abraham Lincoln.

Talvez eu deva dizer aqui que não vejo a atenção dedicada pelo sr. Lincoln a mim como derivada de meus méritos ou de minhas qualidades pessoais. Embora eu não tenha dúvida de que os srs. Seward e Chase tenham falado bem de mim para ele, e de que o fato de eu ter sido um escravo, ter conquistado minha liberdade, ter conseguido certa instrução, de em certo sentido ser um homem que se fez sozinho e de ter me tornado útil como um defensor das reivindicações de meu povo, o fazia ver-me com bons olhos, tenho convicção de que o principal motivo para ele ter consideração por mim era minha conhecida relação com os negros da República, e especialmente o auxílio que essa relação me permitiu dar ao trabalho de sufocar a rebelião e de colocar a União em bases mais sólidas do que ela jamais havia tido e mais sólidas do que jamais podia ter tido nos tempos da escravidão.

Enquanto houve mínima esperança de êxito da rebelião, houve evidentemente um medo correspondente de que se concedesse um novo sopro de vida à escravidão. A proclamação de Frémont no Missouri, a carta de Phelps no Departamento do Golfo, o alistamento de soldados negros pelo general Hunter, a carta sobre o "Contrabando" escrita pelo general B.F. Butler, as qualidades militares exibidas de maneira surpreendente pelos soldados negros nas formidáveis batalhas de Port Hudson, Vicksburg, Morris Island e em outras partes, e a proclamação da Emancipação de Abraham Lincoln haviam causado muitos ferimentos de morte à escravidão, e no entanto ela estava apenas ferida e estropiada, mas não estava inválida nem morta. Com o país nessa situação, chegou o verão de 1864, e com ele o redivivo Partido Democrata, dizendo que a guerra era um fracasso, e com o general George B. McClellan, o maior dos fracassos da guerra, como seu candidato à presidência. Não é preciso dizer que o êxito de tal partido, com essa plataforma, com esse candidato, num momento como aquele seria uma calamidade fatal. Tudo que tinha sido feito para sufocar a rebelião e abolir a escravatura não teria servido para nada, e o acordo final entre as duas regiões da República, no tocante à escravidão e ao direito de secessão, teria deixado o país sujeito a ser novamente dilacerado num futuro não muito distante.

Dizia-se que esse Partido Democrata, que sob o comando do sr. Buchanan havia traído o governo entregando-o nas mãos da secessão e da traição, era o único partido que poderia devolver o país à paz e à união. Sem dúvida o partido teria "remendado" uma paz, mas seria uma paz mais temível do que a guerra. Pelo menos essa era minha impressão. Quando nos pediram assim para trocar Abraham Lincoln por George B. McClellan – um exitoso presidente da União por um fracassado general da União – um partido que tentava com sinceridade salvar a União, dilacerada por uma gigantesca rebelião, concordei com o pensamento do sr. Lincoln de que não era prudente "trocar de cavalos durante a travessia de um rio". Considerando, como era meu caso, a continuação da guerra até a completa supressão dos rebeldes, e a manutenção do presidente Lincoln no cargo como essenciais para a destruição da escravidão, certamente me esforcei ao máximo, dentro de minhas míseras possibilidades, para garantir sua reeleição. No entanto, esse objetivo, o mais importante, não foi obtido por meio de discursos, cartas ou outras ferramentas eleitorais. Os atordoantes golpes desferidos contra a rebelião naquele ano pelos exércitos que atuavam sob o comando de Grant e Sherman, e o grande caráter dele próprio, reduziram a pó toda a oposição e tornaram sua eleição uma certeza, mesmo antes de as urnas serem abertas. Desde Guilherme, o Silencioso, que foi a alma da poderosa guerra a favor da liberdade religiosa contra a Espanha e a Inquisição espanhola, nenhum líder de homens recebeu tanto amor e confiança quanto Abraham Lincoln. A eleição dele silenciou, em boa medida, o descontentamento que existiu durante a guerra e as queixas de que se tratava de uma guerra de abolição. Cada vitória de nossas armas, na água ou em terra, era uma censura a McClellan e ao Partido Democrata, e um aval à candidatura de Abraham Lincoln para presidente, com sua nova política. Tive a sorte de estar presente a sua posse em março e de ouvir naquela ocasião seu notável discurso ao assumir o cargo. Na noite anterior tomei chá com o presidente da Suprema Corte, Chase, e ajudei sua amada filha, a sra. Sprague, a colocar sobre os ombros de seu honrado pai a nova toga que estava sendo feita, com a qual ele leria o juramento do presidente reeleito. Havia no presidente da Suprema Corte uma dignidade e uma grandeza que o marcavam como alguém que nasceu grande. Ele havia me conhecido anteriormente nos tempos da luta contra a escravidão, e havia vencido seu preconceito racial, caso algum dia houvesse sentido algo assim; de qualquer modo, ele havia me acolhido em sua casa e em sua mesa quando fazer isso era algo estranho em Washington; e o fato de modo algum foi insignificante.

A posse, assim como a eleição, foi um evento de grande importância. Quatro anos antes, após a primeira eleição do sr. Lincoln, o espírito escravagista havia decidido que ele não deveria tomar posse, e sem dúvida esse propósito teria sido atingido caso ele tentasse passar abertamente e sem disfarces por Baltimore. O assassinato pairava no ar na época, e o assassinato pairava no ar agora. A primeira posse dele impediu a queda da República, e a segunda iria restabelecê-la sobre bases duradouras. Na época da segunda posse, a rebelião parecia vigorosa, desafiadora e formidável; na realidade, porém, estava frágil, abatida e desesperada. Ela tinha atingido a beira da loucura ao convocar o negro para ajudá-la na luta contra a liberdade que ele tanto desejava, e a favor da servidão de que ele iria escapar – contra Lincoln, o emancipador, e a favor de Davis, o escravizador. No entanto o desespero descarta a lógica tanto quanto a lei, e o Sul estava desesperado. Sherman marchava rumo ao mar, e a Virgínia com sua capital rebelde estava sob o punho firme de Ulysses S. Grant. Para aqueles que conheciam a situação, era evidente que, a não ser que houvesse alguma mudança surpreendente, a Confederação tinha seus dias contados, e esses dias seriam aflitivos. Esse estado de coisas tornava o ar em Washington escuro e ameaçador. Os amigos da causa da Confederação aqui não eram poucos nem insignificantes. Eles faziam parte dos ricos e dos influentes. Uma piscadela ou um aceno de cabeça de tais homens poderia pôr à solta a mão da violência e desafiar a lei e a ordem. Para aqueles que enxergavam além da superfície, percebia-se que havia perigo em toda parte; e, à medida que o desfile passava pela avenida Pensilvânia, senti um medo instintivo de que a qualquer momento um tiro dado por algum assassino em meio à multidão pudesse encerrar o cintilante espetáculo e jogar o país nas profundezas da anarquia. Eu não sabia na época aquilo que mais tarde se tornaria História, que a trama já existia e que sua execução estava prevista para aquele mesmo dia, embora tenha sido adiada por várias semanas, tendo finalmente chegado a seu desenlace fatal. Chegando ao Capitólio, tomei meu lugar em meio à multidão de onde eu podia ver a caravana presidencial à medida que ela se aproximava do pórtico oriental, e de onde era possível ouvir e ver tudo que ocorria. Não havia a mesma multidão que celebrou a posse do presidente Garfield, ou a do presidente Rutherford B. Hayes. O procedimento como um todo foi maravilhosamente silencioso, austero e solene. Desde o juramento, lido pelo presidente da Suprema Corte, Chase, até o breve porém significativo discurso do sr. Lincoln, havia na multidão uma imobilidade pesada. O discurso soou mais como um sermão do que como um documento de Estado. Na menor quantidade possível de palavras ele se referia à situação do país quatro anos antes, quando de sua primeira posse na presidência – chegando às causas da guerra e às razões de ambos os lados pelos quais ela fora travada. "Nenhum dos lados", ele disse, "esperava que a guerra tivesse a magnitude ou a duração que ela já tinha. Nem tinha antecipado que a causa do conflito poderia desaparecer com o encerramento da guerra, ou até mesmo antes disso. Os dois lados estavam em busca de uma vitória fácil e de um resultado não tão fundamental nem tão impressionante". Depois, em poucas e breves frases, admitindo a convicção de que a escravidão fora "a ofensa que, segundo a providência divina, deveria vir, e a guerra como o infortúnio que deveria recair sobre aqueles que praticaram tal ofensa", ele pergunta se é possível "discernir nisso alguma ruptura com os predicados divinos que os crentes em um Deus amoroso lhe atribuem. Apaixonadamente esperamos", ele prosseguiu, "ardorosamente oramos para que esse enorme tormento da guerra possa passar depressa. No entanto, caso seja do desígnio de Deus que ela continue até que todo o dinheiro não entregue aos escravos durante 250 anos seja consumido, e até que a última gota de sangue extraída com a chibata seja paga por outra extraída com a espada, assim como se disse há 3 mil anos, deve-se dizer novamente: 'Os julgamentos do Senhor são verdadeiros e justos'.

"Sem ter rancor por ninguém, sentindo por todos caridade, firmes na justiça, na medida em que Deus nos permite ver o que seja a justiça, esforcemo-nos para terminar o trabalho que começamos, para curar as feridas da nação, para cuidar daquele que suportou a batalha, e de sua viúva e de seus órfãos, para fazer tudo que pode ser feito e para que gozemos de uma paz justa e duradoura entre nós e com todas as nações."

Não sei quantas vezes, nem diante de quantas pessoas, citei essas solenes palavras de nosso presidente tornado mártir; elas me calaram fundo na época e me pareceram desde então conter mais substância vital do que jamais vi comprimidas em tão pouco espaço; e no entanto nessa ocasião memorável, quando aplaudi feliz e agradecido por elas terem sido pronunciadas, vi no rosto de muitos à minha volta expressões de uma emoção bastante diferente.

Nesse dia de posse, enquanto esperava o início das cerimônias, fiz uma descoberta a respeito do vice-presidente, Andrew Johnson. Existem momentos na vida da maior parte dos homens em que as portas de sua alma se abrem, e sem que eles sequer tenham consciência, seu verdadeiro caráter pode ser lido por um olho observador. Foi em um desses instantes que vi de relance a verdadeira natureza desse homem, que todos os acontecimentos posteriores comprovaram. Eu estava de pé em meio à multidão ao lado da sra. Thomas J. Dorsey, quando o sr. Lincoln tocou no sr. Johnson e apontou para mim, indicando onde eu estava. A primeira expressão que surgiu no rosto dele, e que penso representar o verdadeiro indício do que vai em seu coração, foi de amargo desprezo e aversão. Vendo que eu o observava, ele tentou assumir uma aparência mais amistosa; mas era tarde demais; era inútil fechar a porta quando tudo lá dentro já havia sido visto. O primeiro olhar dele foi o franzir de cenho do homem, o segundo foi o sorriso brando e doentio do demagogo. Eu me dirigi à sra. Dorsey e disse: "Independentemente do que Andrew Johnson possa ser, ele com certeza não é amigo de nossa raça".

Não poderia haver maior contraste entre dois homens do que aquele que se apresentava entre o presidente Lincoln e o vice-presidente Johnson nesse dia. O sr. Lincoln parecia aquele que trilha o caminho difícil e espinhoso do dever e da abnegação; o sr. Johnson parecia aquele que acaba de sair de uma orgia regada a álcool. O rosto do primeiro estava cheio de viril humildade, ainda que no auge do poder e da altivez, o do outro estava repleto de pompa e arrogante vaidade. O fato era que, embora ainda fosse cedo, o sr. Johnson estava bêbado.

Na noite após a posse, outra nova experiência estava à minha espera. A costumeira recepção foi dada na Mansão Executiva, e, embora nenhum negro jamais tivesse ousado se apresentar em tais ocasiões, parecia que agora, quando a liberdade havia se tornado a lei da República, agora que os negros estavam no campo de batalha mesclando seu sangue ao do homem branco num esforço comum para salvar o país, não era demais presumir que um negro pudesse oferecer suas congratulações ao presidente com os demais cidadãos. Decidi ir, e em vão procurei alguém de minha cor para me acompanhar. Jamais é uma experiência agradável ir a um lugar onde haja motivos para duvidar de uma boa acolhida, e meus amigos negros já haviam se frustrado vezes demais para se disporem a se sujeitar a tal infelicidade; eles queriam que eu fosse, do mesmo modo que muito tempo antes meus amigos negros da Nova Inglaterra sentiram grande prazer em que eu andasse em vagões de primeira classe, sendo arrancado do lugar e espancado por rudes funcionários ferroviários, para abrir caminho para eles. Era evidente, portanto, que alguém precisava ter a iniciativa e que, para que o negro tivesse seus direitos, seria preciso tomá-los. E agora, embora claramente coubesse a mim comparecer à recepção do presidente Lincoln, "todos eles em uníssono começaram a apresentar desculpas". Por fim, ficou combinado que a sra. Dorsey deveria me fazer companhia, e assim entramos juntos na longa fila de cidadãos de todas as partes do país, e lentamente avançamos rumo à Mansão Executiva. Havia algum tempo eu me via como um homem, porém ali, em meio a essa multidão de membros da elite do país, eu me senti um homem entre homens. Lamento ser obrigado a dizer, no entanto, que essa confiança não durou muito, pois ao chegar à porta dois policiais que estavam ali me pegaram rudemente pelo braço e mandaram que eu me afastasse, pois tinham ordens de não deixar entrar pessoas de minha cor. Não será necessário dizer ao leitor que foi um revés desagradável. Estando, porém, já na batalha, achei que não seria bom me submeter ao rechaço. Eu disse aos funcionários que estava certo de que havia algum equívoco, pois uma ordem desse tipo não poderia ter partido do presidente Lincoln; e, caso soubesse que eu estava à porta, ele desejaria que eu fosse admitido. Eles, então, para pôr fim à conversa, imagino, pois estávamos obstruindo a passagem, e não seria fácil nos retirar dali, assumiram um ar de polidez e se ofereceram para me conduzir até o lado de dentro. Fomos atrás deles, e logo nos pegamos andando sobre algumas tábuas que levavam até o lado de fora de uma janela, que tinham sido colocadas como passagem temporária para a saída de visitantes. Paramos assim que percebemos o truque, e eu disse aos funcionários: "Vocês me enganaram. Não vou sair desta casa sem ver o presidente Lincoln". Nesse momento um cavalheiro que passava me reconheceu, e eu disse a ele: "Por favor, faça a gentileza de dizer ao sr. Lincoln que Frederick Douglass está sendo retido na porta". Não demorou para que a sra. Dorsey e eu passássemos pela espaçosa Sala Leste, em meio a uma cena de elegância como eu jamais havia visto neste país. Assim como uma montanha se destaca acima de todas as demais, o sr. Lincoln ali estava, em sua grandiosa simplicidade e *beleza caseira*. Ao me reconhecer, antes mesmo que eu chegasse a seu lado, ele exclamou, para que todos à volta pudessem ouvi-lo: "Aí vem meu amigo Douglass". Pegando-me pela mão ele disse: "Que bom vê-lo. Vi você no meio da multidão hoje, ouvindo meu discurso de posse; o que você achou?". Eu disse: "Sr. Lincoln, não devo fazer o senhor perder tempo com minha pobre opinião, quando há milhares de pessoas aguardando para apertar sua mão". "Não, não", ele disse, "você precisa ficar um pouco, Douglass; não existe ninguém no país cuja opinião eu valorize mais do que a sua. Quero saber o que você achou do discurso". Respondi: "Sr. Lincoln, foi um esforço sagrado". "Que bom que você gostou!", ele disse, e eu fui adiante, sentindo que qualquer homem, seja qual for sua importância, poderia se sentir honrado por tais expressões, ditas por um homem como aquele.

No fim, os funcionários da Casa Branca não tinham recebido ordens do sr. Lincoln nem de qualquer outra pessoa. Estavam simplesmente se comportando de acordo com um antigo costume, o produto da escravidão, assim como cães por vezes esfregam o pescoço muito depois de a coleira ter sido retirada, achando que ela continua lá. Meus amigos negros ficaram felizes com aquela que lhes havia parecido uma experiência duvidosa, e creio que foram estimulados por seu êxito a seguir meu exemplo. Descobri por meio de minha experiência que o caminho para romper com um costume irracional é contradizê-lo na prática. Certamente para fazer isso precisei brigar não apenas com os brancos, mas também com os negros. Os brancos me condenavam por minha presunção ao ousar me juntar a eles, e os negros por forçar minha presença em lugares onde eles estavam certos de que ela não era desejada. Sofro por pensar que esta última objeção nasce em grande parte de uma consciência de inferioridade, pois assim como as cores por si sós nada podem ter umas contra as outras, e as condições da associação humana se baseiam no caráter mais do que na cor, e como o caráter depende da mente e da moral, nada pode haver de censurável no fato de pessoas que são assim iguais se encontrarem no plano dos direitos civis ou sociais.

Uma série de acontecimentos importantes se seguiu após a segunda posse do sr. Lincoln, dentre os quais se destaca a queda de Richmond. O maior dos esforços e os melhores generais da rebelião foram empregados para defender o local, e, quando ele caiu, o orgulho, o prestígio e o poder da rebelião caíram com ele, para nunca mais voltarem a se erguer. A notícia desse grande acontecimento chegou até mim quando eu estava em Boston. O entusiasmo daquela cidade legalista não pode ser descrito com facilidade. Como de costume quando algo toca o grande coração de Boston, o Faneuil Hall se tornou sonoro e eloquente. Esse auditório é um prédio imenso, e igualmente imensa é sua história. Foi esse o teatro de diversas declamações patrióticas desde os tempos da "Revolução" e mesmo antes; assim como tem sido desde meu tempo o cenário onde os maiores esforços foram feitos pelos mais populares oradores de Massachusetts. Aqui Webster, o grande "expositor", falou ao "mar de rostos erguidos". Aqui Choate, o maravilhoso advogado de Boston, com sua estranha e elétrica eloquência, capturou a atenção de milhares; e aqui também Charles Sumner, Horace Mann, John A. Andrew e Wendell Phillips, sendo este último superior à maioria deles, e igual a muitos deles, durante quarenta anos falaram suas grandes palavras de justiça, liberdade e humanidade, por vezes em meio à calma e à luz do sol da paz imperturbada, mas frequentemente em meio à tempestade e ao turbilhão da violência da turba. Foi aqui que o sr. Phillips fez seu famoso discurso denunciando o assassinato de Elijah P. Lovejoy em 1837, que mudou toda a trajetória de sua vida e o tornou notadamente o líder do pensamento abolicionista na Nova Inglaterra. Aqui também Theodore Parker, cuja morte precoce não apenas Boston mas os amantes da liberdade de todo o mundo seguem lamentando, deu voz a seus profundos e estimulantes pensamentos com palavras de plenitude e força. Mas falo aqui da reunião realizada lá em celebração da queda de Richmond por se tratar de um encontro notável por sua composição tanto quanto pela ocasião. Entre os oradores que se pronunciaram, e que deram voz ao sentimento patriótico que enchia e transbordava cada coração legalista, estiveram os excelentíssimos srs. Henry Wilson e Robert C. Winthrop. Seria difícil encontrar dois homens públicos mais claramente opostos do que esses. Se alguém tem como se gabar genuinamente de uma ascendência aristocrática, ou se puder haver qualquer valor nessa ascendência, Robert C. Winthrop pode sem indevida presunção se arrogar essa origem. Ele nasceu em meio à riqueza e ao luxo, e jamais sentiu o incômodo das provações ou as garras da pobreza. Exatamente oposta a essa foi a experiência de Henry Wilson. Filho de pessoas do povo, teve pouco acesso a riqueza e instrução; ele tinha dentro de si, contudo, um coração verdadeiro e uma dose imensa de sensatez; e isso, somado à diligência, a bons hábitos e à perseverança, levou-o mais longe e o alçou mais alto do que o brilhante homem com quem ele formava tal contraste notável. Winthrop, antes da guerra, assim como muitos outros de sua classe, havia se oposto ao grupo abolicionista de seu estado, havia se alinhado em grande medida com as exigências do poder escravagista, abandonado muitos de seus velhos amigos *whig*, quando eles aderiram ao solo livre e aos homens livres em 1848, e entrado no Partido Democrata. Durante a guerra ele foi excessivamente bom para simpatizar com os rebeldes, e não foi bom o suficiente para se tornar aquilo que Wilson era – uma potência a serviço da causa da União. Wilson tinha obtido renome por meio de sua dedicação às ideias liberais, ao passo que Winthrop tinha praticamente afundado na obscuridade por sua indiferença diante de tais ideias. No entanto, agora parecia a ele, ou mais provavelmente a seus amigos, que havia chegado a hora em que deveria partir dele alguma palavra que indicasse interesse pela causa legalista. Não foi tanto por necessidade da União quanto por necessidade própria que ele precisou falar; a União precisara dele no momento em que a rebelião escravagista erguera desafiadoramente sua cabeça, e não agora, quando aquela cabeça estava caída no chão e em meio à poeira e às cinzas da derrota e da destruição. O amado Winthrop, porém, o orgulhoso representante daquilo que certa vez Daniel Webster chamou de "confiáveis homens de Boston", tinha grande necessidade de falar. Não foi por falha da causa legalista que ele não falou antes. Seus "portões assim como os portões do Céu permaneceram abertos dia e noite". Se ele não entrou, foi por culpa dele mesmo. Regimento após regimento, brigada após brigada haviam passado pelo Boston Common para enfrentar os perigos e as provações da guerra; o governador Andrew derramou sua alma e exauriu seus maravilhosos recursos retóricos em palavras patrióticas dirigidas aos filhos corajosos do velho Massachusetts que estavam de partida, e uma palavra de Winthrop teria feito muito para dar coragem àqueles jovens soldados que partiam para entregar a própria vida pela vida da República; ele, contudo, não disse uma palavra.[18] E no entanto, agora nos minutos finais da undécima hora, quando o

---

18 Lamento sinceramente ter cometido uma grande injustiça ao sr. Winthrop. Esse discurso dele no Faneuil Hall não foi a primeira manifestação de seu fervoroso interesse pela causa legalista no estágio final da guerra. Embora seja de fato verdade que o sr. Winthrop tenha se oposto fortemente ao movimento abolicionista no Norte, seus discursos durante a guerra, segundo vim a saber depois de ter escrito o capítulo acima, mostram que ele esteve entre os mais sinceros em seu apoio ao governo nacional em seus esforços para sufocar a rebelião e para restabelecer a União. [N. A.]

trabalho já havia quase todo sido realizado, Robert C. Winthrop era visto de pé no tablado ao lado do veterano Henry Wilson. Ele estava ali com sua graça e dignidade naturais, vestido de maneira elegante e aristocrática, com sua postura demonstrando que vivia em uma esfera social bem diferente daquela onde habitavam muitos dos presentes. Feliz por seu bom nome, e por aqueles que o usarão quando ele já não mais estiver entre os vivos, por estar, ainda que na última hora – no velho Faneuil Hall –, lado a lado com o singelo Henry Wilson – o senador sapateiro. Entretanto, esse não era o único contraste no tablado naquele dia. Tive a estranha sorte de falar após o sr. Winthrop nessa interessante ocasião. Eu me lembrava dele como convidado de John H. Clifford, de New Bedford, mais tarde governador de Massachusetts, quando 25 anos antes eu recentemente havia me libertado da escravidão – eu estava atrás da cadeira dele trabalhando como garçom, e mesmo na época estava encantado com sua conversa elegante – e agora, depois de tanto tempo, eu não estava mais atrás da cadeira desse homem majestoso, mas sendo anunciado para sucedê-lo como orador diante daquela plateia brilhante. Eu tinha consciência do contraste que havia entre nossas histórias e nossas posições e estava curioso para observar se isso o afetava, e como. Para crédito dele, fico feliz em dizer que ele se comportou sublimemente durante todo o tempo. O discurso dele esteve completamente à altura do entusiasmo do momento, e a grande plateia saudou suas palavras com merecidos aplausos. Não preciso falar dos discursos de Henry Wilson e de outros, nem do meu. A reunião foi em todos os sentidos uma notável expressão do sentimento popular, criada por um acontecimento grandioso e importante.

Depois da queda de Richmond, o colapso da rebelião não demorou muito, embora ela não tenha perecido sem acrescentar a sua longa lista de atrocidades um crime que causou uma onda de horror a todo o mundo civilizado, com o assassinato de Abraham Lincoln; um homem tão amável, tão gentil, humano e honesto que chega a ser difícil compreender como ele pode ter tido um inimigo neste mundo. Os detalhes de sua "partida" são conhecidos demais para merecerem mais do que uma simples menção aqui. O recente assassinato de James Abraham Garfield deixou a todos nós dolorosamente familiarizados com o choque e com a sensação causados pelo crime infernal para que tal descrição seja necessária. O leitor curioso observará que o nome de batismo de ambos os homens é o mesmo, e que ambos foram notáveis por suas boas qualidades, e por terem se elevado do meio do povo pelas próprias energias, e que ambos foram vítimas de assassinos no início de um mandato presidencial.

O sr. Lincoln tinha motivos para imaginar que teria um mandato pacífico e feliz. Segundo todas as aparências, estávamos à beira da restauração da União e de uma paz estável e duradoura. Ele tinha cumprido um mandato como presidente dos Estados Desunidos, e agora seria pela primeira vez presidente dos Estados Unidos. Seu fardo fora pesado, seu trabalho fora duro, suas provações foram amargas e sua ansiedade, terrível; contudo o futuro agora parecia brilhante e cheio de esperanças. Richmond havia caído, Grant tinha o general Lee e o exército da Virgínia presos em seu pulso firme; Sherman havia combatido e conseguido ir das margens do grande rio rumo ao mar, deixando as duas extremidades da rebelião se contorcendo e se debatendo agonizantes, como as partes decepadas de uma serpente, condenadas a uma morte inevitável; e agora restava pouco para que o bom presidente pudesse se livrar de seu fardo, e para que deixasse de ser o alvo de censuras. Seus acusadores, para os quais ele sempre era rápido ou lento demais, fraco ou forte demais, conciliador ou agressivo demais, em breve se tornariam seus admiradores; em breve se perceberia que ele havia conduzido a nação com singular sabedoria e com absoluta fidelidade à grande confiança depositada nele. Um país redimido e regenerado do mais abominável crime contra a natureza humana já visto sob o sol! Que brilhante visão de paz, prosperidade e felicidade deve ter se passado na mente daquele espírito exausto, esgotado e fatigado. Os homens costumavam falar sobre as piadas dele, e ele sem dúvida se permitia contá-las, mas pareço jamais ter tido a capacidade de fazê-las vir à tona. Eu o vi com mais frequência do que muitos que trabalharam para ele, porém jamais vi nele nenhuma leviandade. Ele sempre me pareceu um homem forte e sincero, sem tempo ou disposição para frivolidades; alguém que lutava com todas as suas forças para dar conta do trabalho que se lhe apresentava. A expressão no semblante dele era um misto de sofrimento com paciência e fortaleza. Os homens diziam que ele era rústico, e rústico ele era de fato; tratava-se, porém, de uma rusticidade nitidamente humana, pois nada havia nele do tigre ou de outros animais selvagens. Os olhos dele tinham algo da ternura da maternidade, e sua boca e outros traços, a mais alta perfeição de uma genuína hombridade. Seu retrato, que está agora diante de mim em meu estúdio, pintado por Marshall, corresponde bem à impressão que tenho dele. Mas ai de nós! O que são boas e grandes qualidades para a mão vingativa de um assassino? O que são doces sonhos de paz; o que são visões de futuro? Uma simples bala de chumbo e um pouco de pólvora, no mais breve espaço de tempo, bastam para explodir e arruinar tudo que há de precioso na existência humana, não apenas do assassinado, mas também do assassino. Escrevo isto em meio à profunda tristeza que causa a meu espírito o cruel e injustificado assassinato a sangue-frio de Abraham Garfield, assim como o de Abraham Lincoln.

Eu estava em Rochester, Nova York, ónde residia na época, quando recebi a notícia da morte do sr. Lincoln. Nossos cidadãos, sem saber mais o que fazer na agonia daquela hora, dirigiram-se ao auditório municipal. Embora todos os corações ardessem por ouvir algo, poucos sentiam desejo de falar. Estávamos atordoados e chocados por um crime e por uma calamidade até então desconhecidos por nosso país e nosso governo. Era uma hora que não parecia apropriada para discursos, pois nenhum discurso poderia se colocar à altura do sentimento. O dr. Robinson, na época da Universidade de Rochester, e que hoje se encontra na Universidade Brown, em Providence, Rhode Island, foi quem subiu ao tablado e fez um dos mais pungentes e eloquentes discursos que já ouvi. No final de sua fala, fui chamado e falei do fundo de meu coração, e tive a felicidade de dar expressão a grande parte da alma das pessoas presentes, a ponto de minha voz ter sido várias vezes completamente silenciada pelo tumulto da grande plateia expressando sua concordância. Morei por muito tempo em Rochester e fiz lá muitos discursos que em maior ou menor grau tocaram o coração de meus ouvintes, porém nunca até esse dia eu tinha concordado tão de perto com eles. Tínhamos em comum uma terrível calamidade, e esse "toque da natureza nos tornou", mais do que compatriotas, "irmãos".

Capítulo XIII
VASTAS MUDANÇAS

Satisfação e ansiedade • Novos campos de trabalho se
abrem • Liceus e faculdades solicitam palestras • Atrações
literárias • Ganho pecuniário • Ainda pleiteando direitos
humanos • Presidente Andy Johnson • Delegação de homens
de cor • A resposta da delegação a ele • Convenção Legalista
Nacional, 1866, e seu cortejo • Indesejado • Encontrando um
velho amigo • Alegria e surpresa • As boas-vindas do
antigo senhor e a amizade da srta. Amanda • Discussão
do direito ao voto • Sua conquista • O negro como cidadão

Quando a guerra pela União estava praticamente encerrada, e a paz havia despontado sobre a nação, como aconteceu quase imediatamente depois da trágica morte do presidente Lincoln; quando o gigantesco sistema da escravidão americana que havia desafiado a marcha do tempo e resistido a todos os apelos e argumentos dos abolicionistas e aos testemunhos compassivos de bons homens de todas as gerações durante 250 anos finalmente foi abolido e proibido para sempre pela lei orgânica do país, um estranho e talvez perverso sentimento tomou conta de mim. Minha imensa e transbordante felicidade por essas conquistas, especialmente pela abolição da escravatura (que havia sido o mais profundo desejo e o maior trabalho de minha vida), foi ligeiramente maculada por uma sensação de tristeza.

Senti que havia chegado ao termo da mais nobre e melhor parte de minha vida; minha escola foi desmantelada, minha igreja se desfez e a amada congregação se dispersou, para nunca mais voltar a se encontrar. O programa abolicionista havia cumprido sua missão, e minha voz já não se fazia necessária. "A ocupação de Otelo chegou ao fim." A grande felicidade de me reunir com meus companheiros de trabalho agora pertenceria à memória. E também houve pensamentos sobre meu futuro. Assim como Daniel Webster, quando seus amigos pediram que ele deixasse o ministério de John Tyler, eu naturalmente perguntei: "E para onde devo ir?". Eu ainda estava no meio de minha caminhada e tinha um tanto de vida pela frente, e, como disse o ministro (incitado por meu velho amigo George Bradburn a pregar pela abolição, quando fazer isso era impopular), "é necessário que os ministros vivam", senti que era necessário que eu vivesse, e que vivesse honestamente. Mas para onde eu deveria ir? Eu não tinha como viver agora como fiz quando cheguei a New Bedford, 25 anos antes; não podia ir ao cais de Gideon ou de George Howland, à fundição de Richmond ou à fábrica de vela e óleo de Ricketson, para carregar e descarregar navios, ou pedir ao governador Clifford um emprego como criado. Rolar barris de óleo e remover carvão com uma pá eram coisas que eu podia perfeitamente fazer quando mais jovem, logo depois de escapar da escravidão. Fazer isso era subir um degrau, e não descer; mas tudo isso tinha ficado para trás. Minha vida pública e meu trabalho tinham me tornado inadequado para minhas carreiras de outros tempos, e por outro lado não haviam me preparado para empregos mais convenientes e elevados. Exceto pela questão da escravidão, meus pensamentos não tinham seguido muitas direções, e eu não tinha grandes esperanças de me tornar útil em qualquer outra causa que não fosse aquela a que eu havia dedicado os melhores 25 anos de minha vida. Um homem na situação em que eu me encontrava não só tem de se livrar do antigo, o que jamais é feito com facilidade, como também precisa se adaptar ao novo, o que é ainda mais difícil. Fazendo palestras com nomes diversos, John B. Gough diz: "Seja qual for o título, minha palestra é sempre sobre Temperança"; e é isso que se dá com todo homem que dedicou seu tempo e seus pensamentos a um tema por um longo período. Mas o que eu deveria fazer?, essa era a questão. Eu tinha alguns milhares de dólares – algo muito conveniente, e que em geral não é devidamente valorizado por meu povo – economizados com a venda de "minha servidão e minha liberdade", e com o que ganhava com minhas palestras tanto nos Estados Unidos quanto no exterior. Com essa quantia eu pensava em seguir o nobre exemplo de meus amigos Stephen e Abby Kelley Foster, comprar uma pequena fazenda e me instalar ali para ganhar a vida honestamente trabalhando a terra. Meus filhos estavam todos crescidos e saberiam cuidar de si. Essa questão, no entanto, em breve foi decidida por mim. No final das contas eu tinha obtido – algo muito raro – um pouco mais de conhecimento e de aptidão capazes de me adaptar ao novo estado de coisas do que eu imaginava e tinha atraído uma atenção do público maior do que eu havia suposto. Convites começaram a chegar de faculdades, liceus e sociedades literárias, oferecendo 100 e até 200 dólares por uma única palestra.

Algum tempo antes eu havia preparado uma palestra sobre "Homens que venceram na vida por conta própria" e outra sobre etnologia, com especial referência à África. Esta última tinha me dado bastante trabalho, embora hoje olhando para trás eu perceba que se tratava de uma produção bastante defeituosa. Eu a escrevi incitado por meu amigo dr. M.B. Anderson, reitor da Universidade de Rochester, ele próprio um célebre etnólogo, profundo pensador e erudito. Eu tinha sido convidado por uma das sociedades literárias da Western Reserve College – que na época ficava em Hudson, mas recentemente foi transferida para Cleveland, Ohio – para falar na formatura; e jamais tendo falado em uma ocasião como essa, jamais, na verdade, tendo estado em uma escola com o propósito de receber instrução, hesitei em aceitar o convite e acabei visitando o professor Henry Wayland, filho do grande dr. Wayland, da Universidade Brown, e o dr. Anderson, e me aconselhei sobre se devia aceitar. Os dois cavalheiros me aconselharam a fazê-lo. Eles me conheciam e evidentemente tinham boa opinião sobre minhas capacidades. A questão a ser resolvida, porém, agora era: o que devo dizer caso eu vá? Não terá sentido fazer um discurso à moda antiga contra a escravidão. (Mais tarde vim a saber que um discurso desse gênero era exatamente aquilo de que eles precisavam, embora não fosse o que eles desejassem; pois o corpo docente, incluindo o reitor, estava bastante incomodado pelo fato de eu, um homem negro, ter sido convidado e pela censura que essa circunstância poderia trazer à faculdade.) Mas sobre o que eu deveria falar? – esse passou a ser o problema. Finalmente acabei encontrando o tema já mencionado. Eu tinha lido com grande interesse, quando estava na Inglaterra alguns anos antes, partes de *História natural do homem*, do dr. Prichard, um extenso volume maravilhosamente calmo e filosófico em sua discussão sobre a ciência da origem das raças e que estava de acordo com minhas convicções da época. Imediatamente fui à procura desse livro valioso em nossas livrarias, porém não consegui obtê-lo em lugar nenhum do país. Pedi que o livro me fosse enviado da

Inglaterra, pagando 7,50 dólares por ele. Além dessa obra valiosa, o reitor Anderson gentilmente me deu um pequeno livro intitulado *O homem e suas migrações*, do dr. R. G. Latham, e me emprestou o grande trabalho do dr. Morton, o famoso arqueólogo, e o dos srs. Nott e Glidden, este último escrito nitidamente para degradar o negro e apoiar a doutrina de Calhoun, prevalente à época, da justiça da escravidão. Tendo em mãos esses livros e lançando mão de ocasionais sugestões do dr. Anderson e do professor Wayland, comecei a preparar meu "Discurso de formatura". Trabalhei duro por muitos dias e noites, e finalmente consegui preparar algo dentro da forma esperada. Discursos escritos não eram meu método. Em geral eu confiava em meu conhecimento não sistematizado e na inspiração do momento e da ocasião; agora, porém, eu tinha uma preocupação acadêmica, e imaginei que, já que estaria falando para professores e estudantes universitários, eu devia pelo menos demonstrar alguma familiaridade com as letras. Quanto ao efeito imediato, isso se revelou um grande erro; pois meu discurso cuidadosamente estudado e escrito, cheio de citações eruditas, não causou nenhum impacto, ao passo que alguns poucos comentários que fiz extemporaneamente durante a colação foram recebidos com entusiasmo. No entanto, a leitura e o trabalho gasto tiveram grande valor para mim. Esses eram passos preparatórios necessários para o trabalho que eu estava por iniciar. Se falharam no começo, eles me ajudaram no fim. Minha palestra sobre "As raças do homem" era bastante solicitada, especialmente no Oeste. Descobri que o sucesso de um palestrante depende mais da qualidade do seu material do que da quantidade. Meu amigo Wendell Phillips – pois eu assim o considero –, que disse mais palavras de incentivo para mim e na defesa de minha raça do que qualquer outro homem hoje vivo, tem feito sua famosa palestra sobre as "Artes perdidas" há quarenta anos; e duvido que entre todas as suas palestras, e ele tem muitas, haja alguma outra tão requisitada. Quando perguntaram a Daniel O'Connell por que ele não fazia um novo discurso, ele respondeu em tom de brincadeira que "a Irlanda iria levar vinte anos para aprender a palestra que ele já fazia". Diante de considerações como essa, continuei fiel a minha velha palestra sobre "Homens que venceram na vida por conta própria", retocando-a e fazendo pequenas variações de acordo com o que a ocasião parecia exigir.

Eis aí uma nova vocação diante de mim, cheia de vantagens intelectuais e pecuniárias. Trabalhando para a Sociedade Antiescravagista Americana, meu salário era de cerca de 450 dólares anuais, e eu me sentia bem pago por meus serviços; mas agora eu podia ganhar entre 100 e 150 dólares por noite, e ainda ter a satisfação de que em pequena medida eu estava ajudando a melhorar o modo como minha raça é vista: pois não há ser vivo que viva sozinho; ou ele ajuda ou atrapalha todos os que estão ligados a ele. Jamais me ergo para falar diante de uma plateia americana sem a sensação de que meu fracasso ou sucesso trará culpa ou benefício para toda a minha raça. No entanto, minhas atividades não estavam mais totalmente confinadas às palestras em liceus. Embora a escravidão tivesse sido abolida, os problemas de meu povo não tinham acabado. Embora já não fossem escravos, eles ainda não eram totalmente livres. Ninguém pode ser realmente livre caso sua liberdade dependa do que pensam, sentem e fazem outras pessoas; e nem pode ser livre aquele que não tem em mãos os meios para guardar, proteger, defender e manter sua liberdade. E contudo o negro, depois de sua emancipação, estava precisamente nesse estado de privação. A lei, no que diz respeito à liberdade, tem grande valia apenas se existe um poder capaz de fazê-la ser respeitada. Não tenho notícia de um grupo de homens, independentemente de quão justos, esclarecidos e humanos, a quem seja prudente e seguro entregar completamente a vigilância de outro grupo. Os protestantes são pessoas excelentes, mas não seria prudente da parte dos católicos depender totalmente deles para cuidar de seus direitos e interesses. Os católicos são ótimos – embora haja por trás deles um passado capaz de fazer a alma tremer –, e no entanto não há um protestante esclarecido que entregasse sua liberdade a seus cuidados e a sua vigilância. E ainda assim o governo deixou os libertos em condição pior do que qualquer uma dessas. Os governantes tiveram a impressão de que já tinham feito o bastante por eles. O governo os tinha libertado, e dali em diante eles deviam abrir caminho no mundo por conta própria. E no entanto os libertos não tinham as condições para autopreservação ou autoproteção. Eles estavam livres de seus senhores individuais, mas eram escravos da sociedade. Eles não tinham propriedade, dinheiro nem amigos. Estavam livres das fazendas em que trabalharam, mas nada tinham além da estrada empoeirada sob seus pés. Estavam livres do alojamento que um dia lhes servira de abrigo, porém seguiam escravos das chuvas de verão e do frio do inverno. Em poucas palavras, eles estavam literalmente vagando pelo mundo, nus, famintos e desamparados sob o céu. O primeiro sentimento dedicado a eles pelas antigas classes senhoriais era cheio de rancor e ira. Eles se ressentiam da emancipação dos escravos como um ato de hostilidade contra eles e, como não podiam punir o emancipador, desejavam punir aquele que o ato libertara. Assim, expulsaram-no da antiga *plantation* e disseram que ele não era mais bem-vindo ali. Eles não o odiavam apenas por ver sua libertação como um modo de puni-los, mas também por acreditar que tinham sido roubados de seu trabalho. Um elemento de maior rancor ainda entrou no coração deles: os libertos tinham sido amigos do governo, e muitos haviam pegado em armas contra seus senhores durante a guerra. A ideia de pagar em dinheiro pelo trabalho que eles antes podiam extorquir pela chibata não melhorava de modo algum a disposição deles diante dos escravos emancipados nem melhorava a própria condição. Assim, como a pobreza não tem nem pode ter chance contra a fortuna, como os que não têm terra não podem ter chance contra os donos da terra, como os ignorantes não podem ter chance contra a inteligência, os libertos estavam impotentes. Nada lhes restara a não ser um corpo distorcido e adoecido pela escravidão, e membros frágeis e doentes para lutar na batalha pela vida. Portanto, logo percebi que o negro ainda tinha uma causa, e que precisava de minha voz e de minha pena, somadas a outras, para advogar por elas. A Sociedade Antiescravagista Americana, sob a liderança do sr. Garrison, havia se dispersado, seus jornais deixaram de circular, seus agentes foram retirados do campo, e todos os esforços sistemáticos dos abolicionistas foram abandonados. Muitos integrantes da sociedade, entre os quais o sr. Philips e eu, divergiam do sr. Garrison quanto à prudência dessas medidas. Eu tinha a impressão de que o trabalho da Sociedade não havia terminado, de que ela não havia cumprido com sua missão, que não era meramente emancipar os escravos, mas sim elevar sua condição; contra a liderança do sr. Garrison, porém, e em meio à surpresa e à alegria ocasionadas pela abolição, foi impossível manter a associação viva; e a causa dos libertos foi deixada em grande medida nas mãos de esforços individuais e de sociedades improvisadas às pressas e de caráter efêmero, criadas por impulsos benevolentes, mas sem uma história por detrás, e, sendo neófitas no trabalho, não eram tão eficientes quanto as antigas sociedades teriam sido, caso tivessem mantido seu trabalho e as mesmas ações de antes.

Desde o princípio percebi que não havia chances de melhorar as condições dos libertos antes que eles deixassem de ser meramente libertos e passassem a ser cidadãos. Insisti que não havia segurança para eles, nem para qualquer outra pessoa nos Estados Unidos, fora do governo americano; que, para defender, proteger e manter sua liberdade, o liberto precisava do voto; que as liberdades do povo americano dependiam das urnas, do júri e da cartucheira, e que sem essas três coisas nenhum grupo poderia viver e prosperar neste país; e naquele momento essa era a palavra da hora para mim, e a palavra que as pessoas no Norte estavam dispostas a ouvir quando eu falava. Portanto, vendo como eu via o direito ao voto como a principal força por meio da qual todo direito civil é conquistado, desfrutado e mantido em nossa forma de governo, e como aquela sem a qual a liberdade de qualquer grupo é ilusória, se não impossível, eu me pus a trabalhar com toda a força e energia de que dispunha para assegurar esse poder aos milhões que acabavam de ser emancipados.

A exigência do voto era um passo tão grande em relação aos objetivos anteriores defendidos pelos amigos da raça de cor que chegou a causar espanto e a ser vista como algo ridículo e totalmente inadmissível. Nem mesmo abolicionistas estavam unidos nessa causa. O próprio sr. Garrison, embora tenha sido um dos líderes na questão abolicionista, ainda não estava totalmente pronto para se unir a esse movimento avançado. Nesse ponto ele estava menos adiantado do que o sr. Phillips, que percebia não só a justiça, como também a prudência e a necessidade da medida. Para ser justo com ele, é preciso dizer que o sr. Phillips lançou mão de todo o seu caráter e de toda a sua eloquência em favor da adoção dessa medida. Enquanto um acreditava que o voto deveria ser adiado, o outro imaginava que isso deveria ser feito de uma vez. No entanto, o sr. Garrison não era homem de se deixar ficar para trás quando o que estava em jogo eram a verdade e a justiça, e não levou muito tempo para que ele passasse a ver o voto como algo essencial para a liberdade dos homens livres. A cabeça de um homem não permanecerá em erro por muito tempo caso seu coração esteja certo. O aplauso dado ao sr. Garrison pelos conservadores, devido à moderação de seu ponto de vista nessa questão e ao desmantelamento da Sociedade Antiescravagista Americana, deve tê-lo perturbado. Em todo caso, em pouco tempo ele já estava do lado certo da questão do sufrágio.

O direito ao voto dos libertos sofreu resistência com base em muitos argumentos, mas principalmente destes dois: em primeiro lugar, a tendência dessa medida de levar os libertos a entrar em conflito com a antiga classe senhorial, e com os brancos do Sul em geral; em segundo lugar, sua inadequação em função de sua ignorância, servilismo e degradação, de exercer um poder tão grande quanto o que o voto lhes daria sobre os destinos desta grande nação.

Esses argumentos contra a medida, que supostamente deveriam ser incontestáveis, eram em certo sentido os mais poderosos argumentos a seu favor. O argumento de que o direito ao voto provavelmente colocaria o negro em conflito com a antiga classe senhorial do Sul extraía sua maior força da admissão de que os interesses das duas classes eram antagônicos e de que a manutenção dos interesses de uma se revelaria prejudicial para a outra. Seu corolário era que, caso o negro contasse com os meios para proteger seus direitos civis, aqueles que anteriormente lhe haviam negado esses direitos se sentiriam afrontados e declarariam guerra contra ele. A experiência demonstrou, em certa medida, que essa posição está correta. O antigo senhor ficou afrontado em ver o negro, que antes ele tinha o direito de escravizar e de açoitar para que trabalhasse, depositar um voto que tinha o mesmo valor que o seu; e ele recorreu a todo tipo de maldade, violência e crime para retirar do negro a capacidade de desfrutar desse ponto de igualdade. Nesse sentido o exercício do direito ao sufrágio pelo negro foi acompanhado de males, que os oponentes da medida haviam previsto, e eles puderam dizer "Eu bem que avisei", porém incomensurável e intoleravelmente maiores teriam sido as consequências malignas resultantes da negação a uma classe desse meio natural de proteção, e da concessão desse mesmo direito à outra, à classe hostil. Isso equivaleria a entregar o cordeiro aos cuidados do lobo – a armar uma classe e a desarmar a outra – à proteção de um interesse e à destruição do outro – a tornar o rico forte, e o pobre fraco – a fazer do branco um tirano e do negro um escravo. O próprio fato, portanto, de as antigas classes senhoriais do Sul sentirem que seus interesses eram contrários aos dos libertos, ao invés de servir de razão contra o seu direito ao voto, foi o mais poderoso argumento a seu favor. Enquanto não for seguro deixar o cordeiro aos cuidados do leão, o trabalhador aos cuidados do capitalista, o pobre nas mãos do rico, não será seguro deixar um povo recém-emancipado completamente sob o poder de seus antigos senhores, especialmente quando tais senhores não cessaram de sê-lo em função de convicções morais e esclarecimento, mas sim de uma força irresistível. Assim, da parte do governo, tivesse ele negado esse grande direito aos libertos, seria essa mais uma prova de que as "Repúblicas são ingratas". Seria recompensar seus inimigos e punir seus amigos – abraçar seus adversários e rejeitar seus aliados – premiar a traição e aviltar a lealdade. Quanto ao segundo ponto, ou seja, a ignorância e a degradação do negro, também não havia disputa. Era da natureza da escravidão, de cujas profundezas ele havia se elevado, fazê-lo assim, e ela teria mantido o negro nessas condições. Era política do sistema mantê-lo tanto ignorante quanto degradado, para poder roubá-lo melhor e com maior segurança de seus duros proventos; e esse argumento jamais me fez vacilar. O voto nas mãos do negro era necessário para abrir as portas da escola e para retirar os cadeados dos tesouros do conhecimento para ele. Concordando com tudo que se dizia sobre sua ignorância, eu costumava dizer: "Se sabe o suficiente para lutar pelo seu país, o negro sabe o suficiente para votar; se sabe o suficiente para pagar impostos para sustentar o governo, ele sabe o suficiente para votar; se sabe o suficiente quando sóbrio, como um irlandês sabe quando ébrio, ele sabe o suficiente para votar".

E agora, embora eu não deixe de perceber os males que até aqui vêm acompanhando o direito ao voto dos negros, creio que os males de que escapamos, e o bem que derivamos do voto, confirmam amplamente a sabedoria de tal decisão. Os males que esse direito trouxe são por natureza temporários, e o bem é permanente. O mal é comparativamente pequeno, o bem é absolutamente grande. A criancinha, cambaleando, ficou de pé sobre suas pequenas pernas e por vezes caiu e machucou a cabeça na queda, porém aprendeu a andar. O garoto na água passou perto de se afogar, mas depois aprendeu a nadar. Grandes mudanças nas relações da humanidade jamais vêm desacompanhadas de males análogos àqueles que acompanharam a emancipação do negro e o direito ao voto obtido por ele nos Estados Unidos. Fico menos impressionado com esses males do que com a velocidade com que eles estão desaparecendo, e mais aturdido com a facilidade com que o antigo escravo se tornou um homem livre do que com a rápida adequação da classe senhorial à nova situação.

Ao contrário do que aconteceu no caso do movimento pela abolição da escravatura, o sucesso do esforço pela concessão do voto aos libertos não demorou. Eis outro exemplo de como um avanço na perseguição de um princípio justo prepara o caminho para outro avanço e o torna mais fácil. O caminho da transgressão é um poço sem fundo, um passo nessa direção convida ao passo seguinte, e o fim jamais é atingido; e o mesmo ocorre com o caminho da justa obediência. Dois séculos atrás, o pio dr. Godwin ousou afirmar "não ser pecado batizar um negro" e conquistou para ele o rito do batismo. Foi uma pequena concessão a sua humanidade; houve, porém, forte resistência dos donos de escravos da Jamaica e da Virgínia. Aqui eles demonstraram um argumento lógico, mas não demonstraram a mesma lógica quanto ao objeto. Eles viam nitidamente que conceder ao negro o direito ao batismo significava recebê-lo na Igreja Cristã e torná-lo um irmão em Cristo; e por isso se opunham ao primeiro passo de maneira inflexível e amarga. Enquanto eles conseguissem manter o negro excluído do círculo da irmandade humana, seria possível açoitá-lo para que trabalhasse, como uma besta de carga, com a consciência cristã limpa e sem que houvesse censura. "O quê!", disseram eles, "batizar um negro é um absurdo!". No entanto, o negro foi batizado e aceito como membro da Igreja; e embora por um longo período sua alma tenha pertencido a Deus, seu corpo a seu senhor, e para ele, pobre coitado, não restasse nada, por fim ele se vê não só batizado como emancipado e com direito ao voto.

No que diz respeito a essa conquista, um encontro entre o presidente Andrew Johnson, em 7 de fevereiro de 1866, e uma delegação composta de George T. Downing, Lewis H. Douglass, William E. Matthews, John Jones, John F. Cook, Joseph E. Otis, A. W. Ross,

William Whipper, John M. Brown, Alexander Dunlop e eu terá seu lugar na história como um dos primeiros passos. O que foi dito naquela ocasião pôs a questão em sua totalidade, virtualmente, diante do povo americano. Até aquele encontro, o país não estava plenamente consciente das intenções e da política do presidente Johnson sobre o tema da reconstrução, sobretudo no que dizia respeito à classe recém-emancipada do Sul. Depois de ter ouvido os breves discursos feitos pelo sr. Downing e por mim, ele ocupou pelo menos 45 minutos com o que pareceu um discurso preparado, e se recusou a ouvir qualquer resposta de nossa parte, embora tenhamos solicitado alguns minutos para esse propósito. Vendo a vantagem que o sr. Johnson teria sobre nós ao ter seu discurso apresentado para o país nos jornais matutinos, os membros da delegação se encontraram naquela noite e me instruíram a preparar uma breve resposta que deveria ser divulgada para o país simultaneamente com o discurso que o presidente fizera para nós. Como essa resposta indica os pontos de divergência entre o presidente e nós, apresento-a aqui como parte da história da época, tendo contribuído para ela todos os membros da delegação.

Tanto o discurso quanto a resposta tiveram muitos comentários.

SR. PRESIDENTE. Em consideração a um delicado senso de justiça, assim como a suas repetidas indicações de que não está disposto a discutir, nem a ouvir uma resposta aos pontos de vista e às opiniões que o senhor teve o prazer de expressar diante de nós em seu bem lapidado discurso de hoje, os abaixo assinados respeitosamente lançam mão deste método para responder-lhe. Crendo como cremos que os pontos de vista e as opiniões expressados pelo senhor na ocasião são completamente equivocados e altamente prejudiciais aos mais elevados interesses de nossa raça assim como de todo o país, não podemos deixar de fazer esta exposição e, até onde estiver em nosso poder, impedir sua perigosa influência. Não se faz necessário neste momento chamar atenção senão para dois ou três traços de seu notável discurso:

1. O primeiro ponto em que nos vemos especialmente obrigados a divergir é a tentativa de encontrar uma política oposta a nosso direito ao voto, usando como pretexto uma hostilidade da parte dos antigos escravos aos pobres brancos do Sul. Admitimos a existência de tal hostilidade e afirmamos que ela é absolutamente recíproca. O senhor,

porém, obviamente comete um erro ao extrair um argumento de um incidente da escravidão e de torná-lo a base para uma política adaptada a um estado de liberdade. A hostilidade entre brancos e negros do Sul é facilmente explicável. Ela tem suas raízes e extrai sua seiva da relação existente na escravidão e foi incitada pela esperteza dos senhores de escravos. Os proprietários de escravos asseguravam sua ascendência tanto sobre os brancos pobres quanto sobre os negros tornando-os inimigos entre si.

Eles dividiram para conquistar. Não havia razão para que os negros não odiassem e temessem os pobres brancos quando no estado de escravidão, pois era dessa classe que seus senhores escolhiam seus captores de escravos, seus feitores e capatazes. Eram eles os homens chamados pelos senhores em todas as ocasiões, sempre que algo diabolicamente ultrajante era cometido contra o escravo. No entanto, senhor, não há como não ver que agora que a causa de tal ódio foi removida seu efeito também o será. A escravidão foi abolida. A causa desse antagonismo foi removida, e é preciso perceber que ele é absolutamente ilógico, e que equivaleria a "colocar vinho novo em odres velhos" legislar com base em premissas ligadas à posse de escravos e a seu comando, para um povo que o senhor repetidas vezes declarou pretender manter em liberdade.

2. Além disso, ainda que fosse verdade, como alega o senhor, que a hostilidade dos negros aos brancos pobres deve necessariamente prosseguir em um estado de liberdade, e que essa inimizade entre as duas raças deve ser ainda mais intensa num estado de liberdade do que na escravidão, em nome dos Céus, nós reverentemente perguntamos como pode o senhor, tendo em vista seu alegado desejo de promover o bem-estar do negro, privá-lo de todo meio de defesa, e cobrir aquele que o senhor vê como seu inimigo de uma panóplia de poder político? Seria o caso de o senhor estar recomendando uma política que iria armar o forte e humilhar o indefeso? Será que o senhor, por uma possibilidade qualquer de raciocínio, enxerga isso como algo justo, correto ou prudente? A experiência prova que aqueles que são abusados o são ainda mais quando isso pode ocorrer com impunidade. Aqueles que são açoitados o são com mais frequência quando açoitá-los é mais fácil. A paz entre as raças não será assegurada pela degradação de uma raça e pela exaltação de outra, pela concessão de poder a uma raça e pela retirada de poder de outra, mas sim pela manutenção de um status de igual justiça entre todas as classes. Primeiro pura, depois pacífica.

3. Sobre a teoria de colonização que o senhor teve o prazer de abordar, muito poderia ser dito. É impossível supor, tendo em vista a utilidade do negro em tempos de paz como trabalhador no Sul e em tempos de guerra como soldado no Norte, o crescente respeito por seus direitos entre os povos e sua crescente adaptação a um elevado estado de civilização em sua terra natal, que poderá chegar um momento em que ele seja removido deste país sem um terrível choque para sua prosperidade e paz. Além disso, o pior inimigo de uma nação não poderia causar maior infâmia a seu nome do que a admissão de que os negros não podem ser admitidos senão sob a mais degradante escravidão e opressão, e que devem ser expulsos, levados ao exílio, sem nenhuma outra causa além de terem sido libertados de seus grilhões.

WASHINGTON, 7 de fevereiro de 1866.

Desse momento em diante, a questão do sufrágio para os libertos não teve descanso. A velocidade com que ela ganhou força foi algo maravilhoso e surpreendente até mesmo para seus defensores. O senador Charles Sumner logo levou o tema ao Senado e o tratou com sua habilidade e seu modo incansável de sempre. Foi um grande prazer ouvir seus argumentos, durante dois dias, abundantes como eram em eloquência, conhecimento e raciocínio conclusivo. Uma comissão do Senado havia relatado uma proposta que na prática dava aos estados que recentemente haviam se rebelado total liberdade para decidir quanto ao direito ao voto de seus cidadãos negros; apenas acrescentando a essa proposta a condição de que os estados que optassem por conceder o direito ao voto a tais cidadãos teriam sua base de representação no Congresso proporcionalmente ampliada; ou, em outras palavras, apenas três quintos dos cidadãos negros seriam contados na base de representação dos estados onde os cidadãos de cor não tivessem permissão para votar, enquanto nos estados que concedessem o voto aos negros toda a população de cor seria contada na base de representação. Contra tal proposição eu e outros que pensavam do mesmo modo apresentamos ao Senado dos Estados Unidos o seguinte memorial:

Ao excelentíssimo Senado dos Estados Unidos:
Os abaixo assinados, constituindo uma delegação que representa pessoas negras de diversos estados, e que se encontram neste momento

em Washington encarregados de cuidar dos interesses dos recém-
-emancipados, desejam respeitosa porém solenemente pedir que essa
ilustre Casa não aprove nenhuma emenda à Constituição dos Estados
Unidos que permita a quaisquer estados tirar de seus cidadãos o direito
ao voto com base em raça ou cor, independentemente de quaisquer
considerações. Desejam ainda respeitosamente afirmar que a Constituição do modo como foi adotada pelos pais da República em 1789
evidentemente contemplava o resultado que agora se deu, ou seja, a
abolição da escravatura. Os homens que a escreveram, e aqueles que
a adotaram, escreveram-na e adotaram-na para o povo, e para o povo
em sua totalidade – estando os negros autorizados a votar naquele
momento na maior parte dos estados. Naquele instrumento, em sua
conformação atual, não há uma frase sequer que possa tornar a cor ou
a raça um fator que desqualifique a pessoa para o exercício do direito ao
sufrágio, e os abaixo assinados veriam como verdadeira calamidade a
introdução de quaisquer palavras que, expressamente ou por implicação, dessem a algum estado ou a estados tal poder, e respeitosamente
afirmamos que se for adotada tal emenda, hoje em análise por essa
ilustre Casa, ela permitirá que qualquer estado venha a privar qualquer
grupo de cidadãos de seu direito ao voto, não obstante tenha sido obviamente escrita levando em conta apenas a questão do voto do negro.

Por esses e outros motivos, os abaixo assinados respeitosamente
pedem que a emenda à Constituição, recém-aprovada pela Câmara,
e que hoje está em análise por esta Casa, não seja adotada. E nestes
termos etc.

Era a opinião do senador William Pitt Fessenden, do senador
Henry Wilson e de muitos outros que a medida contra a qual se
dirigia esse memorial, caso fosse incorporada à Constituição, certamente levaria todos os negros do Sul a conquistar o direito ao
voto. Eles afirmavam que isso induziria os estados a tornar o sufrágio universal, uma vez que a base de representação seria ampliada ou reduzida de acordo com a decisão de estender ou limitar
o voto; o juízo desses líderes, porém, não era o mesmo do senador
Sumner, dos senadores Wade, Yates, Howe, nem o dos negros. No
entanto, fraca como era, a medida deparou com a oposição unida
dos senadores democratas. Daquele lado, o excelentíssimo sr. Thomas H. Hendricks, de Indiana, assumiu a liderança ao apelar ao

preconceito popular contra o negro. Ele alegava que entre os resultados objetáveis e intoleráveis que derivariam de sua adoção estaria o fato de que um negro em última instância poderia se tornar membro do Senado americano. Jamais esquecerei o inefável desdém e a indignação com que o sr. Hendricks deplorou essa possibilidade. No entanto, menos de uma década depois desse debate, os senadores Revels e Bruce, ambos negros, fizeram cumprir a alarmante profecia do senador de Indiana. Não foi, contudo, por meio da medida conciliadora a que ele se opunha por seu radicalismo, mas sim por meio da 14ª e da 15ª emendas, que esses senhores conquistaram suas honrosas posições.

Na derrota da opção que se propunha oferecer aos estados, de estender ou negar o direito ao sufrágio a sua população negra, deve-se dar grande crédito à delegação já citada quando da visita ao presidente Johnson. Aquela delegação tomou para si a atribuição de visitar importantes líderes republicanos e falar para eles sobre a prudência e a obrigação moral do sufrágio imparcial. Dia após dia, o sr. Downing e eu visitamos e conversamos com os membros do Senado cuja defesa do sufrágio provavelmente garantiria seu sucesso.

O segundo passo para a conquista do direito ao voto para o negro foi dado na Convenção Legalista Nacional, realizada em Filadélfia em setembro de 1866. Esse órgão era composto de delegados do Sul, do Norte e do Oeste. Seu objetivo era difundir pontos de vista claros sobre a situação no Sul e indicar os princípios que deveriam ser observados na reconstrução da sociedade nos estados sulistas.

Essa convenção, conforme mostra a história, teve participação dos mais talentosos e influentes homens de todas as regiões do país, que tomaram parte de suas deliberações.

A política prenunciada por Andrew Johnson (que, graças à bala do assassino, ocupava a cadeira de Abraham Lincoln) – uma política baseada na ideia de que os estados rebeldes jamais estiveram fora da União e, portanto, não haviam perdido nenhum direito que sua graça não fosse capaz de restaurar – deu importância a essa convenção mais do que a qualquer coisa que estivesse ocorrendo no Sul; pois, por meio da traição desse homem ousado e mau, parecíamos estar prestes a perder quase tudo que havia sido conquistado pela guerra.

Eu morava em Rochester na época e fui devidamente eleito delegado daquela cidade para a convenção. A honra foi uma grata surpresa para mim. Não havia precedentes para que uma cidade com mais de 60 mil cidadãos brancos e apenas cerca de duzentos residentes de cor elegesse um homem negro para representá-la em uma convenção política nacional, e o anúncio desse resultado causou um choque de considerável violência no país. Muitos republicanos, mesmo me respeitando pessoalmente, não conseguiam perceber a sabedoria de tal decisão. Eles temiam o clamor de igualdade social e integração que se ergueria contra o partido em consequência dessa surpreendente inovação. Esses caros amigos achavam muito mais agradável falar sobre os princípios da liberdade como cintilantes generalidades do que levar esses princípios à prática.

Quando o trem em que eu estava indo à convenção chegou a Harrisburg, uniu-se a outro comboio vindo do Oeste, repleto de delegados que iam do Oeste e do Sul para a convenção, entre os quais estavam diversos governadores legalistas, com destaque para o de Indiana, Oliver P. Morton, um homem de matriz websteriana em tudo que dizia respeito às capacidades mentais. Quando esses cavalheiros souberam de minha presença, imediatamente debateram entre eles o que deveria ser feito quanto a mim. Parece estranho hoje, tendo em vista todo o progresso que foi feito, que tal questão pudesse surgir. As circunstâncias da época, contudo, me tornavam o Jonas do navio republicano, e responsável pelos ventos contrários e pelo clima bravio. Antes de chegarmos a Lancaster, em nosso caminho para o Leste, fui devidamente visitado por uma comissão de colegas delegados, que foram selecionados por outros delegados, para me informar sobre a inconveniência de meu comparecimento à Convenção Legalista Nacional. O porta-voz desses subdelegados era um cavalheiro de New Orleans com um nome bastante francês, que agora me escapa, mas que eu desejaria poder lembrar para que pudesse lhe dar o crédito pelo alto grau de polidez e pelo dom da eloquência. Ele começou me dizendo que sabia de minha história, que tanto ele quanto os cavalheiros que o enviaram, assim como aqueles que o acompanhavam, tinham grande admiração por mim; que não havia da parte deles a mais remota objeção a participar da convenção a meu lado, mas que lhes parecia que seus desejos pessoais sobre a questão deveriam ser deixados de lado em nome de nossa causa comum; que minha ausência ou presença na convenção era puramente uma questão de pragmatismo; que eu devia saber que havia um forte e amargo preconceito contra minha raça no Norte tanto quanto no Sul; e que o grito de igualdade social e política inexoravelmente se ergueria contra o Partido Republicano caso eu comparecesse à Convenção Legalista Nacional. Ele insistiu que era hora de sacrificar meus sentimentos pessoais pelo bem da causa republicana; que havia vários distritos no estado de Indiana tão indecisos que a menor das circunstâncias poderia fazer a balança virar-se contra nós e derrotar nossos candidatos congressuais, deixando-nos assim com um Congresso que não teria maioria de dois terços para controlar o homem obstinado e traiçoeiro que ocupava à época a cadeira presidencial. Foi-me dito que essa era uma responsabilidade terrível para ser assumida por mim ou por outro homem qualquer.

Ouvi com grande atenção esse discurso, sem falar uma palavra até o fim; depois, porém, eu disse ao orador e à comissão, com toda a ênfase que pude colocar em minha voz e em meus modos: "Senhores, com todo o respeito, pedir que eu aponte uma pistola carregada para minha cabeça e arrebente meus miolos é para mim o mesmo que pedir que eu fique de fora dessa convenção, para a qual fui devidamente eleito. Assim, o que os senhores ganhariam com essa exclusão? Será que a acusação de covardia, que certamente seria levantada contra os senhores, não se mostraria mais danosa do que a da integração? Será que os senhores não seriam chamados em todo o país de hipócritas covardes, professando princípios que não têm intenção de pôr em prática? Como questão meramente pragmática, seria prudente me deixar participar. Todos sabem que fui devidamente eleito como delegado pela cidade de Rochester. O fato foi amplamente anunciado e comentado em todo o país. Caso eu não seja admitido, o público perguntará: 'Onde está Douglass? Por que ele não está na convenção?'. E os senhores teriam mais dificuldade de responder a essa pergunta do que a qualquer acusação que possa ser feita por favorecimento a uma igualdade política ou social; mas, ignorando totalmente a questão política, e pensando no que é certo ou errado, estou fadado a ir a essa convenção; não fazer isso entraria em contradição com o princípio e com a prática de minha vida". Com essa resposta, a comissão se retirou do vagão em que eu estava sentado e não voltou a tratar do tema comigo; no entanto, vi claramente naquele momento, assim como na manhã em que a procissão legalista marchou pelas ruas de Filadélfia, que, embora eu não fosse formalmente excluído, eu deveria ser ignorado na convenção.

Eu era o filho feio e deformado da família e devia ser mantido escondido até onde fosse possível enquanto houvesse gente na casa. Havia especialmente a pretensão de não me oferecer nenhum incentivo para participar da procissão de seus membros e amigos, que deveria partir do Independence Hall na primeira manhã da reunião.

No momento certo, porém, eu estava presente nesse grandioso ponto de partida. Minha recepção lá confirmou minha impressão quanto à política que se pretendia adotar em relação a mim. Poucos dos muitos que eu conhecia estavam dispostos a me cumprimentar amistosamente, e entre esses poucos posso mencionar o general Benjamin F. Butler, que, independentemente do que se possa dizer dele, sempre demonstrou uma coragem equivalente a suas convicções. Quase todos os demais que encontrei pareciam estar envergonhados de mim ou com medo. Na noite anterior eu tinha sido alertado de que não teria permissão para andar pela cidade em procissão; havia quem manifestasse temores de que minha presença chocasse os preconceitos de Filadélfia a ponto de a turba atacar a procissão.

Os membros da convenção deveriam andar de dois em dois, e, como eu era o único participante negro, a questão era saber qual de meus irmãos de convenção consentiria em andar a meu lado. A resposta não demorou. Havia *um homem* presente que era forte o suficiente para assimilar a situação, e corajoso o bastante para assumir a tarefa; um homem que não tinha medo nem vergonha de mim como homem e como irmão; um homem do mais puro tipo caucasiano, um poeta e um erudito, brilhante como escritor, eloquente como orador, e dono de uma posição elevada e influente – o editor de um semanário com circulação maior do que a de qualquer outro jornal na cidade ou no estado de Nova York – e esse homem era o *sr. Theodore Tilton*. Ele se aproximou de mim em meu isolamento, pegou minha mão da maneira mais fraterna e se propôs a andar a meu lado na procissão.

Eu tinha estado em muitas situações constrangedoras e desagradáveis em minha vida, nas quais a presença de um amigo teria sido de imenso valor, mas penso que jamais apreciei um ato de coragem e de sentimento generoso como o daquele valente jovem quando marchamos pelas ruas de Filadélfia naquele dia memorável.

Muito bem! E o que aconteceu com os sombrios presságios daqueles homens amedrontados? Como minha presença foi vista pelo povo e qual foi o efeito que ela produziu? Vou lhes contar. Os temores de nossos governadores legalistas, que desejavam me ver excluído para ter uma resposta mais favorável da multidão, foram alvo de reprovação, seus receios se revelaram infundados, e eles foram obrigados, como muitos me confessaram depois, a admitir que estavam totalmente errados. O povo estava mais esclarecido e havia avançado mais do que supunham seus líderes. Um ato pelo qual esses líderes esperavam ser recebidos a pedradas apenas lhes trouxe imensa ovação. Durante todo o trajeto da marcha, minha presença foi saudada repetidas vezes com entusiasmo. Eu mesmo fiquei absolutamente surpreso pela sinceridade e pela unanimidade da aprovação popular. Estávamos marchando por uma cidade conhecida pelo arraigamento e pela ferocidade de seu ódio pelo movimento abolicionista; uma cidade cuja população havia atacado eventos abolicionistas, queimado casas de temperança e igrejas de propriedade de negros, e incendiado o Pennsylvania Hall porque o local havia aberto suas portas em condições de igualdade para pessoas de diferentes cores. Agora, porém, os filhos daqueles que haviam cometido tais ultrajes e loucuras aplaudiam os mesmos princípios que seus pais haviam condenado. Depois das manifestações desse primeiro dia, passei a ser um membro bem-vindo da convenção, e saudações cordiais substituíram a fria aversão. A vitória foi rápida, nítida e completa.

Durante a passagem da procissão, enquanto marchávamos pela rua Chestnut, ocorreu um incidente que despertou certo interesse da multidão, e que foi percebido pela imprensa à época, e que talvez possa ser adequadamente relatado aqui como parte da história de minha agitada vida. Trata-se de meu encontro com a sra. Amanda Sears, filha de minha antiga senhora, srta. Lucretia Auld, a mesma Lucretia com quem eu tinha tantas dívidas por atos de bondade quando estava sob o rígido regime de tia Katy, na "velha sede da *plantation*" do coronel Edward Lloyd. A sra. Sears agora morava em Baltimore, e, quando a vi na esquina da rua Nove com a Chestnut, fui às pressas em sua direção, e manifestei minha surpresa e minha alegria por encontrá-la. "Mas o que a traz a Pensilvânia?", perguntei. Ela respondeu, com voz e semblante cheios de animação: "Ouvi dizer que você estaria aqui e vim vê-lo andar nessa procissão". A querida dama, com seus dois filhos, vinha nos seguindo havia horas. Ali estava a filha do proprietário de um escravo, seguindo com entusiasmo aquele escravo, hoje um homem livre, e ouvindo com alegria os aplausos que ele recebia ao marchar pelas ruas lotadas da grande cidade. E aqui posso relatar outra circunstância que deveria ter surgido antes nessa história e que explicará com maior profundidade o sentimento que subsistia entre mim e a sra. Sears.

Sete anos antes de nosso encontro, que acabo de descrever, fiz uma palestra no National Hall, em Filadélfia, e ao encerrá-la um cavalheiro se aproximou e disse: "Sr. Douglass, o senhor sabe que sua antiga senhora acompanhou sua fala esta noite?". Respondi que não sabia nem estava pronto a acreditar nisso. O fato é que por quatro ou cinco vezes indivíduos diferentes haviam me dito a mesma coisa em diferentes estados, e isso me tornou cético naquela ocasião. Na manhã seguinte, no entanto, recebi um bilhete de um certo sr. William Needles, escrito com grande elegância, que afirmava que Amanda Auld, filha de Thomas e Lucretia Auld, e neta de meu antigo senhor, o capitão Aaron Anthony, estava agora casada com o sr. John L. Sears, um comerciante de carvão na região oeste de Filadélfia. A rua e o número do escritório do sr. Sears estavam anotados ali, para que eu pudesse, ao vê-lo, certificar-me dos fatos e talvez saber algo sobre os parentes que deixei na escravidão. Esse bilhete, somado à insinuação feita na noite anterior, convenceu-me de que havia algo ali, e resolvi saber a verdade. Eu já estava livre da escravidão havia vinte anos e nada soubera de minhas irmãs, ou de meu irmão Perry, ou de minha avó. Minha separação tinha sido completa, como se eu fosse habitante de outro planeta. Uma lei de Maryland na época impunha multa alta e prisão a qualquer negro que entrasse no estado; portanto, eu não podia ir vê-los nem eles podiam vir até mim.

Ansioso para saber se meus parentes ainda estavam vivos, e quais eram suas condições, fui até o escritório do sr. Sears, encontrei-o, entreguei a ele o bilhete que havia recebido do sr. Needles e lhe pedi que fizesse a gentileza de lê-lo e me dissesse se os fatos ali relatados eram verdadeiros. Depois de ter lido o bilhete, ele disse que era verdade, mas que ele precisava declinar de qualquer conversa comigo, caso contrário estaria sacrificando os sentimentos de seu sogro. Lamentei amargamente sua decisão e falei sobre minha longa separação de meus parentes, apelando a ele que me desse alguma informação referente a eles. Vi que minhas palavras tiveram efeito. Pouco depois ele disse: "Você publica um jornal, não é isso?". "É verdade", respondi, "porém, se essa é sua objeção a falar comigo, nenhuma palavra de nossa conversa será exposta em minhas colunas". Para resumir, tivemos então uma longa conversa, durante a qual o sr. Sears disse que em minha *Narrativa* eu fora injusto com seu sogro, pois ele era na verdade um homem de bom coração e um bom senhor. Respondi que deve haver dois lados numa relação entre senhor e servo, e que aquilo que era visto como bondade e justiça por um dos lados era o oposto para o outro lado. O sr. Sears não estava disposto a ser insensato, e, quanto mais conversávamos, mais nos aproximávamos. Acabei pedindo permissão para ver a sra. Sears, a menininha que tinha 7 ou 8 anos quando parti da costa leste de Maryland. De início esse pedido foi um pouco excessivo para ele, e ele me desencorajou dizendo que ela era apenas uma criança quando eu a vira pela última vez, e que agora ela era mãe de uma grande família e eu não a reconheceria. Ele podia me contar tanto quanto ela sobre minha gente. Insisti em meu pedido, porém, afirmando que saberia reconhecer a sra. Amanda no meio de mil outras mulheres, que minha lembrança dela era perfeita, e implorei que testasse minha memória quanto a isso. Depois de muita conversa nesse sentido, ele acabou consentindo com o que eu desejava, oferecendo-me o número de sua casa e o nome da rua, com permissão para que eu comparecesse às 20 horas do dia seguinte. Fui embora encantado e me aprontei para a visita. Vesti minhas melhores roupas e chamei a melhor carruagem que pude para me levar até lá, em parte por causa da distância, e em parte para deixar o mais claro possível o contraste entre o escravo e o homem livre. O sr. Sears tinha sido igualmente previdente. Ele havia convidado várias pessoas para ir a sua casa e testemunhar meu encontro com a sra. Sears.

Fiquei um pouco desconcertado quando fui levado ao grande salão ocupado por cerca de trinta damas e cavalheiros, para os quais eu era um perfeito desconhecido. Vi que se tratava de um teste para minha memória, que dificultava que eu adivinhasse qual das senhoras era a "sra. Amanda". Na infância, ela era pequena e magra, e uma mulher de formas delicadas estava sentada em uma cadeira de balanço perto do centro da sala, com uma menininha ao lado. Um belo ardil, mas que não funcionou. Olhando em torno na sala, vi instantaneamente a mulher que havia sido uma criança 25 anos antes e que era agora esposa e mãe. Satisfeito com isso, eu disse: "Sr. Sears, se me permite, vou dizer qual destas damas é a srta. Amanda". Fui na direção dela, e ela, vendo que eu a tinha reconhecido, saltou em minha direção com todos os traços marcados pela alegria, e manifestou grande felicidade por me ver. Todos os pensamentos sobre escravidão, cor e sobre aquilo que parecia dizer respeito à dignidade da posição dela desapareceram, e o encontro foi um encontro de amigos que havia muito estavam separados e que no entanto ainda estavam presentes na memória e no afeto um do outro.

Amanda se apressou a afirmar que concordava comigo quanto à escravidão, e disse que havia libertado todos os seus escravos quando chegaram à maioridade. Ela me mostrou seus filhos, e eu os peguei no colo, com sensações que eu não teria como descrever aqui. Uma explicação para o sentimento dessa mulher em relação a mim era que a mãe dela, que morreu quando eu ainda era menino, havia sido rapidamente descrita por mim em uma pequena *Narrativa de minha vida*, publicada muitos anos antes de nosso encontro e quando eu não tinha motivos senão os mais elevados para dizer o que disse dela. Ela tinha lido minha história e ficou sabendo por mim um pouco sobre as qualidades agradáveis de sua mãe. Ela também recordou que, assim como eu passara por tribulações como escravo, ela passara por suas próprias tribulações sob os cuidados de uma madrasta, e que, quando a segunda esposa de seu pai mal se dirigia a ela, ela sempre podia ler em meu rosto escuro a simpatia de alguém que frequentemente recebera palavras gentis dos lábios de sua amada mãe. A sra. Sears morreu três anos atrás em Baltimore, mas não partiu sem me chamar para ir até seu derradeiro leito, para que eu pudesse contar a ela tudo que sabia sobre sua mãe, que ela acreditava firmemente que iria encontrar em outro mundo, melhor do que este. Ela desejava sobretudo que eu descrevesse a aparência de sua mãe, e desejava saber se algum dos filhos dela então presentes tinha o rosto parecido com o dela. Eu disse que a mocinha parada no canto do cômodo era a imagem da mãe dela, na forma e nos traços. Ela olhou para a filha e disse: "O nome dela é Lucretia – em homenagem a minha mãe". Depois de ter me contado que sua vida tinha sido feliz e de me agradecer por ter ido vê-la em seu leito de morte, ela me disse que estava pronta para morrer. Nós nos despedimos para não mais nos encontrarmos nesta vida. O encontro me tocou profundamente e foi, não pude deixar de pensar, estranho – outra prova de que "a realidade frequentemente é mais estranha do que a ficção".

Se algum leitor dessa parte de minha vida vir nela o indício de ausência de ressentimento viril pelas injustiças cometidas contra mim e contra minha raça pela escravidão, e pelos ancestrais dessa mulher, que seja. Não há homem que possa ser mais forte do que a natureza, que, segundo nos dizem, com um só toque nos torna a todos irmãos. Eu me considero alguém que odeia de maneira persistente a injustiça e a opressão, porém meu ressentimento cessa quando elas cessam, e não tenho coragem de pôr nos filhos as culpas de seus pais.

Como mencionei antes, da primeira vez que me encontrei com o sr. Sears na Filadélfia, ele se recusou a falar comigo, afirmando que eu havia sido injusto com o capitão Auld, seu sogro. Pouco depois daquele encontro, o capitão Auld teve a oportunidade de ir a Filadélfia, e, como de costume, seguiu direto para a casa de seu genro. Mal tinha terminado as saudações usuais quando disse: "Sears, vejo pelos jornais que Frederick esteve recentemente em Filadélfia. Você foi ouvi-lo?". "Sim, senhor", foi a resposta. Depois de ter perguntado mais alguma coisa sobre minha palestra, ele disse: "Muito bem, Sears, Frederick veio ver você?". "Sim, senhor", disse Sears. "Muito bem, e como você o recebeu?" O sr. Sears então contou tudo sobre minha visita e teve a satisfação de ouvir o velho homem dizer que ele tinha feito a coisa certa ao me dar as boas-vindas em sua casa. Este último fato eu soube pelo reverendo J.D. Long, que, com sua esposa, estava entre os convidados no dia de minha visita à casa do sr. Sears.

Mas devo encerrar esta digressão e seguir relatando minha experiência na Convenção Legalista Nacional e como aquele momento deu ímpeto ao direito de voto para os libertos, culminando com a 15ª Emenda à Constituição dos Estados Unidos. Desde o princípio, os membros da convenção estiveram divididos quanto a seus pontos de vista a respeito das medidas adequadas de reconstrução, e essa divisão em certo sentido era regional. Estranhamente, os homens do Sul longínquo eram bem radicais, ao passo que aqueles dos estados intermediários se mostraram conservadores na maioria dos casos, e, infelizmente, estes últimos conseguiram controlar a convenção desde o início. Um cavalheiro do Kentucky foi escolhido como presidente. Os demais cargos de direção foram ocupados na maioria por gente do Kentucky, e todos se opunham em sentimento ao sufrágio do negro. Houve grande divisão naquele estado durante a guerra e uma divisão ainda maior depois. Os delegados de Maryland, à exceção do excelentíssimo sr. John L. Thomas, simpatizavam com o Kentucky. Os da Virgínia, à exceção do excelentíssimo sr. John Minor Botts, não estavam dispostos a considerar a questão. O resultado foi que a convenção esteve dividida em duas partes iguais. O presidente do Kentucky determinou seu adiamento e abandonou o posto contrariando os sinceros protestos dos defensores do sufrágio masculino.

Mas os defensores dessa medida não seriam derrotados e subjugados dessa maneira, e imediatamente se reorganizaram, elegeram John M. Botts, da Virgínia, como presidente, discutiram e aprovaram resoluções a favor do direito ao voto dos libertos e assim colocaram a questão diante do país de tal maneira que não poderia ser ignorada. Os delegados dos estados do Sul levavam a questão muito a sério e deram grande apoio à medida; os principais oradores e defensores do sufrágio naquela ocasião, porém, foram o sr. Theodore Tilton e a srta. Anna E. Dickinson. É claro, não se poderia esperar que eu me calasse sobre a questão. Fui chamado e respondi com toda a energia de minha alma, pois eu via o sufrágio do negro como a única medida capaz de impedir que ele fosse devolvido à escravidão.

A partir desse momento a questão do sufrágio não teve descanso. A velocidade com que ela ganhou força foi mais do que surpreendente para mim.

Além da justiça da medida, logo ela se tornou uma necessidade política diante dos fatos ocorridos. Assim como no caso da abolição da escravatura, os brancos dos estados rebeldes devem agradecer a si mesmos por sua adoção. Caso eles tivessem aceitado, com um mínimo de bondade, a decisão do tribunal a que apelaram, e as condições liberais de paz que lhes foram oferecidas, e se unido sinceramente ao governo nacional em seus esforços para reconstruir suas destroçadas instituições, em vez de recusarem com antipatia seus pronunciamentos e votos, eles poderiam com facilidade ter derrotado o argumento baseado na necessidade da medida. Do modo como as coisas se deram, a questão rapidamente saiu das mãos das delegações de negros e de meros esforços individuais e se tornou parte da política do Partido Republicano; e o presidente U.S. Grant, com sua coragem característica e sua clara percepção de justiça, prontamente recomendou a grande emenda à Constituição, pela qual os negros têm hoje direito à plena cidadania – o direito ao voto e o direito de serem votados na República americana.

Capítulo XIV
VIVENDO E APRENDENDO

Induzido a uma carreira política • Objeções • Um
empreendimento jornalístico • O *New National Era* •
Seu abandono • A Caixa Econômica e o Truste dos
Libertos • Triste experiência • Justificação

A adoção da 14ª e da 15ª emendas e sua incorporação à Constituição
dos Estados Unidos abriram um campo muito tentador para minha
ambição, um caminho que eu provavelmente teria trilhado caso fosse
mais jovem. Fui seriamente incitado por muitos de meus respeitados
concidadãos, tanto negros quanto brancos, e de todas as regiões
do país, a ir residir em algum distrito do Sul, onde havia muitos
eleitores negros, e me eleger, como eles tinham certeza de que eu
conseguiria com facilidade, para uma cadeira no Congresso – possivelmente no Senado. O fato de eu não ter caído em tentação não se
deveu unicamente à minha idade; pois a ideia não era muito compatível com meu juízo e com meu senso de oportunidade. A ideia de ir
viver em meio a um povo para obter seus votos e conseguir honrarias
oficiais era repugnante para meu amor-próprio, e eu não havia vivido
o bastante na atmosfera política de Washington para que esse sentimento ficasse suficientemente embotado e para que eu me tornasse
indiferente a suas sugestões. Não nego que os argumentos de meus
amigos tinham peso, e do ponto de vista deles tudo fazia sentido; eu,
porém, me conhecia melhor do que eles. Eu não confiava em minha
habilidade como político e não tinha esperanças de saber lidar com
aspirantes rivais. Minha vida e minhas atividades no Norte em certa
medida me tornaram inadequado para esse trabalho, e eu não teria
me adaptado facilmente à oratória peculiar vista como mais eficiente
para a classe que acabara de conquistar o direito ao voto. Na atmosfera da Nova Inglaterra e do Norte eu adquirira um estilo de falar que
no Sul seria considerado manso e sem energia; e, por consequência,
aquele que era capaz de "dilacerar uma paixão e fender os tímpanos
dos ouvintes" tinha chance muito maior de sucesso com as massas
de lá do que alguém tão pouco tempestuoso quanto eu.

Levando tudo em conta, jamais me arrependi por não ter entrado na arena das honras congressuais a que fui convidado. Além das considerações meramente pessoais, eu percebi, ou imaginei perceber, que na natureza do caso o cetro do poder passara dos antigos estados escravagistas e rebeldes para os estados livres e legalistas e que, desse ponto em diante, pelo menos no futuro próximo, o Norte legalista, com sua avançada civilização, devia ditar a política e controlar o destino da República. Eu tinha uma plateia à disposição nos estados livres: uma plateia que os trabalhos de trinta anos haviam preparado para mim, e perante essa plateia os libertos do Sul precisavam de um defensor tanto quanto precisavam de um representante no Congresso. Acredito que nisso eu estava certo; pois até aqui nossos representantes negros no Congresso não conseguiram fazer sua presença ser sentida em grande medida na legislação do país; e não tenho muitos motivos para acreditar que eu fosse me sair muito melhor do que eles.

No entanto, eu não permaneceria por muito tempo em minha aposentadoria em Rochester, onde eu havia plantado minhas árvores e repousava sob sua sombra. Fazia-se nesse momento um esforço para estabelecer um grande semanário na cidade de Washington, que deveria se dedicar à defesa e ao esclarecimento dos povos recém-libertados e que acabavam de conquistar o direito ao voto; e fui incitado por homens como George T. Downing, J.H. Hawes, J. Sella Martin e outros a me tornar seu editor-chefe. Minha experiência de dezesseis anos como editor e proprietário de meu próprio jornal e o conhecimento dos trabalhos e da ansiedade impostos pela relação com um periódico desse gênero me fizeram hesitar e relutar; contudo, eu me submeti aos desejos de meus amigos e conselheiros, fui para Washington, lancei-me à tarefa, esperando ser capaz de erguer um estandarte na capital do país para os integrantes de meu povo, que deveria aplaudi-los e fortalecê-los em seu trabalho de aprimoramento e elevação.

Não precisei de muito tempo conectado a esse empreendimento para descobrir meu erro. A cooperação tão liberalmente prometida e o apoio que me fora garantido em grande medida não aconteceram. Por uma série de circunstâncias, um pouco desconcertantes olhando agora em retrospecto, eu me vi sozinho, carregando o fardo mental e pecuniário envolvido na realização da empreitada.

Eu havia sido levado a erro por uma conversa de que poderia ter ações de uma grande editora, e que em todo caso eu teria um salário fixo por meus serviços; e depois de todas essas condições aparentemente justas, menos de um ano depois de eu ter me associado ao jornal, as coisas tinham sido encaminhadas de tal jeito pelo gestor indicado por essa invisível companhia ou corporação que fui forçado a assumir sozinho o fardo e a me tornar o único proprietário de suas oficinas de impressão. Tendo me associado publicamente ao empreendimento, eu não estava disposto a deixar que ele se mostrasse um fracasso, e havia permitido que ele gerasse uma dívida comigo, tanto pelo dinheiro emprestado quanto pelos serviços, e no final das contas acabou parecendo inteligente que eu comprasse o negócio, o que fiz, e o entregasse a meus filhos Lewis e Frederick, que eram impressores e que, depois de alguns anos, foram forçados a descontinuar sua publicação. Esse jornal foi o *New National Era*, com o qual os negros têm uma dívida por verem sair em suas colunas algumas das melhores coisas já ditas em nome de sua causa; pois, além dos editoriais e das seleções, muitos dos mais capazes homens negros do país fizeram dele o meio pelo qual levar seus pensamentos ao público. Embora tenha se mostrado um revés, que me custou de 9 a 10 mil dólares, não tenho arrependimentos quanto a isso. O jornal foi valioso enquanto durou, e o experimento foi muito instrutivo para mim, dando lições que não passaram em branco, pois desde então tenho me mantido distante do negócio de jornais.

Alguém já disse que "a experiência é a melhor professora". Infelizmente a sabedoria adquirida em uma experiência parece não servir para outra nova; de qualquer modo, minha primeira lição na capital do país, adquirida com todo o carinho, como foi, não eliminou a necessidade de uma segunda pedra de amolar para afiar minha compreensão nessa minha nova casa e no novo ambiente. Não é sem certo senso de humilhação que devo narrar minha conexão com a "Caixa Econômica e Truste dos Libertos".

Essa foi uma instituição planejada para oferecer segurança e lucro aos ganhos obtidos a duras penas pelos negros, especialmente do Sul. Embora seu nome fosse "Caixa Econômica e Truste dos Libertos", em geral as pessoas o chamavam de "Banco dos Libertos". De acordo com seus gestores, devia ser isso e algo mais. O projeto tinha um caráter de missão e em grande medida trabalhava tanto com exortações quanto com promessas. Os homens ligados à sua gestão em geral eram membros de igrejas e eminentes por sua reputação de piedosos. Alguns de seus agentes tinham sido pregadores da "Palavra". Seu objetivo era agora instilar na mente dos africanos incultos lições de sobriedade, sabedoria e economia, e mostrar a eles como melhorar sua posição no mundo. Brochuras e outros documentos eram espalhados como flocos de neve no inverno por essa instituição benevolente entre os milhões de negros, e eles eram instruídos a "olhar" para o Banco dos Libertos e "viver". Filiais foram estabelecidas em todos os estados do Sul, e, como resultado, o dinheiro fluiu para seus cofres aos milhões. Com o efeito costumeiro da riqueza súbita, os gestores se sentiram à vontade para fazer certa exibição de sua prosperidade. Assim, eles ergueram um dos mais caros e esplendorosos prédios da época em um dos locais mais desejáveis e custosos da capital do país, com acabamento de nogueira no interior e mobiliado com balcões de mármore e todas as benfeitorias modernas. As dimensões gigantescas do prédio eram uma prova de sua prosperidade. Ao passar pela rua, era comum que eu olhasse para dentro de suas grandes janelas e visse a fila de seus caixas vestidos de maneira cavalheiresca e elegante, com suas canetas atrás da orelha e ramalhetes de flores no casaco, e sentia meus próprios olhos enriquecerem. Era uma visão que eu jamais esperara ter. Eu estava impressionado com a facilidade com que eles contavam o dinheiro; eles contavam os milhares com a destreza, e talvez com a segurança, de caixas experientes. Tudo era lindo. Eu tinha lido sobre esse banco quando morava em Rochester, e na verdade tinha sido convidado a ser um de seus poupadores, e com relutância aceitara a proposta; mas, quando vim a Washington e vi sua magnífica fachada de pedra marrom, sua imensa altura e seu mobiliário perfeito, e a beleza do espetáculo de suas transações financeiras, eu me senti como a Rainha de Sabá ao ver as riquezas de Salomão, que "não haviam me contado a metade".

Depois de ter me estabelecido em Washington no escritório do *New Era*, eu pude comparecer, e ocasionalmente o fiz, à reunião do Conselho de Poupadores e tive o prazer de ouvir os rápidos relatórios sobre a situação da instituição, que em geral era bastante encorajadora. Minha confiança na integridade e na sabedoria da gestão era tal que em certo momento confiei a seus cofres cerca de 12 mil dólares. Parecia adequado me unir a meus irmãos libertos e ajudar a construir uma instituição que representasse sua parcimônia e sua economia com vantagens tão impressionantes; pois quanto mais milhões se acumulassem ali, imaginei, maior consideração e respeito seriam demonstrados para com os negros de todo o país.

Cerca de quatro meses antes de essa esplêndida instituição ser forçada a fechar as portas diante do rosto faminto e iludido daqueles que lá haviam feito depósitos, e, tendo eu recebido tanto da parte de seu presidente quanto de seu atuário garantias da solidez de sua situação, fui instado por alguns dos poupadores a permitir que eles usassem meu nome no conselho como candidato a sua presidência. Assim acordei certa manhã e me vi sentado em uma confortável poltrona, com óculos dourados sobre meu nariz, ouvindo as pessoas me chamarem de presidente do Banco dos Libertos. Era impossível para mim não pensar no contraste entre Frederick, o garoto escravo, correndo pela propriedade do coronel Lloyd tendo apenas uma camiseta de estopa para cobrir seu corpo, e Frederick – presidente de um banco cujos ativos estavam na casa dos milhões. Eu ouvira falar de sonhos dourados, porém tais sonhos não se comparavam a essa realidade. E no entanto essa aparente realidade não era muito mais substancial do que um sonho. Meu tempo de serviço nessas douradas alturas durou apenas três meses, e esses três meses foram divididos em duas partes, a primeira das quais eu passei tranquilamente em um esforço para descobrir a real situação do banco e de suas numerosas filiais. Não era uma tarefa simples. No papel, e levando em conta os informes de seus gestores, os ativos estavam na casa dos 3 milhões de dólares, e as obrigações eram iguais aos ativos. Considerando tais demonstrações, fui encorajado a pensar que cortando despesas, eliminando filiais deficitárias, uma política que os poupadores haviam agora adotado, poderíamos atravessar em segurança os problemas financeiros que se abatiam sobre o país. Tão confiante eu estava nisso que, para sanar algo que se dizia ser uma emergência temporária, fui induzido a emprestar ao banco 10 mil dólares de meu próprio dinheiro, que ficariam em seus cofres até que a instituição pudesse receber parte de seus abundantes valores mobiliários. Esse dinheiro, porém, embora tenha sido devolvido, não o foi com a presteza que, dadas as circunstâncias, imaginei que seria, e essas circunstâncias fizeram aumentar meus temores de que a travessia do abismo não seria tão fácil quanto o atuário da instituição me garantira. Quanto mais eu observava e aprendia, mais minha confiança diminuía. Descobri que os clientes que estavam dispostos a dar seu aval e a publicar discursos professando confiança ilimitada no banco não tinham sequer 1 dólar depositado lá. Alguns deles, embora me garantissem com veemência que o banco era sólido, haviam retirado seu dinheiro e aberto contas em outros lugares. Gradualmente descobri que o banco havia tido déficits pesados no Sul causados por agentes desonestos, que havia uma discrepância de 40 mil dólares nos livros que ninguém sabia explicar, que, em vez de nossos ativos serem equivalentes a nossas obrigações, o mais provável é que não tivéssemos como pagar 72 centavos por dólar. Havia também uma atmosfera de mistério sobre os amplos e elegantes apartamentos na sede do banco que me incomodava bastante, e que eu só conseguia explicar supondo que os empregados, desde o atuário até o inspetor e chegando aos mensageiros, talvez estivessem naturalmente ansiosos para manter seus postos. Não me encontro entre os que creem violentamente numa doutrina da total depravação da natureza humana, e em geral estou inclinado a acreditar em uma natureza toleravelmente boa, mas há casos que me obrigam a admitir que os homens podem agir movidos apenas por interesses pessoais e egoístas. Nesse caso, pelo menos, parecia razoável concluir que os jovens cavalheiros finamente vestidos, adornados com penas e ramalhetes, de pé atrás daqueles balcões de mármore, desejavam manter seus postos enquanto houvesse dinheiro nos cofres para pagar seus salários.

Colocado sobre a plataforma daquela grande e complicada instituição, com suas 34 filiais, que se estendiam de New Orleans a Filadélfia, com seu maquinário a pleno vapor, sua correspondência realizada em cifras, seu atuário entrando e saindo às pressas do banco com ares de quem está sempre ocupado, senão perplexo, descobri que a linha de investigação que eu estava seguindo era extremamente difícil. Eu sabia que tinha havido várias corridas ao banco em tempos recentes e uma retirada de grandes proporções de seu fundo de reserva, porém eu não sabia algo de que deveria ter sido informado antes de ter permissão para assumir meu cargo: que sua reserva, que o banco estatutariamente era obrigado a manter, tinha sido inteiramente esgotada, e que portanto não havia nada para fazer em face de qualquer futura emergência. Para não prolongar demais a história, seis meses depois de minha eleição para o cargo de presidente do banco, eu me vi convencido de que ele já não era um lugar seguro para custodiar os ganhos obtidos a duras penas por meu povo confiante. Depois de ter chegado a essa conclusão, eu não podia hesitar sobre minhas obrigações, que eram salvar a maior parte possível dos ativos do banco para proveito de quem havia feito depósitos; e impedir que eles continuassem sendo desperdiçados para manter as aparências e pagando meu salário e o de outros altos cargos do banco. Felizmente, o Congresso, que outorgava nossa licença para operar, estava em sessão, e suas comissões de finanças realizavam sessões diariamente. Percebi que era meu dever informar o mais rápido possível o excelentíssimo sr. John Sherman, presidente da comissão de finanças do Senado, e o senador Scott, da Pensilvânia, integrante da mesma comissão, que eu via a instituição como insolvente e irrecuperável, e que eu já não tinha como pedir a meu povo que depositasse lá o seu dinheiro. Essa representação à comissão de finanças me sujeitou à mais amarga oposição da parte dos funcionários do banco. Seu atuário, o sr. Stickney, imediatamente convocou alguns dos poupadores, cerca de dez deles, para comparecer à comissão de finanças e fazer uma declaração oposta à minha; e eles o fizeram. Alguns deles, que haviam me auxiliado oferecendo fatos que demonstravam a insolvência do banco, agora se apressavam a contradizer essa conclusão e a assegurar à comissão que a instituição tinha plena capacidade de enfrentar a tempestade financeira e de pagar dólar por dólar a seus depositários caso tivesse permissão de continuar operando.

Não fiquei exatamente estupefato, porém me impressionou essa contradição. Eu, contudo, mantive minha afirmação de que o banco precisava parar. A comissão de finanças basicamente concordou comigo, e dentro de poucas semanas determinou o encerramento das atividades do banco, indicando três comissários para cuidar de seus negócios.

Essa é uma narrativa justa e direta de minha conexão com a Caixa Econômica e Truste dos Libertos, também conhecida como Banco dos Libertos, uma conexão que me fez vítima de grandes ofensas e difamações mais do que qualquer outro episódio de minha vida.

Antes de deixar o assunto para trás, devo a mim mesmo relatar que, quando soube que as atividades do banco seriam encerradas, eu não me coloquei, como poderia facilmente ter feito e como outros fizeram, como credor preferencial e saquei meu dinheiro do banco, e, muito pelo contrário, decidi correr os mesmos riscos que os demais correntistas e deixei meu dinheiro, no total de 2 mil dólares, ser dividido com os ativos pelos credores do banco. E agora, tendo deixado passar sete anos para que as garantias valorizassem e sem que se tenham aplicado juros aos depósitos por esse período, os correntistas podem se considerar felizardos caso recebam 60 centavos por dólar colocado sob os cuidados dessa bela instituição de poupança.

Também devo a mim mesmo relatar – sobretudo diante da acusação de eu ter levado o Banco dos Libertos à ruína e de ter desperdiçado em empréstimos insensatos o dinheiro ganho a duras penas por minha raça, recebendo em troca más garantias – que todos os empréstimos feitos pelo banco foram feitos antes de minha presidência. Nem 1 dólar nem 1 centavo de seus milhões foi emprestado por mim, ou com meu aval. O fato é, e toda a investigação mostra isso, que eu me casei com um cadáver. O belo edifício lá estava, com seus balcões de mármore e o acabamento em nogueira, os funcionários afáveis e ágeis, e o agradável caixa negro; a VIDA, porém, que era o dinheiro, tinha acabado, e descobri que eu havia sido colocado lá na esperança de que, "por meio de alguma droga, algum encanto, alguma conjuração, alguma poderosa magia", eu a faria voltar.

Quando me associei ao banco, eu tinha uma razoável reputação de negociante honesto, tendo gastado na publicação de meu jornal em Rochester milhares de dólares anualmente, e havia dependido várias vezes de meu crédito para sanar necessidades imediatas, porém não há homem, lá ou em qualquer outro lugar, que pode dizer que o enganei em 1 centavo; e eu poderia, hoje, com a confiança do antigo coletor de impostos convertido, oferecer-me para "restituir quatro vezes àquele de quem tomei algo injustamente". Digo isso não para que me ouçam aqueles que me conhecem, mas sim para os milhares de minha própria raça que ouvem falar de mim principalmente por meio dos ataques maldosos e cheios de inveja de aspirantes inescrupulosos, que em vão imaginam ser valorizados por seus ataques temerários ao caráter de homens mais dignos de respeito e estima do que eles próprios.

Capítulo XV
PESADO NA BALANÇA

A controvérsia de Santo Domingo • Dia da Condecoração
em Arlington, 1871 • Discurso proferido ali •
Convenção Nacional de Negros em New Orleans,
1872 • Eleito representante do estado de Nova York •
Morte do excelentíssimo sr. Henry Wilson

A maior parte de minha história está agora diante do leitor. Independentemente do que o futuro me reserve de bom ou ruim, o passado pelo menos está garantido. Enquanto analiso a última década até chegar ao momento em que escrevo, sou tomado pela sensação de completude; uma espécie de curvatura do arco até o ponto onde a pedra angular pode ser inserida, onde o andaime pode ser removido, e a obra, com todas as suas perfeições ou falhas, pode falar por si mesma. Essa década entre 1871 e 1881 foi recheada – se é que se pode descrever o tempo dessa maneira – de incidentes e fatos que podem muito bem ser considerados notáveis. Para mim eles certamente parecem assim, se não maravilhosos. Minha vida em seus primeiros anos não apenas não fez promessas visíveis como não ofereceu nenhuma pista de tais experiências. Pelo contrário, aquela vida parecia tornar tais experiências, ao menos parcialmente, impossíveis. Além daquilo que narrei no capítulo anterior, preciso falar de minha missão a Santo Domingo, de minha nomeação como membro do conselho do governo para o Distrito de Colúmbia; de minha eleição como representante do estado de Nova York no Congresso; do convite para falar no monumento ao legalista desconhecido, em Arlington, no Dia da Condecoração; meu discurso na inauguração do monumento a Lincoln, no Lincoln Park, em Washington; minha nomeação para participar do colégio eleitoral em nome de Nova York na capital do país; o convite para falar perto da estátua de Abraham Lincoln na Madison Square, em Nova York; de quando acompanhei o corpo do vice-presidente Wilson entre Washington e Boston; de minhas conversas com o senador

Sumner e com o presidente Grant; de como fui bem recebido nas recepções do secretário Hamilton Fish; de minha nomeação pelo presidente R.B. Hayes para o cargo de autoridade do Distrito de Colúmbia; de minha visita a Thomas Auld, o homem que me reivindicava como seu escravo e que me fez ser perseguido por meus amigos ingleses; e de minha visita à fazenda do coronel Lloyd, o lar de minha infância, depois de uma ausência de 65 anos; de minha indicação pelo presidente James A. Garfield para o cargo de oficial de registro do Distrito de Colúmbia, são alguns dos temas que pertencem a essa década e que podem entrar no capítulo que estou agora prestes a escrever. Aqueles que estavam a par de minhas relações mais do que amistosas com o excelentíssimo sr. Charles Sumner, e de sua obstinada oposição à anexação de Santo Domingo aos Estados Unidos, ficaram surpresos em me ver firme ao lado do general Grant nessa questão. Alguns de meus amigos brancos, e uns poucos entre os de minha própria cor – que, infelizmente, permitem-se ver as questões públicas usando mais do sentimento do que da razão, e que seguem a linha daquilo que é agradável para seus amigos mais do que aquilo que é coerente com as próprias convicções –, viram minha decisão como uma ingratidão pelos eminentes serviços prestados pelo senador de Massachusetts. Tenho liberdade para dizer que, fosse eu guiado apenas pelos impulsos de meu coração, eu deveria, nessa controvérsia, ter seguido a liderança de Charles Sumner. Ele não apenas era o homem com visão mais clara, o mais corajoso e o mais intransigente entre os amigos de minha raça a jamais ter tido assento no plenário do Senado, como também era para mim um amigo amado, honrado e precioso; um homem dotado do elevado e maduro intelecto de um estadista com o coração puro e simples de uma criança. Em qualquer questão, havendo que escolher entre ele e outros, quando a decisão certa parecia por algum motivo duvidosa, eu deveria seguir seus conselhos e sua orientação. No entanto, a anexação de Santo Domingo, em meu entendimento, não me parecia estar entre as questões desse gênero. As razões a seu favor eram muitas e evidentes; e as contrárias, em minha opinião, eram facilmente respondidas. Para o sr. Sumner, a anexação era uma medida para extinguir uma nação negra, e fazer isso era algo desonroso e que seguia motivos egoístas. Para mim, a anexação significava a aliança de um povo fraco e indefeso, que contava com poucos atributos de uma nação, ou talvez com nenhum, dividido e rachado por rixas internas, incapaz de manter a ordem dentro de suas fronteiras ou de obter respeito fora delas, com um governo que lhe daria paz, estabilidade, prosperidade e civilização, e iria torná-lo útil para os dois países. Ser favorável à anexação quando Santo Domingo pediu para ser incorporado à União era muito diferente do que quando Cuba e a América Central foram alvos de expedições piratas. Quando o poder escravagista dominava, e um espírito de injustiça e opressão tomava conta de nosso governo e o controlava, eu era a favor da limitação de nosso domínio a um mínimo possível; depois, porém, de a liberdade e a igualdade terem se tornado a lei, sou a favor de estender nossos domínios sempre que essa extensão possa, de maneira pacífica e honrada, e com a aprovação e o desejo das partes envolvidas, ser efetivada. Santo Domingo queria se colocar sob nosso governo nos termos que descrevi; e por mais razões do que posso dar aqui, eu acreditava na época, e acredito ainda hoje, que seria inteligente tê-lo recebido em nossa irmandade de estados.

A ideia de que a anexação equivalia à degradação para um país negro era totalmente fantasiosa; não havia mais desonra para Santo Domingo em se tornar um estado da União Americana do que havia para o Kansas, o Nebraska ou qualquer outro território ser transformado em estado. Isso significava dar a uma parte a força do todo, e elevar aquilo que seria desprezado por seu isolamento incorporando-a a uma organização e a um relacionamento que obrigaria os demais a considerá-la e a respeitá-la.

Embora eu divergisse do sr. Sumner a respeito dessa medida, e embora lhe tenha dito que ele estava sendo injusto com o presidente Grant, isso jamais perturbou nossa amizade. Depois de seu grande discurso contra a anexação, que levou seis horas e no qual ele acusou o presidente da maneira mais veemente e feroz, estando na Casa Branca um dia fui questionado pelo presidente Grant sobre o que "eu pensava agora de meu amigo, o sr. Sumner". Respondi acreditar que o sr. Sumner sinceramente pensava que, ao se opor à anexação, estava defendendo a causa da raça negra, assim como sempre havia feito, mas que eu achava que ele estava equivocado. Vi que minha resposta não foi muito satisfatória, e disse: "O que o senhor, sr. presidente, pensa do senador Sumner?". Ele respondeu com certo sentimento: "Acho que ele está louco".

A diferença de opinião quanto a esse ponto entre esses dois grandes homens foi causa de um amargo distanciamento, algo que lamentei imensamente. A verdade é que nenhum deles foi inteiramente justo com o outro, porque nenhum deles via o verdadeiro caráter do outro. E, depois de terem se separado, jamais surgiu ocasião para reconciliá-los.

A atmosfera de Washington não ajuda a curar desavenças entre grandes homens. As partes interessadas estão sempre dispostas a tornar ainda mais forte o fogo da animosidade e a ampliar as bases da hostilidade para conseguir o apoio de um ou de outro. Talvez isso seja verdade em certo grau para toda comunidade; contudo é especialmente verdadeiro na capital do país, e isso pela razão de que sempre existe um grande grupo aqui que depende da influência e do apoio de homens públicos poderosos para seu ganha-pão diário.

Minha escolha para visitar Santo Domingo junto à comissão enviada para cá foi outro ponto que revelou a diferença entre os VELHOS TEMPOS e os NOVOS. Isso me colocou no convés de um navio de guerra americano, tripulado por cem fuzileiros navais e quinhentos homens da Marinha, sob a bandeira nacional, que agora eu podia chamar de minha, com outros cidadãos americanos, e me deu um lugar não no castelo de proa, entre os trabalhadores, nem na cozinha com os cozinheiros, mas no salão do capitão e na companhia de cavalheiros, cientistas e estadistas. Seria uma tarefa agradável narrar as variadas experiências e as pessoas distintas que encontrei nessa viagem a Santo Domingo, mas o material é grande demais para os limites destas páginas. Só posso dizer que foi extremamente interessante e instrutivo. As conversas à mesa do capitão, na qual tive a honra de ter um assento, foram em geral lideradas pelos srs. Wade, Howe e White – os três comissários –; e pelo sr. Hurlburt, do *New York World*. Este último cavalheiro me pareceu notável por seu conhecimento e sofisticação, não ficando atrás dos srs. Howe e White. Quanto ao excelentíssimo sr. Benjamin F. Wade, ele se mostrou lá, como em todo lugar, abundante de conhecimento e experiência, plenamente capaz de cuidar de si na discussão de qualquer tema em que escolhesse participar. Em um círculo tão brilhante, não é afetação de modéstia dizer que na maior parte do tempo fui um ouvinte e um aprendiz. O comandante de nosso bom navio nessa viagem, o capitão Temple, hoje promovido à posição de comodoro, era um homem muito imponente e se portava com grande dignidade no trato com todos nós. Filho da Marinha americana como ele era – uma força consideravelmente distinta por suas tendências aristocráticas –, eu esperava encontrar algo de ameaçador em seus modos; mas sou forçado a dizer que quanto a isso minhas expectativas foram positivamente frustradas. Tanto o comandante quanto os oficiais sob suas ordens se comportaram de modo amistoso comigo durante toda a viagem, e isso não é dizer pouco, pois o espetáculo de um homem negro sentado à mesa do capitão não só era incomum como era algo que jamais havia ocorrido na história da Marinha dos Estados Unidos. Se durante essa viagem houve algo digno de queixa, não teve nenhuma relação com os homens em posição de autoridade nem com a conduta dos trinta cavalheiros que participavam como convidados de honra da expedição, mas sim com os garçons negros. Minha presença e minha posição pareciam incomodá-los por serem algo incompreensível; e eles não sabiam exatamente como se portar em relação a mim. Possivelmente eles podem ter detectado em mim algo do mesmo tipo em relação a eles; de qualquer modo, parecíamos ter uma relação estranha durante as várias semanas da viagem. Aos olhos deles eu era Frederick Douglass, súbita e talvez imerecidamente colocado acima deles. O fato de eu ser negro e de eles serem negros até então nos tornara iguais, e a contradição que agora se apresentava foi demais para eles. No fim das contas, não posso culpar Sam e Garrett. Eles foram treinados na escola do servilismo para acreditar que somente os homens brancos deveriam ser servidos por homens negros; e a lição ensinada por minha presença no *Tennessee* não seria aprendida instantaneamente, sem reflexão e experiência. Faço menção a isso simplesmente como incidente bastante comum na vida de homens negros que, por seus esforços ou por algum outro motivo, calharam de ocupar posições de respeitabilidade e honra. Embora os negros em geral citem com grande veemência a doutrina da igualdade humana, é comum que eles estejam entre os primeiros a negá-la e a denunciá-la quando deparam com ela na prática. É claro que isso só é verdade para os mais ignorantes. A inteligência é um grande nivelador, tanto nesse caso como em outros. Ela vê claramente o real valor dos homens e das coisas, e não deixa que imponham a ela o vazio do orgulho humano.

Quando o condutor de um vagão-dormitório é um negro, o último a ter a cama feita à noite, e o último a ter as botas engraxadas pela manhã, e o último a ser servido de qualquer modo, é o passageiro negro. Essa conduta é a homenagem que o negro faz ao preconceito do branco, cujos desejos, como um criado bem treinado, ele é ensinado a antecipar e a obedecer. O tempo, a educação e as circunstâncias estão rapidamente destruindo essas distinções feitas meramente pela cor, e os homens serão avaliados neste país, assim como em outros, pelo que são e pelo que são capazes de fazer.

Minha nomeação pelo presidente Grant para uma cadeira no conselho – que em função de sua eminência por vezes é chamado de Câmara Alta da legislatura territorial do Distrito de Colúmbia – no momento em que foi feita deve ter sido tomada como um claro indício do senso de justiça, equidade e imparcialidade da parte dele. Os negros do distrito eram à época, assim como hoje, cerca de um terço da população total. O general Grant lhes deu três cadeiras desse conselho legislativo – uma representação mais proporcional do que qualquer outra que já tenha existido desde que o governo passou à mão de comissários, pois todos eles foram homens brancos.

Já me perguntaram algumas vezes por que me chamam "Excelência". Minha nomeação para esse conselho deve explicar isso, assim como explica a imparcialidade do general Grant, embora eu receie que isso dificilmente justifique sua prodigiosa aplicação a meu nome, assim como seu uso é justificado no caso da primeira parte dessa proposição. Os membros desse conselho distrital devem ser indicados pelo presidente, com recomendação e aprovação do Senado dos Estados Unidos. Esse é o motivo, e o único motivo de que eu tenha conhecimento, para que alguém tenha usado tal título diante de meu nome. Não vou fingir que o fundamento para isso seja muito bom, porém como em geral eu permiti que as pessoas me chamassem como bem quisessem, e como não há nada necessariamente desonroso nisso, jamais me incomodei em contestar seu uso e sua adequação; e no entanto confesso que jamais me ocorreu de ouvir alguém falar desse modo comigo sem me sentir um pouquinho incomodado – mais ou menos como quando me chamam, e isso por vezes acontece, de *reverendo* Frederick Douglass. Meu trabalho fora do país me deixou pouco tempo para estudar as muitas questões da legislação local; por isso minha renúncia e a nomeação de meu filho Lewis para completar meu mandato.

Até aqui contei minha história sem muitas citações de minhas cartas, discursos ou outros escritos, e não devo me afastar dessa regra no que resta para ser contado, exceto para inserir aqui meu discurso, feito em Arlington, perto do monumento ao "Legalista Desconhecido", no Dia da Condecoração de 1871. O discurso foi feito em condições impressionantes, na presença do presidente Grant, de seu gabinete e de uma multidão de pessoas distintas, e expressa, creio eu, a verdadeira visão que se deveria ter sobre o grande conflito entre escravidão e liberdade a que ele se refere.

Amigos e concidadãos. Demorem-se aqui por um instante. Minhas palavras deverão ser poucas e simples. Os ritos solenes desta hora e deste lugar não pedem um discurso extenso. Paira no ar deste local onde repousa o soldado desconhecido uma silenciosa, sutil e onipresente eloquência, muito mais tocante, impressionante e comovente do que os lábios dos vivos jamais pronunciaram. Nas infindas profundezas de toda alma legalista há hoje murmurantes lições de tudo que é precioso, inestimável, sagrado e mais duradouro na existência humana.

Sombria e triste será para esta nação a hora em que ela se esquecer de prestar grata homenagem a seus maiores benfeitores. A oferta que trazemos hoje é igualmente devida aos soldados patriotas que morreram e a seus nobres camaradas que ainda vivem; pois vivos ou mortos, estejam no tempo ou na eternidade, os soldados legalistas que correram riscos pelo país e pela liberdade são um só, e inseparáveis.

Esses heróis desconhecidos cujos ossos embranquecidos foram piedosamente reunidos aqui, e cujos verdes túmulos cobrimos hoje com doces e belas flores, excelentes emblemas de corações puros e espíritos bravios, atingiram em suas gloriosas carreiras o ápice último da nobreza além do qual o poder humano não pode ir. Eles morreram por seu país.

Não há tributo mais elevado que se possa pagar aos mais ilustres entre todos os benfeitores da humanidade do que aquele que pagamos a esses soldados desconhecidos, quando escrevemos sobre seus túmulos esse brilhante epitáfio.

Quando o sombrio e vingativo espírito da escravidão, sempre ambicioso, preferindo governar no inferno a servir nos céus, incendiou o coração do Sul e despertou todos os elementos malignos da discórdia, quando nossa grandiosa República, a esperança da liberdade e o autogoverno em todo o mundo haviam chegado ao ponto do perigo supremo, quando a união desses estados se despedaçou e foi rasgada ao meio, e quando os exércitos de uma gigantesca rebelião avançaram com largas lâminas e mãos sangrentas para destruir as próprias fundações da sociedade americana, os bravos desconhecidos que se atiraram no abismo, onde troavam canhões e balas zumbiam, lutaram e caíram. Eles morreram por seu país.

Por vezes nos pedem, em nome do patriotismo, que esqueçamos os méritos dessa luta temerária e que nos lembremos com igual admiração daqueles que se bateram para acabar com a vida da nação e daqueles que se bateram para salvá-la – daqueles que lutaram pela escravidão e daqueles que lutaram pela liberdade e pela justiça.

Não sou um sacerdote do rancor. Não acusaria os que pereceram. Não rejeitaria os arrependidos, porém "que minha mão direita esqueça sua destreza e que minha língua se cole ao palato" caso eu esqueça a diferença entre as partes daquele terrível, longo e sangrento conflito.

Se devemos esquecer uma guerra que encheu de viúvas e órfãos a nossa terra, que arrancou membros de homens na flor da idade; que os mandou para a jornada da vida sem braços, sem pernas, aleijados e mutilados; que fez acumular uma dívida mais pesada do que uma montanha de ouro – que varreu incontáveis milhares de homens para covas sangrentas e que levou agonia a 1 milhão de lares; digo que, se essa guerra deve ser esquecida, pergunto em nome de tudo que é sagrado: o que devem lembrar então os homens?

A essência e o significado de nossas devoções aqui neste dia não devem ser encontrados no fato de que os homens cujos restos mortais preenchem esses túmulos foram corajosos na batalha. Se quiséssemos demonstrar simplesmente nosso senso de bravura, poderíamos encontrar o bastante para causar admiração nos dois lados. Na furiosa tempestade de fogo e sangue, na feroz torrente de tiros e bombas, de espadas e baionetas, fosse a pé ou a cavalo, uma coragem inabalável marcou tanto o soldado rebelde quanto o legalista.

Não estamos aqui, porém, para aplaudir a coragem viril, exceto por ela ter sido exibida em nome de uma causa nobre. Não devemos jamais esquecer que a vitória da rebelião significava a morte da República. Não devemos jamais esquecer que os soldados legalistas que

407

repousam debaixo deste relvado se colocaram entre a nação e aqueles que desejavam destruí-la. Se hoje temos um país que não está fervilhando em uma agonia de sangue como a França, se hoje temos um país unido, se a palavra "americano" hoje não é mais motivo de riso e um sibilar para a terra zombeteira, se a bandeira americana tremula hoje sobre cidadãos americanos livres em todas as partes do país, e se nosso país tem pela frente um longo e glorioso caminho de justiça, liberdade e civilização, temos uma dívida com a dedicação altruísta do nobre exército que repousa nesses honrados túmulos à nossa volta.

No mês de abril de 1872, tive a honra de comparecer à Convenção Nacional de Cidadãos Negros, realizada em New Orleans, e de presidi-la. Foi um momento decisivo na história do Partido Republicano, assim como na vida do país. Homens eminentes que até ali eram vistos como pilares do republicanismo estavam insatisfeitos com o governo do presidente Grant e determinados a derrotar sua indicação para um segundo mandato. Os líderes dessa infeliz revolta eram os srs. Trumbull, Schurz, Greeley e Sumner. O sr. Schurz já tivera êxito destruindo o Partido Republicano no estado do Missouri, e parecia que sua ambição era fundar um novo partido, e a ele, mais do que a qualquer outro, cabem os créditos daquele que em certo momento foi conhecido como Partido Republicano Liberal, que escolheu Horace Greeley como seu porta-voz na campanha daquele ano.

Na época da convenção em New Orleans, os elementos dessa nova combinação estavam se unindo. A divisão nas fileiras republicanas parecia mais profunda e mais ampla a cada dia. Os negros do país eram fortemente afetados pela ruptura que se ameaçava, e seus líderes estavam bastante divididos quanto ao lado para o qual deveriam emprestar sua voz e seus votos. Os nomes de Greeley e Sumner, em função de sua longa e sincera defesa da justiça e da liberdade para os negros, exerciam poderosa atração sobre a classe que acabava de conquistar o direito ao voto; e havia nessa convenção em New Orleans, como seria natural, uma forte disposição para confraternizar com o novo partido e para seguir a liderança de seus velhos amigos. Contra essa política, exerci a influência que poderia ter e, creio, tive êxito em evitar que a convenção cometesse aquilo que eu tinha certeza de que seria um erro político fatal, e o tempo mostrou que minha posição estava correta. Meu discurso ao assumir a presidência naquela ocasião foi telegrafado de New Orleans na íntegra para o *Herald* de Nova York, e o ponto principal dele era que não havia caminho fora do Partido Republicano que não levasse diretamente ao Partido Democrata – para longe de nossos amigos e diretamente para nossos inimigos. Felizmente essa convenção em grande medida concordou comigo, e seus membros não se arrependeram disso.

Dessa convenção em diante, até a nomeação e a eleição de Grant e Wilson, estive ativamente engajado na disputa, parte do tempo na Virgínia, com S. Ex.ª Henry Wilson; na Carolina do Norte, com John M. Longston e John H. Smyth; e no estado do Maine, com o senador Hamlin, o general B. F. Butler, o general Woodford e S. Ex.ª James G. Blaine.

Desde 1872 tenho sido aquilo que meu velho amigo Parker Pillsbury chamaria de "mão de obra" em toda campanha política importante, e em toda Convenção Nacional fiquei ao lado daquilo que vem sendo chamado de coração do Partido Republicano. Foi na campanha presidencial de Grant que Nova York deu um passo importante na renúncia a uma política tímida. Os republicanos daquele estado, sem temer o preconceito popular, colocaram meu nome como um representante do estado na cabeça de sua chapa presidencial. Considerando o sentimento arraigado das massas contra os negros, o ruído e o tumulto que provavelmente ocorreriam, sobretudo entre os cidadãos de ascendência irlandesa, essa foi uma medida corajosa e nobre, pela qual os republicanos do estado de Nova York merecem a gratidão de todo cidadão negro da República, pois foi um golpe contra o preconceito popular, em uma época em que isso era passível de causar a maior resistência. O resultado acabou sendo não apenas uma prova da justiça e da generosidade da decisão como também de sua sabedoria. Os republicanos ganharam o estado com 50 mil votos de vantagem sobre o número de votos somados dos republicanos liberais e dos democratas.

Igualmente significativa da mudança ocorrida no sentimento do país foi a ação do Colégio Eleitoral Republicano em seu encontro em Albany, quando o partido entregou em minhas mãos a custódia do envelope lacrado contendo o voto eleitoral do grande estado de Nova York e me encarregou de levá-lo à capital do país. Apenas uns poucos anos antes, os negros eram proibidos por lei de transportar correspondência americana de um posto dos correios para outro. O negro não tinha permissão para tocar o couro sagrado da mala postal, ainda que trancado sob o "triplo aço"; agora, porém, não uma mala postal, e sim o documento que decidiria questões presidenciais com todas as suas graves questões, foi entregue nas mãos de um membro dessa classe desprezada; e sobre ele, na execução dessa tarefa, foram depositadas todas as salvaguardas oferecidas pela Constituição e pelas leis do país. Embora eu tenha trabalhado duro e por muito tempo para assegurar a nomeação e a eleição do general Grant em 1872, não recebi nem pedi nenhum cargo em seu governo. Ele foi minha escolha com base em argumentos totalmente livres de considerações egoístas ou pessoais. Eu o apoiei porque ele tinha feito, e porque iria fazer, tudo que pôde para salvar não apenas o país da ruína, mas também a classe emancipada da opressão e da destruição final; e porque o sr. Greeley, com o Partido Democrata por trás, não teria o poder, ainda que tivesse a disposição, para nos dar a proteção necessária que nossa condição peculiar exigia. Eu poderia facilmente ter garantido a nomeação como embaixador no Haiti, porém preferi defender a indicação de meu amigo Ebenezer Bassett, um erudito cavalheiro e um homem adequado em razão de seu bom senso e de sua disposição amistosa para ocupar o cargo com crédito para si mesmo e para seu país. É com certo orgulho que posso dizer que minha opinião sobre a sabedoria de enviar o sr. Bassett para o Haiti se mostrou plenamente justificada pela maneira digna com que ele, durante oito anos, desempenhou as difíceis tarefas de seu cargo; pois tenho a garantia de S. Ex.ª Hamilton Fish, secretário de Estado dos Estados Unidos, de que o sr. Bassett foi um bom embaixador. O secretário me afirmou literalmente desejar que "metade de seus embaixadores desempenhasse suas funções tão bem quanto o sr. Bassett". Para aqueles que conhecem S. Ex.ª Hamilton Fish, esse elogio não parecerá trivial, pois são poucos os homens menos dados ao exagero e mais escrupulosamente exatos no cumprimento da lei e no uso da linguagem do que esse cavalheiro. Ao falar desse modo complacente sobre o sr. Bassett, tenho o prazer de também dar meu testemunho, baseado em conhecimentos obtidos no Departamento de Estado, de que o sr. John Mercer Langston, atual embaixador no Haiti, vem demonstrando a mesma prudência e a mesma habilidade que o sr. Bassett no exercício da função. Tendo conhecido ambos os cavalheiros em sua juventude, quando um estava em Yale e o outro na Oberlin College, e tendo testemunhado seus esforços para se qualificar para cargos úteis, foi ilimitada minha satisfação de vê-los subir no mundo. Homens como esses aumentam a fé de todos nas possibilidades de sua raça e tornam as coisas mais fáceis para aqueles que vierem depois deles.

A inauguração do monumento a Lincoln no Lincoln Park, em Washington, em 14 de abril de 1876, e o papel desempenhado por mim nas cerimônias daquela grandiosa ocasião fazem parte dos incidentes mais interessantes de minha vida, uma vez que isso me pôs em comunicação mental com mais homens influentes e distintos do país do que eu jamais havia conhecido antes. Lá estavam presentes o presidente dos Estados Unidos e seu gabinete, juízes da Suprema Corte, o Senado e a Câmara dos Deputados, e muitos milhares de cidadãos para ouvir meu discurso sobre o ilustre homem em cuja memória os negros dos Estados Unidos haviam erigido, como marca de sua gratidão, aquele impressionante monumento. Ocasiões como essa fizeram maravilhas para remover o preconceito popular e para aumentar a estima pela raça negra; e vejo como um dos altos privilégios de minha vida o fato de eu ter tido permissão para compartilhar dessa e de outras várias celebrações do mesmo gênero.

O progresso de uma nação por vezes é indicado por pequenas coisas. Quando Henry Wilson, um honrado senador e vice-presidente dos Estados Unidos, morreu no Capitólio da nação, foi um indicativo importante e revelador do avanço nacional o fato de três cidadãos negros, o sr. Robert Purvis, o sr. James Wormley e eu, terem sido escolhidos pela comissão do Senado para acompanhar seus ilustres restos mortais no caminho entre Washington e a grande e velha comunidade que ele tanto amava, e que também o havia tanto amado e honrado. Era adequado e justo que devêssemos estar representados na longa procissão que levou o corpo a todos os estados daqui até Massachusetts, pois Henry Wilson esteve entre os mais destacados amigos da raça negra neste país, e essa foi a primeira vez em sua história que um negro foi escolhido como carregador do caixão no funeral, como fui nesse caso, de um vice-presidente dos Estados Unidos.

A nomeação para qualquer cargo importante e bem remunerado no governo dos Estados Unidos leva a pessoa indicada a receber, por um lado, um grande número de elogios e congratulações e, por outro, uma grande quantidade de ofensas e insultos; e ela pode se considerar particularmente afortunada caso as críticas não sejam maiores do que os elogios. Não preciso me alongar sobre as causas dessa extravagância, porém posso dizer que não há cargo de algum valor no país que não seja desejado e buscado por muitas pessoas igualmente dignas e igualmente merecedoras. No entanto, como somente uma pessoa pode ser indicada para cada posição, só uma pode sair satisfeita, ao passo que muitos saem ofendidos, e, infelizmente, o ressentimento se segue à decepção, e esse ressentimento muitas vezes se manifesta nas ofensas e nos insultos dirigidos àquele que teve sucesso. Como no caso de muitas coisas que eu disse, extraio essa reflexão de minha própria experiência.

Minha nomeação como agente judicial do Distrito de Colúmbia esteve alinhada com o restante de minha vida como homem livre. Tratava-se de uma inovação em relação a um costume havia muito estabelecido, e oposto à corrente geral de sentimento da comunidade. A nomeação foi uma absoluta surpresa para os habitantes do distrito, e quase uma punição; e provocou algo como um grito – não direi um *brado* – de insatisfação popular. Assim que fui nomeado pelo presidente Hayes para o cargo, houve esforços no tribunal para impedir que minha indicação fosse confirmada pelo Senado. Foram apresentados todos os argumentos contra minha nomeação, exceto o verdadeiro, que foi ocultado mais por um senso de vergonha do que por senso de justiça. O temor sem dúvida era de que, caso fosse nomeado agente judicial, eu me cercasse de oficiais negros, meirinhos negros, mensageiros negros, e colocasse um grande número de negros como membros do júri; em uma palavra, que eu africanizasse os tribunais. A maior ameaça, porém, que causava maior temor, era de um negro na *Mansão Executiva*, em luvas brancas de pelica, fraque, botas de couro e gravata de alabastro, comandando a cerimônia – bastante desprovida de sentido –, apresentando os cidadãos aristocratas da República ao presidente dos Estados Unidos. Isso era realmente algo insuportável; e os homens se perguntavam diante disso: para onde este mundo está indo? E onde tudo isso vai parar? Terrível! Terrível!

É preciso dar crédito à hombridade do Senado americano por não ter se deixado demover por nada disso e por não perder tempo para confirmar minha nomeação. Soube, e creio que minha informação está correta, que entre os que defenderam minha nomeação contrariando as objeções esteve S. Ex.ª Roscoe Conkling de Nova York. Seu discurso na sessão executiva é tido pelos senadores que o ouviram como um dos mais magistrais e eloquentes já feitos no plenário do Senado; e nisso também acredito prontamente, pois o sr. Conkling tem o ardor e o fogo de Henry Clay, a sutileza de Calhoun e a imensa grandeza de Daniel Webster.

Tendo fracassado o esforço para impedir minha confirmação, nada podia ser feito senão esperar por algum ato cometido às claras que justificasse minha remoção; e para que isso acontecesse aqueles que *não* eram meus amigos não podiam esperar muito tempo. Ao longo de um ou dois meses fui convidado por vários cidadãos de Baltimore para fazer uma palestra naquela cidade, no Douglass Hall – um prédio batizado em minha homenagem e dedicado a propósitos educacionais. Aceitei o convite e fiz a mesma palestra que havia feito dois anos antes na cidade de Washington, e que na época foi publicada na íntegra pelos jornais e bastante elogiada por eles. O tema da palestra foi "Nossa capital federal", e nela fiz muitos elogios à cidade, que eram tão verdadeiros quanto elogiosos. Falei do que a cidade havia sido no passado, do que ela era na época e do que eu imaginava que ela estava destinada a se tornar no futuro; dando todo o crédito por seus pontos positivos, e chamando atenção para alguns de seus traços ridículos. Em função disso fui muito maltratado. Os jornais entraram em um frenesi passional, e foram criados comitês que buscavam assinaturas para levar um pedido ao presidente Hayes exigindo minha remoção. A maré do sentimento popular foi tão violenta que considerei necessário deixar de lado minha atitude costumeira quando era atacado, e escrevi a seguinte carta explanatória, pela qual o leitor será capaz de medir a extensão e a natureza das ofensas que sofri:

Ao editor do *Washington Evening Star*:
O senhor se equivocou ao afirmar que eu estava em uma turnê de palestras, o que implicaria que eu estava negligenciando meus deveres como agente judicial dos Estados Unidos do Distrito de Colúmbia. Minha

ausência de Washington durante dois dias se deveu a um convite feito pelos gestores para estar presente na ocasião da abertura da Exposição Internacional em Filadélfia.

Ao aceitar esse convite, eu me vi na companhia de outros membros do governo que foram para lá em obediência ao chamado do patriotismo e da civilização. Nenhum interesse do gabinete do agente judicial foi prejudicado por minha ausência temporária, uma vez que me certifiquei de que aqueles sobre quem recaíram as tarefas do gabinete eram pessoas honestas, capazes, industriosas, diligentes e confiáveis. Meu substituto imediato é uma pessoa que tem todas as qualificações para o posto, e os cidadãos de Washington podem estar seguros de que nenhum homem desleal assumirá um cargo no gabinete enquanto eu estiver no posto. É evidente que eu nada posso dizer sobre minha aptidão para o cargo que exerço. O senhor tem o direito de dizer o que bem entender quanto a isso, contudo acredito que seria justo e generoso esperar que eu cometesse algum erro em minhas tarefas antes de ser julgado como incompetente para o posto.

O senhor me permitirá também dizer que os ataques a minha pessoa em função dos comentários que eu supostamente teria feito em Baltimore me parecem não só maldosos como tolos. Washington é uma grande cidade, não um vilarejo, não uma aldeia, mas sim a capital de uma grande nação, e os modos e hábitos de suas várias classes são tema adequado para ser apresentado e criticado, e estou muito enganado caso essa grande cidade possa ser lançada em uma tempestade de paixões por quaisquer reflexões bem-humoradas que eu possa ter tomado a liberdade de fazer. A cidade é grande demais para ser pequena, e acredito que ela rirá da ridícula tentativa de fazê-la entrar num turbilhão de furiosa hostilidade contra mim por algo que eu tenha dito em minha palestra em Baltimore.

Tivessem os repórteres que cobriam aquela palestra sido cuidadosos a ponto de anotar o que eu disse de elogioso a Washington com a mesma diligência com que anotaram aquilo que eu disse, se assim o senhor quiser entender, de insultuoso à cidade, teria sido impossível despertar nessa comunidade qualquer sentimento contra mim por aquilo que falei. É a coisa mais fácil do mundo, como bem o sabe todo editor, distorcer o sentido e dar uma impressão parcial de um discurso, ao simplesmente isolar passagens do discurso inteiro, sem quaisquer conexões que façam as qualificações necessárias. Pelo que se viu aqui, dificilmente se imaginaria que eu disse uma palavra sequer em honra de Washington, e no entanto a palestra como um todo foi decididamente no interesse da capital da nação. Não sou tolo a ponto de caluniar uma cidade em que investi meu dinheiro e que tornei minha residência permanente.

Depois de ter falado do poder do sentimento de patriotismo, usei a seguinte linguagem: "Considero que o povo americano vê nossa capital dentro do espírito desse nobre sentimento. Trata-se do centro de nossa nação. Ela pertence a nós; e seja ela má ou majestosa, esteja ela vestida de glórias ou coberta de vergonha, não podemos senão compartilhar seu caráter e seu destino. Na mais remota região da República, na mais distante parte do globo, em meio aos esplendores da Europa e nas zonas selvagens da África, continuaremos associados e firmemente ligados a esse centro. Sob a sombra do monumento de Bunker Hill, na eloquência sem igual de sua fala, certa vez ouvi o grande Daniel Webster dar as boas-vindas a todos os cidadãos americanos, garantindo a eles que, independentemente de serem estrangeiros em qualquer outro lugar, ali todos eles estavam em casa. As mesmas boas-vindas ilimitadas são dadas por Washington a todo cidadão americano. Em outros lugares podemos pertencer a estados individuais, porém aqui pertencemos aos Estados Unidos inteiro. Em outros lugares podemos pertencer a uma região, porém aqui pertencemos a um país como um todo, e o país como um todo nos pertence. Este é um território nacional, e o único lugar onde nenhum americano é um intruso ou um forasteiro. O recém-chegado não está menos em casa do que o antigo morador. Sob seus altos domos e imponentes pilares, assim como debaixo do amplo céu azul, homens de todas as raças e cores estão em plena igualdade.

A riqueza e a magnificência que em outros lugares podem oprimir o cidadão humilde aqui têm efeito contrário. Tem-se a impressão de que elas são parte dele e que servem para torná-lo mais nobre a seus próprios olhos. Ele é o proprietário da grandiosidade de mármore que vê diante de si – e o mesmo vale para todos os 40 milhões desta grande nação. Uma vez na vida todo americano que pode deveria visitar Washington; não como o maometano que vai a Meca; não como o católico que vai a Roma; não no espírito do hebreu que vai a Jerusalém, nem do chinês que vai ao Reino Celestial, mas no espírito do patriotismo esclarecido, sabendo do valor das instituições livres e como perpetuá-las e mantê-las.

Washington deveria ser contemplada não meramente como uma reunião de belos edifícios; não meramente como o refúgio da riqueza e da moda do país, não meramente como o honrado lugar onde os estadistas da nação se reúnem para moldar as políticas e criar as leis; não meramente como o ponto em que somos mais visivelmente tocados pelo mundo exterior, e onde as habilidades e talentos diplomáticos do velho continente são encontrados e se fazem comparar aos do novo, mas como a própria bandeira nacional – um símbolo glorioso da liberdade civil e religiosa, liderando o mundo na corrida da ciência social, da civilização e do renome.

Minha palestra em Baltimore se estendeu por mais de uma hora e meia, e todo leitor inteligente perceberá a dificuldade de fazer justiça a tal discurso quando ele é abreviado e comprimido a metade de uma coluna ou a três quartos dela. Umas poucas frases soltas, sem suas conexões, não teriam a mesma aspereza se apresentadas na forma com que foram pronunciadas, com todas as suas conexões; estou, porém, tomando espaço demais, e vou encerrar com o último parágrafo da palestra conforme ela foi apresentada em Baltimore: "Nenhuma cidade no grande mundo tem uma missão mais elevada ou mais benigna. Entre todas as grandes capitais do mundo ela é por excelência a capital das instituições livres. Sua queda seria um golpe para a liberdade e para o progresso em todo o mundo. Que ela permaneça, pois, onde se encontra hoje – onde o pai de seu país a plantou e onde ela se encontra há mais de meio século; não mais espremida entre dois estados escravagistas; não mais uma contradição ao progresso humano, não mais o criadouro da escravidão e do comércio de escravos; não mais o lar do duelista, do jogador, do assassino; não mais o partidário frenético de uma região do país contra a outra, não mais ancorada em um passado sombrio e semibárbaro, mas sim uma cidade redimida, bela para os olhos e atraente para o coração, um vínculo de perpétua união, um anjo de paz na terra e de boa vontade dos homens, um local em que americanos de todas as raças e cores, de todas as regiões, do Norte e do Sul, podem se encontrar e apertar as mãos uns dos outros, não sobre um abismo de sangue, mas sim sobre uma República livre, unida e progressista".

Já aludi ao fato de que grande parte da oposição a minha indicação para o cargo de agente judicial dos Estados Unidos para o Distrito de Colúmbia se devia à possibilidade de eu ser chamado a

416

comparecer diante do presidente Hayes na Mansão Executiva em ocasiões formais. Agora desejo fazer referência a censuras que me foram feitas em enorme quantidade por exercer o cargo de agente judicial ao mesmo tempo que me era negada essa distinta honraria, e mostrar que a reclamação contra mim no que se refere a isso não é bem fundada.

1. O cargo de agente judicial dos Estados Unidos é algo à parte, separado e completo em si mesmo, e deve ser aceito ou recusado por seus próprios méritos. Se, quando oferecido a alguém, seus deveres são tais que a pessoa possa adequadamente exercê-los, ela pode adequadamente aceitá-lo; ou, se não for esse o caso, ela pode de maneira igualmente adequada recusá-lo.

2. As obrigações do cargo são clara e estritamente definidas na lei pela qual ele foi criado; e em nenhum lugar, ao listar tais obrigações, faz-se qualquer menção ou insinuação de que o agente judicial poderá ou deverá comparecer perante o presidente dos Estados Unidos na Mansão Executiva em ocasiões formais.

3. A escolha de quem deve ter a honra e o privilégio de exercer tal função de servir ao presidente pertence exclusiva e razoavelmente ao próprio presidente, e portanto ninguém, seja qual for sua distinção ou qual cargo ocupe, tem nenhuma justa causa para se queixar de o presidente estar exercendo seu direito de escolha, ou por não ter sido ele próprio o escolhido.

Tendo em vista essas proposições, que considero indiscutíveis, eu teria feito perante o país um papel tolo e ridículo caso, como fui absurdamente aconselhado por alguns de meus amigos negros, renunciasse ao cargo de agente judicial do Distrito de Colúmbia porque o presidente Rutherford R. Hayes, por motivos que devem ter lhe parecido satisfatórios, preferiu outra pessoa a mim para servi-lo na Mansão Executiva e realizar a cerimônia de apresentação em ocasiões formais. No entanto, foi dito que essa afirmação não dava conta de todo o problema; que era costume que o agente judicial dos Estados Unidos para o Distrito de Colúmbia cumprisse essa função social; e que o uso passara a ter quase força de lei. Respondi a isso na época, e respondo agora, negando que esse costume tenha força para criar uma obrigação. Nenhum ex-presidente tem o direito ou o poder de tornar seu exemplo uma regra para seu sucessor. O costume de convidar o agente judicial para exercer essa função foi inventado por um presidente e poderia muito bem ser abolido por um presidente. Além disso, o costume é bem recente e tem suas origens em circunstâncias pecuniárias, e era justificado por tais circunstâncias. Foi criado em tempos de guerra pelo presidente Lincoln, quando ele tornou agente judicial do distrito seu antigo sócio no campo da advocacia e velho conhecido, e foi continuado pelo general Grant quando ele nomeou um parente seu, o general Sharp, para o mesmo cargo. No entanto, mais uma vez se disse que o presidente Hayes apenas rompeu com esse costume porque o agente judicial em meu caso era um negro. A resposta que dei a isso, e que dou aqui novamente, é que se trata de uma ilação gratuita e que nem de perto pode ser confirmada. Pode ou não ser verdade que a cor de minha pele tenha sido a causa dessa decisão, porém ninguém tem o direito de presumir isso a não ser a partir de uma declaração nesse sentido feita pelo próprio presidente Hayes. Jamais ouvi tal declaração da parte dele nem qualquer sugestão desse gênero. Até onde minha relação com ele me permite dizer, afirmo que jamais percebi nele nenhum sentimento de aversão a mim baseado na cor de minha pele, nem por qualquer outro motivo, e, a não ser que eu esteja muito enganado, sempre fui um visitante bem-vindo na Mansão Executiva em ocasiões formais ou em outros momentos, enquanto Rutherford B. Hayes foi presidente dos Estados Unidos. Posso dizer, além disso, que durante seu governo por muitas vezes tive a honra de apresentar a ele pessoas distintas, tanto nascidas no país quanto fora, e que jamais tive motivos para me sentir desprezado por ele ou por sua cordial esposa; e acredito que seria um homem muito irracional aquele que desejasse para si maior grau de respeito e consideração do que esse partindo do homem e da mulher que ocupavam as elevadas posições do sr. e da sra. Hayes.

Eu não estaria fazendo justiça a S. Ex.ª o ex-presidente caso não acrescentasse o testemunho adicional de seu nobre e generoso espírito. Quando toda a Washington estava agitada, e um clamor selvagem toldava o ar pedindo minha saída do cargo de agente judicial em função dessa palestra feita por mim em Baltimore, quando uma enxurrada de petições fluía na direção dele exigindo minha degradação, ele nobremente recusou o enlouquecido espírito de perseguição deixando claro seu propósito de me manter no cargo.

Mais uma palavra. Durante o tumulto que se ergueu contra mim em consequência dessa palestra sobre a "Capital Federal", o sr. Columbus Alexander, um dos velhos e ricos cidadãos de Washington, que era meu fiador em 20 mil dólares, recebeu diversas súplicas para retirar seu nome e assim me deixar desqualificado; mas, assim como o presidente, tanto ele quanto meu outro fiador, o sr. George Hill Jr., permaneceram firmes e inamovíveis. Não me surpreendeu o fato de o sr. Hill permanecer corajosamente a meu lado, pois ele era um republicano; fiquei, porém, surpreso e grato por ver que o sr. Alexander, um democrata e, creio, ex-dono de escravos, teve não apenas a coragem como a magnanimidade de me dar condições justas de travar esse combate. O que eu disse sobre esses cavalheiros pode ser estendido a pouquíssimos outros nesta comunidade, durante aquele período de agitação, seja entre os cidadãos brancos, seja entre os negros, pois, à exceção do dr. Charles B. Purvis, nenhum negro na cidade pronunciou publicamente uma única palavra em minha defesa ou para atenuar minha situação, nem para defender meu discurso em Baltimore.

Essa violenta hostilidade gerada contra mim foi particularmente efêmera. Ela chegou como um turbilhão, e como um turbilhão foi embora. Dentro de pouco tempo eu já não enxergava nenhum vestígio do que ocorrera, nem nos tribunais entre os advogados nem nas ruas em meio ao povo; pois se descobriu que em meu discurso em Baltimore nada havia que me fizesse "digno do açoite e dos grilhões".

Sobre minha experiência no cargo de agente judicial dos Estados Unidos para o Distrito de Colúmbia, posso dizer que foi absolutamente agradável. Quando ainda se tratava de uma questão em aberto se eu deveria ou não aceitar o cargo, havia a apreensão e a previsão de que, caso aceitasse, tendo em vista a oposição dos advogados e dos juízes dos tribunais, eu seria submetido a uma infinidade de processos por danos, e de que me veria tão atormentado e preocupado que o cargo teria pouca valia para mim; de que essas circunstâncias não apenas consumiriam meu salário como possivelmente colocariam em risco o pouco que eu tivesse para uma situação de necessidade. Hoje posso dizer que esses temores de modo nenhum se justificavam. O que poderia ter acontecido caso os membros do Judiciário do distrito fossem ainda que pelo menos em parte tão maldosos e rancorosos quanto têm sido diligentemente representados, ou caso eu não tivesse conseguido nomear como meu assistente um homem tão capaz, diligente, vigilante e cuidadoso quanto o sr. L.P. Williams, é claro que eu não sei. Mas tenho a obrigação de elogiar a ponte que me transporta em segurança sobre isso. Creio que sempre será uma prova de minha aptidão para o cargo de agente judicial o fato de eu ter tido a sabedoria de escolher como meu assistente um cavalheiro tão instruído e competente. Também tenho o prazer de dar testemunho sobre a generosidade do sr. Phillips, o agente judicial assistente que precedeu o sr. Williams no cargo, por dar ao novo assistente informações valiosas sobre as várias tarefas que ele precisaria desempenhar. Também tenho a dizer sobre minha experiência no cargo de agente judicial que, embora eu tenha motivos para saber que o eminente presidente do Tribunal do Distrito de Colúmbia e algumas das pessoas ligadas a ele não tenham ficado felizes com minha nomeação, fui sempre tratado por eles, assim como pelo chefe administrativo do Judiciário, S. Ex.ª J.R. Meigs, e seus subordinados – com uma única exceção – com o respeito e a consideração devidos a meu cargo. Entre os eminentes advogados do distrito creio que tive muitos amigos, e houve aqueles a quem sempre pude fazer confidências em situações de emergência em busca de bons conselhos e orientação, e esse fato, depois de toda a hostilidade que senti como consequência de minha nomeação, e revivida por meu discurso em Baltimore, é mais uma prova de que todos os sentimentos que surgem dos preconceitos do povo podem ser vencidos.

Durante os quarenta anos que dediquei a pensar e a trabalhar pela promoção da liberdade e do bem-estar de minha raça, jamais me vi em maior e mais doloroso desacordo com líderes negros do país do que quando me opus ao esforço para iniciar um êxodo em massa de negros dos estados do Sul para o Norte; e no entanto jamais assumi uma posição em que tenha me sentido mais justificado pela razão e pela necessidade. Disseram que eu havia desertado para a antiga classe senhorial e que eu era um traidor de minha raça; que eu tinha fugido da escravidão, mas que opunha a que outros fizessem o mesmo. Quando meus oponentes aceitavam debater, assumiam como premissa que os negros do Sul precisavam ser colocados em contato com a liberdade e a civilização do Norte, que nenhum povo emancipado e perseguido jamais havia melhorado sua situação, nem conseguiria fazê-lo, na presença do povo pelo qual ele foi escravizado, e que o verdadeiro remédio para os males que os libertos vinham sofrendo era iniciar uma partida de nosso Egito moderno semelhante à dos israelitas rumo a uma terra de abundância não em "leite e mel", mas certamente em carne de porco e fubá.

Influenciado, sem dúvida, pelas deslumbrantes perspectivas apresentadas a eles pelos defensores do movimento do êxodo, milhares de negros pobres, famintos, nus e desamparados foram induzidos a deixar o Sul em meio a geadas e nevascas de um inverno terrível em busca de um lugar melhor. Lamento dizer que havia algo sinistro no referido êxodo, pois se descobriu que alguns dos agentes mais ativos em sua promoção tinham um acordo com certas empresas ferroviárias, segundo o qual eles receberiam 1 dólar por passageiro embarcado. Milhares desses pobres, viajando apenas até o ponto onde seu dinheiro podia levá-los, foram deixados nos diques de St. Louis, no mais absoluto desamparo; e suas histórias eram repletas de privações, a ponto de comover um coração muito menos sensível ao sofrimento humano do que o meu. Embora, porém, eu lamentasse a situação desses pobres iludidos, e embora tenha feito o que pude para pôr fim a essa debandada imprudente e desorganizada, também fiz o que pude para ajudar aquelas pessoas que estavam dentro de meu alcance, a caminho dessa terra prometida. Centenas dessas pessoas vieram a Washington, e em certo momento havia entre duzentas e trezentas delas alojadas aqui, sem conseguir ir adiante por falta de dinheiro. Não perdi tempo e apelei a meus amigos para obter os recursos para ajudá-las. Entre as pessoas mais destacadas a que pedi auxílio esteve a sra. Elizabeth Thompson, da cidade de Nova York – a mulher que, muitos anos antes, tinha dado de presente à nação o grande retrato histórico *Assinatura do Ato de Emancipação*, de Carpenter, e que havia destinado grandes somas de dinheiro para investigar as causas da febre amarela, e em empreitadas para descobrir meios de impedir a devastação que essa doença causava em New Orleans e em outros locais. Descobri que a sra. Thompson estava permanentemente interessada em atender às necessidades da humanidade tanto nesse caso quanto em outros, pois ela me enviou sem demora um cheque de 250 dólares, e ao fazer isso manifestou seu desejo de que eu a informasse prontamente de qualquer outra oportunidade de fazer o bem. A injustiça que me fizeram aqueles que me acusaram de indiferença com o bem-estar dos negros do Sul em função de minha oposição ao chamado êxodo será percebida nos trechos a seguir de um artigo sobre o tema apresentado ao Congresso de Ciências Sociais de Saratoga, quando a questão era debatida pelo país:

> Embora seja importante em toda parte, em nenhum outro lugar o trabalho manual é mais importante e mais absolutamente indispensável para a existência da sociedade do que nos estados americanos mais ao sul. O maquinário pode continuar a fazer, como já vem fazendo, muito do trabalho no Norte, porém o trabalho do Sul exige para sua realização ossos, cartilagens e músculos do tipo mais forte e mais resistente. O trabalho naquela região não pode parar. Seu solo é fértil e cheio de vida e energia. Todas as forças da natureza dentro de suas fronteiras são maravilhosamente vigorosas, persistentes e ativas. Auxiliado por um verão quase perpétuo e abundante de calor e umidade, seu solo pronta e rapidamente se cobre de ervas daninhas, de densas florestas e de selvas impenetráveis. Poucos anos sem cultivo seriam o bastante para entregar o ensolarado e frutífero Sul a morcegos e corujas vivendo em uma imensidão desolada. Dessa condição, cuja contemplação choca o homem do Sul, vê-se agora que nada menos poderoso do que o braço nu e de ferro do negro pode salvá-lo. Para ele, como trabalhador do Sul, não há concorrentes nem substitutos. A ideia de ocupar seu lugar com qualquer outra variedade da família humana se revelará ilusória e absolutamente impraticável. Nem chineses, nem alemães, nem noruegueses, nem suecos podem expulsá-lo dos campos de açúcar e algodão da Louisiana e do Mississippi. Eles certamente pereceriam nos negros baixios desses estados caso pudessem ser induzidos, o que é impossível, a tentar esse experimento.
>
> A própria natureza, naqueles estados, sai em auxílio do negro, luta suas batalhas e impõe condições àquele que o trataria injustamente e o oprimiria. Além de ser dependente do mais duro e impiedoso tipo de trabalho, o clima do Sul torna tal trabalho pouco convidativo e duramente repulsivo para o homem branco. Ele o teme, encolhe-se diante dele e o rejeita. Ele foge do sol ardente dos campos e busca a sombra das varandas. Em contrapartida, o negro anda, trabalha e dorme incólume sob a luz do sol. A duradoura apologia da escravidão se baseou no conhecimento desse fato. Dizia-se que o mundo precisa ter algodão e

açúcar, e que somente o negro poderia suprir essa necessidade e que ele só poderia ser induzido a fazer isso debaixo da "benévola chibata" de algum sanguinário *Legree*. A última parte desse argumento felizmente se provou falsa pelas imensas safras desses produtos desde a Emancipação: a primeira parte dela, porém, permanece firme, inatacada e inatacável.

Ainda que o clima e outras causas naturais não protegessem o negro de toda a competição no mercado de trabalho do Sul, causas sociais inevitáveis provavelmente teriam o mesmo resultado. O sistema escravagista daquela região deixou em seu rastro, como deveria fazê-lo por sua natureza, modos, costumes e condições a que o trabalhador livre e branco não está ansioso por submeter nem a si nem a sua família. Eles não migram do Norte livre, onde o trabalho é respeitado, para um Sul até recentemente escravizado, onde o trabalhador foi chicoteado, agrilhoado e degradado por séculos. Naturalmente essa migração segue as linhas de latitude em que eles nasceram. Não do Sul para o Norte, mas sim do Leste para o Oeste, "a Estrela do Império percorre seu caminho".

Portanto, percebe-se que a dependência que os plantadores, os proprietários de terra e a antiga classe senhorial do Sul têm do negro, por mais incômoda e humilhante que isso seja para o orgulho e o poder do Sul, é quase completa e perfeita. Só existe um modo de escapar dela, e esse modo certamente não será adotado. A solução seria que eles próprios tirassem seus casacos, parassem de afiar gravetos e de falar sobre política nas esquinas, e fossem trabalhar em seus vastos e ensolarados campos de algodão e açúcar. Um convite desse gênero é quase tão duro e desagradável para todas as inclinações dos brancos do Sul quanto seria um convite para que eles descessem aos próprios túmulos. Com o negro, tudo é diferente. Não há causas naturais, artificiais nem da tradição que impeçam o liberto de trabalhar no Sul. Nem o calor nem o demônio da febre que se põe à espreita em seus emaranhados e úmidos pântanos o assustam, e ele é aceito hoje como o autor de qualquer grau de prosperidade, beleza e civilização que o Sul hoje possua, e é aceito como o árbitro de seu destino.

Essa, portanto, é a grande vantagem com que conta o negro, ele tem a força de trabalho; o Sul a deseja e precisa tê-la caso não queira perecer. Sendo livre, ele pode agora prestar esse trabalho ou se recusar a fazê-lo, usar sua força de trabalho onde está ou então levá-la para onde bem entender. O trabalho fez dele um escravo, e o trabalho, caso ele assim o deseje, pode lhe dar liberdade, conforto e independência. Para ele isso é mais importante do que fogo, espadas, votos ou baionetas. Isso toca o coração do Sul por meio de seu bolso. Esse poder teve grande valia anos atrás, no ponto extremo da amargura e do desamparo. Não fosse por isso, ele teria perecido ao deixar a escravidão. O trabalho o salvou então e o salvará novamente. A emancipação chegou para ele cercada por circunstâncias extremamente adversas. Sua liberdade não foi uma escolha nem ocorreu com o consentimento das pessoas entre as quais ele vivia, mas sim contra sua vontade e contra uma luta de morte para impedir que ele fosse livre. Seus grilhões foram rompidos na tempestade e no turbilhão da guerra civil. Sem comida, sem abrigo, sem terra, sem dinheiro e sem amigos, ele e seus filhos, seus doentes, seus idosos e os desamparados foram deixados por conta própria e nus a céu aberto. O anúncio de sua liberdade foi imediatamente seguido por uma ordem de seu senhor para deixar o antigo alojamento, e para dali por diante buscar o pão das mãos daqueles que lhe haviam concedido a liberdade. Um ponto de desespero extremo foi assim imposto a ele no limiar de sua liberdade, e o mundo observou com ansiedade compassiva, para ver o que seria dele. Os perigos para ele eram iminentes. A fome e a morte olhavam em seus olhos e o marcavam como vítima.

Não se esquecerá tão cedo que ao final de um discurso de cinco horas do falecido senador Sumner, em que ele defendeu com inigualáveis erudição e eloquência o direito ao voto dos libertos, o melhor argumento com que ele deparou no Senado foi que por ora aquela lei seria absolutamente supérflua; argumentava-se que o negro estava rapidamente morrendo, e que de modo inevitável e rápido desapareceria e seria extinto.

Embora fosse absolutamente desumana e chocante, essa profecia sobre a extinção de milhões de pessoas não era contradita pelas condições extremas em que vivia o negro naquele momento, muito pelo contrário. A política da antiga classe senhorial, ditada pelas paixões, pelo orgulho e pela vingança, era tornar a liberdade do negro uma calamidade ainda maior para ele, se isso fosse possível, do que a escravidão. Contudo, felizmente, tanto para a antiga classe senhorial quanto para os recém-emancipados, surgiu então, e surgirá agora novamente, um momento em que as pessoas pensaram melhor. A velha classe senhorial descobriu então que havia cometido um grande erro. Ela havia expulsado os meios do próprio sustento. Havia destruído as mãos e mantido as bocas. Havia imposto a fome ao negro e imposto a fome a si própria. Nem mesmo para satisfazer sua fúria e seu ressentimento ela podia se dar ao luxo de permitir que seus campos deixassem de ser cultivados e que suas mesas deixassem de ser abastecidas com alimentos. Por isso o liberto, menos por humanidade do que por cobiça, menos por escolha do que por necessidade, foi rapidamente chamado de volta para o trabalho e para a vida.

Agora, porém, após catorze anos de serviços, e catorze anos de separação da presença visível da escravidão, durante os quais ele demonstrou tanto a disposição quanto a capacidade para abastecer o mercado de trabalho do Sul, e mostrou que podia fazer muito mais como homem livre do que fizera como escravo; depois de ter mostrado que mais algodão e açúcar podiam ser obtidos com a mesma quantidade de trabalhadores sob a inspiração da liberdade e da esperança do que sob a influência da servidão e do açoite, ele está, ai de nós!, com imensos problemas: novamente sem esperança, a céu aberto, com a esposa e os filhos. Ele caminha pelas ensolaradas margens do Mississippi, coberto por trapos e miséria, tristemente implorando a capitães de vapores de coração empedernido que o aceitem a bordo, enquanto seus amigos do movimento migratório diligentemente solicitam fundos em todo o Norte para ajudá-lo a sair de seu antigo lar rumo ao Kansas, a nova Canaã.

Lamento ser obrigado a omitir aqui a parte que se segue, sobre as razões oferecidas pelo movimento do êxodo, e minha explicação delas, mas por falta de espaço só posso apresentar trechos do artigo que expressem de maneira mais vívida e com a menor quantidade possível de palavras minha posição diante do tema. Prossigo dizendo:

Embora a condição do negro hoje no Sul seja ruim, houve uma época em que ela era flagrante e incomparavelmente pior. Poucos anos atrás ele não tinha nada – não tinha sequer a si mesmo. O negro pertencia a alguém, que podia dispor dele e de seu trabalho como bem quisesse. Agora ele é dono de si mesmo, de seu trabalho, e tem o direito de dispor tanto de um quanto de outro como melhor convier à própria felicidade. Ele tem mais. Tem um status na lei suprema da nação – na Constituição dos Estados Unidos – que não pode ser modificado nem afetado por nenhum conjunto de circunstâncias que possam vir a se impor num futuro próximo ou remoto. A 14ª Emenda o torna cidadão, e a 15ª faz dele eleitor. Com o poder por trás dele, trabalhando a seu favor, e que não pode ser tirado dele, o negro do Sul pode sabiamente esperar sua hora. A situação de momento é excepcional e passageira. O poder permanente do governo está inteiramente do seu lado. Embora neste momento a mão da violência se abata sobre os direitos do negro no Sul, esses direitos reviverão, sobreviverão e voltarão a prosperar. Eles não são o único povo que, num momento de paixões populares, foi maltratado e afastado das urnas. Os irlandeses e os holandeses foram frequentemente assim tratados. Boston, Baltimore e Nova York foram cenas de violência bárbara; hoje, porém, essas cenas desapareceram... Sem minimizar em nada nosso horror e nossa indignação pelos ultrajes cometidos em algumas partes dos estados do Sul contra o negro, não podemos senão ver a presente agitação de um êxodo africano do Sul como inoportuna e em certos aspectos danosa. Estamos hoje no limiar de uma grandiosa e benigna reação. Há um crescente reconhecimento do dever e da obrigação que o povo americano tem de vigiar, proteger e defender os direitos pessoais e políticos de todos os povos de todos os estados; de sustentar os princípios pelos quais a rebelião foi sufocada, a escravidão foi abolida e o país foi salvo do desmembramento e da ruína.

Vemos e sentimos hoje, como vimos e sentimos antes, que passou o momento para a conciliação e para confiar na honra dos antigos rebeldes e proprietários de escravos. O próprio presidente dos Estados Unidos, embora continue sendo liberal, justo e generoso com o Sul, deu ordens para que isso cessasse e reafirmou com coragem, firmeza e competência a autoridade constitucional de manter a paz pública em todos os estados da União, em qualquer época do ano, e sustentou isso contra todos os poderes da Câmara e do Senado.

Estamos nos umbrais de uma mudança pronunciada e decisiva na forma como nossos governantes atuam. Cada dia traz novas e crescentes evidências de que somos, e devemos ser, uma nação: de que as noções dos confederados sobre a natureza e os poderes de nosso governo devem perecer com a rebelião que eles apoiaram; de que elas são anacronismos e superstições e que não são adequadas a nosso mundo...

Em um momento como este, tão cheio de esperança e coragem, é uma infelicidade que se erga um grito de desespero em nome dos negros do Sul: uma infelicidade que os homens cruzem o país implorando em nome dos pobres negros do Sul, e contando às pessoas que o governo não tem forças para garantir que a Constituição e as leis sejam cumpridas naquela região do país, e que não existe esperança para o negro a não ser que ele seja plantado em novo solo no Kansas ou no Nebraska.

Essas pessoas causam danos reais para os negros do Sul. Dão a seus inimigos uma vantagem no debate sobre sua humanidade e sua liberdade. Presumem sua incapacidade de tomar conta de si mesmos. O país ouvirá das centenas que vão para o Kansas, mas não dos milhares que permanecem no Mississippi e na Louisiana.

Vai-se falar dos desamparados que precisam de ajuda material, mas não da multidão que corajosamente se sustenta no lugar onde está.

Na Geórgia os negros estão pagando tributos sobre 6 milhões de dólares; na Louisiana sobre 40 ou 50 milhões; e sobre somas desconhecidas em outros estados do Sul.

Por que um povo que tanto progrediu ao longo de tão poucos anos deveria ser humilhado e difamado por agentes do êxodo, implorando dinheiro para retirá-los de seus lares; especialmente em um momento em que todos os indícios favorecem a posição de que as injustiças e privações que eles sofrem em breve serão reparadas?

Além da objeção que acabo de apresentar, é evidente que a defesa pública e ruidosa de uma debandada geral dos negros do Sul rumo ao Norte será necessariamente um abandono do grande e soberano princípio da proteção à pessoa e à propriedade em todos os estados da União. É a fuga de uma obrigação e de um dever solenes. O objetivo desta nação é proteger seus cidadãos *onde eles estiverem*, não transportá-los para onde eles não precisem de proteção. O melhor que se pode dizer sobre esse êxodo nesse sentido é que se trata de uma tentativa de evitar o problema, de uma manobra, de uma meia medida, que tende a tornar mais fraca na mente do público a noção de justiça absoluta, de poder e dos deveres do governo, uma vez que admite, pelo menos implicitamente, que nas terras do Sul a lei não precisa ser cumprida, que o voto não pode ser mantido puro, que não é possível realizar eleições pacíficas, que o respeito à Constituição não pode ser imposto e que a vida e a liberdade de pacíficos cidadãos não podem ser protegidas. Trata-se de uma rendição, de uma rendição prematura e desencorajadora, uma vez que pretende assegurar a liberdade e as instituições livres por meio da migração, e não da proteção; pela fuga, e não pelo direito, pela transferência para uma terra desconhecida, e não ficando em seu lugar de origem. Deixa-se toda a questão dos direitos iguais nas terras do Sul em aberto e ainda por ser resolvida, tendo contra nós a influência moral do êxodo; sendo uma confissão da mais profunda impossibilidade dos direitos iguais e da igual proteção em qualquer estado onde esses direitos possam ser abatidos por meio da violência.

Não parece que os amigos da liberdade devessem seu tempo ou seu talento e seu apoio tratando esse êxodo como se fosse uma medida desejável seja para o Norte, seja para o Sul. Caso as pessoas deste país não tenham como ser protegidas em todos os estados da União, o governo dos Estados Unidos fica privado de sua legítima dignidade e de seu poder, a finada rebelião terá triunfado, a soberania da nação será uma palavra vazia, e o poder e a autoridade dos estados individuais serão maiores do que o poder e a autoridade dos Estados Unidos...

Os negros do Sul, que apenas começam a amealhar propriedade e a estabelecer as fundações da família, não deveriam ser apressados a vender o pouco que têm e partir para as margens do Mississippi. O hábito de vagar de um lugar para outro em busca de melhores condições de existência nunca é bom. Um homem jamais deveria deixar seu lar por um novo antes de ter tentado com afinco transformar seu entorno de acordo com seus desejos. O tempo e a energia despendidos errando de um lugar para outro, caso fossem empregados para fazer um lugar confortável no lugar onde ele está, iriam se revelar, em nove a cada dez casos, um investimento melhor. Nenhum povo jamais fez grande coisa seja por si mesmo ou pelo mundo sem a noção e a inspiração de uma terra natal, de um lar fixo, de uma vizinhança familiar e de conexões comuns. O fato de fazer as coisas como se a pessoa estivesse desde sempre acostumada aos hábitos locais tem o poder de elevar a mente e o coração dos homens. Traz muito mais alegria poder dizer "Nasci aqui e conheço todas as pessoas" do que "Sou um estranho aqui e não conheço ninguém".

Não se pode duvidar que, na medida em que este êxodo tende a promover inquietação entre os negros do Sul, a perturbar a noção que eles têm de lar e a sacrificar as vantagens do local onde eles se encontram, em nome de outras imaginárias no Kansas ou em outros locais, isto seja um mal. Alguns venderam suas casinhas, suas galinhas, mulas e porcos com sacrifício para seguir o êxodo. Deixe saberem que você está de partida, e quando você anunciar que está vendendo sua mula ela perde metade do valor, pois o fato de você ficar com ela lhe dá metade do valor. Se os negros da Geórgia oferecerem para venda suas propriedades que somam 6 milhões de dólares, com o objetivo de deixar a Geórgia, elas terão perdido metade de seu valor. A terra não vale muito onde não há gente para ocupá-la, e uma mula não vale muito quando não há ninguém que a guie.

Pode-se afirmar com segurança que, seja o argumento usado em sua defesa de que isso ampliará o poder político do Partido Republicano e assim ajudará a construir um Norte sólido contra um sólido Sul, seja o de que isso aumentará o poder e a influência dos negros como elemento político, permitindo que ele proteja melhor seus direitos e sua ascensão moral e social, o êxodo se revelará uma decepção, um equívoco e um fracasso; porque, no que diz respeito ao fortalecimento do Partido Republicano, os migrantes irão apenas para estados onde esse partido já é bastante forte e sólido com seus votos, e, no que tange à outra parte do argumento, será um fracasso porque retira eleitores negros de uma região do país onde eles são suficientemente numerosos para eleger alguns entre eles para lugares de honra e proveito, e os coloca em um lugar onde sua proporção em relação aos outros grupos será pequena a ponto de ele não ser reconhecido como um elemento político nem ter o direito a ser representado por um dos seus. E, além disso, indo aonde quer que vão, eles carregarão consigo, por um tempo, a pobreza, a ignorância e outros incidentes repulsivos, herdados de sua antiga condição de escravos – uma circunstância que tem tanta probabilidade de gerar votos para os democratas quanto para os republicanos, e que tanto pode fazer surgir um amargo preconceito contra eles quanto lhes arranjar amigos...

Claramente, o êxodo é menos danoso como medida do que o são os argumentos usados em seu favor. O êxodo é resultado de uma sensação de ultraje e desespero; mas os argumentos vêm de cálculo frio e egoísta. O êxodo é resultado de um sincero desespero, e apela poderosamente para a compaixão dos homens, mas os argumentos são um apelo a nosso egoísmo, que evita fazer aquilo que é certo por ser difícil.

Não só o Sul é a melhor localidade para o negro, segundo seus poderes políticos e suas possibilidades, como é também o melhor campo de trabalho para ele. Ele é lá, e em nenhum outro lugar, uma absoluta necessidade. Ele tem um monopólio do mercado de trabalho. Seu trabalho é o único que pode ser oferecido com sucesso para venda naquele mercado. Esse fato, com uma pequena dose de sabedoria e firmeza, permitirá que ele venda seu trabalho lá em termos mais favoráveis do que em outro lugar. Como não existem concorrentes nem substitutos, ele pode exigir um salário digno, na certeza de que o valor cobrado será aceito. O êxodo o privaria dessa vantagem...

O negro, como já se sugeriu, é antes de tudo um homem do Sul. Ele o é tanto por sua constituição quanto por seus hábitos, por seu corpo tanto quanto por sua mente. Ele levará consigo para o Norte não apenas os modos de trabalho do Sul como também os modos de vida do Sul. Os hábitos descuidados e improvidentes do Sul não serão deixados de lado em uma geração. Caso esses costumes sejam mantidos no Norte, nos ventos ferozes e na neve do Kansas e do Nebraska, a migração precisará ser grande para que essa população mantenha seus números...

Como reafirmação de poder de um povo até aqui amargamente desprezado, como enfático e contundente protesto contra a injustiça arrogante, gananciosa e despudorada contra os pobres e indefesos, como meio de abrir os olhos cegos dos opressores para sua loucura e para o perigo, o êxodo prestou valioso serviço. Se ele obteve tudo que poderia nesse sentido, é uma pergunta que se pode muito bem fazer neste momento. Com moderado grau de liderança inteligente em meio à classe trabalhadora do Sul, lidando de maneira adequada com a justiça de sua causa e usando de maneira sábia o exemplo do êxodo, eles podem facilmente obter condições de trabalho melhores do que em qualquer momento anterior. O êxodo é remédio, não alimento: deve-se usá-lo contra uma doença, e não para melhorar a saúde, não deve ser tomado por escolha, mas por necessidade. Em uma situação de normalidade, o Sul é o melhor lugar para o negro. Em nenhum outro lugar existe promessa de um futuro melhor para ele. Que ele fique lá se puder, e que salve tanto o Sul quanto a si mesmo para a civilização. Embora, contudo, possa ser a coisa mais sábia diante das circunstâncias para o liberto permanecer onde está, não se deve incentivar nenhuma medida de coerção para mantê-lo lá. O povo americano tem a obrigação, se é que tem ou possa ter alguma obrigação, de manter a porta entre o Norte e o Sul aberta para negros e brancos e para todos os povos. O momento de afirmar um direito, diz Webster, é quando ele é posto em questão. Caso se tente por força ou fraude obrigar os negros a permanecer onde estão, eles deveriam partir – partir sem demora, e morrer na tentativa se necessário...

Capítulo XVI
"O TEMPO EQUILIBRA TUDO"

Retorno ao "velho senhor" • Um último encontro •
A admissão do capitão Auld: "Se estivesse no seu
lugar, eu teria feito o mesmo" • Discurso em Easton • A velha
prisão de lá • Convidado para navegar no *Guthrie* •
S. Ex.ª J. L. Thomas • Visita à velha *plantation* • A casa
do coronel Lloyd • Recepção gentil e atenções • Cenas de
família • Velhas memórias • Cemitério • Hospitalidade •
Recepção graciosa da parte da sra. Buchanan • Pequeno
presente floral de uma garota • Promessa de "bons
tempos pela frente" • Discurso em Harpers Ferry, Dia da
Condecoração, 1881 • Storer College • S. Ex.ª A. J. Hunter

Os principais fatos para os quais pretendo chamar atenção e dar
destaque no presente capítulo irão, creio, falar à imaginação do
leitor com força e poesia peculiares, e podem muito bem ser drama-
tizados para o palco. Eles certamente dão mais um impressionante
exemplo do conhecido ditado segundo o qual "a realidade é mais
estranha do que a ficção".

O primeiro desses eventos ocorreu há quatro anos, quando, depois de um período de mais de quarenta anos, visitei o capitão Thomas Auld e tive uma conversa com ele em St. Michaels, no condado
de Talbot, em Maryland. Aqueles que vêm acompanhando o fio de
minha história irão lembrar que St. Michaels em certo momento
foi meu lar e o cenário de algumas das mais tristes experiências de
minha vida como escravo; e que deixei o local, ou antes, fui forçado
a deixá-lo, por acharem que eu tinha escrito passes para vários escravos a fim de permitir sua fuga, e que, em função dessa suposta
infração, importantes donos de escravos naquela região haviam
ameaçado atirar em mim caso me vissem, e que, para impedir a
execução dessa ameaça, meu senhor me mandou para Baltimore.

Meu retorno, portanto, a esse lugar, em paz, em meio às mesmas pessoas, foi por si só estranho, mas o fato de eu ter voltado

431

diante de um convite formal do capitão Thomas Auld, à época com 80 anos de idade, para visitá-lo em seu leito de morte, evidentemente com vistas a uma conversa amistosa sobre nossas relações do passado, foi ainda mais estranho e que antes eu jamais teria imaginado possível. Para mim, o capitão Auld continuava mantendo a relação de senhor – uma relação que eu detestava profundamente e que por quarenta anos eu havia denunciado com toda a amargura do espírito e a ferocidade das palavras. Ele sufocou minha personalidade, sujeitou-me a sua vontade, tornou meu corpo e minha alma suas propriedades, reduziu-me a um objeto, enviou-me a um domador de escravos para trabalhar como uma besta de carga e ser açoitado até me submeter; ele ficou com o dinheiro obtido com meu trabalho, enviou-me para a prisão, pôs-me à venda, destruiu minha escola dominical, proibiu que eu ensinasse os outros colegas a ler sob pena de 39 chibatadas em minhas costas nuas; vendeu meu corpo para seu irmão Hugh, embolsou o valor de minha carne e de meu sangue sem que sua consciência sofresse a menor perturbação possível. Eu, de minha parte, havia viajado por todo este país e por toda a Inglaterra, expondo a conduta dele, assim como a de outros donos de escravos, à reprovação de todos os que ouviam minhas palavras. Eu tornara o nome dele e seus atos conhecidos do mundo todo por meio de meus escritos em quatro línguas diferentes, e no entanto ali estávamos depois de quatro décadas outra vez face a face – ele em sua cama, velho e trêmulo, entrando no ocaso da vida, e eu, seu antigo escravo, agente judicial dos Estados Unidos para o Distrito de Colúmbia, segurando a mão dele enquanto conversávamos amistosamente, em uma espécie de ajuste final de contas do passado, como preparativo para a descida dele ao túmulo, onde todas as distinções acabam e onde o grande e o pequeno, o escravo e seu senhor, são reduzidos ao mesmo nível. Caso eu tivesse sido solicitado durante o tempo da escravidão para visitar esse homem, eu teria visto isso como um convite para colocar grilhões em minhas pernas e algemas em meus pulsos. Teria sido um convite para ser exposto em leilão e para ser açoitado como escravo. Eu não tinha nada a dizer a esse homem no antigo regime e só queria manter distância dele. Mas, agora que a escravidão havia sido destruída e que o escravo e o senhor estavam em condição de igualdade, eu não apenas estava disposto a me encontrar com ele como fiquei muito feliz em fazê-lo. As condições eram favoráveis à lembrança de todos os bons atos dele e à atenuação de todos os atos ruins. Para mim ele já não era um dono de escravos, nem de fato nem em espírito, e eu o via como via a mim mesmo, uma vítima das circunstâncias de nascimento, da educação, da lei e dos costumes.

Nossas trajetórias haviam sido determinadas para nós, não por nós. Ambos havíamos sido arremessados, por forças que não pediram nosso consentimento, em uma poderosa correnteza de vida, a que não podíamos resistir e que não podíamos controlar. Por essa correnteza ele era senhor, e eu, escravo; agora, porém, nossas vidas convergiam para um ponto onde as diferenças desapareciam, onde até mesmo a constância do ódio cede, onde as nuvens do orgulho, da paixão e do egoísmo somem perante o brilho da luz infinita. Em um momento como esse, e em tal lugar, quando um homem está prestes a cerrar os olhos neste mundo e pronto para entrar no eterno desconhecido, nenhuma palavra de censura ou de amargura deveria atingi-lo ou sair de seus lábios; e nessa ocasião não houve transgressões a essa regra de nenhuma das partes.

Como essa visita ao capitão Auld se tornou objeto de diversão para piadistas insensíveis, e como foi acusada por homens sérios de enfraquecer o testemunho dado durante toda a minha vida contra a escravidão, e como o relato dela, publicado nos jornais imediatamente depois de sua ocorrência, em certos aspectos foi falso e fantasioso, pode ser apropriado relatar com exatidão o que foi dito e feito nessa conversa.

Em primeiro lugar, é necessário compreender que eu não fui a St. Michaels a convite do capitão Auld, mas sim de meu amigo negro Charles Caldwell; quando, porém, eu estava lá, o capitão Auld mandou que o sr. Green, um homem que estava sempre ao lado dele na doença, dissesse que ele ficaria muito feliz em me ver, e que gostaria que eu fosse com Green até a casa dele, um convite que aceitei. Ao chegar à casa, deparei com o sr. William H. Bruff, um genro do capitão Auld, e com a sra. Louisa Bruff, filha dele, e fui levado por eles imediatamente até o quarto do capitão Auld. Nós nos cumprimentamos ao mesmo tempo, ele me chamando de "agente judicial Douglass" e eu, como sempre o chamara, de "capitão Auld". Ao ouvi-lo me chamar de "agente judicial Douglass", imediatamente acabei com a formalidade do encontro dizendo "para o senhor sou

Frederick, como antes". Apertamos as mãos cordialmente, e, ao fazer isso, ele, havia muito tempo afetado pela paralisia, derramou lágrimas como acontece com homens que se encontram nessa situação ao sentir alguma emoção profunda. A visão do capitão Auld, a mudança que o tempo causou nele, suas mãos trêmulas em constante movimento e todas as circunstâncias dessa condição me afetaram profundamente, e por algum tempo embargaram minha voz e me deixaram sem palavras. Nós dois, no entanto, conseguimos controlar os sentimentos e conversamos à vontade sobre o passado.

Embora estivesse alquebrado pela idade e pela paralisia, a mente do capitão Auld estava notavelmente clara e poderosa. Depois de ele ter se recomposto, perguntei o que ele pensava sobre minha conduta ao fugir e ir para o Norte. Ele hesitou por um momento, como se estivesse formulando adequadamente sua resposta, e disse: "Frederick, eu sempre soube que você era esperto demais para ser um escravo, e se estivesse no seu lugar, eu teria feito o mesmo". Eu disse: "Capitão Auld, fico feliz de ouvir o senhor falar isso. Eu não fugi do *senhor*, mas sim da *escravidão*; não foi falta de amor a César, mas sim amor por Roma". Eu disse que havia cometido um erro em minha narrativa, da qual enviara um exemplar para ele, ao atribuir a ele um tratamento ingrato e cruel a minha avó: que eu o fizera supondo que na divisão da propriedade de meu antigo senhor, sr. Aaron Anthony, minha avó havia ficado com ele, e que ele a havia abandonado na velhice, quando ela não podia mais ter valia para ele, tendo de ganhar a vida sozinha sem ninguém para ajudá-la, ou, em outras palavras, que ele a havia deixado para morrer como um cavalo velho. "Ah!", ele disse, "isso foi um erro, eu nunca fui dono de sua avó; na divisão dos escravos ela ficou com meu cunhado, Andrew Anthony"; "porém", ele logo acrescentou, "eu a trouxe para cá e cuidei dela enquanto ela viveu". O fato é que depois de ter redigido minha narrativa descrevendo a condição de minha avó, tendo isso chegado à atenção do capitão Auld, ele a resgatou de seu desamparo. Eu disse a ele que esse meu equívoco foi corrigido assim que eu o descobri e que em nenhum momento tive a intenção de ser injusto com ele; que eu acreditava que nós dois éramos vítimas de um sistema. "Ah, eu jamais gostei da escravidão", ele disse, "e pretendia emancipar todos os meus escravos quando eles completassem 25 anos". Eu disse que sempre tive curiosidade em saber minha idade, que tinha sido um sério problema para mim não saber quando era meu aniversário. Ele disse que não saberia me responder, mas achava que eu tinha nascido em fevereiro de 1818. Essa data me tornava um ano mais novo do que eu imaginava ser, pelo que tinha ouvido de minha senhora Lucretia, primeira esposa do capitão Auld, quando deixei a fazenda de Lloyd para Baltimore, na primavera de 1825; ela na época me disse que eu tinha 8 anos e que estava por completar 9. Sei que foi em 1825 que fui para Baltimore, porque foi naquele ano que o sr. James Beacham construiu uma grande fragata no pé da rua Alliceana, para um dos governos da América do Sul. A julgar por isso, e por certos eventos que ocorreram na fazenda do coronel Lloyd e dos quais um garoto com menos de 8 anos, sem nenhum conhecimento de livros, dificilmente se daria conta, sou levado a crer que a sra. Lucretia estava mais perto da verdade a respeito de minha idade do que seu marido.

Antes que eu saísse do lado da cama dele, o capitão Auld falou com alegre confiança sobre a grande mudança que estava à sua espera e se sentiu prestes a partir em paz. Vendo sua extrema fraqueza, não alonguei a visita. A conversa toda não durou mais de vinte minutos, e nos separamos para não mais nos ver. A morte dele foi anunciada nos jornais pouco tempo depois, e o fato de que ele um dia teve a mim como escravo foi citado como algo que tornava aquele evento digno de nota.

Talvez não seja muito artístico falar nisso em conexão com outro incidente de natureza semelhante a esse que acabo de narrar, e no entanto esse fato encontra naturalmente seu lugar aqui; e esse fato é minha visita à cidade de Easton, sede do condado de Talbot, dois anos mais tarde, para fazer um discurso no tribunal, em benefício de alguma associação daquele local. Essa visita se tornou interessante para mim pelo fato de que 45 anos antes, em companhia de Henry e John Harris, eu tinha sido arrastado para Easton atrás de cavalos, com as mãos amarradas, colocado na cadeia e posto à venda por ter cometido a infração de pretender fugir da escravidão.

É fácil imaginar que essa visita, depois de tal lapso temporal, trouxe com ela sentimentos e reflexões como apenas circunstâncias incomuns são capazes de despertar. Ali estava a velha prisão, com suas paredes caiadas e suas grades de ferro, assim como eram em minha juventude quando ouvi os pesados cadeados e trancas se fecharem atrás de mim.

Estranhamente, o sr. Joseph Graham, que na época era xerife do condado e me trancou nesse lugar sombrio, ainda vivia, embora caminhando para os 80 anos de idade, e foi um dos cavalheiros que agora me deram calorosas e amistosas boas-vindas, e esteve entre meus ouvintes quando fiz minha palestra no tribunal. Lá também estava, no mesmo lugar, a taverna Solomon Law, onde antigamente os negociantes de escravos se reuniam, e onde agora me hospedei e fui tratado com uma hospitalidade e uma consideração com as quais eu não podia sequer sonhar nos velhos tempos.

Quando já se avançou bastante na jornada da vida, quando já se viajou por grande parte deste grande mundo, e quando já se teve muitas e estranhas experiências de sombra e luz solar, quando longas distâncias de tempo e espaço já se puseram entre a pessoa e seu ponto de partida, é natural que seus pensamentos retornem ao local onde tudo começou, e que ela venha a ter um forte desejo de revisitar os cenários de suas primeiras memórias e de reviver na lembrança os incidentes de sua infância. Pelo menos tais têm sido por muitos anos meus pensamentos e meus sentimentos a respeito da *plantation* do coronel Lloyd no rio Wye, no condado de Talbot, em Maryland; pois eu jamais tinha estado lá desde que parti, aos 8 anos, em 1825.

Enquanto a escravidão continuou, é claro que esse desejo muito natural não pôde ser satisfeito; pois minha presença entre os escravos era perigosa para a paz pública, e não poderia ser tolerada, assim como não se tolera um lobo entre as ovelhas ou o fogo em um armazém. Agora, porém, que o resultado da guerra mudou tudo isso, eu havia determinado, muitos anos antes, voltar a meu velho lar na primeira oportunidade. Falando desse meu desejo no inverno passado a S. Ex.ª John L. Thomas, o eficiente coletor de impostos no porto de Baltimore e um importante republicano do estado de Maryland, ele me incitou a ir, e acrescentou que ele frequentemente viajava para a costa leste do estado em sua embarcação, a *Guthrie* (na época da guerra chamada de *Ewing*), fazendo a coleta de impostos, e que ficaria muito feliz de ter minha companhia numa dessas viagens. Demonstrei certa dúvida sobre como tal visita seria recebida pelo coronel Edward Lloyd, atual proprietário do antigo lugar e neto do governador Edward Lloyd, de quem eu me lembrava. O sr. Thomas prontamente me assegurou que pelo que ele sabia eu não teria nenhum problema quanto a isso. O sr. Lloyd era um homem de ideias liberais e sem dúvida receberia com grande gentileza uma visita minha. Fiquei muito feliz em aceitar a oferta. A oportunidade para a viagem, no entanto, só ocorreu em 12 de junho, e naquele dia, acompanhado pelos srs. Thomas, Thompson e Chamberlain, a bordo da embarcação, partimos para a visita. Quatro horas depois de termos deixado Baltimore, ancoramos no rio perto da propriedade de Lloyd, e do convés do barco vi outra vez as imponentes chaminés da antiga e grandiosa mansão. Eu havia visto a casa pela última vez do convés do *Sallie Lloyd* quando garoto. Parti de lá como escravo e retornei como homem livre. Parti de lá desconhecido do mundo exterior e retornei bastante conhecido; parti em um cargueiro e retornei em uma embarcação de coleta de impostos; parti em uma embarcação pertencente ao coronel Edward Lloyd e retornei em outra pertencente aos Estados Unidos.

Assim que ancoramos, o sr. Thomas enviou um bilhete para o coronel Edward Lloyd, anunciando minha presença a bordo e convidando-o a me encontrar, informando que eu desejava, caso ele gostasse da ideia, visitar meu antigo lar. Em resposta a esse bilhete, o sr. Howard Lloyd, filho do coronel Lloyd, um jovem cavalheiro de trato agradável, foi a bordo e foi apresentado aos vários cavalheiros e a mim.

Ele disse que seu pai tinha partido para Easton a negócios, disse que lamentava sua ausência, que esperava que ele voltasse antes de partirmos, e nesse ínterim nos recebeu cordialmente e nos convidou a desembarcar, acompanhando-nos pelo terreno, e nos deu as mais sinceras boas-vindas que poderíamos ter desejado. Espero que eu seja perdoado por falar desse incidente com grande complacência. Foi algo que só poderia ter ocorrido a alguns poucos homens, e somente uma vez para cada um. A duração da vida humana é curta demais para a repetição de eventos que ocorrem separados por 50 anos. Pode-se facilmente imaginar que eu tenha ficado profundamente comovido e que a visita tenha me afetado tremendamente. Ali estava eu, recebendo as boas-vindas do bisneto do coronel Edward Lloyd – um cavalheiro que eu havia conhecido 56 anos antes, e de quem eu me lembrava vividamente, em forma e traços, como se o tivesse visto no dia anterior. Era um cavalheiro dos velhos tempos, elegante no trajar, de postura digna, um homem de poucas palavras e com uma presença imponente; e posso facilmente imaginar que nenhum outro governador do estado de Maryland jamais tenha imposto tanto respeito quanto esse bisavô do jovem cavalheiro que agora estava diante de mim. Acompanhado pelo sr. Howard e por seu irmão mais novo, Decosa, um garoto brilhante de 8 ou 9 anos que revelava sua ascendência aristocrática nos traços do rosto e na modéstia e na graça dos movimentos. Olhando para ele, eu não tinha como evitar as reflexões que naturalmente surgiam ao ver tantas gerações de uma mesma família na mesma propriedade. Eu havia visto o Lloyd mais velho e agora estava caminhando com o mais jovem membro de mesmo nome. Quanto ao lugar em si, fiquei agradavelmente surpreso em ver que o tempo o havia tratado tão bem, e que em toda a sua mobília ele tinha mudado tão pouco desde que parti, pouco diferindo do que descrevi. Muito pouco estava faltando, à exceção dos esquadrões de criancinhas negras que antes eram vistas em todas as direções e a grande quantidade de escravos nos campos. A propriedade do coronel Lloyd abrangia 27 mil acres, e a sede da fazenda ocupava 7 mil. Em minha infância sessenta homens cultivavam apenas a área da sede da fazenda. Agora, com a ajuda de maquinário, o trabalho era realizado por dez homens. Vi as edificações, que davam ao local a aparência de um vilarejo, quase todas de pé, e fiquei chocado ao perceber que eu os levara de maneira tão precisa em minha memória por tantos anos. Havia o longo alojamento, o alojamento na colina, a casa de meu antigo senhor, Aaron Anthony; a casa do feitor, antes ocupada por William Sevier, Austin Gore, James Hopkins e outros feitores. Ligada à casa de meu antigo senhor ficava a cozinha comandada por tia Katy, onde minha cabeça havia levado tantos tapas daquelas mãos pouco amistosas. Olhei para aquela cozinha com peculiar interesse e lembrei que foi ali que vi minha mãe pela última vez. Fui até a janela onde a srta. Lucretia costumava sentar com suas costuras, e na qual eu cantava quando sentia fome, um sinal que ela bem compreendia e ao qual prontamente respondia com pão. O pequeno armário onde eu dormia dentro de um saco havia sido levado para a sala; o chão sujo também havia desaparecido debaixo de tábuas. Mas no geral a casa era muito parecida com o que fora nos velhos tempos. Não muito longe ficavam os estábulos, antigamente sob encargo do velho Barney. O depósito no final dele, cujas chaves meu senhor carregava, tinha sido removido. A grande casa onde ficavam abrigadas as carruagens, que em meus tempos de infância continha duas ou três belas carruagens, vários faetontes, cabriolés e um grande trenó – para este último dificilmente havia uso –, tinha desaparecido. Essa casa onde se guardavam as carruagens tinha grande interesse para mim, porque o coronel Lloyd por vezes permitia que seus criados a usassem em ocasiões festivas, e ali em tais momentos havia música e dança. Excetuadas essas duas, as demais casas da propriedade continuavam lá. Havia a oficina do sapateiro, onde tio Abe fazia e consertava sapatos; e a oficina do ferreiro, onde tio Tony malhava ferro e cujo fechamento semanal me ensinou a distinguir os domingos dos demais dias. O velho celeiro também estava lá, desgastado pelo tempo, claro, mas ainda em boas condições – um lugar de maravilhoso interesse para mim em minha infância, pois eu muitas vezes ia até lá para ouvir a conversa e ver o voo das andorinhas em meio a suas altas vigas e sob seu amplo telhado. O tempo havia causado algumas mudanças nas árvores e na folhagem. Os álamos da Lombardia, em cujos galhos os melros de asas vermelhas se reuniam e cantavam, e cuja música despertava em meu jovem coração sensações e aspirações profundas e indefiníveis, não estavam mais lá; já os carvalhos e os olmos onde o jovem Daniel – tio do atual Edward Lloyd – dividia comigo seus bolos e biscoitos estavam lá dando a mesma sombra de antes e igualmente belos. Manifestei ao sr. Howard um desejo de ver o cemitério da família, e nos encaminhamos para lá. É um lugar notável – o lugar do descanso final de todos os falecidos Lloyd por duzentos anos, pois a família estava de posse da propriedade desde a colonização de Maryland.

Os túmulos ali lembravam aquilo que pode ser visto no solo das igrejas inglesas cobertas de bolor. Os próprios nomes daqueles que dormem dentro dos túmulos mais antigos se desfizeram e se tornaram indecifráveis. Tudo ali é impressionante e sugere o caráter transitório da vida e da glória humanas. Ninguém poderia ficar debaixo daqueles salgueiros, em meio à hera e à murta rastejantes, e olhar para suas melancólicas sombras sem um grau incomum de solenidade. O primeiro enterro a que assisti ocorreu aqui. Foi o da bisavó, trazida de Annapolis em um caixão de mogno, e silenciosamente, sem cerimônia, depositado neste solo.

Enquanto estávamos ali, o sr. Howard colheu para mim um buquê de flores e de sempre-vivas dos diferentes túmulos à nossa volta, e eu cuidadosamente o levei para minha casa a fim de preservá-lo.

Notáveis entre os túmulos eram o do almirante Buchanan, que comandou o *Merrimac* em ação nas Hampton Roads com o *Monitor*, em 8 de março de 1862, e o do general Winder, do exército confederado, ambos genros do Lloyd mais velho. Também me apontaram o túmulo de um homem de Massachusetts, um certo sr. Page, professor da família, que vi várias vezes e que me fazia ficar imaginando sobre o que ele estaria pensando enquanto andava em silêncio de um lado para outro nos jardins, sempre sozinho, pois ele não andava na companhia nem do capitão Anthony, nem do sr. McDermot, nem dos feitores. Parecia ser solitário. Creio que ele era de algum lugar perto de Greenfield, em Massachusetts, e que membros de sua família venham talvez a saber pela primeira vez, por meio destas linhas, sobre o lugar de seu sepultamento; pois ouvi dizer que eles tiveram poucas notícias dele desde que partiu de casa.

Visitamos então o jardim, ainda mantido em boas condições, mas não como nos tempos do Lloyd mais velho, pois na época o lugar recebia os cuidados constantes do sr. McDermot, um jardineiro com pendores científicos, e de quatro trabalhadores experientes, e era talvez o mais belo traço do local. Dali fomos convidados para aquela que os escravos chamavam de casa-grande – a mansão dos Lloyd – e nos ofereceram cadeiras em sua imponente varanda, de onde pudemos ter uma vista completa dos jardins, com suas amplas trilhas, ladeadas por arbustos e enfeitadas com árvores frutíferas de quase todas as variedades. Poucas vezes eu havia visto um cenário mais tranquilo e tranquilizador neste ou em outro país.

Logo fomos convidados a deixar aquela deliciosa paisagem para ir à grande sala de jantar, com sua mobília à moda antiga, seus aparadores de mogno, os candelabros de vidro polido, os decantadores, os copos e as taças de vinho, e fomos cordialmente convidados a nos refrescar com vinho de excelente qualidade.

Dizer que nossa recepção foi agradável em todos os aspectos é mera sombra do sentimento que todos e cada um de nós tivemos.

Quando deixei a casa-grande, minha presença se tornou conhecida pelos negros, alguns dos quais eram filhos daqueles que conheci quando menino. Todos eles pareceram muito felizes por me ver e gostaram quando citei os nomes de muitos dos antigos criados, e indiquei a cabana onde o dr. Copper, um antigo escravo, com um galho de nogueira nas mãos, ensinava-nos a recitar o pai-nosso. Depois de termos passado um tempo com eles, demos adeus ao sr. Howard Lloyd. Agradecendo muito sua atenção, partimos para St. Michael's, um lugar do qual eu já havia falado.

A parte seguinte dessa viagem memorável nos levou ao lar da sra. Buchanan, viúva do almirante Buchanan, uma das duas únicas filhas vivas do velho governador Lloyd, e aqui minha recepção foi tão gentil quanto havia sido na casa-grande, onde eu a vira quando era uma jovem delgada de 18 anos. Agora ela tem cerca de 74, mas está maravilhosamente conservada. Ela me convidou a sentar ao lado dela, apresentou-me a sua neta, conversou comigo tão à vontade e sem constrangimentos como se eu fosse um velho conhecido e tivesse um status igual ao da mais aristocrática raça caucasiana. Vi nela muito da tranquila dignidade e dos traços de seu pai. Passei uma hora mais ou menos conversando com a sra. Buchanan, e, quando parti, uma bela bisneta dela, com um agradável sorriso no rosto, entregou-me um buquê de flores variegadas. Jamais aceitei tal presente com um sentimento mais doce de gratidão do que o fiz ao recebê-lo das mãos daquela linda criança. Aquilo me disse muitas coisas, entre elas que uma nova forma de justiça, gentileza e de irmandade humana estava nascendo não apenas no Norte, como também no Sul; que aquela guerra, e a escravidão que causou a guerra, eram coisas do passado, e que a geração vindoura estava voltando seus olhos do ocaso das instituições decadentes rumo às grandiosas possibilidades de um futuro glorioso.

O incidente seguinte, e último digno de nota em minha experiência, e algo que ilustra de maneira ainda mais impressionante a ideia deste capítulo, é minha visita a Harpers Ferry, no dia 30 de maio deste ano, e meu discurso sobre John Brown, feito naquele lugar diante da Storer College, uma instituição criada para a educação de filhos daqueles que John Brown tentou libertar. Faz pouco mais de vinte anos que o tema de meu discurso – como se vê em outro momento deste volume – fez uma incursão a Harpers

Ferry; que seu povo, e podemos dizer toda a nação, ficava atônito, horrorizado e indignado com a mera menção de seu nome; que o governo dos Estados Unidos cooperou com o estado da Virgínia em esforços para prender e levar à pena de morte todas as pessoas ligadas de algum modo a John Brown e sua empreitada; que os agentes dos Estados Unidos visitaram Rochester e outros lugares à minha procura, com a intenção de me prender e me executar, por minha suposta cumplicidade com Brown; que muitos cidadãos de renome no Norte foram compelidos a partir do país para evitar serem presos, e homens foram atacados, mesmo em Boston, por ousar falar algo para defender ou amenizar aquele que era considerado o enorme crime de Brown; e no entanto ali estava eu, depois de duas décadas, sobre o mesmo solo que ele havia manchado de sangue, em meio às mesmas pessoas que ele havia assustado e indignado, e que, poucos anos antes, teriam me enforcado na primeira árvore, em plena luz do dia, e permitiram que eu fizesse um discurso, não apenas defendendo John Brown, mas exaltando-o como um herói e como um mártir da causa da liberdade, e sem que houvesse um murmúrio sequer de reprovação. Confesso que ao olhar para o cenário diante de mim e para as enormes alturas à minha volta, e lembrar o drama sangrento que se encenou ali; ver a casa de troncos à distância, onde John Brown reunia seus homens, ver a pequena casa de máquinas que os corajosos e velhos puritanos usaram como fortificação contra uma dezena de companhias das Milícias da Virgínia, e o lugar onde ele foi finalmente capturado pelas tropas dos Estados Unidos sob o comando do coronel Robert E. Lee, fiquei um pouco chocado com minha própria ousadia de tentar fazer em tal local um discurso acerca do personagem anunciado antecipadamente à minha chegada. Mas não havia motivo para apreensão. O povo de Harpers Ferry havia feito espantosos progressos quanto a suas ideias de liberdade de consciência e de expressão. A abolição da escravatura não emancipou apenas o negro, mas libertou também os brancos; tirou as travas de sua língua e os grilhões de suas prensas. Sobre o tablado de onde falei, estava sentado S. Ex.ª Andrew J. Hunter, o procurador do estado da Virgínia que conduziu o processo do estado contra John Brown que o levou à forca. Esse homem, agora bastante avançado em anos, cumprimentou-me cordialmente e, numa conversa comigo depois do discurso, deu testemunho da hombridade e da coragem de John Brown e, embora continuasse reprovando o ataque conduzido por ele a Harpers Ferry, elogiou meu discurso e insistiu que eu fosse visitar Charlestown, onde ele mora, e se ofereceu para me relatar alguns fatos que poderiam ser de meu interesse, como aquilo que o capitão Brown disse e fez na prisão e no julgamento, até o momento de sua execução. Lamento que meus compromissos e obrigações fossem tais que eu não tenha podido na época aceitar esse convite, pois não duvido da sinceridade com que foi feito, nem deixo de ver seu valor. O sr. Hunter não apenas me cumprimentou pelo discurso como, ao se despedir, apertou amistosamente minha mão e acrescentou que, caso Robert E. Lee fosse vivo e estivesse presente, ele também me estenderia a mão.

A presença desse homem aumentou em muito o interesse pela ocasião, com suas frequentes interrupções, aprovando e condenando meus sentimentos à medida que eu os expressava. Lamento apenas que ele não tenha feito uma resposta formal a meu discurso, mas, ao ser convidado a fazer isso, ele se recusou. Teria sido para mim uma oportunidade de fortalecer certas posições de meu discurso que talvez não estivessem suficientemente bem defendidas. No geral, a visita ao capitão Auld, a Easton com sua velha prisão, à casa de meu antigo senhor na fazenda do coronel Lloyd, e essa visita a Harpers Ferry, com todas as suas associações, satisfazem plenamente a expectativa criada no princípio deste capítulo.

Capítulo XVII
INCIDENTES E EVENTOS

S. Ex.ª Gerrit Smith e sr. E. C. Delevan • Experiências em
hotéis e vapores e outros meios de viagem • S. Ex.ª Edward
Marshall • Grace Greenwood • S. Ex.ª Moses Norris • Robert
G. Ingersoll • Reflexões e conclusões • Compensações

O leitor terá observado que, ao escapar do Sul, não escapei de sua
enorme influência sobre o Norte. Essa influência esteve a meu lado
em quase todos os lugares, exceto nos círculos abolicionistas, e por
vezes mesmo dentro deles. Ela estava no ar, e os homens a respi-
ravam e eram permeados por ela mesmo quando estavam praticamente inconscientes de sua presença.

Posso relatar diversas ocasiões em que deparei com esse sentimento, algumas dolorosas e tristes, outras ridículas e divertidas.
Foi parte de minha missão expor o absurdo desse espírito de casta
e em alguma medida ajudar a emancipar os homens de seu controle.
Convidado a acompanhar S. Ex.ª Gerrit Smith num jantar com
o sr. E. C. Delevan em Albany há muitos anos, manifestei ao sr.
Smith meu constrangimento com a companhia que provavelmente
encontraria lá. "Ah!", disse aquele bom homem, "você precisa ir,
Douglass; é sua missão romper os muros que separam as duas raças". Fui com o sr. Smith, e logo o sr. Delevan e as senhoras e os
cavalheiros que lá estavam me deixaram à vontade. Eles estavam
entre as pessoas mais sofisticadas e brilhantes que jamais conheci.
Fiquei algo surpreso por estar tão à vontade naquela companhia,
porém descobri naquele momento, e percebi isso desde então, que,
quanto maiores são a inteligência e a sofisticação das pessoas, mais
elas se encontram distantes de todas as distinções e limites artificiais impostos pela mera casta ou pela cor.

Em uma de minhas campanhas abolicionistas em Nova York,
há 35 anos, eu tinha um compromisso em Victor, uma cidade no
condado de Ontário. Fui forçado a parar no hotel. Era costume
na época que os hóspedes se sentassem em uma longa mesa que

atravessava toda a sala de jantar. Quando entrei, levaram-me a uma pequena mesa no canto. Eu sabia o que aquilo significava, porém jantei mesmo assim. Quando fui até o balcão para pagar a conta, eu disse: "Agora, meu caro senhorio, pode ter a bondade de me dizer por que o senhor me serviu o jantar naquela pequena mesa do canto, sozinho?". Ele se saiu bem e respondeu rapidamente: "Porque eu queria dar ao senhor algo melhor do que dei aos outros". A resposta tranquila me chocou, e peguei meu troco, murmurando apenas que não gostaria de ser tratado melhor do que outras pessoas, e desejei bom-dia a ele.

Em uma turnê abolicionista pelo Oeste, na companhia de H. Ford Douglas, um jovem negro de fina inteligência e muito promissor, e de meu velho amigo John Jones, ambos já falecidos, paramos em um hotel em Janesville e fomos colocados à parte para fazer nossas refeições num lugar onde ficávamos à vista de todos os desocupados que bebiam nos botecos. Sentado ali, aproveitei a ocasião para dizer, alto o suficiente para que todos me ouvissem, que eu tinha acabado de sair do estábulo e que havia feito uma grande descoberta. Quando o sr. Jones perguntou qual foi minha descoberta, eu disse que havia visto lá cavalos pretos e brancos comendo juntos no mesmo cocho em paz, o que me fez inferir que os cavalos de Janesville eram mais civilizados do que o povo de lá. As pessoas entenderam a mensagem e deram uma risada bem-humorada. Depois disso fomos colocados na mesma mesa que os demais hóspedes.

Muitos anos atrás, no caminho entre Cleveland e Buffalo, em um dos vapores do lago, o gongo anunciou a ceia. Havia um tipo durão a bordo, como naquele tempo se via em qualquer lugar entre Buffalo e Chicago. Ao primeiro som do gongo houve uma corrida furiosa para a mesa. Por prudência, muito mais do que por falta de apetite, esperei a segunda mesa, assim como várias outras pessoas. Nessa segunda mesa tomei assento bem longe dos poucos cavalheiros espalhados daquele lado, porém diretamente à frente de um homem bem-vestido, de belos traços, com a pele muito branca, testa alta, cabelos dourados e barba clara. Tudo na aparência dele me dizia que se tratava de *alguém*. Eu tinha me sentado fazia apenas um ou dois minutos quando o comissário de bordo veio até onde eu estava e grosseiramente mandou que eu saísse. Não dei atenção a ele e continuei ceando, determinado a não sair, a menos que fosse obrigado a isso por forças superiores, e sendo jovem e forte não me faltava disposição para arriscar as consequências de tal disputa. Poucos momentos se passaram e, de ambos os lados de minha cadeira, surgiram homens robustos de minha própria raça. Olhei para o cavalheiro à minha frente. A testa dele estava franzida, sua cor havia mudado do branco para o escarlate, e seus olhos estavam cheios de fogo. Vi o relâmpago, mas não podia saber onde ele iria cair. Antes que meus irmãos de ébano pudessem executar as ordens do capitão, e bem quando eles estavam prestes a colocar suas mãos violentas sobre mim, uma voz saída daquele homem de cabelos dourados e de olhos ferozes ressoou como um trovão de verão. "Deixem esse senhor em paz! Não tenho vergonha de tomar meu chá com o sr. Douglass." Ele tinha uma voz a que se devia obedecer, e não houve mais quem contestasse meu direito ao lugar e à ceia.

Eu me curvei para o cavalheiro e agradeci sua interferência educada; e, com a modéstia de que fui capaz, perguntei seu nome. "Eu sou Edward Marshall, do Kentucky, agora da Califórnia", ele disse. "Senhor, é um prazer conhecê-lo. Acabo de ler seu discurso no Congresso", eu disse. Depois da ceia, passamos várias horas conversando, e durante esse tempo ele me contou sobre sua carreira política na Califórnia e sua eleição para o Congresso, e me disse ser um democrata, mas sem preconceitos de cor. Ele estava viajando do Kentucky, aonde tinha ido em parte para ver sua mãe negra, pois, ele me disse, "fui amamentado nos seios de uma ama de leite".

Perguntei se ele conhecia meu velho amigo John A. Collins na Califórnia. "Ah, sim", ele respondeu, "é um sujeito esperto; concorreu contra mim para o Congresso. Eu o acusei de ser abolicionista, porém ele negou, então consegui que encontrassem provas de que ele havia sido agente geral da Sociedade Antiescravagista de Massachusetts, e isso resolveu a questão".

Durante o caminho, o sr. Marshall me convidou para tomar um drinque no bar. Eu disse que não tomaria nada, mas o acompanhei. Havia várias pessoas com olhares sedentos em torno, para as quais o sr. Marshall disse: "Venham, meninos, tomem um drinque". Quando todos tinham acabado de beber, ele jogou sobre o balcão uma peça de ouro de 20 dólares, para a qual o barman dirigiu seus olhos arregalados, dizendo que não teria como dar troco. "Bom, fique com ela então", disse Marshall, galante, "não vai ter sobrado nada até o amanhecer". Depois disso, naturalmente nos separamos, e ele foi monopolizado por outras companhias; jamais, porém, deixarei de ter disposição para dar testemunho da generosidade e da hombridade desse irmão do talentoso e eloquente Thomas Marshall, do Kentucky.

Em 1842 fui enviado pela Sociedade Antiescravagista de Massachusetts para fazer uma reunião dominical em Pittsfield, em New Hampshire, e recebi como indicação o nome do sr. Hilles, um assinante do *Liberator*. Supunha-se que qualquer um que tivesse a coragem de assinar e ler o *Liberator*, editado por William Lloyd Garrison, ou o *Herald of Freedom*, editado por Nathaniel P. Rodgers, receberia alegremente e daria alimento e abrigo a qualquer irmão negro que estivesse trabalhando pela causa do escravo. Como regra geral, isso era verdade.

Não havia ferrovias em New Hampshire naquela época, por isso cheguei numa diligência, feliz de ter tido permissão para ir na parte superior, pois negros não eram autorizados a ir do lado de dentro. Isso foi muitos anos antes das leis de direitos civis, dos congressistas negros, de agentes judiciais negros e coisas do gênero.

Chegando a Pittsfield, o condutor me perguntou onde eu iria descer. Dei a ele o nome de meu assinante do *Liberator*. "Fica 3 quilômetros adiante", ele disse. Assim, depois de ter deixado os demais passageiros, ele me levou até a casa do sr. Hilles.

Confesso que eu não parecia um visitante muito desejável. O dia estava quente e a estrada, empoeirada. Eu estava coberto de pó e minha pele não tinha a cor de que as pessoas mais gostavam naquela região, pois os negros eram raros naquela parte do velho Estado do Granito. Vi em um instante que, embora o dia estivesse quente, eu teria uma recepção fria; fria ou calorosa, porém, não me restava alternativa a não ser ficar e aceitar o que eu conseguisse.

O sr. Hilles mal falou comigo, e desde o momento em que me viu saltar do topo da diligência, de mala na mão, o semblante dele se fechou. Sua bondosa esposa teve uma visão mais filosófica do tema, e era nítido que ela pensou que minha presença ali por um ou dois dias não poderia causar grandes danos à família; ela, porém, se manteve contida, quieta e formal, uma postura totalmente diferente daquela que eu tinha encontrado nas mulheres abolicionistas em Massachusetts e Rhode Island.

Quando chegou a hora do chá, descobri que o sr. Hilles perdera o apetite e não poderia se sentar à mesa. Suspeitei que o problema dele era negrofobia e, embora lamentasse sua doença, eu sabia que o caso dele não era necessariamente perigoso; e eu tinha alguma confiança em meus talentos e habilidades para curar doenças daquele gênero. No entanto, fui afetado a tal ponto pela condição dele que não pude comer muito da torta e do bolo postos diante de mim, e me senti tão pouco em harmonia com as coisas à minha volta que fiquei, para meus padrões, curiosamente reticente durante a noite, tanto antes quanto depois da adoração feita em família, pois o sr. Hilles era um homem religioso.

A manhã de domingo chegou e logo também chegou a hora do encontro. Eu tinha arranjado uma boa quantidade de trabalho para o dia. Eu deveria falar quatro vezes, às dez da manhã, à uma da tarde, às cinco da tarde e mais uma vez às sete e meia da noite.

Quando chegou a hora do encontro, o sr. Hilles trouxe seu belo faetonte até a porta, ajudou a esposa a entrar e, embora houvesse dois assentos vagos na carruagem, não havia lugar para mim. Ao se afastar da casa, ele apenas disse: "Você consegue encontrar a prefeitura, imagino?". "Imagino que sim", respondi, e comecei a andar atrás da carruagem pela estrada empoeirada em direção à cidade. Encontrei a prefeitura e fiquei muito feliz de ver em minha pequena plateia o rosto da boa sra. Hilles. O marido dela não estava lá, tinha ido à igreja dele. Não havia ninguém para me apresentar, e comecei a falar sem ser apresentado. Falei para a plateia até o meio-dia e depois fiz o intervalo de costume nos encontros dominicais nas cidades do interior, para permitir que as pessoas almoçassem. Ninguém me convidou para o almoço, por isso permaneci na prefeitura até que a plateia voltasse, e então falei novamente até quase três da tarde, quando novamente as pessoas se dispersaram e me deixaram lá como da outra vez. A essa altura comecei a sentir fome, e, vendo um pequeno hotel ali perto, entrei e me ofereci para pagar por uma refeição; fui informado, porém, de que "eles não recebem negros lá". Voltei para a velha prefeitura com fome e frio, pois um vento "nordeste da Nova Inglaterra" ainda em estado embrionário começava a soprar, e caía uma garoa. Vi que meus movimentos estavam sendo observados pelas pessoas nas casas confortáveis do entorno, com algo que parecia o sentimento que as crianças podem experimentar ao ver um urso perambulando por uma cidade. Havia um cemitério perto da prefeitura, e, atraído para lá, senti certo alívio ao contemplar o lugar de repouso dos mortos, pois havia um fim para todas as distinções entre ricos e pobres, brancos e negros, os de cima e os de baixo.

Enquanto meditava sobre as vaidades do mundo e sobre minha própria solidão e meu desamparo, e recordava o *pathos* sublime da frase de Jesus: "As raposas têm tocas, e os pássaros têm ninhos, mas o Filho do Homem não tem onde repousar Sua cabeça", fui abordado com certa relutância por um cavalheiro, que perguntou meu nome. "Meu nome é Douglass", respondi. "Parece que você não tem um lugar para ficar enquanto está na cidade." Falei que não tinha. "Bem", disse ele, "eu não sou abolicionista, mas se quiser me acompanhar vou cuidar de você". Agradeci e o acompanhei até sua bela residência. Durante o trajeto perguntei seu nome. "Moses Norris", ele disse. "O quê! S. Ex.ª Moses Norris?", perguntei. "Sim", ele respondeu. Por um momento eu não soube o que fazer, pois eu tinha ouvido que aquele mesmo homem havia literalmente arrastado o reverendo George Storrs para fora do púlpito por ter pregado o abolicionismo. Eu, no entanto, andei ao lado dele e fui convidado para entrar em sua casa, quando ouvi as crianças correndo e gritando: "Mamãe, mamãe, tem um negro na casa, tem um negro na casa"; e foi com certa dificuldade que o sr. Norris conseguiu acalmar o tumulto. Vi que também a sra. Norris estava bastante perturbada com minha presença, e por um momento pensei em ir embora, mas o sr. Norris me tranquilizou com sua gentileza e eu decidi ficar. Quando a tranquilidade foi restabelecida, arrisquei o experimento de pedir uma gentileza à sra. Norris. Eu disse: "Sra. Norris, eu peguei frio, estou rouco de tanto falar e descobri que nada me alivia tanto quanto um pouco de água fresca com açúcar". Os modos da senhora mudaram, e com as próprias mãos ela me trouxe água e açúcar. Agradeci com genuína sinceridade, e a partir daquele momento pude ver que os preconceitos dela tinham praticamente desaparecido, e que eu era bastante bem-vindo para ficar ao lado da lareira desse senador democrata. Falei novamente à noite, e no encerramento do encontro houve uma disputa entre a sra. Norris e a sra. Hilles, ambas querendo que eu fosse para suas casas. Ponderei sobre a gentileza da sra. Hilles comigo, embora seus modos tenham sido formais; eu sabia o motivo, e pensei, especialmente tendo em vista que minha mala estava lá, que eu deveria acompanhá-la. Portanto, agradecendo muito ao sr. e à sra. Norris, eu me despedi deles e fui para a casa com o sr. e a sra. Hilles, onde descobri que a atmosfera estava maravilhosamente modificada para melhor. No dia seguinte, o sr. Hilles me levou na mesma carruagem em que eu *não tinha andado* no domingo, para meu compromisso seguinte, e no caminho me disse se sentir mais honrado por ter me recebido do que se tivesse recebido o presidente dos Estados Unidos. O elogio teria sido um pouco mais lisonjeiro para minha autoestima não fosse John Tyler a ocupar a cadeira presidencial na época.

Naqueles dias infelizes da República, quando todas as convicções eram a favor da escravidão, e quando um negro encontrava menos resistência para andar no transporte público se fosse escravo do que se fosse livre, eu calhei de estar na Pensilvânia e tive oportunidade de ser testemunha de tal preferência. Tomei um assento em um bonde ao lado de minha amiga, a sra. Amy Post, de Rochester, Nova York, que, assim como eu, tinha ido a Filadélfia para participar de um encontro abolicionista. Eu acabara de me sentar quando o condutor se apressou para me tirar do bonde. Minha amiga protestou, e o atônito condutor disse: "Minha senhora, ele lhe pertence?". "Sim", disse a sra. Post, e o assunto ficou por isso mesmo. Tive permissão para continuar no bonde em paz, não por ser um homem, e porque havia pagado minha passagem, mas porque eu pertencia a alguém. Minha cor deixava de ser ofensiva porque se supunha que eu não era uma pessoa, mas sim uma propriedade.

Outra vez, na mesma cidade, tomei assento, sem ser observado, na parte de trás do bonde, em meio aos passageiros brancos. Imediatamente ouvi o condutor, em um tom de voz raivoso, mandar outro negro, que estava modestamente de pé sobre a plataforma na parte traseira do bonde, descer, e ele chegou a parar o carro para forçar a descida, quando eu, do lado de dentro, com toda a ênfase que pude colocar em minha voz, imitando meu cavalheiresco amigo Marshall do Kentucky, disse: "Vá em frente! Deixe o homem em paz; ninguém aqui se opõe à presença dele!". Por infelicidade o sujeito viu de onde a voz tinha vindo e voltou sua irada atenção para mim, dizendo: "Você também tem que descer!". Falei que não desceria e que se ele tentasse me retirar à força seria por sua conta e risco. Não sei se o jovem não quis me enfrentar ou se não queria incomodar os passageiros. De qualquer modo, ele não tentou executar sua ameaça, e eu continuei no bonde em paz até chegar à rua Chestnut, quando desci e fui tratar de minha vida.

Certa vez, indo pelo rio Hudson, de Albany para Nova York, no vapor *Alida*, acompanhado por algumas mulheres inglesas que tinham me encontrado em seu próprio país e que haviam me recebido como um cavalheiro, tomei a liberdade, como qualquer outro passageiro, de ir, ao toque do sino do jantar, para a cabine e tomar assento à mesa; entretanto fui removido à força de lá e obrigado a deixar a cabine. Minhas amigas, que desejavam desfrutar de um dia de passeio pelo belo Hudson, deixaram a mesa atrás de mim e foram famintas para Nova York, indignadas e enojadas com tal barbárie. Havia pessoas influentes a bordo do *Alida* nessa ocasião, e uma palavra delas poderia ter me poupado dessa indignidade; não havia entre elas, porém, nenhum Edward Marshall para defender os fracos e censurar os fortes.

Quando a srta. Sarah Jane Clark, uma das mulheres mais brilhantes da vida literária americana, conhecida no mundo pelo nome artístico de Grace Greenwood, era jovem, e tão corajosa quanto bela, tive uma experiência semelhante àquela do *Alida* em um dos vapores do rio Ohio; e aquela senhora, estando a bordo, ergueu-se de seu assento à mesa, manifestou sua desaprovação e foi majestosamente com a irmã para o convés superior. Tive a impressão de que a conduta dela deixou perplexos os passageiros, mas me encheu de grata admiração.

Quando estava a caminho para participar da grande Convenção do Solo Livre em Pittsburgh, em 1852, que indicou John P. Hale para presidente, e George W. Julian para vice-presidente, o trem parou para o jantar em Alliance, em Ohio, e tentei entrar no hotel com os outros delegados, porém fui bruscamente repelido, e muitos deles, ao saber disso, levantaram-se da mesa e, denunciando o ultraje, recusaram-se a terminar a refeição.

Sabendo que voltaríamos no encerramento da convenção, o sr. Samuel Beck, proprietário do hotel, preparou jantar para trezentas pessoas, mas, quando o trem chegou, nenhum dos integrantes do grande comboio entrou em seu hotel, e o jantar que ele havia preparado ficou fadado a estragar.

Há doze anos, ou mais, em uma das noites mais gélidas e frias de minha vida, fiz uma palestra na cidade de Elmwood, Illinois, a 30 quilômetros de Peoria. Foi uma daquelas noites congelantes e impiedosas, em que os ventos dos campos perfuram como agulhas, e em que um passo na neve soa como uma lima nos dentes de aço de um serrote. Meu compromisso seguinte depois de Elmwood seria na noite de segunda-feira, e para chegar a tempo seria necessário ir até Peoria na noite anterior, para pegar um trem cedinho pela manhã, e eu só tinha como fazer isso partindo de Elmwood depois de minha palestra, à meia-noite, pois não havia trens aos domingos. Por isso, um pouco antes da hora em que o trem era esperado em Elmwood, fui para a estação com meu amigo sr. Brown, o cavalheiro que havia gentilmente me recebido durante minha estada. No caminho eu disse a ele: "Vou a Peoria tendo um verdadeiro medo do lugar. Imagino que eu vá ser forçado a andar pelas ruas da cidade a noite toda para não congelar". Contei que "da última vez que estive lá não consegui abrigo em nenhum hotel e que eu temia encontrar a mesma exclusão esta noite". O sr. Brown ficou visivelmente abalado com minha afirmação e por algum tempo se manteve em silêncio. Por fim, como se subitamente tivesse descoberto uma saída para uma situação dolorosa, ele disse: "Conheço um homem em Peoria que, caso os hotéis se fechem de novo para você, ficaria feliz em abrir as portas para você – um homem que vai recebê-lo a qualquer hora da noite, e em qualquer clima, e este homem é Robert J. Ingersoll". "Ora", disse eu, "não seria certo perturbar uma família no horário em que vou chegar lá, em uma noite fria como esta". "Não se importe com a hora", ele disse; "nem ele nem a família dele ficariam felizes se soubessem que você está desabrigado numa noite como esta. Conheço o sr. Ingersoll e sei que ele ficará feliz em lhe dar as boas-vindas seja à meia-noite, seja na madrugada". Fiquei muito interessado por essa descrição do sr. Ingersoll. Felizmente não tive oportunidade de perturbá-lo, nem à sua família. Fui hospedado no melhor hotel da cidade naquela noite. Pela manhã resolvi saber mais sobre esse agora famoso e notório "infiel". Fui visitá-lo cedo pela manhã, pois não tinha tanto dinheiro a ponto de recusar hospitalidade em uma cidade desconhecida estando em uma missão de "boa vontade humanitária". O experimento funcionou admiravelmente. O sr. Ingersoll estava em casa, e jamais encontrei um homem que, como ele, tivesse uma verdadeira luz do sol no rosto e uma bondade honesta e viril na voz. Recebi as boas-vindas do sr. Ingersoll e de sua família que seriam um tônico para o coração despedaçado de algum desconhecido que tivesse sido proscrito e exposto ao tempo, e o modo como eles me receberam é algo que jamais esquecerei ou deixarei de estimar. Talvez houvesse ministros cristãos e famílias cristãs em Peoria na época que tivessem me recebido da mesma maneira graciosa. Por caridade sou forçado a dizer que provavelmente existiam tais ministros e tais famílias, porém sou igualmente forçado a dizer que em minhas visitas anteriores àquele lugar eu não os havia encontrado. Incidentes desse tipo ajudaram muito a tornar mais liberais meus pontos de vista quanto ao valor dos credos na avaliação do caráter dos homens. Eles me fizeram chegar à conclusão de que a genuína bondade é a mesma, seja ela encontrada dentro ou fora da igreja, e de que ser um "infiel" não é prova de que um homem é egoísta, maldoso e perverso, assim como ser evangélico não é prova de que ele é honesto, justo e humano.

Talvez seja possível inferir do que eu disse sobre a prevalência do preconceito, e sobre a prática da proscrição, que tive uma vida miserável, ou que devo ser notavelmente insensível à aversão pública. Nenhuma das duas inferências é verdadeira. Nem tive uma vida miserável em função dos sentimentos ruins que outros tiveram por mim, nem me tornei indiferente à aprovação popular; e creio que, no geral, tive uma vida toleravelmente alegre e até mesmo feliz. Jamais me senti isolado desde que me apresentei para lutar pela causa do escravo e exigir direitos iguais para todos. Em todas as pequenas e grandes cidades onde me coube falar, houve amigos de ambas as cores para torcer por mim e para dar forças a meu trabalho. Sempre senti também que tinha a meu lado todas as forças invisíveis do governo moral do universo. Felizmente para mim, tive a sabedoria de distinguir entre aquilo que é meramente artificial e passageiro e aquilo que é essencial e permanente, e, ao me apoiar nestas últimas coisas, pude alegremente encontrar as primeiras. "O que você sente", um amigo me perguntou, "quando alguém na rua o vaia ou zomba de você por causa de sua raça?". "Sinto como se um burro tivesse dado um coice, mas não tivesse acertado ninguém", foi minha resposta.

Foi também de grande ajuda nessas condições pouco amistosas uma tendência constitutiva a ver o lado engraçado das coisas, o que me permitia rir das tolices das quais outros se ressentiam seriamente. Além disso, houve compensações, tanto quanto reveses, em minhas relações com a raça branca. Passageiro no convés de um vapor no rio Hudson, coberto por um xale puído e encardido, fui abordado por um homem de notável-aparência-de-missionário-religioso vestido com um sobretudo preto e gravata branca, que me tomou por um dos nobres homens vermelhos do Oeste distante, com um "Vem de longe?". Fiquei em silêncio e ele acrescentou: "Índio?". "Não, não", eu disse; "sou negro". O caro homem parecia não ter nenhum dever missionário comigo e se retirou com evidentes marcas de desgosto.

Em outra ocasião, viajando em um trem noturno, na ferrovia central de Nova York, com os vagões lotados e assentos escassos, eu ocupava um banco inteiro, o único luxo que a cor de minha pele me dava ao viajar, e havia repousado a cabeça parcialmente, achando que o lugar estava assegurado, quando um sujeito bem-vestido se aproximou e desejou compartilhar o banco comigo. Levantando-me um pouco, eu disse: "Não sente aqui, meu amigo, eu sou negro". "Pouco me importa quem diabos você é", ele disse, "pretendo sentar com você". "Muito bem, se tem que ser assim", eu disse, "consigo aguentar se você conseguir", e imediatamente começamos uma conversa muito agradável, e passamos as horas da viagem felizes juntos. Esses dois incidentes ilustram minha carreira no que diz respeito ao preconceito popular. Se recebi coices, recebi também gentilezas. Se fui humilhado, fui também exaltado; e estas últimas experiências, no final das contas, superaram de longe as primeiras.

Durante um quarto de século morei na cidade de Rochester, em Nova York. Quando me mudei de lá, meus amigos fizeram esculpir um busto de mármore em minha homenagem, e desde então o honraram com um lugar no Sibley Hall, na Universidade de Rochester. Menos no espírito de vaidade do que no de gratidão, copio aqui as observações feitas na ocasião pelo *Democrat and Chronicle*, de Rochester, a respeito de minha carta de agradecimento pela honra que me foi concedida por meus amigos e concidadãos daquela boa cidade:

ROCHESTER, 28 de junho de 1879

FREDERICK DOUGLASS

Todos devem lembrar que um busto de Frederick Douglass foi recentemente colocado no Sibley Hall da Universidade de Rochester. As cerimônias foram bastante informais, informais demais, cremos, em se tratando das comemorações de um merecido tributo do povo de Rochester a um homem que sempre haverá de figurar entre seus mais ilustres cidadãos. O próprio sr. Douglass não foi notificado oficialmente do evento e, portanto, não teria como saber disso por meio de informações públicas. No entanto, ele foi informado em caráter privado pelo cavalheiro cujo discurso é reproduzido abaixo, e respondeu a ele da maneira mais feliz, como se verá pela carta a seguir que temos permissão para publicar.

Segue-se então a carta, que omito, e acrescento os comentários do *Chronicle*:

Por si só seria digna de todos os esforços dos cavalheiros que, unidos nesse merecido reconhecimento pelos serviços públicos e privados prestados por Frederick Douglass, tenham inspirado uma carta tão terna em seus sentimentos, e tão sugestiva das várias fases de uma carreira ímpar na República, tanto por sua raridade quanto por sua nobreza. Dificilmente se poderá dizer que Frederick Douglass chegou à grandeza em função das oportunidades que a República oferece aos homens que se fizeram por conta própria, e das quais podemos falar com abundância de autocongratulação. A República tentou agrilhoar sua mente tanto quanto seu corpo. Para ele não se construíram escolas, e para ele não se erigiram igrejas. Para ele, a liberdade era uma zombaria, e a lei era o instrumento da tirania. Apesar da lei e do evangelho, apesar dos estatutos que o escravizavam e das oportunidades que escarneciam dele, ele se fez por conta própria, calcando a lei e rompendo a densa escuridão que se fez à sua volta. Não existe comentário mais triste à escravidão nos Estados Unidos do que a vida de Frederick Douglass. Ele a colocou sob seus pés e permaneceu de pé na majestade de seu intelecto; quantos intelectos brilhantes e poderosos quanto o dele, porém, foram pisoteados e esmagados, não há mortal que seja capaz de dizer até que os segredos de seu terrível despotismo sejam plenamente revelados. Graças à força conquistadora dos ho-

455

mens livres da América, tais tristes inícios de vidas ilustres como a de Frederick Douglass não são mais possíveis; e o fato de isso não ser mais possível em grande medida se deve a ele que, ao ter seus lábios libertados, tornou-se um libertador de seu povo. Não foi sozinha que sua voz proclamou a emancipação. Eloquente como era essa voz, sua vida em sentimento e grandeza, foi ainda mais eloquente; e onde, nos anais da humanidade, poderá encontrar-se um caso mais doce de justiça poética do que o fato de ele, que passou por tais vicissitudes de degradação e exaltação, ter conseguido assistir à redenção de sua raça?

Rochester lembra orgulhosamente que Frederick Douglass foi por muitos anos um de seus cidadãos. Aquele que apontou a casa onde Douglass morou dificilmente terá exagerado ao chamá-la de residência do maior de nossos cidadãos; pois Douglass deve figurar entre os maiores homens, não apenas desta cidade, mas também da nação – grande em dons, maior em sua utilização, grande em inspiração, maior em seus esforços pela humanidade, grande na persuasão de seu discurso, maior no propósito que o moldou.

Rochester não podia fazer nada mais elegante do que perpetuar em mármore os traços desse cidadão no saguão de sua instituição de ensino; e é agradável para a cidade saber que ele tanto aprecia a estima com que é tido aqui. Trata-se de um gesto gentil de Rochester, e a resposta é tão calorosa quanto a homenagem é adequada.

Capítulo XVIII
"HONRA A QUEM A HONRA É DEVIDA"

Grato reconhecimento • H. Beecher Stowe • Outros amigos •
Sufrágio feminino • Fracasso dos governos masculinos

A gratidão aos benfeitores é uma virtude bastante reconhecida, e manifestá-la de uma forma ou outra, ainda que de maneira imperfeita, é algo que devemos a nós mesmos, e não apenas àqueles que nos ajudaram. Jamais tendo relutado ou procrastinado, acredito, no exercício desse dever, raramente me satisfiz com o modo como o desempenhei. Quando fiz meu melhor esforço nesse sentido, minhas palavras fizeram pouca justiça a meus sentimentos. E agora, ao mencionar minhas obrigações com meus amigos especiais, e ao reconhecer a ajuda que recebi deles nos momentos de necessidade, não tenho esperanças de dar senão uma vaga noção do valor que atribuo a sua amizade e à assistência oferecida. Por vezes fui creditado como o arquiteto de meu próprio destino, e em geral recebi o título de "homem que se fez sozinho"; e embora eu não possa rejeitar completamente esse título, quando vejo em retrospectiva os fatos de minha vida, e penso nas influências úteis que foram exercidas sobre mim por amigos mais afortunados em seu nascimento e mais instruídos do que eu, sou forçado a lhes dar no mínimo metade do crédito pelo sucesso que obtive com o trabalho de minha vida. O pouco de energia, diligência e perseverança que eu próprio tinha dificilmente teria sido de grande valia na ausência de amigos de grande consideração e de circunstâncias altamente favoráveis. Sem isso, os últimos quarenta anos de minha vida podiam ter sido nos cais de New Bedford, rolando barris de óleo, carregando navios para viagens de caça à baleia, serrando madeira, alimentando a caldeira de carvão, conseguindo um trabalho aqui e outro ali, onde quer que fosse possível, obtendo o sustento com dificuldade contra a esquálida pobreza, na corrida pela vida e pelo pão. Jamais vejo um de meus companheiros das camadas sociais inferiores, encardido pelo trabalho, com as mãos calejadas e coberto de pó, recebendo salários que mal dão para evitar a morte, sem um senso de companheirismo e o pensamento de que fui separado dele apenas por circunstâncias alheias a meus atos. Aqui há muitos motivos para gratidão e poucos para arrogância. Coube a mim "aproveitar a maré". Tive a sorte de escapar da escravidão no momento certo e de ser rapidamente colocado em contato com aquele círculo de homens e mulheres altamente cultos, reunidos para derrubar a escravidão, dos quais William Lloyd Garrison era reconhecido como líder. A esses amigos, sinceros, corajosos, inflexíveis, dispostos a me ver como homem e irmão, contra todo o escárnio, o desprezo e a ridicularização de uma atmosfera poluída pela escravidão, devo meu sucesso na vida. A história é simples, e a verdade é clara. Eles acreditavam que eu possuía qualidades que poderiam ser úteis a minha raça, e por meio deles fui levado a perceber o mundo, e consegui a atenção do povo americano, que espero ter se mantido intacta até hoje. A lista desses amigos certamente é longa demais para ser inserida aqui, mas não posso deixar de lembrar os nomes de Francis Jackson, Joseph Southwick, Samuel E. Sewell, Samuel J. May, John Pierpont, Henry I. Bowditch, Theodore Parker, Wendell Phillips, Edmund Quincy, Isaac T. Hopper, James N. Buffum, Ellis Gray Loring, Andrew Robeson, Seth Hunt, Arnold Buffum, Nathaniel B. Borden, Boone Spooner, William Thomas, John Milton Earle, John Curtis, George Foster, Clother Gifford, John Bailey, Nathaniel P. Rodgers, Stephen S. Foster, Parker Pillsbury, a família Hutchinson, dr. Peleg Clark, os irmãos Burleigh, William Chase, Samuel e Harvey Chase, John Brown, C.C. Eldredge, Daniel Mitchell, William Adams, Isaac Kenyon, Joseph Sisson, Daniel Goold, os irmãos Kelton, George James Adams, Martin Cheeney, Edward Harris, Robert Shove, Alpheus Jones, Asa Fairbanks, gen. Samuel Fessenden, William Aplin, John Clark, Thomas Davis, George L. Clark; todos eles me receberam em seu coração e sua casa, e me inspiraram com um incentivo que só pode partir de um amigo confiável e prestativo.

Meus amigos influentes não eram todos da raça caucasiana. Embora muitos de meu próprio povo considerassem imprudente e algo fanático anunciar que eu era um escravo foragido, e afirmar na prática os direitos de meu povo, em todas as ocasiões, fizesse chuva ou fizesse sol, houve homens de cor inteligentes e corajosos em todas as partes dos Estados Unidos que deram provas de sua cordial simpatia e apoio. Entre esses, e com destaque, cito o dr. James McCune Smith; educado na Escócia, e respirando o ar livre daquele país, ele voltou a sua terra natal com ideias de liberdade que o colocaram à frente da maioria de seus concidadãos de ascendência africana. Ele não apenas era um médico erudito e hábil como também um orador eficaz, e um escritor perspicaz e elegante. Em minha experiência com a publicação de jornais, encontrei nele um colaborador zeloso e eficiente. A causa de seu povo perdeu com sua morte um advogado capaz. Ele jamais esteve entre os recalcitrantes que me achavam agressivo em demasia e que queriam que eu mitigasse meu depoimento para que se adequasse à época. Sendo ele próprio um homem corajoso, sabia estimar a coragem alheia.

Sobre David Ruggles já falei. Ele me enviou seu desejo de boa sorte de Nova York para New Bedford, e quando entrei para a vida pública esteve entre os primeiros a dizer palavras de incentivo. Jehiel C. Beman, também, um homem nobre, gentilmente me levou pela mão. Thomas van Ranselear esteve entre meus amigos fiéis. Nenhum jovem, entrando em um campo desconhecido e útil, e precisando de ajuda, poderia encontrar tal apoio em maior quantidade do que encontrei em William Whipper, Robert Purvis, William P. Powell, Nathan Johnson, Charles B. Ray, Thomas Downing, Theodore S. Wright ou Charles L. Reason. Não obstante o que eu disse sobre o tratamento que por vezes recebi de pessoas de minha própria cor, ao viajar sou obrigado a dizer que esse retrato tem outro lado, mais brilhante. Entre os garçons e atendentes em transportes públicos, muitas vezes encontrei genuínos cavalheiros; homens inteligentes, ambiciosos e que apreciavam todos os meus esforços em nome de nossa causa comum. Isso se deu principalmente no Leste. Seria difícil encontrar uma classe de homens mais cavalheiresca e dotada de maior amor-próprio do que nas várias linhas entre Nova York e Boston. Jamais desejei esse tipo de atenção, nem nenhum esforço que eles pudessem fazer para tornar minhas viagens com eles mais suaves e agradáveis. Devo isso unicamente a meu trabalho por nossa causa comum e à avaliação inteligente que eles faziam do valor desse trabalho. Dizem que as Repúblicas são ingratas, porém a ingratidão não se encontra entre as fraquezas de meu povo. Nenhum povo jamais teve um senso mais agudo do que eles sobre o valor de um esforço genuíno para atender a seus interesses. Não fosse por esses sentimentos que eles nutriam por mim, eu poderia ter passado fome e frio em muitas noites, e talvez não tivesse onde repousar a cabeça. Não preciso nomear os amigos de cor com que tenho essa dívida. Eles não desejam tal menção, mas desejo que todos aqueles que me deram provas de gentileza, mesmo em gestos como me oferecer um copo de água, sintam-se incluídos em meus agradecimentos.

Também devo fazer uma menção mais enfática do que já fiz das honradas mulheres que não apenas me auxiliaram como, de acordo com a oportunidade e com suas habilidades, contribuíram de maneira generosa para a abolição da escravatura e para o reconhecimento da igual humanidade da raça negra. Quando a verdadeira história da causa abolicionista for escrita, as mulheres ocuparão um vasto espaço em suas páginas; pois a causa do escravo foi uma causa singularmente feminina. O coração e a consciência das mulheres forneceram em grande medida seu motivo e sua fonte. As habilidades, a diligência, a paciência e a perseverança das mulheres se manifestaram de maneira esplêndida em todas as horas difíceis. Não apenas elas correram com os próprios pés para fazer "tarefas voluntárias", e com as mãos fizeram o trabalho que em grande medida proveram os sustentáculos da guerra, como também suas convicções morais e suas ternas sensibilidades humanas encontraram expressão convincente e persuasiva em sua pena e sua voz. Um destaque entre essas nobres mulheres americanas – por sua clareza de visão, compreensão abrangente, amplitude de conhecimento, universalidade de espírito, peso de caráter e influência disseminada – deve ser dado a Lucretia Mott, de Filadélfia. Por maior que fosse em seus discursos, e por mais que fosse persuasiva em seus escritos, ela era incomparavelmente maior pessoalmente. Ela falava ao mundo por meio de todos os traços de seu semblante. Nela não havia falta de simetria – nenhuma contradição entre pensamentos e atos. Sentada em um encontro abolicionista, olhando benevolente a assembleia à sua volta, sua presença silenciosa tornava os demais eloquentes e conduzia o argumento ao coração da plateia.

O aval público de tal mulher a qualquer causa a recomendava imensamente.

Jamais esquecerei a primeira vez que vi e ouvi Lucretia Mott. Foi na cidade de Lynn, em Massachusetts. Não foi em um salão esplendoroso, como parecia ser o lugar dela, mas em um pequeno auditório sobre a loja de Jonathan Buffum, o único lugar que estava aberto, mesmo em uma cidade dita como radical em seu abolicionismo, a um encontro antiescravagista num domingo. Mas nesse dia de coisas pequenas, a pequenez do lugar não foi alvo de queixa ou murmúrios. Era motivo de alegria que qualquer tipo de lugar pudesse ser usado para tal propósito. No entanto, a coragem de Jonathan Buffum estava à altura disso e muito mais.

A oradora estava com os trajes usuais dos quacres, sem cores fortes, simples, nobre, elegante e sem supérfluos – a própria visão dela, um sermão. Poucos instantes depois de ela ter começado a falar, eu não me via mais diante de uma mulher, mas sim de uma presença glorificada, portadora de uma mensagem de luz e amor do Infinito para um mundo tenebroso e estranhamente errante, que se desvia dos caminhos da verdade e da justiça e segue rumo ao deserto do orgulho e do egoísmo, onde a paz é perdida e a verdadeira felicidade é perseguida em vão. Ouvi a sra. Mott, portanto, quando ela era relativamente jovem. Depois disso, voltei a ouvi-la com frequência, por vezes no templo solene, e por vezes a céu aberto, mas sempre e em toda parte que a ouvi meu coração se aprimorou e meu espírito foi elevado por suas palavras, e ao falar assim por mim tenho a certeza de estar expressando a experiência de milhares.

Uma irmã espiritual da sra. Mott era Lydia Maria Child. Ambas exerceram influência sobre uma classe do povo americano que nem Garrison, nem Phillips, nem Gerrit Smith seriam capazes de atingir. Compassiva por natureza, era fácil para a sra. Child "lembrar-se daqueles que estavam agrilhoados como se estivesse presa a eles"; e seu "apelo em prol da classe de americanos chamados africanos", feito, como o foi, em uma fase inicial do conflito antiescravagista, foi um dos meios mais eficientes para chamar atenção para a crueldade e a injustiça da escravidão. Quando, com seu marido, David Lee Child, ela editou o *National Anti-Slavery Standard*, esse jornal se fez atraente aos olhos de um amplo círculo de leitores, pela circunstância de que cada edição continha uma "Carta de Nova York", escrita por ela sobre algum tema do momento em que ela sempre conseguia infundir um espírito de amor fraternal e boa vontade, com um ódio por tudo que era injusto, egoísta e mau, e assim conquistar para o abolicionismo muitos corações que de outro modo teriam permanecido frios e indiferentes.

Sobre Sarah e Angelina Grimke, pouco conheci pessoalmente. Essas corajosas irmãs de Charleston, na Carolina do Sul, haviam herdado escravos, mas ao se converterem da Igreja Episcopal para o quacrismo, em 1828, elas se convenceram de que não tinham direito a tal herança. Elas emanciparam seus escravos e foram para o Norte, onde entraram imediatamente para o trabalho pioneiro de levar adiante a educação das mulheres, embora elas tenham visto no percurso apenas seu dever com os escravos. Elas tinham "combatido o bom combate" antes de eu entrar para as fileiras, mas, por seu testemunho inabalável e sua coragem firme, abriram o caminho e tornaram possível, ainda que não fácil, para outras mulheres seguir seu exemplo.

É memorável que a defesa pública do abolicionismo feita por elas tenha sido ocasião para que o clero evangélico de Boston publicasse uma bula papal, na forma de uma "carta pastoral", em que as igrejas e todas as pessoas tementes a Deus eram alertadas contra a influência delas.

No que diz respeito a trabalho sólido, persistente e incansável pelos escravos, Abby Kelley não tinha rival. Na *História do sufrágio feminino*, que acaba de ser publicada pela sra. Stanton, a srta. Anthony e a sra. Joseph Gage, há um tributo a ela: "Abby Kelley foi a mais incansável e mais perseguida de todas as mulheres que trabalharam na luta abolicionista. Ela viajava para todos os lados, tanto no frio do inverno quanto no calor do verão, sendo alvo de zombaria, ridicularizações, violência e das turbas que a acompanhavam, sofrendo todo tipo de perseguição, e mesmo assim falando sempre e em qualquer lugar onde conseguisse reunir uma plateia – ao ar livre, em escolas, celeiros, armazéns, igrejas ou auditórios, fosse dia da semana ou domingo, sempre que encontrasse uma oportunidade". E embora isso vá logo parecer inacreditável, se é que já não parece hoje, "por ouvi-la num domingo muitos homens e mulheres eram expulsos de suas igrejas".

Quando os abolicionistas de Rhode Island tentavam derrotar a Constituição restrita do partido de Dorr, a que já fiz referência neste volume, Abby Kelley mais de uma vez foi atacada pela turba no antigo auditório da cidade de Providence, e atingida por ovos podres.

E o que pode ser dito da talentosa autora de *A cabana do pai Tomás*, Harriet Beecher Stowe? Feliz deve ter sido essa mulher a quem se concedeu em grau tão ilimitado o dom de tocar e mobilizar o coração do povo! Mais do que à razão ou à religião, temos uma dívida com a influência que essa maravilhosa apresentação da escravidão teve sobre a opinião pública.

Não devo omitir também o nome da filha do excelente Myron Holly, que em meio a sua juventude e beleza abraçou a causa do escravo, nem os de Lucy Stone e Antoinette Brown, pois, quando o escravo tinha poucos amigos e defensores, elas foram nobres o suficiente para falar em seu nome.

Outras houve que, embora não fossem conhecidas no palanque, não eram menos sinceras e eficazes no trabalho abolicionista em sua vida mais reclusa. Houve muitas desse gênero para me saudar e me dar as boas-vindas quando recebi minha herança da liberdade. Elas me receberam como a um irmão, e com sua gentil consideração fizeram muito para tornar suportável o desprezo que eu encontrava em outras partes. Na sede do movimento abolicionista em Providence, Rhode Island, eu me lembro com peculiar interesse de Lucinda Wilmarth, que, com seu modo de aceitar os deveres e os trabalhos da vida e com sua luta heroica contra a doença e a morte, ensinou-me mais de uma lição; e Amorancy Paine, que nunca estava fatigada demais para prestar algum serviço – independentemente de quão árduo fosse – que a fidelidade ao escravo exigisse dela. Houve também Phebe Jackson, Elizabeth Chace, as irmãs Sisson, as Chase, as Greene, as Brown, as Goold, as Shove, as Anthony, as Rose, as Fayerweather, as Mott, as Earle, as Spooner, as Southwick, as Buffum, as Ford, as Wilbur, as Henshaw, as Burgess e outras cujos nomes se perderam, mas cujos atos vivem ainda na vida renovada de nossa República depurada da maldição e do pecado da escravidão.

Observando a atuação, a dedicação e a eficiência das mulheres na defesa da causa do escravo, desde cedo fui movido pela gratidão a esses elevados préstimos a dar uma atenção favorável ao tema daquilo a que denominam "direitos das mulheres", o que me levou a ser chamado de um homem a favor dos direitos das mulheres. Fico feliz de dizer que jamais tive vergonha de ser assim designado. Reconhecendo não o sexo, nem a força física, mas sim a inteligência moral e a capacidade para discernir entre o certo e o errado, entre o bem e o mal, e o poder de escolher entre eles, como a verdadeira base do governo republicano, ao qual todos são igualmente sujeitos, e igualmente obrigados a obedecer, não demorou para que eu chegasse à conclusão de que era impossível fundamentar, fosse pela razão, fosse pela justiça, a exclusão das mulheres do direito de escolha na seleção das pessoas que devem moldar as leis, e assim dar forma ao destino de todo um povo, independentemente de seu sexo.

Em uma conversa com a sra. Elizabeth Cady Stanton, quando ela ainda era uma jovem senhora e uma sincera abolicionista, ela se esforçava bastante para colocar diante de meus olhos, debaixo de uma luz bastante forte, o erro e a injustiça dessa exclusão. Eu não tinha como responder aos argumentos dela senão com o raso apelo ao "costume", à "divisão natural das tarefas", à "indelicadeza de as mulheres tomarem parte na política", a conversa de sempre sobre a "esfera das mulheres" e coisas do gênero, todas alegações que aquela mulher competente, que não era menos dotada de lógica à época do que hoje, afastava com aqueles argumentos que ela usava então e que vem usando de maneira tão eficaz desde aquela época, e que nenhum homem ainda foi capaz de refutar. Caso a inteligência seja a única base verdadeira e racional do governo, segue-se que o melhor governo é aquele que extrai sua vida e seu poder das maiores fontes de sabedoria, energia e bondade que possam estar a seu dispor. A força desse raciocínio seria facilmente compreendida e prontamente aceita em qualquer caso que envolvesse o uso da força física. Todos veríamos a tolice e a loucura de tentar realizar com uma parte aquilo que só poderia ser feito com a força somada do todo. Embora essa tolice possa ser menos aparente, é igualmente verdadeira quando metade da força moral e intelectual do mundo tem sua voz e seu voto excluídos do governo civil. Nessa negação do direito de participar do governo, o resultado não é apenas a degradação da mulher e a perpetuação de uma grande injustiça, mas a mutilação e o repúdio de metade da força moral e intelectual para o governo do mundo. Até aqui todo governo humano apresentou falhas, pois nenhum assegurou, exceto parcialmente, os fins para os quais os governos são instituídos.

Guerra, escravidão, injustiça e opressão e a ideia de que o poder equivale ao direito têm sido predominantes em todos esses governos; e os fracos, para cuja proteção os governos são supostamente criados, praticamente não tiveram direitos que os fortes se sentissem compelidos a respeitar. Os assassinos de milhares foram exaltados como heróis, e a adoração de mera força física tem sido considerada gloriosa. As nações foram, e continuam sendo, meros campos armados, gastando suas riquezas, sua força e sua engenhosidade forjando armas para destruírem umas às outras; e, embora não se possa afirmar que a introdução do elemento feminino no governo fosse ser a cura absoluta dessa tendência a exaltar o poder sobre o direito, podem ser oferecidos muitos motivos para mostrar que a influência feminina tenderia a contrabalançar e a modificar essa tendência bárbara e destrutiva. De qualquer modo, vendo que os governos masculinos do mundo fracassaram, não poderá ser prejudicial tentar o experimento de um governo de homens e mulheres juntos. Mas não é meu propósito discutir a questão aqui, e sim apenas expor brevemente os motivos que me levaram a abraçar a causa do sufrágio feminino. Acreditei que a exclusão de minha raça da participação no governo era não só uma injustiça, como também um equívoco, porque ela retirava dessa raça motivos para pensamentos e esforços elevados, e porque a degradava aos olhos do mundo a seu redor. O homem deriva uma ideia de sua importância para o mundo não apenas de modo subjetivo, mas também de modo objetivo. Se desde o berço e ao longo da vida o mundo exterior rotula um grupo como inadequado para esse ou aquele trabalho, o caráter daquele grupo virá a se parecer e a se conformar com o caráter descrito. Para que se percebam qualidades valiosas em outras pessoas, essas qualidades precisam ser presumidas e esperadas. Eu concederia o voto às mulheres, dando a elas um motivo para se qualificar para o voto, exatamente do mesmo modo como insisti para que se concedesse o direito do voto ao negro, para que ele tivesse os mesmos motivos dos demais para se tornar um cidadão útil. Em poucas palavras, jamais fui capaz de encontrar uma consideração, um argumento ou sugestão a favor do direito da participação do homem no governo civil que não se aplicasse igualmente ao direito da mulher.

Capítulo XIX
RETROSPECTO

Enterro do falecido James A. Garfield • Breve referência ao
solene evento • Relato de uma conversa na Mansão Executiva •
Seu reconhecimento dos direitos dos cidadãos negros •
Conclusões e reflexões

No dia do enterro do falecido James A. Garfield, no cemitério Lake View, em Cleveland, Ohio, um dia de tristeza que será lembrado por muito tempo como a cena final de um dos mais trágicos e chocantes dramas já vistos neste ou em qualquer outro país, os negros do Distrito de Colúmbia se reuniram na igreja presbiteriana da rua Quinze e manifestaram, por meio de discursos e resoluções adequados, seu respeito por esse personagem e pela memória do ilustre morto. Nessa ocasião fui chamado a presidir a cerimônia, e como introdução aos eventos que se seguiriam – deixando para outros o grato ofício de fazer eulogias – fiz a seguinte referência breve ao solene e tocante evento:

Amigos e concidadãos:
Hoje nossa mãe Terra se fechou sobre os restos mortais de James A. Garfield em Cleveland, Ohio. Não houve dia na história nacional cuja luz trouxesse ao povo americano luto mais intenso, mágoa mais profunda ou uma sensação mais forte de humilhação. Parece que foi ontem que, em minha condição de agente judicial dos Estados Unidos para o Distrito de Colúmbia, encabecei a coluna que levaria este nosso presidente eleito do plenário do Senado da capital de nossa nação, que estivera lotado, passando pelos longos corredores e pela ampla rotunda, sob o majestoso domo, rumo à plataforma no pórtico, onde, em meio a um mar de pompas e glórias transcendentes, aquele que agora jaz morto foi saudado com ruidosos aplausos de incontáveis milhares de seus compatriotas e foi empossado no mais alto cargo dos Estados Unidos. A cena jamais será esquecida por aqueles que a viram. Foi um dia grandioso para a nação, que estava feliz e orgulhosa de prestar honras

ao governante que ela havia escolhido. Foi um dia feliz para James A. Garfield. Foi um dia feliz para mim, porque eu – um membro da raça proscrita – tive a permissão de desempenhar um papel de tamanho destaque em suas augustas cerimônias. O sr. Garfield estava então na meia-idade, em pleno vigor de homem, coberto com honrarias que não estão nem mesmo ao alcance de príncipes, entrando em uma carreira mais abundante em promessas do que jamais havia se aberto antes a qualquer presidente ou potentado.

Ai de nós, que contraste, quando agora seu corpo jaz sob o mesmo amplo domo, visto por milhares de cidadãos entristecidos dia após dia! O que é a vida do homem? O que são todos os seus planos, propósitos e esperanças? O que são os gritos da multidão, o orgulho e a pompa deste mundo? Como tudo isso parece vão e sem substância à luz dessa triste e chocante experiência! Quem poderá dizer o que trará um dia ou mesmo uma hora? Tais reflexões inevitavelmente se apresentam como muito naturais e adequadas em uma ocasião como esta.

Compatriotas, estamos aqui para dar a devida atenção ao triste e chocante evento de importância ímpar neste momento. Estamos aqui não meramente como cidadãos americanos, mas como cidadãos americanos negros. Embora nosso coração esteja lado a lado com o de toda a nação, com cada expressão, com cada símbolo e manifestação de homenagem ao morto, de compaixão pelos que vivem e de repulsa pelo ato horroroso que acabou se mostrando fatal; embora tenhamos observado com coração palpitante a longa e heroica luta pela vida, e suportado toda a agonia do suspense e do medo; sentimos que havia algo mais, algo mais específico e distinto, que nos cabia. Nossa relação com o povo americano nos torna em certo sentido um grupo peculiar, e, a não ser que falemos em separado, nossa voz não se faz ouvida. Assim, propomo-nos a registrar nesta noite nossa noção do valor do presidente Garfield e da calamidade envolvida em sua morte. Chamado a presidir esta ocasião, minha parte nos discursos deve ser breve. Não posso dizer que tenha sido íntimo do falecido presidente. Há outros cavalheiros aqui que estão mais qualificados do que eu para falar de seu caráter. Devo dizer, no entanto, que, logo depois de ele ter vindo para Washington, tive com ele uma conversa de grande interesse para o povo negro, uma vez que ela indicou suas justas e generosas intenções a respeito desse povo, e que o mostra como um estadista sábio e patriota, assim como amigo de nossa raça.

Fui até a Mansão Executiva e fui recebido com grande gentileza pelo sr. Garfield, que, ao longo da conversa, disse sentir que havia chegado o momento em que se deveria avançar um passo em reconhecimento às reivindicações dos cidadãos negros, e manifestou sua intenção de mandar alguns representantes negros para o exterior, não apenas para nações negras. Ele me perguntou como eu imaginava que esses representantes seriam recebidos. Assegurei imaginar que eles seriam bem recebidos; que, em minha experiência no exterior, eu havia observado que, quanto mais subimos nas gradações da sociedade humana, mais longe estamos do preconceito de raça e de cor. Fiquei muito feliz ao ouvir garantias de que essa política liberal seria adotada em relação à nossa raça. Comentei com ele que nenhuma parte do povo americano seria tratada com respeito caso fosse sistematicamente ignorada pelo governo e tivesse negada toda participação em suas honras e emolumentos. Ele concordou com isso e chegou a propor que eu fosse indicado como representante para um importante cargo no exterior – um elogio que eu reconheci com gratidão, mas que respeitosamente recusei. Para dizer a verdade, eu desejava permanecer em casa e continuar no cargo de agente judicial dos Estados Unidos para o Distrito de Colúmbia.

É algo de grande importância para S. Ex.ª John Mercer Langston representar esta República em Porto Príncipe, e para Henry Highland Garnet representar-nos na Libéria, mas seria de fato um passo adiante ter um homem de cor enviado para nos representar em nações brancas, e temos razões para lamentar profundamente que o sr. Garfield não tenha vivido o bastante para levar adiante essas justas e sábias intenções que tinha a respeito de nossa raça. Posso dizer mais sobre essa conversa, porém não vou me demorar a não ser para dizer que os Estados Unidos tiveram muitos grandes homens, mas que sobre nenhum deles se disseram coisas melhores do que as que foram ditas sobre aquele que foi reverentemente entregue hoje ao pó em Cleveland.

O sr. Douglass chamou então o professor Greener, que leu uma série de resoluções eloquentemente expressivas do senso de grande perda que os negros tinham e de sua compaixão pela família do falecido presidente. O professor Greener falou então brevemente e foi seguido pelo professor John M. Langston e pelo reverendo W. W. Hicks. Todos os oradores expressaram sua confiança no presidente Arthur e em sua capacidade de dar ao país um governo sábio e benéfico.

Conclusão

Até onde este volume pode alcançar, os leitores chegam agora ao fim de minha história. O que quer que possa restar de vida para mim, seja por quais experiências eu possa passar, as alturas a que eu possa chegar, ou os vales a que eu possa descer, o que quer que possa me acontecer de bom ou ruim, ou que possa partir de mim neste mundo dos vivos onde tudo é mudança e incerteza e em grande medida se encontra à mercê de poderes sobre os quais o homem individualmente não tem nenhum controle; tudo isso, caso seja considerado digno e útil, provavelmente será contado por outros quando eu tiver passado desta fase cheia de ocupações da vida. Não estou em busca de nenhuma grande mudança em meu destino ou de qualquer conquista futura. A maior parte da vida está atrás de mim, e o sol de meu dia se aproxima do horizonte. Não obstante tudo que vai contido neste livro, meu dia foi agradável. Minhas alegrias ultrapassaram em muito minhas tristezas, e meus amigos me deram muito mais do que retiraram os inimigos. Escrevi aqui minha experiência, não para exibir minhas feridas e hematomas e para despertar e atrair compaixão para mim, pessoalmente, mas sim como parte da história de um período profundamente interessante da vida e do progresso dos Estados Unidos. Pretendi que esta fosse uma pequena contribuição individual para a soma de conhecimento sobre este período especial, a ser repassada para gerações futuras que possam desejar saber quais coisas eram permitidas e quais eram proibidas; quais relações morais, sociais e políticas havia entre as diferentes variedades do povo americano até o último quarto do século XIX e por quais meios elas foram modificadas. Aproxima-se o momento em que o último escravo e o último dono de escravos dos Estados Unidos desaparecerão por trás da cortina que separa os vivos dos mortos e em que não restarão nem senhor nem escravo para contar a história de suas relações ou o que aconteceu com ambos nessas relações. Meu papel foi contar a história do escravo. Para a história do senhor nunca faltaram narradores. Eles tiveram todo o talento e o gênio que a riqueza e a influência podem mobilizar para contar sua história. Eles já contaram seu lado perante o tribunal da história. A literatura, a teologia, a filosofia, o direito e a educação se mostraram dispostos a lhes prestar serviços, e, caso venham a ser condenados, não terão sido condenados sem ser ouvidos.

Será possível ver nestas páginas que vivi várias vidas em uma. Primeiro, a vida da escravidão; em segundo lugar, a vida de um fugitivo da escravidão; em terceiro, a vida de uma relativa liberdade; em quarto, a vida do conflito e da batalha; e em quinto, a vida da vitória, que, se não foi completa, está pelo menos assegurada. Para aqueles que sofreram na escravidão, posso dizer que eu também sofri. Para aqueles que correram certos riscos e depararam com privações ao fugir da servidão, posso dizer que também passei por isso e me arrisquei. Para aqueles que batalharam pela liberdade, pela fraternidade e pela cidadania, posso dizer que eu também batalhei; e, para aqueles que viveram para se deleitar com os frutos da vitória, posso dizer que eu também vivi e me regozijo. Se pus meu exemplo em excessivo destaque para o bom gosto de meus leitores caucasianos, peço a eles que lembrem que escrevi em parte como encorajamento para um grupo de pessoas cuja inspiração precisa do estímulo do sucesso.

Pretendi assegurar a elas que é possível obter conhecimento enfrentando dificuldades; que é possível vencer a pobreza com competência; que a obscuridade não é uma barreira intransponível rumo à distinção, e que existe um caminho aberto para o bem-estar e a felicidade de todos aqueles que com determinação e sabedoria decidam trilhá-lo; que nem a escravidão, nem as marcas da chibata, ou a prisão, nem a proscrição precisam aniquilar o amor-próprio, esmagar a ambição viril, nem paralisar os esforços; que nenhum poder exterior pode impedir que um homem mantenha um caráter honrado e uma relação útil com sua época e com sua geração; que nem as instituições nem os amigos podem fazer uma raça se erguer a não ser que ela tenha força nas próprias pernas; que não existe poder no mundo no qual se possa confiar para ajudar o fraco contra o forte, o simples contra o sábio; que as raças assim como os indivíduos devem se erguer ou cair pelos próprios méritos; que nem todas as orações da Cristandade podem impedir a força de uma única bala, fazer o arsênico deixar de ser venenoso ou suspender alguma lei da natureza. Em minha comunicação com o povo negro, me esforcei para livrá-los do poder da superstição, da intolerância e da intriga. Na teologia eu os encontrei andando com as velhas roupas dos senhores de escravos, assim como os senhores de escravos andam com as velhas roupas do passado. O poder decadente permanece entre eles muito tempo depois de ter deixado de ser a moda religiosa de nossas refinadas e elegantes igrejas brancas. Ensinei que "a culpa não é das estrelas, e sim nossa", que "aquele que deseja ser livre deve ele mesmo desferir o golpe". Incitei-os a confiar em si mesmos, a ter amor-próprio, a ser diligentes, perseverantes e econômicos – a fazer o melhor de dois mundos – mas a fazer primeiro o melhor deste mundo, porque ele vem primeiro, e porque aquele que não se aprimora pelos motivos e oportunidades oferecidos por este mundo dá o melhor dos indícios de que não se aprimoraria em qualquer outro. Tendo frequentado, como frequentei, a escola dos abolicionistas da Nova Inglaterra, reconheço que o universo é governado por leis imutáveis e eternas, que aquilo que o homem planta irá colher, e que não há modo de desviar ou de contornar as consequências de alguma ação. Meus pontos de vista quanto a isso recebem limitado apoio de meu povo. Em sua maior parte, eles pensam que têm meios de obter favores e ajuda especial do Todo-Poderoso, e que como sua "fé é a substância daquilo que se espera e a evidência das coisas que não se veem", eles encontram muito nessa expressão que é verdadeiro na fé, embora absolutamente falso em termos factuais. No entanto, só pretendo dizer aqui poucas palavras como conclusão. Quarenta anos de minha vida foram dedicados à causa de meu povo, e, se eu tivesse mais quarenta, todos eles seriam consagrados a essa grande causa. Se fiz algo por essa causa, estou mais em dívida com ela do que ela está em dívida comigo.

Terceira parte

Capítulo I

VIDA POSTERIOR

Novamente convocado em defesa de seu povo • As
dificuldades da tarefa • O problema racial • A obra
de sua vida • O movimento abolicionista

Dez anos atrás, quando os capítulos anteriores deste livro foram escritos, tendo à época atingido na jornada da vida a década que se inicia aos 60 e termina aos 70, e tendo naturalmente lembrado que já não era jovem, larguei minha pena com certa sensação de alívio, algo parecido com o que pode sentir um viajante que leva uma grande carga ao chegar ao fim desejado de uma longa jornada, ou o que pode sentir um devedor honesto que deseje estar quite com todo mundo ao pagar o último dólar de uma antiga dívida. Não que eu desejasse me livrar do trabalho e do serviço pela causa a que tenho dedicado minha vida, mas sim desse tipo particular de trabalho e de serviço. Dificilmente precisarei dizer àqueles que me conhecem que escrever para os olhos do público jamais foi algo que me veio com a mesma facilidade que tenho ao falar publicamente. Para mim é algo espantoso que, diante das circunstâncias, eu nem sequer tenha aprendido a escrever. Foi ainda mais espantoso que, no breve período em que viveram e trabalharam, homens como Dickens, Dumas, Carlyle e *sir* Walter Scott tenham podido produzir as obras atribuídas a eles. Muitos foram, porém, os impedimentos com que tive de lidar. Também fiquei constrangido por escrever tanto sobre mim quando havia tantas outras coisas sobre as quais escrever. É muito mais fácil escrever sobre os outros do que sobre você mesmo. Escrevo livremente sobre mim mesmo não por escolha, mas porque me vi forçado moralmente, em função de minha causa, a escrever sobre isso. O tempo e os fatos me convocaram a me apresentar tanto como testemunha quanto como defensor de um povo havia muito emudecido, que não tinha permissão para falar por si mesmo, e que no entanto era imensamente mal compreendido e profundamente injustiçado. Nos primeiros tempos de

475

minha liberdade, fui convocado a expor a natureza hedionda do sistema escravagista, relatando minha própria experiência como escravo, e a fazer desse modo o que estava a meu alcance para tornar a escravidão odiosa e, assim, apressar o dia da emancipação. Não era o momento de pedir palavras ou de mostrar um gosto exagerado pela correção, na presença de um crime tão gigantesco como era a nossa escravidão, e sendo tão imperativo o dever de se opor a ele. Fui chamado a expor até mesmo minhas cicatrizes, e com muitos temores obedeci ao chamado e tentei assim cumprir integralmente com meu dever nessa primeira obra pública, e que posso dizer que se tornou o melhor trabalho de minha vida.

Cinquenta anos se passaram desde que dei início a esse trabalho, e, agora que ele se encerrou, eu me vejo novamente convocado pela voz do povo e por aquilo a que denominam o problema do negro a me apresentar pela segunda vez no banco das testemunhas e fornecer indícios sobre tópicos contestados referentes a mim mesmo e a meus irmãos e irmãs emancipados que, embora livres, seguem oprimidos e têm ainda tanta necessidade de um defensor quanto tinham antes de serem libertados. Embora isso não seja nem de longe algo agradável para mim como foi minha primeira missão, é algo que se impõe com tamanha autoridade que me força a aceitar isso como minha tarefa atual. Nessa tarefa sou bombardeado com todo tipo de questão intrincada, algumas das quais poderiam ser difíceis até mesmo para Humboldt, Cuvier ou Darwin responder, caso estivessem vivos. São questões que abrangem todo o campo da ciência, do conhecimento e da filosofia, e algumas descem às profundezas da curiosidade impertinente, insolente e vulgar. Para ser capaz de responder às mais elevadas dessas questões, eu precisaria ser profundamente versado em psicologia, antropologia, etnologia, sociologia, teologia, biologia e outras "ologias", filosofias e ciências. Não há como disfarçar o fato de que o povo americano está muito mais interessado e iludido com as meras questões relativas à associação entre a cor e a humanidade da pessoa. Eles têm a impressão de que a cor guarda algumas qualidades morais ou imorais, e especialmente estas últimas. Eles não se sentem muito bem com a ideia de que um homem de cor diferente da deles deva ter todos os direitos humanos que eles mesmos reivindicam para si. Quando se fala de algum homem desconhecido na presença deles, a primeira questão que surge na mente do americano médio referente a ele e que deve ser respondida é "De que cor ele é?", e ele sobe ou desce na estima deles de acordo com a resposta oferecida. Não se trata de ele ser um bom ou um mau homem. Isso não parece de grande importância. Portanto, eu me vi sendo questionado de maneira bastante rude sobre qual era a cor de minha mãe e sobre qual era a cor de meu pai. Em que proporção o sangue das várias raças se mistura em minhas veias, especialmente quanto sangue branco e quanto sangue negro entram em minha composição? Se eu não sou parcialmente indígena, além de africano e caucasiano. Eu me considero mais africano do que caucasiano, ou o contrário? Se eu herdei a inteligência de meu pai ou de minha mãe, de meu sangue branco ou de meu sangue negro. Pessoas de sangue miscigenado são tão fortes e saudáveis quanto as pessoas de ambas as raças cujo sangue elas herdam? As pessoas de sangue miscigenado permanecem sempre com o tom da pele misto ou acabam tendo a cor de uma das duas ou mais raças de que são compostas? Elas são tão longevas quanto as outras pessoas e suas famílias são igualmente grandes? Elas herdam apenas o que há de mau de cada um de seus pais e nada de bom de nenhum deles? As más disposições são mais transmissíveis do que as boas? Por que eu me casei com uma pessoa com a cor de pele de meu pai em vez de me casar com alguém com a cor de pele de minha mãe? Como o problema racial deve ser resolvido neste país? O negro voltará para a África ou permanecerá aqui? Debaixo dessa chuva de perguntas puramente americanas, mais ou menos pessoais, eu me esforcei para manter a paciência de minha alma e obter o melhor possível da vida tendo tanta coisa para ocupar meu tempo; e, embora muitas vezes perplexo, raramente perdi a cabeça ou as esperanças no futuro de meu povo. Embora não possa dizer que eu tenha satisfeito a curiosidade de meus compatriotas em todas as questões apresentadas por eles, respondi, como um homem honesto colocado no banco das testemunhas, de acordo com o que eu sabia ou acreditava, e espero jamais ter respondido de modo a aumentar as privações e as dificuldades enfrentadas por qualquer ser humano, independentemente de raça ou cor.

Quando a primeira parte deste livro foi escrita, eu já estava, conforme dito antes, olhando para o crepúsculo da vida humana e pensando que meus filhos provavelmente terminariam o relato de minha vida, ou que possivelmente outra pessoa fora dos laços familiares que me conheça possa ver valor em relatar aquilo que ele ou ela saiba sobre o restante de minha história. Considerei, como disse, que meu trabalho estava feito. Mas amigos e editores concordam que a unidade e a completude da obra exigem que ela seja terminada pela mão que a começou.

Muitas coisas me comoveram e ocuparam meus pensamentos e atividades entre 1881 e 1891. Estou disposto a falar delas. Assim como muitos homens que entregam ao mundo sua autobiografia, eu desejo que minha história seja contada da maneira que me seja mais favorável, desde que mantenha o devido respeito pela verdade. Não desejo que ninguém imagine que sou insensível à singularidade de minha trajetória, ou à relação peculiar que mantenho com a história de meu tempo e de meu país. Entendo e sinto a importância de ter vivido nesta República durante a segunda metade deste agitado século, mas sei que é ainda mais importante ter tido uma pequena participação nos grandes eventos que o distinguiram da experiência de todos os demais séculos. Nenhum homem vive isolado, ou deve viver isolado. Minha vida se moldou por esse ditado bíblico, pois, mais do que a maioria dos homens, fui a extremidade fina da cunha que abriu para meu povo um caminho rumo a várias direções e lugares jamais ocupados por ele. Coube a mim, em algum grau, ser sua defesa na batalha moral contra as flechas da difamação, da calúnia e da perseguição, e trabalhar para remover e superar os obstáculos que, na forma de ideias e costumes equivocados, bloquearam o caminho para seu progresso. Não considerei isso um sofrimento, mas sim a vocação natural e agradável de minha vida. Eu mal me tornara um ser pensante quando aprendi a odiar a escravidão, e portanto, assim que me vi livre, me uni ao nobre grupo dos abolicionistas em Massachusetts, liderado por William Lloyd Garrison e Wendell Phillips. Mais tarde, com a voz e a pena, a tempo e fora de tempo, coube a mim defender a liberdade das pessoas de todas as cores, até que em nosso país o último jugo estivesse rompido e o último escravo estivesse livre. Na guerra pela União convenci o negro a se tornar soldado. Na paz que se seguiu, pedi ao governo que o tornasse cidadão. Na construção dos estados rebeldes defendi seu direito ao voto.

Muito se escreveu e publicou durante os últimos dez anos com a pretensão de ser uma história do movimento abolicionista e do papel desempenhado pelos homens e mulheres que participaram dele, entre os quais eu apareço. Em algumas dessas narrativas eu recebi mais consideração e estima do que talvez merecesse. Em outras não escapei a imerecidas críticas, cuja resposta e cuja emenda posso deixar para o leitor e para o julgamento daqueles que virão depois de mim.

O movimento abolicionista, aquele grande conflito moral que abalou o país durante trinta anos, e o papel desempenhado pelos homens e mulheres que participaram dele não se encontram tão distantes de nós no tempo para permitir hoje uma história imparcial. Algumas das seitas e alguns dos partidos que participaram desse movimento ainda estão entre nós e ainda são zelosos quanto a sua distinção, sua importância e sua superioridade. Também existe a tendência a aumentar indevidamente a relevância de alguns homens e a diminuir a de outros. Embora sobre tudo isso eu estenda o manto da caridade, esses fatores podem em alguma medida explicar aquilo que talvez soe como preconceito, intolerância e parcialidade em algumas tentativas já feitas de contar a história do movimento abolicionista. Assim como em uma grande guerra, em meio ao troar do canhão, à fumaça da pólvora, à poeira que sobe e à cegueira causada pelo fogo e pelo contrafogo da batalha, nenhum participante pode ser acusado de não ser capaz de ver, mensurar corretamente e relatar a eficiência das diferentes forças que participam da batalha, e de prestar homenagens a quem as homenagens são devidas; o mesmo podemos dizer dos historiadores recentes que ensaiaram escrever sobre a história do movimento abolicionista. Não é de estranhar que aqueles que escrevem na Nova Inglaterra, lugar ocupado por William Lloyd Garrison e por seus amigos, não prestem a devida homenagem aos serviços dos abolicionistas políticos dos partidos do Solo Livre e Republicano. Talvez um abolicionista político pudesse igualmente julgar de maneira equivocada e subestimar o valor do partido não sufragista e defensor da persuasão moral, do qual o sr. Garrison era o líder; embora na verdade os dois tenham sido metades necessárias para compor o todo. Sem Adams, Giddings, Hale, Chase, Wade, Seward, Wilson e Sumner para defender nossa causa nos conselhos da nação, os capatazes teriam permanecido como os felizes e tranquilos governantes da União, e nenhuma condição teria sido criada para autorizar o governo federal a abolir a escravidão na defesa do país. Sendo um daqueles cujos grilhões foram rompidos, não consigo não sentir certa dor ao ver qualquer tentativa de difamar e subestimar algum homem que tenha defendido essa causa.

Daqui por diante, quando nos afastarmos um pouco mais do conflito, alguns homens corajosos e amantes da verdade, tendo todos os fatos diante de si, reunirão daqui e dali os fragmentos esparsos, entre os quais talvez esteja minha pequena contribuição, e oferecerão àqueles que virão depois de nós uma história imparcial desse grande conflito moral do século. A verdade é paciente e o tempo é justo. Com essas reflexões e outras do gênero, que tantas vezes serviram de consolo para homens melhores do que eu, quando sobre eles recaiu o gume afiado da censura, e com a escrupulosa justiça que me foi feita na biografia que escreveu sobre mim recentemente o sr. Frederick May Holland, de Concord, Massachusetts, posso tranquilamente descansar contente.

Capítulo II
UMA OCASIÃO GRANDIOSA

Posse do presidente Garfield • Um valioso
precedente • Uma cena comovente • A ganância dos
que buscam cargos • Conferência com o presidente
Garfield • Desconfiança do vice-presidente

Na primeira parte desta notável década de vida e história na América, tivemos a eleição e a grandiosa posse de James A. Garfield como presidente dos Estados Unidos, e poucos meses depois tivemos sua trágica morte pela mão de um assassino desesperado. No dia 4 de março daquele ano, calhava ser eu o agente judicial dos Estados Unidos para o Distrito de Colúmbia, tendo sido nomeado para o cargo quatro anos antes daquela data pelo presidente Rutherford B. Hayes. Esse cargo me colocou em contato tanto com o presidente que estava de saída quanto com o presidente eleito. Pela lei tácita há muito estabelecida pelo uso, o agente judicial dos Estados Unidos para o Distrito de Colúmbia tem uma posição de destaque por ocasião da posse de um novo presidente dos Estados Unidos. Ele tem a honra de acompanhar tanto o presidente que deixa o cargo quanto o presidente que está tomando posse, no momento em que cada um deles deixa as imponentes cerimônias realizadas no plenário do Senado americano até que cheguem à fachada leste do Capitólio, onde, em uma espaçosa plataforma construída para esse propósito, diante de milhares de pessoas e na presença de cerimoniosos senadores, membros do Congresso e de representantes de todas as nações civilizadas do mundo, o juramento presidencial é solenemente feito pelo presidente eleito, que passa a fazer seu discurso de posse, entregue antecipadamente para a imprensa. Na procissão que sai do Senado, tive a honra, na presença dos muitos milhares de dignitários ali reunidos, de me postar à direita e de marchar lado a lado com ambos os presidentes. A grandiosidade e a solenidade da ocasião não me pareceram menores ou menos incomuns em função da posição honrosa e de grande responsabilidade que eu tive naquele dia. Fui parte de um grande evento nacional que entraria para a história americana, mas naquele momento eu não tinha nenhuma pista ou presságio de quão sombrios, terríveis e sangrentos seriam os conteúdos do capítulo. Por vezes tive algo que me pareciam ser chocantes pressentimentos de males futuros, mas não me ocorreu nada semelhante nesse grandioso dia de posse. Os céus da moral e da política estavam de um azul calmo, brilhantes e belos, e cheios de esperanças para o novo presidente e para a nação. Eu me senti pisando em solo novo, em uma altura jamais alcançada por ninguém de meu povo; uma posição até então ocupada apenas por membros da raça caucasiana. Não tenho dúvida de que essa repentina elevação e distinção causou-me uma forte impressão. Mas eu sabia que minha elevação era temporária; que ela era brilhante, porém não duradoura; e que, assim como muitos outros alçados à superfície na recente guerra, eu logo seria novamente reduzido às fileiras das pessoas comuns. No entanto, considerei o evento altamente importante como uma nova circunstância em minha trajetória, assim como um novo reconhecimento para minha classe, e também como um novo passo no progresso da nação. Pessoalmente, foi um forte contraste com a condição de meus primeiros anos. Antes eu era um escravo analfabeto labutando sob o açoite de Covey, o domador de negros; agora eu era o agente judicial dos Estados Unidos na capital da nação, tendo sob meus cuidados e minha orientação as sagradas pessoas de um ex-presidente e de um presidente eleito de uma nação de 60 milhões de pessoas, e estava armado com o poder de uma nação para deter qualquer braço que se erguesse contra eles. Embora eu não fosse insensível nem indiferente ao fato de que eu estava andando nos mais elevados lugares da nação, não percebia nenhuma instabilidade nem em minha mente nem em meu coração. Eu era agente judicial dos Estados Unidos por acidente. Nem por isso eu deixava de ser Frederick Douglass, identificado com uma classe proscrita que ainda precisava de vários avanços para estar em perfeita igualdade com os demais cidadãos americanos. E no entanto eu não lamentava ter essa breve autoridade, pois eu me regozijava com o fato de que um homem negro pudesse ocupar esse alto posto. O precedente era valioso. Embora a maré que me levou até ali pudesse não se elevar novamente ao mesmo ponto em breve, era algo notável que ela tivesse em algum momento tido tal elevação e que tivesse se mantido tão alta por tempo suficiente para deixar sua marca no ponto que tocou, algo que nem mesmo as antigas comportas do Tempo poderiam remover ou esconder dos olhos da humanidade. O incidente foi valioso por demonstrar que o sentimento da nação ficava mais liberal em relação ao negro na proporção de sua proximidade, em termos temporais, com a guerra e com o período em que seus serviços estavam frescos na memória, pois sua condição é afetada pela proximidade ou afastamento em relação ao momento em que seus serviços foram prestados. As imperfeições da memória, o tropel dos acontecimentos, os efeitos do tempo, que fazem sumir aos poucos os fatos da memória nacional, e o crescente afeto da nação legalista pelos antigos rebeldes irão, na página de nossa história nacional, obscurecer o papel do negro, embora jamais possam apagá-lo totalmente, e embora ele jamais possa ser completamente esquecido.

A posse do presidente Garfield teve contornos excepcionais. A coroação de um rei dificilmente seria caracterizada por maiores demonstrações de alegria e satisfação. A felicidade e o entusiasmo dos amigos do presidente não conheciam limites. O espetáculo foi brilhante e memorável no grau máximo, e a cena se tornou sublime quando, depois de seu grande discurso de posse, o soldado, o orador, o estadista, o presidente eleito da grande nação deu um passo para o lado, curvou seu esplêndido corpo e, diante de todo o povo, beijou sua mãe. Foi um lembrete para a querida mãe de que, embora seu filho fosse presidente dos Estados Unidos, ele continuava sendo seu filho e de que nenhuma das honrarias que ele receberia naquele dia seria capaz de fazê-lo esquecer por um momento a dívida de amor que ele tinha com aquela mãe cuja mão o guiou na infância. Alguns acharam que esse gesto era algo teatral e que não demonstrava dignidade, porém como espectador da cena achei aquilo comovente e belo. Nada tão natural e espontâneo e sagrado poderia despertar no coração de um verdadeiro homem algo que não fossem os sentimentos do respeito e da admiração. Naquele dia de glória, e em meio a manifestações tão sublimes, nenhum pensamento sobre a trágica morte que esperava o ilustre objeto dessa grandiosa ovação poderia ter se intrometido. Não é de supor que mesmo na cabeça do louco assassino Guiteau a ideia de matar o presidente já tivesse surgido. Ouvi esse homem possuído pelo demônio falar em seu julgamento, e cheguei à conclusão de que esse ato foi resultado da loucura de alguém que deseja um cargo, e que essa loucura o levou além do limite a que normalmente leva outros homens. Outros conspiram, intrigam, mentem e caluniam para conseguir um cargo, porém essa criatura enlouquecida achou que poderia conseguir um cargo assassinando um presidente. Ele achou que, se desse a presidência ao sr. Arthur, este lhe daria uma retribuição e não apenas o protegeria contra punição como lhe concederia um cargo. Não se poderia desejar melhor indício de insanidade do que esse raciocínio. Guiteau pode ter sido responsável em certa medida, mas sempre achei que ele era irrecuperavelmente insano.

Não há dúvida de que havia muitas pessoas presentes a essa posse que, assim como o assassino, achavam que ao fazer as nomeações o novo presidente não se esqueceria delas. É doloroso pensar que a essa sensação egoísta podemos atribuir com justiça grande parte das demonstrações de aparente entusiasmo de tais ocasiões; que em função dela flâmulas tremulam, homens marcham, foguetes cortam o ar e canhões ressoam seu trovoar. Apenas as pessoas comuns, animadas pelo patriotismo e sem esperança de recompensa, conhecem nessas ocasiões a emoção do puro entusiasmo. Para aquele que está atrás de um cargo, tudo parece um mero espetáculo oco e tolo. Não é raro ouvir homens se gabando de quanto fizeram pelo partido vitorioso; quantas marchas e contramarchas realizaram, e quanta influência trouxeram aos candidatos exitosos, e ameaçando jamais voltar a fazer isso caso seus serviços não os levem a um cargo. A loucura de Guiteau foi apenas a versão exagerada da loucura de outros homens. É impossível mensurar o mal que esse desejo enlouquecido ainda pode trazer ao país. Qualquer reforma do funcionalismo público que o torne menor, ainda que não o retire da mente dos americanos, deve ser apoiada por todo cidadão patriótico.

Poucos homens no país sentiram mais do que eu o choque causado pelo assassinato do presidente Garfield, e poucos terão tido melhores motivos para se sentir assim. Eu não apenas compartilhei com a nação sua tristeza por um bom homem ter sido morto cruel e loucamente na plenitude de seus anos e na aurora de suas mais altas honrarias e de sua maior utilidade como também lamentei a perda que acreditava que sua morte causaria para os negros de todo o país. Pois, embora em determinado momento eu tenha chegado a recear a política que o sr. Garfield iria adotar em relação a nós, minhas esperanças eram mais fortes do que meus temores, e a minha fé era mais forte do que minhas dúvidas. Poucas semanas antes de sua morte trágica, ele me convidou para a Mansão Executiva para conversar sobre assuntos relativos à causa de meu povo, e ali surgiu o tema de suas nomeações para o exterior. Nessa conversa ele se referiu ao fato de que seus predecessores republicanos no cargo jamais haviam enviado negros para nenhuma nação branca. Ele disse que pretendia romper com esse costume; que havia decidido mandar negros para algumas nações brancas, e ele queria saber de mim se essas pessoas seriam aceitáveis naquelas nações. Eu, evidentemente, pensei que o caminho estava livre para essa inovação e incentivei o presidente no novo passo que ele propunha. Na época essa promessa foi feita e criou esperanças, e eu tinha poucas dúvidas de que ela seria perfeitamente cumprida. Havia nos modos do presidente a aparência de um propósito amadurecido, fixo e determinado de testar o experimento. Portanto, sua súbita e violenta morte significou para mim não apenas um grande crime contra a nação e contra a humanidade, mas também um golpe de morte em minhas esperanças recém-despertadas para meu povo e suas lutas. Achei que, caso essa inovação na política de nosso governo fosse implantada, um golpe de morte seria dado no preconceito americano, e uma nova e muito necessária garantia seria oferecida ao cidadão negro. Dali em diante, ele seria mais respeitado em casa e no exterior. Isso seria o indício conclusivo de que o povo e o governo americanos estavam falando a sério, e que não estavam brincando com o negro nem o enganando quando o investiram com a cidadania americana. Isso diria ao país e ao mundo civilizado que o grande Partido Republicano da União Americana – que conduziu a nação durante a guerra, salvou o país do desmembramento, reconstruiu o governo com base na liberdade, emancipou o escravo e fez dele um cidadão – era um partido honesto, que levava a sério tudo o que tinha dito e que estava determinado dali em diante a não retroceder. Estimando, como eu estimava, essa visão do que fora prometido e do que se poderia esperar da continuidade da vida do sr. Garfield, sua morte pareceu para mim figurar entre as maiores calamidades que poderiam se abater sobre meu povo. As esperanças despertadas pelo bondoso presidente não tinham respaldo, segundo o que eu sabia, no caráter do homem autoindulgente que fora eleito para sucedê-lo na contingência de sua morte. O anúncio, na Convenção de Chicago, do nome desse homem como candidato à vice-presidência estranhamente me fez tremer como poderia acontecer com alguém que cruzasse com um assassino armado ou um réptil venenoso. Por algum motivo oculto e misterioso, que não sei qual é, senti a mão da morte sobre mim. Não digo nem sugiro que o sr. Arthur tenha alguma coisa a ver com a morte do presidente. Eu poderia ter sentido o mesmo tremor caso qualquer outro fosse indicado para o posto, mas relato aqui o fato precisamente como ele aconteceu.

Capítulo III

DÚVIDAS QUANTO À TRAJETÓRIA DE GARFIELD

Garfield não era um homem determinado • Encontro de
Garfield com Tucker • Esperança nas promessas de uma
inovação • A tristeza se abateu sobre a nação

É evidente que jamais teremos como saber se o presidente Garfield
teria feito jus a minhas esperanças ou me decepcionado caso sua
vida tivesse sido poupada pela bala do assassino. Sua promessa de
romper com a tradição de presidentes anteriores foi direta, enfática
e calorosa. Considerando a força do preconceito popular contra o
negro, a proposta de enviar um negro para um posto sabidamente
de honra em uma nação branca era ousada. Embora a história e
a bondade do sr. Garfield dessem bons motivos para justificar as
esperanças, devo dizer que também havia algo em seu temperamento e em seu caráter que despertava dúvidas e receios de que
sua determinação acabasse sendo modificada pelo pálido molde
do pensamento. O sr. Garfield, embora fosse um bom homem, não
era meu preferido para a presidência. Para aquele posto eu queria
alguém de mais fibra. Eu era a favor do general Grant, e estava
com ele apesar de todo o constrangimento e de todo o fardo de um
"terceiro mandato" associado a sua candidatura. Eu afirmava que
mesmo uma derrota com Grant seria melhor do que o êxito com um
contemporizador. Eu conhecia ambos os homens pessoalmente e
valorizava as qualidades dos dois. No Senado o sr. Garfield estava
em seu ambiente. Ele era um debatedor hábil, tinha uma disposição
amistosa, um caráter amável, e, quando cercado pelas influências
certas, indubitavelmente seguiria pelo caminho correto; mas, para
mim, ele não tinha em sua constituição moral "espinha" suficiente
que o tornasse adequado para o posto de maior autoridade da nação em momento como aquele que vivia o país. Nesse lugar, são
necessários pensamentos claros, decisões rápidas e um propósito
firme. As condições exigiam determinação, e Garfield não era um
sujeito determinado. O país mal tinha sobrevivido aos efeitos e à

influência da grande guerra que travara por sua sobrevivência. A serpente estava ferida, mas não morta. Embora fingissem aceitar humildemente os resultados e as decisões da guerra, os rebeldes tinham retornado ao Congresso mais com o orgulho dos conquistadores do que com a humildade arrependida dos traidores derrotados. Estavam de nariz empinado. A culpa não era deles, mas sim dos legalistas. Sob o nome aparentemente justo de autogoverno local, eles estavam fuzilando tantos homens recém-tornados cidadãos no Sul quantos seriam necessários para colocar os estados individuais da União inteiramente sob seu poder. O objetivo que eles haviam conquistado em diversos estados por meio da violência e do derramamento de sangue, eles já pretendiam conquistar nos Estados Unidos inteiro por meio de habilidade e estratégia política. Eles haviam capturado os estados individualmente e agora pretendiam capturar os Estados Unidos. A diferença moral entre aqueles que lutaram pela União e pela liberdade e aqueles que haviam lutado pela escravidão e pelo desmembramento da União estava rapidamente evanescendo. A linguagem de uma conciliação doentia, herdada do governo do presidente Hayes, estava em toda parte. A insolência nascida na posse dos escravos havia começado a se exibir na Câmara e no Senado da nação. As emendas recentes à Constituição, adotadas para assegurar os resultados da guerra para a União, começavam a ser desprezadas e rejeitadas, e o navio do Estado parecia estar rapidamente retornando a seu antigo ancoradouro. Portanto, não foi uma parcialidade cega que me levou a preferir o general Grant ao general Garfield. O primeiro seria capaz de deter a reação e conter a mão da violência e o derramamento de sangue no Sul; o segundo pouco prometia quanto a isso. Eu havia tido a oportunidade certa vez de ver posta à prova a coragem do sr. Garfield, e me pareceu que ele não exibiu o puro ouro da coragem moral; na verdade, naquela situação ele vacilou sob o olhar feroz de Randolph Tucker, um escravagista rebelde que havia sido eleito. Jamais me esquecerei da cena. O sr. Garfield havia usado a expressão "traidores perjuros" para descrever aqueles que haviam sido educados pelo governo e que haviam jurado sustentar e defender a Constituição e que no entanto haviam partido para o campo de batalha e combatido por sua destruição. O sr. Tucker se ressentiu da expressão utilizada, e a única defesa apresentada pelo sr. Garfield contra essa insolência descarada do sr. Tucker foi que ele não havia escrito o dicionário. Talvez essa tenha sido a resposta suave que pôs fim à ira, mas não é a resposta com que se possa repreender a afronta, a arrogância e a presunção. Não é a resposta que Charles Sumner ou Benjamin F. Wade ou Owen Lovejoy teriam dado. Nenhum desses homens corajosos em tal situação teria se escondido atrás do dicionário. De natureza exuberante, sempre pronto a demonstrar compaixão, evitando conflito com seu entorno, abundante em amor pela aprovação, o próprio sr. Garfield admitia haver feito promessas que não teria como cumprir. Seu gosto por fazer-se agradável àqueles com quem entrava em contato o tornava fraco e o levava a criar falsas esperanças naqueles que o abordavam pedindo favores. Isso foi demonstrado em um caso de que fui parte. Antes de sua posse, ele prometeu solenemente ao senador Roscoe Conkling que iria me indicar como agente judicial dos Estados Unidos para o Distrito de Colúmbia. Ele não apenas prometeu como o fez com ênfase. O sr. Garfield deu um tapa na mesa ao fazer a promessa. Quando pedi desculpas ao sr. Conkling pelo fato de o sr. Garfield não ter cumprido sua promessa, aquele cavalheiro me fez silenciar ao repetir com ênfase crescente: "Mas ele me disse que iria nomear você como agente judicial dos Estados Unidos para o Distrito de Colúmbia". A tudo que eu podia oferecer em defesa do sr. Garfield, o sr. Conkling repetia essa promessa com crescente solenidade a ponto de aquilo parecer uma reprovação também a mim, e não apenas ao sr. Garfield; no caso dele por não manter a palavra, e no meu por defendê-lo. Não será necessário dizer àqueles que conheceram o caráter e a substância do senador Conkling que seria impossível para ele tolerar ou perdoar uma promessa quebrada. Ninguém levava tão a sério como ele a palavra de um homem. A diferença entre os dois é a diferença entre alguém guiado por princípios e alguém guiado pelo sentimento.

Embora o sr. Garfield tenha me dado esse motivo para duvidar de sua palavra, eu ainda tinha fé em sua prometida inovação. Eu acreditava nisso principalmente porque o sr. Blaine, na época secretário de Estado e conhecido por ter grande influência sobre o presidente, estava junto com ele nessa medida. O sr. Blaine chegou a ponto de me pedir que lhe apresentasse nomes de vários homens negros que pudessem ocupar esses lugares trazendo crédito para o governo e para si mesmos. Tudo isso se encerrou com a maldita bala do assassino. Portanto, eu não apenas compartilhei da tristeza geral da enlutada nação como lamentei a perda de um grande benfeitor. Nada poderia ser mais triste e patético do que a morte desse homem adorável. Foi seu destino enquanto gozava de plena saúde e estando nos umbrais de um grande cargo e tendo nas mãos o poder e diante de si a oportunidade – com elevados e puros propósitos na vida e com o coração e a mente alegres investigando a amplidão do dever que se estendia à sua frente – ser subitamente e sem aviso aniquilado em um instante, na plenitude de seus anos e no ponto mais alto de suas honrarias. Não houve verdadeiro homem no país que não tenha compartilhado da dor desse ilustre sofredor enquanto ele se agarrou à vida, ou que tenha negado uma lágrima quando a hora final chegou, pondo fim a sua vida e ao sofrimento.

Capítulo IV
OFICIAL DE REGISTRO

Atividade em nome de seu povo • Renda do oficial de registro •
Falsas impressões quanto a sua riqueza • Pedidos de ajuda •
Súplicas persistentes

Embora eu não tenha sido nomeado novamente para o cargo de agente judicial do Distrito de Colúmbia – como eu tinha motivos para esperar e para acreditar que devesse ser, não apenas porque sob minha gestão o órgão foi conduzido de maneira impecável, mas porque o presidente Garfield havia feito uma promessa solene ao senador Conkling de que eu seria nomeado –, fui indicado para o posto de registrador do Distrito de Colúmbia. Esse cargo era, em muitos sentidos, mais afeito a meus sentimentos do que aquele de agente judicial dos Estados Unidos para o distrito que me tornava diariamente testemunha nas cortes criminais de um aspecto da vida do distrito que para mim era imensamente doloroso e repulsivo. Felizmente, nunca me pediram que supervisionasse ou testemunhasse uma execução ou tomasse parte nela. Esse ato triste e solene havia sido repassado, antes de minha nomeação, para o diretor da cadeia, porém o contato com os criminosos e a responsabilidade de vigiar e cuidar deles me eram desagradáveis em todos os aspectos, e portanto eu iria preferir, sob quaisquer circunstâncias, o trabalho de registrador ao de agente judicial. Os deveres do registrador, embora específicos, exigentes e imperativos, são realizados com facilidade. O cargo não impõe deveres sociais, e portanto nem atava minhas mãos nem silenciava minha voz na causa de meu povo. Escrevi muito e falei com constância, e talvez em função dessa atividade eu tenha dado a línguas invejosas um pretexto contra mim. Creio que não fui, nem neste cargo nem no de agente judicial, menos sincero contra aquilo que considerei erros dos governantes do que quando estava fora de cargos. Minha causa, em primeiro lugar, a única, sempre, estando ou não em cargos públicos, foi e é a do homem negro; não por ele ser negro, mas por ser homem, e um homem sujeitado em seu país a injustiças e privações peculiares.

Assim como no caso do cargo de agente judicial dos Estados Unidos, também como registrador eu fui o primeiro negro a ser nomeado para a função, e, como acontece com toda inovação que contraria um uso estabelecido, minha nomeação não foi aprovada pelos conservadores e pelos que governavam o país nos velhos tempos, mas, pelo contrário, enfrentou a resistência dessas duas classes de pessoas e também da imprensa e das ruas. Felizmente para mim, o povo americano tem grande predisposição à condescendência. Ele prontamente se submete ao poder estabelecido e ao governo da maioria. Essa garantia da estabilidade nacional, da prosperidade e da paz me foi muito útil nessa crise de minha trajetória, assim como havia ocorrido em várias outras situações.

Ocupei o cargo de registrador do Distrito de Colúmbia por quase cinco anos. Tendo, por assim dizer, servido de ponta de lança ao dar ao país o exemplo de um homem negro na direção daquela instituição, este se tornou o cargo ao qual, desde aquele momento, todos os negros aspiram. Os negros muitas vezes têm um comportamento de rebanho, e talvez isso ocorra com todas as raças. Aonde um vai, os outros tendem a ir atrás. O cargo, desde que o deixei, tem sido visado e ocupado por negros. Nisso, se é que não no resto, abri as portas para que as pessoas com as quais eu me identifico possam ascender. O cargo de registrador oferecia uma remuneração bem menor na época em que eu o ocupei, se comparado ao que se paga hoje. Com o aumento quase espantoso da população, depois de uma situação praticamente estacionária em função da existência da escravidão, e com as vastas melhorias nas condições sanitárias, Washington passou a ter uma surpreendente atividade no mercado imobiliário. Como o cargo de registrador é remunerado com base em taxas, e como cada transferência de propriedade e cada venda e cada hipoteca executada devem ser registradas, a renda do cargo se tornou maior do que a de qualquer outro cargo no governo nacional, exceto o cargo de presidente dos Estados Unidos.

Em minha experiência na vida pública aprendi que existem muitas maneiras pelas quais a confiança nos homens públicos pode ser minada e destruída, e contra as quais eles são relativamente impotentes. Um dos métodos mais exitosos é começar o rumor de que um homem acumulou grande fortuna no governo e que é rico. Esse método de guerra política, que quase chega ao assassinato político, não escapou ao olho vigilante da imprensa afro-americana nem ao do aspirante a um cargo, que, ao ver um homem público que se imagina estar atrapalhando suas ambições, recorreu a esse instrumento. Em meu caso, esse método não apenas foi bem estudado como foi empregado com diligência e vigor. O traço surpreendente é que, no que diz respeito a isso, não há testemunha nem negativa que possa ter algum efeito. Basta fazer o boato começar a correr para que ele siga em frente e aumente como uma bola na neve aderente. Eu, por exemplo, vi-me descrito em alguns de nossos jornais afro-americanos como um homem de grande fortuna, possuidor de meio milhão de dólares, e o autor do texto deu a impressão de que eu havia feito essa fortuna no governo. O absurdo de tudo isso se revelaria por conta própria ao leitor atento desses jornais, caso ele simplesmente parasse para pensar; porém, infelizmente, todos os leitores dos jornais afro-americanos e de outros veículos não são muito dados a refletir sobre o que leem nem são muito cuidadosos com tais investigações, e em geral aceitam um "rumor" ou um "diz-se que" como se fosse a verdade e o evangelho. Os boatos sobre minha riqueza não apenas não eram verdadeiros como também, em função da natureza de meu trabalho e de minha história, não teriam como ser verdadeiros. Meio milhão de dólares então! O fato é que eu nunca tive um quinto disso nem espero vir a ter. Os cargos que ocupei durante os onze anos de minha vida no setor público jamais me renderam mais do que 3 mil dólares por ano acima das despesas correntes da vida, e durante alguns dos anos minha renda foi muito menor do que isso.

Embora eu não considere pecado ser rico e, pelo contrário, gostaria que houvesse muitos ricos entre os cidadãos de cor, a notória tolice ou maldade, em alguma medida, me fez ser malvisto pelo povo que eu mais me esforçava por servir, e naturalmente me sujeitou a certos incômodos dos quais, não fosse por isso, eu poderia ter escapado. Além da inveja e do preconceito despertados por ver um homem em circunstâncias melhores do que outro, isso me sobrecarregou com pedidos para viajar e fazer palestras a minhas próprias expensas em nome dessa e daquela boa causa. Isso também me levou a ter de lidar com grande quantidade de correspondência e ocupou e consumiu meu tempo e minha atenção, que talvez fossem mais úteis se empregados de outra forma. Inúmeros apelos urgentes e comoventes por ajuda, escritos sob a ilusão de minha grande fortuna, chegaram de negros de todas as partes do país, com histórias de desamparo e miséria de partir o coração, situações que eu ajudaria com alegria a remediar caso minhas circunstâncias permitissem. Essa confiança em minha benevolência me foi lisonjeira e foi com gratidão que a reconheci, porém tive dificuldade em convencer as pessoas que faziam os pedidos de que eu não tinha condições de fazer jus ao que elas pensavam sobre mim. Embora alguns desses pedidos fossem angustiantes, outros eram tão absurdos que chegavam a ser divertidos. Uma pessoa que me era completamente desconhecida me procurou pedindo a modesta soma de 4 mil dólares. Ela tinha visto uma casa que seria perfeita como lar para ela e a filha. A casa poderia ser comprada por tal quantia, e ela implorava que eu enviasse o dinheiro. Outra me escreveu falando sobre a bondade da divina providência em me abençoar com tais riquezas, e suplicando que eu enviasse o valor para a compra de um piano, garantindo que jamais antes havia me incomodado pedindo dinheiro. Ela sabia que a filha tinha dons notáveis para a música e que poderia vencer na vida caso pudesse ter um piano. Certamente se tratava de pessoas honestas, e que faziam esses pedidos esperando confiantes que receberiam o dinheiro que estavam solicitando. Não se tratava de gente daquela classe de pedintes profissionais que se escondem em sótãos, adegas e outros lugares pouco frequentados, e que enviam uma infinidade de cartas engenhosamente escritas para pessoas conhecidas por possuir recursos e supostamente benevolentes, e das quais acreditam que poderiam se aproveitar. As pessoas que me escreviam, porém, pertenciam àquele amplo grupo dos que estão perfeitamente dispostos a viver à custa alheia. Felizmente, os especuladores da credulidade humana em geral revelam a presença de fraude por meio de suas histórias elaboradas e exageradas de sofrimento, o que entrega sua verdadeira intenção. A testemunha que oferece provas simplesmente a partir de sua memória, e não pelo conhecimento do caso que está em sua cabeça, pode contar uma história correta, mas uma história menos correta pode ser mais crível. O advogado habilidoso em geral é capaz de detectar na perfeição da história a prova viciada.

Entre os inúmeros e persistentes suplicantes que vim a encontrar e que pertencem a essa classe estão aqueles que se apresentam como credores exigindo o pagamento de uma dívida que eu tenho com eles em função dos grandes serviços que eles ou seus pais ou seus avós prestaram à causa da emancipação. "Eles ajudaram os escravos que fugiam da servidão." "Eles viajaram quilômetros para ouvir minhas palestras." "Eles se lembram das coisas que me ouviram dizer." "Eles leem tudo que já escrevi." "Os pais deles cuidavam de estações na ferrovia clandestina." "Eles votaram na chapa do Partido da Liberdade há muitos anos, quando ninguém fazia isso." E muito mais do mesmo tipo, mas sempre concluindo com um sólido pedido de dinheiro ou com uma solicitação para que eu use de minha influência para conseguir cargos no governo para eles ou para seus amigos. Embora eu não veja exatamente como ou por que eu deva ser instado a pagar a dívida da emancipação por todos os 4 milhões de escravos que foram libertados, sempre tentei fazer minha parte quando a oportunidade se oferecia. Ao mesmo tempo me parecia incompreensível que eles não vissem que os reais devedores nesse triste relato eram eles próprios, e que eles não percebessem quanto era absurdo que eles posassem de credores.

Capítulo V
GOVERNO DO PRESIDENTE CLEVELAND

Circunstâncias da eleição de Cleveland • Posição
política do Distrito de Colúmbia • Avaliação do caráter
de Cleveland • Respeito pelo sr. Cleveland • Declínio
da força do Partido Republicano • Tempos de tristeza
para os negros • Motivos da derrota de Blaine

O último ano de meu serviço no confortável cargo de registrador
do Distrito de Colúmbia, para o qual nunca faltaram candidatos
demonstrando o mais fervoroso dos interesses, ocorreu no início do
notável governo do presidente Grover Cleveland. Alguns de meus
amigos pensaram, e entre eles sobretudo meus críticos afro-americanos, que eu deveria ter renunciado imediatamente ao cargo
com a chegada do novo governo. Não sei dizer até que ponto o fato
de o cargo ser desejável influenciou minha opinião numa direção
oposta, pois o coração humano é bastante enganoso, porém eu via
o assunto de maneira muito diferente do que ocorria com meus
críticos negros. O cargo de registrador imobiliário, assim como
o de registrador de testamentos, é puramente local, embora sua
nomeação caiba ao presidente, e sob nenhum aspecto se trata de
um cargo federal ou político. O governo federal não paga seu salário. Ele é mantido apenas pelas taxas pagas pelo trabalho efetivamente feito por seus empregados para os cidadãos do Distrito de
Colúmbia. Como esses cidadãos, excetuados aqueles que com maior
avidez desejavam ocupar meu lugar, não se queixaram de minha
permanência no cargo, não vi motivos para deixá-lo. Além disso, o
presidente Cleveland não parecia ter pressa nem dava mostras de
desejar minha renúncia com a mesma intensidade com que alguns
de meus irmãos afro-americanos queriam me ver fora do cargo
para que o caminho estivesse livre para eles. Ademais, ele devia
sua eleição a uma combinação peculiar de circunstâncias favoráveis a minha permanência. Ele tinha sido apoiado tanto por votos
republicanos quanto por votos democratas. Grover Cleveland havia

496

sido o candidato das pessoas favoráveis à reforma do funcionalismo público, cuja ideia fundamental era que não devia haver remoção do cargo daqueles que houvessem desempenhado suas funções de maneira plena e leal. Tendo sido eleito pelos votos dos defensores da reforma do funcionalismo, havia uma obrigação política implicitamente imposta ao sr. Cleveland de respeitar a ideia representada pelos votos desses eleitores. Na primeira parte de seu governo, o momento em que ocupei o cargo durante seu mandato, o presidente deixou bastante clara sua disposição a cumprir com essa obrigação, e o sentimento na época era que estávamos entrando em uma nova era na política americana, em que não haveria remoção de pessoas de seus cargos com base em partido político. Parecia que para o bem ou para o mal tínhamos revertido a prática de ambos os partidos de nossa história política, e de que a velha fórmula "ao vencedor o butim" já não deveria ser a regra na política. Assim, eu via menos razões para renunciar em função da eleição de um presidente de partido político diferente do meu, quando o status político do povo do Distrito de Colúmbia era levado em conta. Essas pessoas estão fora dos Estados Unidos. Elas ocupam um território neutro e não têm existência política. Elas não têm voz nem voto em toda a política prática dos Estados Unidos. Mal se pode chamá-las de cidadãos dos Estados Unidos. Na prática eles são estrangeiros; não são cidadãos, mas sim súditos. O Distrito de Colúmbia é o único local onde não há governo para o povo, do povo e pelo povo. Seus cidadãos se submetem a governantes que eles não têm chance de escolher. Obedecem a leis sem poder se manifestar quando elas são feitas. Eles pagam uma série de tributos, mas não têm representação. Nas grandes questões políticas do país, eles não podem marchar ao lado de nenhum dos exércitos, e ficam relegados à neutralidade.

Não tenho nada a dizer quanto a essa condição anômala do povo do Distrito de Colúmbia, e não acredito que ela devesse durar muito, nem acho que essa situação vá perdurar; porém, enquanto ela existir, não parece que a eleição de um presidente dos Estados Unidos devesse tornar obrigatória a renúncia de alguém que ocupa um cargo puramente local, em um posto que é mantido não pelos Estados Unidos, mas pelo povo sem direito a voto do Distrito de Colúmbia. Por esses motivos permaneci em segurança no cargo enquanto o presidente, intencionalmente ou não, foi admirado pelos reformadores do funcionalismo por quem fora eleito, depois do que ele passou a se esforçar bastante para moldar sua política de acordo com as ideias totalmente opostas do Partido Democrata. Tendo recebido todos os aplausos possíveis dos reformistas, o que tornava difícil para eles contradizer o aval que lhe haviam dado e voltar ao Partido Republicano, ele passou a trabalhar a sério na remoção de todos aqueles que ocupavam cargos e que ele via como partidários que lhe pareciam ofensivos, entre os quais eu me incluía. Difícil imaginar um estratagema político que tenha funcionado melhor. Diante de todos os fatos, os reformistas do funcionalismo aderiram a seu presidente. Ele não tinha feito tudo aquilo que eles esperavam, mas tinha feito aquilo que eles insistiam ser o melhor possível diante das circunstâncias.

Devo afirmar que, ao me afastar do presidente Grover Cleveland, pessoalmente não tenho motivo de queixa contra ele. Pelo contrário, tenho mais razões para elogiá-lo. Reconheci nele um homem robusto, viril, um homem que tem a coragem para agir segundo suas convicções e para suportar com serenidade as críticas dos que divergem dele. Quando o presidente Cleveland chegou a Washington, eu me encontrava debaixo de uma tormenta que trazia raios raivosos. Falsos amigos de ambas as cores me criticavam constantemente. Não terá havido, talvez, homem que tenha ferido mais o preconceito popular do que eu em anos recentes. Eu havia me casado. Pessoas que haviam silenciado quanto às relações ilícitas entre senhores de escravos brancos e suas escravas negras ergueram a voz para me condenar por casar com uma mulher cuja pele era alguns tons mais clara do que a minha. Eles não teriam objeções caso eu me casasse com alguém de pele muito mais escura do que a minha, mas me casar com alguém de pele muito mais clara, e da cor de meu pai em vez da cor de minha mãe, era, aos olhos do povo, uma ofensa chocante, pela qual eu deveria ser posto em ostracismo tanto pelos brancos quanto pelos negros. O sr. Cleveland me viu coberto por essas críticas injustas, incoerentes e tolas, e em vez de se unir ao coro ou tomar o partido deles, ou ficar ao lado deles, como um político covarde e enganador poderia fazer e provavelmente faria, ele, diante das críticas vulgares, prestou-me todas as considerações sociais devidas ao registrador de imóveis do Distrito de Colúmbia. Enquanto ocupei um cargo durante seu governo, ele jamais deixou de me convidar, a mim e a minha esposa, para suas grandes recepções, e nós jamais deixamos de frequentá-las. Cercado por homens distintos, por mulheres de todas as partes do país e por representantes diplomáticos de todas as partes do mundo, e sob o olhar dos antigos donos de escravos, não havia nada na conduta do sr. e da sra. Cleveland em relação à sra. Douglass e a mim que fosse menos cordial ou cortês do que havia no comportamento deles em relação a todas as demais damas e a todos os outros cavalheiros presentes. Esse desafio viril, da parte de um presidente democrata, contra um preconceito maligno e antigo, fez-me respeitar a coragem do sr. Cleveland. Na política estávamos separados um do outro por um oceano. Eu já tinha feito tudo que podia para impedir sua eleição e para eleger o sr. James G. Blaine, porém isso aparentemente não fazia diferença para o sr. Cleveland. Eu estava no cargo quando ele chegou à presidência, e ele era nobre demais para me negar o reconhecimento e as hospitalidades que minha posição oficial me permitia exigir. Embora essa conduta atraísse para ele críticas ferozes e amargas da parte de membros de seu partido no Sul, ele jamais hesitou ou vacilou, e continuou a convidar a sra. Douglass e a mim para suas recepções ao longo de todo o tempo em que ocupei um cargo durante seu governo, e muitas vezes escreveu os convites de próprio punho. Entre meus amigos na Europa, um fato como esse não faz surgir nenhum comentário. Lá, a cor não decide as posições civis e sociais de um homem. Aqui, um canalha branco, por ser branco, tem preferência sobre um negro honesto e instruído. Um homem branco do tipo mais baixo pode andar em vagões ferroviários de primeira classe, ir a teatros e entrar em hotéis e restaurantes de nossas cidades, e será recebido, ao passo que um homem que tenha uma única gota de sangue africano em suas veias será rejeitado e insultado. Em nenhum lugar no mundo o valor e a dignidade de um homem são mais exaltados no discurso e na palavra escrita do que aqui, e em nenhum outro lugar um homem é mais pura e simplesmente desprezado do que aqui. Fingimos desprezar castas e aristocracias do Velho Mundo e rimos de sua arrogância, mas em casa fomentamos pretensões muito menos racionais e muito mais ridículas.

Falei do comportamento sensato e corajoso do sr. Cleveland, e talvez por isso eu vá ser descrito como tendo uma inclinação para o Partido Democrata. Não se poderia cometer equívoco maior.

Nenhuma inferência desse tipo deve ser feita do que eu disse. Sou um republicano e o provável é que permaneça republicano, porém jamais fui o tipo de partidário que não se permite elogiar uma ação nobre realizada por qualquer homem, independentemente de partido ou grupo.

Durante o governo de Chester A. Arthur, assim como no de Rutherford B. Hayes, o espírito da escravidão e da rebelião aumentou seu poder e ganhou ascendência. Ao mesmo tempo, o espírito que abolira a escravidão e salvara a União estava em proporcional e estável declínio, e isso também fazia reduzir a força e a unidade do Partido Republicano. A aurora dessa ação deplorável se tornou visível quando o presidente republicano da Câmara dos Deputados derrotou o projeto de lei que previa a proteção de cidadãos negros do Sul contra a rapina e o assassinato. Sob o presidente Hayes isso assumiu uma forma orgânica, crônica, e cresceu rapidamente em volume e força. Esse presidente bem-intencionado deu as costas para os governos estaduais legalistas do Sul, entregou o poderoso Serviço Postal nas mãos de um democrata do Sul, encheu os estados do Sul com chefes de correio rebeldes, foi para o Sul, elogiou a honestidade e a coragem dos rebeldes, pregou a pacificação e convenceu a si mesmo e a outros de que a política de conciliação poria fim à violência, faria parar o ultraje e o assassinato, e restabeleceria a paz e a prosperidade nos estados rebeldes. As boas intenções do presidente Hayes não tornaram os resultados dessa política menos desastrosos e prejudiciais. Seu efeito sobre o espírito republicano do país equivaleu a uma rajada do siroco que faz murchar toda a vegetação a seu alcance. O sentimento que nos deu uma União reconstruída baseada na liberdade de todas as pessoas morreu como morre uma flor sob a geada assassina. Os quatro anos de seu governo foram, para os cidadãos negros legalistas, cheios de escuridão e terror sombrio. O único raio de esperança que lhe coube foi o fato de que pelo menos a forma esvaziada do Partido Republicano permanecia no poder, e que ele ainda recuperaria parte da força e da vitalidade que o caracterizaram nos dias de Grant, Sumner e Conkling e no período da reconstrução. Não preciso descrever como eram vãs essas esperanças. O destino estava contra nós. A morte do sr. Garfield colocou na cadeira presidencial Chester A. Arthur, que nada fez para corrigir os erros do presidente Hayes, ou para

500

deter o declínio e a queda do Partido Republicano, mas que, pelo contrário, por meio de sua autoindulgência, de sua indiferença e da negligência das oportunidades, permitiu que o país seguisse à deriva (como um barco sem remos nas corredeiras) em relação ao abismo vociferante da Democracia escravagista.

Não foram "Rum, Romanismo e Rebelião" que derrotaram o sr. James G. Blaine, foi o próprio sr. Blaine que derrotou a si mesmo. A fundação de sua derrota foi posta pelas mãos dele próprio na derrota do projeto de lei que previa a proteção da vida e dos direitos políticos dos republicanos do Sul. Até aquele momento o Partido Republicano era corajoso, confiante e forte, tendo a capacidade de eleger qualquer candidato que considerasse prudente indicar para a presidência; daquele momento em diante, porém, ele foi tomado pela decadência moral; sua coragem se acovardou, sua confiança desapareceu, e desde então o partido quase não teve vida, permanecendo num estado de suspensão, e comparativamente ficou entre a vida e a morte. A lição ensinada por seu exemplo e o alerta trazido por esse movimento é que os partidos políticos, assim como os indivíduos, só são fortes enquanto são coerentes e honestos, e que a traição e o engano são apenas a areia com que os tolos políticos em vão tentam edificar. Quando deixou de se preocupar com seus aliados do Sul e não mais cuidou de sua proteção, e quando foi atrás dos sorrisos dos assassinos de negros, o Partido Republicano chocou, enojou e alienou seus melhores amigos. O cetro do poder já não podia estar em suas mãos, e isso abriu o caminho para a derrota do sr. Blaine e para a eleição do sr. Cleveland.

Agarrando-me esperançoso ao Partido Republicano, acreditando que ele deteria seu retrocesso e que retomaria seu antigo caráter de partido do progresso, da justiça e da liberdade, lamentei sua derrota e compartilhei em certa medida da dolorosa apreensão e da aflição que tomaram conta de meu povo no Sul com o retorno ao poder do velho e escravagista Partido Democrata. Para muitos deles parecia que eles foram deixados desprotegidos diante de seus inimigos; de fato, eles se sentiam perdidos; parecia que a eleição do sr. Cleveland significava a retomada do poder escravagista, e que agora eles voltariam a ser reduzidos à escravidão e ao açoite. A tristeza causada no Sul por esse medo disseminado mal pode ser descrita ou medida. O gemido de desespero dos antigos cativos durante algum tempo foi profundo, amargo e desolador. Analfabetos e incapazes de aprender a ler ou de tomar conhecimento de qualquer limite que pudesse ser colocado ao partido que agora estava em ascensão, os medos deles não eram mitigados e pareciam intoleráveis, e seu grito de alarme era o grito de desalento de um exército ao ver que seu campeão tombou e que não surge ninguém para ocupar seu lugar. Veio a calhar para o povo pobre que se encontrava nessa situação que o próprio sr. Cleveland tenha gentilmente enviado uma palavra ao Sul para aliviar seus temores e tirá-los da agonia. Essa ansiedade do negro analfabeto deixou algo aparente além de sua ignorância. Embora não soubesse nada sobre as letras, ele sabia algo sobre os eventos envolvendo os partidos e sobre sua história. Ele sabia que o Partido Republicano era o partido odiado pela velha classe senhorial e que o Partido Democrata era o partido amado pela velha classe senhorial.

Capítulo VI
A DECISÃO DA SUPREMA CORTE

A ação da Suprema Corte • Seu efeito sobre o povo negro •
Discurso no Lincoln Hall

Para ilustrar outra vez as tendências reacionárias da opinião pública contra o negro e o crescente declínio, desde a guerra em nome da União, do poder de resistência contra a marcha dos estados rebeldes rumo ao antigo controle e à ascendência que exerciam sobre as instituições da nação, a decisão da Suprema Corte dos Estados Unidos, declarando inconstitucional a Lei dos Direitos Civis de 1875, é chocante e convincente. A força e as atividades dos elementos malignos do país contra os direitos iguais e a igualdade perante a lei parecem crescer proporcionalmente ao aumento da distância entre aquele momento e o momento da guerra. Quando o braço do homem negro foi necessário para defender o país; quando o Norte e o Sul pegaram em armas um contra o outro e o país corria risco de desmembramento, seus direitos foram levados em consideração. O fato de o contrário ser verdadeiro é prova de que o tempo tem tido efeitos dissipadores e deformadores e revela o caráter passageiro da gratidão republicana. A partir do momento em que o Norte legalista começou a confraternizar com o Sul rebelde e escravagista; a partir do momento em que eles começaram a "estender as mãos sobre o abismo sangrento"; a partir desse momento a causa da justiça para o negro começou a declinar e a perder a força na mente do público, e desde então tem perdido terreno.

O historiador no futuro olhará para o ano de 1883 e encontrará o mais flagrante exemplo dessa deterioração nacional. Aqui ele irá deparar com a Suprema Corte da nação revertendo a ação do governo, derrotando o propósito manifesto da Constituição, anulando a 14ª Emenda e tomando partido do preconceito, da proscrição e da perseguição.

Independentemente do que essa Suprema Corte possa ter sido no passado, ou do que a Constituição pretendesse que ela fosse, ela tem estado, desde o momento da decisão do caso Dred Scott, totalmente sob a influência do poder escravagista, e suas decisões têm sido ditadas por esse poder, e não pelas regras de interpretação legal que pareciam sólidas e estabelecidas.

Embora tenhamos, em outros tempos, visto essa corte distorcer a lei de acordo com a vontade e os interesses do poder escravagista, supunha-se que em função da guerra e do importante fato de a escravidão ter sido abolida, e ainda do fato de que os membros da corte agora eram indicados por um governo republicano, o espírito e o corpo tivessem sido ambos exorcizados. Portanto, a decisão na questão foi vista pelo homem negro como uma surpresa dolorosa e desconcertante. Foi um golpe vindo de um lugar que não se esperava. A rendição da capital da nação a Jefferson Davis na época da guerra dificilmente teria causado choque maior. Naquele momento o cidadão negro sentiu como se o chão lhe tivesse sido tirado. Ele foi ferido na casa de seus amigos. A impressão dele era que a decisão o expulsava das portas do grande templo da Justiça americana. A nação que ele havia servido contra seus inimigos agora o entregava desprotegido contra os inimigos dele. Seu problema não tinha nenhum remédio imediato. A decisão deveria vigorar até que as portas da morte prevalecessem sobre ela.

Os negros da capital da nação onde essa decisão foi tomada perceberam rapidamente seu significado desastroso, e em meio ao horror do desamparo do momento pediram a mim e a outros que expressassem sua dor e sua indignação. Em obediência a essa convocação um encontro foi marcado no Lincoln Hall, o maior auditório da cidade, que ficou lotado com uma plateia de todas as cores, para ouvir aquilo que poderia ser dito sobre esse novo e chocante evento. Embora não tivéssemos poder para deter a injustiça ou modificar as consequências dessa decisão extraordinária, podíamos pelo menos bradar contra seu absurdo e sua injustiça.

Naquela ocasião nossa causa foi apresentada de maneira hábil e eloquente pelo distinto advogado e eminente filantropo Robert G. Ingersoll. De minha parte, senti ser algo sério contradizer o julgamento da mais alta corte da nação, especialmente diante do risco de ser levado a usar uma linguagem pouco prudente e extravagante no calor e na empolgação do momento. Como primeiro orador dessa ocasião memorável, apresento aqui como parte de minha *Vida e época* o que eu disse então.

Tenho apenas umas poucas palavras para dizer a vocês nesta noite... Pode ser que, no fim das contas, a hora clame mais por silêncio do que por discurso. Mais tarde nesta discussão, quando devemos ter diante de nossos olhos o texto na íntegra da Suprema Corte e o voto dissidente do ministro Harlan, que deve ter importantes motivos para se apartar de seus colegas e assim receber, como certamente ocorrerá, críticas que fariam até o mais corajoso dos homens se encolher, estaremos em melhor estado de espírito, mais bem equipados por fatos e mais preparados para falar com calma, correção e prudência do que neste momento. A tentação neste instante é falar usando mais o sentimento do que a razão, mais o impulso do que a reflexão.

Fomos, como grupo, seriamente feridos, feridos na casa de nossos amigos, e essa ferida é profunda e dolorosa demais para um discurso ordinário e comedido.

A cada feito pela liberdade
Da terra o peito amplo e dolorido
Percorre em arrepio a felicidade
Em cada direção, todo sentido.

Porém, quando algo se faz pela escravidão, pela casta e pela opressão, e quando se desfere um golpe no progresso humano, seja ele intencional ou não, o coração da humanidade se entristece e murcha dolorido. Esses gestos nos dão a impressão de que alguém está calcando o túmulo de nossas mães, ou profanando nossos templos sagrados. Apenas homens vis e opressores podem se regozijar com o triunfo da injustiça sobre os fracos e indefesos; pois a fraqueza pode se proteger contra os ataques do orgulho, do preconceito e do poder.

A causa que nos trouxe aqui esta noite não é comum nem trivial. Poucos eventos em nossa história nacional a ultrapassaram em magnitude, importância e significado. Ela varreu o país como um ciclone, deixando desolação moral em seu rastro. Essa decisão pertence a uma classe de injustiças judiciais e legislativas que nos têm mantido oprimidos.

Nós a recebemos como havíamos recebido anos atrás a furiosa tentativa de impingir o maldito sistema da escravidão sobre o território do Kansas; do mesmo modo como sentimos a implantação da Lei do Escravo Fugitivo, a revogação do Compromisso do Missouri e a decisão do caso Dred Scott. Vejo isso como mais um desenvolvimento chocante

505

da fraqueza moral que assola os postos de grande autoridade e que acompanhou o conflito entre o espírito de liberdade e o espírito de escravidão, e ouso prever que as futuras gerações terão esse entendimento. No futuro longínquo, quando os homens desejarem se informar sobre o real estado da liberdade, da lei, da religião e da civilização dos Estados Unidos neste momento de nossa história, eles se debruçarão sobre esse caso da Suprema Corte e lerão esta estranha decisão que declara a Carta de Direitos Civis inconstitucional e nula.

Isso, mais do que a leitura de muitos volumes, mostrará a eles quanto avançamos, até este momento, em relação à barbárie da escravidão e rumo à civilização e aos direitos do homem.

Concidadãos! Entre os grandes males que assolam hoje a nação, aquele, creio, que mais ameaça minar e destruir as fundações de nossas instituições livres neste país é a grande e aparentemente crescente falta de respeito por aqueles a quem repassamos a responsabilidade e o dever de administrar nosso governo. Quanto a isso creio que todos os homens de bem concordarão, e contra esse mal confio que vocês sentem a mais profunda repugnância, e que a ele não daremos, nem aqui nem em nenhum outro lugar, a menor medida de nossa simpatia ou encorajamento. Não devemos jamais esquecer, sejam quais forem os erros ou desvios de conduta incidentais dos governantes, que o governo é melhor do que a anarquia e que a reforma paciente é melhor do que a revolução violenta.

Embora, porém, eu desejasse emprestar mais força a esse sentimento e dar a ele a ênfase de uma voz celestial, não se deve permitir que ele interfira na liberdade de expressão, na manifestação honesta de opinião e nas críticas justas. Abrir mão disso seria abrir mão do progresso, e condenar a nação a uma estagnação moral, à putrefação e à morte.

No que tange ao respeito pelos dignitários, no entanto, não se deve esquecer que os deveres são recíprocos e que, embora as pessoas devam demonstrar desaprovação por toda manifestação de leviandade e desprezo por aqueles que estão no poder, é dever daqueles que o exercem usá-lo de maneira a merecer e garantir o respeito e a reverência.

Para me aproximar um pouco do caso que está diante de nós. A Suprema Corte dos Estados Unidos, no exercício de seu elevado e vasto poder constitucional, súbita e inesperadamente decidiu que a lei que deveria assegurar aos negros os direitos civis garantidos a eles pela seguinte provisão dos Estados Unidos é inconstitucional e nula. Ei-la:

"Nenhum estado", diz a 14ª Emenda, "deverá aprovar ou aplicar qualquer lei que reduza os privilégios ou as imunidades dos cidadãos dos Estados Unidos; além disso, nenhum estado privará qualquer pessoa da vida, da liberdade ou da propriedade sem o devido processo legal; nem negará a qualquer pessoa que esteja em sua jurisdição a igual proteção das leis".

Agora, quando um projeto de lei foi discutido por semanas e meses e até mesmo por anos, na imprensa e na tribuna, no Congresso e fora do Congresso, quando ele foi debatido com calma pelas mais claras mentes e pelos mais hábeis e eruditos advogados do país; quando todo argumento contra ele foi ponderado várias e várias vezes e respondido de maneira razoável; quando sua constitucionalidade foi especialmente discutida, em seus prós e contras; quando ele passou pela Câmara dos Deputados dos Estados Unidos e foi solenemente aprovado pelo Senado dos Estados Unidos (talvez o mais importante órgão legislativo do mundo); quando esse projeto foi submetido ao ministério da nação, composto dos homens mais hábeis do país; quando passou pelo escrutínio do procurador-geral dos Estados Unidos; quando o Executivo da nação deu a ele seu nome e sua aprovação formal; quando ele passou a ocupar seu lugar na Constituição e lá permaneceu por quase uma década, e o país em grande medida aquiesceu a ele, vocês irão concordar comigo que os motivos para declarar tal lei inconstitucional e nula deverá ser forte, irresistível e absolutamente conclusivo. Sendo tal lei a favor da liberdade e da justiça, ela deveria ter o benefício de qualquer dúvida que pudesse surgir quanto a sua estrita constitucionalidade. Esse, creio, será o ponto de vista adotado não apenas por leigos como eu, mas também por eminentes advogados.

Todo homem que se dedicou a pensar, por pouco que seja, no maquinário, na estrutura e na operação prática de nosso governo deve ter reconhecido a importância da absoluta harmonia entre seus vários braços e os respectivos poderes e obrigações. Deve ter visto com clareza a deletéria tendência e o risco para o corpo político de quaisquer antagonismos entre seus vários poderes. Para sentir a força dessa ideia, bastará lembrar a história do governo do presidente Johnson e o conflito que ocorreu entre o Executivo nacional e o Congresso da nação, quando a vontade popular deparou repetidas vezes com o veto presidencial e quando o país pareceu à beira de outra revolução. Nenhum patriota, por mais corajoso, pode desejar para seu país a repetição daqueles dias sombrios.

Agora deixem que eu diga, antes de ir mais longe nesta discussão, que caso algum homem tenha vindo aqui hoje à noite com o peito arfando de paixão, o coração inundado de amargura, e desejando e esperando ouvir uma denúncia violenta da Suprema Corte por causa dessa decisão, ele não compreendeu o objetivo desta reunião e o caráter dos homens por quem ela foi convocada.

Não viemos aqui para sepultar César nem para fazer seu elogio. A Suprema Corte é o ponto autocrático de nosso governo. Nenhum monarca na Europa tem um poder mais absoluto sobre as leis, a vida e as liberdades de seu povo do que essa corte tem sobre nossas leis, nossa vida e nossas liberdades. Seus ministros vivem, e devem viver, num voo de águia acima do medo e do favor, do elogio e da censura, do lucro ou do prejuízo. Nenhum preconceito vulgar deveria tocar os membros daquela corte. Suas decisões deveriam chegar a nós como a calma e clara luz da infinita justiça. Deveríamos ser capazes de pensar neles e de falar deles com o mais profundo respeito por sua sabedoria e a mais profunda reverência por sua virtude; pois aquilo que Sua Santidade o papa é para a Igreja Católica Romana, a Suprema Corte é para o Estado americano. Seus membros são homens, claro, e não podem, assim como o papa, reivindicar a infalibilidade, e eles não são infalíveis, porém são o poder supremo a decidir a lei da nação, e suas decisões são lei até serem modificadas por aquela corte.

O que será dito aqui esta noite será dito, confio, mais no espírito da tristeza do que da raiva; mais em tom de lamento do que de amargura e reprovação, e mais para promover pontos de vista sólidos do que para encontrar motivos ruins para pontos de vista menos sólidos.

Não podemos, no entanto, deixar de observar o fato de que, embora isso não seja intencional, essa decisão impôs uma pesada calamidade a 7 milhões de pessoas deste país e as deixou desprotegidas e indefesas diante da ação de um preconceito maligno, vulgar e impiedoso contra o qual a Constituição claramente pretendeu protegê-las.

Essa decisão mostra ao mundo os Estados Unidos como uma nação absolutamente desprovida de poder para proteger os direitos constitucionais de seus próprios cidadãos em seu próprio solo.

Os Estados Unidos podem exigir deles serviço e fidelidade, lealdade e a própria vida, porém não têm como protegê-los contra a mais palpável violação dos direitos da natureza humana; os direitos para assegurar quais governos são estabelecidos. A nação pode taxar o pão e o sangue dessas pessoas, porém não tem poder para protegê-las. Seu poder se estende apenas ao Distrito de Colúmbia e aos territórios – onde as pessoas não têm direito ao voto e onde a terra não tem povo. Todo o resto está sujeito aos estados. Em nome do senso comum, pergunto que direito temos de chamar a nós mesmos de nação, tendo em vista essa decisão e essa absoluta privação de poder.

Ao humilhar os negros deste país, essa decisão humilhou a nação. Ela dá ao condutor da ferrovia na Carolina do Sul ou no Mississippi mais poder do que dá ao governo da nação. Tal decisão pode obrigar a esposa do presidente da Suprema Corte dos Estados Unidos a entrar em um vagão para fumantes cheio de homens hirsutos, e obrigá-la a escutar as piadas grosseiras e a inalar a fumaça desagradável de uma multidão vulgar. Dá aos gerentes de hotel que o desejem, a partir de um preconceito nascido da Rebelião, a possibilidade de atirá-la à meia-noite na tempestade e na escuridão, dá poderes para obrigá-la a ir embora. Nesse caso, de acordo com essa decisão da Suprema Corte, o governo da nação não tem o direito de interferir. Ela deve pedir proteção e reparação não à nação, mas ao estado; e quando o estado, segundo minha compreensão, declara que não há entre suas leis nenhuma que a proteja, e que o estado não legislou contra ela, a função e o poder do governo da nação estão esgotados e ela ficará sem absolutamente nenhuma reparação.

Portanto, por mais que nossa situação seja ruim, sob essa decisão, o mau princípio afirmado pelo tribunal não se limitará às pessoas de cor. A esposa do presidente da Suprema Corte, Waite – e falo isso respeitosamente –, está protegida não pela lei, mas meramente pela casualidade de sua cor. No que depender da lei do país, ela se encontra na mesma situação que a mais humilde mulher negra da República. A diferença entre os negros e os brancos aqui é que estes, devido à cor, não necessitam de proteção. Nem por isso deixa de ser verdade que a humanidade é insultada nos dois casos. "Não há homem que possa colocar uma corrente no tornozelo de outro homem sem que termine por descobrir que a outra ponta dela está no próprio pescoço."

A lição de todas as eras sobre esse ponto é que uma injustiça cometida contra um homem é uma injustiça cometida contra todos. Ela pode não ser sentida momentaneamente, e o mal pode demorar a se revelar, porém tão certamente quanto existe um governo moral do universo, tão certamente quanto existe um Deus do universo, haverá a colheita do mal.

O preconceito de cor não é o único contra o qual uma República como a nossa poderia se resguardar. O espírito de casta é mal e perigoso em toda parte. Existe o preconceito do rico contra o pobre, o orgulho e o preconceito do dândi ocioso contra o trabalhador de mãos calejadas. Existe, o pior de todos, o preconceito religioso, um preconceito que manchou de sangue continentes inteiros. Trata-se, na verdade, de um espírito infernal, contra o qual todo homem esclarecido deveria travar guerra perpétua. Talvez nenhum grupo de nossos concidadãos tenha levado esse preconceito de cor a um ponto mais extremo e perigoso do que nossos compatriotas irlandeses católicos, e no entanto não há povo na face da terra que tenha sido mais implacavelmente perseguido e oprimido por conta de raça e religião do que esse mesmo povo irlandês.

Na Irlanda, porém, a perseguição acabou chegando a um ponto em que a reação contra os perseguidores é terrível. A Inglaterra está hoje colhendo as amargas consequências de sua própria injustiça e opressão. Pergunte a qualquer homem inteligente: "Qual é a principal fonte de fraqueza da Inglaterra? Aquilo que a reduziu a uma potência de segunda classe?". E, se a resposta for verdadeira, será "a Irlanda!". No entanto, pobre, maltrapilha, faminta e oprimida como é, a Irlanda é forte o suficiente para ser uma ameaça real ao poder e à glória da Inglaterra.

Concidadãos! Não queremos uma Irlanda negra na América. Não queremos um grupo de pessoas ofendidas nos Estados Unidos. Fortes como somos sem os negros, somos mais fortes com eles do que sem. A força e a amizade de 7 milhões de pessoas, por mais que elas sejam humildes e se encontrem espalhadas pelo país, não são desprezíveis.

Hoje nossa República tem a posição de rainha entre as nações da terra. A paz reina entre seus muros e há abundância em seus palácios, porém será necessário um homem mais corajoso e mais esperançoso do que eu para afirmar que essa paz e essa prosperidade irão durar para sempre. A história se repete. Aquilo que aconteceu antes pode voltar a acontecer.

O negro, na Revolução, lutou por nós e conosco. Na guerra de 1812, o general Jackson, em New Orleans, considerou necessário convocar os negros para ajudá-lo na defesa contra a Inglaterra. Abraham Lincoln considerou necessário convocar o negro para defender a União contra a rebelião. Em todos os casos o negro respondeu com bravura. Nossos legisladores, nossos presidentes e nossos juízes deveriam ser cuidadosos para evitar que, ao deixar essas pessoas desprotegidas pela lei, elas destruam o amor pelo país que nos dias de dificuldade é necessário para a defesa da nação.

Não estou aqui para discutir a constitucionalidade ou a inconstitucionalidade dessa decisão da Suprema Corte. Essa decisão pode ou não ser constitucional. Essa é uma questão para advogados, e não para leigos; e há advogados nesta tribuna tão eruditos, hábeis e eloquentes quanto qualquer um que tenha se apresentado neste caso perante a Suprema Corte, ou quanto qualquer outro no país. A esses deixo a exposição sobre a Constituição; no entanto, reivindico o direito de comentar uma estranha e flagrante incoerência dessa decisão em relação a decisões anteriores, nas quais as regras legais se aplicam. É uma novidade, em completa falta de sintonia com os precedentes e as decisões da Suprema Corte em outras épocas e em outros aspectos que dizem respeito aos direitos dos negros. A Suprema Corte ignorou e rejeitou completamente a força e a aplicação do objeto e a intenção da adoção da 14ª Emenda. Ela não tomou conhecimento da intenção e do propósito do Congresso e do presidente ao incluir a Carta dos Direitos Civis na Constituição da nação. Ela achou adequado neste caso afetar um povo fraco e muito perseguido, deixando-se orientar pelas mais estritas regras de interpretação legal. Ela enxergou tanto a Constituição quanto a lei levando estritamente em conta sua letra, porém sem nenhum reconhecimento generoso e sem nenhuma aplicação de seu espírito amplo e liberal. Com base nesses princípios estritos, a decisão é o caminho lógico e legal. Minha queixa, porém, e todo amante da liberdade nos Estados Unidos tem o direito de apresentar essa queixa, é quanto à súbita e injustificada reversão de todas as grandes regras de interpretação legal por meio das quais essa corte foi antes governada na construção da Constituição e das leis que dizem respeito aos negros.

Nos dias sombrios da escravidão, essa corte em todas as ocasiões deu a maior importância à intenção como guia interpretativo. O objetivo e a intenção da lei, dizia-se, devem prevalecer. Tudo em favor da escravidão e contra o negro foi decidido de acordo com essa regra do objetivo e da intenção. Vez após vez fez-se menção ao que o legislador pretendia, e a simples linguagem em si era sacrificada e pervertida em seu sentido natural e óbvio para que a tal intenção desses legisladores pudesse ser positivamente afirmada e tivesse força de lei. Quando dissemos em nome do negro que a Constituição dos Estados Unidos pretendia estabelecer justiça e assegurar as bênçãos da liberdade para nós e para nossa posteridade, disseram-nos que as palavras assim diziam, mas que essa obviamente não era sua intenção; que a intenção era a aplicação apenas para os brancos, e que a intenção deveria prevalecer.

Quando o assunto era a cláusula da Constituição que declara que não deveriam ser proibidas a imigração e a importação de pessoas que os estados considerem legítimo admitir, e todos os amigos da liberdade declararam que essa disposição da Constituição não descrevia o tráfico de escravos, foi dito a eles que embora a linguagem do texto não se aplicasse a escravos, mas sim a pessoas, ainda assim o objetivo e a intenção daquela cláusula da Constituição eram claramente a proteção do tráfico de escravos, e que aquela intenção era a lei e deveria prevalecer. Quando o assunto foi a cláusula da Constituição que declara que "Nenhuma pessoa obrigada a prestar trabalhos a alguém sob as leis de um estado que se evadir para outro estado poderá, em virtude de lei ou normas deste, ser libertada de sua condição, mas será devolvida, mediante pedido, à pessoa a que deve prestar tais trabalhos", nós insistimos que o texto não descrevia os escravos nem se aplicava a eles; que se aplicava unicamente a pessoas que tinham assumido a obrigação de prestar serviços ou trabalho; que escravos não deviam nem podiam assumir a obrigação de prestar serviços ou trabalho; que essa cláusula da Constituição nada dizia sobre escravos ou donos de escravos; que ela silenciava sobre estados escravagistas e estados livres; que se tratava simplesmente de uma disposição que garantia contratos e não de uma cláusula que forçasse alguém a ser escravo, pois o escravo não podia dever serviços ou fazer contratos.

Afirmamos que essa cláusula não oferecia nenhuma garantia para a chamada Lei do Escravo Fugitivo, e dissemos que, portanto, o projeto de lei era inconstitucional; nossos argumentos, porém, foram alvo de escárnio daquela corte e de todas as cortes do país. Disseram-nos que a intenção da Constituição era permitir que os donos de escravos recapturassem foragidos, e que a lei de 93 e a Lei do Escravo Fugitivo de 1850 eram constitucionais, e que não só os estados como todos os cidadãos de um estado ficavam obrigados a obedecer-lhe.

Concidadãos! Enquanto a escravidão foi a base da sociedade americana, enquanto ela foi a lei da Igreja e do Estado; enquanto foi a intérprete de nossa lei e o expoente de nossa religião, ela não admitiu subterfúgios, nenhuma regra estrita de interpretação legal ou religiosa da Bíblia ou da Constituição. Ela austeramente exigia sua libra de carne, não importava se a balança estivesse ajustada nem quanto sangue fosse derramado para obtê-la. Bastava que ela fosse capaz de demonstrar a intenção para que conseguisse tudo aquilo que desejava nas cortes ou fora delas. Agora, porém, a escravidão está abolida. Seu reinado foi longo, sombrio e sangrento. A liberdade agora é a base da República. A liberdade suplantou a escravidão, porém receio que não tenha suplantado o espírito ou o poder da escravidão. Onde a escravidão se mostrou forte, a liberdade agora se mostra fraca.

Ah, que bom seria uma Suprema Corte dos Estados Unidos que fosse tão fiel aos clamores por humanidade quanto era antes fiel às demandas da escravidão! Quando esse dia chegar, e ele há de chegar, uma Carta de Direitos Civis não será declarada inconstitucional e nula, em total e flagrante desconsideração pelos objetivos e as intenções do Legislativo nacional pelo qual ela foi aprovada e dos direitos claramente assegurados pela Constituição.

Essa decisão da Suprema Corte admite que a 14ª Emenda é uma proibição aos estados. Admite que um estado não deve reduzir os privilégios ou as imunidades dos cidadãos dos Estados Unidos, porém comete o aparente absurdo de permitir que o povo de um estado faça exatamente aquilo que o próprio estado fica proibido de fazer.

Costumava-se pensar que o todo era mais do que a parte; que o maior incluía o menor, e que aquilo que era inconstitucional para um estado era igualmente inconstitucional para um membro de um estado. O que é um estado, na ausência do povo que o compõe? Terra, ar e água. Só isso. Terra e água não discriminam. Todos são iguais diante delas. Essa lei foi feita para as pessoas. Como indivíduos, o povo do estado da Carolina do Sul pode desrespeitar os direitos do negro sempre que o desejar, desde que não o façam como estado, e essa conclusão absurda deve receber o nome de lei. Todas as partes podem violar a Constituição, mas não o todo. De acordo com essa decisão, não é o ato em si que é inconstitucional. A inconstitucionalidade do caso depende integralmente da parte que o comete. Se o estado é o agente, o ato é injusto; se o cidadão do estado é o agente, o ato é justo.

Ó coerência, sois de fato joia rara! Que importa a um cidadão negro que um estado não o possa insultar e ultrajar se o cidadão daquele estado pode fazê-lo? O efeito para ele é o mesmo, e era exatamente esse efeito que o legislador da 14ª Emenda claramente pretendia que aquele artigo prevenisse.

Era o ato, não o instrumento; era o assassinato, não a pistola ou a adaga, o que foi proibido. A intenção era proteger os cidadãos que acabavam de conquistar o direito ao voto contra a injustiça e o mal, e não meramente contra o que pudesse ser causado por um estado, mas também pelos membros individuais de um estado. A intenção era garantir a proteção a que sua cidadania, sua lealdade e sua fidelidade lhe davam direito; e esse objetivo e esse propósito e essa intenção foram agora declarados inconstitucionais e nulos pela Suprema Corte dos Estados Unidos.

Digo mais uma vez, concidadãos, que bom seria uma Suprema Corte que fosse tão fiel, vigilante, ativa e exigente ao manter as leis aprovadas para promoção dos direitos humanos quanto em outros tempos essa corte o foi para a destruição dos direitos humanos!

Dizem que essa decisão não fará diferença no tratamento dos negros; que a Carta de Direitos Civis era letra morta e não tinha como ser aplicada. Pode haver alguma verdade em tudo isso, porém essa não é toda a verdade. Aquela lei, assim como qualquer outra legislação que traz avanços, era uma bandeira na muralha externa da liberdade americana; um nobre estandarte moral erguido para a educação do povo americano. Há línguas nas árvores, sermões nas pedras e livros nas correntezas dos riachos. Essa lei, embora morta, falava. Expressava o sentimento de justiça e de convivência leal comum a todo coração honesto. Sua voz se levantava contra o preconceito e a maldade do povo. Ela apelava a todos os instintos nobres e patrióticos do povo americano. Falava ao povo americano que todos eles eram iguais perante a lei; que eles pertenciam a uma mesma categoria e que eram cidadãos iguais. A Suprema Corte removeu esse grande e glorioso pavilhão da liberdade à luz do dia e diante de todo o povo, e assim encheu de alegria o coração de todos os homens deste país que desejam negar a outros os direitos que reivindica para si. Trata-se de uma concessão ao orgulho de raça, ao egoísmo e à maldade, e que será recebida com alegria por todos os defensores das castas no país, e por isso eu deploro e denuncio essa decisão.

Um subterfúgio frequente e favorito das causas indefensáveis é distorcer e perverter os pontos de vista daqueles que advogam uma boa causa, e eu jamais vi recorrer-se tanto a esse subterfúgio quanto no caso da recente decisão sobre a Carta dos Direitos Civis. Quando divergimos da opinião da Suprema Corte e oferecemos as razões pelas quais acreditamos que a opinião não se sustenta, somos imediatamente acusados nos jornais como se estivéssemos denunciando a corte em si, e vistos assim na atitude de maus cidadãos. Nego veementemente que em algum momento tenha havido uma denúncia da Suprema Corte pelos oradores que se encontram nesta tribuna, e desafio qualquer um a apontar uma única frase ou uma sílaba que seja de qualquer discurso meu denunciando aquela corte.

Outro exemplo dessa tendência de colocar os oponentes em uma falsa posição pode ser visto no esforço persistente de estigmatizar a Carta dos Direitos Civis como uma Carta de Direitos Sociais. Mas onde neste mundo, senão nos Estados Unidos, tal distorção da verdade teria a menor chance de êxito? Nenhum homem na Europa jamais sonharia que por ter o direito de usar uma ferrovia, ou de parar em um hotel, ele tem por consequência o direito de entrar em relações sociais com qualquer um. Ninguém tem o direito de falar com outra pessoa sem sua permissão. A igualdade social e a igualdade civil se apoiam em bases absolutamente diferentes, e o povo americano bem o sabe; no entanto, para inflamar um preconceito popular, jornais respeitáveis como o *New York Times* e o *Chicago Tribune* insistem em descrever a Carta de Direitos Civis como uma Carta de Direitos Sociais.

Quando um negro se encontra no mesmo cômodo ou na mesma carruagem que pessoas brancas, na condição de criado, não se fala em igualdade social, porém, se ele está lá como homem e como cavalheiro, ele é uma ofensa. O que faz a diferença? Não é a cor, pois a cor dele não mudou. A essência toda da coisa está no propósito de degradar e eliminar as liberdades de nossa raça. Trata-se do velho espírito da escravidão e nada mais. Dizer que porque um homem está no mesmo vagão que outro ele é por consequência seu igual é um dos maiores absurdos.

Quanto estive na Inglaterra, há alguns anos, andei em estradas principais, estradas secundárias, vapores, diligências e ônibus. Estive na Câmara dos Comuns, na Câmara dos Lordes, no Museu Britânico, no Coliseu, na National Gallery, em toda parte; dormi em quartos onde lordes e duques haviam dormido; sentei-me a mesas às quais lordes e duques estavam sentados; jamais pensei, porém, que *essas* circunstâncias me tornassem socialmente igual a esses lordes e duques. Acredito que dificilmente alguns de nossos amigos democratas fossem vistos como iguais por esses lordes. Se estar em um mesmo vagão leva à igualdade, creio que aquele cão poodle que outro dia vi sentado no colo de uma senhora se tornou igual a ela por andar no mesmo vagão. A igualdade, a igualdade social, é uma questão entre indivíduos. É uma compreensão recíproca. Não creio que quando estou no mesmo veículo que um canalha instruído e polido ele se torne por isso meu igual, ou que quando entro num veículo com um imbecil isso o torna meu igual. A igualdade social não se segue necessariamente à igualdade civil, e, no entanto, em nome de um preconceito infernal e danoso, nossos jornais seguem insistindo que a Carta de Direitos Civis seja uma lei que estabelece a igualdade social.

Caso essa seja uma lei que visa à igualdade social, o mesmo valerá para a Declaração de Independência, que declara que todos os homens têm direitos iguais; o mesmo valerá para o Sermão da Montanha; o mesmo para a regra de ouro que manda que façamos aos outros como desejamos que os outros façam conosco; e também para o ensinamento do Apóstolo segundo o qual de um único sangue Deus fez todas as nações para habitarem a face da terra; e a Constituição dos Estados Unidos, e também as leis e os costumes de todo país civilizado no mundo; pois em nenhum lugar, fora dos Estados Unidos, um homem tem seus direitos civis negados em função de sua cor.

Capítulo VII
DERROTA DE JAMES G. BLAINE

Causas da derrota republicana • Tarifa e livre comércio •
Falta de confiança no Partido Democrata

O evento seguinte digno de nota após a decisão da Suprema Corte contra a validade da Lei de Direitos Civis, e um fato que ilustrou de maneira notável a reação do sentimento público e a marcha contínua do poder escravagista rumo à supremacia nacional depois das agonias da guerra, foi a derrota em 1884 do sr. James G. Blaine, o candidato republicano à presidência, e a eleição do sr. Grover Cleveland, o candidato democrata a esse cargo. Tal resultado, tendo em vista os homens e os partidos que eles representavam, foi uma grande surpresa. O sr. Blaine era supostamente o estadista mais popular do país, ao passo que seu adversário era pouco conhecido fora de seu próprio estado. Além disso, a atitude e o comportamento do Partido Democrata durante a guerra tinham induzido à crença de que muitos anos precisariam se passar antes que se pudesse confiar a ele novamente as rédeas do governo nacional. Os fatos mostram que não é sábio confiar muito na estabilidade política das massas. A popularidade de hoje, no caso das massas, não é garantia de popularidade amanhã. Tanto os delitos quanto os bons serviços são fácil e rapidamente esquecidos. As massas mudam de lado dependendo do momento. E no entanto nunca é difícil explicar uma mudança depois que ela ocorreu.

A derrota do Partido Republicano em 1884 se deveu mais à sua própria insensatez do que à sabedoria do Partido Democrata. Os republicanos desprezaram e rejeitaram a mão que o levou ao poder, e pagaram o preço pela própria insensatez. A vida do Partido Republicano estava em sua devoção à justiça, à liberdade e à humanidade. Ao abandonar essas grandes ideias morais ou não lhes demonstrar o devido respeito e se dedicar a medidas materialistas, o partido perdeu o apelo para o coração da nação e passou a tentar conquistá-lo pelo bolso. Tornou-se um Sansão sem os cabelos.

Quem liderou o partido nesse novo caminho na descendente foi o primeiro a sentir suas consequências. Foi ele, mais do que qualquer outro, quem derrotou a política de Grant, Conkling e do general Butler, e de outros homens verdadeiros, que defendiam a extensão da proteção nacional aos cidadãos de cor em seu direito ao voto. Seu equívoco pôde ser sentido até mesmo por ele no momento da derrota. Tudo ficou evidente naquela hora. Ele fez em Augusta, no encerramento da campanha, o discurso que devia ter feito no começo. Naquele discurso ele demonstrou claramente que a mão que se abateu sobre o eleitor negro foi a mesma pela qual ele teve decretada sua morte política.

Essa degeneração no Partido Republicano começou a se manifestar quando as vozes de Sumner, Wade, Morton, Conkling, Stevens e Logan já não controlavam suas instâncias internas; quando Morton virou objeto de riso por "agitar a camisa ensanguentada" e expor os crimes sangrentos e os ultrajes contra os eleitores republicanos no Sul; quando a conversa de se livrar do negro ganhou cada vez mais peso; quando os sulistas fingiram estar ansiosos para encontrar um momento favorável para desertar do Partido Democrata e se unir ao Partido Republicano, e quando se imaginou que o voto branco do Sul poderia ser assegurado caso se abandonasse o voto negro. Então surgiram as antigas questões da tarifa e do livre comércio, e questões relacionadas de interesse material, que excluíram os princípios mais vitais defendidos pelo Partido Republicano nos dias de sua pureza e poder. Entretanto, a adesão de eleitores brancos do Sul a suas fileiras não aconteceu. Na verdade, a cada concessão feita pelos republicanos para conquistar seu voto branco, o Sul se tornou mais solidamente democrata. Ainda não houve, nem jamais haverá, exemplo de êxito permanente em que um partido abandona seus princípios justos para conquistar as graças do partido adversário. A humanidade detesta a ideia de abandonar os amigos para conquistar o apoio dos inimigos. Considerando que o Partido Republicano havia se afastado das grandes ideias da liberdade, do progresso e da unidade nacional que estavam em sua origem, e já não sentia que devia proteger os direitos que havia reconhecido na Constituição, alguns de seus homens de destaque perderam o interesse em seu sucesso, e outros simplesmente desertaram, afirmando que agora, não havendo diferença na questão do Sul entre os dois partidos, não havia escolha. Mesmo eleitores negros no Norte, em estados em que há dúvida quanto à vitória para os republicanos e onde seus votos são mais importantes e podem virar o jogo a favor de um dos partidos, começaram a defender o fim de seu apoio ao velho partido que os tornara cidadãos e o ingresso no Partido Democrata. Não estive entre esses. Eu sabia que, embora o Partido Republicano pudesse ser ruim, o Partido Democrata era muito pior. Os elementos que compunham o Partido Republicano davam base melhor para a esperança de êxito da causa do homem negro do que no caso do Partido Democrata. O Partido Democrata era o partido da reação e o partido predileto da velha classe senhorial. Ele foi fiel àquela classe nas horas mais sombrias da Rebelião, e seguia fiel em sua resistência a todas as medidas que pretendiam assegurar à nação os resultados conquistados a preço de sangue na guerra. Eu estava convencido de que não era sábio deixar meu futuro nas mãos desse partido. Além de considerações quanto ao que era prudente, a gratidão também me prendia ao Partido Republicano. Se fosse possível induzir membros de um dos partidos a estender o braço da nação para proteger o eleitor negro, eu acreditava que esse seria o Partido Republicano.

Capítulo VIII
TURNÊ EUROPEIA

Nova visita ao Parlamento • Mudanças no
Parlamento • Lembranças do lorde Brougham •
Ouve Gladstone • Encontro com velhos amigos

Setembro de 1886 foi um marco em minha experiência e em minha jornada de vida. Havia muito tempo eu desejava fazer uma breve turnê por vários países da Europa e especialmente voltar à Inglaterra, à Irlanda e à Escócia, e me encontrar mais uma vez com amigos que conheci naqueles países mais de 50 anos antes. Eu havia visitado a Inglaterra duas vezes, mas jamais havia estado na Europa continental, e dessa vez fui acompanhado por minha esposa.

Não vou tentar fazer aqui nenhuma descrição ampla de nossas viagens ao exterior. Para isso seria necessário ocupar mais espaço do que os limites deste volume permitirão. Além disso, as prateleiras de livros já estão lotadas de detalhes desse tipo. Revisitar lugares, cenários e amigos depois de quarenta anos não é algo muito comum na vida dos homens; e, embora o desejo de fazê-lo possa ser intenso, sua realização, assim como um aspecto alegre, também tem um lado triste. As pessoas mais velhas que você havia encontrado já morreram, as de meia-idade envelheceram, e os jovens apenas ouviram seus pais e mães falarem de você. Os lugares estão lá, mas as pessoas se foram. Senti isso observando os membros da Câmara dos Comuns. Quando estive lá 45 anos antes, vi muitos dos grandes homens da Inglaterra; homens que eu desejara intensamente ver e ouvir e que fiquei muito grato por poder vê-los e ouvi-los. Havia *sir* Robert Peel, Daniel O'Connell, Richard Cobden, John Bright, lorde John Russell, *sir* James Graham, Benjamin Disraeli, lorde Morpeth e outros, porém, à exceção do sr. Gladstone, nenhum deles está hoje lá. O sr. Bright está vivo, mas problemas de saúde o deixaram fora do Parlamento. Quarenta e cinco anos antes, eu o vi lá, jovem, robusto e forte; um estadista britânico em ascensão representando um novo elemento de poder em seu país e combatendo ao lado de Richard Cobden contra as leis dos cereais que tiravam o pão da boca dos famintos. Sua voz e sua eloquência eram então uma força no Parlamento. Naquela época a questão que mais profundamente interessava e agitava a Inglaterra era a revogação das leis dos cereais. Essa agitação era liderada pelo sr. Richard Cobden e pelo sr. Bright, amparados pela liga que se posicionava contra tais leis. A aristocracia agrária da Inglaterra, representada pelo Partido Tory, com imenso zelo e amargor se opunha à revogação. Mas as circunstâncias eram contrárias a esse interesse e a esse partido. A fome de 1845 era medonha, e gente não só na Irlanda, como também na Inglaterra e na Escócia, pedia por pão, mais pão, e pão mais barato; e lutar contra esse pedido era inútil. Os fatos e os números apresentados pelo sr. Cobden e a eloquência do sr. Bright, apoiados pelas necessidades do povo, puseram abaixo a poderosa oposição da aristocracia, e por fim conseguiram conquistar para a tese da revogação o grande líder *tory* na pessoa de *sir* Robert Peel, um dos mais elegantes debatedores e mais hábeis parlamentares que a Inglaterra já teve. Jamais vi ou ouvi falar de homem mais fascinante do que ele em nenhum órgão legislativo. No entanto, embora fosse um líder hábil e talentoso, ele não conseguiu convencer seu partido. Os donos de terras se opuseram a ele até o fim. A causa deles era abraçada pelo lorde George Bentinck e pelo sr. Benjamin Disraeli. As filípicas deste último contra *sir* Robert estiveram entre as mais mordazes e violentas do gênero que eu já ouvi. As invectivas dele eram ainda mais avassaladoras e devastadoras por serem ditas com a maior tranquilidade e com estudada deliberação. Mas ele também já se fora quando observei a Câmara dos Comuns dessa vez. A grande forma e a poderosa presença de Daniel O'Connell não estavam mais lá. A figura diminuta porém digna do lorde John Russell, aquele grande líder *whig*, estava ausente. Na Câmara dos Lordes, onde, há 45 anos, vi e ouvi o lorde Brougham, todos tinham partido, inclusive ele. Ele foi o mais notável orador que já ouvi. Um tal fluxo de linguagem; uma tal abundância de conhecimento; uma tal presteza nas réplicas; uma tal velocidade para responder a perguntas difíceis subitamente postas diante dele, acredito que nunca vi iguais em nenhum outro orador. Em suas atitudes e gestos ele era em todos os aspectos original, e o exato oposto de Daniel Webster. Quando falava, seu corpo alto se movia para a frente e para trás como um junco na ventania, e seus braços estavam em toda parte, ao lado do corpo, estendidos para a frente e sobre a cabeça; sempre em ação e jamais em repouso. Quando o ouvi, ele estava discutindo as relações postais da Inglaterra e parecia conhecer os arranjos postais de cada povo civilizado do mundo. Ele era interrompido com frequência pelos "nobres lordes", porém simplesmente os descartava com uma ou duas palavras que os tornavam objeto de pena e às vezes de zombaria. Eu me perguntava como eles ousavam expor sua cabeça de lorde às patas do perfeito cavalo de corrida que ele parecia ser. Brougham simplesmente brincava com eles. Quando eles se aproximavam demais, ele dava um coice e saía correndo pelos campos de seu tema sem olhar para trás para ver se suas vítimas haviam sobrevivido, se estavam feridas ou se tinham morrido. No entanto, esse homem maravilhoso, embora tenha vivido muito, agora havia partido, e não vi na Inglaterra nenhum homem como ele ocupando seu lugar ou que pudesse vir a fazê-lo.

Enquanto estive na Inglaterra nessa última visita, tive a boa sorte de ver e ouvir o sr. William E. Gladstone, o grande líder liberal e, desde *sir* Robert Peel, reconhecido como o príncipe dos debatedores no Parlamento. Diziam aqueles que o ouviam com frequência que nessa ocasião ele estava em um dos seus melhores ânimos como orador e que fez um de seus melhores discursos. Eu fui cedo ao Parlamento. A Câmara já estava lotada com membros e espectadores quando o sr. Gladstone entrou e tomou seu assento em frente ao sr. Balfour, líder *tory*. Embora 77 anos pesassem sobre suas costas, seu passo era firme e sua postura era confiante e vigorosa. A expectativa tinha sido criada pelo anúncio antecipado de que naquele dia o sr. Gladstone defenderia o adiamento por tempo indeterminado da Lei da Força Irlandesa, entre todas as demais a medida com a qual o governo estava comprometido para remediar todos os males da Irlanda. Quando ele se sentou em frente ao líder do governo, um debatedor hábil à espera do momento para começar seu discurso, vi no rosto do sr. Gladstone uma mescla de qualidades opostas. Havia a paz e a brandura do cordeiro, com a força e a determinação do leão. Uma profunda honestidade se manifestava em todos os seus traços. Ele iniciou seu discurso em um tom conciliador e persuasivo. Seu argumento contra o projeto de lei se baseava em estatísticas que ele manuseava com maravilhosa facilidade. Ele demonstrou que a quantidade de crimes na Irlanda para os quais a lei supostamente serviria de remédio não era maior do que o que se via na Inglaterra; e que portanto não havia mais motivo para uma Lei da Força em um país do que no outro. Depois de ter levado seus fatos e números a apontar nesse caminho, de maneira magistral e convincente, levantando a voz e apontando o dedo diretamente para o sr. Balfour, ele exclamou, em tom quase ameaçador e trágico: "Pelo que o senhor está lutando?". O efeito foi emocionante. Sua peroração foi um esplêndido apelo ao amor dos ingleses pela liberdade. Quando ele se sentou, o plenário imediatamente se esvaziou. Parecia não haver nem entre os parlamentares nem entre os espectadores o menor desejo de ouvir outra voz depois de terem ouvido a do sr. Gladstone, e eu compartilhei com os demais esse sentimento. Algumas poucas palavras foram ditas em resposta pelo sr. Balfour, que, embora seja um debatedor hábil, não era páreo para o velho líder liberal.

Deixando as personalidades políticas, das quais eu poderia mencionar muitas mais, voltei-me para os preciosos amigos de quem me despedi ao final de minha primeira visita à Grã-Bretanha e à Irlanda. Em Dublin, a primeira cidade que então visitei, fui gentilmente recebido pelo sr. Richard Webb, Richard Allen, James Haughton e outros. Todos eles agora haviam partido, e, à exceção de alguns de seus filhos, eu me encontrava em meio a desconhecidos. Esses me receberam com o mesmo espírito de cordialidade que distinguiu seus pais e suas mães. Não visitei a velha e querida Cork, onde em 1845 fui acolhido pelos Jennings, pelos Waring, pelos Wright e por seu círculo de amigos, a maior parte dos quais, segundo eu soube, não estava mais entre nós. O mesmo valia para os Neal, os Workman, os McIntyre e os Nelson em Belfast. Eu tinha amigos em Limerick, em Waterford, em Enniscorthy e em outras cidades da Irlanda, porém não vi nenhum deles durante a visita. O que valia em relação à mortalidade de meus amigos na Irlanda valia também para os da Inglaterra. Poucos dos que me receberam inicialmente naquele país seguem vivos. No entanto, tive a sorte de me encontrar uma vez mais com a sra. Anna Richardson e com a srta. Ellen Richardson, ambas integrantes da Sociedade de Amigos, ambas acima dos 70 anos, que, há 45 anos, abriram uma correspondência com meu antigo senhor e arrecadaram 750 dólares com os quais compraram minha liberdade. A sra. Anna Richardson, tendo atingido a boa e avançada idade de 86 anos, com sua vida maravilhosamente repleta de boas obras, pois suas mãos jamais estiveram ociosas e seu coração e seu cérebro sempre estiveram ativos na causa da paz e da benevolência, faleceu poucos dias antes deste escrito. A sra. Ellen Richardson, agora com mais de 80 anos, segue viva e continua a se interessar vivamente pela trajetória do homem que ela contribuiu para tornar livre. Foi um imenso privilégio poder mais uma vez olhar para o rosto dessas nobres e benevolentes mulheres e ouvir sua voz. Também vi na Inglaterra o sr. e a sra. Russell Lant Carpenter, dois amigos que muito me ajudaram na Inglaterra e que, até há poucos dias, seguiram me auxiliando. Durante todo o tempo em que editei e publiquei meu jornal em Rochester, Nova York, contei com o apoio material e moral do reverendo Russell Lant Carpenter e de sua excelente esposa. Agora, porém, ele também partiu, coberto de honras. Ele foi um dos mais puros espíritos e uma das mentes mais imparciais que já conheci. Embora fosse um homem de corpo esguio, sua vida foi de trabalho honesto, e ele chegou à idade de 75 anos. Ele era filho do reverendo Lant Carpenter, que por muito tempo foi um honrado pastor em Bristol. Também era irmão de Philip e Mary Carpenter, e membro de uma família conhecida por possuir todas as excelências morais e intelectuais.

Senti falta da presença de George Thompson, um dos homens mais eloquentes que já defenderam a causa do negro, seja na Inglaterra, seja nos Estados Unidos. Joseph Sturge e a maior parte de sua família também já haviam falecido. Não continuarei, contudo, com essa triste enumeração, exceto para dizer que, ao encontrar os descendentes dos amigos que lutaram contra a escravidão na Inglaterra, na Irlanda e na Escócia, foi bom ver confirmado o ditado bíblico: "Treinai uma criança no caminho que ela deve seguir e quando ela for velha não se afastará dele".

Capítulo IX
CONTINUAÇÃO DA TURNÊ EUROPEIA

Cruzando a França • Dijon e Lyon • O palácio dos
papas • O anfiteatro em Arles • Visita a Nice • Pisa e sua
torre inclinada • O Panteão • Roma moderna • Religião
em Roma • Roma do passado • O Vesúvio e Nápoles •
Cruzando o canal de Suez • A vida no Oriente • O Nilo •
A religião de Maomé • Nos túmulos de Theodore
Parker e da sra. Browning • As montanhas do Tirol

Além das grandes cidades de Londres e Paris, com suas variadas e brilhantes atrações, o turista americano não encontrará uma parte de uma turnê europeia mais interessante do que o território que se estende entre Paris e Roma. Esse foi o berço em que a civilização da Europa ocidental e de nosso próprio país foi embalada e se desenvolveu. Toda a jornada entre essas duas grandes cidades é profundamente interessante e faz pensar. Foi esse o campo de batalha e o cenário do esforço heroico, onde cada centímetro de terreno foi disputado com tenacidade; onde o capacete, o escudo e a lança da civilização europeia se confrontaram com a funda e a flecha e com a desesperada coragem de bárbaros determinados. E a maré da batalha nem sempre esteve favorável ao mesmo lado. Indícios da violência e da duração do conflito ainda são visíveis ao longo de todo o trajeto. Eles podem ser vistos em cidades com muralhas e fortificadas, em austeros e solenes conventos, em velhos mostérios e castelos, em muralhas e portões gigantes, em imensos cadeados de ferro e janelas com pesadas grades, e em fortificações construídas com base na sabedoria da cautelosa águia, em altos rochedos e fendas de rochas e fortalezas montanhosas, difíceis de atacar e fáceis de defender. Tudo isso revela os tempos tumultuados em que essas construções foram feitas, uma época em que os lares eram castelos, os palácios eram prisões e em que os homens asseguravam sua vida e sua propriedade por meio da lei do mais forte. Aqui se encontraram o velho e o novo, e aqui se travou o inevitável conflito entre a civilização europeia e a barbárie.

À medida que o viajante segue rumo a leste e sul entre aquelas duas cidades, observará um aumento de cabelos negros, olhos negros, lábios carnudos e tons de pele escuros. Ele observará um estilo de vestir típicos do sul e do leste; cores alegres, joias chamativas e um movimento tranquilo das pessoas ao ar livre.

Já vi alegarem que o hábito de carregar fardos sobre a cabeça é uma marca de inferioridade peculiar ao negro. Não foi necessário que eu fosse à Europa para ser capaz de refutar essa alegação, e no entanto fiquei feliz em ver, tanto na Itália quanto no sul da França, que esse costume é quase tão comum lá quanto entre as escuras filhas do Nilo. Ainda que tenha se originado com o negro, esse hábito foi copiado por alguns dos melhores tipos caucasianos. Em todo caso, isso é bem-vindo como prova de uma irmandade.

Em outros aspectos vi na França e na Itália indícios de uma identidade comum com o africano. Na África as pessoas se reúnem à noite em suas cidades e vilarejos, enquanto ganham a vida trabalhando o solo. Vimos poucas sedes de fazenda no sul da França. Há belos campos e vinhas, mas poucas sedes de fazenda. O vilarejo assumiu o lugar da casa na fazenda, e os camponeses por vezes percorrem quilômetros para ir de seus vilarejos até o trabalho nas vinhas. Eles podem ser vistos em grupos pela manhã indo ao trabalho, e voltando do trabalho em grupos. Homens e mulheres dividem esse trabalho, e uma das coisas agradáveis de ver ao se passar por ali são esses grupos de pessoas, sentadas ao longo do acostamento e fazendo suas refeições frugais de broa e vinho ácido, alegres e felizes como se sua comida fosse suntuosa e suas vestes fossem púrpuras e de puro linho. Essa visão, assim como muitas outras, é um indício gratificante de que o pobre muitas vezes obtém tanta felicidade de sua vida quanto os ricos e poderosos, e talvez ainda mais. As ideias americanas, porém, não seriam compatíveis com o papel desempenhado pelas mulheres no trabalho no campo, que seria chocante em nosso país. Se as mulheres desejam uma parcela igual nas fadigas da vida, essa batalha já foi travada e vencida pelas mulheres do Velho Mundo. Assim como os homens, elas vão para o campo quando brilha a aurora, e assim como os homens elas retornam para seus vilarejos tarde em meio às negras sombras da noite, com o rosto bronzeado pelo sol e as mãos calejadas pela enxada.

Saindo de Paris e passando pela famosa região de Fontainebleau, o turista é levado a lembrar que aquela não é mais, como foi no passado, a orgulhosa residência da realeza. Assim como todas as outras propriedades imperiais e monárquicas, o palácio que fica aqui, sob a República, foi repassado das mãos dos príncipes para as mãos do povo. O palácio continua em excelentes condições. Seu terreno está em conformidade com o mais estrito senso francês de gosto e habilidade, sendo seu principal traço a perfeita uniformidade. Suas árvores e seus passeios se conformam a linhas retas. O prumo e a tesoura de poda são usados com severidade e sem remorso. Não se permite que um ramo de uma árvore se torne mais longo que os demais, e as sebes parecem ser podadas com régua, compasso e esquadro. A natureza, porém, tem pouca permissão para guiar os processos. Seus modos tortuosos devem ser endireitados, suas formas curvas devem ser verticalizadas, aquilo que é alto deve ser tornado baixo, e tudo deve ser cortado até se tornar plano. As casas, jardins, vias e pontes estão mais ou menos sujeitos a essa regra. Aquilo que você vê em uma parte do país, vê do mesmo modo em outra parte.

Dijon, tão intimamente associada aos nomes de Bossuet e de São Bernardo, e também o centro das melhores vinhas e dos melhores vinhos na França, e antiga sede dos grandes duques de Borgonha, cujos traços de riqueza e poder ainda são visíveis naquilo que restou do palácio ducal e do velho castelo, cujas muralhas, na época em que foi uma prisão, prenderam o inquieto Mirabeau, mantém o visitante profundamente interessado. Suas veneráveis e pitorescas igrejas, em uma das quais se encontra, numa capela, uma imagem negra da Virgem Maria que pode levar alguém a filosofar, deixam na mente uma impressão bastante diferente daquilo que se sente ao chegar a Lyon, o centro da maior indústria de seda na França. A principal característica de nosso interesse nesta última cidade, além de suas associações históricas, foram as colinas de Fourvières, das quais se tem uma das mais grandiosas vistas do entorno que se pode ter com tempo bom. Fomos levados até essa imensa altitude por uma mulher bondosa que pareceu imediatamente reconhecer que éramos estranhos necessitando de um guia. Ela se ofereceu para ajudar sem promessa de recompensa. Não aceitou um único centavo por seu serviço. Era evidentemente uma boa católica, e sua bondade nos causou ainda maior impressão do que os sonoros sinos de sua cidade. Vimos também em Lyon uma grande exibição militar francesa, com 20 mil homens em procissão, todas as patentes exibindo seu aço cintilante e seus esplêndidos uniformes, com toda a pompa e a circunstância da guerra gloriosa, um espetáculo a um só tempo brilhante e triste de ver. Soldados e massacres caminham de mãos dadas.

Avignon, que por mais de setenta anos foi o lar dos papas e o cenário da magnificência dos pontífices, causa poderosa impressão. Cinco dignitários eclesiásticos pelo menos, de acordo com a história, foram aqui consagrados ao serviço da Igreja. Avignon ilustra de maneira especial aquilo que eu disse sobre o caráter geral da região que cruzamos a caminho da Cidade Eterna. A cidade é cercada por uma muralha flanqueada por 39 torres e nela se entra por um de seus quatro grandes portões. Embora essa muralha tenha 4 metros de altura e seja protegida pelas torres, e embora sem dúvida em determinado momento isso tenha sido um meio de defesa, de nada isso adiantaria contra os projéteis da guerra moderna. Assim como muitas outras coisas, os muros sobreviveram ao uso para o qual foram erigidos. O objeto de maior interesse em Avignon, seu palácio dos papas, é certamente um traço notável. Em sua mobília ele justifica o provérbio alemão "Aqueles que carregam a cruz serão abençoados". Situado num lugar de destaque orgulhosamente olhando a cidade e seu entorno, seu terreno grande e belo, os papas que ali habitaram sem dúvida o consideraram uma residência bastante agradável. Ao olhar para a situação do palácio, ficou evidente para mim que os católicos há muito sabem escolher a localização de suas igrejas e outras edificações. Eles são mestres das condições geográficas e topográficas, assim como das coisas eclesiásticas. Esse famoso prédio antigo era não apenas um palácio, ou uma instituição estritamente religiosa, mas era ao mesmo tempo palácio e prisão. Muitas pobres almas, segundo se diz, teriam suportado dentro de suas muralhas a agonia de um julgamento e a agonia ainda maior da tortura em função de suas opiniões. Se era um lugar de oração, era também um lugar de punição. Os homens consagrados que dominavam naquela época podiam ser tanto leões quanto cordeiros. Nesse edifício havia muitos salões – salões de julgamento, salões de inquisição, salões de tortura e salões para banquetes. Nos dias de sua glória palaciana, a religião não suportava essa bobagem de liberdade de pensamento. Creia no que diz a Igreja ou seja amaldiçoado; aceite nossa fé ou seja atirado entre os condenados, tal era a dura voz da religião nesses tempos. Homens como Robert G. Ingersoll teriam tido vida breve então. Até a época de Luís Napoleão, os implementos de tortura nesse antigo prédio eram exibidos aos viajantes, mas agora isso já não acontece. Frio e cruel como era esse Napoleão, ele teve vergonha de ver esses terríveis instrumentos expostos aos olhos da moderna civilização. Embora fosse culpado de eliminar as liberdades da República que traiu, ele teve muita consideração pela humanidade do século XIX para chocá-la com a visão desses instrumentos infernais. No entanto, podem ser vistos dentro dessas muralhas salas escuras, passagens estreitas, imensas trancas, barras e cadeados pesados; o bastante sobre fantasmas do fanatismo morto e sepultado, sobre superstição e intolerância, para dar arrepios a um homem dos tempos modernos. Olhando para a boca aberta e pétrea do calabouço onde os hereges eram atirados e do qual não tinham permissão para sair vivos, não era necessário esforço da imaginação para criar visões da Inquisição, para ver os rostos aterrorizados, as formas cambaleantes e as lágrimas de súplica dos acusados, e a santa satisfação dos inquisidores ao livrar o mundo dos representantes da descrença e das crenças equivocadas.

É difícil acreditar que motivos inocentes pudessem levar homens a punir outros assim, mas sem dúvida esse é o fato. Eles eram conscienciosos e acreditavam estar prestando um serviço justo ao Senhor. Eles acreditavam literalmente em amputar a mão direita e furar o olho direito. Tanto o céu quanto o inferno estavam sob seu controle. Eles acreditavam ter todas as chaves e viviam de acordo com suas convicções. Eles podiam sorrir ao ouvir ossos se partindo no tronco ou a carne da virgem sendo arrancada dos ossos. Só as melhores coisas servem às piores perversões. Muitas almas pias hoje odeiam o negro embora pensem amar o Senhor. Uma diferença de religião dos tempos daquele velho palácio fazia por um homem aquilo que hoje uma diferença na cor da pele faz por ele em alguns lugares; e, embora a luz não se tenha feito sobre a questão da cor assim como se fez sobre a liberdade de consciência, espera-se que em breve isso aconteça. Esse velho palácio já não é o lar de santos, mas sim de soldados. Não é mais um bastião da Igreja, mas sim uma fortaleza do Estado. O rufar dos tambores tomou o lugar do soar dos sinos que chamam para a oração. A lei marcial tomou o lugar da lei eclesiástica, e não há dúvida sobre qual delas é a mais misericordiosa.

Embora Avignon tenha despertado em nós pensamentos tristes, ainda pensamos nela como uma velha e encantadora cidade. Fomos até lá cheios de curiosidade e partimos cheios de relutância. Seria um prazer visitar novamente a velha cidade. Nenhum turista americano deveria passar pelo sul da França sem se demorar um pouco dentro das muralhas de Avignon, e ninguém deveria visitar aquela cidade sem passar pelo velho palácio papal.

Uma das mais antigas e mais fascinantes velhas cidades com que o viajante depara indo de Paris a Marselha é Arles. Suas ruas eram as mais estreitas, mais estranhas e mais tortuosas que víramos em nossa jornada. A cidade fala tanto da civilização grega quanto da romana. Os pedaços de mármore coletados nas ruas mostram que eles passaram pelas mãos de trabalhadores hábeis, fossem gregos ou romanos. O velho anfiteatro, um Coliseu em miniatura, onde homens combatiam com animais selvagens em meio a gritos e aplausos de damas e cavalheiros da época, embora não seja mais usado para seus antigos propósitos, está em boas condições e ainda pode permanecer de pé por mais mil anos. Fomos guiados por suas várias instalações onde os leões eram mantidos, e os covis dos quais eles saíam para a arena, onde, açoitados até ficarem furiosos, eles travavam suas sangrentas disputas contra homens. Uma visão desse teatro de horrores, que antes estranhamente era um lugar de entretenimento para milhares de pessoas, faz a pessoa agradecer por seu destino estar atrelado a uma era humana e esclarecida como a nossa. Existem, no entanto, vestígios suficientes do animal selvagem em nossa vida moderna para modificar o orgulho por nosso esclarecimento e por nossa humanidade, e para nos lembrar de nossas semelhanças com as pessoas que antigamente se deleitaram com a brutalidade e a crueldade praticadas nesse anfiteatro. Quanto a isso, nossos jornais nos contam uma triste história. Eles não estariam repletos dos detalhes de lutas profissionais, e de discussões sobre as brutais perfeições dos lutadores, se tais coisas não agradassem as brutais tendências de um enorme grupo de leitores.

Outro objeto interessante em Arles é uma longa fila de caixões de granito, enterrados ali há eras e descobertos por fim em escavações para uma ferrovia perto da cidade. Essas moradas dos mortos estão bem preservadas, porém o pé e as cinzas que um dia foram seus inquilinos se perderam e foram espalhados pelo vento.

Uma ou duas horas depois de ter deixado essa pitoresca e sinuosa cidade antiga, fomos confrontados em Marselha pelas águas azuis e tranquilas do Mediterrâneo, um mar encantador por si mesmo e que se tornou ainda mais encantador pela poesia e eloquência que inspirou. Suas profundas águas azuis cintilando sob um sol de verão e de um céu semitropical, arejado pelo bálsamo das brisas que vêm da areia dourada da África, faziam um belo contraste com as montanhas cobertas de neve e com as planícies que acabávamos de deixar para trás. Apenas umas poucas horas antes de chegar a Marselha estávamos em pleno inverno; agora, porém, de uma hora para outra éramos saudados com o limão e a laranja, a azeitona e o oleandro, todos florescendo sob o céu aberto. A transição foi tão súbita e tão agradável e de tão completo contraste que pareceu mais um truque de mágica do que a realidade. Não só o clima era diferente, mas também as pessoas e tudo o mais pareciam diferentes. Havia uma mescla visível entre Oriente e Ocidente. As velas dos navios, os cordames das embarcações menores e a aparência geral de tudo lembravam as pinturas marinhas do Oriente e tornavam todo o cenário novo, pitoresco e atraente. Uma visão geral daquela afamada cidade tornava claramente visíveis em Marselha os resultados da grande riqueza e do comércio ativo que se expressavam nas ruas extensas, nos grandes armazéns e nas belas residências. Nós, entretanto, demos menos importância a tudo isso do que ao Château d'If, a velha penitenciária ancorada no mar e em torno da qual o gênio de Alexandre Dumas teceu uma tal rede de encantamento que o desejo de visitá-la é irresistível; portanto, na primeira manhã depois de nossa chegada, a sra. Douglass e eu alugamos um dos inúmeros barcos no porto e contratamos um velho homem para nos levar a remo até o cenário encantado. A manhã tinha céu limpo e brilhante, e o ar estava perfumado. A distância era tão grande e o ar estava tão quente que o velho homem do mar estava pronto a aceitar que eu o ajudasse nos remos. Depois de uma bela e forte remada, como dizem os marinheiros, chegamos à estranha e velha rocha de onde Edmond Dantès foi arremessado. A realidade do cenário evidentemente não estava à altura do que foi retratado por Dumas. Mas estávamos felizes por ter visto o local e tê-lo desnudado do encanto que a distância e a genialidade haviam colocado a sua volta. É um lugar estranho e antigo, cercado pelo mar, ermo e desolado, que se mantém corajosamente elevado contra o horizonte, e as ondas azuis que vêm de longe e se atiram contra seus lados rochosos compuseram para nós uma imagem muito impressionante e que vai demorar para ser esquecida.

Em nosso caminho pela famosa Riviera até Gênova, que uma vez foi a cidade dos reis do mar e dos príncipes do comércio, nós, como a maior parte dos viajantes, resolvemos nos demorar um pouco em Nice, esse balneário predileto dos que vão em busca de saúde e prazer e de uma bela localização. A visão que se tem do mar olhando da cidade é encantadora, mas ninguém deveria visitar Nice com as algibeiras vazias, e um homem que vá à cidade com a carteira cheia seria prudente se não se demorasse demais. É o lugar mais caro que encontramos no exterior.

Gênova, o local de nascimento de Cristóvão Colombo, o homem que viu com os olhos da fé as coisas que todos esperavam e os indícios de coisas que não tinham sido vistas, é uma grande e antiga cidade com sua multidão de igrejas, inúmeras ruas estreitas, edifícios multicoloridos e palácios esplêndidos. Olhando para o mar, lembrei um dos mais belos retratos visuais que ouvi dos lábios do falecido Wendell Phillips. Ele visitou essa cidade cinquenta anos atrás. Na época ele era um jovem que acabava de fazer sua viagem de casamento pelo continente europeu. Ele estava falando do tablado do velho tabernáculo na Broadway, em Nova York, e criticando a conduta de nosso governo de se recusar a se unir à Inglaterra e à França no combate ao comércio de escravos da África. Estando em Gênova, a correspondência entre nosso governo e os governos da França e da Inglaterra prosseguia. O general Cass, que nos representava na corte de Luís Felipe, havia colocado nosso governo do lado errado da questão. Nessa mesma cidade, talvez nessas mesmas colinas nas quais ficamos olhando o mar, o sr. Phillips viu nosso conhecido navio de guerra, o *Ohio*, ancorado no porto, e assim descreve o sentimento com que contemplou aquele navio tendo em vista nossa atitude em relação a outras nações no que dizia respeito ao comércio de escravos. Com uma expressão de indignação, vergonha e escárnio no rosto, Phillips disse: "Estando na orla de Gênova, vi flutuando sobre as águas plácidas do Mediterrâneo nosso belo navio americano, o *Ohio*, com seus mastros se afilando proporcionalmente no alto e um sol oriental refletindo suas graciosas formas nas águas, atraindo as vistas da multidão que se encontrava na orla, e isso seria o bastante para que qualquer coração americano se orgulhasse de pensar em si mesmo como americano; contudo, quando pensei que com toda a probabilidade a primeira vez que aquele belo navio se cingiria com suas belas vestes e despertaria em suas laterais os trovões que agora jaziam adormecidos seria para defender o comércio de escravos da África, só pude corar de vergonha e baixar a cabeça por pensar em mim mesmo como americano".

Essa bela passagem do discurso de Wendell Phillips, pronunciado quando eu acabava de deixar a escravidão, foi um dos elementos que me levaram a desejar ver Gênova e olhar para o mar das mesmas colinas onde ele esteve. No momento em que o ouvi, eu não tinha ideia de que um dia viria a realizar esse desejo.

Como acontece com muitas cidades italianas, Gênova faz jus à reputação no que diz respeito às artes. Os antigos mestres da pintura e da escultura – e seus nomes são uma legião – ainda estão em grande medida representados nos palácios dos príncipes mercadores dessa cidade. Um de seus traços singulares é a abundância de afrescos tanto do lado de dentro quanto fora dos prédios. Sentem-se enfaticamente a presença e o poder da Igreja Católica Romana na multidão de templos vistos em toda parte e contendo imagens dos apóstolos ou santos, ou da Virgem Maria e do menino Jesus. Mas, de todos os objetos interessantes no Museu de Gênova, aquele que mais me impressionou foi o violino que havia pertencido a Paganini e que fora tocado por ele, o maior gênio musical de sua época. Esse violino está guardado em uma caixa de vidro e fora do alcance de dedos descuidados, algo para ser visto, e não manipulado. Há algumas coisas e lugares que se tornam sacrossantos por seu uso e pelos eventos a que estão associados, especialmente aqueles que em alguma medida modificaram a corrente do gosto, do pensamento e da vida dos homens, ou que revelaram novos poderes e triunfos da alma humana. A pena com que Lincoln assinou a proclamação da emancipação, a espada usada por Washington durante a guerra da Revolução, embora sejam do mesmo material e tenham a mesma forma que outras penas e espadas, possuem um caráter individual e causam sensações peculiares na mente dos homens. Assim esse velho violino, feito segundo os padrões de outros e talvez não mais perfeito em sua construção e tom do que centenas de outros vistos alhures, deteve-me por mais tempo e me causou mais interesse do que qualquer outra coisa no Museu de Gênova. Emerson diz: "Não é a coisa que foi dita, mas o homem por trás do que foi dito, que importa". Portanto, não era esse velho violino, porém o maravilhoso homem por trás dele, o homem que havia tocado nele e que havia tocado como nenhum homem jamais tocou antes, e que emocionou o coração de milhares com sua música, que o tornava um objeto precioso a meus olhos. Talvez devido a meu amor pela música e pelo violino em particular, eu teria dado mais por aquele velho violino de madeira, de crina de cavalo e cordas de tripa do que por qualquer uma da longa série de telas que eu via diante de mim. Eu o desejava em função do homem que havia tocado nele – o homem que revelara seus poderes e possibilidades de um modo jamais conhecido antes. Esse era seu velho violino, seu instrumento favorito, o companheiro de sua labuta e de seus triunfos, o conforto de suas horas privadas, o ministro de sua alma nas batalhas contra o pecado e a tristeza. Ele deliciara milhares. Homens o haviam ouvido com admiração e espanto. Ele havia enchido os maiores auditórios da Europa com uma harmonia de doces sons. Ele havia agitado os embotados corações de cortes, reis e príncipes, e revelara a eles seu parentesco com os mortais comuns de um modo que talvez nenhum outro instrumento pudesse fazer. Foi com alguma dificuldade que me afastei daquele velho violino de Paganini.

Alguém que desfrutou de uma manhã em Pisa, a cidade com a torre inclinada, jamais irá se esquecer; trata-se de uma cidade de renome na história da Itália. Embora ainda conte com muitos edifícios imponentes, como muitos outros lugares outrora famosos sua glória ficou no passado. Sua grandiosa velha catedral, o batistério e a torre inclinada são os traços que mais chamam atenção do turista. O batistério é especialmente interessante por suas propriedades acústicas. A voz humana ouvida aqui compartilha das mais ricas notas do órgão e vai se repetindo e se prolongando, aumentando de volume e chegando a alturas cada vez maiores até se perder em sussurros quase divinos no alto de seu domo.

Mas nenhum americano sensível e que sabe a importância daquilo que é antigo, grandioso e histórico, com seu rosto voltado para o Oriente e a cidade de Roma a apenas poucas horas de distância, irá se demorar muito, mesmo nessa bela e antiga cidade de Pisa. Assim como a misteriosa magnetita é atraída para o aço, ele é atraído por um poder invisível, e a atração aumenta a cada passo. Tudo o que a pessoa leu, ouviu, sentiu, pensou ou imaginou com relação a Roma se aglomera na mente e no coração e a deixa ávida e impaciente para estar lá. O privilégio da luz do dia nos foi negado no momento de nossa chegada, e nosso primeiro vislumbre de Roma foi à luz do luar e das estrelas. Para maior infelicidade, desembarcamos na parte nova da cidade, o que contradizia todos os nossos sonhos da Cidade Eterna. A julgar pelas aparências, podíamos ter sido deixados em qualquer estação ferroviária de Paris, Londres ou Nova York, ou em algum dos grandes hotéis de Saratoga ou Coney Island. Nessa estação havia longas filas de carruagens, coches, ônibus e outros veículos, com seu usual acompanhamento de condutores, porteiros e mensageiros, clamando por passageiros para seus diversos hotéis. Tudo lembrava mais uma cidade americana do mais moderno padrão do que uma cidade cujas fundações foram estabelecidas quase mil anos antes da fuga de José e Maria para o Egito. Ficamos decepcionados por esse aspecto intensamente moderno. Não era essa a Roma que tínhamos ido ver. A decepção, porém, foi temporária, e felizmente a primeira impressão aumentou o efeito da feliz realização posterior do que tínhamos esperado. À luz do dia, a Cidade Eterna, sentada sobre o trono das sete colinas, ofereceu-nos integralmente aquilo que prometera, banindo qualquer sensação de desapontamento, e encheu nossa mente com um espanto e um assombro cada vez maiores. Em todas as direções revelavam-se os sinais de sua antiga grandeza que tínhamos ido ver, e de sua aptidão para servir de sede ao mais poderoso império que o homem já viu – verdadeiramente a amante de todo o mundo conhecido e por mil anos a reconhecida metrópole da fé cristã e ainda hoje a cabeça da mais importante igreja organizada do mundo. Aqui podem ser vistos juntos os símbolos tanto da Roma cristã quanto da Roma pagã; os templos dos deuses descartados e aqueles do reconhecido Salvador de nosso mundo, um Filho da Virgem Maria. Impérios, principados, poderes e domínios pereceram; altares e seus deuses se misturaram ao pó; uma religião que tornou os homens virtuosos na paz e invencíveis na guerra pereceu ou foi suplantada, e no entanto a Cidade Eterna perdura. Ela se manifesta em seu amplo Fórum, ainda decorado com graciosas, porém desgastadas colunas, onde Cícero despejou sua ardente eloquência contra Catilina e contra Antônio, sendo que este último discurso custou-lhe a cabeça; no Palatino, de cujo topo os palácios de César abrangiam com o olhar uma grande parte da cidade antiga; e no Panteão, construído 27 anos antes de as canções dos anjos serem ouvidas nas planícies de Belém, e sobre o qual Byron diz:

> Simples, ereto, severo, sublime,
> Templo de todos os deuses e santos,
> Poupa-te o tempo, e abençoa e redime;
> Segues sereno, e no entorno são tantos
> Arcos e impérios que ruem e os prantos
> D'homem que cessa – ó tão gloriosa sé!
> Resistireis? Miram tempo e tiranos
> Sempre em vós – santuário de fé e
> De arte – Panteão! – És orgulho de Roma!

Embora 2 mil anos tenham se passado, e embora o belo mármore que um dia adornou e protegeu seu exterior tenha sido retirado e usado para propósitos inferiores, lá está ele, falando sobre eras passadas, em pé, ereto e forte, podendo ainda suportar mais mil anos. Suas paredes, de 6 metros de espessura, mal dão sinais de desgaste. Mais do que qualquer outra edificação que eu tenha visto em Roma, ele nos fala da meticulosidade dos romanos em tudo que eles acreditassem digno de ser realizado.

Talvez sejam igualmente indicativo do caráter deles os vestígios que vimos dos estupendos banhos de Tito, Diocleciano e Caracala, ruínas em meio às quais não se faz necessário consultar Gibbon para saber as causas do declínio e da queda do Império Romano. O gosto pelo luxo e a busca pelo que é fácil e prazeroso representam a morte da coragem viril, da energia, da vontade e da iniciativa.

Nenhum dos esplêndidos arcos, que tanto lembram as glórias dos triunfos romanos, pode, para a mente reflexiva, ser contemplado com um interesse mais profundo e mais triste do que aquele que está indelevelmente associado a Tito, celebrando a destruição dos infelizes judeus e tornando pública para uma cidade pagã a profanação de tudo que era mais sagrado para a religião daquele povo desprezado. Esse arco é um objeto que será eternamente doloroso para todo judeu, por lembrar a perda de sua amada Jerusalém. Com certeza alguém que jamais tenha sido desprezado desse modo não pode sentir adequadamente a humilhação que eles sofreram quando, para sua degradação, foram forçados a passar por baixo daquele arco que tem esculpidos nas laterais vasos sagrados que pertenciam a seu Santíssimo e que foram despedaçados durante a profanação de seu Templo.

Dentre os objetos que lembram eventos antigos da história de Roma, destaca-se a coluna de Trajano, que serviu de modelo para o monumento que Napoleão erigiu em Paris. Ela nos fala sobre as muitas batalhas travadas e vencidas por Trajano e é uma bela coluna. Embora hoje esteja lentamente cedendo ao toque degradante do Tempo, podemos ainda dizer dela aquilo que o grande Daniel Webster certa vez disse sobre o monumento de Bunker Hill: "Ele olha, ele fala, ele age". Certamente trata-se de um memorial ao passado, de um observador do presente, embora não possa ser uma esperança quanto ao futuro. Diante dos palácios dos Césares e do templo das Virgens Vestais e da colina Capitolina, escurecendo o horizonte com suas paredes sombrias e que desafiam o tempo, ergue-se a imensa e altaneira forma do Coliseu – um antigo inferno de horrores humanos –, onde a elite de Roma desfrutava do esporte de ver homens dilacerados por leões e tigres famintos e uns pelos outros. Nenhuma edificação mais elaborada, ampla e maravilhosa do que essa surgiu desde a Torre de Babel.

Enquanto a parte antiga de Roma tem suas próprias antiguidades, a parte nova tem antiguidades vindas de outros lugares. Ali há catorze obeliscos do Egito, dos quais um dos mais belos enfeita a praça em frente à basílica de São Pedro.

As ruas de Roma, à exceção da parte mais nova, em geral são bastante estreitas, e as casas dos dois lados delas são muito altas, o que faz haver muito mais sombras do que luz solar, vindo daí a atmosfera notavelmente fria de que os estrangeiros reclamam. E, no entanto, a cidade se redime dessas características e as compensa. Há muitos belos espaços abertos e praças públicas, com muitas fontes onde a água jorra, e adornadas com diversos dispositivos atraentes, onde as pessoas têm abundância de água pura, ar fresco e luz solar brilhante, cálida e saudável.

Da vida das ruas de Roma não devo falar, exceto para mencionar uma característica que se sobrepõe a todas as demais, e que é o papel desempenhado tanto consciente quanto inconscientemente pelos membros dos vários corpos da Igreja. Tudo o que vemos e ouvimos nos impressiona pelo gigantesco, onipresente, complexo, acumulado e misterioso poder dessa grande organização política e religiosa. Se alhures a Igreja Romana pode questionar seu próprio poder e agir com certa modéstia, aqui ela deixa à vista todas as suas pretensões, que transparecem livremente, e se mostra muito mais autoafirmativa e arrojada. Ela concede indulgências em suas portas com a mesma audácia que teria caso Lutero jamais tivesse vivido, e chacoalha as chaves do céu e do inferno com uma confiança que faz parecer que seu direito de fazer isso jamais foi questionado. Cerca de um a cada cinco homens com quem se depara tem alguma espécie de relação com essa estupenda e abrangente instituição e de alguma forma trabalha para que seu poder, sua ascendência e sua glória sejam mantidos. A religião em Roma parece ser o principal negócio que move a vida dos homens. Multidões de jovens estudantes de todos os cantos e falando todas as línguas marcham pelas ruas a todas as horas do dia, mas jamais desacompanhados. Eclesiásticos experientes, bem-vestidos, discretos e dignos os acompanham a toda parte. Na aparência, esses queridos jovens, tão puros e na plenitude de sua mocidade, são belos de olhar; quando se pensa, porém, que eles estão sendo treinados para defender dogmas e superstições contrárias ao progresso e ao esclarecimento de nosso tempo, o espetáculo se transforma.

Em contraste com eles há outros espécimes de zelo religioso que não são agradáveis à vista, ao toque nem ao pensamento. São monges de rosto inexpressivo, pernas nuas e sombrios, que assumiram votos de não se casar, não trabalhar, não se lavar e que vivem para a oração, que mendigam e pagam pelo que recebem orando por quem doa. É estranho que tal fanatismo seja incentivado por uma Igreja tão mundana quanto a de Roma; e no entanto quanto a esse ponto eu posso ser menos sábio do que a Igreja. Ela pode ter um uso para eles que esteja oculto a meus fracos olhos.

Os dois melhores pontos de onde apreciar o exterior de Roma são o monte Pinciano e o Janículo. Das sete colinas, essas não são as de menor interesse, e de seus cumes é possível admirar em toda a sua magnificência um panorama geral da Cidade Eterna. Uma vez vista desses pontos, ela jamais será esquecida, e permanecerá para sempre na mente. Um só olhar revela todos os grandes traços da cidade, com seu entorno grandioso e impressionante. Aqui começa a grande e temida Campânia, e a nossos pés jaz toda uma floresta de grandiosas igrejas históricas, que, com suas cúpulas, torres e torreões se erguendo rumo ao céu, e seus sinos de profunda sonoridade, fazem uma combinação de formas e sons que não pode ser vista em nenhum outro lugar do mundo fora de Roma. De um desses pontos, o Pinciano, pode-se apreciar a mais bela visão que talvez se possa ter da célebre cúpula da basílica de São Pedro. É difícil imaginar qualquer estrutura construída por mãos humanas mais grandiosa e imponente do que essa cúpula quando vista do monte Pinciano, especialmente ao pôr do sol. Acima do vasto corpo da grande catedral e do mundialmente famoso Vaticano, ei-la banhada por um mar de glórias etéreas. Sua magnificência e imponência crescem com a distância. Quando você se afasta, ela parece seguir você, e, mesmo que você se mova rapidamente e vá longe, ao se virar ela estará ainda mais impressionante do que nunca.

O exterior da basílica de São Pedro e de suas trezentas igrejas irmãs e do Vaticano com seus muitos andares não oferece pistas da riqueza e da grandiosidade de seu interior. Assim como em seus dias de paganismo Roma recebia tributos de todo o mundo conhecido, hoje a Igreja de Roma recebe presentes de todo o mundo cristão, inclusive de nossa própria nação republicana, e isso ainda não está perto do fim. Até mesmo um presidente dos Estados Unidos envia seus presentes para Sua Santidade o papa. Olhar para uma dessas igrejas romanas mostrará que nem mesmo Salomão em toda a sua glória se enfeitava assim. Tudo que a arquitetura, a escultura e as belas cores podem fazer, tudo que a arte e a habilidade podem fazer para torná-las belas e imponentes, foi feito nesses edifícios magníficos. A basílica de São Pedro, com sua amplidão, riqueza, esplendor e perfeições arquitetônicas, age sobre nós como se fosse um enorme prodígio natural. Ela nos assombra e nos deixa em quieta admiração. Fica-se sem conseguir saber como toda aquela amplidão e infinidade foram reunidas. Quanto mais se olha, mais impressionante e maravilhoso tudo se torna. Diversas outras igrejas são bem pouco inferiores à de São Pedro no que diz respeito a riqueza e esplendor. Uma delas, porém, deixou-me muito mais interessado na Roma do passado do que na Roma do presente; nas margens do Tibre com sua história do que nas imagens, ângulos e quadros nas paredes de suas esplêndidas igrejas; na pregação de Paulo há dezoito séculos do que na pregação dos padres e papas de hoje. As belas sedas e caras joias e vestimentas dos sacerdotes do presente mal poderiam ser sonhadas pelo primeiro grande pregador da cristandade em Roma, que morava em uma casa alugada e cujas mãos trabalhavam para as próprias necessidades. Foi impressionante ficar onde esteve esse homem corajoso, olhar para o lugar onde ele morou e andar pela mesma Via Ápia por onde ele caminhou, quando, depois de ter recorrido a César, ele se pôs a caminho desta mesma Roma para encontrar seu destino, fosse ele a vida ou a morte. Isso valeu mais para mim do que ver, como vimos, sob a cúpula de São Pedro, a cabeça de São Lucas em uma urna, um pedaço da verdadeira cruz, um cacho dos cabelos da Virgem Maria e o osso da perna de Lázaro; ou qualquer um dos objetos maravilhosos desse gênero impostos a um povo crédulo e supersticioso. Em uma dessas igrejas, mostraram-nos um grande boneco, coberto com sedas e joias e todo tipo de instrumentos estranhos, e a esse bebê de madeira atribuíam solenemente poderes miraculosos para curar os doentes e evitar muitos dos males que afligem a carne. Na mesma igreja, com igual solenidade, mostraram-nos uma pegada do pé fendido do diabo numa pedra. Só pude me perguntar o que diabos um diabo estaria fazendo num lugar sagrado como aquele. Tive certa curiosidade em ver os devotos subindo até a estátua negra de São Pedro – fiquei feliz de vê-lo negro; não tenho preconceito contra essa cor – e beijar o dedão do pé do velho camarada, que tem um dos lados desgastado por essas saudações beatas e afetuosas. Ao ver isso, é possível se perguntar: em que os homens não acreditam? Multidões de homens e mulheres subindo a escadaria de joelhos; monges transformando ossos de mortos em ornamentos; outros se recusando a se lavar – e tudo para assegurar as graças de Deus – são uma ideia degradante da relação do homem com o Autor Infinito do Universo. Mas não há como argumentar com a fé. Sem dúvida é um grande consolo para essas pessoas, afinal, ter beijado o dedão do pé de uma imagem negra do apóstolo Pedro, e ter ralado os joelhos ao usá-los no lugar dos pés ao subir uma escadaria, chamada Scala Santa. Eu me senti, ao ver essas demonstrações religiosas em Roma, como o falecido Benjamin Wade disse ter se sentido em um encontro religioso de negros, onde havia muitos uivos, gritos e saltos: "Não significa nada para mim, mas certamente significa algo para eles".

A ferrovia ao sul de Roma, passando pela Campânia, oferece uma esplêndida vista dos arcos romanos sobre os quais em outros tempos corria a água que ia para a cidade. Poucas obras ilustram melhor o espírito e o poder do povo romano do que esses quilômetros de construção. Em termos humanos, não havia nada que exigisse pensamento, habilidades, energia e determinação de que esse povo não fosse capaz e que não tenha feito. O trajeto entre Roma e Nápoles no inverno é um deleite. Um belo vale diversificado de ambos os lados por picos de montanhas cobertos de neve é um entretenimento perpétuo para os olhos do viajante. Uns poucos quilômetros de viagem e eis um cenário deslumbrante e sublime! Trata-se de uma larga coluna de vapor branco que sai do cume do Vesúvio, lenta e majestosamente se erguendo contra o céu azul italiano e diante de suaves brisas vindas do norte e da terra grandiosamente se movendo para o mar, algo espantoso. Há mais de 1.700 anos esse vapor, por vezes misturado com a lúgubre luz da lava vermelha e quente, sobe assim da boca aberta dessa montanha, e seus fogos continuam queimando e seu vapor continua ascendendo, e não há homem que saiba dizer quando eles vão parar, ou quando em inundações de lava ardente voltarão a explodir e esmagar milhares de pessoas que nem sequer desconfiam, fazendo recair sobre essas pessoas o mesmo destino que coube a Pompeia e Herculano, cidades há tanto tempo sepultadas por suas cinzas. É um espetáculo grandioso observar esse vapor silenciosa e pacificamente rolando pelo céu e indo para o mar, mas o pensamento do que pode ocorrer com as populosas cidades e com os vilarejos que ainda permanecem de modo tão ousado perto de sua perigosa base nos faz tremer.

Nápoles é uma grande cidade, e sua baía é tudo que sua fama nos ensinou a esperar. Seu belo entorno é rico em associações históricas que facilmente manteriam uma pessoa observando por meses. Pompeia, Herculano, Puteoli, onde São Paulo desembarcou de sua perigosa viagem para Roma; o túmulo de Virgílio; o lugar ainda discernível onde ficava uma das *villas* de Cícero; as ilhas de Capri e Ischia, e mil outros objetos cheios de interesse, garantem constante atividade tanto para a reflexão quanto para a imaginação. A sra. Douglass e eu devemos muito à gentileza do reverendo J. C. Fletcher e de sua esposa durante nossa estada nessa celebrada cidade.

O turista americano, depois de deixar Roma e sentir as perfumadas brisas do Mediterrâneo; depois de ver a bela baía de Nápoles; de admirar as maravilhas de seu entorno; de ficar na base do Vesúvio; de passar pelas ruas estreitas, pelos saguões majestosos e pelas casas luxuosas de Pompeia, há tanto tempo sepultada; depois de se postar no local onde o grande apóstolo Paulo desembarcou em Puteoli após sua tumultuada e perigosa viagem para Roma – em geral ele se verá tomado por um desejo ardente de ir ainda mais para o leste e ainda mais para o sul. A Sicília irá tentá-lo, e, ao chegar lá e ver seu rosto diante do sol nascente, ele irá querer ver o Egito, o canal de Suez, o deserto líbio, o espantoso Nilo – terra de obeliscos e hieróglifos que os homens estão aprendendo tão bem a ler; terra de esfinges e de múmias com milhares de anos, de grandes pirâmides e ruínas colossais que nos falam de uma civilização que remonta às sombras enevoadas do passado, muito além do alcance e da compreensão da história autêntica. Quanto mais tiver visto da civilização moderna na Inglaterra, na França e na Itália, mais ele desejará ver os resquícios dessa civilização que existiu quando esses países da Europa eram habitados por bárbaros. Quando estiver perto desse afamado e antigo lar da civilização, cenário de tantos acontecimentos e maravilhas bíblicos, o desejo de vê-lo se tornará quase irresistível.

Confesso, porém, que meu desejo de visitar o Egito não vinha inteiramente desses motivos. Eu tinha uma razão bem menos entusiástica e sentimental; um propósito etnológico, na esperança de transformar minha visita em um relato que ajudasse a combater o preconceito americano contra as raças mais escuras da humanidade, e ao mesmo tempo de elevar a autoestima das pessoas de cor e incentivá-las assim a iniciativas mais elevadas. Eu tinha uma teoria que queria embasar em fatos no escopo de meu próprio conhecimento. Mas falaremos mais sobre isso adiante.

A viagem de Nápoles para Porto Saíde em um bom vapor demora quatro dias, e com tempo bom o percurso é delicioso. Em nosso caso, o ar, o mar e o céu assumiram seu comportamento mais amistoso, e o início da aurora nos encontrou face a face com o velho Stromboli, cujo cume em forma de cone parece se elevar quase perpendicularmente do mar. Passamos pelos estreitos de Messina, deixando atrás de nós a fumaça e o vapor do monte Etna, e três dias depois estávamos ancorados em segurança em frente a Porto Saíde, a extremidade ocidental do canal de Suez, uma obra estupenda que colocou o Ocidente face a face com o Oriente e mudou a rota do comércio mundial; que colocou a Austrália a quarenta dias de distância da Inglaterra, e que poupou aos homens que vão ao mar em navios grande parte do tempo e dos perigos que antes esses estavam fadados a encontrar a caminho do Oriente contornando o cabo da Boa Esperança.

Em Porto Saíde, por onde entramos no canal de Suez, ancoram navios de todas as nações. As poucas casas que fazem a cidade parecer branca, nova e temporária lembram uma das cidades construídas de madeira às pressas na fronteira americana, onde há muito espaço externo e pouco interno. Aqui o nosso bom navio, o *Ormuz*, a maior embarcação que já flutuou pelo canal de Suez, parou para pegar uma grande carga de carvão antes de continuar sua longa viagem rumo à Austrália. Grandes balsas carregadas com esse combustível, armazenado ali pelos ingleses com o propósito de alimentar suas embarcações com destino ao Oriente, eram colocadas ao lado de nosso vapor e seu conteúdo rapidamente era levado a bordo por um pequeno exército de árabes. Era impressionante ver aqueles homens do deserto trabalhando. Olhando para eles e ouvindo sua diversão e seus gracejos enquanto carregavam seus fardos pesados, eu disse a mim mesmo: "Você são, pelo menos quanto à disposição, meios-irmãos do negro". O negro trabalha melhor e com mais empenho quando já não se trata de trabalho, mas sim de uma brincadeira marcada por alegres cantos. Esses filhos do deserto realizavam seu trabalho do mesmo modo, em meio a risos e brincadeiras, como se seu trabalho pesado fosse um passatempo. No que diz respeito à cor, esses árabes estão entre duas selas, uma velha e uma nova. Eles são um pouco mais claros do que uma e um pouco mais escuros do que a outra. Não vi um único homem gordo entre eles. Eram eretos e fortes, magros e sinuosos. A força e a rapidez deles são notáveis. Eles jogavam sobre os ombros os pesados sacos de carvão e trotavam a bordo de nosso navio por quatro horas sem parar ou cansar. Esguios de corpo, com pernas e braços finos, de espírito copioso, eles me lembravam cavalos. Era o mês de fevereiro, e a água não estava nem um pouco quente, mas esses homens pareciam tão à vontade na água quanto em terra, e deram belas demonstrações de suas habilidades de nado e mergulho. Os passageiros jogavam pequenas moedas na água pelo interesse de vê-los mergulhar atrás delas; e eles faziam isso quase com a velocidade de um peixe, e jamais deixavam de trazer do fundo do mar o cobiçado *sixpence* ou o franco, conforme o caso, e de mostrá-lo preso entre os dentes enquanto subiam para a superfície.

Movendo-se lenta e cuidadosamente pelo canal, um cenário se desvendou para nós. Nada em minha experiência americana me deu uma sensação tão profunda e sobrenatural de silêncio, uma tal sensação de vasta, densa e contínua uniformidade e solidão quanto essa passagem pelo canal de Suez, num movimento suave e silencioso entre duas margens de areia amarela construídas com pás, observadas pelos olhares ciumentos de Inglaterra e França, duas potências rivais invejosas uma da outra. Achamos aqui, também, o motivo e a fonte da ocupação inglesa no Egito e da política inglesa. Em ambos os lados se estende um deserto arenoso, no qual o olho, mesmo com a ajuda dos mais fortes binóculos, não consegue ver nada exceto o horizonte; uma terra em que nem árvores nem arbustos nem vegetação de nenhum tipo nem habitação humana interrompe a paisagem. Tudo é plana, ampla, silenciosa, quimérica e infinita solidão. Lá surge ocasionalmente à distância uma linha branca de vida que apenas ressalta mais o silêncio e a solidão. É uma fila de flamingos, a única ave que pode ser vista no deserto, levando-nos a imaginar de onde eles tiram sua subsistência. Mas há também aqui mais um sinal de vida, totalmente inesperado e difícil de explicar. É a forma seminua e faminta de um ser humano, um jovem árabe, que parece ter surgido da areia debaixo de seus pés, uma vez que não há cidade, vilarejo, casa ou abrigo visível de onde ele possa ter saído; ei-lo, porém, ali, ativo como um grilo, correndo de um lado para outro na lateral do navio e pelas margens de areia por quilômetros e por horas com a velocidade de um cavalo e a resistência de um cão, gritando lamuriosamente enquanto corre "Esmola! Esmola! Esmola!" e só parando de correr para pegar os pedaços de pão atirados do navio para ele. À distância, em meio ao trêmulo ar e à luz do sol, aparece uma miragem. Agora é uma esplêndida floresta e agora um lago refrescante. A ilusão é perfeita. São uma floresta sem árvores e um lago sem água. À medida que o viajante se move, a miragem também se move, mas sua distância em relação ao observador permanece a mesma.

Depois de mais de um dia e uma noite nesse estranho, silente e quimérico canal, sob um céu sem nuvens, quase sem perceber o movimento, e no entanto movendo-se sem pausa e sem pressa, por um deserto de areia sem ruídos, sem árvores, sem casas e aparentemente sem fim, onde não se ouve nem mesmo o canto de um galo ou o latido de um cachorro, fomos transferidos para um pequeno e elegante vapor francês e desembarcamos em Ismália, onde pela primeira vez desde que deixamos a pequena e nova cidade de Porto Saíde vimos sinais de civilização e começamos a perceber que estávamos entrando na terra dos faraós.

Aqui o quediva tem um de seus muitos palácios, e aqui e ali há uma ou outra casa razoavelmente confortável com dois ou três hotéis e uma estação de trem. Como o povo desse lugar vive, e com que recursos, é um mistério. Por quilômetros no entorno não se veem grãos ou grama ou vegetação de qualquer tipo. Aqui vimos pela primeira vez a locomotiva viva do Oriente, essa maravilhosa corporificação de força, docilidade e obediência, capaz de suportar pacientemente a fome e a sede – o camelo. Tenho grande simpatia por todos aqueles que transportam cargas, sejam homens ou animais, e tendo lido sobre a gentil submissão do camelo a privações e abusos, sobre como ele se ajoelha para receber seu pesado fardo e sobre como geme pedindo que o tornem mais leve, fiquei feliz aqui nos limites do Egito em ver ilustradas essas qualidades do animal. Eu o vi ajoelhar-se e vi a carga pesada de areia ser colocada em suas costas; vi-o tentar se levantar sob o peso e ouvi seu triste gemido. Naquele momento tive mais ou menos a mesma sensação de quando vi pela primeira vez um grupo de escravos acorrentados uns aos outros e enviados para um mercado estrangeiro.

545

Uma longa fila de camelos acompanhada por três ou quatro árabes veio se movendo lentamente pelo deserto. Esse espetáculo, mais do que a língua ou os costumes do povo, deu-me uma vívida impressão da vida no Oriente; um retrato de como ela era nos tempos de Abraão e Moisés. Nesse imenso deserto, sob o céu sem nuvens, iluminado à noite pelas estrelas e durante o dia por um sol escaldante, onde até mesmo o vento parece não ter voz, era natural que os homens olhassem para o céu e para as estrelas e que contemplassem o universo e o infinito sobre eles e a seu redor; os sinais e as maravilhas que viam nos céus e na terra sob seus pés. Em tal ambiente de solidão, silêncio e imensidão, a imaginação se solta e o homem naturalmente tem uma sensação mais profunda da Presença Infinita do que em meio ao ruído e ao alvoroço das cidades coalhadas de homens. Ideias religiosas nos vêm das regiões desérticas, do topo das montanhas, das grutas e cavernas, e dos vastos espaços silenciosos de onde nos aparecem as miragens e outras ilusões irreais que criam rios, lagos e florestas onde nada disso existe. A canção dos anjos pôde ser mais bem ouvida pelos pastores nas planícies de Belém do que em meio às multidões de Jerusalém. João Batista podia pregar melhor no deserto do que nos mercados. Jesus disse sua melhor palavra para o mundo quando estava no monte das Oliveiras. Moisés aprendeu mais sobre as leis de Deus quando estava nas montanhas do que lá embaixo em meio ao povo. Os profetas hebreus frequentavam grutas e cavernas e desertos. João teve sua maravilhosa visão na ilha de Patmos, sem nada em seu campo de visão além do mar e do céu. Foi em um lugar solitário que Jacó lutou com um anjo. A Transfiguração ocorreu em uma montanha. Não é de espantar que Moisés vagando pelo imenso e vasto deserto, depois de ter matado um egípcio e pensado sobre a opressão de seu povo, ouviu a voz de Jeová dizendo: "Eu vi a aflição de meu povo". Paulo não estava em Damasco, mas em seu solitário caminho para lá, quando ouviu uma voz vinda dos céus. O coração bate mais forte e a alma ouve melhor no silêncio e na solidão. Foi na vastidão e no silêncio do deserto que Maomé aprendeu sua religião, e, ao acreditar ter descoberto a verdadeira relação do homem com o Infinito, ele se proclamou profeta e começou a pregar com aquele tipo de autoridade que jamais deixa de fazer convertidos.

Essas especulações foram encerradas pelo assustador apito da locomotiva e pelo som do trem se movendo – coisas que põem fim a devaneios religiosos e fixam a atenção em coisas desse agitado mundo. Ao passar pela terra de Gósen tive um arrepio de satisfação ao ver o cenário de uma das histórias mais comoventes já escritas – a história de Jacó; como seus filhos foram forçados pela fome a ir ao Egito para comprar milho; como eles venderam seu jovem irmão José, como escravo; como eles voltaram para casa mentindo para esconder sua traição e sua crueldade; como o garoto escravo José caiu nas graças do faraó; como esses irmãos que o tinham vendido foram novamente levados pela fome a ficar face a face com José, que estipulou que a única condição para vê-los novamente era que trouxessem com eles seu irmão mais novo, Benjamin; como Jacó queixosamente reclamou desse arranjo que poderia levar seus cabelos brancos entristecidos para o túmulo, e finalmente, por meio dos bons serviços de José, o feliz assentamento de toda a família nessa fértil terra de Gósen. Nada pode ser encontrado na literatura de mais comovente e mais tocante do que essa simples história. Ali estava a terra de Gósen, com campos ainda verdes, seus camelos ainda pastando e seu milho ainda crescendo como na época em que Jacó e seus filhos com seus rebanhos foram ali assentados 3 mil anos atrás.

O poder fertilizador do Nilo, sempre que a terra é inundada por ele, é marcante, especialmente em contraste com o deserto arenoso. Ele pode ser visto no solo profundamente negro e brilhante, e na espessura e na estatura e no verde profundo de sua vegetação. Não há cercas dividindo os campos e demarcando as posses de diferentes proprietários. Pela aparência, toda a terra poderia pertencer a um único homem. A inundação do Nilo explica essa característica da região, uma vez que suas poderosas águas arrastariam tais barreiras. O modo como o gado pasta é peculiar para nós. Os burros, cavalos, vacas e camelos não têm permissão para vagar pelos campos como acontece entre nós, ficando presos a estacas fincadas no chão. Eles comem tudo que está a sua frente, deixando a terra atrás de si como se tivesse sido segada a foice. Eles oferecem uma imagem prazerosa, parados em filas como soldados, com as cabeças voltadas para a alta vegetação e aparentemente tão ordeiros quanto pessoas civilizadas à mesa de jantar.

Todo esforço é feito para que se obtenha toda a água possível do Nilo. Fossos são escavados, lagos são formados e os homens trabalham dia e noite para aprofundá-los e para fazê-los estar onde mais é necessário. Os dois processos adotados para elevar essa água são o *shâdûf* e o *sâkiyeh*. Longas filas de mulheres por vezes são vistas com jarros pesados de barro na cabeça distribuindo essa preciosa água fertilizante pela terra sequiosa. Vendo o valor dessa água e como a vida dos homens e dos animais depende totalmente dela, pode-se imaginar a ansiedade com que as cheias são esperadas, observadas e medidas.

O Egito pode ter inventado o arado, mas não aprimorou a invenção. O tipo usado lá talvez seja tão velho quanto os tempos de Moisés, e consiste em duas ou três peças de madeira arranjadas de modo que a extremidade de uma das peças, em vez de sulcar a terra, meramente a arranha. Mesmo assim, à distância, o homem que carrega esse equipamento e o animal que a arrasta dão a impressão de estar arando. Sou informado, porém, de que esse tipo de arado presta serviços melhores para o solo peculiar do Egito do que o nosso conseguiria fazer; de que o experimento de sulcar a terra com nosso arado foi feito no Egito e fracassou; de modo que o cultivo do solo, como muitas outras coisas, é melhor onde atende a seus propósitos e produz os melhores resultados.

O Cairo, com suas torres, minaretes e mesquitas, apresenta um cenário estranhamente fascinante, sobretudo visto da cidadela, onde à distância, elevando-se em meio ao deserto amarelo e ao céu azul sem nuvens, discernimos as formas inconfundíveis daquelas misteriosas pilhas de pedras, as pirâmides. De acordo com uma teoria, elas foram construídas para servir de sepulcro; e, de acordo com outra, foram construídas como padrão de medida, mas nenhuma das teorias eliminou completamente a outra, e pode ser que ambas estejam erradas. Lá estão elas, porém, grandiosas, diante do Cairo, no limite do deserto líbio e observando o vale do Nilo, como estiveram por mais de 3 mil anos e onde provavelmente estarão por muitos milênios ainda, pois aqui nada envelhece, a não ser o tempo, e este vive para sempre.

Uma das primeiras explorações que um turista é tentado a realizar é subir ao topo da mais alta pirâmide. A tarefa não é nem um pouco fácil nem é totalmente livre de perigos. Ela é nitidamente perigosa se realizada sem a assistência de dois ou mais guias. Você precisa deles não apenas para indicar onde você deve colocar seus pés, mas também para erguê-los acima dos grandes blocos de pedra que compõem as pirâmides, pois algumas dessas pedras têm de 90 centímetros a 1,2 metro de altura e espessura. Um passo em falso e é o fim. Com setenta anos sobre os ombros, fui à mais alta pirâmide, mas nada no mundo me levaria a tentar a experiência novamente. Eu tinha dois árabes à frente puxando, e dois atrás empurrando, mas a parte principal do trabalho eu mesmo tive de fazer. Só me recuperei desse esforço terrível após duas semanas. Paguei caro pela aventura. Mesmo assim, teve seu valor estar por uma vez em tal altura e acima da obra e do mundo. Levando em conta a vista toda – a natureza dos arredores, a grande Esfinge, inexplicada e inexplicável, as pirâmides e as maravilhas do Sacará, o rio tortuoso do vale do Nilo, o deserto silencioso, solene e imenso, os locais das antigas Mênfis e Heliópolis, as distantes mesquitas, os minaretes e os majestosos palácios, as eras e acontecimentos que se passaram naquele cenário e os milhões e milhões que viveram, trabalharam e morreram ali –, na mente daquele que observa tudo aquilo pela primeira vez agitam-se pensamentos e sensações jamais pensados e sentidos antes. Embora nada pudesse me levar a escalar novamente as laterais ásperas, entrecortadas e perigosas da Grande Pirâmide, fico muito feliz de ter tido a experiência uma vez, e uma vez é o bastante para uma vida.

Falei sobre a prevalência e o poder em Roma da Igreja Cristã e da religião e sobre as coisas estranhas em que as pessoas creem e que são praticadas lá como ritos religiosos e cerimônias. A religião e a Igreja do Egito, embora denunciadas como uma fraude e embora seu autor seja tido em toda a cristandade como um impostor, não são objeto de menor crença, e no Egito acredita-se nelas e elas são seguidas tal como a Igreja e o cristianismo em Roma. Duzentos milhões de pessoas seguem Maomé hoje, e o número é crescente. Anualmente no Cairo 12 mil alunos estudam o Corão para pregar suas doutrinas na África e em outros lugares. Essas pessoas consideram suas mesquitas tão sagradas que não permitem a um cristão entrar nelas sem tirar os sapatos e calçar chinelos maometanos. Se Roma tem seus monges que não tomam banho, o Cairo tem dervixes que uivam e dançam, e ambos parecem igualmente surdos aos ditames da razão. Os dervixes que dançam e uivam frequentemente giram em seus transportes religiosos até que sua cabeça perca o controle e eles caiam no chão suspirando, gemendo e espumando pela boca como loucos, lembrando uma das cenas que por vezes ocorrem em nossos encontros religiosos à moda antiga.

Não faz parte do escopo e do propósito deste suplemento de minha história oferecer um relato extensivo de minhas viagens ou contar tudo o que vi e ouvi e senti. Tive sonhos estranhos com viagens mesmo na infância. Eu imaginava que um dia veria muitos dos lugares famosos dos quais ouvia os homens falarem, e sobre os quais li mesmo quando escravo. Durante minha visita à Inglaterra, como eu disse antes, tive um forte desejo de ir à França, e teria feito isso, não fosse por um certo sr. George M. Dallas, que na época era embaixador dos Estados Unidos na Inglaterra e se recusou a me dar um passaporte alegando que eu não era nem poderia ser um cidadão americano. Esse homem hoje já morreu e em geral está esquecido, como ocorrerá também comigo; eu, porém, vivi o suficiente para me ver em toda parte reconhecido como um cidadão americano. Tendo em vista a minha decepção e a rejeição que sofri nas mãos desse embaixador americano, minha satisfação foi tanto mais intensa quando tive permissão não apenas para visitar a França e ver algo da vida em Paris, andar pelas ruas daquela esplêndida cidade e passar dias e semanas em suas encantadoras galerias de arte, mas também para ficar de pé no topo da mais alta pirâmide; para andar em meio às ruínas da velha Mênfis; olhar para os olhos mortos do faraó; para sentir a suavidade dos túmulos de granito polido por operários egípcios 3 mil anos atrás; para ver a terra de Gósen; para navegar no seio do Nilo; para passar à vista de Creta, olhando do convés de nosso vapor talvez o mesmo que Paulo tenha visto na viagem a Roma dezoito séculos atrás; para andar entre as ruínas de mármore da Acrópole; para subir a colina de Marte, onde Paulo pregou; para subir o Licabeto e ver as planícies de Maratona, os jardins de Platão e a rocha onde Demóstenes declamou contra as brisas do mar; para ver o Parthenon, o Templo de Teseu, o Templo da Vitória sem Asas e o Teatro de Dioniso. Pensar que eu, um ex-escravo da costa leste de Maryland, estava vivendo tudo isso apenas intensificou minha sensação de boa sorte, no mínimo em função do contraste. Há poucos anos meus domingos eram passados às margens da baía de Chesapeake, lamentando minha condição e olhando para além da fazenda de Edward Covey, e, com o coração dilacerado por querer estar em seus conveses, observando as brancas velas dos barcos passando pelo mar. Agora eu estava gozando do que os mais sábios e melhores homens do mundo haviam legado para gozo dos mais sábios e dos melhores.

Depois de ter passado por Nápoles, voltamos para Roma, onde quanto mais tempo a pessoa permanece mais quer ficar. Não há melhor lugar para se recolher do ruído e da agitação da vida moderna e para encher a alma com solenes reflexões e sensações emocionantes. Debaixo dos pés e em toda a volta estão as cinzas da grandeza humana. Aqui, de acordo com o que era possível em sua época, a ambição humana atingiu seu ápice; e o poder humano, seu limite máximo. A lição da futilidade de todas as coisas está contida em palácios soterrados, colunas caídas, monumentos deteriorados, arcos degradados e paredes em ruínas; tudo perecendo sob a força silenciosa e destrutiva do tempo e da ação permanente dos elementos, que zombam do orgulho e do poder dos grandes homens por quem eles foram feitos.

Depois de Roma, em termos de interesse para mim, vem a clássica cidade de Florença, e para ali nos dirigimos depois da Cidade Eterna. É impossível se cansar daquilo que há para ver ali. A primeira coisa que a sra. Douglass e eu fizemos, ao chegar a Florença, foi visitar o túmulo de Theodore Parker e ao mesmo tempo o de Elizabeth Barrett Browning. O pregador e a poeta jazem um ao lado do outro. A alma de ambos esteve dedicada à liberdade. A postura corajosa assumida por Theodore Parker durante o conflito antiescravagista o tornou caro a meu coração, e naturalmente o local tornado santo por suas cinzas foi o primeiro a me atrair para seu lado. Ele era uma voz a favor do escravo quando quase todos os púlpitos do país estavam mudos. Olhando para o pequeno monte de terra que cobria seu pó, senti a tristeza de seu túmulo simples. Não parecia certo que os restos do grande pregador americano estivessem em solo estrangeiro, longe dos corações e das mãos que gostariam de se demorar perto dele e mantê-lo enfeitado com flores. Nenhum homem foi mais intensamente americano do que Theodore Parker. Grande como o país em sua compaixão pela humanidade, ele era um amado filho da Nova Inglaterra e absolutamente bostoniano em seus pensamentos, sentimentos e atividades. O pensamento liberal que ele ensinava tinha em sua terra natal um lar natural e era muito bem-vindo, e portanto fiquei com a impressão de que seus restos mortais deveriam ter sido levados para lá. Foi no púlpito dele que fiz meu primeiro discurso antiescravagista em Roxbury. O fato de as portas lá terem se aberto para mim naquele período sombrio se deve a ele. Lembro-me também de sua gentileza quando fui perseguido em razão de minha mudança de opinião quanto à ação política. Theodore Parker jamais participou dessa guerra contra mim. Ele adorava o sr. Garrison, mas não era um garrisoniano. Ele trabalhava com as seitas, mas não era um sectário. O caráter dele era moldado em uma forma grande demais para ser comprimido em uma forma menor do que a humanidade. Ele daria seu sangue por um negro escravo foragido com a mesma rapidez com que o faria por um presidente branco dos Estados Unidos. Ele era amigo do grupo de abolicionistas contrário ao voto e à resistência, e não menos amigo de Henry Wilson, Charles Sumner, Gerrit Smith e John Brown. Ele era o grande e generoso irmão de todos os homens, honestamente se esforçando em prol da abolição da escravatura dos negros. Recentemente se tentou classificá-lo entre aqueles que desprezavam o negro. Caso isso pudesse ser comprovado, ele seria condenado por embuste e hipocrisia do tipo mais revoltante. Mas a vida dele inteira e seu caráter estão em contradição direta com essa conclusão.

Seus palácios ducais, seu grande Duomo, suas belas galerias de arte, seu belo Arno, seus arredores encantadores e suas muitas conexões com grandes personagens históricos, especialmente Michelangelo, Dante e Savonarola, dão à cidade um poder controlador sobre a mente e o coração. Não fiz viagem entre duas cidades na Itália que tivesse um cenário tão maravilhoso quanto o que há entre Florença e Veneza. Desfrutei da paisagem com o ardor de um garoto para quem tudo no mundo é novo. Nascido e criado em uma região plana sem a diversidade de colinas e vales, sempre fui atraído pelas montanhas. Aquelas que se podem ver nesse trajeto ficavam distantes, mas em nada eram diminuídas pela suave névoa que mesclava seus cumes com as nuvens e o céu. Ali estavam também as montanhas do Tirol, o cenário das expedições patrióticas de Hofer e seus compatriotas. A ferrovia entre Florença e Veneza se assenta sobre alguns dos trechos mais antigos e mais bem cultivados da Itália. A terra é rica e frutífera. Todas as paisagens têm o aspecto de parcimônia. Não existe um único ponto em que se possa usar a acusação de preguiça tão comumente feita aos italianos. Nada vi na Itália que justificasse essa reputação pouco invejável. Tanto na cidade quanto no campo as pessoas me pareceram notavelmente industriosas e bem servidas de alimentos e vestimentas.

Eu poderia contar muito sobre a antes famosa cidade de Veneza, sobre Milão, Lucerna e outros pontos que visitei mais tarde; mas basta ter dado a meus leitores uma ideia do uso que fiz de meu tempo durante essa ausência dos cenários e das atividades que me ocupavam em nosso país. Presumo que eles ficarão felizes por saber que, depois de minha vida de privações na escravidão e dos conflitos com raça e preconceito de cor e de ser um proscrito em nosso país, houve tempo em minha vida para que eu pudesse caminhar pelo mundo sem ser questionado, um homem entre homens.

Capítulo X

A CAMPANHA DE 1888

Preferência por John Sherman • Discurso na convenção •
No palanque • A questão das tarifas

Ao voltar da Europa em 1887, depois de um ano no exterior, deparei, como costuma ser o caso quando nosso país se aproxima do encerramento de um mandato presidencial, com a opinião pública em grande medida ocupada com a questão relativa ao sucessor do presidente que saía. O Partido Democrata tinha vantagem sobre o Republicano em dois pontos: o partido já estava no poder e tinha seu pensamento fixado em apenas um candidato, na pessoa de Grover Cleveland, cujo mandato estava expirando. Embora não tivesse satisfeito plenamente a parte sulista de seu partido ou os reformadores do funcionalismo público do Norte, a quem ele devia sua eleição, ele tinha conduzido sua gestão de modo que nenhuma dessas facções estivesse em condições de se opor a sua indicação para um segundo mandato presidencial. Com o Partido Republicano o caso era diferente. Não apenas o partido estava fora do poder e privado da influência que o cargo e sua máquina têm para unir e dar força como havia uma legião de candidatos às honras presidenciais, e havia grande dúvida quanto a quem seria escolhido como representante na disputa que se avizinhava. Eu felizmente não estava entre os que tinham dúvidas. Desde o princípio meu candidato foi o senador John Sherman, de Ohio. Não apenas ele era o homem apropriado para o posto por suas eminentes habilidades e sua experiência como estadista no que diz respeito a assuntos gerais, mas, ainda mais importante, ele era o homem cuja atitude em relação aos cidadãos negros do Sul que haviam recentemente conquistado o direito ao voto mais o tornava apto para o cargo. Na convenção em Chicago fiz o que pude para garantir sua indicação, enquanto houve alguma esperança de sucesso. Em toda convenção do tipo chega um momento em que o julgamento das facções deve ceder lugar ao julgamento da maioria. Tanto Russell A. Alger, de

Michigan, quanto Allison, de Iowa, Gresham, de Indiana, ou Depew, de Nova York, na minha opinião teriam sido excelentes presidentes. Mas meu julgamento quanto a isso não foi o julgamento da convenção, e por isso acompanhei, como não poderia deixar de ser, a escolha da maioria de meu partido e jamais me arrependi disso.

Embora eu não fosse delegado na Convenção Nacional Republicana, mas sim, como nas anteriores, um espectador, fui já de início honrado com uma convocação espontânea para subir ao palanque e me dirigir à convenção. Não era um convite a ser desprezado. Ele veio de 10 mil dos principais membros do Partido Republicano do país. Isso me ofereceu uma oportunidade de dar aquele que imaginei poder ser o tom da campanha que se iniciava. Até onde consegui fazer isso se verá pelo breve discurso que proferi ao atender a esse chamado. Não foi um discurso para ser agradável ou para lisonjear o partido, mas sim para incitar os homens ao exercício de um dever imperativo. Teria sido fácil em uma ocasião como essa fazer um discurso composto de generalidades chamativas: mas a causa de meu povo indignado estava em meu coração, e eu falei dela em sua plenitude; e a resposta que veio me mostrou que a grande plateia para quem eu falei compartilhava de meus sentimentos. Depois de ter agradecido à convenção a honra de seu sincero apelo para que eu discursasse, eu disse:

> Tenho apenas uma palavra a dizer a esta convenção e é a seguinte: espero que as atas desta convenção façam um registro tal que não permita nem aos líderes do Partido Democrata nem aos líderes do Partido Mugwump dizer que não veem diferença entre a posição do Partido Republicano e a do Partido Democrata em relação à classe que eu represento. Tenho grande respeito por certa qualidade em que o Partido Democrata se distingue. Essa qualidade é a fidelidade a seus amigos, sua lealdade àqueles que o partido reconheceu como seus senhores durante os últimos quarenta anos. Ele foi leal à classe dos senhores de escravos durante a existência da escravidão. Foi fiel a eles antes da guerra. Deu a eles todo o incentivo que poderia sem colocar seu pescoço na forca. Também foi fiel durante o período de reconstrução, e tem sido fiel desde então. Hoje ele é fiel ao sólido Sul. Espero e acredito que o grande Partido Republicano se mostre igualmente fiel a seus amigos, aqueles amigos com rosto negro que durante a guerra foram

olhos para seus cegos, abrigo para seus desabrigados, quando fugiam das linhas do inimigo. Eles são tão fiéis hoje quanto foram quando a grande República estava em sua mais extrema necessidade; quando seu destino parecia pender na balança; quando as cabeças coroadas do Velho Mundo se regozijavam com nossa ruína, dizendo: "A-ha! A-ha! A grande bolha republicana está prestes a estourar". Quando o exército legalista se desfazia diante do fogo e da pestilência da rebelião; quando nossa bandeira era arrastada no pó ou, encharcada de sangue, pendia do mastro, vocês convocaram o negro. Sim, Abraham Lincoln convocou o negro para estender seu braço férreo e segurar com seus dedos de aço a sua bandeira que estava caindo, e ele compareceu, compareceu com 200 mil soldados. Que neste palanque em que estamos prestes a promulgar nosso candidato nos lembremos dos negros corajosos, e lembremos que esses negros corajosos se encontram hoje privados de seu direito constitucional ao voto. Que essa lembrança esteja corporificada no representante que vocês apresentarão ao país. Não deixem que esses homens sejam obrigados a atravessar um rio de sangue para chegar ao voto, e que sobre ele seja estendido o braço protetor deste governo, e que o caminho deles até o voto seja suave e tranquilo como o de qualquer outro cidadão. Não se deixem afastar desse dever pelo grito das camisas ensanguentadas. Que essa camisa seja agitada enquanto houver uma só gota de sangue inocente nela. Um governo que pode dar liberdade em sua Constituição deve ter o poder em seu governo para proteger e defender essa liberdade. Não vou mais tomar seu tempo. Falei por milhões, e meus pensamentos estão agora diante de vocês.

Assim que a campanha presidencial teve início e solicitaram que oradores falassem ao povo apoiando de viva voz as indicações e os princípios do Partido Republicano, embora fosse um pouco velho para o serviço e não seja exatamente um orador de palanque, obedeci à convocação. Acompanhado de meu jovem amigo Charles S. Morris, um homem com raro dom de eloquência, fiz discursos em cinco estados, tanto em ambientes fechados quanto ao ar livre, em rinques de patinação e auditórios, de dia e de noite, em lugares onde o Comitê Nacional do Partido Republicano acreditava que minha presença e meu discurso seriam importantes para chegar ao sucesso.

Embora o comitê estivesse ansioso para transformar a questão das tarifas no centro da campanha, não houve instruções para que eu me limitasse a isso. Eu não poderia ter saído a campo com uma limitação desse tipo, caso ela tivesse sido imposta. Assim, deixei a discussão das tarifas para meu jovem amigo Morris, enquanto eu falava de justiça e humanidade, tal como aquela nobre mulher e oradora ímpar, a srta. Anna E. Dickinson, cujo coração sempre esteve ao lado dos oprimidos e que era oradora da mesma campanha. Eu considerava esse ponto vital e o princípio central do Partido Republicano. Descobri que as pessoas eram mais corajosas do que seus líderes partidários. Aquilo que os líderes estavam temerosos de ensinar, as pessoas eram suficientemente corajosas de aprender e ficavam felizes em saber. Eu defendia que a alma da nação estava nessa questão e que nem todo o ouro do mundo compensaria a perda da alma da nação. A honra nacional é a alma da nação, e, quando ela se perde, tudo está perdido. O Partido Republicano e a nação tinham se comprometido a proteger os direitos constitucionais dos cidadãos negros. Caso se recusassem a cumprir essa promessa, estariam traindo sua maior responsabilidade. Assim como no caso do indivíduo, também no caso da nação chega um momento em que se pode apropriadamente perguntar: "Qual é o bem que há em conquistar o mundo inteiro e perder a própria alma?".

Com opiniões como essa, apoiei o Partido Republicano nessa campanha algo notável. Eu me baseei naquela parte da plataforma republicana que apoiei em meu discurso perante a convenção republicana em Chicago. Ninguém que me conhecesse poderia esperar que eu fizesse algo diferente. O pouco que eu disse sobre tarifas se baseou simplesmente no princípio da autoproteção ensinado em todos os campos da natureza, estejamos falando de homens, animais ou plantas. Isso vem com o direito inerente à existência. Está presente em cada folha de grama assim como em cada homem e cada nação. Se manufaturas estrangeiras oprimem e prejudicam as nossas e servem para retardar nosso progresso natural, temos o direito de nos proteger contra tais esforços. Claro que esse direito de autoproteção tem seus limites, e o mais importante é descobrir esses limites e respeitá-los. Não há dúvida quanto ao princípio, mas, assim como todo princípio, ele pode não justificar todas as inferências que possam ser deduzidas dele. Parece não haver diferença entre os partidos Republicano e Democrata quanto ao princípio da proteção. Eles divergem apenas nas inferências extraídas desse princípio. Um dos partidos é a favor da tarifa apenas pela receita, e o outro é favor da tarifa não apenas pela receita, mas também pela proteção das indústrias que se imagina necessitarem de proteção. Embora nesse tema eu sempre tenha me alinhado com o Partido Republicano, sempre senti que, diante da opressão e da perseguição a que os negros estão sujeitos nos estados do Sul, nenhum negro pode coerentemente basear seu apoio a qualquer partido em qualquer outro princípio que não o da proteção dos homens e mulheres contra o linchamento e o assassinato.

Capítulo XI
GOVERNO DO PRESIDENTE HARRISON

Nomeado embaixador no Haiti • Críticas pouco amistosas • Almirante Gherardi

Minha nomeação pelo presidente Harrison em 1889 para o posto de ministro-residente e cônsul-geral na República do Haiti não passou sem comentários adversos; nem eu escapei às críticas durante todo o período de dois anos em que tive a honra de exercer tal função. Quanto aos comentários desfavoráveis sobre minha nomeação pode-se com razão dizer que tiveram origem e inspiração em duas fontes muito diferentes: em primeiro lugar, o preconceito dos americanos em relação à raça e à cor, e, em segundo lugar, um desejo da parte de certos comerciantes influentes em Nova York de obter concessões do Haiti com base em argumentos que eu não tendia a favorecer. Quando acontece de um homem público ser alvo de ataques de jornais que diferem em todo o resto e se unem apenas nesse ataque, existe alguma razão para crer que eles estejam inspirados por uma influência comum. Nem meu caráter nem minha cor eram aceitáveis para a imprensa de Nova York. Minha falha de caráter era não permitir esperanças de que eu me deixasse ser usado, ou que deixasse o posto ser usado, para novos esquemas egoístas de qualquer tipo em benefício de indivíduos, fosse à custa do Haiti ou à custa do caráter dos Estados Unidos. E a falha de minha cor era ser escura demais para o gosto americano. Não me acusavam, como talvez pudessem ter feito, de ser inadequado para a função em razão de inexperiência e falta de aptidão para realizar os deveres do ofício; confiava-se, porém, no argumento da cor. Eu não tinha a cor certa para o posto, embora combinasse bem com a cor do Haiti. Dizia-se que o cargo deveria ser entregue a um homem branco, tanto em função da aptidão quanto da eficiência – no caso da aptidão, porque se alegava que o Haiti iria preferir ter em sua capital um ministro-residente e cônsul-geral branco a um negro; no caso da eficiência, porque um ministro branco, por ser branco,

559

e portanto superior, poderia obter do Haiti concessões que não seriam possíveis a um ministro negro. Também se dizia que eu não ia ser bem recebido no Haiti por ter em certo momento defendido a anexação de Santo Domingo aos Estados Unidos, medida a que o Haiti se opôs fortemente. Todas as oportunidades eram usadas pela imprensa de Nova York para demonstrar que minha experiência no Haiti confirmava seus pontos de vista e suas previsões. Antes de eu partir para lá, eles se esforçaram para mostrar que o capitão do navio designado pelo governo para me levar a meu posto em Porto Príncipe se recusou a me aceitar a bordo, e como desculpa para sua recusa teria feito uma falsa afirmação relativa à impossibilidade de navegar em sua embarcação, quando na verdade a objeção era a cor de minha pele. Quando se soube que minhas credenciais não tinham sido plenamente aceitas pelo governo do presidente Hyppolite e que houve uma demora de várias semanas da parte do governo haitiano, espalhou-se a história de que eu fora "esnobado" pelo Haiti, e que na verdade estava enfrentando dificuldades lá. Depois que fui formalmente reconhecido e passei a exercer os deveres da função, fui perseguido pelo mesmo espírito pouco amistoso, e todos os esforços foram feitos para me depreciar tanto aos olhos do povo dos Estados Unidos quanto aos olhos do povo do Haiti. Estranhamente, grande parte dessa influência hostil partiu de autoridades da Marinha americana; homens a soldo do governo. O surgimento no porto de Porto Príncipe de navios de guerra dos Estados Unidos, em vez de servir de apoio ao ministro americano, foi sempre seguido de pesado tiroteio contra ele nos jornais americanos. Nossos navios pareciam bem supridos de correspondentes de água salgada; homens que estudaram a ciência da depreciação polida e nela atingiram alto grau de aperfeiçoamento. A chegada de um navio de guerra americano passou a ser fonte de apreensão, e a flâmula de um almirante no porto de Porto Príncipe era sinal de ataque ao ministro dos Estados Unidos.

Falando sobre a aquisição do molhe St. Nicolas como base naval americana, um desses frutíferos correspondentes assim expôs a real causa da queixa contra mim: "Quando, por meio de intervenção ativa e auxílio material dos Estados Unidos, o general Hyppolite foi levado ao poder em outubro de 1889 [...] a influência americana era suprema, e tivessem americanos astutos e capazes à época sido enviados pelos Estados Unidos para conduzir negociações tão habilmente iniciadas pelo contra-almirante Gherardi, a situação hoje seria outra. Por sugestão do almirante Gherardi um novo ministro foi enviado a Porto Príncipe [...] A falta de sabedoria, porém, exibida na escolha [...] foi tornada clara pelos resultados obtidos". "Sobre a concessão da Clyde talvez nada seja preciso dizer [...] fracassou completamente [...] Com as negociações nas mãos do contra-almirante Gherardi, porém, será necessário que se chegue rapidamente a uma decisão. O almirante Gherardi foi enviado para ressuscitar as negociações. O almirante Gherardi acabará tendo êxito." "Reconhece-se que caso os Estados Unidos tivessem uma base para exploração de carvão no Haiti [...] iriam intervir para cessar a insignificante revolução que distrai o país."

Víamos assim o almirante Gherardi imiscuído em todos os assuntos do Haiti. Foi por sugestão dele que um novo ministro foi nomeado. Foi ele quem tornou suprema a influência americana no Haiti. Ele é quem deveria conduzir as negociações para uma base naval. Foi ele quem aconselhou o Departamento de Estado em Washington. Foi ele quem decidiu a questão sobre a aptidão do ministro americano no Haiti. Nisso tudo não estou revelando segredos de Estado. Isso e muito mais foi publicado nos jornais de Nova York. O comentário que tenho a fazer quanto a isso é que não se podia inventar melhor maneira de levantar suspeitas nos estadistas haitianos e levá-los a rejeitar nosso pedido para ter uma base naval do que fazer tais representações como as que vinham do convés do navio do contra-almirante Gherardi.

Capítulo XII
EMBAIXADOR NO HAITI

Molhe St. Nicolas • Relações sociais • Simpatia pelo Haiti •
Os fatos sobre o molhe St. Nicolas • Conferência com o
governo haitiano • Negociações sobre O molhe St. Nicolas •
Encerramento da reunião

O papel que tive na questão da obtenção do molhe St. Nicolas como base naval para os Estados Unidos e a verdadeira causa para o fracasso do empreendimento ficam evidentes nos artigos a seguir escritos por mim e publicados na *North American Review* de setembro e outubro de 1891.

Eu me proponho a dar uma explicação clara sobre minha ligação com as recentes negociações com o governo do Haiti para que os Estados Unidos tivessem uma base naval no molhe St. Nicolas. Essa explicação parece necessária não apenas como defesa contra críticas imerecidas, mas também em nome da verdade histórica. Reconhecendo meu dever de permanecer em silêncio enquanto a questão do molhe estivesse pendente, evitei dar qualquer resposta formal às declarações equivocadas e às deturpações que estiveram presentes na imprensa sem contestação durante os últimos seis meses. No entanto, há muito tempo pretendo corrigir os erros mais grosseiros contidos nessas deturpações, quando chegasse o momento em que eu pudesse fazê-lo sem me expor à acusação de sensibilidade indevida e sem que houvesse prejuízo ao interesse público. Esse momento chegou, e nem o sentimento nem a razão nem o senso de correção ofereciam motivos para que o silêncio se prolongasse, especialmente tendo em vista que, sem que houvesse nenhuma falha minha, os segredos das negociações em questão já foram expostos ao público, aparentemente com o único propósito de me tornar responsável por seu fracasso.

Há muitos motivos para que eu preferisse não aparecer diante dos olhos do público numa atitude de autodefesa. Mas, embora haja momentos em que essa defesa seja um privilégio a ser exercido ou recusado de acordo com a preferência da parte acusada, existem outras circunstâncias em que tal defesa se torna um dever que não pode ser recusado sem a imputação de covardia ou de consciência pesada. Isso é particularmente verdadeiro em um caso no qual as acusações afetam de maneira vital a posição da pessoa perante o povo e o governo de seu país. Num caso como esse é preciso se defender, ainda que seja apenas para demonstrar a aptidão para defender qualquer outra coisa. Ao cumprir com esse dever, não posso reconhecer nenhum favoritismo a homens que exercem cargos elevados, não devo obedecer a nenhuma restrição exceto a franqueza, e devo ter como única limitação a verdade. É fácil chicotear um homem quando suas mãos estão amarradas. Não foi necessária muita coragem para que esses homens dedicados à guerra me atacassem enquanto eu ocupava um cargo e sabidamente me via proibido pelas regras de escrever ou falar em minha defesa. Eles podiam fazer o que bem entendessem.

Talvez imaginassem que me faltaria espírito ou capacidade para responder. Essa era a única possível garantia para que houvesse uma negligência tão imprudente em relação a fatos facilmente verificáveis que os contradiziam. Também é óbvio que se confiava na respeitabilidade dos jornais, mais do que na credibilidade dos próprios autores, para dar peso às acusações. Caso eles tivessem revelado seus nomes e seus verdadeiros endereços, o público facilmente teria adivinhado um motivo que tornaria desnecessária qualquer palavra de autodefesa. Teria ficado evidente nesse caso que havia uma tentativa premeditada de me tornar um bode expiatório para os pecados de outrem. Deve-se notar, também, que logo se tirou vantagem do fato de que a falsidade não é facilmente exposta quando tem a vantagem de vir a público antes da verdade. Embora tenham sido cuidadosos com certas coisas, eles esqueceram que a inocência não precisa de defesa até ser acusada.

A acusação é de que foi por minha causa que os Estados Unidos não conseguiram conquistar uma importante base naval no molhe St. Nicolas. Em termos gerais, o que se diz é que gastei todo o meu primeiro ano no Haiti em negociações desnecessárias e procrastinação, e que acabei diminuindo as chances de conquistar o molhe a tal ponto que se tornou necessário ao governo nomear o contra-almirante Gherardi como comissário especial no Haiti, tirando completamente de minhas mãos a negociação do molhe. Uma das caridosas desculpas que eles gostam de apresentar para justificar meu fracasso é minha cor; e a implicação é que um homem branco teria obtido sucesso onde eu fracassei. Esse argumento da cor não é novo. Ele sitiou a Casa Branca antes de eu ser indicado como ministro-residente e cônsul-geral para o Haiti. Desde o primeiro momento e durante todo o tempo, afirmou-se então que nenhum homem com sangue africano nas veias deveria ser enviado como embaixador para a República Negra. Homens brancos diziam estar falando no interesse do Haiti negro; e eu poderia ter aplaudido a espontaneidade deles em defender a dignidade do Haiti caso pudesse respeitar sua sinceridade. Eles consideravam monstruoso forçar o Haiti negro a receber um embaixador negro como os próprios haitianos. Não percebiam que seria absurdamente incoerente para o Haiti objetar à presença de um embaixador negro, sendo essa uma nação negra.

O preconceito desafia toda a lógica. Não leva em conta a razão ou a coerência. Um dos deveres de um embaixador em uma nação estrangeira é cultivar boas relações sociais e civis com o povo e com o governo para o qual ele é enviado. Será que um homem branco, imbuído de sentimentos nacionais, teria maior probabilidade do que um americano negro de cultivar tais relações? Será que seu desprezo americano pelos negros em seu país o levaria a conquistar o respeito e a boa vontade dos negros no exterior? Ou será que ele faria o papel de hipócrita e fingiria amar os negros no Haiti quando se sabe que ele odeia os negros nos Estados Unidos – sim, odeia a ponto de detestar a ideia de vê-los ocupar até mesmo o cargo relativamente humilde de cônsul-geral do Haiti? O desprezo e a repulsa do Haiti não repeliriam tal farsa?

O Haiti não desconhece os americanos e o preconceito dos americanos. Nossos compatriotas brancos pouco se esforçaram para ocultar seus sentimentos. Essa objeção a minha cor e essa exigência de que um branco me sucedesse brotam justamente do sentimento que o Haiti contradiz e detesta. Desafio qualquer um a provar, usando palavras ou atos do governo haitiano, que eu fui menos respeitado na capital do Haiti do que qualquer ministro ou cônsul branco. Esse clamor por um embaixador branco no Haiti se baseia na ideia de que um homem branco é tido em mais alta estima pelos haitianos do que um negro, e de que ele conseguiria maiores benefícios do Haiti do que alguém da cor dos próprios haitianos. Não é verdade, e toda a história do Haiti como nação livre comprova isso. Mesmo se fosse verdade que um homem branco pudesse, em razão de sua suposta superioridade, conseguir maior servilismo do Haiti, seria o cúmulo da maldade para uma nação como os Estados Unidos tirar vantagem de tal servilismo da parte de uma nação frágil. O povo americano é grande demais para ser pequeno, e não deveria pedir nada ao Haiti com fundamentos menos justos e razoáveis do que usaria ao pedir algo à França ou à Inglaterra. A fragilidade de uma nação é razão para que a roubemos? Devemos tirar vantagem não apenas de sua fraqueza, mas também de seus temores? Devemos arrancar do Haiti por temor de nossa força aquilo que não temos como obter por apelos a sua justiça e a sua razão? Se for essa a política de uma grande nação, meus acusadores estavam certos ao afirmar que eu não era o homem adequado para representar os Estados Unidos no Haiti.

Sou acusado de ter simpatia pelo Haiti. Eis uma acusação que não me envergonha; ninguém, porém, poderá dizer que minha simpatia pelo Haiti tenha me impedido de cumprir meus honrados deveres com os Estados Unidos ou com qualquer cidadão dos Estados Unidos.

Tentou-se provar que eu era indiferente à aquisição de uma base naval no Haiti e incapaz de compreender a importância desse entreposto para o comércio americano e para a influência dos Estados Unidos sobre o mar do Caribe. O fato é que quando alguns desses autores ainda usavam cueiros eu já havia compreendido o valor de tal aquisição, tanto no que diz respeito ao comércio americano quanto em relação à influência dos Estados Unidos. A política de obtenção dessa base não é nova. Apoiei as ideias do general Grant quanto a esse tema contra a poderosa oposição de meu honrado e reverenciado amigo Charles Sumner, há mais de vinte anos, e as defendi em uma centena de palanques e para milhares de meus concidadãos. Disse na época que era motivo de vergonha para o estadista americano que, embora todas as outras grandes nações do mundo tivessem assegurado uma base e tivessem poder no mar do Caribe, podendo ancorar nas próprias baías e atracar nos próprios portos, nós, que estamos na entrada desse mar, não tínhamos nenhum lugar onde ancorar. Eu era a favor da aquisição de Samaná e da própria Santo Domingo, caso fosse de interesse de ambas as partes. Enquanto existiu a escravidão, eu me opus a quaisquer esquemas de extensão do poder e da influência dos Estados Unidos. Desde a abolição, porém, estive ao lado dos que defendem a mais ampla das extensões.

Mas a acusação central e fundamental feita por meus algozes é que desperdicei um ano em negociações infrutíferas para a instalação de uma estação de abastecimento de carvão no molhe St. Nicolas e que perdi oportunidades favoráveis para que isso se concretizasse, tornando necessário ao fim do processo que o governo dos Estados Unidos tirasse o assunto de minhas mãos e enviasse um comissário especial ao Haiti, na pessoa do contra-almirante Gherardi, para negociar o uso do molhe. Jamais houve afirmação mais falsa do que essa. Aqui e agora afirmo, sem hesitação ou limitações ou temor de ser contradito, que não há uma palavra de verdade nessa acusação. Se eu não estiver falando a verdade aqui, posso ser facilmente contradito e exposto à vergonha pública. Portanto, afirmo que em nenhum momento durante meu primeiro ano de residência no Haiti fui encarregado da tarefa de negociar com o Haiti a implantação de uma base naval americana no molhe St. Nicolas, ou em qualquer outro lugar daquele país, nem fui investido de poderes pelo presidente dos Estados Unidos, ou pelo secretário de Estado, para fazer isso. Se não se impôs um dever, nenhum dever terá sido negligenciado. Não cabe a um diplomata se adiantar a missões que não lhe foram conferidas, especialmente em questões envolvendo grandes consequências como as que há na extensão de nosso poder a um país vizinho.

Peço permissão para apresentar aqui os fatos relativos ao caso. São eles, mais do que qualquer coisa que eu possa dizer, que falarão a favor de minha conduta nesse caso.

Em 26 de janeiro de 1891, o contra-almirante Gherardi, tendo chegado a Porto Príncipe, enviou um de seus suboficiais a terra firme para ir até a legação americana, para me convidar a ir a bordo de seu navio, o *Philadelphia*. Aceitei o convite, embora soubesse que, por polidez, seria mais adequado que o próprio almirante Gherardi viesse até mim. Eu não pretendia, no entanto, me agarrar ao cerimonial ou me esforçar para corrigir os modos de um almirante americano. Tendo havia muito tempo decidido para minha própria satisfação que nenhuma expressão do preconceito e da desconsideração que os americanos sentem pela cor de minha pele poderia diminuir minha autoestima ou perturbar minha equanimidade, fui a bordo como solicitado e ali soube pela primeira vez que eu teria alguma ligação com as negociações para a implantação de uma estação para abastecimento de carvão no molhe St. Nicolas; e essa informação me foi comunicada pelo contra-almirante Gherardi. Ele me disse a seu modo peculiarmente enfático que havia sido indicado como comissário especial dos Estados Unidos; que sua missão era conquistar uma base naval no molhe St. Nicolas; e que era o desejo do sr. Blaine e do sr. Tracy, e também do presidente dos Estados Unidos, que eu cooperasse francamente com ele para atingir esse objetivo. Ele me deixou saber também da dignidade de seu posto, que eu não demorei a reconhecer.

Na verdade, pouco tempo antes da chegada do almirante Gherardi a sua missão diplomática, fui informado de sua nomeação. Havia em Porto Príncipe um indivíduo, de quem ouviremos falar mais adiante, atuando como agente de uma empresa de renome em Nova York, que parecia ser mais plenamente iniciado nos segredos do Departamento de Estado do que eu, e que sabia, ou dizia saber, tudo sobre a indicação do almirante Gherardi, cuja chegada ele diligentemente anunciou com antecedência, e cuidadosamente tornou público nos círculos políticos e empresariais que eu havia perdido a confiança de Washington e que, na verdade, tinha sido suspenso e reconvocado e que o almirante Gherardi tinha sido devidamente nomeado para assumir meu lugar. Essa notícia foi súbita e não era nem um pouco lisonjeira. Desnecessário dizer que isso me colocou numa situação indesejável, tanto perante a unidade de Porto Príncipe quanto perante o governo do Haiti. No entanto, até onde eu era capaz de acreditar em algo tão anômalo, ela teve a vantagem de me preparar para o advento de meu sucessor e de amortecer o choque de minha queda de um cargo elevado. Minha conexão com essa negociação, como todos vocês poderão bem ver, foi secundária e subordinada. A glória do sucesso ou a vergonha da derrota pertenceriam ao novo embaixador. Fizeram-me subordinado do comissário. Isso não foi tão ruim quanto o agente de Nova York tinha me preparado, mas não era o que eu achava que merecia e o que minha posição de embaixador exigia de meu próprio governo. Estranhamente, todas as minhas instruções referentes ao molhe chegaram a mim por meio de meu superior. Ele tinha visto recentemente nosso secretário de Estado, sabia de suas intenções secretas e das necessidades e desejos do governo, e eu, naturalmente, considerava lei o que ele dizia.

A situação sugeria que eu renunciasse a meu cargo em nome de minha honra; no entanto, a reflexão logo me convenceu de que essa decisão iria me sujeitar a uma má interpretação ainda mais dolorosa do que qualquer outra que, naquelas circunstâncias, pudesse surgir com justiça de minha permanência no posto. O governo havia decidido que era necessário ter um comissário especial no Haiti. Nenhuma acusação fora feita contra mim, e não cabia a mim estabelecer minha sabedoria ou meu ressentimento como um critério de ação em detrimento da sabedoria de meu governo. Além disso, eu não pretendia ser expulso do cargo dessa maneira. Portanto, decidi cooperar com o comissário especial de boa-fé e com toda a sinceridade, e o fiz da melhor maneira que minhas habilidades permitiram.

Inicialmente foi necessário, para levar adiante a missão do almirante Gherardi, conseguir para ele o mais rápido possível uma audiência com o sr. Firmin, o ministro das Relações Exteriores do Haiti, e com Sua Excelência Florvil Hyppolite, o presidente do Haiti. Isso, em função de minha posição de embaixador e de minhas boas relações com o governo do Haiti, eu consegui apenas dois dias após a chegada do almirante. Nem mesmo meus acusadores podem dizer que demorei em obedecer nesse ponto, ou em qualquer outro, às ordens de meu superior. Ao agir sob seu comando, eu deixei de lado a estranha posição em que o importuno agente havia me colocado, e o fato ainda mais irritante de que as instruções que eu recebia não chegavam até mim via Departamento de Estado, como é costumeiro e adequado, e também deixei de lado o fato de que eu tinha até certo ponto sido sujeitado à autoridade de um oficial que, ao contrário do que ocorrera comigo, não havia sido nomeado pelo presidente e confirmado pelo Senado dos Estados Unidos, mas cujo nome e cuja postura praticamente o proclamavam como o homem que tinha o pleno comando da situação. Também não permiti que algo como um sentimento de dignidade ofendida reduzisse meu zelo e minha espontaneidade em seguir suas instruções. Eu me consolava com o pensamento de estar agindo como um bom soldado, executando de maneira imediata e leal as ordens de meu superior, e obedecendo aos desejos de meu governo. Nossa primeira audiência com o presidente Hyppolite e com seu ministro das Relações Exteriores foi realizada no palácio em Porto Príncipe em 28 de janeiro de 1891. Nessa audiência, que foi, na realidade, o verdadeiro início das negociações pelo molhe St. Nicolas, os desejos de nosso governo foram revelados ao governo do Haiti pelo contra-almirante Gherardi; e lhe devo fazer justiça afirmando que ele defendeu a ideia com força e habilidade. Se houve omissões ou insistências calculadas para prejudicar o objetivo proposto, deve-se procurar tal defeito no discurso do almirante, pois ele foi o principal orador, assim como era o principal negociador.

O almirante Gherardi baseou nossa solicitação da concessão da base nos serviços prestados pelos Estados Unidos à revolução de Hyppolite. Ele usou também como argumentos promessas feitas a nosso governo por Hyppolite e Firmin por meio de seus agentes enquanto a revolução estava em progresso, e afirmou que não fosse pelo apoio de nosso governo a revolução teria fracassado. Complementei essas observações, não me opondo aos pontos de vista dele, mas na intenção de impressionar o governo do Haiti com a ideia de que a concessão solicitada estava alinhada com os princípios da boa vizinhança e do avanço da civilização e que era em todos os aspectos compatível com a autonomia do Haiti; insistindo que a concessão seria fonte de força mais do que de fraqueza para o governo do Haiti; dizendo que o isolamento nacional era uma política do passado; que a necessidade para essa política no Haiti, embora se justificasse no começo da história do país, já não existia; que as relações do Haiti com o mundo e do mundo com o Haiti já não eram o que eram quando sua independência foi conquistada; que sua verdadeira política agora deveria ser tocar o mundo em todos os seus pontos que possibilitassem a civilização e o comércio; e que, em vez de se perguntar, alarmado, o que iria acontecer caso uma base naval seja concedida aos Estados Unidos, o governo haitiano deveria se perguntar: "O que irá acontecer caso essa base naval não seja concedida?". Insisti que permitir rumores de que se estava prestes a vender o país era um risco muito maior para a estabilidade do atual governo do que arrendar o molhe e deixar que o país soubesse com precisão o que tinha sido feito e quais eram as razões dessa decisão; que um fato consumado tem em si uma força de promover a aquiescência; e supliquei que eles enfrentassem a questão com coragem.

Ao nos responder, o sr. Firmin quis saber em qual dos dois argumentos baseávamos nossa reivindicação de tal base naval. Se ela fosse exigida, ele disse, com base em qualquer garantia feita pelo presidente Hyppolite e por ele mesmo, ele negava a existência de qualquer promessa ou compromisso, e insistia que, embora a oferta de certas vantagens tivesse sido feita a nosso governo, o governo de Washington não havia à época aceitado tal oferta. A carta que comprovava uma compreensão diferente, ele disse, era apenas uma cópia da original, e a carta original jamais tinha sido aceita pelo governo americano.

Essa posição do sr. Firmin foi rebatida pelo almirante Gherardi, que argumentou com força que, embora não houvesse acordo formal consumado entre os dois governos, o Haiti estava de qualquer forma obrigado a tanto, tendo em vista que o auxílio solicitado levara Hyppolite à presidência do Haiti. Sem pretender diminuir a força da argumentação do almirante nesse ponto, vi com clareza a atitude indefensável em que ele estava colocando o governo dos Estados Unidos, ao transmitir a impressão de que esse mesmo governo estava interferindo por meio de sua marinha nos assuntos de um país vizinho, ajudando disfarçadamente a derrubar um governo e a estabelecer outro; e portanto aderi ao argumento em que havia baseado nossa solicitação de uma base de abastecimento de carvão no molhe. Falei sobre o interesse e a honra dos Estados Unidos. Não me parecia que aquilo que o almirante Gherardi afirmara ter ocorrido – embora eu não tenha dito isso – seja o trabalho para o qual os Estados Unidos recebem armas, equipamentos, homens e suporte do povo americano. Estava-se alegando que, embora nosso governo não tenha autorizado o contra-almirante Gherardi a derrubar Légitime e a colocar Hyppolite em seu lugar como presidente do Haiti, haviam insinuado a ele que esse seria um bom caminho a ser seguido e deixariam que ele assumisse a responsabilidade. Não aceitei isso como fundamento que pudesse servir de base para minha diplomacia. Se esse foi um erro de minha parte, foi um erro do qual não me envergonho e que foi cometido no interesse de meu país.

Ao final dessa audiência, o sr. Firmin solicitou que apresentássemos por escrito a solicitação do molhe e os termos em que pedíamos tal concessão.

Capítulo XIII

CONTINUAÇÃO DAS NEGOCIAÇÕES DO MOLHE ST. NICOLAS

Atraso infeliz • Autoridade renovada pelos Estados Unidos •
Recusa do Haiti • Razões para a recusa • O contrato Clyde •
Uma proposta desonesta • Uma estranha solicitação • O erro
do Haiti • Efeito ruim da proposta de Clyde • Últimas palavras

Em uma reunião subsequente àquela já descrita, o pedido para a implantação de uma base naval americana no molhe St. Nicolas foi apresentado formalmente ao sr. Firmin, o ministro haitiano das Relações Exteriores. Por solicitação dele, como já se disse antes, esse pedido foi apresentado por escrito. O documento foi preparado a bordo do *Philadelphia*, o navio do contra-almirante Bancroft Gherardi, e levava apenas a assinatura dele. Eu não assinei o documento nem se solicitou que eu o assinasse, embora contasse com minha total aprovação. Faço essa afirmação não como queixa ou reclamação, mas simplesmente para mostrar qual foi meu papel na época, e qual não foi meu papel, nessa importante negociação, cujo fracasso foi injustamente atribuído a mim. Caso o molhe tivesse sido conquistado, como resposta a esse documento, o crédito do sucesso, de acordo com o registro, pertenceria apropriadamente ao corajoso almirante em cujo nome a solicitação foi feita; pois eu não tive nenhuma parte nisso.

A essa altura, curiosamente, e infelizmente para as negociações, o ministro haitiano, que é um homem hábil e treinado nas tecnicalidades da diplomacia, pediu para ver a comissão do almirante Gherardi e para ler sua carta de instruções. Quando esses documentos foram apresentados ao sr. Firmin, ele, depois de leitura cuidadosa, declarou-os insuficientes e afirmou que pela documentação o Haiti não ficava vinculado a nenhuma convenção que viesse a ser assinada com o almirante. Essa posição de Firmin foi refutada com franqueza e veemência pelo almirante Gherardi, que insistiu que suas instruções eram plenas, completas e amplamente suficientes. Infelizmente, no entanto, ele não abandonou o assunto da controvérsia sem antes insinuar que acreditava que o sr. Firmin poderia estar sendo insincero ao fazer tal objeção, e que ele estava levantando aquele ponto apenas para causar demoras desnecessárias. Isso soou mais como um almirante falando bruscamente do que como um diplomata sendo discreto. Uma imputação desse gênero estava obviamente deslocada, e era improvável que isso preparasse o caminho para o êxito; muito pelo contrário. O sr. Firmin insistiu que seu argumento era bom e que ele o apresentava honestamente.

Aqui, portanto, a negociação chegou a um súbito impasse, e a questão que se apresentou a nós era: o que fazer a seguir? Havia três caminhos possíveis: primeiro, continuar a insistir na plena autoridade do almirante Gherardi; segundo, abandonar completamente o plano de uma base naval; terceiro, pedir ao governo de Washington a carta de credenciais exigida. Era minha opinião que dificilmente valeria a pena insistir na suficiência dos documentos do almirante, uma vez que parecia inútil debater meras tecnicalidades; e especialmente por termos agora conexão telegráfica com os Estados Unidos e podermos em poucos dias obter com facilidade os documentos adequados exigidos.

Além disso, eu defendia que atender prontamente à exigência do governo haitiano quanto à apresentação de uma carta de credenciais perfeita seria não só o caminho mais fácil para sair dessa dificuldade como também a política mais sábia para chegar ao fim por nós pretendido, uma vez que atendermos até mesmo aquilo que poderia ser considerado uma exigência pouco razoável tornaria ainda mais difícil para o Haiti recusar a concessão do molhe.

Não entendi que o almirante Gherardi combatesse essa minha opinião, pois ele imediatamente agiu de acordo com ela, e determinou que um oficial de seu navio fosse comigo até minha casa para preparar um telegrama a ser enviado a Washington pedindo a carta de credenciais solicitada. Dois dias depois ele recebeu a resposta a esse telegrama, com a informação de que a carta solicitada seria enviada por meio de um vapor da Clyde para Gonaïves, e o almirante partiu para lá para receber a esperada carta. Mas, em função de motivos não explicados, nenhuma carta chegou pelo vapor da Clyde no horário indicado, e dois meses se passaram antes que as credenciais desejadas chegassem. Esse atraso inesperado se mostrou bastante pernicioso e desfavorável à obtenção do molhe, uma vez que fez surgir muita especulação entre os haitianos e rumores bastante inquietantes quanto ao projeto. Dizia-se que o almirante Gherardi havia saído furioso de Porto Príncipe e que havia ido tomar posse do molhe sem mais negociações; que a bandeira americana já tremulava sobre nossa nova base naval; que os Estados Unidos queriam o molhe como um ponto de entrada para obter a posse da ilha toda; e muitos outros boatos da mesma natureza incendiária. Embora não houvesse verdade em nada disso, os rumores tiveram o infeliz efeito entre as massas de despertar sentimentos de suspeita e raiva em relação aos Estados Unidos, e de tornar mais difícil para o governo do Haiti fazer a concessão solicitada.

Finalmente, depois desse longo intervalo de espera, durante o qual o navio do almirante Gherardi foi visto em diferentes pontos, às vezes em Gonaïves, às vezes no molhe, às vezes em Kingston, na Jamaica, a desejada carta de credenciais chegou. No dia seguinte fui novamente convocado a bordo do *Philadelphia*, e lá me apresentaram um documento, assinado pelo presidente dos Estados Unidos e pelo secretário de Estado, autorizando a mim mesmo, como ministro-residente no Haiti, e ao contra-almirante Gherardi, como comissário especial, negociar com as pessoas indicadas pelo governo haitiano, com o objetivo de concluir a convenção pela qual deveríamos obter o arrendamento do molhe St. Nicolas como base naval para os Estados Unidos.

Pode-se observar aqui que a carta de credenciais assinada pelo presidente Harrison e pelo secretário de Estado divergia em dois aspectos daquela anterior, que havia sido rejeitada e com base na qual vínhamos atuando. Primeiro, ela me encarregava, nas mesmas condições que o almirante Gherardi, da tarefa da negociação; e, segundo, era uma solicitação para uma base naval pura e simples, sem limitações e sem condições.

Antes de apresentar ao Haiti essa nova carta, que tinha a vantagem de não incluir as condições especificadas no documento anterior, o almirante e eu debatemos se devíamos ou não iniciar nossas novas negociações, sob nossas novas credenciais, de maneira completamente isolada em relação a tudo que havia sido tentado sob as instruções contidas na antiga carta. Quanto a isso eu divergi do almirante. Minha posição era que devíamos ignorar completamente o passado e proceder apenas de acordo com as novas instruções, livres de quaisquer termos ou limitações contidas na antiga carta. Eu tinha certeza de que havia características nas condições da antiga carta que enfrentariam forte oposição dos representantes do Haiti. No entanto, o almirante e seu hábil tenente insistiram que a carta atual não excluía as condições da antiga, e que a natureza do novo documento era meramente complementar aos termos da antiga carta, e que portanto se tratava simplesmente de uma continuação do que havia ocorrido antes. Assim, ficou decidido continuar com as negociações com base tanto na antiga carta quanto na nova. Seguindo as instruções da carta anterior, nossos termos eram precisos e explícitos; já a nova carta nos deixava com grande margem de manobra, sendo apenas necessário assegurar para o governo o arrendamento do molhe para uma base naval.

O resultado é conhecido. O Haiti se recusou a conceder o arrendamento e alegou que fazer isso seria impossível diante dos termos duros impostos pela antiga carta de instruções. Não sei se nosso governo teria aceitado uma base naval no Haiti caso os termos e as condições fossem outros ou menos rigorosos do que aqueles apresentados em nossa primeira carta de instruções; mas sei que os principais argumentos alegados pelo Haiti para sua recusa foram as condições apresentadas pela primeira carta de instruções, uma das quais estava expressa nos seguintes termos: "Que enquanto os Estados Unidos forem arrendatários do molhe St. Nicolas, o governo do Haiti não irá arrendar ou dispor, de qualquer outra maneira, de qualquer porto ou ancoradouro ou de qualquer outro território em seus domínios, nem irá conceder privilégios ou direitos especiais de uso a qualquer outra potência, Estado ou governo". Essa não apenas era uma limitação abrangente do poder do Haiti sobre seu próprio território como também uma negação a todos os demais daquilo que reivindicamos para nós mesmos.

Mas não existe uma causa única que explique plenamente nosso fracasso em obter uma base naval no molhe. Um elemento fundamental de não termos obtido êxito se encontra não em uma aversão qualquer aos Estados Unidos ou em qualquer indiferença de minha parte, como tantas vezes se acusou, mas no próprio governo do Haiti. Nitidamente estava acanhado. Tendo toda a inclinação a fazer o que solicitávamos, o governo não teve coragem de desafiar os conhecidos, profundamente arraigados e facilmente inflamáveis preconceitos do povo haitiano e suas tradições. Nada repugna mais os pensamentos e os sentimentos das massas haitianas do que a alienação de um único acre de seu território para uma potência estrangeira.

Esse sentimento se originou, muito naturalmente, nas circunstâncias em que teve início a vida nacional do Haiti. À época, todo o mundo cristão estava contra eles. O mar do Caribe estava coalhado de comunidades que lhes eram hostis. Eram nações escravagistas. O Haiti, por meio de sua coragem e de seu sangue, havia chegado à liberdade. Sua existência, portanto, era uma ameaça às demais nações; e a existência delas, uma ameaça ao Haiti. França, Inglaterra, Espanha, Portugal e Holanda, assim como os Estados Unidos, eram devotados ao sistema escravagista, que o Haiti derrotara por meio de armas; e por isso o Haiti era visto como um pária e foi proscrito pelo mundo cristão. Embora o tempo e os acontecimentos tenham feito muito para mudar essa relação entre o Haiti e o mundo exterior, o sentimento que se originou no princípio da existência da nação continua de ambos os lados até hoje. Foi isso que se interpôs como uma muralha de granito entre o Haiti e nosso sucesso. Outras causas cooperaram, contudo essa foi a principal. Evidentemente nosso peculiar e intenso preconceito contra os negros não foi esquecido. Nosso contraste com outras nações, a esse respeito, é frequentemente lembrado no Haiti, com evidente desvantagem para nós. Em nenhuma parte da Europa um haitiano será insultado em função de sua cor, e os haitianos bem sabem que esse não é o caso nos Estados Unidos.

Outra influência desfavorável a nossa obtenção da cobiçada base naval foi o tom da imprensa de Nova York sobre o assunto. Houve insinuações nada discretas de que, estando de posse do molhe, os Estados Unidos poderiam controlar o destino do Haiti. Dilacerado pela revolução como se encontra o Haiti, o país ainda conta com um grande orgulho nacional e desdenha da ideia de que precise do domínio de uma potência estrangeira ou vá se submeter a ele. Alguns de seus cidadãos certamente ficariam felizes com um domínio americano, mas a imensa maioria queimaria suas cidades e derramaria de livre e espontânea vontade seu sangue sobre as cinzas para impedir que isso viesse a se consumar.

Entre as causas colaterais para nosso fracasso, talvez não tenha sido a menos importante a atitude ameaçadora adotada por nós na condução das negociações. Qual foi a sabedoria da estratégia de confrontar o Haiti em um momento como aquele com um esquadrão de grandes navios de guerra com uma centena de canhões e 200 mil homens? Isso foi feito, e naturalmente foi interpretado pelos haitianos como uma insinuação de que, caso não conseguíssemos obter o que desejávamos por meio do apelo à razão e de sentimentos amistosos, poderíamos obtê-lo por uma demonstração de força. Surgimos diante dos haitianos, e diante do mundo, com uma pena em uma mão e uma espada na outra. Não foi uma atitude amistosa e ponderada a ser assumida por um grande governo como o nosso ao solicitar uma concessão de uma nação pequena e frágil como o Haiti. Foi algo extemporâneo e desproporcional às demandas da ocasião. Isso também foi realizado em função de uma total falta de compreensão do caráter do povo com quem tínhamos de lidar. Deveríamos saber que, independentemente de quaisquer outras características que possa ter, o povo haitiano não é composto de covardes, e portanto não é um povo que se assuste com facilidade.

Diante de todas essas causas óbvias e efetivas de fracasso, não é de estranhar que nossos inteligentes editores e nossos jornalistas especializados em questões náuticas não tenham conseguido encontrar uma causa mais racional a ser apresentara ao governo americano e a seu povo para o fracasso das negociações relativas ao molhe St. Nicolas do que a cor de minha pele, minha indiferença e minha competência para lidar com uma questão de tal magnitude? Estivesse eu disposto a sair da posição de acusado e passar à de acusador, poderia encontrar farto material para isso. Outras pessoas fizeram muito para criar condições desfavoráveis para nosso sucesso, mas deixo a nossos amigos o recurso a esses ataques.

Segundo a teoria de que eu fui a causa de tal fracasso, devemos presumir que o Haiti estava disposto a nos conceder o molhe; que não faltou coragem ao governo haitiano; que não houve problemas em função do preconceito americano; que os sete navios de guerra atracados em Porto Príncipe não causaram nenhum problema; que o contra-almirante Gherardi não causou nenhum problema e que apenas eu estava errado; e, além de tudo, que não fosse por mim o molhe St. Nicolas, como uma maçã madura sacudida pelo vento, teria caído suavemente em nosso cesto nacional. Não irei me estender sobre essas premissas, e simplesmente as mencionarei para o leitor, de modo que elas pereçam em função de sua flagrante contradição com fatos bem conhecidos e por seu puro absurdo.

Chego agora a outra causa de queixas contra mim, não menos séria segundo aqueles que agora me acusam de ter acabado com as chances do arrendamento do molhe St. Nicolas; a saber, o fracasso daquele que é conhecido publicamente como o Contrato Clyde. Logo após minha chegada ao Haiti, fui posto em comunicação com um indivíduo que se autodenominava agente da altamente respeitável empresa mercantil William P. Clyde & Co. de Nova York. Ele tentava obter um subsídio de meio milhão de dólares do governo do Haiti para permitir que sua empresa oferecesse uma linha de vapores entre Nova York e o Haiti. Desde o primeiro momento, esse agente assumiu em relação a mim uma atitude ditatorial. Ele afirmava ser natural da Carolina do Sul, e era impossível para ele esconder o desprezo que sentia pelo povo cuja boa vontade ele tinha por dever conquistar. Entre esse agente e o governo americano eu me vi um pouco na posição de um servo entre dois senhores; era possível servir a cada um deles, separadamente, de modo aceitável; servir, porém, a ambos de modo satisfatório ao mesmo tempo e no mesmo lugar podia ser uma tarefa difícil, se não impossível. Havia momentos em que eu era forçado a preferir as exigências de um deles aos ardentes desejos do outro, e, entre esse agente e os Estados Unidos, minha decisão foi servir a estes últimos.

O problema entre nós surgiu do seguinte modo: o sr. Firmin, o ministro haitiano das Relações Exteriores, havia objetado à concessão solicitada pela Clyde alegando que, caso a concessão fosse feita e se drenasse todo esse dinheiro do erário de seu país, o sr. Douglass estava pronto a apresentar reivindicações de muitos outros cidadãos americanos e pressionar pelo atendimento de tais pedidos, e isso seria um grande problema para o governo recém-organizado do presidente Hyppolite. Tendo em vista essa objeção, o zeloso agente em questão me procurou e propôs que eu fosse falar com o sr. Firmin, na qualidade de ministro-residente e cônsul-geral dos Estados Unidos, e que garantisse a ele que, caso ele fizesse a concessão à Clyde, eu, de minha parte, não iria fazer pressão para que se atendessem as reivindicações de outros cidadãos americanos.

A proposta me chocou. Soava como as palavras de Satanás na montanha, e achei que era tempo de dar um basta àquilo. Eu era a favor do contrato da Clyde, mas não podia entender o que eu poderia ter feito ou dito para tornar possível que alguém me fizesse uma proposta a tal ponto desonesta e escandalosa. Eu me recusei a fazer aquilo. Eis meu primeiro delito, e que imediatamente me tornou um criado sem valia. Não pareceu ocorrer a esse agente que ele me havia feito uma proposta vergonhosa, desonesta e chocante. Cegado pelo zelo ou por uma influência ainda mais enganosa, ele parecia ver naquilo meramente uma proposta inocente. Assim, ele passou a me ver como um aliado sem valor, e informou isso a seu patrão e a outras pessoas influentes. Ele não era capaz de entender minha conduta e meu procedimento com base em motivos que não um excesso de afeição pelos haitianos. Aos olhos dele, a partir daquele momento, eu era mais haitiano do que americano, e logo eu me vi retratado assim nos jornais americanos.

A recusa de me comprometer e adiar as justas reivindicações de outros cidadãos americanos em nome do contrato de seu patrão, porém, não foi minha única infração. Ao me licenciar temporariamente de meu posto, em julho de 1890, eu evidentemente, como era meu dever, fui informar o presidente Hyppolite de minha partida, com o propósito de demonstrar meu respeito por ele. Esse agente imediatamente me procurou e desejou que eu fizesse uso dessa visita meramente cerimonial como ocasião para insistir que o presidente desse atenção ao contrato da Clyde. Eu não poderia fazer isso de modo adequado, especialmente porque em ocasiões anteriores eu o havia incitado repetidas vezes a pensar sobre o tema. O presidente já sabia quanto eu considerava aquela medida importante para o Haiti, não apenas como meio para ampliar seu comércio e promover sua civilização, mas também como garantia de estabilidade para seu governo. No entanto, minha recusa em insistir de modo tão pouco adequado em uma demanda já tantas vezes levada à atenção do governo haitiano foi usada por esse agente como meio para me prejudicar, tanto no Departamento de Estado quanto na empresa do sr. Clyde. Informaram em Washington e a várias pessoas de alto escalão que eu era contrário a essa concessão.

Quando enfim pareceu ao agente que o governo do Haiti era, segundo o ponto de vista dele, teimosamente cego a seus próprios interesses, e não iria ceder ao contrato em questão, ele foi à legação americana e manifestou a mim sua decepção e seu desgosto pela demora do Haiti em aceitar o esquema proposto por ele. Ele disse não acreditar que o governo realmente pretendia não fazer nada pela empresa que ele representava; que ele próprio havia gastado muito tempo e dinheiro para promover a concessão; e, como ele não acreditava que o sr. Clyde fosse remunerá-lo pelo tempo perdido e pelas despesas geradas pelo atraso do governo haitiano, ele exigiria o pagamento do Haiti. Essa determinação me pareceu bastante estranha, e eu jocosamente respondi: "Então, senhor, já que eles não o deixam encostar um ferro quente nas costas deles, o senhor pretende que eles paguem pelo fato de o senhor tê-lo aquecido!".

Esse comentário destruiu o que restava da estima desse zeloso agente. Ele imediatamente viu que não poderia contar com meu apoio para fazer esse novo pedido. A proposta dele a um só tempo me surpreendeu e me divertiu, e fiquei imaginando se ele considerava que havia a possibilidade de ele ser pago. Fiquei com a impressão de que o Haiti iria rejeitar a ideia imediatamente. O governo haitiano não havia pedido que ele fosse ao país. Não tinha pedido que ele permanecesse lá. Ele estava lá por motivos próprios, e não pelos motivos do Haiti. Eu não conseguia ver por que o Haiti deveria pagar pela chegada dele, por ele ter ido ou ficado, mas esse cavalheiro conhecia melhor do que eu o caráter generoso do povo com quem ele tinha de lidar, e ele continuou falando com o governo até que eles lhe pagassem 5 mil dólares em ouro.

Mas atender ao pedido dele se revelou um lamentável erro dos haitianos, e, na verdade, um absurdo. Esse homem foi embora depois de ter recebido seu dinheiro, mas não se manteve distante. Logo voltou para insistir em seu esquema com renovado vigor. Era preciso atender às demandas dele ou ele faria o Haiti se arrepender. Para ele, não significava nada o fato de o Haiti estar devastado por revoluções em série; não significava nada que o país estivesse cambaleando sob o peso de uma grande dívida nacional; não significava nada que o próprio país devesse julgar por si mesmo sua capacidade de investir meio milhão de dólares neste novo e, do ponto de vista dos haitianos, duvidoso negócio; não significava nada que os haitianos tivessem ouvido seus argumentos a favor do projeto uma centena de vezes; não significava nada que no julgamento dos haitianos o país tivesse necessidades mais prementes para seu dinheiro do que o investimento proposto no subsídio a uma linha de navios a vapor, conforme a recomendação dele; não significava nada que o país tivesse dito claramente que temia acrescentar a seus fardos pecuniários esse novo e oneroso fardo; e não significava nada que o país tivesse acabado de pagar a ele 5 mil dólares em ouro para se livrar de suas importunações.

Embora eu fosse a favor da concessão pelo Haiti do subsídio solicitado em nome da Clyde & Co., e embora achasse que em muitos aspectos seria positivo para o Haiti ter a linha de navios proposta e para a qual se solicitava o subsídio, eu tinha, e ainda tenho, desprezo pelo método usado para pressionar o Haiti.

Devo em conclusão dizer que, embora, como já insinuado, não pareça certo que o Haiti fosse nos arrendar o molhe independentemente das condições, é certo que a solicitação foi extemporânea em vários aspectos. Foi especialmente infeliz para nós que o pedido de concessão da Clyde tenha sido levado ao governo antes de nosso pedido de arrendamento do molhe. Independentemente do que se possa dizer sobre os haitianos, eis uma verdade sobre eles: é com rapidez que eles detectam uma falha e é com rapidez que eles distinguem entre um truque e um procedimento honesto. Para eles a preferência dada a uma empresa em detrimento dos Estados Unidos parecia ter um aspecto sinistro. Na opinião de muitas pessoas inteligentes no Haiti, caso a solicitação do arrendamento do molhe tivesse sido feita antes do pedido de concessão do sr. Clyde, o pedido poderia ter tido êxito. Essa, no entanto, não é minha opinião. Não creio hoje que nenhum poder, exceto a força absoluta, pudesse ter obtido a base naval para nós em St. Nicolas. Mesmo assim, a impressão é que as condições de êxito eram mais favoráveis antes de o contrato da Clyde ter sido apresentado ao Haiti do que depois. Antes, o país, exausto da guerra, estava em paz. Líderes ambiciosos não tinham começado a conspirar abertamente. O governo de Hyppolite havia sido organizado fazia pouco tempo. A confiança em sua estabilidade continuou incólume. O país estava naturalmente estendendo a mão para nós e oferecendo amistoso reconhecimento. Nossos bons serviços durante a guerra estavam frescos na memória deles. França, Inglaterra e Alemanha não estavam prontas a oferecer seu reconhecimento. Na verdade, todas as condições conspiravam para influenciar o Haiti a ouvir caso solicitássemos uma base para abastecimento de carvão no molhe St. Nicolas, mas, em vez de uma proposta para uma base de abastecimento de carvão no molhe St. Nicolas, apresentou-se uma proposta para subsidiar uma empresa individual de navegação. É possível notar que isso sem dúvida teria o efeito de enfraquecer nossa solicitação mais elevada e nos colocar em desvantagem perante os olhos do Haiti e perante os olhos de todo o mundo.

E agora, tendo o povo americano ficado completamente a par de um ponto de vista sobre essa questão, não conheço nenhum interesse que será prejudicado ou nenhuma obrigação que esteja sendo descumprida pela apresentação dos fatos que aqui apresentei para julgamento do público. Se meu modo de raciocinar quanto a isso foi pouco usual, deve-se lembrar que o tratamento dispensado a mim pela imprensa foi pouco usual, e que aqueles que não censuraram tal tratamento também não me deverão censurar.

Cheguei quase ao fim do período sobre o qual inicialmente me propus a escrever, e, caso eu viva o suficiente para assistir ao fim de mais uma década, é bastante improvável que eu me sinta disposto a acrescentar uma única palavra a este volume. Posso, portanto, fazer deste o capítulo conclusivo dessa parte de minha autobiografia. Contemplando minha vida como um todo, tenho de dizer que, embora por vezes ela tenha sido sombria e tempestuosa, e eu tenha deparado com privações a que outros homens não estiveram sujeitos, minha vida foi notavelmente cheia de luz e alegria. Escravidão, perseguição, falsos amigos, deserção e depreciação não tiraram a felicidade de minha vida nem a tornaram um fardo. Fui, e continuo sendo, especialmente afortunado, e bem posso me permitir sentimentos da mais calorosa gratidão pelo que a vida reservou para mim. Embora não possa me gabar de ter realizado grandes coisas no mundo, por outro lado não tenho como sentir que minha vida tenha sido em vão. Do início ao fim, em grande medida, tive o respeito e a confiança dos homens. Tive a felicidade de contar com muitas e duradoras amizades de bons homens e boas mulheres. Recebi muitas honrarias, entre as quais a não solicitada nomeação pelo presidente Benjamin Harrison para o cargo de ministro-residente e cônsul-geral para representar os Estados Unidos na capital do Haiti e minha nomeação igualmente não solicitada pelo presidente Florvil Hyppolite para representar o Haiti entre todas as nações civilizadas do globo na Exposição Mundial em homenagem a Colombo são honrarias que coroam minha longa carreira e constituem um encerramento adequado e feliz para toda a minha vida pública.

Apêndices

MONUMENTO AOS LIBERTOS (1876)

Discurso feito por Frederick Douglass, por ocasião
da inauguração do Monumento aos Libertos, em
memória de Abraham Lincoln, no Lincoln Park,
em Washington D.C., em 14 de abril de 1876

Amigos e concidadãos:
Calorosamente eu os parabenizo pelo objeto altamente interessante
que os levou a se reunirem em tamanha quantidade e neste espírito
que vemos aqui hoje. Esta ocasião é, em certos sentidos, notável. Homens sábios e profundos de nossa raça que nos sucederão e que estudarão a lição de nossa história nos Estados Unidos, que investigarão
as longas e melancólicas distâncias que percorremos e que contarão
os elos da grande cadeia de eventos que nos trouxe a nossa condição
atual, tomarão nota desta ocasião. Eles pensarão sobre este momento
e falarão sobre ele com uma sensação de orgulho viril e complacência.

Também congratulo a todos pelas circunstâncias bastante favoráveis em que nos encontramos hoje. São circunstâncias elevadas, inspiradoras e incomuns. Elas emprestam graça, glória e importância ao
objeto pelo qual nos reunimos. Em nenhum outro lugar deste grande
país, com suas incontáveis pequenas e grandes cidades, com sua riqueza ilimitada e com o imensurável território que se estende de oceano
a oceano, poderiam ser encontradas condições mais favoráveis ao sucesso desta ocasião do que aquelas que se encontram aqui.

Estamos reunidos aqui hoje no centro da nação para realizar uma
tarefa que tem algo de ato nacional – um ato que entrará para a história –; e estamos aqui onde cada pulsação do coração nacional pode
ser ouvida, sentida e correspondida. Mil telégrafos, alimentados com
pensamentos e com as asas do relâmpago, colocam-nos em comunicação instantânea com os homens leais e sinceros em todo o país.

Poucos fatos poderiam ilustrar melhor as vastas e maravilhosas
mudanças que ocorreram em nossa condição como povo do que estarmos reunidos hoje para o propósito que nos trouxe até aqui. Mesmo
sendo esta uma manifestação inofensiva, bela, apropriada e elogiável,

não tenho como esquecer que nada do gênero teria sido tolerado aqui há vinte anos. O espírito da escravidão e da barbárie, que em algumas partes escuras e distantes de nosso país ainda tarda em perder força e ser destruído, teria feito de nossa reunião aqui a senha e o pretexto para que se abrissem sobre nós as comportas da ira e da violência. O fato de estarmos aqui em paz hoje é um elogio e um crédito à civilização americana, além de uma profecia quanto a um esclarecimento e um progresso da nação ainda maiores no futuro. Eu me refiro ao passado, não por maldade, pois este não é um dia para maldades, mas simplesmente para colocar em lugar mais distinto a gratificante e gloriosa mudança que afetou tanto nossos concidadãos brancos quanto a nós mesmos, e para congratular a todos pelo contraste entre o presente e o passado – entre a nova liberdade com suas mil bênçãos para ambas as raças, e a antiga escravidão com seus 10 mil males para ambas as raças, brancos e negros. Tendo em vista, portanto, o passado, o presente e o futuro, com a longa e tenebrosa história de nossa servidão tendo ficado para trás, e com a liberdade, o progresso e o esclarecimento a nossa frente, mais uma vez eu parabenizo a todos por este dia e esta hora auspiciosos.

Amigos e concidadãos, a história de nossa presença aqui pode ser contada brevemente e com facilidade. Estamos aqui no Distrito de Colúmbia, aqui na cidade de Washington, o ponto mais luminoso do território americano, uma cidade recentemente transformada e tornada bela em seu corpo e em seu espírito. Estamos aqui no lugar aonde os mais capazes e melhores homens do país são mandados para idealizar a política, criar leis e moldar o destino da República. Estamos aqui com os imponentes pilares e o majestoso domo de nosso Capitólio da nação olhando para nós; estamos aqui tendo a ampla terra adornada pelas folhas e pelas flores da primavera por nossa igreja e os homens de todas as raças, cores e condições por nossa congregação – em poucas palavras, estamos aqui para expressar, da melhor maneira que nos for possível, por meio das formas e cerimônias apropriadas, nossa gratidão pelos vastos, elevados e destacados serviços prestados a nós, a nossa raça, a nosso país e a todo o mundo por Abraham Lincoln.

O sentimento que nos traz hoje aqui é dos mais nobres que podem agitar e emocionar o coração humano. Ele coroou e tornou gloriosos os lugares mais elevados de todas as nações civilizadas com as mais grandiosas e duradouras obras de arte, projetadas para ilustrar o caráter e perpetuar a memória dos grandes homens públicos. É o sentimento que ano após ano adorna com flores fragrantes e belas os túmulos de nossos soldados leais, corajosos e patriotas que tombaram na defesa da União e da liberdade. É o sentimento de gratidão e de reconhecimento que muitas vezes, na presença de muitos que me ouvem, preencheu as alturas de Arlington com a eloquência da eulogia e o sublime entusiasmo da poesia e da canção; um sentimento que jamais morrerá enquanto a República viver.

Pela primeira vez na história de nosso povo, e na história de todo o povo americano, nós nos unimos nesta elevada adoração e marchamos visivelmente alinhados com esse costume honrado pelo tempo. As primeiras vezes são sempre interessantes, e esta é uma de nossas primeiras vezes. É a primeira vez que, nesta forma e maneira, buscamos honrar um grande homem americano, seja qual for seu grau de merecimento e de eminência. Recomendo que se observe o fato; que se fale sobre isso em toda parte da República; que os homens de todos os partidos e de todas as opiniões ouçam; que aqueles que nos desprezam, assim como aqueles que nos respeitam, saibam que aqui e agora, no espírito da liberdade, da lealdade e da gratidão, que se saiba em toda parte, e que o saibam todos os que se interessam pelo progresso humano e pelo aprimoramento da condição da humanidade, que, na presença de membros da Câmara dos Deputados e com sua aprovação, refletindo o sentimento geral do país; que na presença desta augusta instituição, o Senado americano, representando a mais alta inteligência e o mais calmo julgamento no país; na presença da Suprema Corte e do presidente do mais alto tribunal dos Estados Unidos, a cujas decisões todos nós patrioticamente nos curvamos; na presença do honrado e confiável presidente dos Estados Unidos, e sob seu olhar fixo, com os membros de seu sábio e patriótico gabinete, nós, os negros, recém--emancipados e gozando de nossa liberdade comprada com sangue, perto do encerramento do primeiro centenário de vida desta República, inauguramos, destacamos aqui e agora um monumento duradouro de granito e bronze, em cujas linhas, traços e figuras os homens desta geração e os homens das gerações seguintes poderão ler algo do elevado caráter e das grandes obras de Abraham Lincoln, o primeiro mártir entre os presidentes dos Estados Unidos.

Concidadãos, naquilo que dissemos e fizemos hoje, e naquilo que podemos dizer a fazer daqui por diante, renunciamos a tudo que seja arrogância e presunção. Não reivindicamos para nós nenhuma devoção superior ao caráter, à história e à memória desse homem ilustre cujo monumento dedicamos hoje aqui. Compreendemos integralmente a relação que Abraham Lincoln tem tanto conosco quanto com o povo branco dos Estados Unidos. A verdade é algo apropriado e belo em todos os momentos e em todos os lugares, e jamais será mais apropriada e mais bela em nenhum caso do que quando falamos de um homem público cujo exemplo pode ser recomendado como algo a ser honrado e imitado muitos anos depois de sua partida para as sombras solenes – os silentes continentes da eternidade. Deve-se admitir, a verdade me força a dizer, mesmo aqui na presença do monumento que erigimos a sua memória, que Abraham Lincoln não era, no sentido mais pleno da palavra, nem nosso homem nem nosso modelo. Em seus interesses, em suas associações, em seus hábitos de pensamento e em seus preconceitos, ele era um homem branco.

Ele era principalmente o presidente do homem branco, inteiramente dedicado ao bem-estar do homem branco. A qualquer momento durante os primeiros anos de seu governo, ele estava pronto e disposto a negar, adiar e sacrificar os direitos à humanidade dos negros para promover o bem-estar dos brancos deste país. Em toda a sua educação e sentimento ele era um americano dos americanos. Lincoln chegou à cadeira presidencial com base em um único princípio: a oposição à extensão da escravidão. Seus argumentos para que essa política fosse levada adiante tinham como motivo e principal fonte sua patriótica devoção aos interesses de sua própria raça. Para proteger, defender e perpetuar a escravidão nos estados onde ela existia, Abraham Lincoln não estava menos pronto do que qualquer outro presidente a sacar a espada da nação. Ele estava disposto a executar todas as garantias supostamente dadas pela Constituição dos Estados Unidos ao sistema escravagista em qualquer lugar dentro dos estados escravagistas. Ele estava disposto a comprar, recapturar e mandar de volta o escravo para seu senhor, e a suprimir uma rebelião de escravos pela liberdade, ainda que seu senhor fosse culpado de já ter pegado em armas contra o governo. A raça a que pertencemos não era objeto especial de sua consideração. Sabendo disso, concedo a vocês, meus concidadãos brancos, o primeiro lugar nesta adoração que é a um só tempo plena e suprema. Vocês e os seus estavam em primeiro e em último lugar nas afeições mais profundas dele e em sua mais sincera solicitude. Vocês são os filhos de Abraham Lincoln. Na melhor das hipóteses nós somos seus enteados; filhos adotados, filhos pela força das circunstâncias e da necessidade. Cabe especialmente a vocês fazerem seu elogio, preservar e perpetuar sua memória, multiplicar suas estátuas, pendurar quadros dele em suas paredes e recomendá-lo como exemplo, pois para vocês ele foi um grande e glorioso amigo e benfeitor. Em vez de suplantarmos vocês neste altar, exortamos vocês a erguer monumentos altos em sua homenagem; que eles sejam dos mais caros materiais, feitos com a maior perícia; que suas formas sejam simétricas, belas e perfeitas; que suas bases estejam sobre rochas sólidas, e que seu ápice aponte para o imutável céu azul sobre nossa cabeça, e que esses monumentos durem para sempre! Entretanto, enquanto vocês, na abundância de sua riqueza, e na plenitude de sua justa e patriótica devoção, fazem tudo isso, nós suplicamos para que vocês não desdenhem da humilde oferta que revelamos hoje para os olhos do mundo; pois, embora Abraham Lincoln tenha preservado um país para vocês, ele nos libertou da servidão, uma condição em que passar uma hora, segundo Jefferson, era pior do que enfrentar eras da opressão que levou os pais de vocês a se rebelarem.

Concidadãos, nosso zelo e nossa devoção não são novos – não são meramente algo do momento. O nome de Abraham Lincoln foi caro ao coração de vocês nas horas mais sombrias e mais perigosas da República. Não sentíamos vergonha dele quando estava coberto por nuvens escuras, pela dúvida e pela derrota, assim como não sentimos vergonha quando o vimos coroado de vitórias, honras e glória. Nossa fé nele muitas vezes foi posta à prova e testada até o limite, mas nunca falhou. Quando ele se demorou na montanha; quando estranhamente nos disse que éramos a causa da guerra; quando ainda mais estranhamente nos disse para sairmos da terra em que havíamos nascido; quando se recusou a empregar nossos braços na defesa da União; quando, depois de ter aceitado nossos serviços como soldados negros, ele se recusou a retaliar nosso assassinato e tortura como prisioneiros negros; quando ele nos disse que se pudesse salvaria a União com a escravidão; quando revogou a Proclamação da Emancipação do general Frémont; quando se recusou a remover o comandante popular do exército do Potomac, nos dias de sua inação e derrota, que cuidava mais em seus esforços de proteger a escravidão do que sufocar a rebelião; quando vimos tudo isso, e mais, ficamos por vezes tristes, aturdidos e imensamente perplexos; porém nosso coração acreditava, embora doesse e sangrasse. E essa não foi, nem mesmo na época, uma superstição cega e irracional. Apesar da neblina e da névoa em volta dele, pudemos ter uma visão abrangente de Abraham Lincoln, e pudemos fazer as concessões razoáveis para as circunstâncias de sua posição. Nós o vimos, nós o medimos e nós o avaliamos; não por meio de falas soltas pouco judiciosas ou de tediosas delegações, que muitas vezes testavam sua paciência; não por fatos isolados de seu contexto; não por quaisquer vislumbres parciais e imperfeitos, ocorridos em momentos inadequados; mas sim por meio de uma ampla investigação, à luz da mais rigorosa lógica dos grandes eventos, e tendo em vista que "a divindade que molda nossos fins moldou-o como nós o moldaríamos", chegamos à conclusão de que o momento de nossa redenção havia se aproximado e que ela se daria pelas mãos de Abraham Lincoln. Para nós pouco importava a linguagem que ele pudesse usar nessas ocasiões especiais; pouco nos importava, depois que passamos a conhecê-lo plenamente, que ele fosse rápido ou lento em seus movimentos; para nós bastava que Abraham Lincoln estava à frente de um grande movimento, e que sentia viva e sincera simpatia por esse grande movimento, que, na natureza das coisas, devia prosseguir até que a escravidão fosse completa e eternamente abolida nos Estados Unidos.

Quando, portanto, formos questionados sobre o que temos a ver com a memória de Abraham Lincoln, ou sobre o que Abraham Lincoln tem a ver conosco, a resposta está pronta, plena e completa. Embora seu amor por César fosse menor do que seu amor por Roma, embora para ele a União significasse mais do que nossa liberdade ou nosso futuro, sob seu governo sábio e benigno nós nos vimos gradualmente elevados das profundezas da escravidão para as alturas da liberdade e da humanidade; sob seu governo sábio e benigno, e por meio de medidas avalizadas por ele e que ele fez serem aprovadas usando de vigor, vimos que a escrita das eras, na forma do preconceito e da proscrição, estava rapidamente sendo apagada do rosto de nosso país; sob seu governo, e no devido tempo, praticamente assim que todo o país foi capaz de tolerar o estranho espetáculo, vimos nossos corajosos filhos e irmãos deitando fora os trapos da servidão e se vestindo com o uniforme azul dos soldados dos Estados Unidos; sob seu governo vimos 200 mil irmãos de nosso escuro povo respondendo ao chamado de Abraham Lincoln, e com mosquetes nos ombros, e águias em seus botões, marcando os passos de sua marcha rumo à liberdade e à união sob a bandeira nacional; sob seu governo vimos a independência da República negra do Haiti, objeto de especial aversão e horror dos escravagistas, plenamente reconhecida, e seu embaixador, um cavalheiro negro, devidamente recebido aqui na cidade de Washington; sob seu governo vimos abolido o tráfico interno de escravos, que por tanto tempo desonrou a nação, e abolida a escravidão no Distrito de Colúmbia; sob seu governo vimos, pela primeira vez, as autoridades fazendo cumprir a lei contra o tráfico internacional de escravos, e o primeiro traficante de escravos enforcado como outro pirata ou assassino qualquer; sob seu governo, auxiliado pelo maior dos capitães de nossa era, e sua inspiração, vimos os estados confederados, baseados na ideia de que nossa raça deve ser escravizada, e escravizada para sempre, serem destroçados e espalhados aos quatro ventos; sob seu governo, depois de grande espera, vimos Abraham Lincoln, após dar três meses de boa vontade, assinar o imortal documento que, embora particular em sua linguagem, foi geral em seus princípios e em seu efeito, tornando a escravidão impossível para sempre nos Estados Unidos. Embora tenhamos esperado um longo tempo, vimos tudo isso e mais.

Poderá algum homem negro, ou algum homem branco, que ame a liberdade de todos os homens, esquecer a noite que se seguiu a 1º de janeiro de 1863, quando o mundo esperou para ver se Abraham Lincoln estava à altura de sua palavra? Jamais me esquecerei daquela noite memorável, quando em uma cidade distante, em uma reunião pública com 3 mil outras pessoas não menos ansiosas do que eu, esperei a palavra libertadora que ouvimos ser lida hoje. Nem me esquecerei da explosão de alegria e de gratidão que tomou conta do ar quando o telégrafo nos trouxe a proclamação da emancipação. Naquele momento feliz nos esquecemos de toda a espera, e nos esquecemos de toda a demora, esquecemos que o presidente havia subornado os rebeldes para baixar suas armas com uma promessa de não disparar o relâmpago que destruiria a escravidão; e dali em diante estávamos dispostos a conceder ao presidente todo o tempo, toda a fraseologia e todo mecanismo honrado que fosse necessário a um estadista para conquistar uma medida grandiosa e benévola de liberdade e progresso.

Concidadãos, não se faz necessário nesta ocasião falar longa e criticamente sobre este grande e bom homem, e sobre sua elevada missão neste mundo. Esse tema já foi abordado satisfatória e completamente tanto aqui quanto em outros lugares. O campo dos fatos e da imaginação já foi respigado e a colheita foi armazenada. Qualquer homem pode dizer coisas que são verdadeiras sobre Abraham Lincoln. Suas características pessoais e seus atos públicos são mais conhecidos do público americano do que os de qualquer outro homem de sua época. Ele não era nenhum mistério para qualquer um que o visse e o ouvisse. Embora estivesse em uma posição elevada, o mais humilde dos homens poderia abordá-lo e se sentir em casa em sua presença. Embora profundo, ele era transparente; embora forte, era gentil; embora decidido e firme em suas convicções, era tolerante com aqueles que divergiam dele e paciente quando censurado. Mesmo aqueles que só o conheceram por meio de suas falas públicas conseguiram ter uma ideia razoavelmente clara de seu caráter e de sua personalidade. A imagem do homem saía junto com suas palavras, e aqueles que as liam já o conheciam.

Eu disse que o presidente Lincoln era um homem branco e compartilhou dos preconceitos comuns a seus compatriotas em relação à raça negra. Analisando em retrospectiva a sua época e a condição de seu país, somos forçados a admitir que o sentimento pouco amistoso da parte dele pode seguramente ser visto como um elemento de seu prodigioso sucesso na organização dos legalistas americanos para o tremendo conflito que estava a sua frente, e na condução que os levou a atravessar o conflito em segurança. Sua grande missão era realizar duas coisas: primeiro, salvar o país do desmembramento e da ruína; e, segundo, libertar seu país do grande crime da escravidão. Para conquistar um desses objetivos, ou ambos, ele precisava angariar a sincera simpatia e a poderosa cooperação de seus leais compatriotas. Sem essa condição primária e essencial para o sucesso, seus esforços teriam sido vãos e profundamente infrutíferos. Caso tivesse colocado a abolição da escravatura à frente da salvação da União, ele inevitavelmente teria afastado de si um poderoso grupo do povo americano e tornado impossível a resistência à rebelião. Visto pelos genuínos abolicionistas, o sr. Lincoln pareceu lento, frio, desinteressado e indiferente; medindo-o, porém, pelo sentimento deste país, um sentimento que ele estava obrigado como estadista a consultar, ele foi veloz, zeloso, radical e determinado.

Embora o sr. Lincoln compartilhasse dos preconceitos de seus compatriotas brancos contra o negro, dificilmente será necessário dizer que em seu coração ele detestava e odiava a escravidão.[1] O homem

---

1 "Sou naturalmente contrário à escravidão. Se a escravidão não for um erro, nada será um erro. Não me lembro de um momento em que eu não pensasse e sentisse assim." *Carta do sr. Lincoln ao sr. Hodges, do Kentucky, 4 de abril de 1864.* [N. A.]

que pôde dizer: "Ternamente esperamos, ardorosamente pedimos em nossas orações, que este grande flagelo da guerra logo passe, no entanto caso seja da vontade de Deus que ele continue até que a riqueza pilhada durante duzentos anos de escravidão tenha sido desperdiçada, e que cada gota de sangue extraída pela chibata tenha sido paga por outra extraída pela espada, os julgamentos do Senhor são inteiramente verdadeiros e justos" dá toda a prova necessária de seus sentimentos quanto à escravidão. Ele estava disposto, se o Sul fosse leal, a lhe entregar sua libra de carne, porque ele achava que era isso o que dizia o contrato; não havia, porém, poder sobre a terra que o pudesse fazer ir além disso.

Concidadãos, independentemente de tudo no mundo que possa ser parcial, injusto e incerto, o tempo, o tempo!, é imparcial, justo e certo em suas ações. No campo da mente, assim como no campo da matéria, ele é um grande trabalhador, e é frequente que opere prodígios. O estadista honesto e compreensivo, que discerne com clareza as necessidades de seu país e com sinceridade se esforça para cumprir na plenitude com o seu dever, embora coberto de censuras, pode estar seguro de si ao partir e deixar que sua obra passe pelo silencioso julgamento do tempo. Poucos grandes homens públicos jamais foram vítimas de denúncias mais ferozes do que Abraham Lincoln foi durante seu governo. Ele por várias vezes foi ferido na casa de seus amigos. As críticas vinham cerradas e firmes tanto de dentro quanto de fora, e de lados opostos. Ele foi atacado por abolicionistas; foi atacado por donos de escravos; foi atacado por homens que eram a favor da paz a qualquer preço; foi atacado por aqueles que defendiam uma guerra mais vigorosa; foi atacado por não fazer da guerra uma guerra de abolição; e foi ferozmente atacado por fazer da guerra uma guerra de abolição.

Observem agora, porém, a mudança: o julgamento do presente diz que, tomando-o no todo, medindo a tremenda magnitude da obra que ele tinha pela frente, considerando os meios necessários para tais fins, e avaliando o fim desde o começo, a infinita sabedoria dificilmente terá mandado ao mundo algum homem mais adequado para sua missão do que Abraham Lincoln. Seu nascimento, seu treinamento e seus dons naturais, tanto mentais quanto físicos, eram extremamente favoráveis a ele. Nascido e criado entre as classes inferiores, estranho à riqueza e ao luxo, forçado a lutar sozinho contra as dificuldades da vida, desde a mais tenra juventude até a robusta vida adulta, ele se fortaleceu nas qualidades viris e heroicas exigidas pela grande missão a que foi chamado pelos votos de seus compatriotas. As difíceis condições do início de sua vida, que teriam deprimido e derrotado homens mais fracos, apenas deram ao heroico espírito de Abraham Lincoln mais vida, maior vigor e mais vivacidade. Ele estava pronto para qualquer tipo de trabalho. Aquilo que outros jovens temiam sob a forma do trabalho, ele se desincumbia com grande alegria.

A pá, o ancinho, a enxada,
  a tesoura a podar,
segar com a foice afiada,
  e o que mais desejar.

Ele podia cortar madeira o dia todo na floresta e passar metade da noite estudando sua gramática de inglês sob o brilho e o reflexo incertos da luz oferecida por um nó de pinho. Ele estava em casa na terra com seu machado, com suas machadinhas e cunhas; e ele se sentia igualmente em casa na água, com seus remos, com seus mastros e tábuas e seus ganchos de atracação. E, estivesse em sua barca no rio Mississippi ou ao lado da lareira em sua cabana na fronteira, ele era um trabalhador. Filho de trabalhadores, ele estava ligado por uma compaixão fraterna a todos os filhos de trabalhadores em todas as partes legalistas da República. Esse fato lhe deu um tremendo poder na relação com o povo americano e contribuiu substancialmente não apenas em sua escolha para a presidência como também na sustentação de seu governo.

Em sua posse como presidente dos Estados Unidos, um cargo, mesmo quando assumido sob as condições mais favoráveis, capaz de pôr à prova e testar mesmo os mais hábeis, Abraham Lincoln deparou com uma tremenda crise. Ele foi convocado não apenas para governar, mas para decidir, enfrentando um cenário nada promissor, o destino da República.

Uma enorme rebelião estava em seu caminho; a União estava praticamente dissolvida; seu país estava dilacerado e rachado ao meio. Exércitos hostis já se organizavam contra a República, armados com munições de guerra que a República havia provido para sua própria defesa. A extraordinária questão que se impunha a ele era decidir se seu país sobreviveria à crise e prosperaria ou se seria desmembrado e pereceria. Seu antecessor no cargo já havia decidido a questão a favor de um desmembramento da nação, ao negar a ela o direito de autodefesa e de autopreservação – um direito que até mesmo o mais insignificante dos insetos tem.

Felizmente para o país, felizmente para vocês e para mim, o julgamento de James Buchanan, o patrício, não era o julgamento de Abraham Lincoln, o plebeu. Ele usou seu forte senso comum, afiado na escola da adversidade, para pensar sobre a questão. Ele não hesitou, não duvidou, não vacilou; de imediato decidiu que, independentemente dos perigos, independentemente dos custos, a União dos Estados devia ser preservada. Sendo um patriota, sua fé no patriotismo dos americanos era forte e inabalável. Homens de pouca coragem disseram antes da posse do sr. Lincoln que havíamos visto o último presidente dos Estados Unidos. Uma voz em um local influente disse: "Deixe a União para lá". Houve quem dissesse que uma União mantida pela espada de nada valia. Outros disseram que uma rebelião de 8 milhões de pessoas não podia ser sufocada, porém em meio a todo esse tumulto e a essa falta de coragem, e contra tudo isso, Abraham Lincoln tinha clareza quanto a seu dever e tinha um juramento feito aos céus. Com calma e bravura ele ouviu a voz da dúvida e do medo em toda a sua volta; ele tinha, porém, um juramento feito aos céus, e não havia poder na terra capaz de fazer esse honesto barqueiro, caipira e lenhador fugir desse sagrado compromisso ou violá-lo. Ele não havia sido educado na ética da escravidão; sua vida simples havia favorecido o amor pela verdade. Ele não havia sido ensinado que a traição e o perjúrio eram provas de honra e honestidade. Seu treinamento moral não permitia que ele dissesse uma coisa quando queria dizer outra. A confiança que Abraham Lincoln tinha em si mesmo e em seu povo era surpreendente e grandiosa, mas era também esclarecida e bem fundamentada. Ele conhecia o povo americano melhor do que os americanos conheciam a si mesmos, e sua verdade se baseava nesse conhecimento.

Concidadãos, o dia 14 de abril de 1865, que completa hoje onze anos, é e continuará sendo um dia memorável nos anais desta República. Foi na noite daquele dia, enquanto uma feroz e sanguinária rebelião estava nos estágios finais de seu poder desolador; enquanto seus exércitos eram vencidos e dispersados diante dos invencíveis exércitos de Grant e Sherman; enquanto uma grande nação, dilacerada e dividida pela guerra, já começava a dirigir aos céus altos hinos de alegria na aurora da paz, ela ficou chocada, aturdida e dominada pelo crime culminante da escravidão – o assassinato de Abraham Lincoln. Era um novo crime, um puro ato de maldade. Nenhum propósito da rebelião seria servido por isso. Era a simples satisfação de um infernal espírito de vingança. Ele acabou, no entanto, causando o bem. Esse crime encheu o país de um ódio mais profundo à escravidão e de um amor mais profundo por seu libertador.

Tivesse Abraham Lincoln morrido de qualquer uma das inúmeras doenças de que a carne é herdeira; tivesse ele chegado à boa velhice prometida por sua vigorosa constituição e por seus hábitos moderados; tivesse ele podido ver o fim de sua grande obra; tivesse a solene cortina da morte descido gradualmente – ainda assim teríamos sido atingidos por um grande pesar e estimado seu nome com grande amor. Morrendo como ele morreu, porém, pela mão vermelha da violência, assassinado, morto sem aviso, não em função de um ódio pessoal – pois nenhum homem que conhecesse Abraham Lincoln poderia odiá-lo –, mas sim por causa de sua fidelidade à União e à liberdade, ele se tornou duplamente caro a nós, e sua memória será eternamente preciosa.

Concidadãos, termino como comecei, com congratulações. Fizemos uma boa obra por nossa raça hoje. Ao prestar homenagem à memória de nosso amigo e libertador, prestamos as mais altas homenagens a nós mesmos e àqueles que virão depois de nós. Estamos nos associando a um nome e a uma fama imperecíveis e imortais; também estamos nos defendendo de um terrível escândalo. Quando se disser agora que o negro não tem alma, que ele não reconhece benfeitorias e benfeitores; quando a abominável acusação de ingratidão for feita contra nós, e quando se fizerem tentativas de nos expulsar da irmandade dos humanos, podemos calmamente apontar para o monumento que erigimos neste dia à memória de Abraham Lincoln.

EMANCIPAÇÃO DAS ÍNDIAS OCIDENTAIS (1880)

Discurso pronunciado em Elmira, estado de Nova York, em 1º de agosto de 1880 • Celebração da abolição da escravatura nas Ilhas Britânicas

Extrato de um discurso feito por Frederick Douglass em Elmira, Nova York, em 1º de agosto de 1880, em uma grande reunião de negros para celebrar a emancipação das Índias Ocidentais, e na qual ele foi recebido com nítido respeito e aprovação pelo presidente das cerimônias e pela imensa multidão ali reunida. Esse discurso está inserido neste livro em parte como um grato tributo aos nobres homens e mulheres do outro lado do Atlântico cujos incansáveis esforços levaram finalmente à abolição da escravatura em todas as Ilhas Britânicas:

Sr. presidente,

Agradeço sinceramente por essa cordial saudação. Ouço em seu discurso algo como as boas-vindas que se dão a alguém que chega em casa após uma longa ausência. Mais anos de minha vida e de meu trabalho foram despendidos neste do que em qualquer outro estado da União. Em qualquer lugar num raio de 150 quilômetros da boa cidade de Rochester eu me sinto em casa e em meio a amigos. Dentro desse círculo mora um povo que não tem superior em termos de esclarecimento, liberalidade e civilização. Permita-me agradecer suas generosas palavras de simpatia e aprovação. No que diz respeito a esse importante apoio a um homem público, tenho sido extraordinariamente feliz. Meus quarenta anos de luta pela causa dos oprimidos e dos escravizados receberam bastante atenção e reconhecimento e foram bem recompensados. Todas as classes e cores de homens, tanto aqui quanto no exterior, ajudaram deste modo a dar sustentação a minhas mãos. Olhando em retrospectiva através desses longos anos de trabalho e conflito, durante os quais fui golpeado assim como golpeei, e por vezes fui ferido, tanto no corpo quanto na mente; meu único arrependimento foi ter podido fazer tão pouco para elevar e fortalecer nosso povo por tanto tempo escravizado e ainda oprimido. Minha justificativa para estar fazendo estes comentários sobre mim mesmo está no fato de que agora me vejo principalmente diante de uma nova geração. A maior parte dos homens com quem eu convivi e trabalhei nos anos iniciais do movimento abolicionista já ultrapassou as fronteiras desta vida. São raros os homens negros que defenderam nossa causa e que começaram quando comecei, e que hoje podem ser contados entre os vivos, e eu começo a me sentir um tanto solitário. No entanto, enquanto eu contar com a simpatia e a aprovação de homens e mulheres como estes que tenho diante de mim, usarei com alegria meu último suspiro para apoiar nossa reivindicação por justiça, liberdade e igualdade entre os homens. O dia que celebramos pertence sobretudo ao homem negro. O grande evento pelo qual ele se distingue de todos os demais dias do ano foi, com justiça, objeto da atenção e dos pensamentos de estadistas e de reformadores sociais em todo o mundo. Embora para eles se trate de um ponto luminoso na história humana, que os leva a pensar no homem negro, ele fala não só à inteligência, mas também ao sentimento. A emancipação de nossos irmãos nas Índias Ocidentais tem um claro significado para nós, mexe com nosso coração e enche nossa alma com aqueles sentimentos de gratidão que unem a humanidade em uma só fraternidade.

Na história do conflito americano contra a escravidão, o dia que hoje celebramos desempenhou um papel importante. A emancipação nas Índias Ocidentais foi a primeira estrela a brilhar em um céu tempestuoso; o primeiro sorriso depois de uma longa e providencial carranca; o primeiro raio de esperança; o primeiro fato tangível demonstrando a possibilidade de uma transição pacífica da raça negra da escravidão para a liberdade. Se outras pessoas podem talvez esquecer ou desconsiderar o significado deste dia, para nós ele só pode ser memorável e glorioso. Sua história deve ser contada brevemente. Quarenta e seis anos atrás, no dia que hoje celebramos, chegou pelas águas azuis do mar do Caribe uma importante mensagem do trono britânico, saudada com sensacionais gritos de alegria e emocionantes canções de louvor. Aquela mensagem libertava, emancipava e colocava dentro do círculo da civilização 800 mil pessoas que até então eram vistas como bestas de carga. Como foi vasta, súbita e surpreendente essa transformação! Em um momento, um único segundo marcado pelo relógio, o piscar de um olho, o vislumbre do sol da manhã viu acabar-se instantaneamente uma servidão que resistira à humanidade dos tempos, desafiara a terra e os céus; viu a chibata ser queimada e transformar-se em cinzas; viu derretidos os grilhões dos escravos; viu as correntes se romperem, e o poder irresponsável do dono de escravos sobre sua vítima ser destruído para sempre.

Testemunhas oculares me relatam que, no primeiro momento, os emancipados hesitaram em aceitar o fato. Eles não sabiam se deviam entender aquilo como uma realidade, um sonho ou uma visão do imaginário.

Não é de espantar que eles tenham ficado perplexos e que tenham duvidado, depois de seus terríveis anos de escuridão e tristeza, que pareciam não ter fim. Como muitas outras boas-novas, imaginava-se que aquilo era bom demais para ser verdade. O silêncio e a hesitação, porém, foram apenas momentâneos. Quando plenamente assegurados de que as boas marés que haviam atravessado o oceano eram não apenas boas, como também verdadeiras; de que eles realmente não eram mais escravos, e que eram livres; de que o açoite do feitor já não estava no ar, que estava enterrado na terra; de que suas pernas e braços não estavam mais agrilhoados, e estavam sujeitos a seu próprio arbítrio, as manifestações de sua alegria e de gratidão não conheceram limites e buscaram expressão nas formas mais ruidosas e mais festivas. Eles correram, dançaram, cantaram, olharam para o céu azul, saltaram no ar, ajoelharam-se, rezaram, gritaram, rolaram no chão, abraçaram-se. Eles riram e choraram de alegria. Aqueles que testemunharam a cena dizem jamais ter visto algo assim antes.

Às vezes perguntam por que nós, cidadãos americanos, anualmente celebramos a emancipação nas Índias Ocidentais quando poderíamos celebrar a emancipação americana. Por que ir ao estrangeiro, eles dizem, quando podemos muito bem ficar em casa?

A resposta é fácil. A liberdade humana exclui qualquer distinção entre aquilo que ocorre no estrangeiro e aquilo que ocorre em nossa casa. Ela é universal e rejeita a ideia de localização.

Todo auxílio à liberdade
    Faz tremer com alegria
  Triste peito desta Terra
    Numa grande profecia.

Ela não se deixa limitar por fronteiras geográficas e não conhece limites nacionais. Assim como o sol glorioso nos céus, sua luz brilha para todos. Além dessa consideração geral, porém, deixando de lado esse poder e essa glória ilimitados da liberdade, a emancipação nas Índias Ocidentais tem grande relevância para nós como um evento do século XIX, pois, embora este século em que vivemos seja rico em conquistas morais e materiais, em progresso e civilização, não há nada que ele pode reivindicar para si que seja maior e mais grandioso do que esse ato da emancipação das Índias Ocidentais.

Independentemente do ponto de vista a partir do qual analisamos o assunto, independentemente de considerarmos a árvore ou seu fruto, o fato é digno de nota, memorável e sublime. Especialmente o modo como a conquista ocorreu merece ser considerado. Sua melhor lição para o mundo, sua palavra mais encorajadora para todos aqueles que trabalham pela causa da justiça e da liberdade e nela confiam, para todos os que se opõem à opressão e à escravidão, é uma palavra de fé e de coragem sublimes – fé na verdade e coragem na expressão.

Grandes e valiosas concessões foram feitas em diferentes momentos às liberdades da humanidade. No entanto, elas não ocorreram por força da razão e do conhecimento, mas sim pela terrível e afiada lâmina da espada. A emancipação nas Índias Ocidentais é uma esplêndida exceção. Ela não chegou por meio da espada, mas sim pela palavra; não foi a força bruta dos números, mas sim a voz ainda fraca da verdade; não foram as barricadas, as baionetas e a revolução sangrenta, mas sim a agitação pacífica; não foi a interferência divina, mas o exercício da simples razão humana e do sentimento. Repito que, nessa peculiaridade, temos aquilo que é mais valioso para a raça humana em geral.

É uma revelação de um poder inerente à sociedade humana. Isso mostra o que pode ser feito contra as injustiças do mundo, sem o auxílio de exércitos na terra ou dos anjos no céu. Mostra que os homens têm nas próprias mãos os meios pacíficos de calcar sob seus pés todos os seus inimigos morais e políticos, e de tornar este mundo um lugar saudável e feliz para aqueles que o habitam, caso disponham deles com fé e coragem.

O mundo precisava exatamente desse tipo de revelação do poder da consciência e da fraternidade humana, de um poder que se sobrepusesse aos acidentes da cor e da raça, e que desprezasse os murmúrios do preconceito. Os amigos da liberdade na Inglaterra viram no negro um homem, um ser moral e responsável. Tendo assentado essa ideia na cabeça, eles, em nome da humanidade, denunciaram o crime de sua escravização. Foi o entusiasmo constante, persistente e duradouro de Thomas Clarkson, William Wilberforce, Granville Sharpe, William Knibb, Henry Brougham, Thomas Fowell Buxton, Daniel O'Connell, George Thompson e de seus nobres correligionários que acabou descongelando o coração britânico e o fez sentir compaixão pelo escravo, e moveu o braço poderoso daquele governo num ato de misericórdia para pôr fim à sua servidão.

Que nenhum americano, especialmente nenhum negro americano, deixe de olhar para essa estupenda conquista sem um generoso reconhecimento. Ainda que não se tratasse de uma conquista americana, mas britânica; ainda que a conquista não fosse republicana, mas sim monárquica; ainda que não tenha partido do Congresso americano, mas sim do Parlamento britânico; ainda que não tenha partido da cadeira presidencial, mas sim do trono de uma rainha, não foi menor o triunfo do justo sobre o injusto, do bem sobre o mal, e ainda assim se trata de uma vitória para toda a raça humana.

Além disso, podemos adequadamente celebrar este dia em função de sua relação especial com nossa emancipação americana. Ao fazer isso, não sacrificamos o geral ao particular, o universal ao local. A causa da humanidade é uma só em todo o mundo. A queda da escravidão sob o domínio britânico significava a queda da escravidão do negro em toda parte. O efeito, porém, dessa grande e filantrópica medida, naturalmente, foi maior aqui do que em outros lugares. Fora do Império Britânico nenhuma outra nação estava em condições de sentir isso tanto quanto nós. O estímulo que isso deu ao movimento abolicionista americano foi imediato, forte e poderoso. O exemplo britânico se tornou uma potente alavanca nas mãos dos abolicionistas americanos. Ele teve um papel importante para envergonhar e desencorajar o espírito de casta e a defesa da escravidão na Igreja e no Estado. Não poderia ter sido diferente. Nenhum homem vive isolado.

Se isso é verdadeiro em relação aos homens individualmente, é igualmente verdadeiro em relação às nações. Também elas compartilham o bem e o mal com sua época e sua geração. Deixando de lado, porém, essa consideração, tão digna de ponderação, temos motivos especiais para reivindicar o 1º de agosto como o nascimento da emancipação do negro, não apenas nas Índias Ocidentais como também nos Estados Unidos. A despeito de nossa independência nacional, a existência de um idioma em comum, de uma literatura em comum, de uma história em comum e de uma civilização em comum nos mantém ainda como parte da nação britânica, mesmo que não uma parte do Império Britânico. Não há passo que a Inglaterra possa dar em direção a uma civilização mais elevada sem nos arrastar na mesma direção. Ela continua sendo a pátria mãe, e a mãe, também, de nosso movimento abolicionista. Embora lá a emancipação tenha sido pacífica, e aqui tenha ocorrido após uma guerra; embora lá o custo tenha sido pago em ouro, e aqui em sangue; embora lá tenha sido o resultado de uma sagrada preferência, e aqui tenha resultado em parte da necessidade, o motivo e a mola principal foram os mesmos em ambos os casos.

Os abolicionistas deste país foram acusados de causar a guerra entre o Norte e o Sul, e em certo sentido isso é verdade. Caso não tivesse havido agitação contra a escravidão no Norte, não teria havido antiescravagismo em nenhum lugar para resistir às demandas do poder escravagista no Sul, e onde não há resistência não pode haver guerra. A escravidão nesse caso teria sido nacionalizada, e o país inteiro teria sido sujeitado a seu poder. A resistência à escravidão e a extensão da escravidão incitaram a secessão e a guerra pela perpetuação e pela extensão do sistema escravagista. Assim, no mesmo sentido, a Inglaterra é responsável por nossa guerra civil. A abolição da escravatura nas Índias Ocidentais deu vida e vigor ao movimento abolicionista nos Estados Unidos. Clarkson na Inglaterra nos deu Garrison nos Estados Unidos; Granville Sharpe na Inglaterra nos deu nosso Wendell Phillips; e Wilberforce na Inglaterra nos deu nosso incomparável Charles Sumner.

Esses grandes homens e seus corajosos correligionários aqui pegaram os relâmpagos morais que haviam derrotado a escravidão nas Índias Ocidentais e os arremessaram com zelo e força crescentes contra o gigantesco sistema da escravidão daqui, até que, levados à loucura, os traficantes de almas e corpos de homens recorreram às armas, racharam ao meio a União e encheram a terra de exércitos hostis e com os 10 mil horrores da guerra. Dessa tempestade, desse torvelinho e desse terremoto da guerra, veio a abolição da escravatura, veio o uso de soldados negros, vieram os cidadãos negros, vieram os jurados negros, vieram os congressistas negros, vieram escolas para negros no Sul e vieram as grandes emendas de nossa Constituição nacional.

Celebramos este dia, também, pela ótima razão de que não temos nenhum outro para celebrar. A emancipação inglesa tem uma vantagem sobre a emancipação americana. A de lá tem um aniversário definido. A nossa, não. Assim como nossos escravos, a liberdade do negro não tem dia de nascimento. Não há quem saiba dizer o dia do mês, ou o mês do ano, em que a escravidão foi abolida nos Estados Unidos. Não temos sequer como dizer quando ela começou a ser abolida. Assim como no caso do movimento do mar, ninguém tem como dizer onde uma onda começa e outra termina. Os grilhões da escravidão em nosso caso foram afrouxados gradualmente. Primeiro, tivemos a luta no Kansas com bandoleiros da fronteira; depois, tivemos John Brown em Harper's Ferry; depois, o ataque contra o forte Sumter; um pouco depois, tivemos a ordem de Frémont, libertando os escravos dos rebeldes no Missouri. Depois tivemos o general Butler declarando os escravos dos rebeldes como contrabando de guerra e os tratando assim; a seguir veio a proposta de armar negros e torná-los soldados da União. Em 1862 tivemos a promessa condicional de uma proclamação da emancipação feita pelo presidente Lincoln; e, finalmente, em 1º de janeiro de 1868, tivemos a proclamação em si – e mesmo assim isso não foi o fim. A escravidão estava sangrando e morrendo, mas não estava morta, e não há quem possa dizer exatamente quando seu espírito mal partiu de nossas terras, se é que ele de fato foi embora, e portanto não sabemos em qual dia podemos celebrar adequadamente este grande evento americano.

Quando a Inglaterra se comportou tão mal durante nossa guerra civil, eu, pessoalmente, tive vontade de deixar de fazer essa comemoração no 1º de agosto. Mas lembrei que durante aquela guerra havia duas Inglaterras, assim como havia dois Estados Unidos, e que uma delas era fiel à liberdade ao passo que a outra era fiel à escravidão. Não foi a Inglaterra que nos deu a emancipação nas Índias Ocidentais que se alinhou com a rebelião dos escravagistas. Não foi a Inglaterra de John Bright e de William Edward Forster que permitiu aos alabamas fugir de portos britânicos e atacar nosso comércio, ou que favoreceu os donos de escravos no Sul, foi a Inglaterra que fez tudo o que estava a seu alcance para impedir a emancipação nas Índias Ocidentais.

Foi o Partido Tory na Inglaterra que combateu o partido abolicionista lá, e foi o mesmo partido que favoreceu nossa rebelião escravagista.

Sob um nome diferente, tivemos o mesmo partido aqui, ou algo similar; um partido que desprezava o negro e que o relegava à escravidão perpétua; um partido que estava disposto a permitir que a União Americana fosse reduzida a fragmentos, em vez de deixar que um único fio de cabelo da cabeça da escravidão fosse prejudicado.

No entanto, meus concidadãos, eu estaria cumprindo de modo bastante imperfeito com meu dever neste momento se me restringisse a falar da discussão histórica ou filosófica sobre a emancipação nas Índias Ocidentais. A história do 1º de agosto foi contada mil vezes e pode ser contada outras mil. A causa da liberdade e da humanidade tem uma história e um destino mais perto de casa.

Como ficam os milhões de negros recentemente emancipados em nosso país? Qual é a condição deles hoje? Qual é a relação deles com o povo que anteriormente os mantinha como escravos? Essas são questões importantes, e elas preocupam homens sérios de todas as cores, tanto aqui quanto no exterior. Pela lei, pela Constituição dos Estados Unidos, a escravidão não existe em nosso país. A forma legal foi abolida. Pela lei da Constituição, o negro é homem e cidadão, e tem todos os direitos e liberdades garantidos às demais variedades da família humana que residam nos Estados Unidos.

Ele tem um país, uma bandeira e um governo, e pode reivindicar legalmente plena e completa proteção jurídica. Foi desejo, intenção e propósito dos legalistas, depois de sufocada a rebelião, colocar fim a toda a causa daquela calamidade, encerrando para sempre o sistema escravagista e todos os seus incidentes. Essa ideia tornou o negro livre, fez dele um cidadão, tornou-o elegível para cargos públicos, o fez poder ser selecionado como jurado nos tribunais, como legislador, como magistrado. Para esse fim, diversas emendas à Constituição foram propostas, recomendadas e adotadas. Elas hoje são parte da lei suprema do país e têm peso igual em todos os estados e territórios dos Estados Unidos, no Norte e no Sul. Em breves palavras, eis nossa condição legal e teórica. Eis nossa situação no papel e nos pergaminhos. Se o livro com os estatutos nacionais nos permitisse saber a real condição da raça negra, o resultado seria honroso para o povo americano. Esse resultado o colocaria entre as mais esclarecidas e liberais nações do mundo. Poderíamos dizer de nosso país, assim como Curran disse em determinado momento sobre a Inglaterra: "O espírito da lei britânica torna a liberdade compatível com o solo britânico e inseparável dele". Eu diria que esse eloquente tributo à Inglaterra, caso olhássemos apenas para nossa Constituição, poderia se aplicar a nós. Neste instrumento, determinamos como lei, agora e para sempre, que não deve haver escravidão ou servidão involuntária nesta República, exceto em casos de crime.

Fomos ainda mais longe. Colocamos a mão pesada da Constituição sobre as incomparáveis maldades da casta, assim como sobre o infernal crime da escravidão. Declaramos perante todo o mundo que não se poderão negar direitos por conta de raça, cor ou condição prévia de servidão. A vantagem trazida por isso é imensa.

É de extrema relevância que a lei suprema do país esteja ao lado da justiça e da liberdade. Essa é a fila na qual a nação está fadada a marchar – a lei a que a vida da nação em última instância deve se conformar. É um grande princípio, pelo qual podemos educar o povo, e quanto a isso seu valor excede o de qualquer discurso.

Hoje, porém, na maior parte dos estados do Sul, a 14ª e a 15ª emendas virtualmente não se encontram em vigência.

Os direitos que elas pretendem garantir são negados e desprezados. A cidadania concedida pela 14ª Emenda é praticamente uma piada, e o direito ao voto, oferecido pela 15ª Emenda, é literalmente eliminado apesar do governo. A velha classe senhorial hoje triunfa, e a classe que recentemente se tornou cidadã está em uma condição apenas ligeiramente superior àquela que tinha antes da rebelião.

Vocês me perguntam como, depois de tudo que foi feito, essa situação se tornou possível? Eu digo. Nossas medidas de reconstrução foram radicalmente defeituosas. Elas deixaram o antigo escravo completamente à mercê do antigo senhor, o cidadão legalista nas mãos do rebelde desleal contrário ao governo. Embora no papel as medidas da reconstrução fossem sábias, grandiosas e abrangentes, tanto em escopo quanto em pretensões, embora as intenções dos estadistas que as formularam fossem elevadas e honradas, o tempo e a experiência, que tudo põem à prova, mostraram que elas não deram conta do que era necessário.

Na pressa e na confusão do momento, e em função do ávido desejo de restaurar a União, cuidou-se mais da sublime superestrutura da República do que da sólida fundação que seria necessária para sustentá-la. Eles deram aos libertos o maquinário para a liberdade, porém lhes negaram o vapor que o colocaria em movimento. Deram aos libertos o uniforme de soldados, porém não as armas; chamaram aos libertos cidadãos e os mantiveram como súditos; disseram que eles eram livres e quase os deixaram na escravidão. Eles não privaram a velha classe senhorial do poder de vida e morte que era a alma da relação entre mestre e escravo. É claro que não era mais possível vender o negro, mas os antigos senhores seguiam tendo o poder de matá-lo de fome, e, onde quer que esse poder exista, existe o poder da escravidão. Aquele que pode dizer a outro homem: "Você vai me servir, ou passará fome" é um senhor, e aquele a quem ele diz isso é seu escravo. Isso foi visto e sentido por Thaddeus Stevens, Charles Sumner e por importantes e leais republicanos. E, caso seus conselhos tivessem sido ouvidos, os terríveis males que hoje sofremos teriam sido evitados. O negro hoje não estaria de joelhos, como está, suplicando de modo abjeto para que a velha classe senhorial lhe permita labutar. Nem ele estaria deixando o Sul, como se foge de uma cidade condenada, e buscando um lar no incompatível Norte, mas sim lavrando seu solo nativo com relativa independência. Embora já não seja escravo, ele se encontra num doloroso e intolerável estado de sujeição, forçado a trabalhar em troca do que quer que seu empregador ache que deva lhe pagar, enganado em sua suada remuneração com ordens de pagamento a serem recebidas em lojas, forçado a pagar o preço de um acre de terra por seu uso durante um único ano, a pagar quatro vezes mais do que o preço justo por um quilo de bacon, e mantido na mais tênue margem entre a vida e a morte causada pela fome. Muito se reclama que os libertos têm demonstrado pouca capacidade de tomar conta de si mesmos desde a emancipação. Há homens que se espantam em ver quão pouco progresso eles fizeram. Questiono a justiça dessa queixa. Ela não é nem razoável nem em nenhum sentido justa. Para mim, espantoso não é que os libertos tenham progredido tão pouco, mas, ao invés disso, que eles tenham progredido tanto; não é o fato de eles não terem caminhado, mas sim de eles terem sido capazes de se manter de pé.

Só precisamos refletir por um momento sobre a situação em que essas pessoas se encontraram ao ser libertadas: pense na ignorância delas, na pobreza, no desamparo e na absoluta dependência que essas pessoas tinham daquela mesmíssima classe que as manteve em estado de servidão por séculos, uma classe que sentia a mais profunda aversão à liberdade delas, e estaremos prontos para nos maravilhar com o fato de elas terem se saído tão bem sob tais circunstâncias.

Não encontramos na história nenhum exemplo de emancipação em condições menos favoráveis à classe emancipada do que vemos no exemplo americano. A liberdade chegou aos libertos dos Estados Unidos não envolta em piedade, mas em raiva; ela não chegou por uma escolha moral, mas sim por necessidade militar; não por ação generosa das pessoas entre as quais os escravos viviam, e cuja boa vontade era essencial para o sucesso da medida, mas sim por ação de estranhos, estrangeiros, invasores, grileiros, forasteiros e inimigos. O próprio modo como a emancipação ocorreu foi um convite para que os libertos sentissem a mais amarga hostilidade de raça e classe. Eles eram odiados por terem sido escravos, odiados porque agora eram livres, e odiados por causa daqueles que os haviam libertado. Nada se podia esperar além daquilo que aconteceu; e será um mau conhecedor do coração humano aquele que não vir que a velha classe senhorial usaria todo o poder e todos os meios a sua disposição para fazer que a grande medida da emancipação se tornasse um fracasso e algo absolutamente odioso. A emancipação nasceu na tempestade e no torvelinho da guerra, e viveu em meio a um turbilhão de violência e sangue. Quando os hebreus foram emancipados, disseram a eles que levassem o butim que pudessem da terra dos egípcios. Quando os servos da Rússia foram emancipados, deram a eles três acres de terra nos quais eles podiam morar e ganhar a vida. Mas isso não aconteceu quando nossos escravos foram emancipados. Eles foram mandados embora de mãos vazias, sem dinheiro, sem amigos e sem um metro de terra em que ficar. Velhos e jovens, doentes e saudáveis, eles foram deixados à deriva sob o sol, sem proteção contra seus inimigos. O velho alojamento de escravos que os abrigara e os campos que lhes davam o milho agora lhes eram negados. A velha classe senhorial em sua ira disse: "Saiam daqui! Os ianques libertaram vocês, agora vocês que vão pedir comida e abrigo para eles!".

Desumano como foi, esse tratamento era o resultado natural do amargo ressentimento que se abateu sobre a velha classe senhorial, e tendo isso em vista o que espanta não é que os negros do Sul tenham progredido tão pouco na direção de uma vida confortável, mas sim que eles tenham permanecido vivos.

Levando em consideração todas as circunstâncias, os negros não têm motivo para desesperar-se. Permanecemos vivos, e enquanto há vida há esperança. O fato de que suportamos injustiças e privações que teriam destruído qualquer outra raça e de que aumentamos mesmo assim nossa população e a consideração de que gozamos diante da opinião pública deve fortalecer nossa fé em nós mesmos e em nosso futuro.

Assim, onde quer que estejamos, no Norte ou no Sul, que lutemos com determinação, na crença de que dias melhores virão e de que, por meio de paciência, diligência, retidão e economia, podemos apressar sua chegada. Eu, pessoalmente, não darei ouvidos, e não quero que vocês deem, ao absurdo segundo o qual não há povo que possa ser bem-sucedido na vida em meio a outro povo que o desprezou e oprimiu.

A afirmação é um erro e está em contradição com toda a história do progresso humano. Poucos séculos atrás, toda a Europa era amaldiçoada pela servidão ou pela escravidão. Traços desse cenário ainda perduram, embora não sejam facilmente discerníveis.

Os judeus, há apenas um século, eram desprezados, odiados e oprimidos, mas eles desafiaram e superaram as más condições que lhes foram impostas, e hoje vivem em opulência e têm poder, e são respeitados em todos os países.

Tomem como exemplo de coragem todas as denominações religiosas que surgiram desde Martinho Lutero. Todas elas, cada uma em um momento, foram oprimidas e perseguidas.

Metodistas, batistas e quacres, todos foram forçados a sentir o açoite e a ferroada da desaprovação popular – e no entanto todos eles a seu tempo venceram o preconceito e o ódio a seu redor.

A grandeza não aparece a povo algum em meio a canteiros de flores de tranquilidade. Devemos lutar para obter o prêmio. Nenhum povo para o qual a liberdade foi concedida pode segurá-la com a mesma firmeza nem vesti-la com a mesma grandiosidade daqueles que arrancaram sua liberdade das mãos de ferro de um tirano. As privações e os perigos envolvidos na luta dão força e dureza ao caráter, e permitem que um povo se mantenha firme na tempestade tanto quanto sob o brilho do sol.

Um pensamento ainda antes que eu abandone esse tema, e trata-se de um pensamento sobre o qual eu quero que vocês reflitam com carinho. Quero que vocês pratiquem esse ensinamento e que o repassem a seus filhos. É o seguinte: que nem nós, nem qualquer outro povo, jamais seremos respeitados sem que antes respeitemos a nós mesmos, e que jamais respeitaremos a nós mesmos antes que tenhamos os meios para viver de modo respeitável. Um povo extraordinariamente pobre e dependente será desprezado pelos opulentos e desprezará a si mesmo.

Não se pode fazer um saco vazio parar em pé. Uma raça que não tem como economizar o que ganha, que gasta tudo que recebe e que se endivida quando fica doente não poderá jamais se elevar na escala da civilização, não importa sob quais leis se encontre. Coloque-nos no Kansas ou na África e, até que aprendamos a economizar mais do que gastamos, estaremos fadados a afundar e a perecer. Não é da natureza das coisas que devamos ter a mesma riqueza que os demais povos quando se trata dos bens deste mundo. Alguns terão mais sucesso do que outros, e a pobreza, em muitos casos, é o resultado do azar, e não do crime; não há, porém, raça que possa ter todos os seus membros como vítimas desse azar sem que seja considerada uma raça sem valor. Perdoem-me, portanto, por lembrar a vocês, meu povo, a importância de economizar seus ganhos; de nos negarmos algo no presente para que possamos ter algo no futuro, de consumirmos menos para que nossos filhos possam ter como começar a vida quando vocês não estiverem mais aqui.

Com o dinheiro e a propriedade vêm os meios para a obtenção do conhecimento e do poder. Uma classe atingida pela pobreza será uma classe ignorante e desprezada, e não há sentimento algum que possa mudar isso. Essa parte de nosso destino está em nossas mãos. Cada dólar que vocês acumularem representa um dia de independência, um dia de descanso e segurança no futuro. Se um dia chegar o momento em que nós, os negros dos Estados Unidos, formos uma classe de homens notáveis por seu empreendedorismo, por sua diligência, pela economia e pelo sucesso, não deveremos mais ter problema algum quanto a nossos direitos civis e políticos. A batalha contra os preconceitos populares será travada e vencida, e, assim como todas as outras raças e cores, teremos uma chance igual na corrida da vida.

Estarei eu ouvindo vocês perguntarem em tom de desespero se esse momento algum dia chegará para nosso povo nos Estados Unidos? A pergunta não é nova para mim. Tentei responder a ela muitas vezes e em muitos lugares, quando o panorama era menos encorajador do que agora. Houve um momento em que precisávamos deixar nos guiar pela fé quanto a isso, mas agora, creio, podemos nos guiar pela visão. Não obstante a imensa e abrangente escuridão de nosso passado social; não obstante as nuvens que ainda pairam sobre nosso céu moral e social e os defeitos herdados de uma condição de servidão, creio do fundo de minha alma que esse dia mais ensolarado e melhor ainda virá. Mas se ele virá mais cedo ou mais tarde depende principalmente de nós mesmos.

Posfácio
Luciana da Cruz Brito

O TEMPO DE UM HOMEM DE MUITAS VIDAS

O Sul dos Estados Unidos nas primeiras décadas do século XIX era uma região completamente dependente do trabalho de pessoas escravizadas. A crença na inferioridade natural da população negra, princípio fundamental das teses de supremacia branca, era fortalecida por um cristianismo que justificava a escravidão.

Foi nesse Sul escravista, mais precisamente numa *plantation* do estado de Maryland, onde nasceu, no mês de fevereiro de 1818, o autor destas memórias. Nascido Frederick Augustus Washington Bailey, mais tarde, como homem livre, passou a ser conhecido como Frederick Douglass. A mudança de nome, como lemos neste livro, foi somente uma entre as diversas transformações que viveu ao longo de sua trajetória: dos primeiros 20 anos na condição de cativo, passando pela época em que viveu como fugitivo, até quando, finalmente, obteve sua liberdade e dá início a uma longa carreira como jornalista, editor, escritor, político e diplomata.

Esta autobiografia, *A vida e a época de Frederick Douglass*, publicada em 1881 e revisada em 1892, é a terceira que ele escreveu. Esta versão final de suas memórias faz um apanhado de sua vida longa e intensa, contemplando momentos históricos diversos dos Estados Unidos, desde o início do século XIX, quando a escravidão seguia quase que inconteste na região Sul, e a década de 1850, quando, ao mesmo tempo que a escravidão se expande pelos territórios sulistas, a instituição também recebe as mais duras críticas do movimento abolicionista. A excepcionalidade principal desta última autobiografia em relação às outras escritas por Douglass é que ela é a única que inclui o período da Guerra Civil e o pós-abolição nos Estados Unidos, quando o autor registra a permanência do produto mais nefasto da escravidão: o preconceito racial.

Em *A vida e a época de Frederick Douglass*, podemos ver no autor uma pessoa cheia de memórias, disposta a compartilhá-las e a descrever as sensações que essas experiências lhe provocaram, mas também um protagonista político, que narra de forma bastante crítica e minuciosa os momentos históricos mais importantes do seu país.

Uma questão enfrentada pelo autor ao longo de suas três biografias é o fato de ter nascido num ambiente no qual a paternidade das crianças era algo incerto. Filho de Harriet Bailey e neto de Betsy e Isaac Bailey, ele explora o tema da ausência paterna para denunciar o efeito devastador da escravidão sobre as famílias escravizadas:

A escravidão não reconhecia pais nem famílias [...]. O pai poderia ser livre e a criança, escrava. O pai poderia ser branco, usufruindo da pureza de seu sangue anglo-saxão, e a criança, classificada entre os mais negros escravos. [p. 17]

Vivendo sob os cuidados da avó, Douglass perde a mãe ainda na infância. Seus temores, inseguranças e a tomada de consciência da sua condição de escravizado surgem inicialmente pelo medo de separação daquela com quem ele ainda mantinha vínculos familiares e afetivos, mas sobretudo maternais:

Minha avó era o mundo para mim, e a ideia de ser separado dela era uma sugestão bastante penosa para meus afetos e esperanças. [p. 19]

Naquilo que escreveu sobre seus primeiros anos de vida é possível perceber que Douglass dedicou especial atenção em narrar os sentimentos e as subjetividades de uma infância vivida no cativeiro. Com isso, o abolicionista expunha a violência da escravidão, mas também usava sua própria realidade para combater os argumentos então vigentes e utilizados pelos senhores de escravos segundo os quais pessoas escravizadas viviam felizes com sua condição. Por isso, Douglass dedicou especial esforço em descrever uma memória infantil, cujo sofrimento é possível perceber na sua escrita, ainda quando adulto:

O leitor pode ficar surpreso por me ver relatar de modo tão minucioso um incidente aparentemente tão trivial, e que deve ter se passado quando eu tinha menos de 7 anos; como quero, porém, apresentar uma história fiel de minha experiência com a escravidão, não posso omitir uma circunstância que na época me afetou tão profundamente e da qual me lembro tão vividamente. Além disso, essa foi minha primeira apresentação às realidades do sistema escravagista. [p. 21]

A primeira narrativa de vida de Frederick Douglass, na qual ele inaugura sua carreira de escritor, foi publicada em 1845. A segunda autobiografia, *My Boundage and My Freedom*, foi lançada em 1855, e escrita num momento mais autônomo da carreira desse grande abolicionista. Além disso, é entre o final dos anos 1840 e o início dos 1850, portanto durante a escrita da sua segunda autobiografia, que podemos perceber uma preocupação de Douglass em refutar as teses do racismo científico da época. Outro cuidado do abolicionista é registrar a expansão da escravidão nos novos territórios estadunidenses, o que se materializou com a Lei Kansas-Nebraska de 1854 e com aquilo que seria o mais duro golpe sobre a comunidade afro-americana no ano de 1850: A Lei do Escravo Fugitivo, que permitia que senhores de escravos do Sul resgatassem seus escravizados foragidos na região Norte. Naquele momento, observando o endurecimento dos conflitos entre escravistas e abolicionistas, além da violência contra as pessoas negras na região Sul, e também na Norte, Douglass já previa, pelo menos dez anos antes da Guerra Civil, a possibilidade de um conflito entre as duas regiões do país que pudesse dividir a União.

Escravizado por 20 anos, Douglass faz profundas análises sobre violências físicas e psicológicas vividas por pessoas nessas condições. Num dos capítulos mais dolorosos deste livro, Douglass conta a sua ida para a casa de um "domador de escravos", Edward Covey. Isso aconteceu em 1834, quando ele tinha cerca de 16 anos. Nesse capítulo, ele faz diversas analogias entre a condição das pessoas escravizadas e a dos animais, como seres sem vontade e de propriedade alheia.

[...] como um jovem animal de carga, devo ser domado para o jugo de um cativeiro amargo e destinado a durar por toda a vida. [p. 106]

Em outro momento marcante da autobiografia, Douglass afirma o seguinte:

> Eu via em minha própria situação vários pontos em comum com a situação dos bois. Eles eram propriedade; eu também. Covey tinha de me domar – eu tinha de domar os bois. Domar e ser domado era a ordem. [p. 110]

Quando escreve sobre a fase que viveu com o "domador de escravos", Douglass faz um profundo investimento em duas estratégias de questionar frontalmente as justificativas para a escravidão que animalizam as pessoas negras: o autor expõe o caráter irracional, perverso, contraditório, desumano e violento de senhores e senhoras de escravos, enquanto investe num mergulho das subjetividades negras, descrevendo medos, sensações, reflexões, esperanças e também dores profundas vividas no cativeiro, e que reafirmam sua humanidade:

> Eu sofria tanto física quanto mentalmente. [...] O excesso de trabalho e os brutais castigos dos quais fui vítima, somados ao pensamento que eu não parava de remoer e que devastava minha alma – *"Sou escravo – um escravo para toda a vida – um escravo sem base racional para esperar ser livre"* –, tornaram-me a personificação viva da desgraça mental e física. [p. 116]

Em 1838, aos 20 anos, Douglass consegue fugir do Sul e chegar à região Norte, mais precisamente à cidade de Nova York. Cheio de esperanças, ele estava pronto para começar um novo capítulo da sua vida, deixando para trás a condição de propriedade, o que para ele era insuportável:

> Não havia homem agora que tivesse o direito de me chamar de seu escravo ou que pudesse ter domínio sobre mim. [p. 194]

Mas o tempo "alegre e de entusiasmo" que marcou os primeiros dias de liberdade durou pouco, pois logo Douglass percebeu que Nova York era uma cidade cheia de captores de pessoas fugitivas, que estavam dispostos a apreender num olhar inseguro a identidade escondida de alguém que se passava por livre no meio da multidão.

Naquele mesmo período ele se casou com Anna Murray Douglass, uma mulher negra, livre, da cidade de Baltimore. Logo após a cerimônia do casamento, acolhendo sugestões de amigos, Douglass e Anna seguiram para o estado de Massachusetts, local que acreditavam ser mais seguro que Nova York. Já na viagem, Douglass e sua companheira sentiram que podiam estar distantes da escravidão, mas não do preconceito racial. Nos navios e trens da região Norte vigoravam as regras do regime do Jim Crow, que estabelecia, na prática, que pessoas negras, ainda que livres, não podiam ocupar os mesmos lugares que as pessoas brancas nos trens, navios, hotéis, igrejas, ou qualquer espaço público.

Em 1841, aos 23 anos, ele começou sua carreira como abolicionista e orador. Segundo Douglass, isso não foi algo que perseguiu quando almejava sua liberdade:

Na época eu nem sequer sonhava com a possibilidade de me tornar um defensor público da causa que estava tão profundamente incrustada em meu coração. [p. 207]

Após um discurso inflamado proferido numa convenção abolicionista, ele foi convidado por William Lloyd Garrison para, a partir dali, ser a própria voz da pessoa escravizada. Em *A vida e a época*, Douglass afirma que começou essa carreira "jovem, ardente e cheio de esperanças", além, de alguma forma, inocente a respeito da maneira como sua história seria incorporada ao movimento abolicionista branco.

Sendo o desejo de autonomia e protagonismo algo incessantemente perseguido por esse abolicionista, logo passou a incomodá-lo ser apresentado como "uma propriedade sulina". Douglass logo passou a se sentir objetificado pelos líderes da luta abolicionista. Cabia-lhe o papel de narrar os fatos, mas não o de, em voz alta, emitir suas opiniões sobre eles:

George Foster [...] sempre desejava que eu me ativesse a uma simples narrativa. "Dê-nos os fatos", disse Collins, "nós cuidamos da filosofia". Aqui surgiu certo constrangimento. Para mim, era impossível repetir mês após mês a mesma história e me manter interessado naquilo. Era novidade para as pessoas, é verdade, mas para mim era história antiga; e relatar aquilo noite após noite era uma tarefa mecânica demais para minha natureza. [p. 210-211]

Douglass estava cansado de viver uma vida na qual sempre lhe ordenavam o que fazer. Causava-lhe muito incômodo quando o próprio abolicionista William Lloyd Garrison – a quem considerava então um amigo, mas com quem romperia tempos depois – dizia-lhe: "Conte sua história, Frederick", mas não o deixava livre para expor seus pensamentos. Douglass queria também filosofar, elaborar reflexões e tecer suas próprias críticas, não só ao regime escravista, mas também ao preconceito racial. Mais tarde esse desejo seria a causa da ruptura com essas lideranças. Ele seguiria o próprio caminho a despeito das suas inseguranças sobre suas condições de, por conta própria, escrever seus discursos, proferir suas palestras e ser até mesmo editor de um jornal.

Meus amigos americanos me olhavam atônitos. "Um cortador de madeira" se oferecendo ao público como editor! Um escravo, criado nas profundezas da ignorância, pretendendo instruir o povo altamente civilizado do Norte sobre os princípios da liberdade, da justiça e da humanidade! A coisa parecia absurda. No entanto, perseverei. Senti que a ausência de instrução, grande como era, poderia ser superada por meio do estudo e que a sabedoria viria com a experiência; e além disso (e esta talvez fosse a consideração mais importante) imaginei que um público inteligente, que conhecesse minha história prévia, facilmente perdoaria as muitas deficiências que eu bem sabia que meu jornal teria. [p. 254]

Douglass amava a leitura e a escrita, e acreditava que esse gosto pelas letras fosse uma herança deixada pela sua mãe.

Foi durante o período em que viveu na Inglaterra, entre 1845 e 1847, que ele ganhou confiança suficiente para se afirmar como escritor e orador. Aliás, foi durante essa viagem que Douglass expressou seus sentimentos mais verdadeiros de descontentamento em relação à segregação racial vigente na República dos Estados Unidos:

[...] quanto a nações, não pertenço a nenhuma. Não tenho proteção em casa nem lugar de pouso fora. A terra onde nasci me acolhe apenas como escravo [...]. [p. 236]

Segundo Douglass, foi somente na Inglaterra que ele experimentou viver sem o peso do racismo no seu cotidiano. Isso fica evidente na carta que enviou para William Lloyd Garrison enquanto estava naquele país, na qual disse:

> Posso verdadeiramente dizer que passei alguns dos dias mais felizes de minha vida desde que desembarquei neste país. [...] a total ausência de tudo que se assemelhe a um preconceito contra mim, por causa da cor de minha pele, tudo isso contrasta tão fortemente com a minha longa e amarga experiência nos Estados Unidos [...]. [p. 237-238]

Além da escrita e dos seus discursos inflamados contra a expansão do poder escravista e o preconceito racial nos Estados Unidos, Douglass passou a fazer uso da fotografia como ferramenta para questionar as supostas teses científicas que afirmavam a "inferioridade dos negros". Enquanto nos anos 1840 e 1850 o racismo científico usava de fotografias de pessoas negras, muitas delas feitas nas *plantations* escravistas do Sul ou em outras partes da diáspora, para afirmar a inferioridade de negros e indígenas, Douglass construiria um vasto acervo fotográfico de si mesmo para reafirmar sua humanidade. Olhando para a câmera ou de perfil, exibindo seus cabelos crespos crescidos e sempre elegantemente vestido, Douglass desafiava o preconceito racial reafirmando sua humanidade através do registro da sua imagem. Altivo e de olhar firme, senhor de si mesmo, assim Douglass eternizaria suas imagens, da juventude à senhoridade, e se tornaria o homem mais fotografado dos Estados Unidos no século XIX.

Algo único em *A vida e a época* em relação às outras duas autobiografias é o registro dos acontecimentos políticos e tensões provocadas antes e durante a Guerra Civil. Douglass teve papel político fundamental nesse momento. Como analista político perspicaz, ele percebeu desde o princípio a resistência do exército da União em punir separatistas da região Sul. Ele denunciou o fato de esse mesmo governo proteger seu adversário ao perseguir com mãos de ferro homens e mulheres negras que aproveitavam aquele momento para fugir da escravidão. Ao mesmo tempo setores abolicionistas pressionavam cada vez mais o presidente Lincoln para assumir que a questão principal da guerra era a abolição. A hostilidade e a violência contra pessoas negras aumentavam nas regiões Sul e Norte.

Douglass teve papel fundamental nos debates sobre a Guerra Civil. Em 1863, o presidente Lincoln, ainda que preocupado com a reação da população branca do país, acabou alistando afro-americanos como soldados do exército do governo federal. Douglass acreditava que o alistamento dos soldados negros seria a grande chance para os afro-americanos não só de estar na linha de frente da luta pela própria liberdade, mas também de mostrar sua bravura, coragem e nacionalismo. Foi nesse contexto que ele escreveu o famoso artigo "Homens negros, às armas", que seria uma fervorosa convocação à comunidade negra e masculina para que se alistassem no exército.

Para a decepção de Douglass, o alistamento não significaria o fim das desigualdades entre soldados negros e brancos. O salário, o alimento, os uniformes e as condições de alojamento e tratamento médico eram inferiores aos oferecidos aos soldados brancos. Douglass escreveu ele mesmo uma carta delatando tais fatos ao major George L. Stearns, responsável pelo recrutamento de soldados negros na região Norte, denunciando tais questões e expondo seu descontentamento.

Depois disso, o presidente Lincoln convidou Douglass para compartilhar com ele suas impressões a respeito da forma como o governo federal deveria conduzir a questão dos soldados negros e da abolição durante a Guerra Civil. Seu encontro com Abraham Lincoln, sendo Douglass o primeiro homem negro a entrar na Casa Branca na condição de conselheiro de um presidente, foi registrado por ele com muita emoção.

Ali começou uma relação de respeito mútuo entre os dois líderes. Lincoln valorava as opiniões de Douglass, escutava-o com interesse e atenção. Douglass confiava no presidente e via nele sinceridade, sensibilidade, honestidade e humildade. Contudo, com o desenrolar dos acontecimentos, Douglass também reconhecia que o presidente era um homem branco, com seus limites e comprometimentos com a parcela da população contrária à abolição. O abolicionista esperava com agonia o decreto da abolição, que demorou a chegar. Enquanto isso, ele mesmo, com três filhos em combate, denunciava o que lhe parecia uma inversão da ordem nos campos de batalha. Até a proclamação da abolição, o que finalmente aconteceu em 1º de janeiro de 1863, Douglass em diversos momentos duvidou da real intenção do presidente em dar fim ao cativeiro, uma vez que este vinha de uma família de escravocratas. Ainda assim, Douglass reconhecia o desconforto do presidente com a questão da escravidão e admirava nele a forma cordial e próxima com que o tratava:

Em sua companhia jamais fui de qualquer modo lembrado de minhas origens humildes, ou de minha cor impopular. [p. 354]

Lincoln foi reeleito em 1864, ainda durante a Guerra Civil. Douglass, a despeito dos policiais que tentaram impedi-lo de entrar no prédio do governo, o parabenizou pessoalmente pela vitória na reeleição. No ano seguinte, o presidente seria assassinado, deixando para Douglass uma sombra de incerteza, uma vez que ele sabia das inclinações escravistas do vice-presidente.

Mesmo depois da abolição, que veio com a promulgação da 13ª Emenda, as condições da população afro-americana continuavam difíceis, pois o cativeiro havia acabado, mas o preconceito racial não. Douglass chegara a pensar que o movimento abolicionista havia cumprido sua missão, mas em *A vida e a época* ele expressa sua decepção e descontentamento com as políticas brandas da União em relação à violência racial que acontecia na região Sul, motivada por sulistas sedentos por revanche. Na região Norte, onde Douglass vivia, o cenário também era grave, uma vez que o regime do Jim Crow mantinha pessoas negras numa condição subalterna em relação às pessoas brancas. A luta de Douglass agora se voltava para a questão da cidadania da população negra dos Estados Unidos.

Foi assim que ele passou a se engajar na luta pela cidadania, garantida pela 14ª Emenda, pelo direito ao voto, garantido pela 15ª Emenda, não só da população negra, mas também das mulheres, tornando-se fiel apoiador da causa do voto feminino. Com quase 50 anos de idade, atuando como abolicionista e defensor das igualdades havia cerca de três décadas, Douglass ainda encontraria fôlego para viajar pelo país denunciando as políticas segregacionistas do presidente Andrew Johnson. Além disso, ele questionava teses de uma suposta "hostilidade racial", que fazia dos brancos vítimas dos negros libertos da região Sul e colocava em xeque argumentos que validavam a tese da incapacidade das pessoas negras de participarem ativamente da vida política, como cidadãos eleitores ou ocupando cargos públicos.

Nas páginas finais de *A vida e a época*, Douglass faz uma profunda avaliação da sua vida, que se passou ao longo da maior parte do século XIX. Entre a escravidão e a liberdade, e os diversos sentimentos, episódios e experiências que viveu e testemunhou, essa grande personagem da história dos Estados Unidos avaliava em tom de despedida:

> Minhas alegrias ultrapassaram em muito minhas tristezas, e meus amigos me deram muito mais do que retiraram os inimigos. [p. 469]

Sobre as razões que o fizeram escrever sua autobiografia, ele afirmava que fora motivado pelo desejo de, através da sua história, contar a própria história dos Estados Unidos. Podemos dizer que Douglass teve grande sucesso na sua empreitada, pois ele não só testemunhou, mas atuou como protagonista dos eventos políticos que viveu. Como homem escravizado que foi, seus pequenos e grandes atos de insubordinação, somados a outros tantos de homens e mulheres negras que viviam na região Sul, fizeram ruir a escravidão nos Estados Unidos. Como pessoa livre, encontrou na luta abolicionista a forma de harmonizar seu país com os valores realmente republicanos, que, para ele, eram incompatíveis com a desigualdade racial e a escravidão.

Mas quando Douglass fez esse balanço sobre sua vida em sua última autobiografia, sua carreira política ainda estava longe do fim. Ele mal poderia esperar que em 1889, aos 71 anos, se tornaria embaixador no Haiti. Desistiu do cargo em 1891, pois discordava da política estadunidense em relação à primeira república negra e livre das Américas. A questão da liberdade negra, para Douglass, era universal. Se isso aparece de forma secundária nas suas biografias, mais restritas aos fatos nacionais, nos seus discursos e artigos podemos ver suas análises sobre escravidão e liberdade em países

622

como Cuba, Brasil, Jamaica e outras sociedades onde quer que vivessem pessoas negras. Aliás, em um famoso discurso proferido em 1880, Douglass defendia que a comunidade negra dos Estados Unidos celebrasse o Dia da Abolição da Escravidão no Caribe pelo seguinte motivo:

A liberdade humana exclui qualquer distinção entre aquilo que ocorre no estrangeiro e aquilo que ocorre em nossa casa. Ela é universal e rejeita a ideia de localização. [p. 599]

Por fim, como dito anteriormente, Douglass tinha verdadeira obsessão de contar uma versão da história dos Estados Unidos sob a perspectiva de uma pessoa negra, um ex-escravo. Na sua visão, pessoas como ele seriam as mais qualificadas para contrapor a perspectiva do senhor de escravos ao que realmente foi o cativeiro:

Meu papel foi contar a história do escravo. Para a história do senhor nunca faltaram narradores. [p. 469]

Acreditando em sua capacidade intelectual e em sua habilidade de aprender, Douglass falava em amor-próprio, autoconfiança e desejo de ser livre como motes principais para crer na importância da própria voz (p. 133). O poder de construir uma narrativa sobre suas vidas era algo que, segundo ele, não podia ser franqueado nem aos aliados mais queridos, como pudemos ver ao longo da sua autobiografia. Por isso, Douglass dizia que havia vivido "várias vidas em uma" (p. 470). Imaginamos que ele queria dizer que entre o escravo, o fugitivo, o orador, o articulador político, o escritor e, por fim, o embaixador que foi, a melhor versão de si pela qual gostaria de ser lembrado é a de uma pessoa que acreditou e defendeu incansavelmente a liberdade e a igualdade de direitos, além da importância do protagonismo das pessoas negras nas lutas que lhe interessassem:

Quarenta anos de minha vida foram dedicados à causa de meu povo, e, se eu tivesse mais quarenta, todos eles seriam consagrados a essa grande causa. Se fiz algo por essa causa, estou mais em dívida com ela do que ela está em dívida comigo. [p. 471]

Referências bibliográficas

BLASSINGAME, John W. (Ed.). *The Frederick Douglass Papers*. Series One: Speeches, Debates, and Interviews. vol. 3: 1855-63. New Haven; Londres: Yale University Press, 1985.

BLIGHT, David W. *Prophet of Freedom*. Nova York: Simon & Schuster, 2018.

BRITO, Luciana da Cruz. O Brasil por Frederick Douglass: Impressões sobre escravidão e relações raciais no Império. *Estudos Avançados*, USP, vol. 33, n. 96, 2019.

STAUFFER, John; TRODD, Zoe; BERNIER, Celeste-Marie (Orgs.). *Picturing Frederick Douglass: An Illustrated Biography of the Nineteenth Century's Most Photographed American*. Nova York: Liveright, 2015.

LUCIANA DA CRUZ BRITO é historiadora, especialista nos estudos sobre escravidão, abolição e relações raciais no Brasil e nos Estados Unidos, e professora da Universidade Federal do Recôncavo da Bahia (UFRB). É autora do livro *Temores da África: Segurança, legislação e população africana na Bahia oitocentista*, além de vários artigos.

Angela Davis

Palestras sobre libertação

Nota sobre os textos

Os textos publicados a seguir são a transcrição das *Palestras sobre libertação*, as duas aulas inaugurais do curso "Temas filosóficos recorrentes na literatura negra", ministradas por Angela Davis no Departamento de Filosofia da Universidade da Califórnia em Los Angeles (UCLA), no outono de 1969. O curso, que tinha como ponto de partida a análise da autobiografia de Douglass, acabou desencadeando, ele mesmo, um caso de opressão, resistência e luta por direitos.

Naquele ano de 1969, Davis, pesquisadora acadêmica que preparava seu doutoramento, fora contratada como professora-assistente para ministrar esse curso de filosofia na UCLA. Pouco tempo antes do início das aulas, porém, um agente do FBI publicou no jornal do campus a informação de que a universidade havia contratado um membro do Partido Comunista para compor seus quadros. Uma semana depois, o *San Francisco Examiner* retomou o assunto, revelando a identidade da nova docente, Angela Davis. Resultado: em 19 de setembro, a administração da universidade, com o apoio do então governador da Califórnia Ronald Reagan, evocou um antigo estatuto e resolveu impedir a jovem de começar a lecionar.

A decisão, ao se tornar pública, desencadeou uma série de protestos e apoio, tanto da comunidade de alunos como de professores, contra a ingerência política na universidade. E estimulou a reação: Angela Davis, munida de uma liminar da Justiça que revertia seu afastamento, apareceu na UCLA no dia marcado para a sua primeira aula. Em vez dos 166 estudantes matriculados na disciplina, ao chegar ao Royce Hall naquele 6 de outubro de 1969, ela encontrou mais de 1.500 pessoas, entre alunos e professores, que assistiram à sua palestra sobre Frederick Douglass, filosofia e liberdade. Terminou ovacionada. Por fim, o Tribunal de Justiça de Los Angeles acabou por declarar ilegal o motivo do rompimento de contrato da UCLA com a professora – ou seja, sua filiação ao Partido Comunista.

No entanto, nem a militância de Davis nem as perseguições contra ela pararam por aí e, um ano depois, a acadêmica encontrava-se na prisão quando as duas aulas que dedicou à vida e obra de Douglass foram impressas na forma de panfleto. O livreto, editado pelo Comitê de Libertação de Angela Davis de Nova York e acompanhado de uma carta de apoio assinada por dezenas de colegas e professores da UCLA, foi vendido por 50 centavos de dólar, com o intuito de angariar fundos para sua defesa legal. Apenas em 2009 essas palestras foram publicadas em livro, pela editora City Lights, de São Francisco, em uma série de obras voltadas para a discussão da abolição e para a reflexão sobre a opressão dos povos negros, inspirada pelos ataques racistas sofridos pelo recém-eleito presidente Barack Obama durante sua campanha. Na ocasião, Angela Davis produziu um texto introdutório no qual revisita e atualiza as palestras proferidas quatro décadas antes. É a introdução a seguir.

INTRODUÇÃO

Já se passou mais de um século e meio desde que *Narrativa da vida de Frederick Douglass, um escravo americano* foi publicado pela primeira vez. O texto conquistou grande quantidade de leitores entre os abolicionistas contemporâneos de Douglass nos Estados Unidos e na Grã-Bretanha e mais tarde veio a ser considerado o paradigma das *slave narratives* – as narrativas de escravizados – americanas.

É fato bastante conhecido que Frederick Douglass escreveu essa primeira autobiografia, em 1845, em parte para dissipar dúvidas sobre sua condição de escravo fugitivo. No circuito abolicionista, era comum o público branco ficar impressionado por seu letramento e eloquência como orador, a ponto de supor que devia se tratar de um negro livre que havia sido formalmente educado. De acordo com um artigo do *Liberator*, o jornal abolicionista mais importante daquela época:

> Muitas pessoas na plateia pareceram incapazes de dar crédito às afirmações que Douglass fez sobre si mesmo e não conseguiam acreditar que ele era mesmo um escravo. Como era possível que um homem, apenas seis anos fora do cativeiro, e que jamais fora à escola, pudesse falar com tal eloquência – com uma linguagem tão precisa e tal poder de raciocínio – era algo que eles não conseguiam conceber.

Alguns estudiosos argumentaram também que William Lloyd Garrison e outros líderes abolicionistas esperavam que Douglass limitasse suas observações à própria experiência como escravo, deixando a dimensão analítica para os palestrantes brancos. Ao escrever sua primeira autobiografia, Douglass achou que não apenas seria capaz de apresentar provas irrefutáveis de seu passado como também poderia se concentrar na análise da escravatura e da causa abolicionista com maior liberdade do que tinha em seus discursos e artigos.[1]

H. Bruce Franklin afirmou que a narrativa de escravizados é o primeiro gênero literário distintamente americano.[2] Dezenas de narrativas da escravidão haviam sido publicadas na América do Norte antes da aparição da primeira autobiografia de Douglass, e duzentas delas foram identificadas como tendo sido publicadas ou reeditadas durante o período da escravidão legal nos Estados Unidos e após a abolição. Esse número inclui as outras duas autobiografias de Frederick Douglass – *My Bondage and My Freedom* [Minha servidão e minha liberdade] e esta *A vida e a época de Frederick Douglass* –, assim como várias autobiografias de outros autores.

O exemplo mais antigo do gênero é *Interesting Narrative of the Life of Olaudah Equiano* [Narrativa interessante da vida de Olaudah Equiano], de Olaudah Equiano. Outros exemplos são *Confessions* [Confissões], de Nat Turner; *Narrative of the Life of Moses Grandy, Late a Slave in the United States of America* [Narrativa da vida de Moses Grandy, um escravo tardio nos Estados Unidos da América], de Moses Grandy; *Narrative of Henry Box Brown, Who Escaped from Slavery Enclosed in a Box 3 Feet Long and 2 Wide* [Narrativa de Henry Box Brown, que escapou da escravidão encerrado em uma caixa de 3 pés de comprimento e 2 de largura], de Henry Box Brown; e o conhecido *Up From Slavery* [Da escravidão], de Booker T. Washington. Como muitas estudiosas feministas já observaram, a narrativa de escravos como categoria literária é absolutamente voltada para a história de um único gênero. Narrativas produzidas por mulheres não apenas eram raras – lembramos *Narrative*[3], de Sojourner Truth e, mais importante, de *Incidentes na vida de uma menina escrava*, de Harriet Ann Jacobs – como também revelavam a forma como o gênero estruturou o relato de histórias

---

1 Ver Waldo E. Martin Jr. *The Mind of Frederick Douglass*. Chapel Hill e Londres: University of North Carolina Press, 1984, pp. 22–25.

2 H. Bruce Franklin. *Prison Literature in America: The Victim as Criminal and Artist*. Nova York: Oxford University Press, 1989.

3 Lançado no Brasil com o título *E eu não sou uma mulher?*. Rio de Janeiro: Ímã Editorial, 2020.

sobre escravidão. *Incidentes*, de Jacobs, por exemplo, mostra que ela a um só tempo sofreu a influência do romance sentimental da época e lutou contra ela. Jacobs encerra seu livro com uma nota para seus leitores, lembrando que seu objetivo era a libertação e, portanto, não se adequava ao desfecho convencional dos romances sentimentais e às aspirações antecipadas pelas mulheres brancas: "Leitor, minha história termina com a liberdade; não da maneira usual, com o casamento".

Das inúmeras edições da *Narrativa* de Douglass publicadas nos últimos cinquenta anos, algumas tentaram nos ajudar a entender como o gênero molda sua história – e, por extensão, a categoria literária em si. A Random House publicou a *Narrativa* de Douglass e *Incidentes na vida de uma menina escrava* em uma mesma edição da Modern Library Classic em 2000, com uma introdução de Kwame Anthony Appiah. Destacando o papel que a masculinidade violada de Douglass exerce no estabelecimento de seu conceito de liberdade, Appiah indica que "a energia por trás do livro é a necessidade de Douglass de viver não apenas como pessoa livre, mas como *homem* livre. E ele se torna um homem [...] em parte ao levar a melhor sobre outro homem branco – Covey, o domador de escravos – numa briga".[4] O que não fica tão claro na alegação feita por Appiah de que para Harriet Jacobs, a autora da narrativa que acompanha a de Douglass, "a fuga da escravidão era uma busca por uma vida não apenas como pessoa livre, mas como mulher livre"[5], é que à espreita na definição da liberdade negra como reivindicação da condição da masculinidade negra está a supressão obrigatória da feminilidade negra.

Deborah McDowell fez uma introdução perspicaz para a edição de 1999 da Oxford University da *Narrativa* de Douglass, na qual chamou atenção para as premissas patriarcais no texto. Qualquer leitor das autobiografias de Douglass – seja a *Narrativa*, *My Bondage and My Freedom* ou *A vida e a época de Frederick Douglass* – está familiarizado com a marcante cena de Douglass enfrentando

---

4 Anthony Appiah, Introduction, em Frederick Douglass, Harriet Jacobs. *Narrative of the Life of Frederick Douglass, An American Slave*. Nova York: Modern Library, 2000. p. XV.

5 Ibid.

o domador de escravos Covey. Douglass escreveu que, no período que antecedeu a batalha,

> O sr. Covey conseguiu me *domar* – em corpo, alma e espírito. Minha resistência natural foi esmagada; meu intelecto definhou; a disposição para ler me deixou, a fagulha de entusiasmo que pairava sobre meu olhar desapareceu; a negra noite da escravidão se abateu sobre mim; e eis um homem transformado em animal.[6]

Sua descrição posterior da luta com Covey vem precedida por esta mensagem para o leitor: "Você viu como um homem é feito escravo: agora verá como um escravo se transforma em homem".[7] De acordo com McDowell, o objetivo dessa passagem é:

> [...] destacar que "escravo" e "homem" são mutuamente tão contraditórios como "americano" e "escravo" [...]. Douglass [...] deixa intacta a oposição estruturante: homem e mulher, pois sujeito e objeto são total e convencionalmente generificados ao longo de toda a *Narrativa*. Em outras palavras, na medida em que "masculinidade" e "liberdade" funcionam em todo o discurso de Douglass sobre a escravidão como termos coincidentes, sua jornada da escravidão para a liberdade deixa as mulheres na posição lógica de representar a condição de escravidão. A recusa de Douglass em ser chicoteado representa não apenas uma afirmação de masculinidade, mas a transcendência da escravidão, uma opção que sua *Narrativa* nega às mulheres.[8]

Uma das implicações da definição de "liberdade" em termos de "masculinidade" é que o mais próximo que as mulheres negras podem chegar da liberdade não é atingir o status de homem livre, mas sim, em vez disso, o status de não liberdade de mulher branca. Harriet Jacobs pode muito bem ter intencionalmente questionado

---

6 Neste texto de Angela Davis, as citações se referem à primeira versão da autobiografia de Douglass. [N.E.]

7 Nesta edição, o autor reformulou a frase: "Você me viu, caro leitor, humilhado, degradado, abatido, escravizado e animalizado; e você entende como isso foi feito; agora vejamos a reversão de tudo isso e como ela se deu" (p. 117). [N.E.]

8 Deborah McDowell, Introduction, Frederick Douglass. *Narrative of the Life of Frederick Douglass*. Nova York: Oxford University Press, 1999, p. xx.

essa ideia quando decidiu chamar atenção para o fato de que seu livro acaba com a obtenção da "liberdade" em vez do "casamento". McDowell defende que, na *Narrativa* de Douglass, corpos femininos negros mutilados, açoitados e abusados são as âncoras de sua descrição de escravidão.[9] "A *Narrativa*", escreve, "é literalmente povoada pelos corpos espancados de mulheres escravas".[10] Uma das referências de McDowell é o espancamento de tia Hester[11], que Douglass descreve bem no início do livro. ("Fui frequentemente acordado de madrugada pelos gritos de partir o coração de uma tia minha, que ele [o feitor] costumava amarrar a uma viga para chicotear suas costas nuas até que ela ficasse literalmente coberta de sangue".)[12] Foi a isso que Douglass se referiu como "o portão manchado de sangue, a entrada para o inferno da escravidão".

Claro que Frederick Douglass não estava sozinho em sua evocação dos corpos de mulheres como objetos da revoltante violência da escravidão, e seria injusto destacá-lo individualmente por usar essa convenção ou por deixar de compreender como as representações literárias dos corpos de mulheres negras como alvo das mais terríveis formas de violência da escravidão pode também tender a objetificar mulheres escravas e privá-las discursivamente da capacidade de lutar pela própria liberdade. Os abolicionistas – tanto negros quanto brancos – estavam muito conscientes da maneira como o público poderia responder à evocação da violência da escravidão contra mulheres, e dessa forma frequentemente usavam exemplos semelhantes aos da *Narrativa*. Eles supunham também que a emancipação da escravidão resultaria, em primeiro lugar, na liberdade para homens negros. Além disso, presumiam que a repressão violenta de mulheres negras era indiretamente um ataque contra homens negros, que não tinham permissão para proteger

---

9 Aqui McDowell cita Jenny Franchot, "The Punishment of Esther: Frederick Douglass and the Construction of the Feminine", em Eric J. Sundquist (org.), *Frederick Douglass: New Literary and Historical Essays*. Cambridge: Cambridge University Press, 1990.

10 McDowell, Introduction, p. XXI.

11 Nas versões posteriores da autobiografia, Douglass corrige a grafia para Esther, como aparece nesta edição. [N.E.]

12 Nesta edição, a cena descrita pelo autor, em passagem bem mais detalhada, aparece na p. 38. [N.E.]

"suas" mulheres da maneira como se esperava que homens brancos defendessem as "deles".

Como leitores do século XXI, nosso ponto de vista histórico pode ser mais complexo e nossa leitura, mais cheia de nuances. Assim como conhecemos e aplaudimos as conquistas do movimento pelos direitos das mulheres do século XIX – embora reconheçamos que, apesar das melhores intenções de suas participantes, o movimento estava absolutamente saturado de racismo –, também somos capazes de ter grande respeito por Frederick Douglass, ainda que reconhecendo a incapacidade dele e de sua época de imaginar a total igualdade das mulheres – em especial aquelas mulheres que foram subjugadas por causa da raça e do gênero.

A análise de McDowell não diminui de forma alguma o significado do trabalho de Frederick Douglass. De fato, embora ele, como todos os seus contemporâneos, fosse um produto de seu tempo, e tenha sido moldado pelas suposições ideológicas prevalentes, Douglass foi mais capaz do que a maioria de compreender criticamente as ideologias falaciosas que justificavam a inferioridade negra e a inferioridade das mulheres. Como McDowell enfaticamente aponta, Douglass desempenhou o papel mais proeminente entre todos os homens presentes na primeira conferência dos direitos das mulheres em Seneca Falls, Nova York, em 1848, e escolheu como slogan para seu jornal "Direito não tem sexo – A verdade não tem cor".[13] Contudo, não se poderia esperar que ele reconhecesse todas as ramificações das ideias de supremacia masculina que permeavam os ambientes institucionais e ideológicos de seu tempo. Dessa forma, embora McDowell critique aquilo que vê como exploração retórica do corpo negro feminino, ela destaca também o papel importante que Douglass teve no nascente movimento pelos direitos das mulheres. A edição de *Narrativa* para a qual McDowell fez a introdução traz também vários artigos do jornal de Douglass instigando o público a apoiar os direitos das mulheres, incluindo o direito ao voto feminino.

Quando li pela primeira vez a *Narrativa* de Douglass, eu ainda não havia aprendido a reconhecer até que ponto a equivalência entre "liberdade" e "masculinidade" significava que as mulheres

---

13 McDowell, Introduction, p. xxv.

estavam excluídas, por definição, de desfrutar de todos os benefícios da liberdade. Na verdade, hoje fico ao mesmo tempo um pouco constrangida ao perceber que minhas aulas na UCLA sobre Douglass estão baseadas numa noção implicitamente masculina de liberdade e animada por perceber o quanto amadurecemos com respeito à análise feminista desde aquele período. Graças à minha formação em filosofia alemã, adquiri ferramentas conceituais que me permitiram analisar as trajetórias complexas da escravidão à liberdade (usando, por exemplo, a abordagem de Hegel para a relação entre senhor e escravo em *Fenomenologia do espírito*), mas foi só quando comecei a trabalhar em "The Black Women's Role in the Community of Slaves" [O papel das mulheres negras na comunidade de escravos], um ano depois, durante o período em que estive presa, que comecei a reconhecer a importância fundamental do desenvolvimento das análises de gênero.

Quando revisito as aulas que acompanham esta edição, fico surpresa ao perceber o quanto eu não sabia naquele início de uma era que testemunhou a ascensão dos estudos negros e dos estudos de mulheres/feministas. Em 1969, quando fui contratada pelo Departamento de Filosofia da UCLA para ensinar filosofia continental, fiquei grata pela oportunidade de assumir disciplinas na tradição forjada por Kant, Hegel e Marx. Tais disciplinas me permitiriam fazer bom uso de minha formação como aluna de Herbert Marcuse e Theodor Adorno. Mas eu também estava profundamente interessada no surgimento dos estudos negros – na UCLA, o Centro para Pesquisas Afro-Americanas foi fundado pouco antes de eu entrar para o Departamento de Filosofia – e queria que minha atuação como professora incorporasse esses novos desenvolvimentos. Na época não havia literatura disponível sobre filosofia negra nem um grupo significativo de filósofos estudiosos que trabalhasse os problemas de raça e etnia. Por isso, decidi elaborar uma disciplina que chamei de "Temas filosóficos recorrentes na literatura negra", a qual examinaria textos literários negros com o objetivo de identificar as grandes questões filosóficas apresentadas por eles.

A questão que estava no centro do meu curso era a libertação. Meu objetivo era pensar sobre libertação tanto em amplos termos filosóficos quanto na maneira como o tema libertação está inserido na história literária das pessoas negras na América do Norte.

Embora o estudo de acontecimentos da atualidade estivesse além do escopo do curso, eu esperava que os estudantes notassem o envolvimento mais amplo entre as teorias e as práticas da libertação em círculos de movimento. Afinal, estávamos em 1969, menos de um ano e meio depois do assassinato do dr. Martin Luther King, que havia reacendido as discussões populares e a organização em torno de estratégias de libertação. Conflitos internos dentro do movimento da juventude negra opuseram nacionalistas culturais a socialistas e internacionalistas, e fazia pouco menos de um ano que os líderes dos Panteras Negras John Huggins e Bunchy Carter haviam sido assassinados por membros da associação nacionalista cultural conhecida como Organização dos Estados Unidos, durante uma reunião da União de Estudantes Negros no campus da UCLA. Além disso, eu mesma estava sob intensa pressão política desde que o governador da Califórnia, Ronald Reagan, e a administração da Universidade da Califórnia haviam anunciado, pouco antes de eu começar a lecionar, que iriam me demitir por causa de minha filiação ao Partido Comunista dos Estados Unidos. Ministrei essa disciplina de filosofia e literatura negra enquanto buscava uma decisão judicial, que acabei obtendo, e que proibia os reitores de me despedir com base em minha filiação política.

Devo destacar que, embora eu não tivesse incorporado formalmente os estudos de gênero em minhas primeiras disciplinas, minha experiência como ativista envolvia intensas batalhas sobre o papel das mulheres em organizações da comunidade negra como o Comitê Estudantil de Coordenação Não Violenta e o Partido dos Panteras Negras. A estrutura patriarcal da Organização Americana, nacionalista e cultural, não deixava espaço para contestação. Além disso, eu havia sido pessoalmente atacada por alguns membros da comunidade que não achavam que eu merecesse assumir uma posição de liderança pelo fato de eu ser uma mulher.

A abordagem da questão da libertação que busquei em "Temas filosóficos recorrentes na literatura negra" vinculava compreensões filosóficas de liberdade a histórias da luta política negra e da produção cultural, na medida em que elas se relacionavam com esforços contemporâneos de estender e aumentar o significado de liberdade. Não haveria texto melhor para começar do que a autobiografia de Frederick Douglass. Os estudantes seguiriam uma trajetória do cativeiro à liberdade, o que os ajudaria a compreender melhor a natureza da liberdade nos termos em que ela foi forjada por aqueles que tinham mais a perder na luta pela libertação. As primeiras duas aulas – publicadas a partir de transcrições brutas de minhas falas – se referiram à última autobiografia de Douglass, *A vida e a época de Frederick Douglass*. Elas estão publicadas aqui na forma em que circularam nos anos 1970, depois que fui presa, por acusações de assassinato, sequestro e conspiração, em um volume que incluía uma potente carta de apoio do corpo docente da UCLA. Quando ministrei o curso, não imaginava que, menos de um ano depois, estaria na prisão aguardando o julgamento pelo que eram, a princípio, três acusações de assassinato.

Nos anos 1960 e 1970, a percepção da urgência do momento político levou muitos leitores da narrativa de Douglass a refletirem sobre as perspectivas de libertação no século XX, enquanto liam sobre sua busca por liberdade no século XIX. O status de Douglass como a voz proeminente do movimento antiescravagista negro levou muitas pessoas a procurarem em seus escritos pistas sobre como conduzir as lutas por libertação do século XX. Uma das passagens mais reconhecíveis de seus escritos, que continua sendo citada com frequência hoje em dia, vem de um discurso que ele proferiu em agosto de 1857 por ocasião do Dia da Emancipação das Índias Ocidentais, marcando o 23º aniversário da abolição do comércio de escravos na Inglaterra.

Se não há luta, não há progresso. Aqueles que professam defender a liberdade e, contudo, desprezam a agitação são homens que querem a colheita sem arar a terra; querem chuva sem raios e trovões. Querem o oceano sem o rugido terrível de suas muitas águas.

Essa luta pode ser moral ou física, e pode ser tanto moral quanto física, mas é uma luta. O poder não cede a nada sem que seja exigido, nunca cedeu e nunca cederá. Basta descobrir aquilo a que qualquer povo irá se submeter em silêncio e você terá encontrado a medida exata da injustiça e do erro que será imposto a ele, e isso permanecerá até que ocorra resistência, seja com palavras ou golpes, ou ambos. Os limites dos tiranos são prescritos pela resistência daqueles que eles oprimem. À luz dessas ideias, negros serão caçados no Norte e presos e agredidos no Sul, enquanto se submeterem a esses abusos maléficos e não resistirem, seja moral ou fisicamente. Os homens podem não conseguir tudo pelo que pagam neste mundo, mas com certeza devem pagar pelo que receberam. Para que um dia nos vejamos livres das opressões e injustiças que nos são impostas, devemos pagar por sua remoção. Devemos pagar com trabalho, sofrimento, sacrifício e, se necessário, com a nossa vida e a vida de outros.

Essa mensagem reverberou entre os ativistas e apoiadores de vários movimentos de libertação da década de 1960 – dos africanos, asiáticos e latino-americanos aos movimentos dentro dos Estados Unidos que exigiam um fim definitivo para o racismo.

A insistência de Douglass na ideia de que o progresso sempre exige luta, e de que a liberdade é algo pelo qual devemos lutar e que precisa ser conquistada, não oferecida como um presente, tem, na realidade, sido repetida com frequência pelos movimentos desde os anos 1960. Considerando isso, hoje deve ser possível estabelecer novas conexões com a vida e o trabalho de Douglass.

Qual, então, pode ser o impacto dos escritos de Douglass no momento em que vivemos o primeiro governo do primeiro presidente afro-americano dos Estados Unidos?[14] Barack Obama certamente postula uma conexão entre a busca política de Douglass e a sua própria. Em vários discursos de campanha, ele fez referências implícitas às palavras de Douglass, frequentemente enfatizando que "o poder não cede nada sem luta", e se referindo em seu discurso de vitória, por exemplo, a "lutas e progresso" ao longo das últimas décadas.

Curiosamente, escrevo esta introdução enquanto o presidente Obama regressa de sua primeira viagem oficial a Gana, durante a qual ele e sua família visitaram o castelo de Cape Coast. A cobertura que a mídia fez do encontro de sua família com o antigo comércio africano de escravos – incluindo uma caminhada pelo túnel no fim do qual estava a Porta do Não Retorno[15] – causou várias

---

14 Este texto foi escrito e publicado em 2009 nos Estados Unidos. Barack Obama foi o 44º presidente dos Estados Unidos (2009- 2017) e o primeiro afro-americano a ocupar o cargo. [N.E.]
15 A Porta do Não Retorno é um monumento erguido em Ajudá, no Benim, no final da chamada Rota dos Escravos, local onde os cativos embarcavam nos navios negreiros.

reflexões sobre a escravidão, entre elas uma investigação sobre a história da escravidão na família de Michelle Obama. Coincidentemente, pouco antes de os Obama viajarem para Gana, o Senado americano aprovou uma resolução com um pedido de desculpas oficial pela escravidão, com teor semelhante à resolução da Câmara dos Representantes de 2008. (Ao mesmo tempo, o governo dos Estados Unidos – junto com outros governos ocidentais – boicotou a Conferência Mundial Contra o Racismo de 2009, deixando assim de reconhecer as conexões entre escravidão, colonização e a situação atual dos palestinos.)

Como ler, então, a autobiografia de Douglass nos dias de hoje? Como pensar sobre as heranças da escravidão que continuam a modelar as instituições e práticas contemporâneas? O que aprendemos nos muitos anos desde a publicação da primeira versão de sua autobiografia que poderia nos ajudar a desenvolver leituras mais ricas, mais cheias de nuances, mais complicadas sobre escravidão, resistência e libertação? O que, por exemplo, podemos falar a respeito da obsessão por mulheres negras como objeto das formas mais indescritíveis de violência? Ao concordar com as críticas propostas por estudiosas feministas, também reconhecemos que retratos de mulheres negras sofredoras foram amplamente usados para transmitir os horrores da escravidão. Por causa das hierarquias de gênero prevalecentes – que influenciaram também os negros –, a mulher sofredora foi interpretada como uma agressão implícita ao homem negro. A instrumentalidade da violência contra as mulheres escravizadas era tal que poderia ser materialmente eficaz na manutenção do sistema, mas também era ideologicamente eficaz na sustentação de hierarquias de poder ligadas a gênero, mesmo em círculos abolicionistas negros.

Assim, ao criticar a abundância no texto de imagens de mulheres negras escravizadas, espancadas e agredidas, não deveríamos ler essas imagens como se precisassem ser extraídas da autobiografia, mas, em vez disso, devemos tentar desenvolver uma estrutura que ponha em primeiro plano tanto as complexidades da violência de gênero sob a escravidão quanto as possíveis estratégias de gênero para a liberdade. Podemos começar examinando a instrumentalidade das violências de gênero da escravidão, que não foram produto de atores individuais inerentemente maus, e sim projetadas para promover o próprio sistema de escravidão. Em numerosas narrativas de escravos, descobrimos descrições de formas especiais de punição a mulheres grávidas, que muitas vezes eram obrigadas a deitar-se sobre um buraco no chão destinado a "proteger" a gravidez como propriedade futura do proprietário de escravos, enquanto um capataz as açoitava. As palavras de Moses Grandy indicam que a violência foi tal que às vezes excedeu seu propósito inicial e levou à morte da mãe e do feto.

> Uma mulher que cometa um erro no campo e está num estado interessante é compelida a se deitar sobre um buraco feito para receber sua corpulência e é espancada com um chicote ou uma ripa com buracos; a cada batida surge uma bolha. Uma de minhas irmãs foi espancada tão severamente dessa forma que entrou em trabalho de parto, e a criança nasceu no campo. O mesmo capataz, sr. Brooks, matou dessa maneira uma menina chamada Mary.[16]

Ao mesmo tempo, não deveríamos nos sentir tão dominados pela enormidade dessa violência a ponto de esquecermos que sua vítima é alguém que merece ser livre. Em outras palavras, não deveríamos permitir que emoções como a pena eliminem a possibilidade de solidariedade. Histórias reais e atuais de coerção sexual e abuso de mulheres prisioneiras revelam as heranças da escravidão, e nossas respostas frequentemente recapitulam as dos abolicionistas do século XIX.

Como, então, podemos ler a autobiografia de Douglass de forma a nos ajudar a entender a escravidão do modo como Douglass a vivenciou e a perceber os legados da escravidão da maneira como eles estão cristalizados hoje em múltiplos regimes de violência contra mulheres e homens? Mais ainda, quais são as ligações entre modos de violência institucional – como as impostas a mulheres na prisão – e a pandemia de violência íntima, doméstica, individual contra as mulheres? Entender as heranças da escravidão nos ajuda a entender melhor os desafios complexos do presente.

As teorias da libertação durante os anos 1960 e 1970, mesmo tendo sido importantes na época, falharam em compreender a

---

16 Ver Angela Davis, *Mulheres, raça e classe*. São Paulo: Boitempo, 2016.

extensão com a qual a escravidão deixou marcas intangíveis tanto nas práticas institucionais quanto individuais. Muitos de nós pensamos que a libertação é simplesmente uma questão de organizar o poder de pressão das mãos dos que consideramos opressores. Frederick Douglass certamente nos ajudou a conceituar isso, mas essa não era, nem de longe, a história toda. Os leitores atuais de Douglass, estudiosos e ativistas, fazem justiça a este texto ao trazer um sentimento muito mais amplo do que significa lutar pela libertação, um sentimento que abarque não apenas mulheres de cor, mas também comunidades sexualmente marginalizadas, assim como todos aqueles sujeitados a modos de contenção e repressão em razão de seu status de residência como imigrantes. Igualmente importante, ao reconhecermos a extensão da influência que Douglass recebeu de ideologias de sua era, é podermos aprender melhor a identificar aqueles que limitam nossa imaginação de libertação nos dias atuais e a lutar contra eles.

Angela Y. Davis
Julho de 2009

PRIMEIRA PALESTRA
SOBRE LIBERTAÇÃO

A ideia de liberdade tem justificadamente sido um tema dominante na história das ideias ocidentais. O homem tem sido repetidas vezes definido em termos de sua liberdade inalienável. Um dos paradoxos mais agudos presentes na história da sociedade ocidental é que, embora em um plano filosófico a liberdade tenha sido delineada da maneira mais elevada e sublime, a realidade concreta foi sempre permeada pelas formas mais brutais de ausência de liberdade, de escravidão. Na Grécia Antiga, onde, segundo nos ensinam, está a origem da democracia, não se pode ignorar que, apesar de todas as asserções filosóficas sobre a liberdade do homem, a despeito da exigência de que o homem se realize por meio do exercício de sua liberdade como cidadão da pólis, a maioria das pessoas em Atenas não era livre. As mulheres não eram cidadãs, e a escravidão era uma instituição aceita. Além disso, havia definitivamente uma forma de racismo presente na sociedade grega, pois apenas os gregos podiam ter os benefícios da liberdade: todos os não gregos eram chamados de bárbaros e por sua própria natureza não podiam merecer ou ser capazes de ser livres.

Nesse contexto, impossível que não venha à cabeça a imagem de Thomas Jefferson e dos outros chamados Pais Fundadores formulando os nobres conceitos da Constituição dos Estados Unidos enquanto seus escravos viviam na miséria. Para não estragar a beleza da Constituição e ao mesmo tempo proteger a instituição da escravidão, eles escreveram sobre "pessoas mantidas em serviço ou trabalho", um eufemismo para a palavra escravidão, como sendo tipos excepcionais de seres humanos, pessoas que não mereciam as garantias e os direitos da Constituição.

O homem é livre ou não? Ele deve ser livre ou não deve ser livre? A história da literatura negra fornece, na minha opinião, um relato muito mais esclarecedor da natureza da liberdade, de sua extensão e seus limites, do que todos os discursos filosóficos sobre esse tema na história da sociedade ocidental. Por quê? Por várias razões. Em primeiro lugar, porque a literatura negra neste país e pelo mundo projeta a consciência de um povo a quem foi negada entrada no mundo da liberdade. As pessoas negras expuseram, por sua própria existência, as inadequações não apenas da prática da liberdade, mas também de sua formulação teórica. Pois, se a teoria da liberdade permanece isolada da prática da liberdade ou se é contrariada pela realidade, então isso significa que algo deve estar errado com o conceito – isto é, caso estejamos pensando de maneira dialética.

O tema principal deste curso será, portanto, a ideia de liberdade como ela se manifesta na produção literária das pessoas negras. Começando com *A vida e a época de Frederick Douglass*, vamos explorar como o escravo vivencia sua servidão e, dessa forma, como vivencia a experiência negativa da liberdade. O mais importante aqui será a transformação crucial do conceito de liberdade como um princípio estático e dado no conceito de libertação, a luta dinâmica e ativa pela liberdade. Em seguida, veremos W.E.B. DuBois, Jean Tommer, Richard Wright e John A. Williams. Intercaladas estarão a poesia de vários períodos da história negra neste país e análises teóricas como *A.B.C. of Color*, de Fanon e DuBois. Finalmente, gostaria de discutir algumas peças de escritores africanos e poemas de Nicolás Guillén, um poeta negro cubano, e compará-los com a obra de negros americanos.

Durante o curso, como disse, a noção de liberdade será o eixo em torno do qual tentaremos desenvolver outros conceitos filosóficos. Vamos deparar com noções metafísicas como identidade, o problema do autoconhecimento. O tipo de filosofia da história que surge dos trabalhos que estamos estudando será crucial. A moralidade peculiar das pessoas oprimidas é algo que teremos de compreender. À medida que progredimos no caminho da manifestação da liberdade na literatura negra, devemos recuperar todo um grupo de temas relacionados.

Antes de abordar o material, gostaria de dizer algumas palavras sobre os tipos de perguntas que devemos fazer a nós mesmos quando analisamos a natureza da liberdade humana. Primeiro, a liberdade é totalmente subjetiva, totalmente objetiva ou é uma síntese de ambos os polos? Deixe-me tentar explicar o que quero dizer. A liberdade deve ser concebida meramente como uma característica inerente e predeterminada do homem, é uma liberdade que está confinada à mente humana, a liberdade é uma experiência interior? Ou, por outro lado, a liberdade é apenas a liberdade para mover, para agir da maneira que se escolhe? Coloquemos a questão original quanto à subjetividade ou objetividade da liberdade da seguinte maneira: A liberdade é a liberdade de pensamento ou a liberdade de ação? Ou, mais importante, é possível conceber uma sem a outra?

Isso nos leva diretamente ao problema de saber se a liberdade é possível dentro dos limites da escravidão material. O escravo pode ser livre de alguma maneira? Isso nos lembra uma das afirmações mais notórias do existencialista francês Jean-Paul Sartre. Mesmo o homem acorrentado, diz ele, permanece livre, e por esta razão: ele sempre tem a liberdade de acabar com sua condição de escravo mesmo que isso signifique sua morte. Ora, isso é extremo. Mas temos de decidir se é assim ou não que vamos definir esse conceito. Certamente, isso não seria compatível com a noção de libertação, pois, quando opta pela morte, o escravo faz muito mais do que obliterar sua condição de servidão, pois ao mesmo tempo ele abole a própria condição da liberdade, a vida. Contudo, há mais a ser dito quando tiramos a decisão de morrer de um contexto abstrato e examinamos as dinâmicas de uma situação real na qual um escravo encontra sua morte na luta por liberdade concreta. Ou seja, a escolha, escravidão ou morte, pode significar ou escravidão ou suicídio ou, por outro lado, a escravidão ou libertação a qualquer custo. A diferença entre as duas situações é crucial.

A consciência coletiva de um povo oprimido engloba uma compreensão das possibilidades de abolir a opressão. Ao fim de sua jornada pela compreensão, o escravo encontra um entendimento real do que a liberdade significa. Ele sabe que significa a destruição da relação entre senhor e escravo. E, nesse sentido, seu conhecimento da liberdade é mais profundo que o do senhor. Pois o senhor de escravos se sente livre, e se sente livre porque é capaz de controlar a vida de outros. Ele é livre à custa da liberdade do outro. O escravo

646

vivencia a liberdade do senhor do modo como ela realmente é. Ele compreende que a liberdade do senhor de escravos é a liberdade abstrata de suprimir outros seres humanos. O escravo entende que esse é um pseudoconceito de liberdade e, nesse momento, se torna mais esclarecido que seu senhor, pois percebe que o senhor é escravo dos próprios equívocos, dos próprios erros, da própria brutalidade, do próprio esforço para oprimir.

Agora gostaria de começar a abordar o material. A primeira parte de *A vida e a época de Frederick Douglass*, chamada "A vida como escravo", constitui uma viagem física da escravidão à liberdade que é tanto uma conclusão quanto um reflexo de uma viagem filosófica da escravidão à liberdade. Veremos que nenhuma dessas viagens seria possível sozinha; elas são mutuamente determinantes.

O ponto de partida desta viagem é a exclamação de Frederick Douglass ainda criança: "Por que sou um escravo? Por que algumas pessoas são escravas e outras são proprietárias de escravos?" [p. 39]. Sua atitude crítica quando se recusa a aceitar a resposta usual – que Deus fez os negros para serem escravos e os brancos para serem senhores de escravos – é a condição básica que deve estar presente antes que a liberdade se torne uma possibilidade na mente do escravo. Não podemos esquecer que ao longo de toda a história da sociedade ocidental há uma abundância de justificativas para a existência da escravidão. Tanto Platão quanto Aristóteles achavam que alguns homens nasciam para ser escravos, alguns homens não nasciam livres. As justificativas religiosas para a escravidão podem ser encontradas em todo lugar.

Vamos tentar chegar a uma definição filosófica de escravo. Já declaramos o essencial: é um ser humano que, por alguma razão, tem sua liberdade negada. Mas a liberdade não é a essência do ser humano? Ou o escravo não é um homem ou sua própria existência é uma contradição. Podemos descartar a primeira opção, apesar de que não devemos esquecer que a ideologia prevalente definiu o homem negro como um subumano. O fracasso em lidar com a natureza contraditória da escravidão, a imposição de que se ignore a realidade, é exemplificada na noção de que o escravo não é um homem, pois, caso fosse um homem, certamente seria livre.

Todos conhecemos as tentativas calculadas de roubar ao homem negro sua humanidade. Sabemos que, para se manter a instituição da escravidão, as pessoas negras foram forçadas a viver em condições inadequadas para animais. Os brancos donos de escravos estavam determinados a moldar as pessoas negras à imagem do ser subumano que criaram de forma a justificar suas ações. Surge um círculo vicioso no qual o dono de escravo perde toda a sua autoconsciência.

O círculo vicioso continua a girar, mas para o escravo há uma saída: a resistência. Frederick Douglass parece ter tido sua primeira experiência com essa possibilidade de um escravo se tornar livre a partir da observação de um escravo resistindo ao chicoteamento:

> O escravo que tinha coragem para se impor diante do feitor, embora de início pudesse levar muitas e duras chibatadas, acabava se tornando, ainda que legalmente escravo, virtualmente um homem livre. "Você pode atirar em mim", disse um escravo a Rigby Hopkins, "mas não pode me açoitar", e o resultado foi que ele não foi nem chicoteado nem baleado. [pp. 41-42]

Já podemos começar a concretizar a noção de liberdade como ela aparece para o escravo. A primeira condição de liberdade é um ato de resistência declarada – resistência física, resistência violenta. Nesse ato de resistência, os rudimentos da liberdade já estão presentes. E a retaliação violenta significa muito mais que o ato físico: é sua recusa não apenas a se submeter ao açoitamento, mas a recusa em aceitar as definições do senhor de escravos; é uma rejeição implícita da instituição da escravidão, de seus padrões, de sua moralidade, um esforço microcósmico em direção à libertação.

O escravo está realmente consciente de que a liberdade não é um fato, não é algo dado; em vez disso, é algo pelo que se deve lutar, que só pode existir por meio de um processo de luta. O senhor de escravos, por outro lado, percebe sua liberdade como inalienável e, portanto, como um fato: não está consciente de que ele também foi escravizado pelo próprio sistema.

Para começar a responder à pergunta que apresentamos no início – é possível que um homem esteja acorrentado e ao mesmo tempo seja livre –, podemos agora dizer que o caminho em direção à liberdade só pode ser vislumbrado pelo escravo quando ele rejeita ativamente suas correntes. A primeira fase da libertação é a decisão de rejeitar sua imagem do modo como o dono de escravos a pintou, rejeitar as condições que o dono de escravos criou, rejeitar sua própria existência, rejeitar a si mesmo como escravo.

Aqui o problema da liberdade nos leva diretamente à questão da identidade. A condição de escravidão é uma condição de alienação. "A natureza jamais teve a intenção de que homens e mulheres fossem escravos ou donos de escravos, e nada, exceto o rigoroso e longo treinamento feito com persistência, pode aperfeiçoar o caráter de um ou de outro" [pp. 71-72] A escravidão é uma alienação de uma condição natural, é uma violação da natureza que distorce ambos os participantes – o escravo e o dono de escravo. A alienação é a ausência de identidade autêntica; no caso do escravo, ele é alienado da própria liberdade.

Esta não identidade pode existir em vários níveis: pode ser inconsciente – o escravo aceita a definição do senhor de escravo, torna-se não livre ao se ver como inerentemente inadequado para a liberdade. Ou pode ser consciente, o conhecimento pode dar um golpe nessa situação. Estamos mais preocupados com a segunda alternativa, pois constitui uma etapa na viagem para a liberdade.

A forma mais extrema de alienação humana é sua redução ao status de propriedade. É assim que o escravo é definido: algo de que se pode ter posse.

A personalidade engolida pela sórdida ideia de propriedade! A humanidade perdida pela transformação em um pertence! [...] Nosso destino seria *determinado para toda a vida*, e não tínhamos mais direito a nos pronunciarmos sobre a questão do que bois e vacas que ficam ruminando no palheiro. [p. 86]

As pessoas negras eram tratadas como coisas, eram definidas como objetos. "O escravo era um bem imóvel", definiu Douglass [p. 87]. Sua vida deve ser vivida dentro dos limites desse objeto, dos limites da definição dada pelo homem branco para o homem negro. Forçado a viver como se fosse um bem imóvel, o escravo tem sua percepção de mundo invertida. Como sua vida é relegada à vida de um objeto, ele deve estabelecer a própria humanidade dentro desses limites. "[O escravo] não tinha escolhas, não tinha metas, estava preso a um único lugar e devia fixar raízes ali, ou então em parte alguma" [p. 87]. O escravo não tem poder nenhum de determinar as circunstâncias externas de sua vida. Num dia, uma mulher poderia estar vivendo numa fazenda entre seus filhos, o pai delas – família, amigos. No dia seguinte, poderia estar a quilômetros de distância sem esperança de voltar a vê-los. A ideia da viagem perde a conotação de exploração, perde a emoção da descoberta do desconhecido. A viagem se torna uma jornada para o inferno, não para longe da existência de objeto do escravo, mas uma acentuação ainda mais nítida de sua existência externa não humana. "Ver a partida daquele que seguia para o mundo era como ver um homem vivo descendo para o túmulo, alguém que, de olhos abertos, vê-se sendo enterrado e ficando privado de ver e ouvir a esposa, os filhos e os amigos queridos" [pp. 87-88]. Frederick Douglass faz um comovente relato dos últimos dias de sua avó, que depois de ter servido fielmente a seu senhor desde o nascimento até a morte, tendo tido filhos e netos para ele, é vista com desdém por seu novo proprietário – o neto do senhor original. Ela é enviada para a floresta para uma morte solitária.

O dono de Frederick Douglass revela para ele involuntariamente o caminho para a consciência de sua alienação: "[...] se você der a um preto a mão, ele vai querer o braço. A instrução estraga o melhor preto do mundo. Se aprender a ler a Bíblia, ele jamais voltará a ser adequado como escravo. Ele não deve saber de nada, exceto das ordens de seu senhor, e aprender a obedecer a elas [...]" [p. 69]. O escravo é totalmente alienado na medida em que aceita a vontade de seu mestre como autoridade absoluta sobre sua vida. O escravo não tem vontade, não tem desejos, não é um ser – sua essência, seu ser, ele deve encontrar inteiramente na vontade de seu senhor. O que isso significa? É em parte com o consentimento do escravo que o homem branco é capaz de perpetuar a escravidão – quando dizemos consentimento, no entanto, não é consentimento livre, mas consentimento sob a mais brutal força e pressão.

Frederick Douglass aprendeu a partir das observações de seu dono exatamente como combater a própria alienação:

"Muito bem", pensei. "O conhecimento torna uma criança inadequada para a escravidão." Instintivamente concordei com a afirmação, e a partir daquele momento compreendi qual seria o caminho que levaria diretamente da escravidão para a liberdade. [p. 69]

Se olharmos atentamente para as palavras de Frederick Douglass, poderemos detectar o tema da resistência mais uma vez. Sua primeira experiência concreta da possibilidade de liberdade dentro dos limites da escravidão vem quando ele observa um escravo resistir a uma chicotada. Então ele transforma essa resistência em uma resistência mental, uma recusa em aceitar a vontade do senhor e uma determinação em encontrar meios independentes de julgar o mundo.

Assim como o escravo usou a violência contra a violência do agressor, Frederick Douglass usou o conhecimento de seu dono, ou seja, de que o aprendizado torna o homem inadequado para a escravidão e o volta contra ela: ele irá em busca de conhecimento, precisamente porque isso o torna inadequado para a escravidão. Resistência, rejeição, em todos os níveis e em todas as frentes, são elementos integrais da jornada em direção à liberdade. A alienação se tornará consciente por meio do processo de conhecimento.

Ao combater sua ignorância, ao resistir à vontade de seu senhor, Frederick Douglass entende que todos os homens devem ser livres e, assim, aprofunda seu conhecimento da escravidão, do que significa ser um escravo, do que significa ser a contraparte negativa da liberdade.

Quando eu tinha cerca de 13 anos e havia conseguido aprender a ler, cada acréscimo de conhecimento, especialmente em coisas que se relacionavam com os estados livres, era um peso adicional para o fardo quase intolerável de meu pensamento – "*Sou escravo para toda a vida*". Eu não conseguia ver fim para meu cativeiro. Era uma realidade terrível, e jamais serei capaz de dizer quanto essa ideia entristecia meu jovem espírito. [p. 74]

Sua alienação se torna real, vem à tona, e Frederick Douglass irá experimentar existencialmente tudo que implica estar preso a um estado de não liberdade materialmente, enquanto mentalmente ele estava encontrando seu caminho em direção à libertação. A tensão entre o subjetivo e o objetivo levaria finalmente ao ímpeto em direção à libertação total. Mas, antes que esse objetivo seja atingido, toda uma série de fases precisa ser atravessada.

O escravo, Frederick Douglass, portanto, transcende mentalmente sua condição em direção à liberdade. Eis aqui a consciência da alienação. Ele vê a liberdade concretamente como a negação de sua condição – ela está presente no próprio ar que ele respira.

A liberdade, sendo o inestimável direito de nascença de todo homem, convertia todo objeto num porta-voz desse direito. Eu a ouvia em todo som e a via em todo objeto. Ela estava sempre presente para me atormentar com a ideia de minha desgraça. Quanto mais belos e encantadores fossem os sorrisos da natureza, mais horrível e desolada era a minha condição. Eu nada via sem ver isso, e nada ouvia sem ouvir isso. Não exagero ao dizer que a liberdade me olhava de cada estrela, sorria para mim em cada calmaria, respirava em cada vento e se movia em toda tempestade. [pp. 76-77]

Ele chegou ao reconhecimento verdadeiro de sua condição. Esse reconhecimento é ao mesmo tempo a rejeição dessa condição. A consciência da alienação implica a recusa absoluta em aceitar a alienação. Mas a situação do escravo, em função de sua própria natureza contraditória, é impossível: a iluminação não traz felicidade nem traz liberdade *real* – ela traz desolação e miséria, isto é, desde que o escravo não veja um caminho concreto para sair da escravidão. Ao falar da esposa de seu senhor, Frederick Douglass diz: "Ela pretendia me manter ignorante, e eu estava determinado a *saber*, embora o conhecimento apenas ampliasse minha infelicidade" [p. 77]. Além disso, não é apenas sua condição individual que o escravo rejeita, e portanto sua miséria não é resultado apenas de sua falta de liberdade individual, de sua alienação individual. A verdadeira consciência é a rejeição da própria instituição e de tudo que a acompanha. "Era a *escravidão*, e não seus meros *incidentes*, que eu odiava" [p. 77]. Isso indica o caminho de Frederick Douglass da escravidão para a liberdade. Mesmo quando atinge a própria liberdade, ele não vê o objetivo real como tendo sido alcançado. Só com a abolição total da instituição da escravidão sua miséria, sua desolação e sua alienação serão eliminadas. E nem assim, pois restarão vestígios, existentes ainda hoje, das causas que deram origem à escravatura.

Nessa estrada para a liberdade, Frederick Douglass experimenta a religião como um reforço e uma justificativa para seu desejo de ser livre. Fora da doutrina cristã, ele deduz a igualdade de todos os homens perante Deus. Se isso for verdade, ele infere, então os senhores de escravos devem estar desafiando a vontade de Deus ao suprimir a vontade dos seres humanos e devem ser tratados de acordo com a ira de Deus. Liberdade, abolição da escravidão, libertação, destruição da alienação – essas noções recebem uma justificativa metafísica e um ímpeto por meio da religião. Um ser sobrenatural deseja a abolição da escravidão: Frederick Douglass, escravo e crente em Deus, deve cumprir a vontade de Deus trabalhando pelo objetivo da libertação.

Douglass não foi a única pessoa a inferir isso a partir da religião cristã. Para Nat Turner, uma importante parte de sua inspiração veio de sua fé cristã. John Brown foi outro exemplo.

Todos sabemos que, da perspectiva de uma sociedade branca, dona de escravos, a cristandade supostamente deveria servir a uma função diferente. A ideia predominante por trás da exposição dos escravos à religião era fornecer uma justificativa metafísica, não para a liberdade, mas sim para a escravidão.

Uma das declarações mais notórias de Karl Marx é que a religião é o ópio do povo. Isto é, a religião ensina os homens a estar satisfeitos em suas condições neste mundo – com sua opressão – ao direcionar suas esperanças e desejos ao domínio supernatural. Um pouco de sofrimento durante a existência da pessoa neste mundo não significa nada comparado com uma eternidade de bem-aventurança.

Marcuse gosta de destacar que frequentemente ignoramos o fato de que Karl Marx disse também que a religião é o sonho de uma humanidade oprimida. Por um lado, essa afirmação significa, é claro, que desejos se tornam sonhos, projetados no domínio do imaginário. Mas, por outro lado, devemos nos perguntar: há mais alguma coisa implícita na declaração de Marx sobre a noção de sonhos de uma humanidade oprimida? Pense um pouco. Vontades, necessidades e aspirações reais são transformadas em sonhos, desejos, por meio do processo religioso, já que este mundo parece tão desesperador: essa é a perspectiva de um povo oprimido. Mas o que é importante, o que é crucial é que esses sonhos estão sempre prestes a voltar ao seu estado original – as verdadeiras aspirações e necessidades aqui na terra. Sempre há a possibilidade de redirecionar esses sonhos e desejos para o aqui e agora.

Frederick Douglass redirecionou esses sonhos. Nat Turner os enquadrou no mundo real. Então pode haver uma função positiva da religião, porque sua própria natureza é satisfazer as necessidades mais urgentes das pessoas que estão oprimidas. (Estamos falando apenas da relação das pessoas oprimidas com a religião, não tentando analisar a noção de religião em si e por si mesma.) Pode haver uma função positiva da religião. Basta dizer: vamos começar a criar essa eternidade de bem-aventurança para a sociedade humana aqui neste mundo. Vamos converter a eternidade em história.

Por que é maior a quantidade de pessoas negras que não mudaram a ênfase do outro mundo para a realidade concreta – para a história? Houve um esforço calculado por parte da sociedade branca dona de escravos para criar um tipo especial de religião que servisse aos seus interesses, que servisse para perpetuar a existência da escravidão. O cristianismo foi usado com o propósito de lavagem cerebral, doutrinação, pacificação.

Kenneth Stampp, em *The Peculiar Institution*, discute extensivamente o papel da religião na criação de métodos de apaziguar os negros, de suprimir uma revolta potencial. No início, os africanos não foram convertidos ao cristianismo, porque isso poderia ter dado aos escravos o direito à liberdade. No entanto, as várias colônias de escravos aprovaram leis no sentido de que os cristãos negros não se tornariam automaticamente homens livres em virtude de seu batismo. Stampp elabora as razões pelas quais finalmente decidiu-se deixar que os escravos passassem pela porta secreta do cristianismo:

> Por meio da instrução religiosa, o servo aprendia que a escravidão tinha sanção divina, que a insolência era uma ofensa tanto contra Deus quanto contra o senhor temporal. Eles recebiam a ordem bíblica de que os servos deveriam obedecer a seus senhores e ouviam falar das punições que aguardava o escravo desobediente no além. Eles ouviram, também, que a salvação eterna seria sua recompensa pelo serviço fiel e que no dia do julgamento Deus trataria imparcialmente os pobres e ricos, os negros e os brancos.

Assim, aquelas passagens da Bíblia que enfatizam a obediência, a humildade, o pacifismo, a paciência foram apresentadas ao escravo como a essência do cristianismo. Por outro lado, as passagens que falavam de igualdade, liberdade, aquelas que Frederick Douglass conseguiu descobrir, porque, ao contrário da maioria dos escravos, aprendeu sozinho a ler – foram eliminadas dos sermões que o escravo ouvia. Uma versão muito censurada do cristianismo foi desenvolvida especialmente para os escravos. Um escravo piedoso, portanto, nunca bateria num homem branco, seu senhor sempre estava certo, mesmo quando ele estava errado por todos os padrões humanos. Esse uso da religião foi um dos atos mais violentos contra a humanidade. Era usada para ensinar a um grupo de pessoas que elas não eram seres humanos; foi usada na tentativa de abolir o último resquício de identidade que o escravo possuía. Mas, no longo prazo, esse projeto não foi totalmente bem--sucedido, como pode ser testemunhado por Frederick Douglass, Gabriel Prosser, Denmark Vesey, Nat Turner e incontáveis outros que voltaram o cristianismo contra os missionários. O Antigo Testamento foi particularmente útil para aqueles que planejaram revoltas – os filhos de Israel foram libertados da escravidão no Egito por Deus – mas eles lutaram, lutaram para cumprir a vontade de Deus. A resistência foi a lição aprendida na Bíblia. *Spirituals* cristãos criados e cantados pelas massas de escravos também eram canções poderosas de liberdade que demonstram até que ponto o cristianismo poderia ser resgatado do contexto ideológico forjado pelos proprietários de escravos e imbuído de um conteúdo revolucionário de libertação.

A reação de Frederick Douglass à revolta de Nat Turner é reveladora:

A insurreição de Nat Turner havia sido sufocada, porém o alarme e o terror que aquela rebelião causou não haviam diminuído. A cólera na época estava a caminho de nossa região, e eu me lembro de pensar que Deus estava zangado com os brancos em função de sua maldade ao manter escravos, e que por isso Seu julgamento estava à solta. Claro que para mim era impossível não ter grande esperança no movimento abolicionista quando o via como algo apoiado pelo Todo-Poderoso e armado com a MORTE. [p. 80]

Eu gostaria de terminar aqui apontando para a essência do que tenho tentado transmitir hoje. O caminho para a liberdade, o caminho da libertação, é marcado pela resistência em todas as encruzilhadas: resistência mental, resistência física, resistência dirigida à tentativa concertada de obstruir esse caminho. Acho que podemos aprender com a experiência do escravo. Precisamos desmascarar o mito de que os negros eram dóceis e tolerantes e o mito extremo – que, a propósito, li em meus textos de história do colégio em Birmingham, Alabama – de que os negros na verdade preferiam a escravidão à liberdade. Seguindo com a leitura de *A vida e a época de Frederick Douglass*, no próximo encontro vamos tentar continuar nossa investigação sobre os temas filosóficos na literatura negra. ∎

SEGUNDA PALESTRA
SOBRE LIBERTAÇÃO

Antes de continuar a discussão sobre Frederick Douglass, gostaria de dizer algumas palavras sobre o curso em geral. Os estudos negros são um campo que há muito tempo vem sendo negligenciado nas universidades. Estamos apenas começando a preencher o vácuo. E precisamos ser muito cuidadosos, porque não queremos que a história negra e a literatura negra sejam relegadas à mesma existência estagnada, inócua, compartimentalizada, digamos, da história da Revolução Americana. Eu poderia falar sobre Frederick Douglass como se ele tivesse a mesma relevância, digamos, da chamada descoberta da América por Colombo. A história e a literatura não deveriam ser peças num museu de antiguidades, especialmente quando nos revelam problemas que continuam a existir hoje. As razões subjacentes à demanda por programas de estudos negros são muitas, mas a mais importante é a necessidade de estabelecer um *continuum* do passado ao presente, para descobrir a gênese dos problemas que continuam a existir hoje, para descobrir como nossos ancestrais lidaram com eles. Podemos aprender com a experiência filosófica e também com a experiência concreta do escravo. Podemos aprender quais métodos de lidar com a opressão foram historicamente bem-sucedidos e quais falharam. Os fracassos são cruciais, porque não queremos ser responsáveis pela repetição da história em sua brutalidade. Aprendemos quais foram os equívocos para não repeti-los.

Devemos abordar o conteúdo deste curso não como fatos congelados, como sendo estáticos, como significativos apenas em termos de compreensão do passado. Estamos falando de temas filosóficos, temas filosóficos recorrentes. A filosofia deve realizar a tarefa de generalizar aspectos da experiência, e não apenas com o propósito de formular generalizações, de descobrir fórmulas, como acreditam alguns de meus colegas da disciplina. Minha ideia de filosofia é que, se não for relevante para os problemas humanos, se não nos disser como podemos fazer para erradicar parte da miséria neste mundo, então não vale o nome de filosofia. Acho que Sócrates fez uma declaração muito profunda quando afirmou que a razão de ser da filosofia é nos ensinar uma vida adequada. Nos dias de hoje, "uma vida adequada" significa libertação dos problemas urgentes da pobreza, da necessidade econômica e da doutrinação, da opressão mental.

Agora, vamos continuar com o curso. Em nosso último encontro, tentei usar a primeira parte de *A vida e a época de Frederick Douglass* como oportunidade para abordar as variações nos temas filosóficos mais importantes que encontramos na existência do escravo. A transformação da ideia de liberdade em luta pela libertação por meio do conceito de resistência; esta sequência de temas interdependentes – liberdade, libertação, resistência – fornece a base para o curso. Dentro dessa estrutura, discutimos da última vez até que ponto a liberdade é possível dentro dos limites da escravidão. Determinamos que a própria existência do escravo é uma contradição: ele é um homem que não é homem, isto é, um homem que não possui o atributo essencial da humanidade: a liberdade. A sociedade branca e escravagista o define como um objeto, como um animal, como uma propriedade. A alienação assim produzida como realidade da existência do escravo deve vir à tona – deve se tornar consciente para que ele possa abrir um caminho para a libertação. Ele deve reconhecer a princípio a natureza contraditória de sua existência, e, desse reconhecimento, surge a rejeição. Vimos que o reconhecimento da alienação se torna um pré-requisito e acarreta rejeição, resistência. A religião pode desempenhar um papel tanto positivo quanto negativo nesse caminho para o autoconhecimento. Pode impedir a liberação – e este é o propósito expresso para converter o escravo – ou pode fornecer uma ajuda poderosa, como foi o caso na primeira experiência religiosa de Frederick Douglass.

Eu gostaria de começar hoje continuando essa discussão sobre religião. Agora, descobriremos que o interesse e o entusiasmo de Frederick Douglass pela religião diminuem quando ele compreende a hipocrisia que a acompanhava nos pensamentos e ações do proprietário de escravos. É importante reconhecer que a transição da elevação espiritual para a desilusão é introduzida por uma mudança física real nas condições de Frederick Douglass, escravo. Durante o tempo em que desenvolveu inclinações fervorosas para o cristianismo como resultado de seu aprendizado da leitura, ele viveu em circunstâncias relativamente confortáveis – quer dizer, na medida em que algo pode ser definido como confortável na escravidão. Seu desencanto surge quando ele é forçado a viver em condições de fome real – quando é entregue ao capitão Thomas Auld.

Uma experiência importante ocorre quando ele observa a conversão brutal e sádica de seu senhor de escravos ao cristianismo:

> "Se ele se converter", pensei, "vai libertar todos os escravos". [...] Recorrendo à minha própria experiência religiosa, e julgando meu senhor por aquilo que era verdade em meu caso, eu não conseguia considerar que ele estivesse plenamente convertido, a não ser que esses bons resultados se seguissem à sua profissão de fé. [p. 98-99]

Essas inferências filosóficas do que Douglass considerava ser a essência do cristianismo – a demonstração de pensamentos cristãos por atos cristãos – são refutadas pela conduta subsequente do senhor de escravos. Para o oprimido, para o escravo, a religião serve a um propósito bastante positivo: é um remédio muito necessário que ajuda a aliviar o sofrimento e ao mesmo tempo é uma consciência invertida do mundo, projeção de necessidades e aspirações reais no domínio sobrenatural. A experiência religiosa do proprietário de escravos, exemplificada no comportamento do capitão Auld, tem uma textura totalmente diferente. Religião, para ele, é pura ideologia, totalmente contraditória ao seu comportamento real no dia a dia. O proprietário de escravos deve trabalhar constantemente para manter essa contradição; sua própria existência é baseada na separação rígida entre sua vida real e sua vida espiritual. Pois, caso ele leve a sério os preceitos do cristianismo, caso os aplique em sua vida diária, ele estaria negando sua própria existência como opressor da humanidade. O próprio Auld formula isso claramente quando diz: "Vou mostrar para você, rapazinho, que, embora tenha me livrado de meus pecados, não me livrei de meu juízo. Vou manter meus escravos e mesmo assim ir para o céu" [p. 100].

Pelo menos num nível inconsciente, deve haver alguma percepção dessas contradições na mente do proprietário de escravos. Isso é indicado por um real aumento das contradições pelo próprio Auld. Quanto mais intenso se torna seu envolvimento religioso, mais intensa se torna sua crueldade com seus escravos. "Se é que a religião teve algum efeito sobre ele, foi torná-lo mais cruel e odioso em todos os seus modos" [p. 100]. O que dissemos sobre a falta de relação entre sua vida religiosa e sua vida real torna-se uma descontinuidade previsível. Sua crescente prática religiosa parece ser tanto uma desculpa quanto uma expiação diante do fato de sua crescente perpetração da desgraça entre seus escravos. Longas e altas orações e hinos justificam longos e duros açoites, justificam a completa fome dos escravos.

O que podemos inferir dessa análise da relação do proprietário de escravos com a religião? Como afirmei na última palestra, a sociedade ocidental, e particularmente a era do domínio da burguesia, tem se caracterizado pela lacuna entre a teoria e a prática, particularmente entre a liberdade conforme é desenvolvida conceitualmente e a falta de liberdade no mundo real.

O fato de em algum lugar de um dos documentos fundamentais deste país existir a afirmação de que todos os homens são criados iguais e o fato de a desigualdade social e política jamais ter sido erradicada não podem ser vistos como algo completamente desvinculado da relativa indiferença com que o senhor Auld discute a lacuna entre suas ideias religiosas e seus preceitos do dia a dia. As próprias palavras do proprietário de escravos nos revelam a brutalidade que está por trás não apenas de sua situação particular, mas da sociedade em geral. Às vezes, precisamos recorrer aos exemplos mais extremos para descobrir significados velados do exemplo mais sutil.

O reconhecimento por Frederick Douglass das contradições entre as ideias religiosas e o comportamento de seu senhor o leva a uma disposição crítica em relação à relevância da própria religião:

> [...] O capitão Auld podia orar. Eu ficaria feliz por orar; as dúvidas que surgiam, contudo, em parte por eu desconhecer os meios da graça e em parte em função da religião fraudulenta que prevalecia em toda parte, haviam despertado em minha mente uma falta de confiança

em qualquer religião e a convicção de que toda oração era inútil e ilusória. [p. 125]

Da última vez, destacamos a interpretação de Marx sobre o papel que a religião desempenha na sociedade. Gostaria de apontar para algumas observações adicionais que ele faz a respeito da religião na *Contribuição à crítica da filosofia do direito de Hegel*. Acho que a análise da religião feita por Marx nos ajuda a compreender o estado de Frederick Douglass quando ele começa a se afastar da religião. Cito um trecho dessa obra:

O sofrimento *religioso* é ao mesmo tempo expressão de um sofrimento real e *protesto* contra o sofrimento real. A religião é o suspiro da criatura oprimida, o sentimento de um mundo sem coração e a alma de condições desalmadas. É o ópio do povo.

A abolição da religião como felicidade ilusória dos homens é uma exigência de sua felicidade *real*. O chamado para abandonar suas ilusões sobre sua condição é um *chamado para abandonar uma condição que requer ilusões*.

Frederick Douglass experimenta existencialmente aquilo que Marx formula teoricamente. Ele enxerga através do véu da ilusão ao observar o comportamento um tanto esquizofrênico de seu senhor em relação à sua religião e à sua vida diária. Não é insignificante que essa iluminação surja, como indiquei antes, num momento em que seu sofrimento físico se torna praticamente insuportável. Podemos inferir que, ao enxergar através da hipocrisia de seu senhor, ele atinge uma certa autoconsciência, um autoconhecimento. O senhor se torna espelho de sua própria fuga do passado. Situado em relativo conforto, ele teve o luxo de pensar em categorias metafísicas. Agora ele deve enfrentar a necessidade absoluta de erradicar, de destruir seu sofrimento. "A religião", diz Marx, "é apenas o sol ilusório que gira em torno do homem enquanto este não gira em torno de si mesmo".

Frederick Douglass reúne coragem para resistir ao domador de escravos a quem foi enviado para ser domesticado, para ser domado – o domador de escravos que é infinitamente mais brutal do que qualquer um de seus senhores anteriores. Ele encontra essa coragem quando consegue se livrar de sua religião. Ele diz, nessa ocasião: "[...] minhas mãos já não se encontravam atadas pela religião" [p. 130].

Portanto, descobrimos que o papel da religião durante a era da escravidão não é homogêneo: é extremamente complexo. A função da religião reverte continuamente de um extremo ao outro. Nenhuma fórmula pode ser suficiente. Se vimos no último encontro que a religião pode desempenhar um papel positivo, agora estamos descobrindo os aspectos prejudiciais: como ela suprimiu o escravo na pessoa do proprietário, como proporcionou o controle interno e, portanto, como muitas vezes deve ser transcendida para que uma mudança real aconteça. Os líderes religiosos das revoltas de escravos encontraram inspiração na religião, encontraram coragem nela. Frederick Douglass, nesse momento de sua vida, assim como inúmeras pessoas, viu a necessidade de cancelar as ilusões para transformar o mundo real, a fim de chegar a um compromisso absoluto de resistir à opressão.

Concordo com Marx quando ele diz que é preciso superar a religião de maneira a recuperar a razão, que o suspiro da criatura oprimida, para se tornar um protesto efetivo contra a opressão, deve ser articulado e transformado em ação num contexto político. No entanto, não nego que, até certo ponto, a natureza ilusória da religião pode muito bem ser transcendida dentro dos limites da religião – dei os exemplos de Nat Turner, Denmark Vesey e Gabriel Prosser da última vez. A propósito, alguém chamou minha atenção para o fato de que não mencionei nenhuma mulher entre esses exemplos. Eu não estava alerta. As realizações de Harriet Tubman, Sojourner Truth e muitas outras nunca podem ser superestimadas.

Gostaria de deixar de lado a discussão sobre religião agora – talvez a retomemos em outro ponto da vida de Frederick Douglass. Gostaria de continuar a desenvolver a noção de alienação e como o escravo vivencia o mundo e a história. Dissemos que a formulação extrema da alienação do escravo é sua existência como propriedade, como capital, como dinheiro. Há uma citação relativamente longa que gostaria de ler, porque sinto que resume por sua própria concretude a noção de alienação.

"Eu sou", pensei, "apenas o joguete de um poder que não presta contas nem de meu bem-estar nem de minha felicidade. Por uma lei que não consigo compreender, mas da qual não posso fugir e à qual não posso resistir, fui implacavelmente removido do lar de uma bondosa avó e levado às pressas para a casa de um misterioso senhor; novamente sou retirado de lá para a casa de um senhor em Baltimore; depois sou levado para a Costa Leste para ser avaliado com os animais do campo, e com eles ser dividido e separado para um dono; depois sou mandado de volta para Baltimore, e, quando tinha formado novos vínculos e começava a ter esperanças de que não seria mais alcançado por rudes choques, surge uma rixa entre irmãos, e novamente sou enviado para St. Michaels; e agora estou indo a pé deste lugar para a casa de outro senhor, onde, segundo compreendo, como um jovem animal de carga, devo ser domado para o jugo de um cativeiro amargo e destinado a durar por toda a vida". [p. 106]

Para o escravo, o mundo aparece como uma rede hostil de circunstâncias que continuamente o prejudicam. A história é vivida como um aglomerado de eventos fortuitos, ocorrências acidentais que, embora muito além de seu controle, agem de forma geralmente prejudicial para sua vida pessoal. Uma briga trivial entre irmãos é suficiente para destruir e mutilar a vida do escravo – Frederick Douglass é levado de volta à fazenda de seu verdadeiro dono, que é infinitamente mais sádico do que o irmão com quem vivia, como resultado dessa rixa banal.

Ontem, um dos alunos brancos desta classe veio à minha sala e queria saber como eu iria conduzir o curso. Ele perguntou se eu ia ou não limitar o curso às experiências filosóficas do escravo, do negro na sociedade, ou se ia falar sobre pessoas. Ora, além do fato de que escravos e negros são pessoas, há algo em minha mente que eu acho que você deveria saber – e que tem relação com o que acabei de dizer sobre alienação. Pessoas oprimidas são forçadas a enfrentar problemas imediatos todos os dias, problemas que têm um status filosófico e são relevantes para todas as pessoas. Um desses problemas é o da alienação. Em minha opinião, a maioria das pessoas que vivem na sociedade ocidental hoje está alienada, alienada de si mesma, da sociedade. Fornecer uma demonstração objetiva disso exigiria alguma discussão, e, se você quiser, podemos abordar isso em um dos períodos de discussão. A questão é que o escravo, o negro, o chicano e os brancos oprimidos têm muito mais consciência da alienação, talvez não como conceito filosófico, mas como fato de seu cotidiano. O escravo, por exemplo, experimenta essa alienação na forma da hostilidade contínua de todo o seu ambiente diário. Durante a era da escravidão, suponho que era opinião comum que o escravo estava em cativeiro e o homem branco era livre, o homem negro era não humano ou subumano e o homem branco era o ápice da humanidade. Novamente, vamos dar uma olhada no exemplo extremo do homem branco na sociedade escravista – o domador de escravos. Há algo que acho que poderíamos chamar de conceito do destruidor de escravos e podemos desdobrar esse conceito de acordo com o comportamento concreto de Covey, o domador de negros sob cuja autoridade Frederick Douglass vive por um ano.

Pois bem, o que queremos dizer com o conceito de domador de escravos? Sua existência é condição *sine qua non* da escravidão, fato indispensável para a perpetuação da escravidão. Ao mesmo tempo, o domador de escravos se encontra quase à margem da escravidão, a última barreira entre a escravidão física e a libertação física. Ele é a pessoa designada para domar escravos atrevidos, escravos que se recusam a aceitar para si a definição que a sociedade lhes impôs. Ele deve domar, destruir o ser humano no escravo antes que ele consiga perturbar todo o equilíbrio presente no sistema de escravidão. Seu instrumento é a violência. Ele violenta o corpo para domar a vontade. Não apenas chicotadas contínuas, mas trabalho, trabalho impróprio para um animal de carga, eram as manifestações dessa violência.

> [...] fui açoitado, seja com varas ou com couro, toda semana. Ossos doloridos e costas feridas eram meus companheiros constantes. Embora o uso da chibata fosse frequente, o sr. Covey considerava esse um meio menos importante para domar meu espírito do que o trabalho árduo e contínuo. Ele me fazia trabalhar até o limite de minha resistência. Desde a aurora até escurecer completamente, eu era obrigado a trabalhar duro no campo ou na floresta. [pp. 111-12]

Uma das lições que podemos aprender com o método dialético é que, no processo de funcionamento no mundo, o próprio homem passa por mudanças que estão em consonância com suas ações. Ou seja, o homem não pode realizar uma tarefa no mundo sem que ele mesmo seja afetado por isso. Muito bem, o que isso significa para Covey, o domador de negros? Sua tarefa é mutilar a humanidade do escravo. A pergunta que devemos nos fazer é se ele pode realizar essa tarefa sem mutilar sua própria humanidade. Devemos poder inferir, da resposta a essa pergunta, o que aconteceu com a humanidade do homem branco em geral durante a era da escravidão.

Não precisamos nos envolver em nenhuma filosofia desnecessária para responder a essa pergunta. Frederick Douglass diz isso abertamente, ao chamar o domador de escravos pelo nome.

> O plano dele era jamais se aproximar de maneira franca, honrada e direta do lugar onde seus trabalhadores estavam na lida. Nenhum ladrão foi mais ardiloso em seus expedientes do que esse Covey. Ele se arrastava e engatinhava por valas e barrancos, escondia-se atrás de tocos de árvores e arbustos, e a tal ponto praticava as espertezas da serpente que Bill Smith e eu, entre nós, jamais o chamávamos por outro nome que não "a cobra". [p. 112]

Quem é o não humano aqui? Quem se rebaixa às profundezas? Além das imagens bíblicas da serpente como representante do mal, a imagem da cobra, sua própria postura, rastejando no chão, é simbólica e reveladora. A fim de induzir os escravos ao trabalho, o domador de escravos mente, é forçado a mentir, ele é desumano e é forçado a ser desumano. Ele assume as características da própria tarefa que se vê desempenhando. Eu iria mais longe e diria que ele é ainda mais profundamente afetado do que o escravo, pois o escravo pode ver o que está acontecendo – ele está ciente do fato de que existe um poder externo dedicado à supressão da existência humana básica do escravo. Ele vê, sente, ouve isso em cada ato do domador de escravos.

O domador de escravos, por outro lado, não está ciente da mudança pela qual ele mesmo está passando como resultado de suas ações sádicas:

> Mas, no caso do sr. Covey, a trapaça era algo natural. Tudo nele, do aprendizado à religião, conformava-se a essa propensão ao embuste. Ele não parecia consciente de que a essa prática faltava hombridade, de que era baixa ou desprezível. [p. 113]

Essa tendência à autoaniquilação inconsciente não se limitava ao domador de escravos, àqueles que estavam nas fronteiras da escravidão a fim de mantê-las. Essas características eram resultado direto do próprio sistema e podiam ser atribuídas aos proprietários de escravos em geral. Isso é indicado em duas passagens: "Por mais mesquinho e desprezível que tudo isso seja, está plenamente de acordo com o caráter que a vida de um proprietário de escravos produzia" [p. 111]. E, ao se referir à naturalidade da astúcia e inclinação do sr. Covey para mentir, Frederick Douglass diz: "Para ele, tratava-se de parte de um importante sistema essencial à relação entre dono e escravo" [pp. 112-13].

Vamos continuar a discutir essa relação entre senhor e escravo e seus efeitos no senhor. Como estávamos dizendo, o senhor é considerado livre, independente; o escravo é considerado não livre, dependente. A liberdade e a independência do senhor, se olharmos filosoficamente, são um mito. É um daqueles mitos que, dizia eu na última sessão, temos de desvendar para chegar à verdadeira substância por trás dele. Como poderia o senhor ser independente quando é a própria instituição da escravidão que fornecia sua riqueza, que fornecia seus meios de subsistência? O senhor era dependente do escravo, a vida do senhor era dependente dele.

Em *Fenomenologia do espírito*, Hegel discute a relação dialética entre o escravo e o senhor. Ele afirma, entre outras coisas, que o senhor, ao atingir a consciência de sua própria condição, deve tomar consciência de que sua própria independência se baseia em sua dependência do escravo. Isso pode soar um pouco contraditório, mas a dialética se baseia na descoberta das contradições nos fenômenos que podem, por si sós, explicar sua existência. A realidade está totalmente permeada de contradições. Sem essas contradições, não haveria movimento, nenhum processo, nenhuma atividade. Não quero sair pela tangente teórica sobre a dialética, então vamos voltar ao escravo e ao senhor e ver a relação dialética como é realmente praticada na realidade. A independência do senhor, dizíamos, é baseada em sua dependência do escravo. Se o escravo não estivesse ali para cultivar a terra, construir suas propriedades, servir-lhe as refeições, o senhor não estaria livre das necessidades da vida. Se ele tivesse de fazer todas as coisas que o escravo faz por ele, estaria em um estado de escravidão tanto quanto o escravo. O que acontece é que o escravo é a zona de amortecimento e, nesse sentido, o escravo é uma espécie de senhor – é o escravo que possui o poder sobre a vida do senhor: se ele não trabalha, quando deixa de seguir as ordens, o meio de sustento do mestre desaparece. Portanto, neste ponto, podemos fazer a seguinte afirmação – e espero que esteja claro. O senhor está sempre a ponto de se tornar escravo e o escravo possui o poder real e concreto de deixá-lo sempre a ponto de se tornar senhor.

Não quero que isso soe como um monte de jogos filosóficos de palavras. Às vezes, quando se lê Hegel, tem-se a impressão de que é isso que ele está fazendo – brincando com nossas mentes: as coisas são elas mesmas, mas estão constantemente se tornando diferentes de si mesmas, estão constantemente se tornando suas próprias contradições.

Acho que posso demonstrar a verdade da proposição de que o senhor está sempre prestes a se tornar o escravo, e o escravo está sempre a ponto de se tornar o senhor. Vejamos aquela que considero a passagem mais crucial de *A vida e a época de Frederick Douglass*. Ela está no Capítulo XVII, "O último açoite". Frederick Douglass acaba de passar pela experiência angustiante de ser forçado a trabalhar até o ponto em que colapsa fisicamente. Nesse ponto, ele foi destruído – mentalmente, sua vontade se foi. Covey, recusando-se a aceitar sua doença como uma desculpa válida para não continuar, bate em Douglass enquanto ele está deitado no chão, incapaz de se mover. Frederick Douglass decide voltar para seu senhor, mas, não encontrando nenhuma forma de compaixão na reação de seu senhor, retorna. Felizmente, é domingo quando ele finalmente chega de volta à casa do domador de escravos e, por causa de sua devoção, o sr. Covey não bate nele – ou, como Sandy, um escravo que ajudou Frederick Douglass, gostaria que acreditássemos, o sr. Covey não bate nele como resultado dos poderes mágicos de uma raiz que deu a ele. De qualquer forma, o domador de escravos não entra na pessoa do sr. Covey antes do fim do domingo. Instintiva, inconscientemente, Frederick Douglass revida quando o domador de escravos tenta espancá-lo:

> [...] eu não sei; de qualquer modo, *eu estava decidido a lutar* e, o que era ainda melhor, eu realmente lutei com garra. A loucura da briga

tinha tomado conta de mim, e me peguei com meus dedos fortes firmemente agarrados à garganta do tirano, negligenciando no momento as consequências como se fôssemos iguais perante a lei. Não me lembrei nem da própria cor do sujeito. [p. 130]

Qual é a reação do sr. Covey? Poderíamos pensar que, afinal de contas, sendo ele o senhor, e branco, não teria problemas para subjugar um menino de 16 anos. O domador de escravos, que tem fama de ser capaz de dominar os escravos mais indóceis da região, treme e clama por socorro: "Ele estava assustado e ficou arfando e bufando, aparentemente sem conseguir desferir palavras nem golpes" [p. 131]. Ele, sem sucesso, pede ajuda a um escravo que não está sob sua autoridade. Acaba tentando dar ordens para que sua própria escrava, uma mulher, domine Frederick. Ela se recusa e ele fica indefeso.

Temos de nos perguntar o que está acontecendo aqui. Covey é decerto fisicamente forte o bastante para submeter Frederick. Por que ele é incapaz de lidar com essa resistência inesperada? Esse ato de resistência aberta desafia sua própria identidade. Ele não é mais o senhor reconhecido, o escravo não se reconhece mais como escravo. Os papéis foram invertidos. E pense nisso como um exemplo concreto da proposição que apresentei anteriormente – de que o senhor está sempre prestes a se tornar o escravo, e o escravo está sempre a ponto de se tornar o senhor. Aqui, aconteceu. Covey reconhece implicitamente o fato de ser dependente do escravo, não apenas no sentido material, não apenas para a produção de riqueza, mas também para a afirmação da própria identidade. O fato de ele apelar a todos os escravos ao seu redor para ajudá-lo a dominar Frederick indica que ele depende dessa afirmação de sua autoridade – todos eles a rejeitam e ele é deixado num vácuo – alienado de si mesmo. Isso tem o efeito de minar qualquer força física de que ele possa precisar para vencer a batalha.

Depois de obviamente perder a batalha, sem nenhuma base substancial para sua própria identidade, seu próprio papel, ele ainda tenta reafirmar sua autoridade:

Ao me soltar, bufando e arfando rapidamente, Covey disse: "Agora, seu patife, vai trabalhar; eu não teria te batido com metade da força se você não tivesse resistido". O fato era que ele não tinha me batido. Ele não tirou, durante toda a briga, uma só gota de sangue de mim. Eu tinha tirado sangue dele. [p. 133]

Covey nunca mais tentou açoitá-lo. Frederick Douglass descreve esse incidente como o ponto de virada em sua vida como escravo. ∎

ANGELA DAVIS é filósofa, professora, escritora e ativista. Nasceu no Alabama (EUA) em 1944 e, desde os anos 1960, é um dos nomes mais destacados na luta pelos direitos civis, em especial da população negra e das mulheres. Integrante do Partido Comunista dos Estados Unidos e próxima ao grupo Panteras Negras, foi presa em 1970. Sua detenção desencadeou uma grande mobilização, a campanha "Libertem Angela Davis", que motivou a publicação dos textos dela incluídos neste volume. Professora emérita da Universidade da Califórnia, Angela Davis é autora de vários livros publicados no Brasil, entre eles *A liberdade é uma luta constante* (2018) e *Mulheres, raça e classe* (2016).

Nota: A tradução dos textos de Angela Davis contou com a colaboração de Rosiane Correia de Freitas.

Primeira edição
© Editora Carambaia, 2022

Esta edição
© Editora Carambaia
Coleção Acervo, 2022

Palestras sobre libertação
Lectures on Liberation
© Angela Y. Davis, 1969

Introdução
Introduction to the City Lights edition of *Narrative of the Life of Frederick Douglass, An American Slave* © Angela Y. Davis, 2010. Traduzida com a permissão de City Lights Books, www.citylights.com

Título original
Life and Times of Frederick Douglass [Boston, 1893]

CIP-BRASIL. CATALOGAÇÃO NA PUBLICAÇÃO/SINDICATO NACIONAL DOS EDITORES DE LIVROS, RJ/
D768v / Douglass, Frederick, 1818-1895
A vida e a época de Frederick Douglass: escritas por ele mesmo / Frederick Douglass. / Palestras sobre libertação / Angela Davis; tradução Rogerio W. Galindo; posfácio Luciana da Cruz Brito. [2. ed.] São Paulo: Carambaia, 2022.
672 p; 20 cm. [Acervo Carambaia, 16]
Tradução de: *Life and times of Frederick Douglass* / ISBN 978-65-86398-61-8
1. Douglass, Frederick, 1818-1895.
2. Abolicionistas – Biografia – Estados Unidos. 3. Escravidão – Estados Unidos.
4. Movimentos antiescravagistas – Estados Unidos. I. Davis, Angela.
II. Galindo, Rogerio W. III. Brito, Luciana da Cruz. IV. Título. V. Título: Palestras sobre libertação. VI. Série
22-75846/CDD 973.7114092/
CDU 929:326.8(73)

Meri Gleice Rodrigues de Souza
Bibliotecária – CRB-7/6439

Créditos das imagens
Library of Congress, Prints & Photographs Division:
LC-DIG-cwpbh-05089 (p. 1)
e LC-USZ62-19288 (p. 10)

Preparação
Tamara Sender
Silvia Massimini Felix

Revisão
Ricardo Jensen de Oliveira
Huendel Viana
Tomoe Moroizumi

Projeto gráfico
Bloco Gráfico

Editorial
Fabiano Curi (diretor editorial)
Graziella Beting (editora-chefe)
Livia Deorsola (editora)
Kaio Cassio (editor-assistente)
Karina Macedo (contratos e direitos autorais)

Arte
Laura Lotufo (editora de arte)
Lilia Góes (produtora gráfica)

Comunicação e imprensa
Clara Dias

Comercial
Fábio Igaki

Administrativo
Lilian Périgo

Expedição
Nelson Figueiredo

Atendimento a leitores e livrarias
Meire David

Fontes
Untitled Sans, Serif

Papel
Pólen Soft 80 g/m²

Impressão
Ipsis

Educafro
Dez por cento do valor da venda deste livro será doado à Educafro (educafro.org.br).

Editora Carambaia
Av. São Luís, 86, cj. 182
01046-000 São Paulo SP
contato@carambaia.com.br
www.carambaia.com.br

ISBN
978-65-86398-61-8